# SOIXANTE ANS
### DE
## SOUVENIRS

13539. — PARIS, IMPRIMERIE A. LAHURE
9, rue de Fleurus, 9

ERNEST LEGOUVÉ
DE L'ACADÉMIE FRANÇAISE

# SOIXANTE ANS
## DE
## SOUVENIRS

PREMIÈRE PARTIE

## MA JEUNESSE

PARIS
J. HETZEL ET C<sup>ie</sup>, ÉDITEURS
18, RUE JACOB, 18

1886

*Tous droits de traduction et de reproduction réservés.*

# A M. E. LABICHE

Mon cher ami,

J'ai souvent dit qu'une de mes bonnes chances dans ce monde, c'était de vous y avoir rencontré. Permettez-moi donc d'écrire votre nom en tête de ce premier volume de mes *Souvenirs*. A vrai dire, ce premier volume est un premier acte; nous autres hommes de théâtre, nous mettons du théâtre partout, c'est le premier acte de ma vie.

A qui pourrais-je mieux dédier ce récit de ma jeunesse, qu'à un des plus chers amis de mes dernières années?

E. Legouvé.

# SOIXANTE ANS
# DE SOUVENIRS

## MA JEUNESSE

### CHAPITRE PREMIER

### UNE CONVERSATION AVEC SAINTE-BEUVE

Sainte-Beuve me dit un jour : « Je ne parle jamais « d'un écrivain tant que je n'ai pas trouvé le point « central de son œuvre, le trait dominant de son « caractère. Voilà pourquoi j'ai tardé à vous prendre « pour sujet d'étude ; je ne voyais pas clair en vous ; « aujourd'hui je peux commencer, je vous tiens. »

« Eh bien, lui répondis-je, puisque vous me tenez, dites-moi donc ce que je suis, définissez-moi à moi-même.

— Rien de plus simple : ce qui est frappant en vous,

c'est l'unité de votre vie. Vous avez suivi des routes assez diverses, mais vous avez toujours poursuivi le même but. Vous êtes de la race des réfléchis. Dès votre jeunesse, vous vous êtes fait votre plan d'existence, comme un auteur dramatique se fait son plan de pièce, et vous avez marché au dénouement d'un pas ferme, d'un regard assuré, sans vous laisser prendre aux distractions du chemin ; vous êtes le fils de votre volonté. »

Je me mis à rire, et je lui dis : « Voilà, certes, un portrait fort avantageux ! Parti d'un observateur aussi sagace que vous, il a de quoi singulièrement chatouiller mon amour-propre ; tout ce qui ressemble à la force nous flatte. Par malheur, ce portrait a un grand défaut, c'est de ne pas ressembler du tout. Je suis précisément le contraire. Ce n'est pas moi qui ai conduit ma vie, c'est ma vie qui m'a conduit. Je ne suis pas le fils de ma volonté, je suis l'élève de mes affections : c'est-à-dire des amis que ma bonne chance m'a fait rencontrer. Sans doute, je me suis proposé, dès ma jeunesse, certains buts d'ambition ; sans doute, je portais en dedans de moi un certain fonds personnel de sentiments, de goûts, d'idées, dont ma vie a été la réalisation ; nous ne sommes jamais que le développement de nous-mêmes ; mais pas une des phases de ce développement où je n'aie trouvé un auxiliaire, parfois un initiateur. Nous voilà bien loin de cet homme tout d'une pièce, maître de soi, directeur de sa vie, que votre imagination a cru voir en moi. J'y perds, mais, la vérité, c'est que, si jamais j'écris mes mémoires, je devrai les intituler : *Les Mémoires des autres* ».

Nous nous séparâmes là-dessus. Sainte-Beuve ne fit pas l'article; je l'avais probablement désillusionné sur mon compte, et moi, je ne pensai plus à cette conversation.

Aujourd'hui, 15 décembre 1884, où, sollicité par quelques amis, et sentant que je n'ai plus de temps à perdre, j'écris en tête d'un gros cahier de papier blanc, ce titre, qui n'est pas sans me causer quelque émotion : *Soixante Ans de souvenirs*, mon dialogue avec Sainte-Beuve me revient en mémoire. Certes, mes paroles alors étaient très sincères, mais je les avais jetées un peu au hasard, sans trop de réflexion, comme il arrive au cours d'une causerie.

Aujourd'hui, où j'y reviens à tête reposée, où je me les répète, où je les pèse, elles éclatent à mes yeux avec un caractère de vérité absolue. C'est le portrait même de ma vie. Qu'on en juge.

Personne qui ne connaisse ce délicieux chapitre de la Bible, où le fils de Tobie, prêt à entreprendre un long et périlleux voyage, trouve sur la place publique un jeune homme, bien fait, les reins ceints pour la route, et qui s'offre à lui comme conducteur. Or, toute comparaison mise de côté, bien entendu, et sans prétendre en rien à être un personnage biblique, je ne puis jamais relire ce chapitre sans qu'il reporte ma pensée sur moi-même.

J'ai suivi en littérature des routes très opposées, et ce n'est qu'assez tard que mon unité intellectuelle est sortie à mes propres yeux de la diversité même de mes travaux. Mon caractère, comme mon intelligence, ne s'est formé que peu à peu; à côté de mon amour des lettres, j'ai eu des goûts portés jusqu'à la passion, comme la musique et les armes : à côté de ma vie physique et morale, s'est organisée ma vie de famille; j'ai été mari, père, grand-père; j'ai connu tout ce que ces noms renferment d'immenses joies et d'amères douleurs; personne n'a plus reçu, n'a plus perdu, et plus retrouvé que moi. Eh bien, dans cette succession de vicissitudes et de transformations de toute sorte, toujours, au moment décisif, s'est présenté à moi, sous forme de jeune homme ou de vieillard, d'inconnu ou d'illustre, un *envoyé* qui m'a servi de conducteur.

Ce qui me met la plume à la main, c'est donc le désir de faire revivre, tels que je les ai vus, tels que je les ai connus, sans flatterie reconnaissante, mais avec leur physionomie prise sur nature, ces chers envoyés successifs. Ce livre sera la peinture d'une âme humaine se formant au contact d'âmes presque toujours supérieures à elle, une biographie se mêlant à d'autres biographies, dont les personnages s'encadreront à leur tour dans l'époque où chacun d'eux aura vécu, et jetteront ainsi quelque lueur sur le caractère de cette époque. Je parlerai un peu de moi pour avoir l'occasion de parler beaucoup d'eux. Je serai le cadre, ils seront le tableau.

Un tel livre peut-il intéresser? Je n'en désespère pas; mais je voudrais plus pour lui. Arrivé au moment de la vie où je suis, on a besoin que ce que l'on fait soit bon à quelque chose et utile à quelqu'un; on veut pouvoir se dire, en s'en allant : Il vaut mieux que j'aie vécu.

Telle serait mon ambition pour ces souvenirs. Je voudrais qu'ils fissent un peu de bien. Voici comment.

Si heureuses qu'aient été les rencontres de ma vie, je me garde bien de me ranger parmi ceux qui méritent que la Providence fasse des exceptions en leur faveur, et qu'elle dérange ses envoyés pour eux. Ce qui m'est arrivé a dû arriver à beaucoup d'autres ; mon histoire ressemble vraisemblablement à l'histoire de tout le monde. Oui, je le crois fermement, chacun de nous, s'il remonte le cours de sa vie, se convaincra que, quelque profession qu'il ait exercée, quelque rang qu'il ait occupé, quelque épreuve qu'il ait traversée, presque toujours, à l'instant critique, il a vu une main, il a entendu une voix qui lui a indiqué la route, et souvent même s'est offerte à l'y diriger.

Le tout est de reconnaître cette voix, de suivre cette main, et, une fois le service reçu, de le rendre à votre tour. Certes, bien profonde est cette maxime : *Ne fais pas à autrui ce que tu ne voudrais pas qu'on te fît à toi-même;* mais non moins efficace est celle qui dit : *Fais aux autres le bien qu'on t'a fait.* Le bienfaiteur n'a pas moins à y gagner que l'obligé. L'aide qu'on donne, devient parfois l'aide qu'on reçoit.

Voici donc ce que je rêve pour ce livre, voici l'impression que je voudrais laisser aux lecteurs : c'est que la sympathie est dans cette vie un guide plus sûr que le scepticisme ; c'est que la confiance n'est pas un pur métier de dupe ; c'est qu'à côté des pièges et des embûches dont, hélas! notre pauvre terre est semée, il y a aussi les rencontres heureuse, qui s'offrent à nous comme un soutien et un exemple; c'est qu'enfin, pour en revenir à notre charmant chapitre de la Bible, il n'est personne de nous qui, à un moment donné, ne puisse et ne doive jouer tour à tour le rôle de Tobie et le rôle de l'ange.

## CHAPITRE II

## CASIMIR DELAVIGNE

### I

Le premier jour où je suis allé à l'Académie est le 15 avril 1813. J'avais six ans. J'étais en deuil de mon père et de ma mère, j'accompagnais mes grands-parents. Arrivés dans la salle des séances, à la porte qui ouvre sur les places du centre, nous trouvâmes, en haut du petit escalier, un monsieur en habit à la française, en culotte courte, l'épée au côté, avec jabot et manchettes en dentelles, qui nous conduisit à des places réservées, et l'on me fit asseoir sur la première banquette, en face du bureau. C'était le jour de la réception de M. Alexandre Duval, qui succédait à mon père. M. Regnault de Saint-Jean d'Angély lui répondait.

Bien des années se sont écoulées depuis ce jour-là, et pourtant le lieu, les circonstances, le moment, la séance, tout cela m'est aussi présent que si j'y avais assisté hier. A peine assis, je devins, de la part des personnes qui nous environnaient, l'objet d'une attention et d'un intérêt qu'expliquaient mon âge, mon deuil et ma mine assez chétive. J'entendais murmurer autour de moi : « Pauvre petit! » Une dame s'approcha de mes parents, leur parla et m'embrassa sur le front avec un air de compassion,

La séance commença. Elle dura deux heures, et ne me parut pas longue. Pourtant les deux orateurs traitaient de sujets fort au-dessus de mon âge, et leur langage très orné, selon le goût du temps, ne rentrait guère dans le vocabulaire d'un enfant de six ans. Mais le nom de mon père revenait souvent ; j'entendais citer les titres de ses ouvrages, que mes parents m'avaient religieusement appris ; les applaudissements du public accueillaient des éloges de lui, des mots et des traits de lui. Plus d'une fois même, M. Regnault de Saint-Jean d'Angély, dans sa réponse, se tourna vers moi, parla de moi, me désignait à l'auditoire en termes affectueux et compatissants. Tout cela m'embarrassait en me touchant. Je me sentais mis en scène. Je baissais le nez sur ma petite casquette d'écolier. Le cœur me battait très fort. Sans doute, ces mots... *faible rejeton, protection tutélaire de l'Académie*, étaient des termes bien vagues pour moi ; mais les enfants sont comme les gens du peuple, ils n'ont pas besoin de comprendre tout à fait pour être émus. Parfois même ils sont d'autant plus émus qu'ils ne perçoivent les choses qu'à travers un voile. Le mystère ajoute à leur impression ; leur imagination la complète ; et l'effet de cette séance fut si fort sur moi que je restai plusieurs jours sous le coup de mon émotion.

Seize ans après, le 25 août 1829, à la séance publique de l'Académie, je rentrai dans cette même salle, par cette même porte; je trouvai un même monsieur revêtu du même costume[1]; il me conduisit à la même banquette, et je m'assis à la même place, en face du bureau ; seulement, cette fois je ne figurais plus comme simple témoin : j'étais un des personnages principaux de la séance; M. Lemercier y lisait une pièce de vers sur l'invention de l'imprimerie, qui avait obtenu le prix de poésie, et j'en étais l'auteur.

Comment avais-je été amené à tenter ce concours? Comment avais-je obtenu ce prix? Je n'en parlerais pas si je ne devais y parler que de moi. Mais je trouverai dans ce retour à mes premières années, l'occasion de rappeler quelques idées, de peindre quelques hommes célèbres de ce temps-là, entre autres Casimir Delavigne, et ce que ces souvenirs ont de général me fera pardonner, j'espère, ce qu'ils ont de personnel.

---

1. Ce n'est qu'en 1848 que le secrétaire de l'Institut, M. Pingard, renonça au costume traditionnel. Voici à quelle occasion : Le jour du grand défilé devant le gouvernement provisoire à la barrière de l'Étoile, l'Institut y figurait, avec M. Pingard en tête et en costume. Les gamins crièrent : « A bas le marquis! » M. Pingard, en rentrant, serra son épée, ses dentelles, son habit à la française, et ne les remit plus.

## II

La mort de mon père et de ma mère me laissa aux soins de ma grand'mère. On n'a pas assez remarqué peut-être le caractère particulier de l'éducation des enfants faite par leur aïeule. Tant que les parents vivent, la grand'mère n'a guère souci que d'être trop bonne. Elle soutient volontiers les enfants contre les parents. Victor Hugo nous a donné la poésie de ce rôle dans *L'Art d'être Grand-Père*. Mais, quand la mort du père et de la mère remet tout à coup l'enfant dans les mains de l'aïeule, et lui donne charge d'âme, oh! alors, cette petite poésie un peu factice s'en va; reste la prose, c'est-à-dire la responsabilité, l'idée sévère du devoir. Ce devoir est plus difficile à remplir pour la grand'mère que pour la mère. Elle ne se sent que remplaçante. La distance d'âge entre elle et l'enfant, lui rend plus malaisé l'emploi de l'autorité. Ma grand'mère, qui joignait beaucoup de bon sens et d'esprit pratique à beaucoup de tendresse, eut l'idée ingénieuse d'appeler à son aide, dans son rôle d'éducatrice, un auxiliaire tout-puissant, le souvenir de mes parents. Tout disparus qu'ils fussent, c'est avec eux qu'elle m'éleva. Elle les faisait intervenir dans les plus petits détails de mon éducation : « — Apprends bien ta leçon, cela fera plaisir à ta mère! Quelle peine tu ferais à ton père s'il t'entendait mentir! » Ces mots avaient une grande action sur moi. Je ne doute pas que ma foi profonde en une autre vie ne parte de ce culte des morts, de cette présence des absents, que ma vieille grand'mère avait si profondément empreinte en moi, et dont M. Fustel de Coulanges nous a donné une si émouvante peinture dans son beau livre de *La Cité Antique*.

Un dimanche, ma grand'mère m'emmena en visite chez un médecin de beaucoup d'esprit qui demeurait comme nous à Chaillot, M. Dandecy. En arrivant dans l'antichambre, nous fûmes frappés par de grands éclats de voix, qui partaient du salon. Nous entrons : debout, adossé à la cheminée, un vieillard, le visage souriant, la mine vaillante, ses longs cheveux blancs rejetés en arrière, paraissait tenir tête aux assistants qui ressemblaient à des assaillants ; c'était le docteur Gall. On attaquait vivement son système, qu'il défendait avec l'ardeur goguenarde d'un homme qui aime la bataille. A peine ma grand'mère et moi sommes-nous entrés dans le salon, que M. Dandecy s'écrie : « Parbleu! voilà une bonne occasion! Nous allons vous mettre à l'épreuve, docteur! » Puis se retournant vers moi et me montrant à lui : « Vous ne connaissez pas cet enfant, n'est-ce pas ? — Non! je ne l'ai jamais vu. — Eh bien, examinez sa tête, et tirez-nous son horoscope. » Le docteur Gall s'assied, m'appelle, me prend entre ses jambes, me palpe le crâne, et s'adressant à ma grand'mère : « Cet enfant est à vous, madame? — Oui, monsieur, c'est mon petit-fils, il est orphelin, et c'est moi qui l'élève. — Eh bien, madame, que comptez-vous faire de lui? Que désirez-vous qu'il soit? — Notaire, monsieur. » Dans ce temps-là, pour la bourgeoisie, et ma grand'mère était une franche bourgeoise, un notaire était un personnage à demi sacerdotal, qui tenait du magistrat et du prêtre; on le prenait pour confident dans tous les chagrins, pour arbitre ou conseiller dans tous les embarras de famille; c'était une sorte de confesseur laïque. Ma grand'mère ne croyait donc pas pouvoir rêver pour moi une plus belle profession. Le docteur avait souri en l'écoutant. Il reprit de nouveau ma tête, la palpa de nouveau, et dit à ma grand'mère : « Eh bien! prenez-en votre parti, madame. Il ne sera jamais notaire. — Que sera-t-il donc? — Avant que je vous réponde, permettez-moi une question. Que faisait son père? — Il est fils de M. Legouvé. — Ah! à la bonne heure! Je comprends! Eh bien! cet enfant-là sera le fils de son père... Il fera des vers. Je ne dis pas qu'ils seront bons, ajouta-t-il en riant, mais il ne fera que cela. »

A ce pronostic du docteur se joignit bientôt pour moi l'influence de mon vieux professeur de sixième, ancien oratorien, qui avait deux passions : l'orthographe et la poésie. Il m'avait pris en grande affection, parce que je répondais précisément à ses deux goûts. Grâce à lui, je savais la grammaire à dix ans, beaucoup mieux qu'aujourd'hui où je suis un des quarante législateurs de la langue; j'étais de force alors à lutter avec tous les Girault-Duvivier du monde, sur le rude terrain des difficultés orthographiques. Pour la poésie, mon vieux maître avait des admirations qui ne sont plus guère de mode ; Delille était son Dieu. Sa joie était de m'appeler entre les classes et de me faire réciter quelques-uns de ses petits tableaux composés avec tant d'artifice et tant d'art : *le Coin du feu*, *les Catacombes*, *le Café*, *l'Ane*, *le Cheval*. J'en savais comme cela deux ou trois mille vers par cœur. Sans doute le modèle n'était pas excellent : déjà, du temps de Delille, M.-J. Chénier disait de lui :

> Il a mis du rouge à Virgile,
> Il met des mouches à Milton.

Mais tout maniéré, tout brillanté, tout antithétique que soit ce style, il a cependant des qualités charmantes qui m'initiaient au rythme poétique et développaient en moi le goût et le sentiment des vers. Si j'avais besoin de justifier à mes propres yeux mon admiration d'alors, je n'aurais qu'à me rappeler que Victor Hugo en 1821, à dix-neuf ans, vantait dans le « Conservateur littéraire » l'*élégance* et l'*harmonie* du style de l'abbé Delille et le félicitait de *connaître parfaitement toutes les délicatesses de la muse française.*

Mon amour pour la poésie allait toujours grandissant et avait, grâce à Dieu, changé d'objet : j'avais quitté Delille pour Corneille. Ma grand'mère était ma confidente. Les jours de congé, je n'avais pas de plus grande joie que de m'asseoir à ses pieds, sur un petit tabouret, et là, de lui déclamer des tirades de *Cinna*, de *Nicomède*, des *Horaces*, tout en mangeant des pommes de terre cuites sous la cendre. Cet amalgame de pommes de terre et d'alexandrins empâtait bien un peu ma diction, mais ne nuisait ni à mon enthousiasme ni à celui de ma grand'mère; car je crois bien que ce qu'elle admirait le plus dans *Cinna*, la chère vieille femme, c'était moi.

Arrivé en seconde, je m'enrégimentai dans la petite phalange poétique de notre classe, et je fis trois grandes pièces de vers : une épître, une satire et un dithyrambe. L'épître portait naturellement sur ce que je croyais ma vocation, et je m'y comparais, bien entendu, à Phaéton qui veut conduire le char du Soleil son père. La satire visait la guerre d'Espagne, et j'y maltraitais fort le héros du Trocadéro, le duc d'Angoulême. Le dithyrambe glorifiait les quatre sergents de La Rochelle, exécutés pour complot bonapartiste, et je finissais par ce vers :

Et leur tête, en tombant, murmure : Liberté !

Mes trois pièces terminées, vint la grande question : A qui les montrer ? Qui consulter ? Les poètes n'ont pas seulement, comme les amoureux, besoin d'un confident, il leur faut un confesseur, quelqu'un qui les absolve, et surtout les confirme. Qui choisir ? Mon hésitation ne fut pas longue. Un lundi matin, sortant de chez mes grands-parents pour retourner à la pension avec ma très petite bourse d'écolier, garnie de vingt-cinq sous pour mes déjeuners de la semaine, j'avisai au coin de la rue de Clichy, assis sur son crochet, en costume de velours marron, et le chef orné d'un de ces bonnets de bouracan gris qui ont disparu de la civilisation, un commissionnaire dont la figure m'inspira confiance. Je m'approche de lui, fort ému, je lui remets un petit paquet ficelé avec grand soin et accompagné d'une lettre; j'y joins tout mon pécule, mes vingt-cinq sous... Il me semblait que ma générosité me porterait bonheur, et je lui recommande de remettre ma missive tout de suite, mais sans attendre de réponse. Ma lettre portait pour suscription :

*A Monsieur Casimir Delavigne,*
rue Hauteville, n° 17.

Casimir Delavigne était alors le dieu de la jeunesse. Le triomphe des *Vêpres siciliennes*, l'éclatant succès des *Comédiens*, la popularité des *Messéniennes*, lui mettaient sur le front, pour nous rhétoriciens, la triple couronne de poète tragique, de poète comique et de poète lyrique. Nous savions qu'à la première représentation des *Vêpres siciliennes* l'enthousiasme du parterre fut tel qu'on applaudit pendant tout l'intervalle qui séparait le quatrième acte du cinquième. Cela nous avait tourné la tête. Nous reconnaissions Casimir Delavigne à un titre encore supérieur. Il avait chanté la Grèce, la liberté, la France, il était le poète national. Nous admirions beaucoup Lamartine, mais Lamartine était royaliste ; Lamartine avait attaqué Bonaparte.

Le vers célèbre :

Rien d'humain ne battait sous son épaisse armure

nous semblait un blasphème, car nous étions tous alors enragés libéraux et enragés bonapartistes. On s'est fort indigné de cet amalgame bizarre. L'association du nom de Napoléon au nom de liberté a paru un énorme contresens. Rien de plus juste. Seulement, toutes les époques, y compris la nôtre, font des contresens pareils, à propos de leurs grands hommes. Autrefois nous oubliions le despotisme de Napoléon pour ne voir que son génie, aujourd'hui on oublie son génie pour ne voir que son despotisme. L'un n'est pas plus équitable que l'autre, et ces deux injustices différentes reposent sur le même fait. Ce fait, c'est que les grands hommes ne sont pas, comme on est tenté de le croire, des figures de marbre ou de bronze, immobilisées en statues dans l'histoire. Ce sont des êtres vivants, changeants ; leur visage se modifie sans cesse. Chaque époque les transforme selon les besoins de sa politique, ou les caprices de son imagination. Ils représentent tantôt une chose, tantôt une autre. Je les comparerais volontiers à ces phares à feux tournants, qui luisent tour à tour d'une flamme bleue ou rouge, ou verte, selon le mouvement qu'on leur imprime. Dans ma jeunesse, à l'époque du romantisme, Richelieu était haï comme le type du despotisme sanguinaire. C'était le *cardinal bourreau !* Victor Hugo l'appelait l'*homme rouge*, et la Providence l'avait affublé, disait-on, de cette robe rouge pour que le sang n'y parût pas. Aujourd'hui Richelieu est le symbole du patriotisme, un ancêtre de la démocratie, un précurseur de 89. Pourquoi ? Parce qu'en 1830 l'imagination, la poésie triomphaient, et qu'aujourd'hui c'est le règne de la politique et de l'histoire. N'assistons-nous pas à la métamorphose de tous les héros de la Révolution ? Danton n'est plus l'auteur des massacres de septembre, c'est le défenseur du sol de la patrie ! Certains démocrates parlent de Robespierre avec attendrissement, à la façon de Mme Lebas, qui l'appelait *bon ami!* Sachons-le bien, les grands hommes du passé ne sont que des instruments dans la main du présent. On refait leur portrait tous les vingt ou trente ans, et on accommode leur ressemblance aux idées dont on cherche en eux le symbole. Le nom de Napoléon était pour nous une arme de guerre contre les Bourbons. Les Bourbons, revenus avec l'étranger et le drapeau blanc, nous représentaient l'ancien régime et la honte nationale : Napoléon, promulgateur du Code civil et vainqueur de l'Europe, nous figurait l'égalité et la gloire. Notre adoration pour lui était faite de notre animadversion contre eux. Animadversion injuste, haine absurde, car on était mille fois plus libre sous la Restauration que sous l'Empire ; mais nous ne pouvions pardonner aux Bourbons leur alliance avec la Sainte-Alliance, et je ne me rappelle jamais sans rougir que, lors de l'abominable assassinat du duc de Berry par Louvel, la jeunesse était pleine d'indulgence pour le meurtrier. Cette absurde éducation classique, qui érigeait en héros Brutus, Harmodius et Aristogiton, transformait pour nous Louvel en martyr. Ses réponses à l'audience étaient répétées partout. Le procureur général, ayant redit plusieurs fois le mot de lâche assassinat ! — « Lâche ! lâche ! s'écria Louvel. Vous ne savez pas, monsieur, ce qu'il faut de courage pour tuer un homme qui ne vous a jamais fait de mal ! » Cette parole nous semblait belle comme l'antique ; et lorsque, interrogé sur les motifs qui l'avaient poussé à ce meurtre, Louvel répondit : « *Depuis le 18 juin 1815, j'ai toujours entendu retentir là le canon de Waterloo !* » Louvel nous semblait un homme de Plutarque. Je ne saurais trop le répéter, jamais on ne comprendra bien cette époque tant qu'on ne donnera pas une part immense à ce souvenir de Waterloo. Il était au fond de tous nos sentiments. Nous aussi nous entendions sans cesse le canon de cette affreuse bataille, et ainsi s'explique notre animosité contre les Bourbons qui en avaient bénéficié, notre sympathie pour Napoléon qui y avait succombé avec nous, notre indulgence pour Louvel qui l'avait maudit, notre admiration enthousiaste pour Casimir Delavigne qui l'avait à la fois glorifié et pleuré. Nul de nous qui ne sût par cœur la première *Messénienne*, et qui ne répétât ces quatre vers sur la garde impériale :

> On dit qu'en les voyant couchés sur la poussière,
> D'un respect douloureux frappé par tant d'exploits,
> L'ennemi, l'œil fixé sur leur face guerrière,
> Les regarda sans peur pour la première fois !

Qu'on se moque de notre chauvinisme tant qu'on voudra, ces vers pansaient un peu notre blessure, et nous tressaillîmes de joie quand, le 6 décembre 1823, Casimir Delavigne, à tant de titres poétiques et patriotiques, en ajouta un dernier plus éclatant encore. Ce jour-là, l'affiche du Théâtre-Français portait :

PREMIÈRE REPRÉSENTATION
L'ÉCOLE DES VIEILLARDS

## III

Tout grand artiste a dans sa carrière ce que j'appellerai sa date d'avènement. C'est le jour où une œuvre nouvelle le met tout à coup hors de pair parmi ses pairs, et le fait passer subitement de la renommée à la gloire. Tels furent *Jocelyn* pour Lamartine, *Notre-Dame de Paris* pour Victor Hugo, *Eugénie Grandet* pour Balzac, les *Huguenots* pour Meyerbeer, les *Nuits* pour Musset, l'*École des Vieillards* pour Casimir Delavigne. L'apparition de son nom sur l'affiche du Théâtre-Français était déjà un triomphe, et avait un air de revanche. On rappelait que l'auteur des *Vêpres siciliennes*, refusé quelques années auparavant par le comité, s'en était vengé par trois succès éclatants à l'Odéon, les *Vêpres siciliennes*, les *Comédiens*, le *Paria*, et qu'il avait reparu vainqueur devant ses premiers juges, honteux et repentants. Il faut en rabattre un peu de cette légende. En réalité, les *Vêpres siciliennes* n'avaient pas été refusées ; les comédiens n'en avaient pas méconnu le mérite ; seulement on était alors en 1818 ; les troupes alliées occupaient encore le territoire. On craignit que la mise en scène d'une lutte entre Français et étrangers, n'offrît un danger réel, même pour l'auteur, et le comité lui proposa de lui conserver son tour de réception pour un autre ouvrage. Cet ajournement, qui n'était pas un refus, profita grandement à Casimir Delavigne. Picard, alors directeur de l'Odéon, fut plus hardi que ses camarades de la rue de Richelieu; il leur enleva l'ouvrage et l'auteur, et son jeune public les accueillit tous deux avec d'autant plus d'enthousiasme que, pour lui, applaudir Casimir Delavigne, c'était siffler le comité du Théâtre-Français.

Quoi qu'il en soit, l'*École des Vieillards* fut reçue avec acclamation, et la lecture donna lieu à un incident qui en marqua encore le succès. Casimir Delavigne, dans sa pensée destinait le rôle à Baptiste aîné. Mais à la sortie du comité, il entendit quelqu'un marcher vivement derrière lui, et l'appeler. Il se retourne : c'était Talma. « — Monsieur Delavigne, lui dit-il, c'est moi qui jouerai Danville, car Danville, c'est moi! » Il était lié, en effet, depuis quelque temps, avec une femme beaucoup plus jeune que lui, très belle, et dont il était éperdument épris et follement jaloux. Il y eut grand tumulte dans le théâtre. Damas, qui jouait les grands premiers rôles dans la comédie, donna sa démission. Ce n'était pas moins en effet que le renversement de toutes les hiérarchies, une attaque à la grande règle des *emplois*. Un premier rôle tragique jouant un personnage de comédie! Oreste devenu bourgeois! Joad en habit de ville! Mlle Mars et Talma dans la même pièce! Autant de sujets d'irritation jalouse pour certains acteurs, et d'attente passionnée pour le public. Le jour de la première représentation, la salle était houleuse comme une mer d'équinoxe. Le rideau se lève, la porte du fond s'ouvre, et la première personne qui paraît, c'est Talma! Talma riant! Talma entrant, bras dessus bras dessous, avec un acteur comique, Devigny. Il portait une perruque blanche avec une mèche plus argentée sur le front ; un habit bleu à boutons d'or, un gilet blanc, une culotte de soie noire, des bas de soie blancs. La métamorphose était complète. Organe, physionomie, gestes, allure, tout en lui respirait la joie, le naturel, la bonhomie. Il était charmant! Tout au plus avait-il gardé de la tragédie une habitude assez singulière, que Ligier a imitée depuis ; son pied droit, au lieu de porter à plat sur le sol, se relevait légèrement sur la pointe, et, en se balançant, communiquait au corps, puis à la voix, une légère trépidation pathétique. Le charme n'opéra pas cependant tout de suite. Ce n'est jamais sans peine que nous accordons deux supériorités au même homme. Combien de temps Lamartine poète a-t-il fait tort à Lamartine orateur! Au second acte, cependant, le public commença à cesser de se défendre... Il consentit à être charmé, et la première scène du troisième acte emporta les dernières résistances. Chose singulière! cette première scène du troisième acte de *l'École des Vieillards* est exactement la même que la première scène du troisième acte d'*Hernani*. Ce sont également deux vieillards amoureux, l'un d'une jeune fille de dix-huit ans, sa fiancée, l'autre d'une jeune femme de vingt ans, sa femme, et demandant tous deux pardon à celle qu'ils aiment, de leur amour en cheveux blancs. On se rappelle les délicieux vers de don Gomès à doña Sol :

> On n'est pas maître
> De soi-même, amoureux comme je suis de toi,
> Et vieux ! On est jaloux ! On est méchant ! Pourquoi ?
> Parce que l'on est vieux ! Parce que beauté, grâce,
> Jeunesse dans autrui, tout fait peur, tout menace,
> Parce qu'on est jaloux des autres, et honteux
> De soi ! Dérision, que cet amour boiteux
> Qui nous remet au cœur tant d'ivresse et de flamme,
> Ait oublié le corps en rajeunissant l'âme !

**Voyons maintenant les vers de Casimir Delavigne.**

— Pourquoi, demande Hortense à Danville, êtes-vous si indulgent pour votre ami Bonnard, et si sévère pour le duc ?

### DANVILLE

Oh ! c'est bien différent ! L'un a mon âge, et l'autre...

### HORTENSE

Eh bien donc, achevez !...

### DANVILLE

> Eh bien ! Il a le vôtre !...
> Jeune, on sent qu'on doit plaire ! On est sûr du succès !
> Mais vieux ! Mais amoureux au déclin de la vie,
> Possesseur d'un trésor que chacun nous envie,
> On en devient avare, on le garde des yeux !
> Comment voir cet essaim de rivaux odieux
> Parés de leur jeune âge, et des charmes funestes
> Dont chaque jour qui fuit nous vole quelques restes,
> Sans se glacer le cœur par la comparaison,
> Sans voir ses cheveux blancs, sans perdre la raison !
> Votre duc ! Il m'offusque ! Il me pèse ! Il me gêne !
> Je sens qu'à son aspect je me contiens à peine !

> Je sens qu'un mot amer, qui va me soulager,
> En suspens sur ma langue est prêt à me venger !
> Je me maudis ! J'ai tort ! C'est faiblesse ou délire !
> C'est ce qu'il vous plaira... Je souffre !... et je désire.
> Non pas que votre amour, mais que votre amitié,
> Connaissant mon supplice, en ait quelque pitié.

Eh bien, de ces deux passages, lequel est le plus beau ? J'oserai dire qu'ici Casimir Delavigne ne le cède en rien à Victor Hugo. S'il n'a pas trouvé un vers de haute envolée, comme :

> Ait oublié le corps en rajeunissant l'âme !

le morceau tout entier, dans son élégance soutenue, n'a pas moins de vérité que les vers brisés et recherchant le naturel, de Victor Hugo ; j'y trouve même un accent d'émotion, de sincérité qui va peut-être plus au cœur que les regrets un peu dolents de don Gomez. Talma était inimitable dans cette tirade de Danville. Qui l'y a vu, ne l'oubliera jamais ! J'entends encore, à soixante ans de distance, ce mot : *Je souffre !* Les derniers vers s'écoulaient de ses lèvres avec un tel charme de tendresse, d'abandon, qu'on ne pouvait se défendre de l'adorer. On se disait que si ce vieillard n'était pas aimé, c'est que la vieillesse était un vice irrémédiable en amour, et ainsi l'idée du poète se trouvait mise dans sa pleine lumière, grâce à l'acteur.

Talma fit plus. Il releva la pièce, il la sauva peut-être au quatrième acte. Ce quatrième acte offrait un réel danger. Dans ce temps-là, un jeune homme entrant chez une jeune femme à minuit, et lui faisant une déclaration, c'était une grande hardiesse. L'auteur tremblait, et il avait raison. En effet, à l'entrée du duc, l'auditoire avait été comme saisi d'un de ces silences menaçants que nous connaissons tous : heureusement pour l'auteur, ses deux interprètes n'avaient pas peur de la lutte; c'étaient Mlle Mars et Armand.

Mlle Mars avait un don très particulier que je n'ai connu qu'à elle. Quoique sa voix manquât de puissance, elle est arrivée dans le drame moderne à des effets que nulle artiste après elle, n'a ni effacés ni peut-être égalés. Comment? Le voici.

Elle choisissait dans la scène capitale, le mot, la phrase, qui la résumait le mieux; puis elle concentrait sur ce mot toute sa puissance vocale, toute son intensité d'expression, comme avec un verre de lentille on fait converger tous les rayons sur un seul point; elle en illuminait la situation tout entière! Ce n'est pas qu'à la façon de certains artistes elle *déblayât* un rôle pour n'en faire valoir que quelques passages, l'école du déblayage n'existait pas encore. Mlle Mars ne négligeait rien et mettait chaque partie à sa place et à son juste degré de lumière, mais, sur ce fond harmonieux et clair, elle détachait quelques traits de flamme qui faisaient éblouissement. C'est ainsi que, dans *Mademoiselle de Belle-Isle*, le fameux : « *Vous mentez, monsieur le duc !* » dans *Clotilde* : « *Parce qu'il a tué Raphaël Bazas* »; dans *Hernani :*

> Enfin on laisse dire à cette pauvre femme
> Ce qu'elle a dans le cœur !...

éclataient tout à coup avec une telle force qu'ils étaient comme l'image vivante et complète du personnage ou de la situation représentée. Eh bien, au quatrième acte de l'*École des Vieillards*, elle trouva un de ces accents profonds, et à ce vers,

> Je vous dis que vous m'épouvantez!...

les bravos enthousiastes partirent de toutes les parties de la salle, tant ce seul cri avait en une seconde absous la jeune femme, et corrigé son imprudence par l'évidence de son honnêteté.

Mais ce n'était pas Mlle Mars sur qui retombait dans cette scène la plus grande part de responsabilité, c'était le duc, c'était Armand. Armand n'avait ni le feu de Firmin, ni le charme de Bressant, ni l'ardeur communicative de Delaunay, mais son élégance de manières et de mise, sa jolie taille, sa figure aimable, sa façon de parler à une femme, le rendaient éminemment propre à ces rôles d'hommes du monde qui se font pardonner tout ce qu'ils se permettent. Armand sut envelopper cette déclaration nocturne et périlleuse de tant de respect, de tant de goût, de tant de mesure, que quand Hortense, effrayée au bruit de l'arrivée de son mari, fait cacher le duc dans un cabinet, cette sortie, si difficile pour l'acteur, fut accompagnée de vifs applaudissements, et Casimir Delavigne, qui attendait, anxieux, dans la coulisse, sauta au cou d'Armand, en s'écriant : « Vous m'avez sauvé! »

Il allait trop vite. Le danger n'était pas passé, il commençait. A peine le duc caché, Danville entre.

Son domestique l'a averti que le duc est venu. Est-il encore là? Où est-il? Sous le coup de ses soupçons, Danville interroge le trouble, la voix, les réponses embarrassées d'Hortense, et tout à coup, éclairé par un regard de terreur qu'elle jette sur le cabinet : « Il est là ! » dit-il tout bas.

Eh bien, supposez un poète dramatique de nos jours trouvant cette situation. Que ferait-il ? Évidemment Danville s'écrierait à haute voix : *Il est là !* Il irait droit au duc, renverrait violemment sa femme, et la scène entre les deux hommes s'engagerait. Mais, du temps de Casimir Delavigne, on craignait les coups d'audace, parce qu'ils pouvaient amener des coups de sifflet. En face d'une situation périlleuse, on se préoccupait bien plus de la *sauver* que de l'aborder franchement. On était pour le système tournant. Danville se contient donc, engage Hortense à se retirer, et, devant son hésitation, se retire lui-même. Restée seule, la jeune femme fait un pas vers le cabinet où est caché le duc, puis s'arrête et sort par le fond, en disant :

Il pourra s'échapper !

Oh ! pour le coup, le public fut sur le point de se fâcher ; et il n'avait pas tout à fait tort. La jeune femme était bien imprudente de se fier au hasard pour une telle évasion ; cette imprudence fit chanceler un moment la pièce ; mais, à peine Mlle Mars sortie, Talma rentra avec une telle impétuosité, appela le duc avec une telle rage, qu'il emporta tout dans son mouvement, et entraîna le public après lui dans cette scène admirable, que Corneille aurait pu signer. Tout y est *tragique*, et rien n'y est *tragédien*. Les répliques ardentes qui s'y croisent semblent un écho des vers du *Cid*, mais avec quelque chose de familier qui sent la vie de tous les jours. C'est de la poésie héroïque en frac.

LE DUC

Cette lutte entre nous ne saurait être égale.

DANVILLE

Entre nous votre injure a comblé l'intervalle :
L'agresseur, quel qu'il soit, à combattre forcé,
Redescend par l'offense au rang de l'offensé.

LE DUC

De quel rang parlez-vous ? Si mon honneur balance,
C'est pour vos cheveux blancs qu'il se fait violence.

DANVILLE

Vous auriez dû les voir avant de m'outrager.
Vous ne le pouvez plus quand je veux les venger.

LE DUC

Je serais ridicule et vous seriez victime.

DANVILLE

Le ridicule cesse où commence le crime,
Et vous le commettrez ; c'est votre châtiment.
Ah ! vous croyez, messieurs, qu'on peut impunément,
Masquant ses vils desseins d'un air de badinage,
Attenter à la paix, au bonheur d'un ménage !
On se croyait léger, on devient criminel :
La mort d'un honnête homme est un poids éternel.
Ou vainqueur, ou vaincu, moi, ce combat m'honore ;
Il vous flétrit vaincu, mais vainqueur, plus encore :
Votre honneur y mourra. Je sais trop qu'à Paris
Le monde est sans pitié pour le sort des maris ;
Mais lorsque le sang coule, on ne rit plus, on blâme.
Vous ridicule ? Non ! non ! vous serez infâme !

Où trouver dans le théâtre contemporain, même chez
E. Augier, des vers plus solides, mieux trempés, plus
vrais? Talma y produisait un effet immense, et quand
à la fin de la scène, à ce mot du duc :

Je vous attends!

il répondit :

Vous n'aurez pas l'ennui de m'attendre longtemps,

la terrible familiarité de son accent et de son geste fit
courir un frisson dans toute la salle, et l'acte s'acheva
au milieu d'une explosion d'applaudissements. Au cinquième acte, la charmante scène de comédie entre
Danvile et Bonnard fit monter le succès jusqu'à l'ovation, et j'en trouve l'écho dans deux témoignages
éclatants.

Lamartine, avec sa naturelle générosité d'âme, salua
le triomphe de son rival de renommée dans cette
épître charmante :

> Grâce aux vers enchanteurs que tout Paris répète,
> Ton nom a retenti jusque dans ma retraite,
> Et le soir, pour charmer les ennuis des hivers,
> Autour de mon foyer nous relisons ces vers
> Où brille en se jouant ta muse familière,
> Qu'eût enviés Térence et qu'eût signés Molière.
> Comment peux-tu passer, par quel don, par quel art,
> De Syracuse au Havre, et du Gange à Bonnard?
> Puis, soudain déployant les ailes de Pindare,
> Sur les bords profanés de Sparte et de Mégare,
> Aller d'un vers brûlant tout à coup rallumer
> Ces feux dont leurs débris semblent encor fumer?
> Franchissant d'un seul trait tout l'empire céleste,
> Le génie est un aigle et ton vol nous l'atteste.

Après Lamartine, Alexandre Dumas :

« Le rôle de Danville, dit-il dans ses *Mémoires*, est doux, noble, charmant, complet d'un bout à l'autre. Comme ce cœur de vieillard aime bien à la fois Hortense en amant et en père ! Jamais le déchirement d'une âme humaine ne s'est fait jour avec plus de force que dans ce sanglot :

Je ne l'aurais pas cru ! C'est bien mal ! C'est affreux !

« Ce qu'il y a de vraiment beau dans l'*École des Vieillards*, c'est cette profonde, cette sanglante souffrance d'un cœur déchiré ! C'est cette situation qui permettait à Talma d'être grand et simple à la fois, de montrer tout ce que peut souffrir cette créature née de la femme, et enfantée dans la douleur pour vivre dans la douleur, qu'on appelle l'homme. »

Alexandre Dumas ajoute que le rôle d'Hortense ne vaut pas celui de Danville. Il a raison, et Mlle Mars était de son avis. J'en eus la preuve bien des années après. En 1838, me trouvant alors en relations de travail avec Mlle Mars, je lui parlai un jour de ce rôle d'Hortense et sa réponse me montra à quel point la *composition* de son personnage l'occupait toujours. « J'ai joué peu de rôles plus difficiles, me dit-elle ; savez-vous pourquoi ? C'est qu'il n'a pas le même âge pendant toute la pièce. Au premier acte, Hortense a vingt-cinq ans ; au cinquième, elle n'en a plus que dix-huit. C'est une grande coquette dans l'exposition, et, au dénouement, c'est une ingénue. Vous ne sauriez croire combien il est malaisé de donner de la vérité à un rôle quand toutes les parties ne s'en tiennent pas bien. Heureusement, ajouta-t-elle gaiement, le public ne s'en est pas aperçu et pas un critique n'en a fait la remarque. — A qui la faute? lui répondis-je, à vous!... — Et aussi au rôle, ajouta-t-elle vivement... Car enfin, malgré mes réserves, c'est un très beau rôle! Ce qu'il a d'un peu contradictoire disparaît devant ce qu'il a de brillant, de sincère, d'aimable, et la lecture de la charmante lettre qui fait le dénouement est à elle seule une bonne fortune pour une artiste. — Eh! bien, lui dis-je alors, savez-vous l'histoire de cette lettre? — Non. — Elle est curieuse. Casimir Delavigne était fort embarrassé pour faire tomber dans les mains de Danville cette lettre qui justifie Hortense. Il confie son embarras à Scribe, à qui il confiait tout, et Scribe lui dit : « Je crois que je peux te tirer d'affaire; je fais en ce moment une pièce en un acte, *Michel et Christine*, qui renferme une situation identique à la tienne, et j'ai trouvé, pour en sortir, un moyen assez ingénieux. Prends-le. Personne ne s'en doutera. Comment s'imaginer qu'une grande comédie en cinq actes emprunte quelque chose à un pauvre petit vaudeville? Et je m'applaudirai deux fois de ma trouvaille, puisqu'elle te sera utile à toi comme à moi. » Scribe avait bien deviné; nul critique ne reprocha cette légère imitation à Casimir Delavigne, et son triomphe fut un événement pour toute la jeunesse des écoles.

## IV

C'était sous le coup de mon enthousiasme que j'avais fait mon envoi d'écolier à Casimir Delavigne. On devine avec quelle anxiété j'attendis la réponse. Je ne l'attendis pas longtemps. Six jours plus tard je recevais cette lettre, que je suis bien heureux de pouvoir transcrire textuellement :

« Monsieur,

« Vous portez un nom bien cher aux muses. C'est un honneur dangereux dont vous promettez de vous rendre digne. J'ai lu vos vers avec un réel intérêt, et je désire les relire avec vous. Choisissez l'heure et le jour. Je suis entièrement à votre disposition. Il m'est honorable et doux de pouvoir donner au fils les conseils qu'il me serait encore si utile de recevoir du père.

« Agréez l'assurance de ma parfaite estime.

« Casimir Delavigne.

« Ce 23 décembre 1825. »

Cette lettre est tout le portrait de Casimir Delavigne. Écrire ainsi à un garçon de dix-sept ans, le lendemain d'un triomphe, c'est presque aussi rare que le triomphe même. Que de simplicité, de bonté, de modestie ! Quelle grâce dans ce souvenir de mon père, si délicatement rappelé ! J'arrivai chez lui, aussi touché de sa réponse que tremblant de son arrêt. Je le trouvai dans son très simple salon de la rue d'Hauteville, en petite redingote noire, en pantalon noir, avec des bas blancs et des chaussons de lisière. Sa fenêtre était ouverte et le soleil y entrait à pleins rayons. Il vint à moi, me prit la main, et, me montrant ces larges traînées de lumière : « Voilà un beau temps pour la poésie, me dit-il, nous allons pouvoir causer. » Je balbutiai quelques mots inarticulés ; le cœur me battait au point de me couper la voix. Je me sentais aussi surpris que troublé :

surpris d'abord de le trouver si petit; il me semblait qu'un grand poète devait être grand; plus surpris encore de le voir si jeune d'aspect, de physionomie. Pas de barbe; un sourire charmant, mais un sourire d'enfant; un bas de visage très mince, mais le haut de la figure superbe. Un front très large et très découvert, des yeux étincelants de lumière! Il vit mon embarras et me dit: « J'ai donc lu vos vers; j'y ai trouvé des qualités, mais, avant d'en causer avec vous, permettez-moi une question très prosaïque : Avez-vous de quoi vivre? — Mon tuteur m'a dit que j'aurais, sinon de la fortune, du moins de l'aisance. — Alors, prenons votre manuscrit. » Comme mes regards exprimaient l'étonnement : « Ma question vous intrigue un peu, me dit-il en riant. En voici l'explication. J'ai remarqué dans vos vers de la facilité, des dons heureux, peut-être même des trouvailles d'expression originale; mais de là à un talent qui puisse fournir à toute une carrière, il y a loin encore. Or, à moins d'une vocation évidente, d'une supériorité déjà incontestable, je détournerai toujours un jeune homme de chercher dans la poésie un gagne-pain. On peut vivre pour faire des vers; il ne faut pas faire des vers pour vivre. Mais, maintenant que je suis tranquille pour vous et en règle avec ma conscience, lisons vos trois morceaux. » La lecture dura une demi-heure. J'en appris plus dans cette demi-heure de conversation que dans tous les livres de rhétorique. C'était de la critique vivante. Il me fit toucher du doigt toutes mes fautes, me montra toutes mes défaillances, et me signala, en même temps, ce qui pouvait être pronostic heureux. La lecture finie : « Mon cher enfant, me dit-il, je suis ici tous les dimanches matin. Venez me voir tant que vous voudrez. Apportez-moi ce que vous aurez fait, ou ne m'apportez rien, comme il vous plaira. Si vous arrivez les mains pleines, nous lirons vos vers ensemble, et quelquefois aussi les miens. Vous vous vengerez de mes critiques en me les rendant, ajouta-t-il en riant. C'est dit; au revoir ! »

Je sortis touché, éclairé, le cœur aussi pris que l'imagination. L'autographe de Casimir Delavigne courut dans tout le lycée, le récit de ma visite devint le sujet de toutes nos conversations ; mes camarades furent émus comme moi de tant de sincérité unie à tant d'affectueuse sollicitude.

Quelques semaines après, je lui apportai une grande ode ayant pour titre : *le Génie*, et en-tête : *A Casimir Delavigne*.

A peine le papier ouvert : « Oh ! oh ! me dit-il, voilà une grosse faute au début. — Laquelle donc ? — La dédicace. Mon cher enfant, je ne doute pas de votre sincérité ; c'est avec une pleine bonne foi que vous avez écrit, à côté l'un de l'autre, le mot *génie* et mon nom ; mais cela prouve, ajouta-t-il gaiement, que vous ne vous y connaissez pas encore. Songez donc ! Le génie ! Le nom que l'on applique à Corneille, à Racine, à Sophocle, à Shakespeare ! Vous êtes un imprudent d'avoir écrit cette ligne-là, vous allez me rendre très sévère pour votre ode. Lisez-la moi. » — Pendant toute la lecture, il ne donna aucun signe ni d'approbation ni de blâme. La lecture finie, il garda un moment le silence, puis me dit : « Voilà qui est grave ! Votre ode ne vaut absolument rien. Si l'exécution seule était défectueuse, je n'y ferais pas attention. Les défaillances de plume sont affaire de jeunesse. Mais, ce qui m'inquiète, c'est la faiblesse de la pensée même. J'augurais mieux de vos premiers vers. Voulez-vous m'en croire ? Vous êtes dans un moment de crise. Il faut prendre un parti héroïque. Restez un an sans faire un vers. Laissez là la forme. Vous la retrouverez toujours. Travaillez le fond ! Forgez votre esprit ! Instruisez-vous ! Voyagez dans les chefs-d'œuvre des autres pays ! Vous savez Corneille, Racine et Molière presque par cœur ? C'est bien, mais ce n'est pas assez. Joignez-y Sophocle et Shakespeare. Attaquez-les dans le texte, si vous pouvez. N'oubliez pas nos grands prosateurs. La prose est la nourrice de la poésie. Enfin, cherchez-vous vous-même en étudiant les autres. Dans un an, nous verrons. »

Bien des années se sont écoulées depuis cette conversation, et plus j'ai vieilli, plus j'en ai senti la profondeur et la justesse. Ce mot : *Cherchez-vous vous-même en étudiant les autres*, ressemble à un paradoxe, et c'est toute une poétique. Autrefois, on disait volontiers, et l'on avait peut-être raison de dire : *Pour rester soi, il faut s'enfermer en soi*. Mais aujourd'hui, où l'on ne peut s'enfermer en soi, aujourd'hui où tout vous dispute à vous-même, où les idées ambiantes vous entrent dans le cœur et dans la tête par tous les pores, où les cours, les journaux, les revues, les livres, les expositions, les conversations, les voyages, établissent en dedans de nous un grand courant perpétuel des opinions les plus contradictoires, la personnalité ne peut plus être la naïveté. Pour se trouver, il faut se retrouver. Pour se reconnaître, il faut se comparer. La seule manière de n'imiter personne, c'est d'étudier tout le monde. Le commerce assidu avec les maîtres divers, substitue l'enthousiasme réfléchi aux engouements aveugles, et vous apprend par la sympathie ou la répulsion, à quoi vous êtes propre et ce que vous pouvez devenir. *Dis-moi qui tu aimes, je te dirai qui tu es.* Le génie n'a peut-être que faire de ces règles, mais le talent ne peut pas s'en passer.

Un autre mérite de ces sages paroles, c'est leur sévère franchise. Que nous voilà loin de ces illustres, qui distribuent des brevets de poète au premier petit rhétoricien qui les flatte, et sèment des admirations pour récolter des admirateurs ! C'est un rôle très difficile que celui de poète consultant. La sincérité y court de grands risques. Lamartine s'en tirait à force d'hyberbole. Il vous faisait de tels éloges qu'il était impossible de le croire. Béranger était sincère. Je l'ai vu pourtant un jour, bien spirituellement moqueur, avec un ennuyeux qui l'assommait sans cesse de ses confidences poétiques. A peine le manuscrit entre ses mains, Béranger, avant de l'avoir lu, dit à l'auteur : « C'est charmant ! — Mais, monsieur Béranger, vous ne l'avez pas lu ! — Je n'ai pas lu celui-là, mais j'ai lu les autres. Et je vous connais ! Je suis sûr que celui-là est tout pareil. — Faites-moi cependant l'honneur de le lire, et je reviendrai savoir votre avis dans huit jours. — C'est inutile ! je vous dirais dans huit jours ce que je vous dis aujourd'hui... C'est charmant! Ainsi, remportez-le, et ne m'en rapportez plus. Quand, comme vous, on a une valeur personnelle, quand on fait des vers qui ne ressemblent à rien, il ne faut pas consulter, de peur d'altérer son originalité. — Ah! cher maître, vous me comblez!... » Et il partit radieux.

Les conseils de Casimir Delavigne ne furent pas perdus pour moi; j'employai mon année de jeûne poétique à traduire l'*Agamemnon* d'Eschyle et *Roméo et Juliette* de Shakespeare; je lus, le crayon à la main, nos chefs d'œuvre en prose, et j'arrivai chez lui au bout d'un an, avec une étude d'observation intime qui lui plut, un plan de tragédie qui ne lui déplut pas et une idée qu'il approuva complètement. Cette idée était de concourir pour le prix de poésie, à l'Académie. « Le sujet proposé, lui dis-je, est un peu sévère, mais il n'est pas banal : c'est l'invention de l'imprimerie; puis, ce qui me touche, c'est que ce prix, si je l'obtenais, créerait, ce me semble, un lien de plus entre mon père et moi. — Concourez! me dit-il vivement, vous avez raison. Moi aussi, j'ai débuté par un concours académique. — Et vous n'avez pas été couronné, repris-je en riant. — Non; et c'était juste. Nous avions pour sujet : *les Avantages de l'étude;* et la fantaisie me prit de faire un paradoxe à la Jean-Jacques. J'attaquai l'étude dans une épître railleuse... — Pleine de vers charmants, restés proverbes. — Vous les connaissez? — Je pourrais vous les citer; témoin celui-ci :

Les sots depuis Adam sont en majorité.

Et je n'ai jamais pu comprendre pourquoi vous n'aviez pas eu le prix. — Oh! il y eut grand débat parmi mes juges. Lemercier tenait fortement pour moi. Mais on me reprocha d'avoir quelque peu manqué de respect au docte corps en ne prenant pas le sujet au sérieux, et on me préféra la pièce de Pierre Lebrun, qui, somme toute, valait mieux que la mienne. Ne faites pas comme moi, n'attaquez pas l'imprimerie et allez voir Lemercier; allez le voir pour trois raisons : il était l'ami de votre père, il vous recevra bien; c'est un esprit de premier ordre, il vous guidera bien; c'est un des plus écoutés à l'Académie, il vous défendra bien. — Avec vous, j'espère. — Ah! ne comptez pas sur moi, reprit-il gaiement. Je suis un fort mauvais académicien, je ne gagne pas mes quatre-vingt-trois francs par mois. Je n'y vais presque jamais. J'ai tort, car le peu de fois que j'y vais, je m'y amuse. Mais le travail, les répétitions, et surtout le mauvais pli pris, m'en détournent. C'est affaire de routine. Mes pieds n'ont pas l'habitude de se diriger le jeudi vers le pont des Arts. Je n'y vais pas parce que je n'y vais pas. Quand vous en serez..., car il faut que vous en soyez, vous devez cela à votre père, soyez exact. Nous nous y retrouverons peut-être, ajouta-t-il en riant, car je serai vieux alors, et j'irai. L'Académie a un grand avantage. Grâce à elle, quand on n'est plus quelqu'un, on est encore quelque chose. Allez chez Lemercier. »

## V

Telles furent mes premières relations avec Casimir Delavigne. Aucun nom n'était alors plus éclatant que le sien. Aujourd'hui l'école du *Dédain transcendant*, c'est ainsi qu'elle se nomme elle-même, le traite comme Béranger, comme Chateaubriand, comme Scribe, comme Lamennais, comme Lamartine; elle le jette avec les autres à l'oubli. Je me trompe; elle n'oublie pas! Elle ressuscite de temps en temps ceux qu'elle a enterrés, pour accoler à leur nom quelque épithète méprisante. Qu'importe? Casimir Delavigne n'en reste pas moins un des esprits les plus brillants de la Restauration et de la monarchie de Juillet. Que de dons divers et charmants! Les chœurs du *Paria* peuvent se relire à côté de ceux d'*Esther* et d'*Athalie*; *Don Juan d'Autriche* a été et est encore une des plus amusantes comédies de notre temps; *L'École des Vieillards* renferme deux rôles d'homme excellents, outre les belles scènes que j'ai signalées. *Louis XI* compte parmi les drames qui passionnent encore la foule; et le succès éclatant qu'il obtint récemment à l'Odéon, proteste contre l'abandon que le Théâtre-Français a fait de tout le répertoire de Casimir Delavigne. Une anthologie du dix-neuvième siècle ne sera complète que si l'on y met au premier rang, l'*Ame du Purgatoire*, les

*Limbes*, les *Adieux à la Madeleine*. A. de Musset citait toujours avec admiration ces vers d'une *Messénienne* :

>    Eurotas! Eurotas! Que font tes lauriers-roses
>    Sur ton rivage en deuil par la mort habité?
>    Est-ce pour insulter à ta captivité
>        Que ces nobles fleurs sont écloses?

Pour moi, je l'avoue, je ne puis parler froidement de Casimir Delavigne, tant son nom se lie pour moi aux plus chers souvenirs de ma jeunesse, tant l'âme et le talent, l'homme et le poète, formaient en lui un rare assemblage. C'était vraiment une nature exquise. La simplicité va bien avec la gloire. Casimir Delavigne était plus que simple, il était ingénu, *ingenuus* selon le beau mot latin. Il avait la grâce candide de l'adolescence. Regard, sourire, physionomie, tout en lui était lumière! Sa vie était patriarcale. Son père, sa mère, sa sœur, les enfants de sa sœur, un de ses frères, tout cela demeurait sous le même toit que lui; je pourrais dire sous son toit, car son travail comptait pour beaucoup dans la fortune de la communauté. Seulement, comme son enfance avait été délicate, comme sa santé était toujours faible, comme son corps frêle avait toujours réclamé beaucoup de soins, il était resté l'enfant de cette maison dont il était le soutien. Figurez-vous quelque chose comme Benjamin et Joseph, Joseph en Égypte, ne faisant qu'un. Il n'entendait rien à la pratique de la vie. Je le vois encore un jour sur la place de la Bourse, fort éperdu au milieu de toutes les voitures qui se croisaient, et soutenu par ses deux frères, très occupés, eux aussi, à l'empêcher de se laisser écraser; avec cela, l'âme courageuse, généreuse, enthousiaste, vibrant d'émotion pour les héroïsmes de toute sorte.

S'il vivait de notre temps, un seul de ses succès d'autrefois suffirait à le rendre riche; vingt ans de triomphe lui assurèrent à peine une modique aisance et de quoi acheter, à la fin de sa vie, une petite maison de campagne dans sa chère Normandie, La Madeleine, où il espérait mourir et qu'il fut forcé de revendre peu d'années après. Pour se consoler de l'avoir perdue, il allait s'asseoir... Mais j'aime mieux le laisser parler lui-même, en citant quatre strophes de cette élégie charmante qui fut une de ses dernières œuvres :

> Adieu, Madeleine chérie,
> Qui te réfléchis dans les eaux
> Comme une fleur de la prairie
> Se mire au cristal des ruisseaux.
> Ta colline, où j'ai vu paraître
> Un beau jour qui s'est éclipsé,
> J'ai rêvé que j'en étais maître.
> Adieu, ce doux rêve est passé.
>
> Assis sur la rive opposée,
> Je te vois, lorsque le soleil
> Sur les gazons boit la rosée,
> Sourire encore à ton réveil.
> Doux trésors de ma moisson mûre,
> De vos épis un autre est roi !
> Tilleuls dont j'aimais le murmure,
> Vous n'aurez plus d'ombre pour moi.

> Cette fenêtre était la tienne,
> Hirondelle, qui vins loger
> Bien des printemps dans ma persienne
> Où je n'osais te déranger !
> Dès que la feuille était fanée,
> Tu partais la première, et moi
> Avant toi je pars cette année ;
> Mais reviendrai-je comme toi ?
>
> Adieu, chers témoins de ma peine,
> Forêt, jardin, flots que j'aimais !
> Adieu ! ma fraîche Madeleine !
> Madeleine, adieu pour jamais !
> Je pars, il le faut, je te cède ;
> Mais le cœur me saigne en partant !
> Qu'un plus riche, qui te possède,
> Soit heureux où nous l'étions tant !

Ces vers sont vraiment exquis; mais ce qui m'y touche le plus peut-être, c'est de penser que probablement je les apprendrai à ceux qui me liront.

## CHAPITRE III

## L'ACADÉMIE EN 1829

### MON PRIX DE POÉSIE

1829 et 1830 ne sont pas seulement deux années qui se suivent, deux sœurs dont l'aînée est en avance de douze mois sur la cadette : c'est une mère et une fille. L'une a engendré l'autre ; l'une a préparé l'autre. En 1829 on est en pleine lutte ; en 1830 on est en pleine victoire : victoire double, car il s'agit d'une double révolution, révolution politique et révolution littéraire. D'un côté les libéraux contre les royalistes, de l'autre les romantiques contre les classiques. Un tel mouvement eut forcément son contre-coup dans l'Académie. Elle se divisa, en effet, en deux partis, on pourrait dire en deux camps. Mais, le fait curieux, c'est que presque tous les académiciens se trouvèrent à la fois révolutionnaires et réactionnaires, les libéraux étant classiques et les romantiques royalistes. Il suffira de nommer, d'un côté, Andrieux, Arnault, Lemercier, Jouy, Étienne ; de l'autre, Chateaubriand et Lamartine ; puis, entre eux deux, tenant la balance, Villemain et Casimir Delavigne.

L'Académie avait désigné, comme je l'ai dit, pour sujet de poésie, l'*Invention de l'Imprimerie*. J'envoyai ma pièce de vers au concours, et, sur le conseil de C. Delavigne, j'écrivis à M. Lemercier pour lui demander un moment d'entretien.

J'arrive un matin, à dix heures, rue Garancière, n° 8. Je remets ma carte au domestique ; je suis introduit aussitôt dans un cabinet de travail très simple, un peu austère, et je vois se lever et venir à moi, en boitant un peu, un homme d'une soixantaine d'années, petit de taille, mais d'une figure encore charmante avec ses cheveux d'un gris d'argent soyeusement ondulés sur les tempes. Son front, partagé au milieu par la mèche napoléonienne, était tout couvert d'un léger réseau de petites veines frémissantes comme sur le cou des chevaux de race ; ses yeux, bleus, grands, humides, avaient un éclat d'escarboucle ; son nez, recourbé en bec d'aigle, retombait sur une bouche remarquablement petite, aux lèvres minces, mobiles, contractiles, prêtes également à lancer un trait mordant, ou à se détendre en un sourire plein de finesse, le tout enveloppé d'une grâce, d'une courtoisie, qui rappelait les manières de l'ancienne société française où il avait beaucoup vécu. Je ne vis pas tout cela, je le sentis ; le premier coup d'œil a des clairvoyances qui ressemblent à des divinations. Nous avions marché l'un vers l'autre; arrivé à deux pas de moi, il s'arrêta tout à coup, me regarda, et me dit avec un accent de surprise et d'émotion : *Dieu! que vous ressemblez à votre père!* Son accent, son regard, me remuèrent jusqu'au fond du cœur. Je compris qu'il avait réellement aimé mon père, qu'il m'aimait déjà à cause de lui, et quand il ajouta, en me faisant signe de m'asseoir : « Je suis heureux de vous voir, bien heureux. Dites-moi quelle bonne pensée vous a amené chez moi, » ce ne fut pas sans trouble que je lui racontai ma conversation avec Casimir Delavigne et mon projet de concours. Il se mit à sourire en m'écoutant, et me dit : « On voit bien que Casimir Delavigne ne vient pas souvent à l'Académie. Il ignore nos devoirs. Mais, mon cher enfant, le règlement me défend de savoir que vous êtes concurrent, puisque je suis votre juge. » Ma mine se rembrunit un peu à ce mot. Ce que voyant : « Par bonheur, me dit-il, il est des accommodements avec le règlement comme avec le ciel! Ainsi, par exemple, les jours d'élection, nous jurons n'avoir aucun engagement avec aucun candidat, et en réalité nous sommes presque tous engagés. De même, nous sommes censés ignorer le nom des concurrents, et bien souvent encore nous les connaissons. Du reste, il n'y a pas grand mal à cela, car, sachez-le bien, à l'Académie comme ailleurs, on ne défend bien que les ouvrages qui se défendent eux-mêmes. C'est donc sans scrupule que je vous dis : Quel est le numéro de votre pièce? — Le numéro 14. — Eh bien, nous aurons l'œil sur ce numéro 14. S'il me paraît mériter le prix, je le défendrai chaudement, mais, si j'en trouve un supérieur, je vous abandonne sans merci. — Je ne demande que cela ! » répliquai-je vivement. Il sourit de ma vivacité, et ajouta : — « Quelque chose me dit que je ne vous abandonnerai pas. Vous n'aurez pas hérité de votre père que les yeux. Mais, d'abord, dites-moi, avez-vous travaillé avec cœur? Comment avez-vous trouvé le sujet? — Beau d'abord, plus beau à mesure que je l'ai creusé. — Vous avez raison. C'est un grand sujet. Savez-vous à quoi ressemblait la terre avant l'invention de l'imprimerie? A une planète où la lumière ne brillerait que pour quelques élus. Cette belle parole : *Le soleil luit pour tout le monde*, n'est vraie pour le génie que depuis l'invention de l'imprimerie. — Je suis fâché, répondis-je en riant, que vous ne m'ayez pas dit cela avant le concours : je l'aurais mis dans ma pièce de vers. — Ah! oui, reprit-il gaiement, mais *avant* je ne vous l'aurais pas dit! Revenez me voir un de ces matins; on aura lu votre pièce, et je vous dirai son sort. »

Quinze jours après, un jeudi, j'arrive à midi; il était en train de s'habiller.

— « Vous arrivez à merveille, me dit-il. Vous êtes réservé, réservé pour concourir au prix. Il y a vraiment de très bonnes choses dans le numéro 14. J'ai surtout remarqué un passage où se retrouve quelque peu du talent de votre père, une certaine note mélancolique qui sort du ton habituel des ouvrages qu'on nous envoie. Mais, je ne dois pas vous le cacher, vous avez trois rivaux redoutables : d'abord, le grand concurrent ordinaire, Bignan, que soutient fort Baour-Lormian;

puis un poète charmant et dont je fais grand cas, Mme Tastu, et enfin M. X. B. Saintine. On cite un vers de sa pièce, qui est beau. En parlant de l'imprimerie :

> Voilà donc le levier
> Qu'Archimède implorait pour soulever le monde !...

« Enfin, nous verrons. On vous relit aujourd'hui tous les quatre en vous comparant l'un à l'autre ; nous saurons à cinq heures ce qu'il en est. Revenez à cinq heures. » Tout en parlant, il achevait sa toilette. Très soigné et même coquet de sa personne, il tenait à la main une petite cravate, fort jolie, toute neuve, dont il avait l'air assez content.

— « Bah ! dit-il gaiement, tout en la mettant, cette cravate-là aura le prix ! »

On comprend si je fus exact. Aussitôt qu'il m'aperçut : « A l'unanimité ! à l'unanimité ! Baour-Lormian a voulu batailler pour son cher Bignan ; mais Jouy, avec sa fougue habituelle et ses emportements si comiques, s'est levé, et lui a dit en face, que, pour refuser le prix au numéro 14, il fallait être un malhonnête homme ! Là-dessus tout le monde a éclaté de rire, y compris Baour-Lormian ; on a passé au scrutin, et, le scrutin terminé, le secrétaire perpétuel a pris votre manuscrit et s'est apprêté à déchirer la petite enveloppe cachetée qui renfermait votre nom. Nous le savions tous, ce nom. Et pourtant il y eut à ce moment un silence plein d'attente. Tous les regards étaient tournés vers le secrétaire perpétuel, et, quand il a prononcé le nom d'Ernest Legouvé, il a couru dans la salle un murmure général de satisfaction et d'émotion. Soyez heureux de ces détails, mon cher enfant, car c'est à votre père que s'adressait toute cette sympathie. Ils vous montrent quelle trace il a laissée parmi nous. Oh! grâce à lui, vous entrez dans la vie par une belle porte... Vous êtes un souvenir et une espérance. » Ma foi! là-dessus, je lui sautai au cou. « C'est bien! c'est bien! me dit-il en m'embrassant à son tour, mais il s'agit maintenant de penser à la séance publique. C'est votre première... Première représentation! Il nous faut absolument un succès. » Il s'arrêta un moment comme quelqu'un qui réfléchit; puis tout à coup : « Tenez, faisons une épreuve! Voici votre manuscrit : je l'ai emporté parce que c'est moi qui vous lirai à la séance. Eh bien, regardons-le ensemble. Je connais le public, et je sais un peu mon métier de lecteur; en cinq minutes, nous saurons à quoi nous en tenir. »

Il prit alors ma pièce de vers, il la parcourut de l'œil et du doigt, s'arrêtant de temps en temps pour me dire : « Nous serons applaudis là... puis là... Ici une salve de bravos... Oh! oh! voilà vingt vers qui ne nous rapporteront rien, ni ce passage-là non plus... Ah! ici, une tirade dont je réponds! Et si vous semez çà et là quelques murmures de satisfaction, quelques Ah! approbateurs, nous arriverons à une impression générale excellente et à une dizaine d'effets. Attendez la séance sans crainte. » Sa prédiction se réalisa de point en point. A chaque marque de sympathie signalée d'avance par lui, il levait vers moi les yeux en souriant, comme pour me dire : « Vous l'avais-je promis? »

La séance terminée, je sortis, et je trouvai dans la cour de l'Institut cette foule d'amis connus et inconnus qui vous attendent, ces mains qui se tendent vers vous, ces bras qui se jettent autour de votre cou, ces yeux bienveillants qui vous suivent. Eh bien, le croirait-on? au milieu de tous ces témoignages si agréables pour un garçon de vingt-deux ans, je voyais toujours devant moi le regard et le sourire de M. Lemercier. C'est que j'ai eu pour M. Lemercier un sentiment très particulier, un sentiment qu'on n'éprouve peut-être qu'une fois, qu'on n'éprouve guère que dans la jeunesse, qui tient de l'admiration, du respect, de la reconnaissance, mais qui s'en distingue et les dépasse; j'ai eu pour lui un culte! Certes, j'avais beaucoup admiré et aimé Casimir Delavigne; mais son âge se rapprochait trop du mien; son caractère, plein de charme, n'avait pas assez de force, pour que mon admiration, si vive qu'elle fût, allât plus loin qu'une admiration littéraire, et que mon affection très réelle dépassât la sympathie et la reconnaissance. Le culte veut davantage; il ne va pas sans un léger tremblement devant le Seigneur. J'ai toujours, je ne dirai pas tremblé, mais tressailli devant M. Lemercier. Rien pourtant de plus affable que son accueil. Il m'avait même admis dans sa famille, et sa femme, sa fille, me montraient la même bienveillance que lui. N'importe! Sa supériorité m'était toujours présente. Était-ce enthousiasme aveugle pour ses ouvrages? Non! J'en voyais les défauts, avec regret, en m'en voulant de les voir; mais je les voyais. Était-ce éblouissement de sa renommée? Non! Il n'avait ni le rayonnant éclat des gloires reconnues, ni la popularité bruyante des génies contestés. A quoi tenait donc mon sentiment? A lui! A ce qu'on devinait en lui! A ce qui émanait de lui! On sentait... A quoi? je ne saurais le dire, que, malgré le réel mérite de ses œuvres, ce qu'*il était* l'emportait beaucoup sur ce qu'*il avait fait*. Sa personne, ses regards, sa conversation, respiraient je ne sais quelle autorité naturelle, qui est comme l'atmosphère des grands caractères et des grands cœurs. Il m'a fait connaître la sensation délicieuse d'aimer les yeux levés, d'aimer au-dessus de soi. Aussi, qu'on juge de ma joie, quand, bien des années plus tard, après sa mort, j'eus l'occasion de prendre fait et cause pour lui. Un homme d'esprit et de talent laissa tomber de sa plume, dans un article du *Journal des Débats*, cette ligne dédaigneuse et méprisante : Ce *bon monsieur Lemercier*. Un tel terme appliqué à un tel homme, me révolta comme un blasphème; et j'adressai au rédacteur une réponse émue, presque indignée. Quinze jours plus tard, je reçus une lettre écrite en caractères tremblés, sur le fort papier d'autrefois, sans enveloppe, fermée d'un simple cachet de cire noire et qui contenait ces mots :

« Je vous remercie pour ma mère et pour moi. Vous
« êtes de ceux qui se souviennent. Votre réponse à cet
« article de journal, nous a profondément touchées
« toutes deux.

« N. LEMERCIER. »

Cette signature était celle de Mlle Lemercier. Je courus chez ces dames, que j'avais perdues de vue depuis bien longtemps Quel changement! La fille, quand je les avais quittées, avait dix-huit ans, un grand talent de musicienne, une rare distinction d'esprit. La mère, malgré ses quarante ans, me charmait par son élégance, sa bonté, sa finesse; c'était une véritable lady. Leur vie semblait une vie de grande aisance, et, le prestige de M. Lemercier se répandant sur elles, elles étaient restées dans ma mémoire enveloppées d'une sorte d'auréole poétique. J'arrive rue de Grenelle, n° 12; on me fait monter par un petit escalier assez sombre; j'entre dans un petit salon fort modeste, et je vois, au coin de la cheminée, le bras soutenu par un mouchoir, la figure pâle et émaciée, une vieille dame en cheveux blancs, qui m'accueille avec un aimable sourire, en me faisant signe qu'elle ne pouvait pas se lever. C'était Mme Lemercier; elle avait le bras et les deux jambes paralysés. Troublé par cette vue inattendue et douloureuse, je balbutiais à peine quelques vagues paroles, quand la porte latérale du salon s'ouvrit, et que je vis entrer une autre femme beaucoup plus jeune et pourtant presque aussi vieille, marchant appuyée sur deux béquilles, et vêtue, elle aussi, plus que simplement... C'était Mlle Lemercier. Elle était paralysée comme sa mère! Rien ne peut exprimer mon émotion. C'était toute ma jeunesse qui se levait devant moi, sous la forme de deux spectres! Voilà donc ce que trente années avaient fait de ces compagnes de mes vingt-deux ans! J'avais presque honte de me sentir, de me montrer à elles, en pleine force, en pleine santé. Peu à peu, cependant, ces tristesses se dissipèrent. Le passé, se levant de nouveau entre nous, chassa ce sombre présent. La conversation reprit entre elles et moi, comme autrefois, pleine d'effusion et de souvenirs émus, et je leur promis, en les quittant, de payer ma dette de gratitude à M. Lemercier autrement que par quelques lignes de journal. Je me tins parole. Le 25 octobre 1879, le jour de la séance publique de l'Institut, j'allai m'asseoir en costume d'académicien, comme représentant l'Académie française, à la petite tribune circulaire où ont lieu les lectures, et là, à cette même place où M. Lemercier avait si bien fait valoir, en 1829, ma pièce de vers couronnée, je lus une étude approfondie sur lui, où j'essayai de faire revivre dans son originalité puissante, la figure trop oubliée de l'auteur d'*Agamemnon* et de *Pinto*. Malheureusement, aucun de ces chers amis d'autrefois n'était là pour m'entendre; la mère et la fille avaient disparu toutes deux comme le père; c'est à leur mémoire seule que s'adressèrent mes paroles; ma petite couronne d'immortelles ne fut placée que sur un tombeau.

CHAPITRE IV

# NÉPOMUCÈNE LEMERCIER

Népomucène Lemercier a été une des plus éclatantes gloires littéraires de l'Empire ; on accolait à son nom le mot de génie ; Bonaparte, général et premier consul, le nommait son ami ; M. Talleyrand, quand on l'appelait le plus brillant causeur de Paris, répondait : « Ce n'est pas moi qui mérite ce nom, c'est Lemercier. » Enfin, voici ce que Ducis écrivait de lui :

« Je pars demain matin pour Paris avec mon jeune
« et charmant ami Lemercier. Je l'aime avec une
« profonde affection et je l'admire comme un être
« extraordinaire. Au sortir de l'enfance, pour guérir
« son jeune corps dont la moitié avait été frappée de
« paralysie, il a passé par toutes les tortures, et il a
« monté de supplice en supplice dans la sphère supé-
« rieure qu'il habite. Il tient dans sa main les rênes
« de ce corps, il en conduit avec sagesse et fermeté
« la partie vivante et la partie morte. Dans la partie

« vivante existe son âme, avec des redoublements
« d'esprit, une étendue de vues, une audace de con-
« ception, qui en font pour moi un phénomène char-
« mant, tandis que la partie morte en fait pour moi
« un martyr qui m'attendrit, un héros de la douleur
« qui m'étonne, et c'est tout cela qui m'explique les
« grandes passions qu'il a inspirées et ressenties, car
« les femmes ont des yeux pour comprendre et adorer
« ces prodiges. »

Voilà, certes, un portrait bien frappant !

Aujourd'hui, que reste-t-il de celui qui l'a inspiré ? Un nom sans doute, mais presque rien qu'un nom. La plus grande œuvre de M. Lemercier, la *Panhypocrisiade*, ne se sauve de l'oubli que par la bizarrerie de son titre. *Agamemnon* est englouti dans la fosse commune où gisent toutes les tragédies qui ne sont pas signées de Corneille ou de Racine. *Pinto* se cite encore de temps en temps avec éloge, mais plutôt comme une tentative hardie que comme une œuvre complète. Enfin M. Lemercier n'a pas l'heureuse fortune de survivre dans quelques vers, connus de tous, comme Arnault, avec *La feuille de rose et la feuille de laurier*.

Comment expliquer cette indifférence succédant à tant d'admiration ? Qui a raison, l'époque de Lemercier ou la nôtre ? D'où vient cet oubli, et que fut-il ?

Le premier acte de la vie de M. Lemercier est caractéristique.

Un jour, le comité de lecture du Théâtre-Français s'assemblait pour entendre l'ouvrage de début d'un jeune auteur, fort recommandé par la cour. C'était avant 89;

il s'agissait naturellement d'une tragédie. Arrive le poète : les acteurs (Mlle Contat, Molé, Préville étaient du nombre) se regardent stupéfaits; le poète avait l'air d'un enfant. De longs cheveux blonds tombant sur ses épaules, pas de barbe au menton, des yeux bleus pleins de douceur, une petite canne pour soutenir sa marche légèrement claudicante, et un précepteur pour l'accompagner. D'un coup d'œil, les artistes se disent : « C'est un fils de grande maison; le précepteur a fait la tragédie, et l'élève en aura l'honneur; un ornement à ajouter à son blason. — C'est sans doute monsieur qui lira l'ouvrage? dit Mlle Contat en montrant le précepteur. — Non, madame, c'est moi, » reprend l'enfant d'une voix douce. Il commence, il lit. Il lit bien, l'ouvrage plaît, on y trouve, à côté de beaucoup de faiblesses, des scènes heureuses, des mots touchants, il est reçu à l'unanimité. L'enfant, que la lecture n'avait nullement troublé, ne se trouble pas davantage devant les éloges, ni devant les critiques. « Je vais bien en avoir le cœur net, dit Mlle Contat tout bas à Molé. — Monsieur, dit-elle à M. Lemercier, nous sommes tous fort charmés de ce que nous avons entendu. Pourtant j'ai remarqué, au second acte, une scène où quelques changements seraient nécessaires. — Lesquels, madame? Voulez-vous m'expliquer ce que vous désirez? » Mlle Contat les lui explique. « Vos critiques sont très justes, Madame, répond l'enfant avec le même calme, et, dans deux ou trois jours, je vous rapporterai la scène corrigée. — Deux ou trois jours! répond Mlle Contat. C'est trop long pour notre impatience et pour votre talent, Mon-

sieur. Une ou deux heures vous suffiront j'en suis
sûre!... Et si vous vouliez exécuter ces légers changements tout de suite... — Tout de suite, reprend
vivement le précepteur, c'est impossible! — Nous y voilà,
se dit Mlle Contat. — M. Lemercier est fatigué de la
lecture. — Moi! répond l'enfant, je ne suis pas fatigué
du tout. Madame, vous aurez la scène dès ce soir. —
Pourquoi ce soir? reprit Mlle Contat. Pourquoi pas,
comme je vous l'ai dit, tout de suite? — Tout de suite?
— Sans doute!.... Je meurs d'envie de voir cette
scène refaite. Notre régisseur sera très heureux de
vous prêter son cabinet. Vous y serez très tranquille,
tout seul... car nous gardons monsieur, ajouta-t-elle
avec toute sorte de grâce, en se tournant vers le précepteur... et dès que vous aurez fini... — Je ne demande pas mieux, Madame, répondit l'enfant; qu'on
me conduise dans le cabinet du régisseur. » Une heure
après, il revenait avec la scène refaite et améliorée.
Pour le coup il fallut bien se rendre. La pièce fut mise
immédiatement en répétition.

Il n'était question que de cet enfant merveilleux.
L'intérêt s'accrut encore quand on sut qu'il était le
filleul de la princesse de Lamballe. La première représentation réunit au théâtre la ville et la cour. La reine
Marie-Antoinette occupait la loge royale avec la princesse. Grand succès! Bravos prolongés! On apprend
que le jeune auteur est dans la loge royale; on veut
le voir! C'est la reine qui le présente au public, et qui
l'embrasse, aux applaudissements de toute la salle. Une
seule personne restait calme et un peu grave, c'était le

poète de quatorze ans. Cependant, toujours poli et gracieux, il va distribuer les remerciements d'usage aux acteurs, puis il demande au souffleur de lui donner son manuscrit pour y faire quelques changements. Il l'emporte, et le lendemain matin, il écrit aux comédiens :

« Messieurs, mon succès d'hier m'a beaucoup touché, mais ne m'a pas fait illusion. Ma pièce est une œuvre d'enfant, c'est un enfant que le public a applaudi pour l'encourager ; je n'ai qu'une manière de me montrer digne de son indulgence, c'est de ne pas en abuser. De telles bontés ne se renouvellent pas. Je retire mon ouvrage, et je tâcherai que ma seconde tragédie soit plus digne de vos talents. »

Grande rumeur au théâtre. On ne veut pas rendre la tragédie, on espérait quelques représentations fructueuses ; mais on ne put vaincre la résolution de l'auteur, et, comme on le savait bienvenu de la cour, les comédiens se résignèrent à ne pas rejouer sa pièce.

Quel homme ne présageait pas un tel enfant ?

Survient la Révolution de 89. M. Lemercier avait dix-huit ans. Sans se lancer dans le mouvement, l'ardente curiosité de son esprit et son courage naturel le mêlèrent comme spectateur à tous les grands événements publics; partout où il y avait une fête, un spectacle, une émeute, partout où l'on se battait, il y courait ! Le danger l'attirait. Au club des Jacobins, à peine la séance ouverte, il arrivait dans la tribune, s'asseyait au premier rang, auprès des tricoteuses, et ces horribles femelles, voyant ce jeune homme imberbe, toujours à la même place, toujours muet, toujours l'œil fixe et comme enchaîné aux lèvres des orateurs, l'avaient surnommé l'Idiot. L'Idiot faisait son éducation morale; son passage silencieux à travers toutes les catastrophes de ces sanglantes années fut pour lui comme un voyage dans le terrible poëme de Dante. Il en sortit homme : le caractère trempé, le cœur à la fois affermi et attendri, passionné pour la liberté malgré la licence, et haïssant la licence de tout son amour pour la liberté, républicain enfin, selon la définition de Montesquieu qui donne à la République la vertu pour fondement. Seulement Lemercier lui emprunta aussi sa définition de la monarchie, et à la vertu ajouta l'honneur.

De la Terreur à 97, trois ouvrages dramatiques, *Clarisse Harlowe*, le *Lévite d'Éphraïm* et le *Tartufe révolutionnaire*, soutinrent sa réputation sans satisfaire son ambition littéraire, car il se refusa à les faire imprimer, et sans suffire à son insatiable ardeur intellectuelle, car il y mêla l'étude de la peinture et l'étude de la médecine.

Ce fut David qui lui mit le pinceau à la main. Frappé des dons extraordinaires de ce jeune homme, David l'associait volontiers à ses travaux. Le jour où il fut chargé par la Convention de faire le portrait de Lepelletier de Saint-Fargeau assassiné par Pâris, c'est Lemercier qu'il emmena pour l'aider. Le corps avait été déposé dans une salle basse des Tuileries; l'artiste s'y enferma, et, resté seul avec son élève, lui dit : « Va me chercher un poulet et un couteau. » Le couteau et le poulet apportés, David étendit sur le corps un grand drap, puis, coupant le cou du poulet, il aspergea le drap de taches de sang. Une telle recherche de réalisme étonnera chez le peintre de *Léonidas* et de la *Mort de Socrate*. Qu'on se rappelle le portrait de Marat. Celui de Lepelletier fut achevé avant la fin du jour. Lemercier m'a souvent raconté avec enthousiasme cette journée de travail d'un homme de génie, ces yeux ardemment attachés sur ce cadavre, ce pinceau poursuivant fiévreusement les restes de la vie sur ce visage qui se décomposait d'heure en heure. Si un stupide scrupule politique n'eût pas détruit ce chef-d'œuvre, il aurait prouvé une fois de plus que les grands artistes épris d'idéal n'ont ni ignorance ni mépris de la nature ; que, s'il leur arrive parfois de s'élever trop au-dessus d'elle, ce n'est pas dédain pour ce qui est et ce qui se voit, mais passion pour ce qui ne se voit pas ! Aussi, lorsque quelque hasard les ramène violemment en face de la vérité pure, ils l'embrassent, comme dirait Montaigne, d'une plus fiévreuse étreinte, ils trouvent pour la peindre des vigueurs de touche, des grandeurs de traits, que ne connaissent pas ceux qui se cantonnent dans la réalité vulgaire : leur commerce constant avec le beau leur enseigne le vrai, car le beau n'est que le sublime du vrai.

La poésie, qui avait prêté M. Lemercier à la peinture, le lui reprit bientôt, et quant à la médecine, ce fut l'amour qui l'y fit renoncer.

Au milieu de ses études anatomiques, il s'éprit d'une jeune femme d'un éclat de beauté incomparable. Un jour, assis près d'elle, il se sent tout à coup le jouet, la proie de la plus étrange fascination. Sa science d'anatomiste le poursuivant près d'elle, son regard devient comme un scalpel. Malgré lui, l'œil fixé sur ce cher visage, il le dépouille de son teint, de sa fraîcheur ; malgré lui il cherche, il suit sous ces chairs éclatantes le jeu des fibres, des muscles, des nerfs ; il les dissèque ; il fait de cette tête charmante une tête de squelette. Épouvanté, il veut chasser cette vision et s'enfuir ; mais, à peine revenu le lendemain en face de celle qu'il aimait, cet infernal travail de dissection recommence. Alors, saisi de rage, il jette là cette affreuse science qui tuait l'amour en lui, et consacre ses ressentiments dans le poème de la *Panhypocrisiade*, en les prêtant à Copernic.

Copernic exprime ainsi le dégoût qui l'a arraché à la médecine et l'a poussé vers l'astronomie :

> J'ai trop souvent au sein d'une victime humaine
> Cherché par où l'artère est unie à la veine,
> Et n'ai trouvé dans l'homme, au grand jour dépouillé,
> Qu'un labyrinthe obscur où je me suis souillé.
> J'ai reculé, j'ai fui ce néant de moi-même,
> Et, me réfugiant dans la raison suprême,
> J'ai repoussé cet art qui m'offrait trop souvent
> L'aspect de l'homme éteint dans l'homme encor vivant.

Comme Copernic, M. Lemercier se réfugia dans la raison suprême, c'est-à-dire dans l'art, et l'art ne tarda pas à l'en récompenser largement.

Tout grand artiste a un moment d'éclosion, je dirais volontiers d'explosion, où son talent sort tout à coup des limbes, éclate et s'empare en maître de l'attention des hommes. Le *Cid* et *Andromaque* ont marqué pour

Corneille et pour Racine cette conquête soudaine de la renommée. Eh bien, le 24 avril 1797, M. Lemercier, qui n'était à six heures du soir qu'un jeune écrivain distingué, entrait le lendemain dans la gloire. On avait représenté *Agamemnon*. Ce ne fut pas un succès, ce fut un triomphe. Le public salua en lui l'héritier direct de nos grands poëtes. Tous ses camarades le proclamèrent un maître. Mon père avait eu, en même temps que M. Lemercier, l'idée de chercher un sujet de tragédie dans *Agamemnon;* tous deux se confièrent leur projet. Mon père, passionné pour l'*Andromaque* d'Euripide, voulait représenter dans Cassandre ces royales captives que la servitude antique condamnait à l'amour et au lit de leur maître. « Vous avez tort, lui dit vivement Lemercier, ce n'est pas d'Euripide qu'il faut s'inspirer pour cette terrible tragédie, c'est d'Eschyle. Ne touchez pas à Cassandre ! Ne flétrissez pas Cassandre ! Cassandre, c'est la lampe qui brûle solitairement à l'ombre du sanctuaire. » Mon père, convaincu, laissa le champ libre à Lemercier.

M. Delaroche m'a raconté que l'année où sa *Jane Grey* fut exposée, le jour même de l'ouverture du Salon, il se mêla au public pour recueillir les impressions de la foule. Il était là, tout entier au plaisir d'entendre les exclamations d'enthousiasme que soulevait son tableau, quand il se sentit frapper doucement sur l'épaule; il se retourne et se trouve en face d'un vieillard qui lui dit : « Jouissez bien de ce jour, monsieur Delaroche, vous n'en aurez plus de pareil... » Eh bien, M. Lemercier ne retrouva pas de jour pareil à la première représentation d'*Agamemnon*. Pourquoi ? Est-ce qu'il s'arrêta à cette œuvre ? Non ! Pendant trente ans, les travaux les plus divers se multiplièrent sous sa plume. Sont-ce ses facultés créatrices qui faiblirent ? Non ! Comme penseur, comme inventeur, comme poète, il dépassa de beaucoup en originalité sa tragédie d'*Agamemnon*. *Agamemnon* n'est qu'une œuvre de talent ; il y a une part de génie dans ses autres ouvrages ; et pourtant, s'il compta encore des succès, il ne connut plus de triomphes. Le public le suivit dans toutes ses tentatives avec intérêt, avec curiosité, parfois avec passion, plus souvent avec résistance. Cette résistance ne fit qu'accroître encore cette puissance de vitalité que Lemercier portait dans les plaisirs comme dans le travail ; et ici se présente un côté singulier de cette organisation exceptionnelle.

Lord Byron, comme on le sait, était pied bot. Cette difformité a joué un grand rôle dans sa vie. Comme tous les hommes de combat, il a éprouvé le besoin de lutter contre cette injustice de la nature et de la convaincre d'impuissance. Il voulut mieux nager, mieux boxer, mieux monter à cheval que les hommes pourvus de membres complets et parfaits. Quand il traversa le détroit d'Abydos à la nage, ce n'était pas seulement une prouesse de nageur, c'était un défi de pied bot. Ainsi s'explique en partie la violence avec laquelle M. Lemercier se précipita dans tous les exercices physiques, dans les romanesques aventures de courage et d'amour : ses témérités et ses passions étaient des protestations. La nature l'avait plus maltraité encore que lord Byron, car il était infirme de tout un côté, d'un pied et d'une main : eh bien, l'escrime, l'équitation, les vaillantises de toutes sortes, n'avaient ni fatigues ni périls qu'il ne se fît un jeu de braver. Très mêlé à l'effervescente société des jeunes généraux du Directoire et du Consulat, il les étonnait par ses audaces. Après un souper, il consentit en riant à couronner la fête par un jeu assez nouveau : chacun des convives s'arma d'un pistolet et tous se mirent à se poursuivre dans la salle à coups de feu.

Ses manières pourtant contrastaient singulièrement avec ces excentricités. Dans la vie privée, il était doux, poli, courtois, plein de grâce. Un jour, au Théâtre-Français, il était assis sur un tabouret dans le couloir de la première galerie ; arrive un jeune officier, faisant grand fracas, fermant bruyamment la porte à son entrée et qui vint se planter droit et debout devant M. Lemercier : « Monsieur, lui dit très doucement le poète, vous m'empêchez de voir. » L'officier se retourne, regarde du haut de sa grande taille ce petit pékin à l'air si doux, si humblement assis sur son tabouret, et reprend sa même place. « Monsieur, reprend plus nettement M. Lemercier, je vous ai dit que vous m'empêchiez de voir, et je vous ordonne de vous retirer de devant moi. — Vous m'ordonnez ! répond son interlocuteur avec mépris, savez-vous à qui vous parlez ? A un homme qui a rapporté les drapeaux de l'armée d'Italie. — C'est bien possible, monsieur, un âne a bien porté Jésus-Christ. » Un duel suivit ce mot, et l'officier eut le bras cassé.

C'est au milieu de cette vie d'excès, de plaisirs et de distractions de toutes sortes qu'il produisit une masse d'ouvrages qui aurait suffi au labeur de plusieurs hommes.

Il s'attaque à tout et met sa marque sur tout : poèmes, tragédies, sujets antiques, sujets modernes, sujets d'imagination, sujets philosophiques, il n'y a pas un coin dans le domaine de l'art où il ne s'aventure et dont il ne rapporte quelque rameau d'or. Seul de son temps, il étudie à fond Shakespeare, non comme Ducis, pour en extraire l'élément pathétique et romanesque, mais pour y chercher la peinture profonde des personnages historiques ; seul de son temps, il entre en commerce intime et direct avec le génie de Dante, et lui dédie son étrange poème de la *Pankypocrisiade;* seul de son temps, ou du moins seul avec André Chénier, il cherche la poésie dans la science et publie l'*Atlantiade*, où la physique, l'astronomie, la géologie, l'histoire naturelle lui inspirent six mille vers souvent pleins de pensées fortes et d'images éclatantes ; seul de son temps, il conçoit l'idée grandiose de créer un théâtre national, de représenter dramatiquement l'histoire de France par la peinture successive des plus grandes époques et des plus grands hommes de nos annales. Clovis, Frédégonde et Brunehaut figurent les temps barbares ; Charlemagne, la France impériale; Philippe Auguste, la féodalité; Charles VI, la guerre de Cent Ans ; les États de Blois, la Ligue ; la journée des Dupes, la Fronde. La destinée de ses ouvrages n'est pas moins singulière que ses ouvrages mêmes. Sur quinze de ses pièces il en tombe neuf ou dix. Sa femme disait plaisamment : « Je ne mourrai que d'une première représentation. » Mais, chose étrange, son renom grandissait à chacune de ses chutes. Des scènes si originales, des traits de génie si puissants éclataient dans tout ce qui sortait de sa plume, qu'on sifflait les œuvres et qu'on admirait l'auteur. Rien de plus curieux que son attitude les jours de première représentation. Un de ses amis, se trouvant avec lui dans les coulisses au moment où un certain troisième acte faisait partir une bordée de sifflets, ne put retenir un léger tressaillement. « Calmez-vous, lui dit Lemercier, vous en entendrez bien d'autres tout à l'heure. » Quelques critiques ayant mis en doute la sincérité de son calme et le taxant d'hypocrisie : « Faisons un pari, dit Lemercier. Je donnerai une nouvelle tragédie dans quelques mois. Or, ou je me trompe fort, ou le cinquième acte sera très sifflé. Eh bien! que le docteur Marc (c'était le médecin du théâtre) me tâte le pouls avant la représentation, puis qu'il me le tâte encore pendant la tempête, et il n'y trouvera pas une pulsation de plus après qu'avant. » Le pari eut lieu et Lemercier le gagna. Germain Delavigne m'a raconté qu'à l'Odéon, après une représentation plus qu'orageuse, Lemercier arriva au milieu du foyer; tout le monde fit cercle autour de lui, et là il défendit son ouvrage avec tant de verve et d'esprit, il se moqua si gaiement de ses détracteurs, il leur démontra avec tant d'éloquence qu'ils n'avaient sifflé sa pièce que parce qu'ils ne l'avaient pas comprise, que « Ma foi, ajoutait Germain, nous restâmes tout penauds; c'est nous qui avions l'air d'avoir été sifflés. »

En dépit de ses chutes, les comédiens, ces fidèles courtisans du succès, se reprenaient toujours à espérer en lui. Talma joua un de ses derniers ouvrages, *Jane Shore*, et l'histoire de cette pièce est elle-même presque une pièce.

Lemercier n'avait pas hésité à représenter *Richard III* bossu, difforme, paralysé d'un bras, et il ne se contenta pas d'indiquer à l'acteur l'esprit du rôle, il lui donna des leçons de difformité.

Disgracié comme Richard III, il prit sa main même comme sujet de démonstration, il en enseigna à Talma les habitudes, les attitudes, les inerties, les essais de mouvement, et Talma se livra si ardemment à cette étude qu'il en contracta une douleur violente et tenace dans les muscles de l'épaule. Ce n'est pas tout : Lemercier lui fit voir en même temps par sa propre personne, comment l'élégance, la grâce, la distinction peuvent s'allier dans le même homme à la difformité. Aussi, Talma, saisissant avec génie ce double caractère, se *promenait dans le drame avec la souplesse tortueuse du tigre* (ce sont les paroles mêmes de Lemercier), affreux sans être vulgaire, et gardant même dans ses plus sombres férocités quelque chose du prince et de l'homme de cour. A la seconde représentation, il en donna une preuve frappante. Il était en scène avec Alicia et l'accablait des menaces les plus effroyables, quand tout à coup le bracelet de l'actrice se détache par hasard et tombe. Talma immédiatement interrompt sa fureur, se baisse, ramasse le bracelet, le rattache avec une courtoisie de prince au bras d'Alicia...; puis il reprend sa colère et achève la scène avec l'impétuosité féroce d'un bourreau.

L'effet fut immense ; on demanda à Talma de recommencer ce jeu de scène le lendemain ; il s'y refusa. « Il y a dans notre art, dit-il, des hasards d'inspiration, qui deviendraient de vulgaires procédés si l'on en faisait des habitudes. »

La pièce n'obtint pourtant qu'un demi-succès, et disparut assez promptement de l'affiche ; mais Lemercier en fit bientôt jouer une autre, *Christophe Colomb*, qui donna lieu à un petit fait assez curieux.

A une répétition, un des acteurs s'approche de M. Lemercier, et lui dit timidement : « Monsieur, il y a dans mon rôle un vers qui m'inquiète. — Lequel ? — C'est celui-ci :

> Et quant à ces coquins,
> Il faut les envoyer au pays des requins.

— Eh bien ! lui répond M. Lemercier, que craignez-vous ?

— De faire rire ; et je vous proposerai un petit changement.

— Dites.

— Je mettrais :

> Et quant à ces brigands,
> Il faut les envoyer au pays des merlans.

M. Lemercier sourit, et ne changea pas son vers.

D'où lui venait donc cette ferme et calme confiance

en lui-même? Était-ce vanité puérile? Non. L'orgueil l'avait guéri de la vanité, comme la passion de la gloire avait éteint en lui l'amour de la réputation. Personne n'a jamais moins fait que lui pour la sienne. Les manèges, l'adresse, les intrigues, lui étaient plus qu'étrangères; même innocentes, elles lui étaient odieuses. Ses visées allaient plus haut. Il avait foi en la postérité! S'il dédaignait le succès du moment, c'est qu'il attendait du temps le succès durable. « Je n'écris jamais rien, disait-il, sans me demander ce qu'en penseraient Corneille, Sophocle, Shakespeare. » Il vivait sous l'œil des immortels et se sentait de leur race. Sa dédicace de la *Panhypocrisiade* en témoigne avec grandeur :

« Impérissable Dante, où recevras-tu ma lettre? Je te
« l'adresse dans les régions inconnues, séjour ouvert
« par l'immortalité aux âmes sublimes de tous les
« grands génies. Une messagère ailée, l'imagination,
« te la portera dans l'espace où tu planes avec eux.

« Montre ce poème, quand tu l'auras lu tout entier,
« à Michel-Ange, à Shakespeare, et même au bon
« Rabelais, et, si l'originalité de cette sorte d'épopée
« théâtrale leur paraît en accord avec vos inventions
« gigantesques et avec l'indépendance de vos génies,
« consulte-les sur sa durée. Peut-être, se riant dans
« leur barbe des jugements de nos modernes docteurs,
« augureront-ils qu'avant un siècle encore on l'impri-
« mera plus de vingt fois, quoique étant hors du code
« des classiques. »

Ce dernier mot nous amène au problème littéraire

posé au début de cette étude, et c'est le moment de chercher comment il se fait que d'un être si puissant, si admiré, si plein du sentiment de sa force, il ne reste presque rien qu'un nom. A quoi attribuer qu'il n'ait pas produit d'œuvres plus durables? A quoi? A la date de sa naissance. Il est né trop tôt. C'est un homme du dix-neuvième siècle égaré à la fin du dix-huitième. Son imagination, ses conceptions, sa nature d'esprit, sont d'une époque : son style est d'une autre. La Fable nous parle de ces êtres mythologiques, à moitié transformés en arbres, et se débattant sous l'étreinte de la rude écorce qui envahit leur corps, qui emprisonne leurs membres et finit par éteindre leur voix. Telle est l'image du génie de Lemercier. Il a été étouffé dans le style de son temps. Ce libre esprit, fait pour le plein ciel, pour les horizons immenses, n'aurait pas eu trop pour exprimer ses idées de toutes les audaces de la poétique moderne, de toutes les indépendances réclamées par notre grande école poétique et historique, et il n'a trouvé d'autre outil sous sa main qu'une langue rhétoricienne et un art de convention. Sans doute, plus puissant, il aurait brisé le moule de ce style, comme il avait brisé le moule de ces idées, il se serait créé sa langue! Mais il aurait fallu pour cela le génie de la forme, et il n'avait que le génie de l'invention. C'était un poète du premier ordre, qui ne possédait à son service qu'un versificateur du second. De là, dans son œuvre, un désaccord douloureux. Il pense en révolutionnaire et écrit trop souvent en réactionnaire. En veut-on la preuve frappante? Quand il conçut l'idée d'un théâtre national, il ne se contenta pas, comme les écrivains de son temps, d'étudier les historiens. Il se plongea dans les documents originaux, il dépouilla toutes les chroniques, il s'imprégna de la couleur et des passions diverses de ces époques; puis, le moment de l'exécution venu, comme si un mauvais génie lui avait jeté un sort, il revêtit ses personnages d'une noblesse uniforme; il leur prêta un langage vague ou déclamatoire; on dirait parfois Augustin Thierry écrivant avec la plume d'Anquetil. Il en est de son talent comme de son corps; une partie seule est vraiment vivante. Mais que de puissance et d'originalité dans cette moitié de grand poète! Pas une de ses œuvres où n'éclate quelque beauté neuve. Le troisième acte d'*Agamemnon* est digne d'Eschyle. L'apparition du jeune Oreste, au dénouement, ressemble à une création de Shakespeare. *Pinto* demeure une forme absolument nouvelle de pièce de théâtre : c'est la comédie de la tragédie. La *Panhypocrisiade* abonde en scènes saisissantes, en traits sublimes. Quoi de plus tragique que ce petit Charles VII épouvanté de la folie de son père, Charles VI, parce qu'il tremble d'en hériter! Dans *Frédégonde et Brunehaut*, n'est-ce pas un trait de génie que la mise en regard de ces deux haines, haine de servante et haine de souveraine, haine d'en bas mêlée de rage, haine d'en haut mêlée de mépris! Les œuvres de M. Lemercier me font l'effet d'un minerai où le métal précieux abonde, mais souvent enfermé dans la gangue : brisez la pierre, et vous trouverez l'or.

Puis, ce qui complète son talent, c'est son caractère

et son âme. La gloire et la vertu ont été les deux buts de sa vie ; s'il n'a atteint le premier qu'à demi, il n'a pas manqué le second. Je n'en veux pour preuve que sa conduite avec l'empereur. Quand ils étaient jeunes tous deux, leur liaison avait été jusqu'à l'intimité. C'est M. Lemercier qui décida Joséphine à épouser Bonaparte. Elle se souciait médiocrement de ce petit officier, maigre, jaune, brusque et fort négligé de sa personne. Il lui faisait un peu peur. La journée de Vendémiaire et la façon dont il avait balayé l'insurrection sur les marches de Saint-Roch l'avaient placé très haut dans l'estime des militaires; mais Joséphine, élégante, légère, femme du monde et de plaisirs, ne démêlait pas le grand homme derrière cet étrange personnage, dont la beauté sévère semblait presque de la laideur au milieu des grâces raffinées du Directoire. Lemercier la décida d'un mot : « Ma chère amie, croyez-moi, épousez Vendémiaire. » Bonaparte, à son tour, avec sa puissance de coup d'œil, avait bien vite deviné Lemercier. Il l'aima autant qu'il pouvait aimer, et, chose plus rare chez lui, il l'honora. Son mépris natif et encore instinctif pour les hommes, ne rencontrait pas sans surprise une âme qu'il sentait inaccessible à toute tentation; et sa merveilleuse intelligence ne se lassait pas de fouiller dans cet esprit d'où les idées jaillissaient inépuisables, comme un flot de source. Il l'emmenait à la Malmaison, et là, pendant des soirées entières, se faisait raconter par lui l'histoire de France. Lemercier se livrait avec enthousiasme à ces entretiens, tressaillant à la pensée d'être pour quelque chose dans la grandeur morale de celui qu'il croyait né pour la liberté de la France comme pour sa gloire.

Plus tard, la liaison de M. Lemercier avec Bonaparte entra dans une seconde phase. J'en trouve la trace curieuse dans une conversation, rapportée *textuellement* (le mot est de lui) par M. Lemercier lui-même, et où le premier consul se montre sous un jour assez nouveau comme critique littéraire. C'était en 1800, M. Lemercier avait envoyé au consul un exemplaire de son poëme sur Homère et Alexandre. Il reçut le lendemain une invitation à dîner à la Malmaison. La réunion était nombreuse. Après le dîner, la conversation étant tombée sur les poëmes épiques et sur les poëmes didactiques, et un des convives soutenant la prééminence des derniers, Bonaparte qui passait à ce moment, dit : « Que pense Lemercier? — Je suis pour le poëme épique. — Vous avez raison! Ce qu'on raconte est plus dramatique; les actions frappent mieux que les enseignements. Voyez! Alexandre a choisi Homère pour son poëte. Auguste a choisi Virgile; moi, je n'ai eu qu'Ossian, les autres étaient pris. » Le soir, à l'heure du départ, M. Lemercier s'apprêtant à se retirer avec les invités : « Restez, lui dit Bonaparte, j'ai à vous parler. » Il resta donc dans le salon avec Mme Bonaparte et deux généraux. Le premier consul s'éloigna, puis reparut au bout d'un instant, tenant une brochure à la main, et riant; cette brochure était le poëme de M. Lemercier. Bonaparte avait rompu les dernières feuilles avec son doigt, n'ayant regardé que ce qui concernait Alexandre : « Hé! hé! lui dit-il, les conquérants ne vous plaisent guère, à ce qu'il me paraît ; mais vous rendez pourtant justice à ce qu'ils ont fait de beau. Votre tableau des guerriers anciens et modernes est instructif. Revoyons-le ensemble. » I s'assit et fit signe au poëte de s'asseoir. Les deux généraux se placèrent sur un canapé et demeurèrent, durant la conversation, les jambes étendues et les bras croisés, insouciants, et comme dans un demi-sommeil. Mme Bonaparte, sur un siège voisin de la table, travaillait à l'aiguille, et plusieurs fois elle posa son ouvrage sur ses genoux, en levant ses regards sur les interlocuteurs, avec une curiosité inquiète.

Lemercier prit la brochure pour lire au premier consul le passage indiqué ; mais celui-ci la lui ôta des mains brusquement et dit : « Je vais lire moi-même, et voir. »

Voici les endroits où il s'arrêta et fit ses remarques :

> Et Salamine, écueil des flottes de Xerxès,
> D'un Ulysse nouveau signalant les essais...

« Qui désignez-vous là ? Ah ! oui, Thémistocle ; il avait autant d'astuce que de force, comme Ulysse. »

La lecture l'ayant conduit à César, il lut tout haut le morceau attentivement, puis il s'écria : « Quelque jour, j'écrirai aussi mes Commentaires... Votre résumé des siens, dans vos vers, me semble des meilleurs. Voyons ce qui suit. » Il poursuivit, en s'arrêtant presque mot par mot à la bataille de Cannes :

> Quand l'habile ennemi, dont il crut triompher,
> L'attendit dans ses bras qui devaient l'étouffer.

« C'est cela même, il fit rentrer son centre pour envelopper les Romains de gauche et de droite ; je regrette que vous n'ayez pas expliqué que ce reploiement s'opéra par la cavalerie. — Je présume, lui répondit l'auteur, l'avoir exprimé autant que la concision poétique me le permettait, en usant de ces mots, dans ses bras, pour figurer le mouvement des ailes de son armée. — En ce cas, cette figure est parfaite et, de plus, elle est courte et juste. Je n'ai pas de goût pour les descriptions en tirades. »

Il était temps enfin qu'un jeune homme invincible
Fît tomber à Zama ce cyclope terrible.

« Vous parlez de Scipion, qui a vaincu ce fameux borgne ? Lui qu'on nomma l'*Africain ;* comme moi l'*Italique*... » Et il sourit en ajoutant « Oh ! je ne m'en tiendrai pas là... — Je le pressens, lui répondit Lemercier ; on veut déjà vous donner le titre de Britannique ; mais prenez-y garde. » Nous nous regardâmes en silence très fixement, écrit M. Lemercier. Lui, tout à coup, m'interpellant d'un ton grave : « Qui de ces grands hommes vous paraît le plus grand dans l'antiquité ? — Annibal. — Je suis du même avis. Il vous a fallu les contre-peser avec soin pour écrire un tel ouvrage ; mais je pensais que vous m'alliez désigner César... César, c'est le héros des poëtes. — Ce n'est pas, selon moi, le premier des guerriers ; je lui préfère... — Eh ! qui donc ?... Brutus, peut-être ? le héros des démocrates... Est-ce que vous en êtes ? — Non, Brutus le jeune, ni Jules César ne sont mes héros ; je ne les aurais aimés ni l'un ni l'autre parce que j'ai aversion des tyrans et des assassins. — Ah ! ce sont deux très bonnes raisons, » me répondit-il en me caressant de l'œil et en se colorant un peu ; puis il reprit avec vivacité et du ton le plus affirmatif et le plus véhément : « Vous avez bien jugé militairement, vous qui n'êtes pas du métier, Annibal ; Annibal est le plus grand capitaine du monde ! Votre morceau sur lui est magnifique !... Mais en quoi, par quoi, vous a-t-il paru le plus remarquable, à vous ? — Parce que, abandonné, trahi de Carthage qu'il servait, il s'est maintenu toujours en pays ennemi par ses propres ressources, et qu'il sut se faire des troupes nouvelles de tous les peuples étrangers qu'il rencontra sur son passage. Une note de ce poëme vous prouvera que je n'ai même pas adopté l'opinion qui lui reprocha *les délices de Capoue*. — Je l'avais remarqué, et je vous approuve. Les bavards d'historiens décident trop à leur aise de nos affaires dans leur cabinet. »

Arrêtons-nous pour remarquer que M. Lemercier a été le seul de son temps qui ait placé Annibal à ce haut rang. Les délices de Capoue étaient devenues un lieu commun, un proverbe. Bonaparte, continuant la lecture, s'arrêta à Henri IV, sur lequel il dit : « *Ce pauvre Henri IV ! En voilà un qui a bien remué aussi son misérable corps ! Brave prince ! les jésuites l'ont fait tuer.* »

Passant ensuite à Frédéric II : « Ce Frédéric, c'est Voltaire et les encyclopédistes qui l'ont grandi, parce qu'il les avait favorisés. — Non, à ce qu'il me semble, répondit Lemercier, c'est la guerre de Sept Ans et surtout le compte naïf qu'il en a rendu avec un vrai dédain de fausse gloire. Son pays s'est élevé avec lui et a décliné avec lui; on pourrait donc le caractériser en le nommant l'*Épaminondas des rois*. — Belle expression; mais j'effacerai son royaume de la carte. — Vous ne nous ôterez pourtant pas, répliqua le poète, le souvenir de la philosophie sur un trône; c'est une rareté. — Ah! ah! je n'ai pas ce dessein, *mon bon* Lemercier. »

Il interrompit tout à coup sa lecture et lui demanda inopinément : « Vous m'avez dit votre préférence sur le premier capitaine parmi les anciens; lequel des modernes vous paraît supérieur aux autres? »

J'avais là, dit M. Lemercier, une heureuse occasion de flatterie, mais : *Nous ne songions ni l'un ni l'autre à nous-même*, et je lui répondis : « C'est, je crois, le prince Eugène. — Pourquoi? reprit Bonaparte; j'ai cru que vous alliez me nommer Turenne... Quel dommage qu'il ait péri avant de livrer bataille à Montecuculli! Deux vrais Fabius, l'un contre l'autre! Mais vous glissez vite sur Montecuculli, ajouta-t-il en parcourant toujours le livre; son nom sonne mal! Oh! avec vous autres poètes, on ne va pas à l'immortalité quand on a un nom baroque. Mais enfin, pourquoi préférez-vous Eugène? » Lemercier répondit (et cette réponse est bien frappante dans la bouche d'un poète de ce temps-là; on croirait entendre M. Thiers) qu'ayant lu les mémoires, les traités militaires, examiné les cartes, les plans de campagne, et comparé les capitaines ensemble, Eugène lui avait paru à la fois le plus hardi et le plus prudent. « Vous avez raison ; c'est un modèle unique. — C'est de vous-même, repartit Lemercier, que j'ai appris le mieux à l'apprécier. — Comment ? nous ne nous en sommes jamais parlé. — Vous avez suspendu et quitté le siège de Mantoue pour vous élancer au loin sur l'armée ennemie, que vous avez prévenue et battue, et vous n'êtes pas resté clos dans vos retranchements, ainsi que l'ancien général français que le prince Eugène vint si habilement surprendre et écraser dans les siens ; or, en évitant la faute de l'un, vous imitiez le génie de l'autre. Cette leçon m'éclaira. — Ah ! ah ! Je m'aperçois que vous n'écrivez rien au hasard. Ce sont là des choses que la plupart des gens qui sont dans mes camps, ne saisissent pas eux-mêmes. » Il revint à l'article du roi de Prusse. « Oui, Frédéric jouait de la flûte. Moi aussi, j'ai fait autrefois de la musique. »

Bonaparte, feuilletant toujours avec une certaine fièvre le volume, et s'arrêtant aux passages qu'il avait remarqués, tomba sur cet éloge du peuple français :

> Inépuisable Antée, et vrai fils de la Terre,
> Pour vaincre en tous les temps ne quitte point ta mère.

« Quelle idée vous a dicté ce vers ? — Oh ! dis-je en souriant, il est dirigé contre vous. — Pourquoi ? — Parce qu'on publie que vous méditez des descentes en Angleterre. » Il se mit à rire fort gaiement.

Au paragraphe suivant, il se reconnut dans les portraits que j'avais tracés ; les noms d'Arcole, de Rivoli, de Marengo, le flattèrent agréablement. « Il faut ici, me dit-il, que je vous remercie et que je vous chicane. Vous me traitez fort honorablement et m'avez mis en bonne compagnie de héros; mais vous terminez par deux vers qu'on trouve étranges. »

Sa physionomie en prononçant ces mots, écrit M. Lemercier, m'annonça qu'on m'avait nui dans son esprit par quelque insinuation maligne; mon édition n'était sous ses yeux que de la veille. — « Voici le premier vers :

> Sache combler l'espoir qu'ont donné tes hauts faits.

« Ce qui est moins une louange, qu'une injonction de votre part. Vous dites ensuite :

> Moderne Miltiade, égale Périclès.

— Ce second vers, répondis-je, éclaircit le premier et vous marque notre espérance. La gloire de Périclès se rattache à celle des beaux-arts, de l'éloquence et du commerce, qu'il fit fleurir sous son gouvernement tutélaire. Son nom est devenu celui de son siècle, comme ceux d'Auguste, des Médicis et de Louis XIV ont été attribués au leur. Est-il donc inconvenant de lui assimiler le nom du premier consul de France? — J'entends; mais pourquoi Miltiade à côté? — Parce que Périclès s'illustra peu par les armes, tandis que Miltiade leur dut, ainsi que vous, sa haute renommée dans la République; et j'ai voulu témoigner, en vous les associant tous deux, que vous uniriez les qualités civiles à vos qualités militaires. Cette idée vous offense-t-elle? — Elle ne s'offre pas de même aux différents esprits; car, tournée dans un autre sens, elle indiquerait à nos

Athéniens du jour, qu'il y a de la politique à jeter les Miltiades en prison... N'est-ce pas? Hein! Vous en devenez rouge. — Et vous, vous en devenez pâle; c'est notre couleur à chacun, quand une chose nous émeut; et celle-ci m'étonne, je l'avoue. — Cette pensée qui vous trouble, ajouta-t-il, n'est pas la mienne; mais on l'interprète ainsi, puisque M*** me le déclarait hier même. — Ah! repris-je impétueusement, je ne l'accuse que d'une erreur sur mon intention, ne voulant pas le soupçonner d'une méchanceté basse. » Le premier consul me prit la main affectueusement et changea de discours en ressaisissant le livre : « Laissons les propos des beaux parleurs... Votre éloge de Desaix m'a touché. J'ai un peu *mâchonné* vos vers en les lisant moi-même pour les examiner et les étudier : maintenant lisez-les-moi à votre tour pour m'en faire mieux jouir. » Il me remit l'ouvrage en main, je lui obéis; et dès que la lecture fut achevée, il se leva en me recommandant de venir bientôt le revoir.

Tel fut, ajoute Lemercier, l'un de mes entretiens avec l'homme historique qui, en renversant toutes nos libertés, me sépara de l'homme qui les avait glorieusement défendues; car c'est Napoléon seul qui m'a brouillé avec Bonaparte.

L'inauguration de l'empire lui porta en effet un coup mortel. C'était son rêve qui s'écroulait. C'était son héros qui tombait! Appelé près de lui, il osa lui dire : « Vous vous amusez à refaire le lit des Bourbons; vous n'y coucherez pas », et, lors de la fondation de la Légion d'honneur, une des premières croix ayant été envoyée à Lemercier, il la refusa avec une lettre devenue historique.

Alors commença entre le souverain et le poète une lutte où le poète seul resta digne. L'interdit est jeté sur les œuvres théâtrales de Lemercier ; il se tait. On lui insinue qu'une prière de lui fera lever la défense ; il refuse de l'écrire. Exproprié d'une maison qui composait tout son patrimoine, on lui en fait attendre l'indemnité pendant plusieurs années ; il se tait ! On lui dit qu'un mot de sa main à l'empereur couperait court à tout retard ; il refuse de l'écrire. Il se réfugie à un cinquième étage, pauvre, vivant dans le travail, et ne sortant de sa retraite et de son silence que par quelques répliques à la Corneille. Un jour de réception aux Tuileries, où l'Institut avait été mandé, l'empereur aperçut, dans un angle du salon, Lemercier confondu avec ses confrères. Il écarte tout le monde d'un geste, va droit au poète et lui dit : « Hé bien ! Lemercier, quand nous ferez-vous une belle tragédie ? — J'attends, Sire », lui répond le poète. En 1812, à la veille de la campagne de Russie, ce mot ressemblait à une parole de prophète.

L'empire tombé, Lemercier poursuivit de ses sarcasmes l'alliance de l'impérialisme et du libéralisme. « Il y a des pactes, disait-il, que la liberté n'a pas le droit de faire. Quand elle s'allie avec le despotisme, que ce soit avec celui d'en bas ou avec celui d'en haut, elle se souille. » Cette persistance d'austère républicanisme contrastait tellement avec l'adoration monarchique et impériale qui se partageait la France, qu'on ne voulut voir dans ce patriotique ressentiment qu'une petite haine personnelle. Un jour vint qui montra bien que tout était grand dans cette grande âme. Ce jour-là ce fut le 21 mai 1821, quand retentit dans Paris cette parole : « L'empereur est mort! » A cette nouvelle, Lemercier, saisi au cœur, fondit en larmes. Que pleurait-il donc? Ce qu'il pleurait? Ce n'était pas le mort de la veille, c'était le mort d'il y avait vingt-cinq ans ! ce n'était pas l'empereur, c'était le premier consul ! ce n'était pas Napoléon, c'était Bonaparte ! c'était son ami d'autrefois; c'était le grand homme qu'il avait espéré pour la France; c'était le Washington de génie qu'il avait rêvé! De telles larmes suffisent à peindre un homme. Il fut pendant toute sa vie l'homme de ces larmes-là. A toutes ses actions se mêlait je ne sais quoi d'héroïque. Sa sincérité était absolue. Son dévouement était sans bornes. Son désintéressement touchait à la vertu. Il ne voulut jamais percevoir aucun droit de ses ouvrages, et tout ce qu'il a gagné, il l'a donné. « Je crois, comme Boileau, disait-il,

> Qu'on peut sans crime
> Tirer de ses écrits un profit légitime;

mais, quant à moi, la plume me tomberait des mains si je me disais, en écrivant, que ma pensée me rapportera quelque chose. J'aurais toujours peur d'en arriver à *penser* pour *gagner*. » L'homme qui parlait ainsi a eu le droit de faire inscrire sur son tombeau cette simple et fière épitaphe :

CY GIT
NÉPOMUCÈNE LEMERCIER
*Il fut homme de bien et cultiva les lettres.*

## CHAPITRE V

# LE JOUR OU J'EUS VINGT ET UN ANS

―――

### I

Le jour où j'eus vingt et un ans, il m'arriva une chose que je ne croyais pas possible, et qui ne m'est jamais arrivée depuis; j'ai pleuré devant une addition.

Comment? Le voici.

Je perdis ma mère en 1809, j'avais deux ans et demi; mon père en 1812, j'en avais cinq. La maladie de mon père, absent de chez lui depuis plus d'un an, avait laissé la maison en grand désarroi. Sa mort changea le trouble en complet désordre. Mes grands parents, fort âgés, et se tenant à l'écart, à la suite de certaines dissensions de famille, abandonnèrent la liquidation de la succession aux soins d'un homme d'affaires peu probe et encore plus négligent. Mon père laissait une bibliothèque admirable, qu'il eût été facile de me conserver; elle fut vendue en bloc et au rabais à un marchand de rencontre.

Mon père laissait une correspondance et des papiers qui eussent été pour moi du plus haut intérêt; ils furent vendus dans la cour de la maison, au poids. Enfin, le résultat final de cette gestion, plus que malhabile, se traduisit par un déficit, qui fit tomber mon patrimoine à sept mille livres de rentes. Quelques années plus tard, cet homme d'affaires étant mort, mes parents pensèrent, pour le remplacer, à un vieil ami de mon père, qui avait la double réputation d'un homme de bien et d'un homme de talent. L'idée était excellente; mais on craignait fort qu'il ne refusât. Il accepta, n'y mettant qu'une seule condition, c'est que cette ennuyeuse besogne ne lui rapporterait que la peine de la faire. Huit ans après, le 15 février 1828, c'était le jour de ma majorité, appelé par lui, j'entrai dans son cabinet; il voulait me rendre ses comptes. Il alla prendre, dans un casier, deux cartons verts; il en tira huit cahiers, recouverts en papier gris-bleu, attachés soigneusement par une ficelle rouge : chaque cahier contenait une année de sa gestion. Il me les fit lire l'un après l'autre, page à page, me montra l'emploi de chaque trimestre, les économies qu'il avait réalisées, les placements qu'il avait faits, les baux qu'il avait renouvelés, les changements de valeurs qu'il avait opérés; et toutes ces additions réunies se soldaient en un total définitif de vingt et un mille livres de rente. Mon patrimoine avait triplé. Les larmes me jaillirent des yeux. Oh! ce qui m'émeut ainsi, je puis le dire en toute sincérité, ce ne fut pas cet accroissement inespéré de fortune, tout agréable qu'il me parût, ce fut de voir de mes yeux, de toucher de mes mains ces huit ans de paternité volontaire, de penser à tout ce que cet excellent homme avait pris sur ses travaux d'homme de lettres, sur ses plaisirs d'homme du monde, sur ses devoirs de père de famille, pour reconstruire lentement le petit héritage du fils orphelin de son ami. Il faut pourtant que je le nomme, cet être rare! C'était M. Bouilly. J'éprouve une grande joie à pouvoir parler de lui; mais qu'on ne craigne pas que je tombe dans le panégyrique; j'ai mieux à faire que de le vanter, c'est de le raconter. Il n'y perdra pas.

Chose étrange que la réputation! Le nom de M. Bouilly a été dans son temps, et est resté dans le nôtre, le symbole de la sensiblerie. Or, celui qu'on nommait le larmoyeur était le plus gai compagnon, le plus franc rieur, le conteur le plus amusant que j'aie connu. Quarante ans passés, à travers cinq ou six révolutions, dans le barreau, dans les fonctions publiques, au théâtre, lui avaient meublé la tête d'un tel répertoire de faits, de mots, de personnages typiques, tragiques, comiques, et il faisait revivre tout ce monde évanoui, avec une telle verve, qu'on se croyait au spectacle en l'écoutant. Faut-il le dire, ce qu'il aimait avant tout, c'était ce que nos pères nommaient les histoires salées! Plus il y avait de périls dans un récit, plus il s'y jetait résolument et plus il s'en tirait gaillardement, surtout s'il y avait des femmes pour l'écouter. Comment? A force de gaieté communicative, de franc et bon rire. Oui, de rire! D'où venait donc sa réputation? Était-ce calomnie? Nullement. Il avait en effet les larmes très faciles; mais de ce qu'on pleure facilement, il ne s'ensuit pas qu'on soit un pleurard. Témoin Scribe et Sardou. En voilà deux qu'on n'accusera certes pas de sensiblerie! Hé bien, Scribe ne pouvait pas lire, raconter, faire une scène touchante, sans pleurer. Je le vois encore, à la lecture d'*Adrienne Lecouvreur*, pendant le cinquième acte, essuyer dix fois ses verres de lunettes, parce que ses larmes les obscurcissaient. Un jour où nous étions lancés tous deux dans l'ébauche de je ne sais quelle situation pathétique, il se jeta à mes genoux et m'embrassa les mains en fondant en larmes. Quand Sardou entend un trait émouvant, il pleure; quand il parle de gens qu'il aime profondément, il pleure; quand il lit un de ses beaux drames, il pleure. Scribe et Sardou sont-ils donc des larmoyeurs? Nullement. Ce sont des appareils électriques. Leurs nerfs ressemblent à des fils qui frémissent et font étincelle à la plus légère commotion. Tel était M. Bouilly. Du reste je ne puis mieux le définir qu'en lui appliquant les trois noms qu'il se donnait à lui-même. Il s'appelait *le vieux libéral, le vieux charpentier dramatique*, et *le vieux conteur*. Son parrain politique fut *Mirabeau*. Jeune homme, il avait débuté par un acte héroïque. Dans une émeute à Chinon, il se jeta résolument au-devant d'une bande de massacreurs, et paya, d'une blessure au menton, le salut de vingt prisonniers. C'est cette générosité d'âme qui lui avait acquis l'amitié de Mirabeau; et l'impression qu'il avait gardée de cet être extraordinaire était toujours vibrante en lui. Une scène de la Constituante surtout lui était restée en mémoire. On avait contesté à Mirabeau le titre d'*ami du peuple*. Il s'élança à la tribune : « Ah! Mirabeau n'est pas l'ami du peuple! » s'écria-t-il; et il commença à énumérer un à un, fait par fait, chapitre par chapitre, pour ainsi dire, tous les services qu'il avait rendus à l'État, faisant précéder chaque période de la phrase accusatrice qui partait de ses lèvres avec le sifflement d'une flèche! Puis, tout à coup, s'interrompant... « Eh bien, l'on a raison! dit-il d'une voix tonnante! Non, Mirabeau n'est pas l'ami du peuple!... » Et alors, avec un geste d'une familiarité saisissante, il ouvre son gilet, il ouvre le jabot de sa chemise, et, frappant sur sa poitrine nue et velue... « Non! s'écria-t-il, *Mirabeau n'est pas l'ami du peuple, car il est le peuple lui-même!...* » Quand M. Bouilly me racontait cette scène, ses lèvres tremblaient, ses joues frémissaient, ses yeux ruisselaient. Tout l'enthousiasme un peu déclamatoire, mais sincère, de cette époque, revivait en lui!

## II

Sedaine fut son parrain dramatique. C'est de lui qu'il tenait cet art de la composition, de la préparation et de la progression, qui constitue une pièce bien charpentée. On se moque beaucoup aujourd'hui des charpentiers dramatiques; on les appelle des carcassiers. Carcassiers, soit! Il me semble que le corps humain ne se trouve pas trop mal d'avoir une carcasse, et que les architectes n'ont pas absolument tort de n'élever une maison qu'après en avoir fait le plan. Racine disait : *Quand mon plan est fait, ma pièce est faite;* il comptait ses beaux vers pour rien, peut-être bien parce qu'il était sûr de les faire beaux, mais certainement aussi, parce qu'il savait que la beauté de son plan serait pour quelque chose dans la beauté de ses vers. Au théâtre, quand une situation est spirituelle, les mots les plus simples deviennent des mots d'esprit. M. Bouilly, grâce à ce talent de composition, fut applaudi à la fois sur les trois premières scènes de Paris : à la Comédie-Française, à l'Opéra-Comique et au Vaudeville : *L'Abbé de l'Épée* compte, dans les annales du théâtre, comme un des triomphes dramatiques de l'époque. Gœthe écrit textuellement dans ses mémoires : « Je viens de lire un opéra-comique, intitulé *Les deux Journées*, et signé d'un M. Bouilly, qui me semble une des pièces françaises les plus intéressantes et les mieux conduites que je connaisse. » J'ai souvent entendu répéter à Scribe que le renouvellement du vaudeville datait de *Fanchon la vielleuse* et de *Haine aux femmes*, de M. Bouilly. Enfin, *de son temps*, on disait de lui, dans le style *de son temps :* « Bouilly marche au temple de Mémoire, l'épée au côté, et il ne lui faut que *deux journées* pour y arriver. » Malheureusement, s'il n'y a rien de si brillant que les succès de théâtre, rien non plus n'est si éphémère. L'œuvre du vieux charpentier dramatique n'est pourtant pas encore tout à fait morte. J'en ai eu une preuve frappante. Il y a une quinzaine d'années, M. Ballande vint me demander une conférence pour une de ces matinées théâtrales dont il fut le créateur. J'acceptai, à une condition, c'est que la pièce jouée serait *L'Abbé de l'Épée*, et que *L'Abbé de l'Épée* serait le sujet de la conférence. Ainsi fut fait. Je n'exaltai pas l'ouvrage, je le décomposai. Sans phrases laudatives, sans apologie, je me bornai à mettre en relief l'architecture du drame, ou plutôt à mettre l'architecte en action. Je tâchai de faire assister le public à la création de l'ouvrage dans la tête de l'auteur, laissant ensuite les spectateurs à leurs appréciations personnelles. L'effet produit fut considérable. J'eus la joie de voir une émotion profonde, unanime, accueillir l'œuvre de mon vieil ami. Plusieurs représentations n'épuisèrent pas la curiosité du public. La pièce refit son tour de France, et retrouva partout le même succès ; d'où ma conviction, qu'il ne lui manque, pour être tout à fait durable, que d'avoir été écrite à une autre époque ; c'est-à-dire dans un autre style. Si l'on débarrassait çà et là le dialogue, et ce serait chose facile, de la phraséologie sentimentale du moment, l'élève de Sedaine figurerait au répertoire comme son maître ; *L'Abbé de l'Épée* aurait sa place à côté du *Philosophe sans le savoir*.

Mais laissons l'ouvrage et parlons de l'auteur ; il nous offre un utile exemple.

On parle beaucoup de professions meurtrières ; on énumère les métiers dont l'exercice devient parfois mortel. Je n'en sais pas de plus plein de périls que la carrière dramatique. Ce n'est pas, comme dans les états manuels, le corps qui est en danger, c'est le caractère, c'est l'âme. L'atmosphère qu'on y respire est aussi malsaine que l'air vicié des manufactures, que l'air raréfié des mines, car on vit côte à côte avec les vices les plus ardents et les plus délétères du cœur humain, l'amour-propre, l'intérêt, l'envie. Ces terribles passions y règnent avec une telle violence, que les têtes les mieux faites ont besoin d'un effort de volonté pour s'en défendre. Les succès vous enivrent. Les revers vous humilient. Ce qu'il y a de public, de connu, dans les événements de théâtre, ajoute à ces alternatives quelque chose de particulièrement âpre et amer. Que d'auteurs se consument à suivre l'apparition et la disparition de leur nom sur l'affiche, à compter leurs recettes qui baissent et celles de leurs confrères qui haussent, à se repaître avidement des articles de journal qui les attaquent! Qui le croirait? Les plus applaudis sont souvent les plus sensibles aux critiques. Les plus enviés n'échappent pas toujours pour eux-mêmes à l'envie. Rien de plus rare qu'un auteur dramatique vraiment heureux. M. Bouilly a été ce *rara avis*. Certes, ce n'est pas que les occasions de dépit et d'irritation lui aient manqué. La critique, sous sa forme la plus cruelle, la moquerie, l'a harcelé au milieu de tous ses succès; son nom même était texte à raillerie, on prétendait que ses œuvres ressemblaient à son nom. Eh bien, au milieu de ces malveillances, de ces jalousies, de ces agitations de toute sorte, il planait, lui, toujours souriant, bienveillant, serein et moqueur. Lui apportait-on quelque article dénigrant? Il allait à son secrétaire, en tirait un petit carnet de maroquin vert sur lequel étaient inscrits ses bénéfices de théâtre, il faisait le calcul de son année, et ajoutait : « Quand l'auteur de cet article en aura gagné autant, je le croirai ; jusque-là, je m'en rapporte au public et au caissier du théâtre. Ce n'est pas de l'amour-propre, c'est de l'arithmétique. »

Son caractère faisait vraiment de lui une créature très particulière, et il vaut qu'on s'y arrête un moment.

Les contrastes les plus accusés s'y fondaient harmonieusement. Je n'ai jamais connu homme plus généreux, et plus ordonné ; très optimiste, et nullement dupe ; très sensible, et très pratique. Les petits cahiers gris de ses comptes de tutelle sont son véritable portrait ; les chiffres et le cœur y marchent côte à côte. M. Bouilly avait toujours de quoi donner, parce qu'il ne gaspillait jamais. Jamais M. Bouilly ne montait dans un fiacre sans appeler le cocher *mon brave* et sans lui dire : « J'aurai soin de vous. » Et il en avait toujours soin. Un de ses goûts favoris fut la bâtisse. Propriétaire d'une petite maison avec un petit jardin, rue Sainte-Anne, n° 67, il l'aimait doublement, d'abord parce que c'était le fruit de son travail, puis parce qu'il pouvait toujours y faire des changements. Ajouter une aile à son cabinet, construire un petit kiosque, élever un étage, étaient autant de joies pour lui. Qui le poussait ? Le désir d'embellir son logis, de le rendre plus commode ? Sans doute ; mais surtout le plaisir de faire travailler, de voir travailler. Ce qu'il aimait avant tout dans l'ouvrage, c'étaient les ouvriers. A peine les maçons, les menuisiers, les charpentiers, les peintres installés chez lui, il allait causer avec eux, il leur faisait apporter du vin, il s'informait de leur santé, de leur femme, de leurs enfants. Figurez-vous Don Juan avec M. Dimanche ; mais un Don Juan sympathique, sincère, et ne cherchant que l'occasion de payer à M. Dimanche l'argent qu'il ne lui doit pas. Sans doute, sa curiosité d'auteur dramatique avait sa part dans son intérêt pour les ouvriers. Il les faisait parler pour voir comment ils parlaient ; il les interrogeait sur leurs sentiments, sur leurs habitudes, pour enchâsser dans ses pièces leurs mots de nature, leurs traits saisis sur le vif ; mais il leur payait des droits d'auteur, et la conversation se terminait toujours par quelque cadeau ou par quelque bon conseil.

Un autre charme de cette délicieuse nature, c'est qu'il mettait de l'imagination en tout et partout. Les actes les plus ordinaires de la vie, les événements les plus simples, se transformaient pour lui en scènes, en dialogues, qui bientôt à leur tour passaient dans sa tête à l'état de réalités. Il croyait tout ce qu'il s'imaginait. J'entre un matin chez lui. — « T'ai-je raconté, me dit-il, la rencontre que j'ai faite l'autre semaine au musée du Louvre ? — Non. — C'était le lundi, jour où le public n'est pas admis. Le conservateur, avec qui je suis lié, m'avait amené devant un tableau de maître, acquis depuis quelques jours. Tout à coup une porte s'ouvre, et je vois entrer... qui ? Le roi Louis XVIII ! On le poussait dans une petite voiture roulante. Je me hâte de m'esquiver ; mais l'aide de camp de service m'ayant reconnu, me nomma au roi, qui me fit de la main et de la tête le plus gracieux salut. — Cela ne m'étonne pas », lui dis-je; et je pars. Huit jours après je reviens. — « T'ai-je raconté, me dit-il, ma rencontre et ma conversation avec Louis XVIII, au musée du Louvre? — Votre rencontre, oui; mais non votre conversation. — Elle a été courte, mais assez curieuse. L'aide de camp m'ayant nommé à lui, le roi me fit signe de m'approcher, et me dit un mot bienveillant sur *L'Abbé de l'Épée*. Moi, qui sais son goût pour Horace, je lui ripostai par un vers de son poète favori, qui se trouvait une allusion assez délicate à son goût pour les arts. Il sourit, et je m'éloignai avec un salut respectueux. » Quelques jours plus tard, je le trouve dans son cabinet, avec le sourire sur les lèvres. — « T'ai-je raconté, me dit-il, ma conversation avec Louis XVIII? — Quelques mots à peine. — Oh! nous nous sommes dit des choses... très intéressantes. Une citation d'Horace a engagé la partie. Puis, tu comprends bien qu'on n'a pas toujours un roi pour interlocuteur, et ma foi... le vieux libéral s'est lancé! Et je lui ai adroitement glissé quelques vérités qu'il n'est pas habitué à entendre! Il a répondu!... J'ai répondu à mon tour!... » Et là-dessus le voilà qui me raconte tout un dialogue, avec répliques, ripostes, interruptions; sur quoi, sa femme entrant, et écoutant: — « Mon Dieu! Bouilly, lui dit-elle, que tu es donc cachotier! Tu ne m'as jamais dit un mot de cette conversation. — Par une bien bonne raison, répondit-il en éclatant de rire, c'est que je l'ai arrangée ce matin, dans mon lit, en rêvassant, et que je viens de faire la scène pour Ernest. »

Il est pour les auteurs dramatiques un moment terrible à passer; c'est entre cinquante et soixante ans, à l'âge crépusculaire de l'imagination. Elle n'est pas encore éteinte, mais elle s'éteint. Ce qui était clarté n'est plus que lueur. On a encore assez de force d'esprit pour trouver une scène, pour écrire un dialogue; mais inventer une pièce, en faire une œuvre vivante, l'exécuter dans toutes ses parties, voilà ce que l'âge vous défend. De là mille tiraillements douloureux. On s'épuise en essais avortés, en commencements qui n'aboutissent pas. Ces fragments de talent s'agitent en vous comme des tronçons encore vivants, qui travaillent à se reformer en un corps, et ne le peuvent pas. Eh bien, M. Bouilly eut le bonheur de trouver à utiliser ces restes d'imagination, grâce à un de ces hasards qui ne se rencontrent que sur le chemin des hommes de cœur. Il avait une fille d'une douzaine d'années, spirituelle, vive, intelligente, mais qui se refusait absolument à apprendre l'orthographe. Il imagina de la faire venir tous les matins dans son cabinet, de lui dicter un conte qu'il improvisait en le dictant, et où il avait l'art de mêler au récit les principales difficultés grammaticales; puis, au moment le plus intéressant, il s'interrompait tout à coup, en lui disant : « Je te dicterai la fin du conte quand tu m'apporteras le commencement, recopié sans une seule faute. » Le résultat? on le devine... Non! On ne le devine pas. Le résultat fut qu'à ce jeu, le père gagna encore plus que la fille... Car si la fille, au bout d'un an, avait appris l'orthographe, le père, lui, se trouva avoir fait une douzaine de contes charmants, marqués au bon coin de l'auteur dramatique, bien composés, contenant tous, non seulement des leçons d'orthographe, mais une fable intéressante, et, sous cette fable, une ingénieuse leçon de morale. Un libraire voulut absolument publier le livre. Succès immense. Le premier volume en appelle un second : Même effet. Après les *Contes à ma fille*, viennent les *Conseils à ma fille;* après les *Jeunes filles*, les *Jeunes femmes;* après les *Jeunes femmes*, les *Jeunes mères;* puis les *Mères de famille*, puis les *Encouragements de la Jeunesse*, son meilleur ouvrage, dédié aux jeunes gens. Une nouvelle carrière s'était ouverte devant lui. Le père avait fait une seconde popularité à l'auteur dramatique. On l'appelait non seulement, comme Berquin, l'ami des enfants, mais l'ami des familles. Enfin, telle était sa réputation qu'elle le conduisit... jusqu'aux Tuileries! La duchesse de Berry, vive, prime-sautière, et qui rêvait toujours de réconcilier la monarchie avec la société nouvelle, eut l'idée de demander au conteur à la mode, des récits pour ses enfants. Voilà donc l'élève de Mirabeau, le vieux libéral, introduit au pavillon Marsan, mêlé familièrement aux jeux et aux études des deux enfants, devenu une sorte de précepteur amateur pour la petite fille qui devait être la duchesse de Parme, et pour le petit garçon qui devait s'appeler le comte de Chambord. A en juger par les résultats, l'élève ne profita pas beaucoup des leçons; mais heureusement elles ne furent pas perdues pour le maître. D'abord, il y garda toute son indépendance; puis les *Contes aux Enfants de France* eurent un succès considérable... tous les courtisans les achetèrent : c'est ainsi que M. Bouilly tripla la dot de sa fille avec les *Contes à ma fille*.

Soudain, vers 1830, le malheur s'abattit, comme un oiseau de proie, sur cette vie si heureuse. En trois jours, à trente-trois ans, sa fille, mariée à un avocat de grand talent, mourut entre ses bras. Ce que fut pour lui un tel coup, on le comprend. Il était frappé en plein cœur; frappé deux fois... sa fille était à la fois son enfant et son œuvre; frappé à l'âge où les blessures ne se ferment pas; il avait soixante-huit ans. Quand on est jeune, on souffre peut-être plus; mais la vie vous ressaisit malgré vous; les occupations, les passions, les devoirs vous disputent à la douleur. Mais, septuagénaire, que lui restait-il? La ressource du travail lui échappait; sa plume de conteur lui tombait des mains comme sa plume d'auteur dramatique; le vide se faisait de tous côtés autour de lui. Heureusement, il y a en nous quelque chose qui survit à tout, qui se mêle à tout, qui marque de son empreinte nos sentiments comme nos idées, nos chagrins comme nos joies, c'est notre caractère. Nous ne souffrons pas seulement avec notre cœur, nous souffrons aussi avec notre caractère. Un caractère heureux, si tendre que soit le cœur qui lui est associé, ne ressent pas le chagrin de la même façon qu'un caractère malheureux. Le célèbre docteur Hahnemann, me parlant un jour du rôle immense que joue l'individualité dans les affections pathologiques, me dit ce mot profond : *Il n'y a pas de maladies, il y a des malades*. On peut dire, dans le même sens : Il n'y a pas d'affliction, il y a des affligés. Certaines natures semblent faites pour les désespoirs mornes. Quand un malheur les atteint, elles s'y plongent, elles s'y enfoncent, elles s'y ensevelissent. Rien n'existe désormais pour elles que ce qui n'est plus. La douleur est dans leur âme comme une maladie mortelle qui ronge tout le reste. Elles ont un chagrin fixe, comme on a une idée fixe. Leurs yeux, toujours attachés sur le même point, semblent toujours regarder au delà. J'ai vu des mères blessées de cette incurable blessure. Tel n'était pas M. Bouilly. Il avait dans le caractère une élasticité, un ressort, une faculté de rebondissement, qui le défendait contre ces chagrins farouches. Certes, il était bien profondément malheureux, le pauvre homme! Son corps même avait fléchi sous le coup; ses jambes pouvaient à peine le porter! C'était pitié de voir ce visage, fait pour exprimer la bienveillance et la gaîté, bouleversé par les sanglots, de voir ces yeux d'où coulaient si doucement les larmes de la pitié et de la sympathie, tout brûlés par les pleurs. Eh bien, le croirait-on? ce fut cette sympathie même qui lui vint d'abord en aide contre le désespoir. Son cœur affectueux avait tellement besoin de se répandre, qu'il regrettait presque autant le sentiment perdu que l'être perdu; il avait soif d'amour paternel! J'en puis citer deux témoignages bien frappants. J'ai, dans mon cabinet de travail, un portrait de lui, avec ces deux vers écrits de sa main :

> Au fils de mon ami, par qui j'ai retrouvé
> L'illusion d'un père, au jeune Legouvé.

Sa pauvre âme éperdue se raccrochait à tous les semblants de l'affection perdue. A ce moment venait d'arriver à Paris une jeune artiste de génie, qu'il avait connue et protégée dans son enfance, Maria Malibran. Elle fut pour lui délicieuse de commisération et de tendresse. Il avait suspendu au pied de son lit, dans son alcôve, de façon à ce que ses yeux en s'ouvrant le rencontrassent tout d'abord, un portrait de sa fille par Robert Lefèvre. La Malibran, venant un jour chez lui sans le trouver, profita de son absence pour écrire sur le cadre de ce portrait :

*Ne pleure pas ! Elle n'est qu'endormie.*

Qu'on juge de son émotion lorsqu'en rentrant, il vit... non, il entendit ce mot... car ce vers parlait ! C'était le son, c'était le cri de pitié de cette voix qui enchantait alors tout Paris ! Le pauvre homme courut chez elle, et tomba dans ses bras en fondant en larmes et en s'écriant... « Ma fille ! Ma fille ! Vous me rendez ma fille ! »

Hélas ! il faut bien le dire, ce n'était là qu'une illusion qui ne trompait personne, pas même lui, un touchant mensonge qui abusait un moment sa douleur, mais ne la guérissait pas, et les années sombres s'approchaient ! C'est alors que, peu à peu, son heureuse nature lui créa une occupation nouvelle, lui révéla un talent qu'il ne se connaissait pas, lui rendit ce dont l'homme d'intelligence ne peut se passer, le travail, lui ouvrit enfin une sorte de dernière carrière, proportionnée aux forces et aux besoins d'esprit de son âge. Peu de chose nous suffit à soixante-dix ans pour remplir notre vie. Notre machine marche à moins de frais que dans la jeunesse ; nous brûlons moins de charbon. Or, le talent nouveau que se découvrit M. Bouilly, fut le talent d'orateur ; son occupation nouvelle, la franc-maçonnerie. La franc-maçonnerie est, pour les uns, un objet de terreur ; pour les autres, un objet de risée ; pour ceux-ci, un prétexte à mauvais dîners et à mauvais discours ; pour ceux-là, l'occasion d'excellentes œuvres de charité. Pour M. Bouilly, ce fut l'emploi de ses meilleures facultés naturelles : la sympathie d'abord ; il se trouvait du coup à la tête de vingt-cinq mille frères ! La générosité, il y avait toujours là quelque chose à donner ; l'éloquence, il y avait toujours là quelque chose à dire ; enfin, son fond même de vieux libéral y avait sa place, la franc-maçonnerie étant toujours de l'opposition. Les premiers grades étaient alors occupés par des hommes fort considérables : Philippe Dupin, Berville, Mauguin. M. Bouilly arriva facilement aux titres les plus élevés. Président de la loge des Amis de la vérité et membre supérieur du Grand-Orient, les réunions maçonniques, les cérémonies maçonniques, les banquets maçonniques, lui devinrent autant de sujets de discours, dont la préparation le mettait en verve, comme jadis ses premières représentations. Il les composait ainsi qu'une scène de théâtre, avec un plaisir de plus, celui de les agrémenter de citations latines. Le goût était alors aux citations, aux inscriptions, aux devises. Scribe, dans sa terre de Séricourt, ne construisait pas un kiosque, un moulin, une laiterie, une vacherie, sans l'orner de quelque distique ou quatrain de sa façon. En voici un fort joli, qui donnera l'idée des autres :

> Le travail a payé cet asile champêtre :
> Passant, qui que tu sois, je te le dois peut-être.

M. Bouilly n'avait pas dans son cabinet un seul meuble qui ne portât quelque inscription latine. Sur le socle de sa pendule, un vers de Virgile ; sur la frise de sa bibliothèque, un vers d'Horace ; sous le portrait de Bossuet, une ligne de Tacite ; sous le buste de Molière, un hémistiche de Juvénal. En outre, il avait rassemblé, sur un petit carnet, une foule de maximes, de remarques, de traits spirituels ou profonds, tirés de Sénèque, de Cicéron, de Quintilien ; il se donnait ainsi l'innocente illusion de se croire un fort humaniste. C'est dans ce trésor qu'il allait puiser, les jours de discours maçonniques ; il appelait cela *piquer la perdrix*.

Je l'avouerai, quand, avec la gaieté quelque peu railleuse de mes vingt ans, j'assistais à un de ces banquets, car j'y assistais... Il avait tenu absolument à m'enrégimenter dans le bataillon sacré ; j'avais été reçu comme louveteau (fils de franc-maçon) ; j'avais juré sur une tête de mort, et sous peine de mort, de ne jamais révéler le secret de l'ordre, et certes, jamais je n'ai mieux tenu aucun serment, n'ayant jamais pu découvrir en quoi consistait ce secret... Je l'avouerai donc, quand je me voyais assis à un de ces banquets, avec mon petit tablier d'apprenti, et mon petit marteau brodé en sautoir, quand je contemplais, au haut bout de la table, ces hommes graves, chamarrés de leurs insignes, de leurs emblèmes, de leurs rubans de souverain prince rose-croix, et prenant au sérieux leurs personnages, je ne pouvais m'empêcher d'abord de sourire un peu, tout bas, de moi et d'eux. Mais, quand M. Bouilly se levait et prenait la parole, ce tableau un peu étrange disparaissait pour moi. Je ne voyais plus que lui. Il parlait si bien! Il avait tant de grâce et de bonhomie! Il avait tant de succès! Il savait si habilement tirer l'argent de la poche des autres, et il puisait si largement dans la sienne au profit de toutes les misères, que toute idée de raillerie s'en allait bien vite; et je ne pensais plus qu'à bénir cette institution, qui lui faisait un moment oublier sa douleur, et lui rendait quelques-unes des meilleures heures de sa jeunesse. Qui le croirait cependant? Cette tête si bien faite, cet esprit si libre de toutes les petites faiblesses de l'artiste, faiblit un moment, et une blessure d'amour-propre avança la fin de sa vie. Le théâtre de l'Opéra-Comique avait repris avec un succès immense *Richard Cœur de Lion* de Grétry et de Sedaine. Cette reprise amena celle des *Deux Journées*, et M. Bouilly rêva le même triomphe pour Chérubini et pour lui. Mais Chérubini n'était pas Grétry; sa musique trop sévère et trop récente encore n'avait pas eu le temps de rajeunir... Elle n'était pas vieille, elle n'était que vieillie. Le succès fut honorable, mais sans éclat. A la dixième représentation, les *Deux Journées* apparurent sur l'affiche un dimanche, premier signe d'insuccès; on les joua en lever de rideau à sept heures, second symptôme de déclin; la salle n'était qu'à moitié pleine, troisième blessure. Les auteurs dramatiques ressemblent à l'air, ils ont horreur du vide. M. Bouilly, qui avait amené à sa pièce une famille amie, fut touché au cœur. Il sortit après le premier acte, en disant : « Ces gens-là me feront mourir! » Les émotions morales, dans la vieillesse, couvrent souvent le corps d'une sueur subite, qui prédispose aux refroidissements mortels. Rentré chez lui tout frissonnant, il se coucha pour ne plus se relever. Mais, dès que le danger se montra, sa force d'âme reparut. Les trois jours que dura sa maladie furent trois jours de calme et de sérénité souriante. Le dernier soir, en le quittant à minuit, je lui demandais : « Comment vous trouvez-vous? — Bien. — Vous ne souffrez pas? — De nulle part... » A six heures du matin il s'éteignait.

Quarante-trois années se sont passées depuis ce jour. Mon grand chagrin s'est apaisé, mais mon regret dure toujours. Pendant ces quarante-trois ans, il ne m'est jamais arrivé un seul bonheur que je ne me sois senti le cœur un peu serré de ne pouvoir le partager avec lui. Le jour de ma réception à l'Académie, en 1856, il me manqua beaucoup. Je ne pus m'empêcher de regarder, avec regret, la place qu'il occupait trente-sept ans auparavant, à la séance où j'eus mon prix de poésie. Très souffrant ce jour-là, le corps plié en deux par une attaque de sciatique, il s'était traîné à l'Institut! Il était aussi heureux que moi. Je lui dis en sortant : « Mon cher ami, vous m'avez rendu, il y a un an, vos comptes de tuteur; je vous rends aujourd'hui mes comptes de pupille! » Cher et excellent homme! Je ne sais pas ce que l'autre vie me destine; mais, j'y regretterais toujours quelque chose, si je ne l'y retrouvais pas.

## CHAPITRE VI

# DEUX SECRÉTAIRES PERPÉTUELS

### I

Mon prix de poésie m'ayant mis en relation naturelle avec tous mes juges, j'ai pu recueillir sur plusieurs d'entre eux quelques faits assez particuliers. Les deux premiers dont je parlerai, sont deux hommes très différents de caractère, très inégaux de valeur, mais qu'unissent de singulières ressemblances, M. Andrieux et M. Villemain. Tous deux furent secrétaires perpétuels, tous deux professeurs de faculté, tous deux personnages politiques, tous deux moqueurs et mordants jusqu'au sarcasme, tous deux lecteurs admirables, tous deux enfin si laids que chacun d'eux eût certainement été l'homme le plus laid de Paris, si l'autre n'eût pas existé. Mais de ces deux masques plissés, ridés, grimaçants, il sortait tant d'esprit, de vie, de feu, de malice, que la physionomie empêchait de voir la figure.

Personne ne m'a fait mieux comprendre que M. Villemain la différence qui existe entre le regard et les yeux. Avait-il des yeux? Je n'ai jamais vu les siens. Ils s'enfouissaient sous une paupière clignotante et dépourvue de cils, qui se contractait, se plissait à peu près comme une bourse dont on serrerait les cordons, et réduisait le globe de l'œil à l'état d'un petit trou tout noir. Eh bien, de cet étroit orifice, le regard jaillissait si perçant, si vif, qu'on eût dit un jet de lumière. Même contraste entre sa personne et ses manières. La nature l'avait taillé à coups de serpe. Un corps court et massif, des membres lourds, un dos rond et bossué comme un sac de noix, une négligence de mise proverbiale! Qui de nous, les jeunes gens d'alors, ne se rappelle le bout de gilet de laine dépassant la manche de son habit, et cette extrémité de bretelle qui apparaissait au bas de son gilet? Eh bien, ce même homme, quand il parlait à une femme, avait une grâce de gestes, une élégance de façons, un charme de voix, un mélange de courtoisie et de respect, qui sentaient la meilleure et la plus exquise compagnie, où il avait en effet vécu dès sa jeunesse. J'ai vu là que ce qu'on appelle les *manières* n'est pas chose purement matérielle, dépendant uniquement de la forme et des mouvements du corps. Non! cela vient aussi de je ne sais quoi d'intérieur, d'intime; c'est une partie de notre personne morale. Les mots spirituels de M. Villemain se citaient partout; je n'en connais guère de plus joli que sa déclaration à une jeune dame qu'il courtisait très vivement, car il était fort galant et même entreprenant :

« Aimez-moi, madame, lui disait-il ; personne ne le croira. »

M. Andrieux n'était pas moins spirituel que M. Villemain. Le jour où j'allai lui faire ma visite de lauréat, il était fort question d'une tragédie de lui sur Brutus l'ancien, le fondateur de la République romaine, tragédie défendue sous l'Empire, défendue sous la Restauration, et dont M. de Martignac venait, disait-on, de permettre la représentation. Je lui parlai naturellement de M. de Martignac et de Brutus.

« Oh ! oui, me dit-il, M. de Martignac ! le ministre libéral ! Oh ! il m'a fait venir ! il m'a demandé de lui lire ma pièce. Il m'a accablé de compliments... Mais il défend la représentation. Il trouve que je n'ai pas fait Brutus assez *royaliste!*... »

Rien ne peut rendre le petit sifflement strident, mordant, insolent, dont il accompagna et prolongea cette dernière syllabe de « royaliste » ; c'était une note de Rossini sur un mot de Voltaire. Les traits de ce genre abondaient dans la conversation de M. Andrieux. Il en avait de très profonds, comme sa réponse à Napoléon, qui se plaignait de la résistance du tribunat : « Sire, on ne s'appuie que sur ce qui résiste. » Il en avait d'incomparables de drôlerie et d'audace. En voici un quelque peu cru, mais que je ne puis résister au plaisir de citer. C'était chez mon père, à un grand dîner où figuraient quelques hauts dignitaires de l'Empire, quelques hommes de lettres et plusieurs artistes distingués. Tout à coup, une odeur fétide, venant d'un tuyau de descente, se répand dans la salle à manger. Chacun de dire, tout bas d'abord, puis tout haut : « La singulière odeur ! Qu'est-ce que cela peut être? » Ma mère était au supplice. Son dîner était manqué ! Tout à coup, Andrieux, avec cette petite voix éraillée qui ne semblait pas une voix d'homme : « Madame Legouvé... je crois que ça sent la... » et il lâche le *mot propre!*... ajoutant aussitôt d'un ton ingénu : « Je ne sais pas si je me fais comprendre. » On avait tressauté au premier mot, on éclata de rire au second ; le rire emporta tout, embarras, gêne, contrariété ; on ouvrit la fenêtre, l'odeur se dissipa, et le dîner s'acheva en pleine gaieté ; ma mère appelait Andrieux son sauveur.

C'est à ce même dîner que se produisit un petit fait qu'on me permettra de citer comme un trait des mœurs et des habitudes du temps.

Parmi les convives figurait la célèbre Mlle Contat, dans le plein éclat de sa beauté. Le rôti mis sur la table, arrive la salade ; Mlle Contat se lève, avec sa brillante toilette de soirée, sa belle poitrine découverte, ses beaux bras nus, puis, prenant le saladier, elle retourne bravement la salade, qui était tout assaisonnée, avec ses blanches mains. Ce fut un cri d'admiration parmi tous les convives, on déclara qu'elle n'avait jamais paru plus charmante dans aucun rôle, et les convives mangèrent la salade comme elle l'avait retournée, avec leurs doigts. Ce serait déplaisant aujourd'hui, c'était de bon goût alors. J'entends encore le vieux marquis de Vérac, un modèle accompli du vrai gentilhomme, nous dire avec un accent de persiflage : « Ah çà ! vous êtes donc bien sales, aujourd'hui, que vous n'osez pas prendre et manger une côtelette avec vos doigts? »

M. Andrieux, comme je l'ai dit, joignait au titre de secrétaire perpétuel de l'Académie, celui de professeur. Il faisait au Collège de France, tous les mercredis, à midi, un cours de morale. Rien de plus singulier que ce cours. Il ne s'asseyait pas dans sa chaire, il s'y promenait, il s'y démenait. Le jour où j'y allai, il arriva un peu en retard, et nous conta comme quoi la faute en était à sa gouvernante. Elle avait laissé monter le lait de son café, et elle avait mis un quart d'heure à aller en chercher d'autre. Là-dessus, le voilà qui se lance dans mille détails d'intérieur, de ménage, de cuisine, d'armoires à linge, le tout mêlé à la peinture des vertus domestiques, à la façon des *Économiques* de Xénophon. Il nous entretint longtemps de sa chatte, et, à propos de sa chatte, d'Aristote, et, à propos d'Aristote, de l'histoire naturelle. Les faits amenaient les réflexions, les réflexions se liaient aux récits, et les récits étaient délicieux. Je croyais voir revivre, je croyais entendre ce charmant petit abbé Galiani, dont Diderot nous conte tant de merveilles ! Comme l'abbé, Andrieux mettait tous ses contes en scène; comme l'abbé, il jouait tous ses personnages ; comme l'abbé, il mêlait les mines les plus comiques aux mots les plus plaisants; comme l'abbé, enfin, il s'amusait autant que les autres, plus que les autres, de tout ce qu'il racontait. Le jour où je l'entendis, il nous parla, je ne sais à propos de quoi, de ce monarque d'Orient, usé, blasé, malade, à qui ses médecins avaient ordonné, comme remède, d'endosser la chemise d'un homme heureux. Il fallait l'entendre nous peindre les vizirs, les ministres et les sous-ministres lancés à la poursuite de cet être rare que l'on appelle un homme heureux! Personne n'échappe à l'enquête : les millionnaires, les puissants, les illustres, tout le monde y passe. Peine perdue! Partout le mensonge du bonheur! Partout quelque blessure secrète, quelque ver caché dans la fleur, et, à ce propos, Andrieux jetait, en passant, à sa façon, quelque petite maxime morale. Enfin, ajoutait-il, un jour les messagers, à bout de voie, rencontrent dans un village, au coin d'un cabaret, attablé devant une bouteille, un grand jeune gaillard qui boit à plein verre, qui chante à pleine gorge, qui rit à plein gosier. Êtes-vous heureux? lui demande-t-on. — Moi!... Absolument heureux! complètement heureux! « On se jette sur lui, on l'entoure, on le déshabille. Hélas! *cet homme heureux n'avait pas de chemise!* » À ce mot, M. Andrieux partit d'un tel éclat de rire, si sonore, si prolongé, qu'il nous entraîna tous dans sa folle gaieté. Les murs du Collège de France n'en revenaient pas! Sans doute, tout cela n'était ni très éloquent ni très élevé. Nous voilà bien loin des cours de Michelet et de Quinet; mais de ce bavardage, de ce racontage, il s'exhalait je ne sais quoi de sensé, de bon, de sain, de juste, de pratique, de gai, qui vous laissait le plus charmant et le plus utile souvenir. Puis, comme la fin couronnait la séance! La fin, c'était la lecture d'une fable de la Fontaine ou d'un passage de Boileau, surtout du *Lutrin*. J'ai entendu de grands lecteurs dans ma vie, mais d'égal à M. Andrieux, jamais! car il lisait admirablement *sans voix*. Je ne puis mieux comparer ce qui sortait de sa bouche qu'à ce qu'on appelle une *pratique*. C'était quelque chose d'enroué, de fêlé, de criard, de sourd, d'où il tirait des effets prodigieux. Comment? Par l'accent, par l'articulation, par l'expression, par l'esprit. Un jour, à l'Institut, en séance publique, il lisait une satire sur les esprits détraqués, et les peignant d'un trait...

Au char de la raison attelés... par derrière !

Où alla-t-il chercher la note étrange qu'il mettait sur le dernier mot et sur la dernière syllabe du mot *par derrière?* Je ne sais. Mais la salle tout entière éclata en applaudissements. Ce portrait serait inachevé si je ne disais un mot de ses doctrines littéraires. Ce fut, de tous les réactionnaires classiques, le plus passionné, le plus intransigeant, le plus forcené. Il ne pardonnait même pas à Lamartine. M. Patin m'a souvent conté qu'il le trouva un jour se promenant comme un furieux dans son cabinet, un volume des *Méditations* à la main. Il interpellait Lamartine! Il lui lançait imprécation sur imprécation! « Pleurard!... Tu te lamentes!... Tu es poitrinaire!... Qu'est-ce que cela me fait? Le *poète mourant!* le *poète mourant!* Eh bien, crève donc alors, animal! Tu ne seras pas le premier!... » Qui le croirait, pourtant, ce blasphémateur de la poésie a été poète par moments, et, s'il survit, c'est comme poète. Écouchard Lebrun, qu'on appelait dans son temps

Lebrun Pindare, a écrit sur Andrieux cette jolie épigramme :

> Dans ses contes, pleins de bons mots,
> Qu'Andrieux lestement compose,
> La rime vient mal à propos
> Gâter les charmes de la prose.

On eût bien étonné Écouchard Lebrun, si on lui eût dit que de ce poète si dédaigné par lui, il resterait un chef-d'œuvre ; et que de lui, il ne resterait rien. Ce chef-d'œuvre, c'est le *Meunier Sans-Souci*. On y trouve comme un écho de l'esprit de Voltaire et de la bonhomie de la Fontaine. Les jeunes gens qui nous ont précédés le savaient par cœur ; nous l'avons appris comme eux, et nos enfants le répéteront comme nous. Avec ces cent vingt vers, Andrieux en a pour deux cents ans d'immortalité.

## II

Changeons de théâtre, changeons de chaire, changeons d'orateur. A la place de la petite salle du Collège de France, qui contient trois cents personnes, entrons dans le grand amphithéâtre de la Sorbonne, qui en contient deux mille, et, au lieu du spirituel causeur de la place Cambrai, abordons avec M. Villemain le grand critique et le grand professeur.

La critique est un des titres de gloire de notre époque. Si le dix-neuvième siècle égale les deux grands siècles qui le précèdent, c'est parce qu'il les surpasse en trois genres : la poésie lyrique, l'histoire et la critique. La critique marche de pair avec les deux autres. Les noms illustres et les talents supérieurs y abondent. Chacun a sa marque particulière. Sainte-Beuve introduit la psychologie dans l'examen littéraire et cherche l'homme dans l'écrivain. M. Nisard fait du génie français une sorte d'être vivant, dont son histoire est le portrait. M. Patin, aussi spirituel qu'érudit, inscrit son nom sur un monument immortel, les *Trois Tragiques grecs*. Saint-Marc Girardin place son point de départ dans la famille et prend pour titres de chapitres, dans ses études théâtrales, non pas *Sophocle*, *Eschyle*, *Racine*, *Corneille*, *Molière*; mais le *père*, la *mère*, l'*épouse*, la *sœur*. Il suit, dans les chefs-d'œuvre de la scène, la marche et la transformation des affections de famille. Son cours de littérature dramatique est une histoire des sentiments naturels. Vitet fait une exquise œuvre d'art de la critique d'art. Ses articles sur la musique ressemblent à une symphonie d'Haydn ; tout s'y enchaîne et s'y déroule avec la même souplesse, la même grâce. Ampère crée une critique nouvelle, la critique voyageuse. Pour lui, étudier le génie des grands hommes seulement dans leurs œuvres, c'est regarder une fleur dans un herbier. Il veut cueillir la plante sacrée sur le sol qui l'a fait naître, sous le soleil qui l'a fait croître. Il ne veut lire Platon que sur l'Hymette, Dante qu'à Ravenne, les Niebelungen qu'en Scandinavie, les hiéroglyphes que sur les Pyramides! C'est un chercheur de sources du Nil, en littérature.

Voilà certes un bien beau mouvement! Eh bien, de qui est-il parti? De M. Villemain. Sans doute, il n'a eu ni la puissance d'analyse et la profondeur de recherches de Sainte-Beuve, ni la force de doctrine de M. Nisard, ni l'ingénieuse érudition de M. Patin, ni la variété d'aperçus de Saint-Marc Girardin, ni la poésie de Vitet, ni la grâce d'imagination d'Ampère, mais c'est lui qui, en introduisant dans la critique, l'histoire, la biographie et la comparaison des littératures entre elles, a ouvert à tous ses successeurs la route où chacun d'eux a marché plus avant et plus sûrement que lui. En outre, il a, le premier, formulé et appliqué cette maxime nouvelle : *La littérature est l'expression de la société*. C'est lui enfin qui a mis au service de ses innovations, deux armes également puissantes, la plume et la parole. Il a été un écrivain charmant et un merveilleux professeur de Sorbonne. Suivons-le à la Sorbonne.

### III

Ce fut pour la Sorbonne une date mémorable, presque une ère, que le célèbre triumvirat Guizot, Cousin, Villemain. Lequel des trois l'emportait sur les deux autres? Aucun. Ils se valaient parce qu'ils ne se ressemblaient pas. M. Guizot était certainement le plus *enseignant* des trois; sa forte érudition historique, qu'accentuait son rare talent de généralisation, son ton un peu dogmatique lui-même, donnaient à ses leçons une solidité, un sérieux, qu'augmentait encore sa belle voix grave. M. Cousin avait plus de verve naturelle, plus d'ardeur, plus d'imagination, et en même temps, chose singulière, plus d'artifice. On sentait toujours dans son attitude, dans ses gestes, quelque chose du comédien. Il était à la fois plein de spontanéité et plein de calcul. Le feu sombre de ses yeux, ses cheveux noirs et incultes, ses traits fortement accusés, son visage maigre, lui donnaient naturellement un air inspiré dont il avait conscience et dont il tirait profit. Personne n'a mieux joué l'improvisation. Il avait soin, comme un grand nombre d'orateurs, de préparer d'avance certains passages à effet. Eh bien, quand il en arrivait là, on le reconnaissait facilement. A quel signe? A l'abondance et à la facilité de sa parole? Au contraire, à ses hésitations. Il avait l'air de chercher ses mots. Il semblait tourmenté par sa pensée comme s'il eût été sur le trépied; on assistait, on s'associait à tout le travail d'une inspiration intérieure, c'était une sorte de crise d'enfantement, et, quand arrivait enfin l'explosion, elle vous frappait d'autant plus vivement qu'on avait souffert et travaillé avec l'orateur; on croyait y être pour quelque chose.

Le cours de M. Villemain était de beaucoup le plus éclatant. A quoi devait-il cet éclat? D'abord, au sujet même de son cours, les lettres ont toujours quelque chose de plus brillant que la philosophie et l'histoire; puis, à sa voix; je n'en ai pas connu de plus belle; c'était un pur timbre d'or; enfin, à son talent de diseur, et, ce qui est plus rare, de *lecteur*.

Je m'explique. Tout professeur de littérature dans une faculté, a besoin d'être un habile lecteur, car les citations font partie de son discours, et citer c'est s'interrompre *de parler pour lire.* Or, rien de plus difficile que ce mélange de la lecture et de la parole. C'est un art dans un art. Un membre éminent du Sénat, qui est en même temps un des plus illustres maîtres du barreau, me disait un jour que sur vingt avocats et sur vingt orateurs politiques, on n'en trouvait pas deux qui sussent bien lire une citation ; « ceux même qui parlent bien, ajou-
« tait-il, lisent mal. Il semble que ce soit un autre
« homme qui paraisse subitement à la tribune ou à la
« barre. L'orateur avait une diction vive, vraie, natu-
« relle ; le citateur a un débit froid, monotone, et par-
« fois faux ; ce changement de ton refroidit non
« seulement l'auditeur, mais l'orateur même ; sa cita-
« tion finie, il ne revient pas sans effort à son mouve-
« ment personnel ; il a autant de peine à reconquérir sa
« propre émotion que celle de l'assemblée. »

Rien de pareil chez M. Villemain. Ses citations, loin d'interrompre le mouvement de sa parole, s'y mêlaient pour l'animer et l'accentuer. Elles faisaient partie de son éloquence. Était-il donc, comme Andrieux, un lecteur de premier ordre ? Non ; une qualité essentielle lui manquait : la vérité. Son débit avait quelque chose d'un peu déclamatoire. Il se faisait de la musique à lui-même avec son bel organe. Mais ici l'inconvénient se tournait en avantage. Un professeur qui lit, n'est pas seulement un lecteur, c'est un critique, un commentateur. Il ne se met ni à la place du poëte, ni à celle du personnage qui parle; il a son rôle à lui dans cette récitation. Sa voix, ses inflexions doivent faire sentir qu'il approuve, qu'il admire; le fragment qu'il cite, est une leçon qu'il donne; souvent même, à sa lecture, se mêlent de courtes exclamations qui sont des jugements; il répète deux fois un même vers pour en faire comprendre toutes les beautés. M. Villemain excellait à intercaler ainsi ses propres impressions dans ses citations, à mêler le professeur au lecteur; les vers de Lamartine ne m'ont jamais paru si beaux que dans sa bouche, précisément parce qu'il les déclamait en les lisant, et que, si je puis parler ainsi, les déclamer, c'était les acclamer.

Le succès de M. Villemain tenait encore à une cause plus intime. Elle venait d'une passion profonde, puissante, d'autant plus puissante qu'elle était unique en lui, la passion du beau llittéraire, je dis littéraire, car tel est le trait distinctif de cet homme éminent. Montaigne l'aurait appelé un homme *livresque*. Les arts, autres que la poésie et l'éloquence, n'existaient pas pour lui. Il n'entendait rien à la musique, il ne goûtait pas la peinture; sa myopie l'empêchait d'aimer la nature; sa conformation le rendait peu propre aux exercices du corps. Il ne connaissait qu'une chose, les livres; mais les livres comprenaient pour lui le domaine entier du génie. Pas de limites de temps, de pays, de langue, de genre; tout ce qui s'appelle chef-d'œuvre lui appartenait, et quand il en tenait un entre les mains, quand il le lisait, l'analysait, l'interprétait, une telle chaleur, une telle sincérité d'enthousiasme se dégageait de sa parole, de ses gestes, de sa physionomie, qu'il vous emportait avec lui. Nous sortions de son cours, enfiévrés, frémissants, frémissants du désir de savoir. Ce qu'il nous apprenait nous touchait encore moins que ce qu'il nous donnait d'envie d'apprendre. C'était un grand allumeur d'esprits.

Une de ces leçons m'est restée en mémoire. Je voudrais en donner une idée, mais, hélas! la parole se fige sur le papier. Enfin, essayons. C'était dans le plein de la grande bataille littéraire, alors que les uns insultaient Racine et que les autres traitaient Shakespeare de sauvage. Un jour, M. Villemain prit bravement pour sujet la comparaison entre la *Mort de César*, de Voltaire, et le *Jules César*, de Shakespeare. Trois heures avant l'arrivée du professeur, la cour était envahie comme la salle. On eût dit un jour d'émeute. Les deux écoles littéraires s'étaient donné rendez-vous là, comme sur un champ de bataille. On allait voir le grand procès poétique, transporté tout à coup en pleine audience, avec la Sorbonne pour tribunal, et le plus illustre des lettrés pour juge. M. Villemain commence par la *Mort de César*. Que de prudence! Que de gravité! Quelle appréciation profonde et sympathique, mais mesurée, des beautés nobles de l'œuvre française! Il en fait valoir le caractère à la fois sévère et pathétique. Il lit les tirades un peu pompeuses, mais grandioses, de la première scène, il fait ressortir la force tragique de la situation du troisième acte, où Brutus, se jetant aux pieds de César qu'il sait être son père, le supplie avec des larmes de renoncer à la couronne, car, si César se fait roi, il est mort! Enfin, après avoir suivi, pas à pas, toutes les phases de la marche dramatique, M. Villemain en arrive au dénouement, au discours de Cassius au peuple et à la réponse d'Antoine :

> Contre ses meurtriers je n'ai rien à vous dire.
> C'est à servir l'État que leur grand cœur aspire.
> De votre Dictateur ils ont percé le flanc !
> Couverts de ses bienfaits, ils sont teints de son sang !
> Pour forcer des Romains à ce coup détestable,
> Sans doute il fallait bien que César fût coupable.
> Je le crois ! Mais enfin César a-t-il jamais
> De son pouvoir sur vous appesanti le faix ?
> A-t-il gardé pour lui le fruit de ses conquêtes ?
> Des dépouilles du Nord il couronnait vos têtes !
> Tout l'or des nations qui tombaient sous ses coups,
> Tout le prix de son sang fut prodigué pour vous !
> De son char de triomphe il voyait vos alarmes ;
> César en descendait pour essuyer vos larmes !

Il faut en convenir, ce sont là de bien beaux vers, d'un autre goût que notre goût actuel, mais vraiment beaux. L'effet produit fut considérable. Les romantiques étaient consternés, les classiques triomphaient, et leurs bravos enthousiastes se prolongèrent jusqu'à ce que M. Villemain, étendant la main, comme pour réclamer le silence, dit avec un demi-sourire que je n'ai jamais oublié : « Prenez garde, messieurs ! Ce que vous applaudissez dans ces vers de Voltaire, ce n'est pas le génie de Voltaire seul, car ce passage est imité de Shakespeare. »

Ce fut comme un coup de théâtre. Les applaudissements changèrent de mains et de côté, et furent accompagnés, cette fois, d'acclamations ironiques et d'interruptions moqueuses ; mais M. Villemain, toujours semblable au Neptune de Virgile, apaisa de nouveau, d'un geste, le tumulte des flots, et entra dans l'analyse de *Jules César*. Même prudence, même sérieux dans le jugement. Dès le début, il alla droit à la différence fondamentale de composition qui sépare les deux œuvres, ou plutôt les deux systèmes, le système français et le système anglais.

Tandis, en effet, que Voltaire, à l'imitation du dix-septième siècle, n'a cherché dans le fait historique, que le développement d'un fait dramatique, Shakespeare nous présente un tableau d'histoire, une peinture de caractères. M. Villemain, prenant donc tour à tour les personnages principaux du chef-d'œuvre anglais, Brutus, Porcia, Cassius, les montra tels que Shakespeare les a créés, non plus comme des rôles de théâtre conséquents à eux-mêmes, et parlant tous la même langue noble, mais comme des êtres vivants, complexes, contradictoires ; il lut par fragments la scène de Brutus et de Porcia ; de Brutus et de son esclave ; de Brutus et de Cassius ; puis une fois ces types caractéristiques fortement imprimés dans notre esprit, il descendit au forum avec Shakespeare, mit en scène le cadavre de César, le testament de César, le duel de harangues d'Antoine et de Brutus, le Sénat, les soldats, et enfin le peuple ! Le peuple devenu tout à coup le personnage le plus puissant du drame ! Quel changement ! Nous n'avions plus devant les yeux, comme dans le Cassius et l'Antoine de Voltaire, deux avocats plaidant, en une sorte de cour d'assises, le *coupable* ou *non coupable*. C'était Rome tout entière évoquée devant nous, dans le plein jour de la place publique! C'était la multitude, prenant corps, prenant vie, houleuse et mugissante comme la mer dans les coups de rafale les plus violents, s'indignant, s'attendrissant, acclamant ce qu'elle vient d'insulter, insultant ce qu'elle vient d'acclamer, voulant faire un roi de Brutus parce qu'il vient de tuer un roi, et, l'instant d'après, voulant massacrer Brutus parce qu'il a frappé César! Je ne connais, quant à moi, dans aucun théâtre antique ou moderne, grec ou français, une scène comparable à cette apparition terrible et stupéfiante de la versatilité populaire, mais jamais non plus je n'ai vu dans aucune représentation dramatique, un spectacle plus captivant qu'une telle scène commentée par un tel homme, dans une telle salle, devant un tel auditoire. Le drame se jouait, ce semble, à la fois, dans l'amphithéâtre, dans l'œuvre du poète, dans la tête du professeur et dans le cœur du public. L'impression fut prodigieuse, le triomphe de Shakespeare inénarrable! L'agitation se prolongea longtemps après la séance, dans les couloirs, dans la cour, dans les rues avoisinant la Sorbonne. M. Villemain n'a pas connu dans toute son éclatante carrière de professeur, un jour pareil! Ce fut comme une sorte de préface de Cromwell, en action. Entendons-nous bien cependant! M. Villemain n'était pas un renégat de la gloire nationale. M. Villemain n'était pas un déserteur de ce qu'on appelait alors les autels de Racine et de Corneille. Personne n'a trouvé d'accents plus profonds que lui pour célébrer leur génie et interpréter leurs chefs-d'œuvre. Mais, dans sa vaste compréhension de tout ce qui était beau, il voulait une place pour Shakespeare à côté de nos grands hommes, comme il la voulait pour Dante, comme il la voulait pour Eschyle, comme en regard de Démosthène et de Cicéron il plaçait Pitt et Fox, comme en regard de Fox et de Pitt il mettait saint Chrysostome et saint Basile ; c'était un polythéiste en poésie.

Ce personnage tout nouveau et tout personnel d'arbitre entre les deux systèmes littéraires, entre les deux écoles, M. Villemain le continuait en dehors de ses cours. Tous les dimanches, un dîner de quinze à vingt personnes réunissait chez lui, boulevard Saint-Denis, n° 12, des représentants de l'un et l'autre parti, tout étonnés de se trouver côte à côte, et plus étonnés encore de se trouver si différents de ce qu'ils s'imaginaient. On ne déteste souvent les ouvrages que parce qu'on ne connaît pas les auteurs ; la personne corrige souvent les œuvres, la conversation complète les écrits : on reste adversaires, mais on n'est plus ennemis. M. Villemain fut ainsi un charmant faiseur de traités de paix littéraires. Son plaisir et parfois sa malice était de prendre au milieu de la soirée, quand les visiteurs de toute sorte commençaient à affluer, quelque passage nouveau d'un poète moderne, une *Méditation de Lamartine*, une *ode de Victor Hugo*, un fragment de *poème de de Vigny*, voire même des *vers de Sainte-Beuve*, et à force d'art, de grâce, il se plaisait à acclimater à la poésie nouvelle les plus rebelles oreilles académiques. C'était sa manière de recueillir des voix pour les futurs candidats. Avec cela, plein de bonté et de sollicitude pour les débutants comme moi, les gourmandant avec une malice paternelle s'il leur trouvait la mine un peu pâle, leur indiquant des lectures, leur faisant des critiques ingénieuses et toujours vraies. « Que je vous gronde, me dit-il un jour, à propos d'un passage de votre pièce couronnée. En comparant aux révolutions antiques produites soudainement par la parole, les révolutions du monde moderne produites lentement par les écrits, vous dites :

> Ce tonnerre tardif, et gros de tant d'orages,
> Emporte et détruit tout dans ses brûlants ravages.

Votre premier vers est excellent, c'est un mot trouvé que le *tonnerre tardif*, mais le second vers est commun et déclamatoire. Il me fait l'effet d'un chapeau de vieille femme mis sur la tête d'une jeune fille. Changez-moi ce vers-là pour la lecture publique. »

Ses conseils se résumaient parfois en un précepte court et profond. « Dans l'art, me disait-il, il s'agit moins de corriger les défauts que de développer les qualités. C'est le système des grands médecins : ils guérissent les organes faibles en fortifiant les organes forts. Ils chargent la santé de combattre la maladie. De même dans l'art, c'est à la vie à tuer la mort, c'est aux qualités à étouffer les défauts. »

Tout à coup, ce rôle charmant de M. Villemain auprès de la jeunesse cesse brusquement. 1830 arrive. La révolution éclate. Une nouvelle carrière s'ouvre pour lui. Aux fonctions littéraires succèdent les fonctions politiques. Il quitte la Sorbonne, il quitte sa chaire. Il devient député, il devient conseiller d'État, il devient pair de France, il devient ministre! Il monte enfin!... Monta-t-il, en effet? Il y a là un fait psychologique, bien curieux et que nous allons tâcher d'étudier.

## IV

L'avènement de M. Villemain aux grandes fonctions politiques et aux luttes parlementaires, semblait la consécration naturelle de son talent, le couronnement de sa vie. Eh bien, c'en fut presque le découronnement. Sans doute sa position personnelle fut toujours considérable. Il resta un des hommes illustres de la France. N'importe! Il ne retrouva pas sa première fleur de renommée. Il perdit en gloire ce qu'il gagna en honneurs. Il perdit en autorité ce qu'il gagna en pouvoir. Pourquoi? Pourquoi ce professeur si éloquent ne fut-il qu'un orateur politique de second ordre? Pourquoi ce modèle de l'esprit universitaire figura-t-il sans éclat à la tête de l'Université? Que lui a-t-il manqué? Est-ce le talent, le sens pratique, l'intelligence des affaires, l'amour du bien? Non! ce qui lui a fait défaut, c'est la qualité qui seule nous permet de gouverner les hommes et de conduire les choses, c'est le caractère, et, dans le caractère, cette force spéciale que les phrénologues appellent la combativité, le goût de la lutte. M. Ville-

main était fait pour triompher, il n'était pas fait pour se battre. Je demandais un jour à M. Guizot, qui a su si bien passer, lui, de la chaire à la tribune, et de la Sorbonne au ministère, quelle différence séparait le professeur de l'orateur politique. « C'est, me dit-il, que
« le professeur parle de *haut en bas*, et que l'orateur
« politique parle de *niveau*. Quand le professeur monte
« en chaire, il n'a en face de lui que des disciples;
« quand l'orateur monte à la tribune, il n'a devant
« lui que des adversaires. Parfois, ses amis même triom-
« phent tout bas de ses défaillances, ils rient de ses
« échecs; chaque discours est une victoire à remporter.
« Le professeur s'appuie sur tout le monde, l'orateur ne
« doit compter sur personne, et il doit compter sur lui-
« même. » Ce mot explique l'infériorité de M. Villemain, même au Parlement. Il avait besoin de sympathie pour être tout lui-même. L'hostilité, au lieu de l'exciter, le déconcertait. Ce moqueur ne pouvait supporter la moquerie. Il échoua un jour à la Chambre des pairs devant l'unanimité du silence. Assailli d'interruptions, il se plaignait avec amertume de ne pas même être écouté; soudain, par une de ces inspirations, de ces conspirations de gaminerie qui éclatent parfois dans les assemblées publiques, comme dans les classes d'écoliers, part des rangs de l'opposition un formidable chut! chut! chut!... Le silence s'établit. M. Villemain recommence : chut! chut!... Il lance une première phrase... chut! chut! chut! Il la reprend... chut! chut! chut! Troublé, décontenancé..., il cherche quelques mots de représaille, il ne les trouve pas, et pâle, balbutiant, il descend

de la tribune, écrasé par cette ironique attention, et dévorant ses larmes.

Même impuissance comme ministre. Ne sont faits pour le pouvoir que les hommes qui en aiment non seulement les joies, mais les amertumes, non seulement l'éclat, mais le fardeau. C'est le mot charmant du docteur Véron, à qui un de ses amis reprochait d'avoir vendu trop cher le *Constitutionnel* dont il était directeur : « Et mes chers soucis ! s'écria-t-il, mes chers soucis que je perds ! Il faut bien qu'on me les paye ! » Eh bien, pour M. Villemain, les soucis du pouvoir étaient de mortelles et incurables douleurs. La responsabilité l'accablait ! Il avait peur de tout ! Le moindre article de journal le mettait hors de lui, ou l'épouvantait. J'en eus une preuve singulière. Un de mes plus chers amis, Goubaux, chef de la pension Saint-Victor devenue depuis le collège Chaptal, venait de rompre nettement avec l'éducation universitaire et d'inaugurer en France l'éducation professionnelle. Son ambition était de pouvoir substituer pour son établissement le titre de Collège au titre d'Institution. L'autorisation du ministre était indispensable. Sachant mes relations avec M. Villemain, il me pria d'aller la lui demander. J'y vais. A mon premier mot, voilà un homme qui part en invectives. Toutes ses convictions et tous ses préjugés d'universitaire se révoltent ; cette éducation nouvelle, cette éducation sans grec et sans latin lui semble un sacrilège, et il termine son dithyrambe par cette parole significative : « *Un collège français !... Jamais !* — Au fait, lui répondis-je froidement, *en France !* cela me paraît juste. » A ce mot il s'arrête court! Il pâlit..., et marchant vers la porte, comme pour couper court à l'entretien : « Ah! c'est la guerre, me dit-il.... Eh bien, soit!... Vous écrivez dans le journal *le Siècle*, eh bien, attaquez-moi! Attaquez-moi! » Et il me congédie. Je reviens chez Goubaux, la tête fort basse, et je lui conte le triste succès de mon ambassade. Le lendemain, à dix heures, il recevait du ministère l'autorisation de changer le titre de pension Saint-Victor contre celui de collège François I<sup>er</sup>. M. Villemain avait reculé devant un article que je n'aurais jamais fait.

C'est vers ce moment que les envahissements des jésuites firent éclater ce formidable *tolle*, d'où sortit, comme par une sorte d'évocation, le diabolique et terrible personnage de Rodin, dans le *Juif errant* d'Eugène Sue. Troublé par cette effervescence générale, M. Villemain fut saisi d'une terreur étrange : la terreur des jésuites. Il en voyait partout. Il se croyait l'objet de leurs persécutions. S'égarait-il un papier dans son cabinet, c'étaient les jésuites qui le lui avaient dérobé pour s'en armer contre lui. Les garçons de bureau, les employés, les chefs de service même, lui semblaient autant d'espions mis auprès de lui par les jésuites pour le dénoncer; si bien qu'un jour, après le conseil des ministres, le roi Louis-Philippe dit à M. Guizot, de qui je tiens le mot : « Ah! çà, mon cher monsieur Guizot, vous ne vous apercevez pas d'une chose, c'est que votre ministre de l'instruction publique devient fou. »

## IV.

Dès lors sa démission s'imposait, il la donna, et comme son intelligence n'était pas réellement atteinte, quelques semaines de repos suffirent pour le rendre au bon sens, au travail, aux succès littéraires et académiques; mais le caractère resta malade. Toujours ombrageux et inquiet, ses amis même lui inspiraient défiance. J'arrive un matin chez lui. « Que veniez-vous me demander? me dit-il brusquement. — Rien, répondis-je, je viens vous voir. — Ah ! je comprends, reprit-il avec amertume, vous doutez de mon amitié, vous ne voulez rien de moi. » Tel était l'homme, et il allait s'enfonçant chaque jour davantage dans la misanthropie et les idées sombres, quand tout à coup, à soixante ans passés, éclata en lui un réveil de vie, de jeunesse, de gaieté, d'esprit! J'ai vu peu de faits plus extraordinaires. Au choc d'un grand événement politique et sous le coup d'un sentiment nouveau, le Villemain d'autrefois reparut avec toute sa vivacité et toute sa verve. Quel était cet événement? Le coup d'État de 1851. Quel était ce sentiment? L'indignation. Le second empire lui inspira une horreur profonde, implacable. Ces massacres dans la rue, ces déportations en masse, cette confiscation de la liberté, cette spoliation des biens de la famille d'Orléans, cet écrasement de la classe bourgeoise, ce triomphe du sabre, ce dédain pour les lettres, le blessaient dans ses plus profonds sentiments. Il ne tarissait pas de sarcasmes, de moqueries indignées contre ce nouveau César et contre cette nouvelle cour. Tout en lui se retrempa au feu de cette haine. Il redevint amoureux! Il redevint poète! Quand j'allais le voir, il me comptait ses passions tout idéales, et me montrait ses vers. Ressaisi en même temps par le démon du travail, il écrivit alors son dernier livre, qui est un de ses plus beaux, *Pindare*. Je ne saurais dire si, comme le prétendent les hellénistes, la connaissance de la langue grecque n'y est pas assez approfondie, mais, ce que je sais, c'est que M. Villemain y a mis le meilleur du génie athénien, la fleur et la flamme. Pour achever son œuvre, il se levait avant le jour, et, pour se mettre en train de travail, il commençait par faire des vers. Je l'entends encore me dire un matin, au moment où j'arrivais : « Tenez! voilà la première ligne que j'aie écrite aujourd'hui :

*Quatre heures du matin!... Allons! debout, vieillard!* »

Et il me déclama tout un morceau de poésie plein d'éloquence et d'élévation.

Ce beau mouvement ne pouvait durer. L'espérance de voir la chute de l'empire soutint quelque temps M. Villemain, mais le régime nouveau, en se prolongeant, fit tomber son ardeur, et ne laissa subsister que son animadversion. Un hasard singulier lui donna l'occasion de la montrer en plein palais des Tuileries. C'était au printemps de 1859, quelque temps avant la déclaration de la guerre d'Italie. M. de Laprade, élu à la fin de 1858, avait été reçu le 7 mars 1859. Le secrétaire perpétuel demanda, selon l'usage, audience à l'empereur pour lui présenter le nouvel académicien, qui devait offrir au souverain son discours enveloppé et relié dans une belle feuille de papier d'or. L'audience est accordée pour onze heures, et nous voilà partis tous les quatre, dans le grand carrosse académique, M. Flourens directeur, moi chancelier, M. Villemain secrétaire perpétuel et Laprade avec son beau discours. On nous introduit dans un salon d'attente, en nous disant que l'empereur va nous recevoir. Un quart d'heure se passe, pas d'empereur. Une demi-heure, pas d'empereur. Trois quarts d'heure, pas d'empereur. Villemain, furieux, se promenait à grands pas dans le salon avec mille invectives, et voulait à toute force s'en aller. M. Flourens, qui avait préparé un petit compliment où il avait adroitement glissé une petite requête, faisait tous ses efforts pour le contenir et le retenir. Laprade se taisait, et quant à moi, quoique mes sentiments fussent de tous points ceux de Villemain, je me joignais à M. Flourens, moins, je l'avoue, par respect pour la dignité du maître que par esprit de curiosité. L'empereur, au dire même de ses ennemis, était un parfait gentleman ; il avait, assurait-on, la prétention et le droit de compter comme un des hommes les mieux élevés de son empire. Je me creusais donc la cervelle à chercher le pourquoi de cette impolitesse gratuite faite à un des premiers corps de l'État, quand enfin la porte s'ouvrit, et le souverain vint à nous, en se balançant, selon son habitude, sur ses deux hanches, et avec ce vague sourire perpétuellement esquissé dans ses yeux et sur ses lèvres. Était-ce gêne de nous avoir fait attendre? Je ne sais, mais son embarras était visible. Il ne trouvait pas un mot à nous dire, et il fallut que M. Flourens rompît le silence qui devenait assez embarrassant : « J'ai l'honneur de présenter à Votre Majesté notre nouveau confrère M. de Laprade. — M. de Laprade? Ah! très bien », répondit l'empereur; puis se retournant vers Laprade de l'air le plus gracieux : « Quand prononcerez-vous votre discours, monsieur? » Stupéfaits à ces mots, nous baissâmes la tête; mais Villemain, avec un accent indicible de raillerie contenue, s'inclina profondément : « Votre Majesté me permettra-t-elle de lui faire observer que M. de Laprade a été reçu il y a huit jours, et que c'est précisément son discours que nous apportons à Votre Majesté? — Ah! très bien, répondit l'empereur sans sourciller, je le lirai. » Puis il reprit du même ton calme : « A qui succédez-vous, monsieur? — A M. Brifaut, sire. — M. Brifaut; c'était un homme de talent, n'est-ce pas? — Nous avons tous du talent, sire, répondit M. Villemain, toujours en s'inclinant profondément. » M. Flourens plaça son petit compliment quelque peu intéressé, que l'empereur accueillit avec une bienveillance distraite qui prouvait clairement qu'il n'en écoutait pas un mot, puis, après quelques phrases insignifiantes, il nous congédia avec un salut plein de grâce et de bonne grâce. A peine sommes-nous réinstallés dans la voiture académique, que Villemain éclate en rires sardoniques, triomphant, persiflant M. Flourens et tout consolé de l'impolitesse du *malappris* par la bourde du *maladroit*.

Quelques jours plus tard, les journaux nous apprirent le mot de l'énigme. A cette même heure où l'empereur nous avait fait attendre, il était en conférence avec M. de Cavour, et c'est dans cet entretien qu'il décida la guerre d'Italie. Franchement il avait le droit d'être inexact et distrait.

## VI

Ce qui me reste à dire de M. Villemain est aussi douloureux que touchant.

M. Villemain était ce que les Anglais appellent *a domestic man*. Il avait le culte des sentiments de famille. Jeune homme et homme, il avait adoré sa mère, vieille femme, spirituelle, passionnée, fière de lui, jalouse de lui, mais si follement, qu'elle lui fit manquer un mariage très avantageux, parce qu'elle trouvait son fils trop amoureux de sa fiancée ! Eh bien, M. Villemain, malgré son poignant regret, garda pour cette mère cruelle un respect, une tendresse et une déférence bien rares chez un homme placé aussi haut dans les fonctions publiques. Marié depuis à une aimable jeune femme et père de trois jeunes filles, il se reposait enfin de tant de secousses au milieu des sentiments paisibles et tendres qui convenaient également à son caractère faible et à son âme affectueuse, quand il se vit soudainement frappé au cœur, frappé à mort par un malheur qui avait quelque chose de tragique. Le fléau qui ne l'avait atteint, lui, qu'à moitié, tomba comme un coup de foudre sur sa famille : sa femme perdit la raison. Il essaya d'abord, dans l'espoir d'une guérison rapide, de la garder à la maison ; et, pour dissimuler au monde cet affreux secret, les jours où il recevait à l'Institut, on parait la malheureuse femme, on la faisait descendre dans le salon et on la cantonnait à une table de travail, entourée de ses amis les plus intimes ; mais bientôt partait de ce coin, un petit rire strident et nerveux qui révélait ce qu'on voulait cacher. La séparation devint inévitable ; mais perdre la mère, c'était perdre en même temps les enfants! Elles étaient trop jeunes encore pour qu'il pût les conserver près de lui ; il fallut les mettre au couvent, et le pauvre homme demeura tout seul dans ce sombre appartement, entre ces deux spectres, entre ces deux folies, celle de sa femme dont elle ne pouvait pas guérir, et la sienne qui pouvait le reprendre. Après quelque temps, ne pouvant pas supporter cette solitude, il tâcha de se reconstituer une famille en reprenant ses filles, et en leur attachant, comme gouvernante, une dame d'origine anglaise qui sortait de chez le duc d'Harcourt.

Cette dame était d'une laideur rare, ce qui faisait dire à M. Villemain, avec une ironie qui tenait encore de l'ombrage : « Je crois que je peux la montrer à mes amis et à mes ennemis.— Dites surtout à vos ennemis, » lui répondit M. Viguier. Cette dame parlait un français assez original pour le salon d'un secrétaire perpétuel de l'Académie ; elle dit un jour d'un jeune homme qu'il lançait des *œillettes* aux jeunes filles, et d'un beau fruit qu'il était en pleine *mûrisson*.

M. Villemain avança timidement qu'il valait mieux dire : *œillades* et *maturité*, sur quoi la dame reprit avec aigreur, hauteur et dédain : « Je ne sais pas comment on parle à l'Académie, mais chez M. le duc d'Harcourt on disait œillettes et mûrisson. »

Les mots de la gouvernante étaient une des rares distractions de la famille. Heureusement la consolation venait d'ailleurs et de plus haut. L'aînée de ces jeunes filles était une personne d'une rare distinction d'esprit et d'un cœur admirable. Quoique bien jeune encore (elle avait à peine dix-huit ans), elle s'éleva sans efforts jusqu'à ce type charmant, plus fréquent qu'on ne le croit dans les familles nombreuses, celui de *sister mother*, comme aurait dit Dickens, sœur-mère. Plusieurs propositions de mariage lui ayant été faites, elle les refusa toutes : « Ma vie n'est pas là, répondit-elle ; j'ai, moi, trois devoirs à remplir : marier mes sœurs, rester avec mon père, et, si j'avais le malheur de le perdre, aller m'enfermer avec ma mère pour la soigner. » Elle réalisa à la lettre cet admirable programme, veillant à tout, suffisant à tout, s'associant à tous les travaux de son père, allant chaque semaine passer une demi-journée avec sa mère que sa présence seule pouvait calmer, et finissant par trouver pour ses deux jeunes sœurs deux maris tout à fait dignes d'elles. Cette joie n'alla pas sans quelque regret ; les deux jeunes femmes quittèrent la maison, quittèrent Paris ; Mlle Caroline redoubla autour de son père de soins, d'ingénieuse sollicitude, de tendresse vigilante, pour combler le vide de ses douloureuses absences. Elle lui copiait ses manuscrits, elle lui traduisait des passages d'auteurs anglais, elle se multipliait, pour lui être comme trois filles à elle toute seule ; et le père, touché, consolé, l'adorant comme on adore son enfant et la vénérant comme on vénère sa mère, entrait dans une sorte de tranquillité émue qui était presque du bonheur, quand une nouvelle catastrophe tomba sur cette malheureuse maison. Une des deux jeunes femmes fut frappée comme la mère ; et voilà ce père et cette fille restés en face l'un de l'autre dans ce sombre appartement, sous le coup de ce malheur qui était une menace, chacun d'eux tremblant pour l'autre et tremblant peut-être pour lui-même ; c'était navrant. En les voyant, on pensait avec épouvante à tout ce qu'ils ne se disaient pas. Je n'entrais jamais dans cette chambre sans être saisi au cœur par je ne sais quel souvenir d'*Hamlet* et du *Roi Lear*. Devenu le confrère de M. Villemain, j'allais assez souvent le voir, poussé par une commisération profonde, j'allais causer avec lui du beau temps où j'étais son élève. Ce retour vers l'âge d'or de sa vie le ranimait un peu ; je le faisais sourire en lui racontant notre enthousiasme pour lui, la passion de lecture qu'il nous soufflait au cœur, et tous deux nous redevenions presque jeunes en nous rappelant ce 1830 dont il a été un des plus brillants représentants, et qui nous a laissé un si ineffaçable souvenir. C'est que 1830 est plus qu'une date historique dans le dix-neuvième siècle, c'est une date morale. Les hommes de 1830 sont marqués d'un cachet particulier, comme les hommes de 89. C'était le même fonds d'enthousiasme sincère, d'illusions généreuses et souvent fécondes ; l'amour du bien nous remplissait le cœur, et tout ce temps peut se résumer en un seul adjectif : *Libéral*. Libéral ! un des plus beaux mots de la langue française, puisqu'il veut dire à la fois libéralité et liberté.

# CHAPITRE VII

# LE SALON DE M. DE JOUY

## I

Deux salons représentaient alors à Paris les deux écoles littéraires : le salon de Nodier et le salon de M. de Jouy. Ces deux noms disent les deux drapeaux. Je les ai connus tous deux, mais on a tant parlé du premier que je ne parlerai que du second. J'y ai rencontré quelques personnages intéressants, dont un des plus curieux était certainement le maître de la maison.

Si on lui avait dit en 178., quand il partit sur un vaisseau de l'État comme aspirant de marine, quand il courait les mers de l'Inde, quand il se battait contre les Anglais pour Tippoo Saëb, quand il perdait deux doigts à je ne sais quelle bataille navale; si on lui avait dit, à ce moment, qu'il serait un jour homme de lettres, poète, et membre de l'Académie française, on l'aurait certes bien étonné. C'était alors un beau jeune homme d'aventures, un d'Artagnan du dix-huitième siècle, grand, vigoureux, avec une figure charmante, une forêt de cheveux blonds, à peu près aussi emmêlés qu'une forêt vierge et ondulant en folles boucles ébouriffées autour de sa tête, de grands yeux bleus admirables, une bouche toujours en mouvement, une gaieté inaltérable, une santé inattaquable; tout lui riait, et il riait à tout! Les lettres et la poésie ne figuraient guère dans sa vie et dans son bagage que sous forme d'un petit volume d'Horace, qu'il récitait sans cesse, et d'un ouvrage quelconque de Voltaire, qui ne le quittait jamais. Arrivé à Paris, il fit son entrée dans la littérature comme on entre en campagne, par deux coups de canon : l'opéra de *la Vestale* d'abord, puis plus tard, *l'Ermite de la Chaussée-d'Antin*.

Tout était nouveau dans l'*Ermite* : la forme, le titre, le sujet, l'auteur. Homme du monde, homme de plaisir, batailleur, causeur, il racontait sa vie de tous les jours en racontant la vie de Paris. Ce qu'on appelle le Parisianisme est parti de l'*Ermite de la Chaussée-d'Antin*. L'école de la chronique est partie de l'*Ermite de la Chaussée-d'Antin*. Il y a tel chapitre de l'*Ermite* qui est une comédie excellente. Le *Parrain* de Scribe est tiré d'une page de l'*Ermite*. Une des plus remarquables scènes des *Faux Bonshommes*, la scène des châteaux en Espagne du mari à propos de la mort de sa femme, est imitée de l'*Ermite de la Chaussée-d'Antin*. Mais le fait le plus curieux, c'est que le succès de l'ouvrage fut tel que bientôt l'œuvre et l'auteur ne firent qu'un. On l'appela l'*Ermite*. Il accepta le nom et, avec le nom, en prit en partie le rôle. Propriétaire d'une petite maison située rue des *Trois-Frères*, n° 11 (la rue des *Trois-Frères* était une partie de la rue Taitbout actuelle), il imagina de donner à sa maison des airs d'ermitage. Il fit construire, dans son petit jardin, une petite chapelle ; il est vrai que le dieu du temple était Voltaire et qu'il en était, lui, le frère servant. Sa robe de chambre était un froc, sa cordelière une corde. On montait à son cabinet par un escalier tortueux, dont la rampe était encore une corde à gros nœuds. Ajoutez que, comme il était jeune encore, il cumulait les deux parties du personnage, restant le diable en se faisant ermite.

J'ai mis en tête de ce chapitre : *le Salon de M. de Jouy*. Il avait en effet un salon. Chose rare et difficile ! N'a pas un salon qui veut. Il y faut bien autre chose que la richesse, que le titre, que la position, il y faut d'abord une femme. Or, M. de Jouy était bien marié..., mais mari, non ! Il aimait trop les femmes des autres, pour rester longtemps lié à la sienne. A peine uni à une jeune Anglaise de fort noble famille, très originale d'esprit, il se sépara d'elle... Se séparer est un mot trop fort..., il n'y eut ni rupture ni éclat. Le lien ne se brisa pas, il se dénoua. Il n'y avait absolument rien à reprocher à la femme, rien d'absolument grave à opposer au mari. Seulement il perdit peu à peu l'habitude de rentrer chez lui. Heureusement, ce ne fut ni si tôt ni si vite que de cette courte liaison il ne fût resté un souvenir, une fille. Cette fille fut élevée par sa mère jusqu'à l'âge de seize ans, mais elle voyait souvent son père ; elle les adorait tous deux, et leur ressemblait à tous deux. Elle avait hérité de sa mère une délicatesse de cœur, une pureté de sentiments, qui, mêlés à l'esprit, à la gaieté de son père, et joints à cette forte éducation morale que donne aux gens jeunes la pratique des situations difficiles, faisaient d'elle une femme particulière et tout à fait charmante. Elle travailla toute sa vie, non pas à réunir ceux qui étaient désunis, la dissemblance des caractères était trop forte, mais à les rapprocher. M. de Jouy s'y prêta volontiers, car il ne prenait pas plus au sérieux sa position d'homme séparé que sa position d'homme marié. Le mariage avait été pour lui chose si légère, qu'il ne comprenait pas qu'on y vît une chaîne et encore moins un sacrement. Je l'entends encore me dire, à propos de *Louise de Lignerolles*, où j'avais essayé de peindre les conséquences souvent terribles de l'adultère du mari : « Mais, mon cher enfant, ça n'a pas le sens commun ! Qui diable vous a mis en tête de bâtir cinq actes et une catastrophe tragique sur la peccadille d'un mari qui a une maîtresse ? Il n'y a pas de quoi fouetter un chat. »

Quand sa fille eut seize ans, elle revint près de lui, et ce fut elle qui tint son salon. L'emploi n'était pas facile. On connaît le mot, bien genevois, trouvé sur le carnet de Mme Necker, la femme de l'austère ministre : « Penser à *relouer* M. Thomas sur sa Pétréide ». Or le salon de M. de Jouy n'était pas composé seulement de gens qu'il faut penser à *relouer*, les poètes et les hommes de lettres. On y rencontrait aussi des orateurs, des hommes politiques : *Manuel*, *Benjamin Constant* qui promenait, à travers les groupes, sa mine d'étudiant allemand, ses longs cheveux blonds et ses paradoxes étincelants. Puis, *passaient dans la lumière avec des fleurs au front*, comme dit le poète, les beautés de la Restauration et de la monarchie de Juillet : Mme Sampayo, Mme de Vatry, Mme Friant... Ajoutez-y encore une foule d'étrangers et d'étrangères, qu'attirait la grande réputation du maître de la maison : j'y ai vu Rostopchine ! J'y ai entendu causer Rostopchine ! Eh bien, la fille de M. de Jouy, mariée à un jeune et charmant capitaine d'état-major, M. Boudonville, naviguait à travers toutes ces célébrités, toutes ces susceptibilités, toutes ces rivalités, sans heurter personne et sans se heurter à rien. Elle me rappelait l'habileté des gondoliers, glissant avec tant de souplesse et de grâce à travers le réseau des mille canaux de Venise. Son père jetait au milieu de tout cela sa cordialité, sa bonhomie, son impétuosité. Je n'ai pas connu d'imagination plus folle dans la causerie. Causer, pour lui, c'était se griser. Arrivé minuit, la tête lui partait ! les drôleries éclataient sur sa bouche comme des fusées. Un soir, à propos de Victor Hugo, qu'il détestait, il nous improvisa une parodie de *Lucrèce Borgia*, qui laissa bien loin derrière elle, comme gaieté et comme burlesque, l'*Harnali ou la contrainte par cor* de Duvert et Lauzanne. Rageur jusqu'à en bégayer, les rages de M. de Jouy étaient d'un comique achevé. Quand on touchait à une de ses admirations, quand on attaquait devant lui une idée généreuse, quand on défendait quelque platitude, il entrait dans des exagérations de langage qui faisaient penser à Alceste. On riait de lui comme d'Alceste; on l'aimait comme Alceste; il m'a fait comprendre la façon dont il faut jouer ce rôle d'Alceste, pour y être toujours comique, sans cesser d'être sympathique. Je me rappelle un mot de lui, qui peint tout l'imprévu de cet esprit. Il était assis sur un petit canapé, entre sa fille et un étranger, qui l'accablait de louanges hyperboliques! Il se retourne vers sa fille, et lui dit : « Tu entends ce que monsieur dit de moi, eh bien, ma chère, j'en pense cent fois davantage. »

La vie littéraire de M. de Jouy se résume en trois dates, qui à leur tour se résument en trois noms : *la Vestale, l'Ermite de la Chaussée-d'Antin, Sylla*.

*Sylla* fut un des plus grands succès de théâtre du siècle. On a prétendu que ce fut un succès de *perruque*, parce que Talma y paraissait avec la mèche napoléonienne sur le front. Je renvoie ces détracteurs aux paroles d'Alexandre Dumas, qui, le jour des obsèques de M. de Jouy, fit, sans titre officiel, le voyage de Paris à Saint-Germain, pour venir vanter, sur cette tombe, la nouveauté hardie du cinquième acte de *Sylla*. Je voudrais ajouter à cet éloge deux traits significatifs du talent de Talma. Le quatrième acte était fondé sur une scène dont l'auteur et l'acteur espéraient beaucoup et avaient grand'peur. Sylla s'endort, et au milieu de son sommeil, toutes ses victimes se dressent devant lui comme les terribles fantômes du *Richard III* de Shakespeare! On comptait que ce somnambulisme du remords produirait un effet immense avec Talma. Mais là se présentait une difficulté d'exécution, et un danger :

*Comment Talma s'endormirait-il?* Cette préoccupation nous fait sourire aujourd'hui, mais alors la question était grave. S'endormira-t-il sur un fauteuil? Plus d'effet. Sur un lit de repos? Mais il faut se coucher, sur un lit! Comment oser se coucher devant le public? Qu'un acteur parle assis, marchant... soit! mais couché!... songez donc, couché!... C'est manquer de respect aux spectateurs. Talma était dans de grandes transes. Heureusement il n'était pas homme à lâcher un effet. Il fait donc bravement installer un lit de repos dans le décor, et, arrivé à la terrible scène, il commence par s'asseoir négligemment, comme sans y penser, sur le bord du lit... Puis, il récite les premiers vers, ses deux bras appuyés sur ses deux genoux réunis, puis, tout en continuant la tirade, il relève les bras, et écarte une de ses jambes; puis il la rapproche du lit de repos, puis il la pose à moitié sur le bord; puis, toujours parlant, il l'étend tout à fait; puis l'autre va la rejoindre; puis le corps se penche en arrière; puis la tête se pose sur l'oreiller, et voilà Sylla endormi, sans que le public se fût aperçu qu'il s'était couché! Comme dans ce temps-là il fallait être adroit pour être hardi! Je ne puis me décider à quitter cette pièce, sans rappeler encore un trait du jeu de Talma. Il y a, au troisième acte, une fort belle scène, où pénètrent dans le palais, jusqu'au dictateur entouré de ses courtisans, les cris d'une foule qu'on égorge. Là-dessus, un homme du peuple entre violemment, et, allant droit à Sylla :

*Combien en proscris-tu, Sylla?*
*— Je ne sais pas!*

Le mot est cornélien. Eh bien, Talma, selon son inspiration, selon l'accent de l'homme du peuple, selon la physionomie des courtisans, disait cette terrible apostrophe d'une façon tout à fait différente. Tantôt, il la laissait tomber négligemment, dédaigneusement, avec une tranquillité distraite, et qui faisait un contraste effrayant avec la fureur de l'homme du peuple. Tantôt, il la lui lançait en plein visage, comme un cri de bête fauve, avec une violence qui vous remplissait d'épouvante! Oh! quel grand génie! Ce ne fut pas un succès, ce fut un triomphe pour l'acteur. Ajoutons bien vite, et pour le poète. *M. de Jouy* cessa d'être l'*Ermite* pour s'appeler l'auteur de *Sylla*.

## II

La *Vestale*, en faisant de M. de Jouy notre premier poète lyrique, lui attirait la clientèle des hommes que j'estime les plus malheureux de la création, les musiciens dramatiques. Connaissez-vous un supplice pareil? Supposez Jupiter avec Minerve dans la tête, et pas de hache pour la faire sortir. Pire encore est la position d'un musicien de théâtre. Non seulement il ne peut pas enfanter, mais il ne peut pas concevoir à lui tout seul. Il se sent plein d'idées vibrantes, vivantes, frémissantes, et elles s'agitent stérilement dans sa malheureuse cervelle, s'il ne trouve pas, pour leur donner un corps, ce quelqu'un qu'on appelle un poète. M. de Jouy était assiégé de ces pauvres quêteurs de poèmes. Un jour, arrive chez lui, muni d'une lettre de Spontini, un jeune homme, petit, de mise très correcte, de manières distinguées et réservées, de langage choisi, avec un type juif très caractérisé; son nom était Meyerbeer, auteur du *Crociato* et de plusieurs opéras italiens; son ambition était d'arriver à l'Opéra de Paris, et Spontini le recommandait à son poète, comme un musicien de grand avenir. Mme Boudonville travaillait dans le cabinet de son père, assise à la fenêtre qui donnait sur le jardin. On cause, on cherche des sujets, on met des noms et des titres en avant, on s'enthousiasme, on se dégoûte, quand tout à coup Mme Boudonville, qui se taisait et écoutait, dit d'une voix timide : « Il me semble que *Guillaume Tell* pourrait fournir un beau poème. Il réunit tout, un grand caractère, une situation intéressante, une belle couleur générale. — Bravo ! s'écrie M. de Jouy. — Admirable ! ajoute Meyerbeer. » On commence immédiatement le plan, on dessine les lignes principales,... puis... puis... par quel hasard Rossini fit-il *Guillaume Tell*, et Meyerbeer ne le fit-il pas? Je l'ignore, mais je bénis ce hasard-là, puisqu'il nous a valu le chef-d'œuvre de la musique moderne.

On attaque beaucoup le poème de *Guillaume Tell*, on se moque beaucoup des vers de *Guillaume Tell*, mais certainement la personne que j'ai entendue s'en moquer le plus, c'est M. de Jouy. Rossini lui disait un jour : « Mon cher ami, je me suis permis de changer un mot dans le chœur qui accompagne le pas de danse de Mlle Taglioni. Vous avez mis :

> Toi que l'aiglon ne suivrait pas.

J'y ai substitué :

> Toi que l'oiseau ne suivrait pas.

— Ah! que vous avez bien fait! s'écrie M. de Jouy. L'aiglon! comme c'est dansant! — Mais alors, reprit Rossini en riant, pourquoi l'avez-vous mis, cet aiglon? — Ce n'est pas moi! s'écria M. de Jouy, c'est cet imbécile d'Hippolyte Bis. — Mais alors, reprit Rossini riant toujours, pourquoi l'avez-vous pris pour collaborateur cet imbécile d'Hippolyte Bis? — Pourquoi? pourquoi? Par faiblesse, par bonté; on m'a dit qu'il était pauvre, qu'il avait du talent, qu'il avait fait une tragédie sur Attila, à l'Odéon !... Je ne l'ai pas vue sa tragédie!... mais on me citait toujours un vers, qu'on trouvait sublime..

> Ses regards affamés dévoraient l'univers !

— Ce sont ces diables de *regards affamés* qui ont fait tout le mal. Hippolyte Bis m'appelait grand poète! Je me suis laissé entortiller; et il a jeté dans notre livret un tas de vers qui me déshonoreront dans la postérité la plus reculée. Car il n'y a pas à dire! Grâce à vous, me voilà immortel!.. Tant qu'il y aura un opéra on chantera des vers comme celui-ci :

> Aux reptiles je l'abandonne
> Et leur horrible faim lui répond d'un tombeau !

Et ils sont signés : Jouy ! Ah ! le scélérat ! »

Tout ceci se passait et se disait sur le boulevard Montmartre, en face du passage des Panoramas, où nous avions, M. de Jouy et moi, rencontré Rossini sortant de chez lui. Il avait une barbe de dix ou quinze jours. « Vous regardez ma barbe, nous dit-il en
« riant, c'est un vœu. Je suis en train d'achever mon
« orchestration, et pour m'empêcher d'aller dans le
« monde, j'ai juré de ne me raser que quand ma
« besogne serait achevée. — Êtes-vous content? lui
« dit M. de Jouy. — Assez, reprit-il en souriant. *Je
« fais du chevalier Glück, avec mes idées à moi!* Mon
« grand travail porte sur les basses et sur les récita-
« tifs. Écoutez aussi les airs de danse ; *ils sont tous un
« peu tristes, comme il convient à un peuple dans cette
« situation.* Enfin, mon cher ami, tranquillisez-vous.
« Quelques vers sont peut-être mauvais, mais le poème
« est bon, et j'espère que je ne le gâterai pas. « On
« sait le résultat. Le jour de la première représenta-
« tion, l'ouverture eut un succès formidable. Grand
« effet au premier acte. Tout le second est un long
« triomphe! Le troisième et le quatrième actes, froids.
« Rossini, en entrant dans le salon de M. de Jouy, à
« minuit, nous dit : — C'est un quasi fiasco. »

## III

Cette vie si brillante finit doucement et tristement. Arrivé à un âge avancé, ses jambes fléchirent, son imagination disparut, son intelligence même se voila. Eh bien! chose étrange, qui prouve à quel point nos facultés dominantes meurent les dernières et comme elles restent debout au milieu de notre organisation en ruine, ainsi qu'une colonne au milieu d'un temple renversé..., M. de Jouy conserva de l'esprit même quand il n'eut plus sa raison tout entière. Un jour, dans un de ses emportements ordinaires, car, hélas! nous ne gardons pas seulement nos qualités, nous gardons aussi nos défauts, il repoussa brusquement sa fille en lui disant : « Va-t'en au diable !... » puis soudain, avec un sourire charmant : « C'est inutile! Il ne voudrait pas de toi. »

J'ai vu peu de spectacles plus touchants que celui de ce père et de cette fille. Ils avaient changé de rôle. Il était devenu son enfant, elle était devenue sa mère. Elle le grondait, et de temps en temps un regard, un geste, une expression de visage, disaient qu'il avait conscience de ce renversement de rôles, et qu'il en jouissait Au lieu d'en être humilié, il en était attendri. Son gendre ayant été nommé gouverneur du château de Saint-Germain, il lui fut doux d'achever sa vie dans cette belle demeure historique. Il y trouva un plaisir inattendu. Tous les dimanches et jours fériés, il faisait rouler son fauteuil sur le grand balcon circulaire, en fer ouvragé, qui courait tout autour du château, et là, enveloppé dans sa grande robe de chambre, les yeux fixés sur la place, il regardait arriver les couples de jeunes gens, les compagnies joyeuses accourues pour passer les jours de fête à la campagne; il les voyait entrer, en riant aux éclats, dans les petites guinguettes, dans les petits restaurants, dans le petit théâtre ; il les suivait de l'œil sous les tonnelles, il les entendait chanter aux fenêtres, et alors... alors un des éclairs de gaieté de sa jeunesse passait tout à coup sur sa figure.... Il lui semblait voir revivre un des chapitres de l'*Ermite de la Chaussée-d'Antin*.

# CHAPITRE VIII

# UN PETIT PORTRAIT DU SIÈCLE

## I

Le souvenir de M. de Jouy en appelle un autre qui fut aussi pour moi celui d'un ami.

Ah! le charmant homme que ce galant homme qui se nommait E. Dupaty. Joli, vif, spirituel, loyal, cordial, brave, généreux, c'était la vraie image du Français, je me trompe, du *chevalier français*. Je prends *chevalier* dans tous les sens. Parlons-nous des chevaliers du moyen âge? héroïques, indomptables, au cœur de fer comme leur armure? Dupaty en est! Quand le vaisseau *le Vengeur* a sombré, Dupaty figurait dans l'escadre comme aspirant de marine, et savez-vous qui vous voyez à côté du maréchal Moncey, à la défense de la barrière Clichy, dans le tableau d'Horace Vernet? savez-vous quel est l'officier qui a l'épée à la main? c'est Dupaty. Parlons-nous des chevaliers de la Renaissance, du

chevalier sans peur et sans reproche? Dupaty en est!
Comme Bayard, il se serait fait tuer cent fois plutôt
que de manquer de loyauté envers un homme et de
courtoisie envers une femme. Lui aussi, il aurait rassuré
et rendu à la liberté les deux jeunes et charmantes
prisonnières de Crémone... et avec plus de mérite que
Bayard peut-être, car il pouvait dire comme certain
héros de Corneille :

> Ami, sur mes pareils un bel œil est bien fort.

Parlons-nous des chevaliers français de la Régence,
qui vont au feu, poudrés, frisés, la tête découverte :
*Après vous, messieurs les Anglais...* Dupaty en est encore ! Le péril était pour lui une des élégances de la
vie ! Enfin s'agit-il du chevalier français d'opéra-
comique, genre troubadour, les *Elleviou?* Dupaty en
est toujours ! Il avait des yeux câlins, tendres, quêteurs,
qu'une expression familière a appelés yeux en coulisse,
et que je nommerai, moi, des yeux de l'Empire. Les
portraits du temps sont pleins de ces yeux-là, j'en ai
beaucoup connu dans ma jeunesse; j'en connais même
encore quelques-uns ; ils ont l'air de demander l'aumône à la porte de toutes les jolies bouches qu'ils rencontrent. Les paroles de Dupaty à une femme ressemblaient toujours à des déclarations. Peu lui importait
l'âge, la beauté, la condition ! En voyage il prenait la
taille des filles d'auberge et les appelait friponnes. Un
jour, à table, chez un de ses amis, au milieu d'une
dissertation philosophique, à propos d'une déception
assez cruelle, il lance d'un ton amer la vieille maxime :

*Tout n'est pas roses dans la vie!* Puis tout à coup se retournant vers la maîtresse de la maison à côté de laquelle il était assis, et qui frisait la soixantaine, il ajouta d'un air galant : *Tout n'est pas vous!* Par exemple, il ne fallait pas marcher sur les pattes de ce tourtereau. Il se changeait subitement en oiseau de proie! Il y allait comme un furieux, du bec et des griffes! Quel batailleur! quel enragé! Voici un trait qui le peint. Il ne voulut jamais apprendre l'escrime....
« Avec ma mauvaise tête, disait-il, si j'étais habile à l'épée, je me ferais l'effet d'un spadassin. » Il eut dix ou douze duels dont il se tira toujours à force de témérité. Une de ces rencontres est devenue célèbre. Se battant avec Martainville au Champ de Mars, il se jeta sur lui avec tant de furie que Martainville, tout brave qu'il fût, recula, et en reculant tomba dans un des fossés latéraux du Champ de Mars. Dupaty y tomba avec lui! Et les voilà tous deux se fourrageant dans ce trou, à bras raccourcis! Heureusement ils étaient trop rapprochés pour pouvoir s'atteindre; leurs coups passaient toujours à côté, si bien que quand on les retira de là, par force, on trouva les parois glaiseuses du fossé, toutes lardées de coups d'épée. Quelqu'un qui aurait pu parler en connaissance de cause de l'impétuosité de Dupaty, c'est Lucien, le frère de l'empereur. Ne s'avisa-t-il pas, se fiant à sa qualité de prince, de faire la cour à la charmante actrice du Vaudeville, M. de Belmont, qui était la maîtresse connue de Dupaty? Dupaty n'y alla pas de main morte. Ayant trouvé le prince chez sa maîtresse, il le menaça de le jeter par la

fenêtre, et, le lendemain, il fut exilé à bord d'un vaisseau, au Havre, pour avoir manqué de respect à un membre de la famille régnante !

J'entends d'ici l'objection. Vous nous peignez bien son caractère, me dira-t-on ; ses œuvres ? ses titres littéraires ? Il était de l'Académie française. Qu'a-t-il fait ? Ce qu'il a fait ! Il a fait de tout et il a réussi en tout ! Il a fait des opéras-comiques qui ont eu deux cents représentations, comme les *Voitures versées*, et *Picaros et Diego;* des vaudevilles restés légendaires comme la *Leçon de botanique;* des comédies en cinq actes et en vers applaudies au Théâtre-Français, comme la *Prison militaire*. Les articles les plus brillants de la *Minerve* étaient de lui. Ses discours au Conservatoire, dans les séances publiques de la Société des Enfants d'Apollon, étaient attendus comme des airs de Garat. J'ai assisté souvent à ces réunions, et je le vois encore arriver dans le vestibule à colonnade rempli de monde, avec sa figure fine, sa petite lumière railleuse au coin de l'œil, ses lèvres minces malicieusement serrées, jouant avec son jabot, relevant son petit toupet frisé, baisant la main des femmes qui l'entouraient, car il y en avait toujours une foule auprès de lui, et montant ensuite tout pimpant et coquet, sur l'estrade où ses mots spirituels et railleurs faisaient feu à tout coup ! Sa conversation était brillante et amusante comme ses discours. Il amalgamait comme personne le sel et le sucre ; il se sauvait de la fadeur avec la moquerie. Je l'ai entendu un jour, à dîner chez moi, dire à Ancelot, célèbre par son amour-propre : « Mon cher Ancelot, je fais grand cas de votre talent! j'aime beaucoup vos ouvrages! Oh! beaucoup! » Puis tout à coup, comme par un élan de franchise : « Pas tant que vous! Pas tant que vous! »

## II

Arrivons à son œuvre la plus sérieuse.

André Chénier a fait ce vers charmant :

> L'art ne fait que des vers, le cœur seul est le poète.

Eh bien, le cœur de Dupaty fut vraiment poète un jour.

C'était dans les premières années de la Restauration. La calomnie, la délation envahirent tout à coup la France comme une maladie pestilentielle. On dénonçait partout et pour tout. On dénonçait les écrivains, on dénonçait les généraux, on dénonçait les paroles, on dénonçait le silence; on dénonçait un fonctionnaire pour avoir sa place, on dénonçait un mari pour l'éloigner de sa femme et la lui prendre. Alors jaillit tout à coup de l'âme généreuse de Dupaty un poème en trois chants : *les Délateurs*, tout vibrant d'indignation, d'inspiration et plein de vers d'une allure, d'une facture vraiment magistrale. Qu'on en juge par ce court fragment :

> Il demeure caché, même quand il dénonce,
> Et veut, certain du coup qui m'atteindra demain,
> Pouvoir m'assassiner en me tendant la main.

A vous frapper en face il ne s'expose guère,
Il a servi deux ans... dans les conseils de guerre.
Il dénonce un guerrier qui servait avec lui,
Jadis il dénonçait ceux qu'il sert aujourd'hui.
Qui fut vil dans un temps sera vil dans un autre,
De l'excès qui domine il est toujours l'apôtre.
Et qu'attendre, après tout, d'un lâche sans pudeur
Accroché constamment au manteau du vainqueur?
Politique histrion, qui, dans ces temps de trouble,
Habile à voltiger sur une corde double,
Passant de l'une à l'autre avec agilité
Et saltimbanque adroit presque autant qu'effronté,
Quand il voit se briser la corde impériale,
En tombant, rebondit sur la corde royale,
Reblanchit son pourpoint rougi sous la Terreur,
Et saute pour le Roi comme pour l'Empereur.

Ne dirait-on pas des vers de Barthélemy et de Méry?

Ce poème fut le grand titre académique de Dupaty. Le parti libéral dominait alors à l'Académie. Dupaty fut nommé en 1836. Malheureusement pour lui, il l'emporta sur Victor Hugo. A peine élu, il court chez son concurrent, et ne le trouvant pas, lui laisse ce quatrain :

> Avant vous je monte à l'autel,
> Moins que vous j'y pouvais prétendre.
> Déjà vous êtes immortel,
> Et vous avez le temps d'attendre.

Ces vers ne désarmèrent pas la critique. L'élection de Dupaty souleva un tolle général dans la presse. Sarcasmes, invectives, rien ne lui fut épargné. Janin couronna le tout par un article sanglant, où l'attaque allait jusqu'à la calomnie, car il prêtait à Dupaty des vers ridicules qui n'étaient pas de lui. Dupaty ne lui demanda pas raison; Dupaty ne lui envoya pas de témoins. Il tomba chez lui, un jour, comme la foudre, au milieu d'une partie de billard, avec deux pistolets d'arçon, l'un chargé, l'autre pas, criant à tue-tête : *Il faut que je le tue ou qu'il me tue!* et poursuivant autour de la salle le pauvre Janin qui se sauvait le mieux qu'il pouvait, sa queue de billard à la main. En vain, pour l'apaiser, lui répétait-il, faisant allusion à son âge : « Monsieur Dupaty, la partie, entre nous, n'est pas égale ! — Non! certes, elle ne l'est pas!... répondit Dupaty; car si je vous tue, on dira *C'est bien fait*. Et si vous me tuez, on dira *C'est dommage!* » Et il le poursuivait toujours, et on eut toutes les peines du monde à arracher Janin à son terrible adversaire. Tel était Dupaty, toujours prêt à rendre justice à ses rivaux et à faire justice de ses ennemis.

## III

Il eut un grand bonheur dans la dernière partie de sa vie. Il entreprit un ouvrage qu'il n'acheva pas et qu'il ne quitta jamais. Quelle heureuse fortune! On a toutes les joies du travail sans en avoir les déboires! On vit en tête-à-tête perpétuel avec ce qu'on croit un chef-d'œuvre, et nul bruit discordant ne vient vous troubler dans vos illusions. L'incertitude même est un plaisir, car elle augmente l'ardeur du but à atteindre. Du reste, l'histoire de cet ouvrage est le portrait de l'auteur. Dans sa jeunesse, ses collaborateurs disaient de lui : « Dupaty est le plus charmant partner dramatique; seulement, il a un grand défaut, il ressemble trop à Pénélope : il défait la nuit ce qu'il a fait dans la journée. Ce qui lui a paru excellent le vendredi, lui semble détestable le samedi. Avec lui, on ne peut jamais mettre le point de la fin. » Or, vers les cinquante ans, il se monta la tête pour un petit épisode des Croisades. Il bâtit là-dessus un opéra-comique en un acte. « Un acte pour les Croisades! se dit-il, c'est impossible. » Il en met deux, il en met trois. Puis tout à coup, voilà le sujet qui se métamorphose. De gracieux il devient dramatique, historique, héroïque, voire même épique! Ce n'est plus un opéra-comique, c'est une tragédie! Ce n'est plus une tragédie, c'est une trilogie! Aux cinq actes il ajoute un épilogue, et un prologue! Un prologue consacré à la création du monde. Cet ouvrage d'un genre innomé fut le compagnon, le soutien et le délicieux tourment des dernières années de Dupaty. Il y travaillait sans cesse! Il collait feuillets sur feuillets! Il entassait cahiers sur cahiers, toujours avec la même verve pour l'écrire et pour le lire. Car il le lisait partout, et à tout le monde. Rencontrait-il un ami dans la rue, au bout de cinq minutes de conversation, il le saisissait par un bouton de son habit, et bien habile qui se fût dégagé à moins de cinquante vers de rançon. J'allais souvent le voir le matin dans sa petite maison de la rue de la Tour-d'Auvergne, je le trouvais toujours au lit. Comme tous les hommes qui dorment mal, il se levait toujours fort tard. A peine m'apercevait-il, « Ah! vous arrivez bien, me disait-il, j'ai ajouté ce matin une tirade à *Isabelle* (c'était le titre de cette pièce infinie et indéfinie). Je ne la crois pas mal! Je vais vous la dire! » Et le voilà se dressant sur son séant, avec son gilet de futaine grise, son foulard à cornes fantastiques, le nez barbouillé de tabac, prenant son manuscrit qui couchait avec lui, et me récitant avec une voix tonnante et des yeux flamboyants, des vers pleins de talent, d'éclat, et rimés... comme Banville ne rimerait pas mieux!... Oui, mon cher Monsieur de Banville, M. Dupaty a vanté et inventé avant vous la *consonne d'appui!* Aussi ne lui marchandais-je pas des éloges qui ne coûtaient rien à ma sincérité. Ami de mon père, il était plein de bienveillance pour moi, et me disait en riant : « Travaillez pour nous et je serai votre maréchal des logis à l'Académie. »

En 1838, il me rendit un véritable service dramatique. Le Théâtre-Français annonçait la première représentation de *Louise de Lignerolles*. Le sujet du drame était l'adultère du mari. A la fin du quatrième acte, Louise sauvait généreusement sa rivale. Son mari, transporté de reconnaissance et d'admiration, se jetait éperdu aux pieds de sa femme, et alors s'engageait entre eux une scène pathétique sur laquelle nous comptions beaucoup. Dupaty assistait à une des dernières répétitions. A peine l'acte terminé : « Coupez la scène
« finale, me dit-il vivement. Coupez la scène! Pas
« d'explication! Vous tuez l'effet. L'effet est dans le

« silence! Rappelez-vous la rencontre de Didon avec
« Énée aux enfers : *fugit indignata sub umbras.* Voilà
« votre modèle. Que Mlle Mars retombe sur son fauteuil,
« accablée par son héroïsme même. Et qu'au moment
« où son mari se précipite à ses genoux, elle se relève
« comme mue par un ressort! Qu'elle lui lance un
« regard de mépris, et sans dire un mot, — vous
« entendez, sans dire un mot! — qu'elle s'éloigne, le
« laissant écrasé sous son remords et ce silence, et
« vous verrez le succès. »

Sa prédiction se réalisa. Mlle Mars fut superbe, et l'acte s'acheva au milieu des bravos unanimes! A qui les avons-nous dus? A Dupaty! Je ne puis mieux compléter ce portrait que par ce souvenir. On y voit comme un trait de plus de cette sympathique figure, qui, je le crains bien, représente quelque chose que nous ne reverrons plus. De tels hommes appartiennent à un autre temps. Tâchons du moins qu'ils ne périssent pas tout entiers. Gardons l'adjectif sinon le substantif, gardons chevaleresque, à défaut de chevalier.

# CHAPITRE IX

# BÉRANGER

## I

Je serais un ingrat si je ne parlais pas de Béranger en parlant des premiers maîtres de ma jeunesse. Quoique nos relations n'aient pas eu le caractère de l'intimité, son influence sur moi a été réelle. Trois lettres de lui, mises à la fin de ce chapitre, le montreront par un de ses côtés les plus particuliers et peut-être les moins bien connus, le montreront donnant des conseils.

Je le rencontrai d'abord dans le salon de M. de Jouy. Il y occupait une place considérable. Son talent l'y faisait admirer, son indépendance de jugement l'y faisait considérer, et son esprit gouailleur l'y faisait craindre. Il s'y moquait bravement de la fameuse pétition adressée à Charles X pour fermer le Théâtre-Français aux romantiques, et cela en face des signataires de cette pétition, car ils étaient tous là, y compris le maître de la maison.

Il osait y défendre Victor Hugo, il osait y mettre l'*Iphigénie* d'Euripide au-dessus de celle de Racine, il osait même y parler de Dieu. A ce moment, bon nombre de libéraux classiques étaient athées : entendons-nous! non pas de cet athéisme dogmatique, démocratique, pédant, qui a créé l'intolérance de l'incrédulité, qui brûlerait volontiers les gens qui vont à la messe comme on brûlait autrefois ceux qui n'y allaient pas, et qui faisait dire au farouche Mallefille : « *Ne me parlez pas de Dieu! c'est le despote du ciel!* » Non, l'athéisme des libéraux de la Restauration avait quelque chose de la légèreté du dix-huitième siècle; il était spirituel, rieur, bon enfant. Je me rappelle encore Lemercier répondant à quelqu'un qui lui parlait de l'âme : « Oh! oui! l'âme! l'âme qui s'envole du corps quand nous « mourons! Vous me faites l'effet des enfants qui, « voyant tomber une montre par terre, et remarquant « qu'elle ne marche plus,... disent tout contrits : *Oh!* « *la petite bête est morte!* » Or, c'est dans ce monde sceptique, à un des dîners du jeudi de M. de Jouy, que Béranger, supplié de chanter quelque chanson nouvelle, commença bravement *le Dieu des bonnes gens*. A ce premier vers :

Il est un Dieu, devant lui je m'incline!

ce fut un soubresaut général, à peu près comme chez Mme d'Épinay le jour où Jean-Jacques Rousseau, se levant au milieu des sarcasmes fort impies de d'Holbach et de Diderot, dit tout haut : « Eh bien, moi, messieurs, je crois en Dieu! » Béranger, dans cette tentative, avait un double but: d'abord affirmer ses sentiments religieux, beaucoup plus profonds qu'on ne le croit. Béranger était non seulement croyant, mais chrétien de cœur, sinon de foi. L'Évangile était une de ses plus chères lectures. Il citait souvent le *Sermon sur la montagne* comme un chef-d'œuvre d'éloquence et de grandeur, et j'étonnerais bien des gens en répétant ce qu'il m'a dit un jour, vers la fin de sa vie : « *Il me semble souvent que la première personne que je rencontrerai en arrivant dans l'autre monde, ce sera Jésus-Christ.* »

Son second but était tout littéraire. Béranger savait-il le latin, comme le soutiennent quelques-uns de ses amis, ou ne le savait-il pas, comme il le soutenait lui-même? Je l'ignore, mais la vérité est que la littérature latine ne l'enthousiasmait nullement. Toute son admiration était pour la poésie grecque. « *Vos Romains ne sont que des barbares*, disait-il souvent, *à côté des Athéniens. L'Attique, voilà le vrai pays de l'art!* » Je trouve dans un couplet du *Voyage imaginaire*, une admirable peinture de son amour pour la Grèce.

> En vain faut-il qu'on me traduise Homère,
> Oui, je fus Grec; Pythagore a raison.
> Sous Périclès, j'eus Athènes pour mère;
> Je visitai Socrate en sa prison!
> De Phidias j'encensai les merveilles,
> De l'Ilissus j'ai vu les bords fleurir,
> J'ai sur l'Hymète éveillé les abeilles;
> C'est là, c'est là, que je voudrais mourir!...

Ainsi nourri d'Homère, d'Euripide, de Sophocle, voire de Platon, il forma le dessein, après ses premiers succès, de relever et d'agrandir le cadre de la chanson. Le nom de successeur de Désaugiers ne le flattait qu'à demi. Il aspirait à autre chose qu'à faire rimer Bacchus et Vénus. Il voulait émouvoir, il voulait faire penser, il voulait mettre la grande poésie dans les petits vers, et aborder dans ses refrains non seulement la politique, mais les hautes questions de philosophie et de morale. Le *Dieu des bonnes gens* fut son premier pas dans cette route nouvelle. Aussi tremblait-il un peu, il me l'a dit souvent, lorsqu'il soumit son œuvre à cet auditoire moqueur et distingué. Le succès fut immense. Il avait eu l'habileté de mêler à cet acte de foi, tant de beaux vers, tant de patriotisme, tant de grandeur d'images et parfois tant d'esprit, qu'on pardonna aux croyances en faveur du talent. Sa troisième strophe souleva un enthousiasme général.

> Un conquérant, dans sa fortune altière,
> Se fit un jeu des sceptres et des lois!
> Et de ses pas on peut voir la poussière
> Empreinte encor sur le bandeau des rois!

Le chansonnier fut proclamé, du coup, non seulement grand poète, mais grand poète lyrique. Sa prépondérance s'en accrut singulièrement.

Il est difficile de se figurer aujourd'hui le rôle de Béranger à cette époque. Il a été le grand conseiller de son temps. Personne n'a eu plus d'ascendant sur ses contemporains. Il n'affectait pourtant pas cet ascendant, il ne le cherchait même pas. Peu bruyant de paroles, encore moins de gestes, il attendait qu'on vînt à lui, mais en attendant, il attirait. Les hommes les plus considérables de ce temps-là, Manuel, Benjamin Constant, Laffitte, Thiers, ne faisaient rien sans consulter Béranger. A la révolution de Juillet, M. de Talleyrand témoigna le désir de s'entendre avec Béranger. Mais ils étaient vis-à-vis l'un de l'autre à l'état de puissances; ils ressemblaient aux souverains que leur dignité empêche de se rendre visite. Béranger ne voulait pas aller à l'hôtel de la rue Saint-Florentin, où s'était faite la Restauration. M. de Talleyrand ne pouvait pas monter au cinquième étage de Béranger. Ils se contentèrent de causer par intermédiaires. Ils échangèrent des notes diplomatiques.

Plus tard, Béranger eut pour amis trois des plus grands esprits du dix-neuvième siècle, Chateaubriand, Lamartine et Lamennais. Il connaissait et reconnaissait leur supériorité de génie, et cependant tous trois ont subi son ascendant; tous trois l'ont pris, dans les circonstances les plus délicates de leur vie, pour confident, pour conseiller, pour arbitre, pour intermédiaire. C'est à lui que Lamartine venait confier ses rêves de spéculations financières, Chateaubriand, ses éternelles doléances d'homme gêné, Lamennais, ses troubles de conscience. Que de journées n'a-t-il pas employées pour voir clair et pour porter le jour dans les affaires de Lamartine! Quant à Chateaubriand, il disait plaisamment de lui : « Que voulez-vous! le pauvre homme! ce n'est pas sa faute! il n'a jamais pu se passer d'un valet de chambre pour mettre sa culotte! » Pour Lamennais, il a lutté de toutes ses forces pour l'empêcher de jeter là sa soutane. « Restez prêtre! » lui répétait-il sans cesse, « restez prêtre! Vous n'avez pas le droit de cesser d'être prêtre! C'est une partie de votre honneur. Quitter l'Église, pour vous, ce n'est pas abdiquer, c'est déserter! » Lamennais résista à ses conseils sur ce point, mais sans cesser, comme ses deux illustres amis, de reconnaître et d'accepter pour tout le reste la direction de Béranger.

## II

D'où venait cette influence singulière chez un simple chansonnier? De trois choses. D'abord de son admirable bonté de cœur. Je n'ai pas connu âme plus généreuse. Il avait toutes les charités! Aumônier de son temps, aumônier de ses démarches, aumônier de ses conseils, aumônier de son argent. Sa perpétuelle préoccupation des autres s'est traduite un jour par un mot charmant. « Comment faites-vous, lui disait un de ses amis, pour ne pas vous ennuyer, en dînant si souvent tout seul? — Oh! mon Dieu! mon moyen est bien simple, c'est de ne jamais penser à moi. » Il me serait facile de citer mille exemples de sa générosité. Je me bornerai à un seul. Une pauvre femme, qu'il aimait et estimait, vint lui faire part de sa détresse et de son impossibilité de trouver un prêteur. « Combien vous faut-il? — Trois cents francs. » Trois cents francs étaient alors une grosse somme pour Béranger. Il va à son secrétaire. « Les voici. — Je vous les rendrai dans six mois, monsieur Béranger. — Quand vous voudrez. » Au bout de six mois, sa débitrice lui rapporte fidèlement les trois cents francs. Il les serre là où il les avait pris. Un an plus tard, elle vient de nouveau implorer son aide. Il retourne à son secrétaire, en tire les trois cents francs, et lui dit : « J'étais bien sûr que vous seriez forcée de me les redemander, et je les ai remis là, ils vous attendaient. »

La seconde cause de l'influence de Béranger était son merveilleux bon sens. Le conseil qu'il vous donnait n'était pas seulement le meilleur qu'on pût donner, mais le meilleur qu'on pût *vous* donner. Personne n'a si bien su mesurer un avis au caractère, à l'intelligence, à la position, aux ressources de celui à qui il parlait.

Enfin, troisième cause d'ascendant, ce bon sens revêtait toujours une forme piquante et parfois profonde. C'était toujours de l'esprit, sans cesser jamais d'être du bon sens. Sa conversation n'était pas seulement charmante, elle était féconde. Elle avait des lendemains délicieux. J'ai cent fois remarqué, que telle idée qui, jetée par Béranger au cours de la causerie, m'avait simplement paru juste, faisait peu à peu son chemin dans mon esprit, s'y développait, y grandissait, et portait pour ainsi dire des fruits inattendus; c'était comme un germe vivant déposé en moi.

On lui a reproché quelquefois de préparer ses mots, de les travailler à l'avance, et, après les avoir dits, de les redire; le tort n'est pas bien grave: ils valaient bien d'être répétés. Alfred de Musset lui ayant envoyé ses premières poésies : « Vous avez de bien beaux chevaux dans votre écurie, lui dit-il, mais vous ne savez pas les conduire. » Puis, il ajouta gaiement : « Vous le saurez un jour. Par malheur, il arrive souvent que, quand on le sait, les chevaux sont morts. » Il usait de son franc parler gouailleur, même avec Lamartine, qui ne s'en offensait jamais. Un jour, lui parlant de *Jocelyn*, pour lequel il avait une admiration immense : « Oh! quel beau poème! mon cher ami, lui dit-il, que de génie! que de sentiments profonds! que d'imagination!... Seulement, pourquoi diable avez-vous mis là deux ou trois cents vers que vous avez fait faire par votre portier ? » Lamartine éclata de rire et lui répondit avec candeur : « Parce que j'ai un grand défaut, mon cher ami : je ne sais pas corriger. » Il disait vrai. Une des dernières éditions de ses poésies contient des variantes qui y font tache; il ne change jamais un mauvais vers que pour le remplacer par un plus mauvais.

Béranger ne se tira pas à si bon marché de son rôle de poète consultant avec Victor Hugo. Le poète lyrique, dans Victor Hugo, l'enthousiasmait! Il aimait moins le poète dramatique. Le *Roi s'amuse* ne lui plut que médiocrement. Il tremblait de voir un si beau génie faire fausse route. Qu'imagina-t-il alors pour lui dire la vérité? D'emprunter le nom de Triboulet. « Permettez à votre fou, Sire, lui écrivit-il, de vous tirer respectueusement par le bord de votre manteau, et de vous dire tout bas ce que l'on n'ose pas vous dire tout haut. » Sous ce couvert d'un bonnet de fou et d'une marotte, il lui adressa quelques critiques très fines, très justes et assez vives, quoique mesurées. Victor Hugo lut, sourit, et d'un ton moqueur : « Je vois bien dans quel but Béranger m'a écrit cette lettre. Il la trouve certainement fort spirituelle, il ne veut pas qu'elle soit perdue, et il s'est dit : « Quand Victor Hugo mourra, tous ses papiers seront publiés, et ma lettre ira à la postérité. Mais je tromperai ce petit calcul, je brûle la lettre. » A quoi Béranger répondit gaiement : « Si jamais l'envie me prend d'adresser quelque chose à la postérité, ce n'est pas Victor Hugo que je prendrai pour facteur. » Ajoutons bien vite que, s'il savait dire la vérité, il savait aussi l'entendre. Un de ses amis, quelque peu impatienté de l'entendre parler de lui-même avec une humilité qui n'était pas exempte d'affectation : « Voyons, mon cher Béranger, lui dit-il, laissez donc là ces modesties qui ne peuvent pas être sincères ! Que diable ! vous savez bien que vous avez beaucoup de talent ! » Cette petite incartade le surprit ; il se tut un moment, puis reprit : « Eh bien, oui ! quand je « regarde autour de moi, quand je lis ce qu'on écrit « aujourd'hui, je me trouve du talent, mais, mon « cher ami, quand je pense aux grands hommes, à « Corneille, à Molière, à La Fontaine, j'entre dans « une humilité sincère et profonde. La modestie n'est « que de l'esprit de comparaison. » Voilà un de ces mots pleins de tact et de sens, comme il en trouvait sans cesse. En définissant la modestie, il définissait du même coup l'orgueil ; car si on est modeste quand on se compare, on n'est orgueilleux que parce qu'on ne se compare pas.

## III

Béranger a eu deux grands objets de prédilection : les pauvres gens, et les jeunes gens.

Je lis ce vers dans sa chanson sur Manuel :

> Cœur, tête et bras, tout était peuple en lui.

C'est son portrait que ce vers-là ! Il était du peuple, il comprenait le peuple, il aimait le peuple ; il n'y avait pas pour lui de plus chère compagnie que celle du peuple. La veste et la blouse lui plaisaient mille fois plus que l'habit. Un ouvrier venait-il le voir, le matin ? Il le faisait souvent asseoir à table à côté de lui, et déjeunait avec lui. S'il admirait tant saint Paul, c'est que saint Paul, en devenant apôtre, était resté tisserand.

Quant à son intérêt pour les jeunes gens, je n'ai besoin, pour le prouver, que de me souvenir et de citer.

Béranger aimait tant tout ce qui ressemblait à une espérance, à une promesse de talent, que souvent il n'attendait pas que les débutants vinssent à lui, il allait à eux. Mon prix à l'Académie me valut une lettre de sa main. Il m'écrivit de *la Force*, où il faisait un mois de prison, et, après les plus flatteuses paroles de sympathie, m'engagea à aller le voir. Le croirait-on ? je n'y allai pas, et je ne lui répondis pas ! Pourquoi ? oh ! pourquoi ? Par timidité ! Par fausse honte ! La jeunesse a de ces scrupules inexplicables. Mon admiration pour les hommes illustres était alors si grande, qu'il m'est arrivé plus d'une fois d'aller jusqu'à la porte de l'un d'eux et de partir sans avoir osé entrer. Je me rappelle qu'auprès de M. Lemercier, souvent, au milieu de la conversation, je m'abstenais de parler, en me disant tout bas : « A quoi bon ! Il sait tout ce que je pourrais dire ! » C'était absurde, mais je ne savais pas alors que la jeunesse, par elle-même, a un tel charme, que sa gaucherie lui compte comme une grâce, et qu'on aime en elle jusqu'à son embarras.

Dès que Béranger fut hors de prison, je lui écrivis une lettre de regret, d'excuses, qui me valut la réponse suivante. Je la transcris tout entière sans en ôter les paroles flatteuses, parce qu'on y verra bien le sentiment affectueux que lui inspiraient les commençants.

MONSIEUR,

M. de Jouy m'avait en effet annoncé votre visite à la Force, et j'étais fier qu'une tête nouvellement couronnée voulût bien s'incliner sous les guichets pour arriver jusqu'à moi. Je suis bien aise que notre ami vous ait fait part de mon désappointement, puisque cela me vaut aujourd'hui une marque d'attention à laquelle je suis sensible, comme vous devez le croire. Je connais depuis longtemps les beaux vers qui vous ont valu un triomphe public; il y a mieux que des vers dans ce morceau; les sentiments qui y règnent sont d'une âme élevée, et je me réjouis de voir que tout en vous, monsieur, annonce le digne soutien d'un nom déjà illustre. Je n'en désire que plus vivement de vous connaître. Si je savais quel jour vous devez prendre la peine de passer chez moi, j'aurais grand soin d'y rester pour vous recevoir, car, hors le *jeudi*, je suis presque toujours en courses, ce qui me fait presque craindre la visite que vous voulez bien me promettre, si vous n'avez pas la bonté de me prévenir du jour. J'aurai une ressource au reste, monsieur, ce sera d'aller vous chercher à domicile pour vous exprimer tous mes sincères sentiments de cordialité et d'intérêt le plus vif.

Votre très humble serviteur, BÉRANGER.

30 octobre 1829.

Voici sa seconde lettre. Un volume de poésies, que je publiai sous ce titre : *les Morts bizarres*, en fut l'occasion. Je l'avais envoyé à Béranger en lui demandant ses conseils. Il me répondit :

MONSIEUR,

La manière la plus adroite de se faire louer par la plupart des hommes, et surtout par ceux qui commencent à vieillir, c'est de leur demander des conseils. Ce n'est pourtant pas dans ce but, j'en suis sûr, que vous réclamez mes avis. Si j'avais une pareille idée, vous en pourriez appeler à la candeur empreinte dans vos vers. Aussi, monsieur, puisque vous en appelez à ma franchise, ne vous louerai-je qu'avec parcimonie.

J'aime extrêmement l'élégie à la mémoire de votre père. Le sentiment qui y domine la rend touchante du premier jusqu'au dernier vers. Je n'y voudrais pas plus de correction : un style plus travaillé, des formes plus concises y gêneraient l'expression de votre âme et contrasteraient péniblement avec elle.

Mais il me semble que les morceaux qui suivent, sauf toutefois le fragment de *Maria Lucrezia*, que j'excepte parce qu'il est tout sentiment comme la première élégie, auraient exigé un travail plus soigné, moins de laisser-aller dans la phrase, plus de fermeté dans le vers et souvent plus de sobriété dans les détails. Aujourd'hui, monsieur, le travail du vers est devenu obligatoire. On a poussé ce travail souvent jusqu'à l'affectation et c'est peut-être ce qui vous en a dégoûté. Mais vous avez l'esprit trop éclairé pour ne pas prendre d'une chose ce qu'elle peut avoir de bon.

J'ai déjà bien usé de la permission que vous m'avez donnée, monsieur, j'en vais peut-être abuser.

Le titre de votre recueil, qui annonce de la recherche dans le choix des sujets, m'a inspiré une sorte de défiance sur les sujets eux-mêmes. Que deux de ces sujets se soient par hasard offerts à votre esprit, je le puis croire; mais alors il est vraisemblable que vous avez cherché le troisième et le suivant; le vrai poète, et vous l'êtes, monsieur, doit-il procéder ainsi sans y être forcé? La pensée du poète est comme la fleur femelle; elle attend la poussière fécondante que le mâle lance dans l'air et confie aux vents. Un sujet cherché sera rarement exécuté d'inspiration.

Je m'arrête ici, un peu honteux, en me relisant, du rôle que peut-être vous m'avez préparé avec malice. Faire faire le métier de pédagogue à un chansonnier, devenu vieux, est un assez plaisant tour. J'en ris en y pensant.

Toutefois, je n'en traiterai pas moins le second point de mon sermon.

J'ai trouvé, monsieur, de fort beaux passages dans la *Mort de Charles-Quint*. Le drame m'a paru aussi complet que le cadre a pu le permettre.

Je préfère pourtant encore *Phalère*, qui repose sur une pensée forte et vraie, rendue avec un grand bonheur. La *Mort de Clarence* me semble de beaucoup inférieure aux deux précédents morceaux.

Quant à *Pompéi*, quelques passages m'ont produit un mauvais effet, entre autres celui de la *Lapille*, mais d'autres m'ont semblé rendus avec une sorte de supériorité (particulièrement celui de l'*Esclave* et celui *des deux derniers amants*), qui m'a fait excuser ce que, selon moi, ce poème pris dans son ensemble, peut avoir de peu satisfaisant.

Si je dois résumer ma pensée, monsieur, je vous dirai bien franchement qu'il y a dans tout ce volume la preuve d'un talent très réel, d'un talent d'inspiration, mais qui manque encore de direction. Vous semblez ne vous être pas demandé jusqu'à présent à quoi vous pourriez employer les dons heureux que la nature vous a faits. Et en attendant qu'à cet égard votre vocation le révèle, vous préludez sur une lyre dont vous devez déjà reconnaître toute la valeur.

Oui, monsieur, je l'espère, encouragé par l'exemple d'un père si digne de regrets, vous pourrez ajouter à l'illustration du beau nom qu'il vous a laissé; il ne faut que du travail pour cela.

Pardonnez-moi, monsieur, la longueur de ma lettre et ma franchise, peut-être un peu trop grande. A l'âge de vingt-cinq ans, j'eus occasion deux fois de me trouver avec l'auteur du *Mérite des femmes;* nous parlâmes poésie : il voulut bien me donner quelques sages conseils, que je n'ai point oubliés. Ma lettre vous prouvera, je l'espère, que j'ai le cœur reconnaissant. Je regrette seulement de n'être pas à même de m'acquitter mieux. Mais aussi pourquoi, encore une fois, venir demander des leçons littéraires à un chansonnier qui ne sait pas le latin?

Recevez, monsieur, l'assurance de toute ma considération et de mon sincère dévouement.

BÉRANGER.

10 mars 1832.

Cette lettre est curieuse à plus d'un titre. Elle montre la rare franchise de Béranger, ses grandes qualités de jugement, et en même temps s'y révèle un trait particulier de son caractère. Comme presque tous les railleurs, il avait peur de la raillerie; comme tous les gens très fins, il craignait beaucoup d'être pris pour dupe, ou même d'en avoir l'air. Aussi le voit-on, dans cette lettre, prendre ses précautions à deux reprises. Il se méfie! Je n'ai pas hésité à noter cette petite faiblesse parce qu'elle ne diminue en rien ce qu'il y avait en lui de bon, de juste, et de fort.

Mes *Morts bizarres* n'eurent qu'un faible succès. J'en fus fort découragé. L'envie me prit même un moment de renoncer à la poésie et d'entrer au barreau. Ce désir ne dura qu'un moment, mais je demeurai dans un pénible état d'incertitude. Je ne savais quelle direction prendre. Sans doute mon prix de poésie m'avait mis le pied à l'étrier; mais plusieurs routes s'ouvraient devant moi. Laquelle choisir? J'en étais à ce moment douloureux où un jeune homme *se cherche*. J'eus l'idée de m'adresser à Béranger. Il me répondit :

Savez-vous, monsieur, combien est embarrassante, effrayante même la confiance dont vous voulez bien m'honorer? Quoi! vous me chargez de présider à votre vie littéraire! C'est, certes, un grand témoignage d'estime que vous me donnez là et j'en suis touché bien vivement; mais cela malheureusement ne suffit pas pour que j'accepte un mentorat de cette nature. Vous vous accusez d'être venu me voir peu souvent; eh bien, monsieur, vous expliquez ainsi mon hésitation à répondre à votre lettre, pourtant si aimable, même sous ce rapport. En effet, comment tracer une règle à suivre à un homme qu'on n'a pas eu le temps d'étudier? Mais, me direz-vous, vous avez lu mes différents essais.... Cela suffit-il? Quelques ouvrages plus ou moins bons (car je ne suis pas aussi sévère envers vous que vous-même) ne donnent que la mesure des facultés de l'esprit. Mais le caractère de l'homme, comment le connaître? Qu'importe? diraient tous nos jeunes gens. Il importe beaucoup, selon moi; surtout dans un temps comme le nôtre, où l'on ne peut guère trouver son point d'appui qu'en soi-même. Sans m'élever jusqu'à l'appréciation de votre caractère, je pense que vous avez des goûts dominants qui doivent influer sur la tendance de votre esprit; ces goûts, je les ignore. Vous avez eu le malheur d'être ce qu'on appelle un jeune homme heureux. Dès votre entrée dans le monde, il vous a souri; vous convenez qu'aujourd'hui rien ne manquerait à votre félicité, si vous n'étiez tourmenté par une ambition de gloire. Hélas! dans quel coffre vide fouillez-vous pour trouver ce qui, selon vous, manque à votre bonheur! mais enfin c'est votre manie, je voudrais en vain vous en guérir; quand le sort ne nous refuse rien, il nous fait toujours un don de trop. Eh bien, pauvre enfant, courez donc après la gloire, c'est un mirage qui vient vous chercher du fond des déserts; prenez bien garde qu'il ne vous y entraîne. Un seul moyen vous est offert pour éviter ce malheur : occupez-vous d'être utile. C'est la loi que Dieu impose à tout homme ; en littérature il y a plus que jamais obligation à cela. Ne faites pas comme tous ceux qui se contentent de l'art pour l'art, cherchez en vous s'il n'y existe pas quelque croyance ou de patrie ou d'humanité à laquelle vous puissiez rattacher vos efforts et vos pensées. Vous avez un cœur bon, un esprit généreux, il n'est pas possible que la société qui n'a pu les corrompre par ses caresses, ne vous ait pas laissé aussi quelque sentiment d'amour pour vos semblables. Eh bien ! ce sentiment bien consulté sera pour vous un guide plus sûr dans vos études et vos travaux que tout ce que pourraient vous dire les hommes les plus doctes : un sentiment pareil a suffi pour faire de moi, chétif, quelque chose, quelque chose de bien fragile sans doute, mais enfin quelque chose.

Je vous parle là, monsieur, un langage qui vous étonnera peut-être : il est si peu d'accord avec ce que vous avez dû entendre dans votre monde ! Mais croyez que je vous donne l'explication de tous mes principes de conduite depuis que j'ai l'âge de raison ; cet âge est venu pour moi de bonne heure, parce qu'à quinze ans j'ai été obligé d'être homme et de faire mon éducation moi-même. A ceux qui opposeraient l'exemple d'un grand poète à un pauvre chansonnier et qui vous diraient que Byron n'avait aucune foi, je répondrai que Byron, représentant du monde aristocratique qui tombe et s'en va en lambeaux, n'a dû avoir que des croyances négatives, mais ce sont toujours là des croyances, et certes les siennes étaient aussi fortes en leur sens que son génie était beau. Croyant l'aristocratie la fleur de l'humanité et la voyant flétrie, il a dû maudire et arriver à cette misanthropie tantôt fougueuse, tantôt ironique, qu'on a si niaisement singée chez nous. Mais qu'est-ce que la misanthropie ? un amour trompé.

Vous êtes au temps des amours heureux ; votre cœur est jeune, ne l'occupez pas que de vous, étendez le cercle des investigations et défiez-vous surtout du monde factice où la fortune vous a placé. Votre esprit, votre âme trouveront bientôt un aliment pour leurs méditations, et la direction à leur donner vous viendra un jour que vous y penserez le moins. La nature a marqué un emploi à toutes les facultés qu'elle distribue, il ne faut que chercher ;

apprenez, puisque vous pouvez apprendre ; méditez, puisque vous avez du repos ; mais surtout occupez-vous plus des autres que de vous-même.

Je sens que tout ce radotage vous paraîtra bien vague, peut-être même ridicule ; ne vous gênez pas : vous me demandiez des conseils, je vous ai donné mon secret, je ne pouvais pas vous rendre mieux confiance pour confiance. J'espère que vous verrez dans cette lettre une preuve d'amitié et de considération ; croyez à ces sentiments et usez de moi toutes les fois que je vous serai nécessaire, ce ne sera jamais trop souvent. A vous de cœur.

BÉRANGER.

Je me garderai bien de rien ajouter à cette lettre. En la publiant, je n'obéis pas seulement à un profond sentiment de reconnaissance, j'ai l'espoir qu'elle sera utile à d'autres, comme elle me l'a été à moi-même. Cette lettre-là m'a bien souvent conseillé !

## CHAPITRE X

## MON PÈRE

J'ai à peine connu mon père, et jamais aucun père n'a été plus présent pour son fils que le mien ne l'a été pour moi. Dans mon enfance, mes grands parents, dont il avait été l'orgueil et la joie, m'entretenaient sans cesse de ses succès éclatants et de ses qualités charmantes; on me mettait au courant de ses habitudes, de ses goûts, de son caractère; il était mêlé à toutes nos conversations; je le savais par cœur comme ses ouvrages.

A mon entrée dans la vie, je le trouvai à chaque pas comme un invisible ami. Il m'a tendu la main partout. Son nom fut mon premier protecteur. C'est son nom qui m'attira l'intérêt de Casimir Delavigne, c'est son nom qui me valut l'amitié de M. Lemercier, c'est son nom à qui je dus les sympathies de l'Académie. Dans le monde, à peine son nom prononcé, les regards se tournaient vers moi avec bienveillance. Je pouvais, grâce à lui, m'appliquer ce vers charmant d'André Chénier :

La bienvenue au jour me rit dans tous les yeux.

Aussi, à peine mon prix obtenu, le premier sujet de poésie qui s'offrit à moi, ce fut lui, le premier morceau que je publiai, ce fut des vers sur lui. Voici cette pièce; je la transcris ici, telle qu'elle parut, d'abord parce qu'elle fut accueillie avec une faveur marquée; puis surtout, parce qu'elle fera comprendre mieux qu'aucune parole, l'étrange et cruelle épreuve à laquelle fut soumis mon culte pour cette chère mémoire; comment cette épreuve me jeta dans la plus douloureuse angoisse; comment je ne sortis de cette angoisse que par un violent effort d'esprit; comment enfin, sous le coup de cet effort, j'entrai dans une phase décisive de mon développement intellectuel.

I

## MON PÈRE

Je n'avais pas cinq ans lorsque je le perdis :
On m'habilla de noir... La mère de ma mère
Me couvrit en pleurant de ces sombres habits ;
Et, sans l'interroger, moi je la laissai faire,
Tout heureux d'étaler de nouveaux vêtements ;
Et mon corps seul porta le deuil sacré d'un père...
    Je n'avais pas cinq ans.

Mais parfois au milieu des plaisirs de mon âge,
Je demandais : Où donc est mon père ? en quel lieu ?
Et l'on me répondait : Votre père ?... Il voyage ;
Ou bien encor : Ton père est avec le bon Dieu ;
Et, satisfait alors, sans vouloir davantage,
      Je retournais au jeu.

Une nuit, cependant, dans un rêve prospère,
Un homme jeune, avec un sourire d'ami,
Se pencha tendrement sur mon front endormi,
M'embrassa, prit ma main, et dit : Je suis ton père.
Nous causâmes longtemps, et lorsque le matin
M'éveilla de ce songe et si triste et si tendre,
J'étais trempé de pleurs... Je venais de comprendre
      L'affreux nom d'orphelin !

Orphelin ! qu'un seul mot peut cacher de tristesse !
Ah ! lorsque j'aperçois, en parcourant Paris,
Deux hommes, dont l'un jeune et l'autre en cheveux gris,
L'un sur l'autre appuyés, souriant d'allégresse,
Et se parlant tous deux de cet air de tendresse
Qui dit à tous les yeux : C'est un père et son fils...
Des pleurs viennent troubler ma paupière obscurcie ;
Je les suis, les regarde... et je connais l'envie !

O fleur de l'âme, amour, tu brillas dans mon sein,
Tu parfumas le ciel de mes jeunes années,
Et je sais ce que c'est que vivre des journées
      Avec un serrement de main !
Je connais l'amitié, je connais tous les charmes
De répandre son cœur dans un doux entretien,
Et nul entre ses bras, avec plus douces larmes,
      Ne presse un ami qui revient !

J'eus, quand j'étais enfant, ma bonne vieille aïeule,
Dont le cœur, pour m'aimer, n'avait que dix-huit ans,
Et qui ne souriait qu'à ma tendresse seule
      Quand je baisais ses cheveux blancs.

## MON PÈRE.

J'ai des parents bien chers, une sœur bien aimée ;
Mon enfance a trouvé des amis protecteurs
Qui m'ont toujours ôté l'épine envenimée
    Pour ne me laisser que les fleurs.

Mais ni l'attachement, ni la reconnaissance,
Ni l'amour pur et vrai, ce grand consolateur,
Ni l'amitié, n'ont pu combler ce vide immense :
    Il reste une place en mon cœur !
Et jamais sur ma vie, heureuse ou malheureuse,
Le deuil ne s'étendit, le bonheur ne brilla,
Sans qu'une sourde voix, plaintive et douloureuse,
    Me dît : Ton père n'est pas là !

Mon Dieu ! je l'aurais tant aimé, mon pauvre père !
Je sens si bien aux pleurs qui tombent de mes yeux,
Que c'était mon destin, et que, sur cette terre,
    Son fils l'eût rendu bien heureux !
Je sens si bien, hélas ! quand son âme évoquée
Vient juger chaque soir de tout ce que je fis,
Qu'il eût été mon Dieu, que ma vie est manquée ;
    Que j'étais né pour être fils !

Et pas un souvenir de lui qui me console !
Je me souviens pourtant de plus loin que cinq ans,
Et pour plus d'un objet ridicule ou frivole
    J'ai mille souvenirs présents :
Je me rappelle bien mon jouet éphémère,
Le berceau de ma sœur, les meubles de satin,
Et le grand rideau jaune et le lit de ma mère
    Où je montais chaque matin.

Je me rappelle bien qu'après notre prière,
Ma mère me disait : Vas embrasser ton père ;
    Que j'y courais, tout faible encor ;
Qu'alors il me pressait vingt fois sur sa poitrine,
Et m'ouvrait, en riant de ma joie enfantine,
    Un livre qui me semblait d'or.

Je me rappelle aussi sa voix grave et sonore...
Mais son front, mais ses yeux, mais ses traits que j'implore,
      Mais lui !... lui, mon rêve éternel ;
Rien... toujours rien !... Le ciel m'a ravi son image !
Ah ! n'était-ce donc pas aussi mon héritage
      Que le souvenir paternel ?

C'est peu d'un tel regret... Ceux que je vois, que j'aime,
Parlent toujours de lui ; l'indifférent lui-même
      S'attendrit en le dépeignant :
Dans leurs cœurs trop heureux son souvenir abonde,
Tout le monde l'a vu, le connaît... tout le monde,
      Hélas ! excepté son enfant.

Aussi de quelle ardeur j'interroge et j'appelle
Les témoins de sa vie... ou même de sa mort !
Comme j'écoute, accueille, embrasse avec transport
Un mot qui me le peint, un trait qui le révèle,
Et comme avec délice en mon âme fidèle
      J'enfouis mon trésor !

Puis lorsqu'enfin mon âme est pleine jusqu'au bord,
Que je la sens gonflée et riche de ces quêtes
Qui me semblent à moi comme autant de conquêtes
      Que je fais sur la mort,
Je vole au monument qui me garde ses restes !
L'œil morne, le front nu, j'arrive aux lieux funestes,
J'ouvre la grille noire et sur le banc grossier,
A droite de la tombe, en face du rosier,
      Triste, je m'assieds en silence !
Là, je rêve, j'écris, je médite, je pense !
      L'esprit plein de ses vers touchants,
Là, je redis tout bas, à côté de sa cendre,
Les douloureux accords où son cœur triste et tendre
      Se répandit en plus doux chants.

Mais bientôt le soir vient et m'arrache à mon rêve ;
Mon fantôme si doux s'envole... je me lève,
      Je pars comme on part pour l'exil ;

> Puis, après quelques pas, un moment je m'arrête,
> Regarde encor sa tombe et lui dis de la tête :
>    Adieu, père.... Hélas ! m'entend-il ?

Ces vers, quand je les relis, me paraissent empreints d'un caractère réel de tendresse, de regret, de respect. Je les sens vrais. Qu'on juge donc quelle fut ma douleur quand je vis cette chère mémoire attaquée, niée, raillée ! Nous étions en 1831, au plus fort de la grande bataille romantique. La littérature de l'Empire, les littérateurs de l'Empire étaient l'objet d'une sorte de fureur. On ne parlait d'eux qu'avec une explosion de mépris. Or, cette littérature de l'Empire, c'était celle de mon père. Sa gloire à lui était liée à sa gloire à elle. L'attaquer elle, c'était l'attaquer lui. Tous les sarcasmes qui tombaient sur ses confrères d'alors, retombaient sur lui. Là où l'on écrivait avec colère *Jouy, Arnault, Lemercier*, je lisais, moi, *Legouvé*. Je le lisais, et parfois le nom y était. La mort ne l'avait pas rayé des combattants, ni soustrait aux attaques : viser ses œuvres, n'était-ce pas viser sa mémoire ? Je tombai dans un chagrin profond. Je n'ouvrais pas un journal sans inquiétude. Je me rappelle qu'un jour on annonça une représentation de la *Mort d'Abel*, au bénéfice d'un acteur nommé Eric Bernard ; j'y courus. Le premier acte fut écouté avec une grande faveur ; j'avais le cœur plein de joie. Tout à coup, au baisser du rideau, part un coup de sifflet : je sortis tout éperdu de la loge, et, arrivé dans la rue, j'allai me cacher dans une petite et sombre allée de maison où j'éclatai en sanglots. Mes sanglots avaient tort. Ce coup de sifflet partait d'un machiniste et ne signifiait qu'un changement de décor. Mais à défaut de ces marques violentes de réprobation, les critiques souvent amères ne manquaient pas. La célèbre préface de *Cromwell* contenait une allusion moqueuse à la *Mort d'Henri IV*, tragédie de mon père, et Sainte-Beuve avait consacré à une édition complète de ses œuvres, un article où l'indulgence ressemblait au dédain.

Ce qui ajoutait à mon état d'angoisse, c'est que toutes mes sympathies de jeune homme allaient à l'École nouvelle. Ses audaces me charmaient, ses aspirations étaient les miennes. Encore au collège, dans ma petite chambre d'écolier, je réunissais quelques passionnés de poésie comme moi, et nous lisions avec enthousiasme le *Chant de fête de Néron*, *Moyse sauvé des eaux*, le *Crucifix*, le *L'ac*. Je traduisais, en dehors de mes études, *Roméo et Juliette*, *Macbeth*, *Lara*, le *Corsaire*, le quatrième chant de *Childe Harold*. Le jour où nous apprîmes la mort de lord Byron à Missolonghi, fut pour nous un jour de deuil; nous aurions volontiers mis un crêpe à notre casquette.

Plus tard, à la répétition générale d'*Hernani*, j'étais un les soixante favorisés qui pénétrèrent, armés du célèbre firman signé *Yerro*, et je sortis du théâtre si ému, que, rentré chez moi, quatre-vingts vers tout frémissants d'enthousiasme jaillirent, d'un trait, de ma plume, je n'eus presque que le temps de les écrire. Mais, en même temps, par une contradiction douloureuse, tout protestait en moi contre cette admiration; d'abord, j'y voyais une sorte d'impiété filiale; puis, le programme de l'École nouvelle me révoltait souvent comme inique et comme absurde. Son dédain pour Racine me semblait un blasphème! Toucher à la gloire de Corneille, de Bossuet, de La Fontaine, était pour moi un crime de lèse-génie. Ajoutez enfin que j'étais entretenu dans ces sentiments d'indignation par les anciens amis de mon père qui étaient devenus les miens. J'assistai à la première représentation d'*Hernani* dans la loge de M. Lemercier, de M. Lemercier en qui j'admirais un homme supérieur, et qui, pendant tout le cours de l'ouvrage, répétait sans cesse : « C'est absurde! Cela « n'a pas le sens commun. Il y a longtemps que je n'ai « entendu une aussi mauvaise pièce! » Qu'on imagine quelle tempête d'idées et de sentiments devait soulever dans une cervelle de vingt-deux ans, un tel choc d'opinions contraires. J'étais, à la lettre, déchiré, bouleversé, éperdu ; je me faisais l'effet de Sabine dans *Horace*, partagée entre deux patries, entre deux armées :

« J'ai mes frères dans l'une et mon mari dans l'autre. »

Enfin, sous l'empire de ce trouble étrange, j'en arrivai à un sentiment plus cruel encore, au doute! Oui! j'en vins à douter non seulement de la réputation de mon père, mais de son talent! Pour le coup, l'angoisse était trop forte, la situation trop intolérable. Je résolus d'en sortir à tout prix! et je me posai nettement ce problème redoutable : — « Qui a raison? Est-ce « l'époque de mon père qui l'a acclamé, ou la nôtre « qui le rejette dans l'ombre? Sa réputation n'a-t-elle « été qu'une affaire de mode, une erreur de goût fondée

« uniquement sur un engouement justement passager,
« ou repose-t-elle sur des qualités sérieuses et du-
« rables? » Il n'y avait qu'un moyen de répondre à
cette question, je l'adoptai résolument. Je pris les
quatre principaux ouvrages de mon père et je les relus
attentivement, lentement, froidement, comme j'aurais
lu les ouvrages d'un autre. Je les relus à la clarté des
idées nouvelles, mais aussi avec le souvenir des idées
anciennes, tâchant de faire dans chaque école la part du
vrai et la part du faux, cherchant dans ce contrôle
simultané de toutes mes admirations, un principe supérieur qui me permît de les juger toutes, et de démêler
dans une œuvre d'art la partie éphémère et la partie
durable. Une telle étude était bien forte pour un jeune
homme, mais j'étais soutenu par une passion profonde,
et je sortis de cette épreuve, rassuré comme fils, éclairé
comme artiste, convaincu enfin qu'il y avait dans ces
quatre ouvrages de mon père des parties assez fortes
pour qu'il eût été digne d'être admiré, et qu'il fût digne
d'être lu.

## II

Je commençai par le *Mérite des femmes*.

L'un des traits distinctifs des ouvrages vraiment supérieurs, c'est d'être tout à la fois de leur époque et en
avance sur leur époque; d'exprimer tout haut ce que tout
le monde sent tout bas confusément, de dire ce que tout

le monde a besoin d'entendre et ce que personne ne dit. Or, d'où vint l'immense succès du *Mérite des femmes?* De ce que ce petit poème fut comme l'écho de la conscience publique. On sortait de la Révolution et de la Terreur. Les femmes y étaient apparues sublimes de dévouement, de courage, de vertus. L'âme de tous était comme tourmentée d'un vague besoin de reconnaissance, d'admiration pour ces héroïnes et ces martyres, et quand tout à coup on vit un jeune homme, rompant à la fois avec les vieilles épigrammes et les vieux madrigaux, renier également Boileau et Dorat, substituer aux faveurs du dix-huitième siècle et aux satires du dix-septième, l'éloge sérieux des mérites et des devoirs de la femme, peindre en elle *l'épouse, la fille, la sœur, la mère*, une immense acclamation répondit au cri du poète. L'impression fut si vive qu'elle dure encore. Oui, en dépit de quelques élégances de style un peu démodées, il reste plus qu'un simple nom, de ce poème. Aujourd'hui encore il s'en refait sans cesse quelque édition nouvelle; aujourd'hui encore, dans la bourgeoisie, le fiancé, parmi les cadeaux offerts à sa fiancée, dépose souvent au fond de la corbeille de mariage un exemplaire du *Mérite des femmes*. On peut dire enfin que ces questions qui nous agitent si fortement aujourd'hui, l'éducation des femmes, l'amélioration du sort des femmes, les revendications des droits légitimes des femmes, ont eu pour premier point de départ le *Mérite des femmes*. Nous tous, défenseurs de cette cause, nous n'avons fait que réclamer légalement ce qu'il avait proclamé poétiquement, nous avons demandé en prose ce qu'il avait chanté en vers, et pour moi, rien ne m'a plus soutenu dans mon difficile travail sur l'*Histoire morale des femmes*, que de m'y sentir le fils et l'héritier de mon père.

Ses titres littéraires se bornent-ils à ce poème? Non. Trois de ses tragédies ont le mérite qui désigne les œuvres dignes de succès, la nouveauté. La première est la *Mort d'Abel;* elle fut représentée en mars 1792. Cette date seule en dit la valeur. Peindre le premier meurtre à la veille de la Terreur! Faire couler aux yeux de la foule, toute frémissante déjà du sourd grondement des massacres futurs, la première goutte de sang humain qui soit tombée sur notre pauvre terre! Montrer dans la première fraternité, le prélude de cette atroce maxime : Sois mon frère ou je te tue! Il y avait dans ce rapprochement quelque chose de si tragique, que tous les cœurs en furent saisis.

L'exécution répondit à la conception. Le personnage de Caïn compte parmi les rôles les plus pathétiques du théâtre. Son entrée est admirable.

Il arrivait seul, au commencement du second acte, avec une bêche à la main. Cette bêche donna lieu, cinquante-trois ans plus tard, à un fait assez curieux. Je fis jouer, en 1845, au Théâtre-Français, un drame en cinq actes et en vers intitulé *Guerrero*. Or, mon héros arrivait aussi seul, avec une bêche à la main, au commencement du troisième acte. A une répétition, M. Beauvallet, chargé du rôle de Guerrero, demanda une bêche à l'homme des accessoires. « Nous n'en avons pas au théâtre, répondit d'abord celui-ci, puis, se reprenant :

« Mais si! je crois qu'il y en a une », et il monta au magasin, d'où il redescendit avec un outil si lourd, si massif, si grossier, que Beauvallet dit de sa voix tonnante : « Qu'est-ce que ce diable d'instrument-là? — Monsieur, c'est la bêche de la *Mort d'Abel*. — Oh bien! dit Beauvallet en riant, nous avons dégénéré! Je ne suis pas de force à manier ce manche-là! Nos prédécesseurs auront voulu faire de la couleur locale. C'est une bêche du temps de Caïn, faites-m'en fabriquer une plus moderne. » C'est ainsi que les magasins du Théâtre-Français contiennent, en tout et pour tout, deux bêches, et que l'une a servi pour mon père, et l'autre pour moi.

Revenons à Caïn.

CAÏN (seul).

Travailler et haïr, voilà donc mon partage!
Courbé dès le matin sur ce pénible ouvrage,
De mes seules sueurs dont il est inondé,
Ce stérile sillon semble être fécondé!
. . . . . . . . . . . .
Je viens de le revoir cet exécrable frère,
Dont on vante toujours les vertus et le cœur:
Quel air efféminé que l'on nomme douceur!
Quel ton plein de mollesse où l'on trouve des charmes!
Il ne sait que chanter et répandre des larmes.
Qu'avec dédain par lui je me suis vu prié!
Qu'il me paraissait faible!... Il me faisait pitié.
Il est heureux pourtant, et rien ne le chagrine.
L'amour de sa famille et la faveur divine,
Sa faiblesse elle-même et ses goûts nonchalants,
Tout conspire au bonheur de ses jours indolents!
Et moi, mortel créé dans un jour de colère,

Haï de Dieu, haï de ma famille entière,
Malheureux de l'amour à mon frère accordé,
Toujours de noirs pensers et d'ennuis obsédé,
Regrettant le néant, maudissant ma naissance,
Fatigué du fardeau de ma triste existence,
N'obtenant qu'avec peine un sommeil douloureux,
Et l'achetant encor par des songes affreux,
Enfin, réduit sans cesse à ce malheur extrême
D'abhorrer la nature, et les miens, et moi-même,
Mes jours, mes sombres jours, à gémir occupés,
M'apportent des enfers les maux anticipés !
Voilà, trop faible Adam, ton ouvrage funeste !
Si tu n'avais trahi la volonté céleste,
Tous tes enfants vivraient sous un ciel enchanté,
Dans la paix, l'innocence, et la félicité,
Je n'aurais pas du moins à plaindre ma misère...
Mais je crois que toujours j'abhorrerais mon frère !

La scène du second acte avec son père, a un caractère de grandeur presque épique.

Adam reproche à Caïn sa haine pour Abel :

   Eh ! pourquoi le hais-tu,
Lui de qui la douceur égale la vertu ?

### CAÏN

Allez-vous m'exalter la douceur de mon frère ?
Du soin de le vanter rien ne peut vous distraire !
Sur ces éloges vains que vous lui prodiguez
Vous revenez sans cesse ! Et vous m'en fatiguez !
Eh bien, si je n'ai pas son mérite en partage,
Si j'ai mille défauts enfin, c'est votre ouvrage !
Je serais vertueux si vous n'aviez péché !
Vous pleurez. . . . . . . . . .

ADAM (avec un cri de douleur) :

O père misérable !
O d'un triste avenir image épouvantable !
Ainsi dans mon forfait les hommes confondus,
Tous, du premier pécheur qui les aura perdus,
Chargeront la mémoire et de haine et d'outrage !
Et leurs cris contre Adam s'élevant d'âge en âge,
Si de l'âme après nous luit encor le flambeau,
Troubleront ma poussière au fond de mon tombeau !

Cette terreur d'Adam, cette vision effroyable, ces siècles d'anathème et de remords dont il sent le poids tomber tout à coup sur sa tête, sont d'un grand poète.

## III

Même nouveauté dans sa seconde tragédie, *Épicharis et Néron*. Le succès en fut immense. Le succès eut-il tort? — Un seul fait pour réponse. Le cinquième acte de *Christine à Fontainebleau*, d'Alexandre Dumas, fut salué comme une grande hardiesse dramatique. Or, sur quoi repose la première partie de ce cinquième acte, la partie la plus originale, selon moi? Sur la peinture saisissante d'un des sentiments les plus bas et les plus puissants de notre pauvre cœur humain : la peur. Le poète nous montre Monaldeschi pâlissant, frémissant, pleurant, reculant, suppliant devant l'épée qui le menace. C'est la dernière heure d'un condamné lâche. Eh bien, sur quoi porte le cinquième acte d'*Épicharis et Néron?* Sur la même situation. Mettez Néron au lieu de Monaldeschi, mettez un poignard au lieu d'une épée, mettez le peuple implacable et rugissant au dehors; au lieu de l'exécuteur présent et implacable, mettez les souterrains du palais des Césars au lieu d'une salle du palais de Fontainebleau, et vous aurez le même spectacle, d'un lâche fuyant devant la pointe d'acier, avec le même mélange d'affolement, d'espérance, de rage, auquel viennent se joindre quelques accents plus tragiques encore, car ce sont des cris de bourreau sortant de la bouche de la victime. C'est Talma qui jouait Néron. Il y fut sublime. Il osa, dans ce cinquième acte, entrer en scène pieds nus.

### ACTE CINQUIÈME

*Le théâtre représente un souterrain qui se prolonge dans un lointain immense. Une lampe l'éclaire.*

#### SCÈNE PREMIÈRE

NÉRON (seul, dans l'habillement le plus misérable)

Je fuis, seul, les pieds nus, le front enveloppé,
Caché sous les lambeaux de l'obscure indigence,
Maudit, et poursuivi des cris de la vengeance.
Enfin j'entre en rampant sous ces sombres caveaux,
Comme un vil criminel jeté dans les cachots.
. . . . . . . . . . . . . . . . .
O ciel! oh! si jamais je reprends ma puissance,
Que de torrents de sang rempliront ma vengeance!
Que d'échafauds dressés me paîront mes douleurs!
Il faut une victime à chacun de mes pleurs!

Après la rage, le tremblement. L'esclave qui l'a suivi dans ce caveau, est allé chercher des nouvelles au dehors. Il rapporte l'arrêt du sénat.

NÉRON (lisant)

....Décret du sénat qui condamne Néron.
Je ne puis achever, je n'y vois plus qu'à peine.

(A l'esclave :)

De Néron condamné lis-moi quelle est la peine !

L'ESCLAVE

Affreuse ! La loi veut qu'expirant par degré,
Vous tombiez sous le fouet, sanglant et déchiré.

NÉRON

Dieux ! mille morts dans une ! Effroyable supplice !
Est-ce là le trépas qu'il faut que je subisse ?

L'ESCLAVE

. . . . . . . . . . .
...Le sénat partout vous fait chercher.
Des soldats....

NÉRON (éperdu)

...Ah ! par grâce, empêche d'approcher !
Que je dispose au moins de mon heure suprême !

(Il tire son poignard.)

Un poignard !... Voilà donc dans sa chute profonde
Ce qui reste à Néron de l'empire du monde !
Il est plus d'un proscrit qui ne l'a pas, encor !...
Ah, sachons profiter de ce dernier trésor !
Je l'ai ! Je suis armé !... Frappons-nous... Oh ! je n'ose !

. . . . . . . . . . .

> Quoi ! tout souillé du sang des malheureux humains,
> Ton sang, lâche Néron, épouvante tes mains !
> Le tien est-il le seul que tu n'oses répandre ?
> De mon bras seul encor mon destin peut dépendre,
> Et ce bras, ce vil bras n'ose me secourir !
> Je n'aurai pas su vivre et ne sais pas mourir !
>
> (On entend un grand bruit dans la coulisse.)
>
> De quel bruit effrayant mon oreille est saisie !
>
> (A l'esclave :)
>
> Esclave, aide ma main à m'arracher la vie !
> Phaon, guide ce fer !

Il n'osait pas se frapper lui-même... Néron, comme dit Ducis dans une belle épître adressée à mon père,

> ...Néron, sur son sein qui recule,
> Essaye, en tâtonnant, un poignard ridicule !

N'y a-t-il pas une analogie réelle entre cette scène et le point de départ de celle de *Monaldeschi?*

A Dieu ne plaise que j'accuse Alexandre Dumas d'imitation et d'emprunt ! Un inventeur comme lui, prête, il n'emprunte pas. *Épicharis et Néron* avait disparu depuis longtemps du répertoire; on dédaignait trop les tragédies de l'Empire pour lire celle-ci; Alexandre Dumas ne la connaissait certes pas. Il a simplement eu la même idée à quarante ans de distance. Mais n'est-ce pas une gloire pour mon père d'avoir inventé en 1794 une situation dramatique qui a passé pour une hardiesse en 1830 ?

Ajoutons que cette tragédie faillit coûter la vie au poëte. Quand elle fut donnée, la lutte entre Robespierre et Danton était à son moment le plus aigu. Les deux chefs de la Montagne assistèrent à la représentation. Robespierre occupait une première loge d'avant-scène; Danton était à l'orchestre et derrière lui s'échelonnaient tous ses amis. A peine le mot de *Mort au tyran!* fut-il prononcé, que, sur un signal de Danton, ses amis, éclatant en bravos frénétiques, se tournèrent vers Robespierre, et debout, les poings tendus, lui renvoyèrent ce terrible cri de vengeance. Robespierre pâle, agité, avançait et retirait *sa petite mine d'homme d'affaires* (je tiens le mot de M. Lemercier, témoin de la scène) comme un serpent allonge et rentre sa tête plate et irritée. La pièce finie, tous les amis de mon père coururent à lui, en lui disant : « Sauvez-vous! cachez-vous! vous êtes perdu! Robespierre ne vous pardonnera jamais cet effroyable anathème. » Mais on n'abandonne pas volontiers un succès pareil, on ne fuit pas devant un triomphe. Mon père resta, et son acte de courage lui réussit comme son cinquième acte. Robespierre pensait trop à Danton pour penser au poète. Il ne fut pas inquiété.

## IV

Vient enfin la *Mort de Henri IV*. La *Mort de Henri IV* fut presque un événement littéraire et un événement politique. Quand mon père fit part à ses amis de son

projet de tirer une tragédie de la mort de Henri IV, ce fut un tollé universel. « Vous n'y pensez pas! Un
« sujet de tragédie doit avoir au moins sept ou huit
« cents ans de date! La mort d'Abel, à la bonne
« heure! Cela remonte assez loin! Voyez ce que dit
« Racine dans sa préface de *Bajazet*. Il ne s'est per-
« mis de traiter un sujet contemporain que parce que
« c'était un sujet lointain. Si l'action ne remontait qu'à
« quelques années, elle se passait à mille lieues. L'es-
« pace remplaçait le temps. Mais faire représenter à
« Paris, en 1806, une tragédie en cinq actes et en
« vers, qui s'est passée en prose à Paris en 1610! à
« peine deux siècles d'intervalle! c'est plus qu'ab-
« surde, c'est impie! Vous rabaissez Melpomène! Et
« puis quel héros de tragédie! Un héros qui jure! Un
« héros qui dit : Ventre Saint-Gris! Un héros qui parle
« de la *poule au pot!* Voilà un mot historique que
« nous vous défions bien de citer. »

« Eh bien, j'accepte le défi, dit mon père. Et je
« mettrai Henri IV sur la scène! et je ferai applaudir
« la poule au pot! Et dans six mois je vous convoque
« à la lecture de ma pièce! »

Au bout de six mois la pièce était faite. Mais survint alors un obstacle plus redoutable. A l'annonce de cette tragédie, tout le monde gouvernemental était entré en grand émoi. Cette apothéose d'un roi, d'un Bourbon, révolta tous les fonctionnaires, petits ou grands, comme une insulte à la gloire de l'empereur. La censure défendit l'ouvrage. Les ministres consultés y ajoutèrent un veto indigné. L'ouvrage était perdu. Heureusement mon père avait à côté de lui une femme spirituelle, distinguée, d'humeur vaillante, qui jura, elle, que la pièce serait jouée, et jouée au Théâtre-Français, et jouée par ordre de l'empereur; cette femme était sa femme. Comment s'y prit-elle? Bien simplement. Mon père était très habile lecteur; elle lui fit lire trois fois sa tragédie devant si nombreuse et si haute compagnie, que le bruit du succès arriva jusqu'à Saint-Cloud, et un matin, pendant le déjeuner, on entendit dans la cour de la maison habitée par mon père et que j'habite encore, on entendit le piaffement d'un cheval, les éclats de voix d'un cavalier. Qu'était ce cavalier? Un soldat d'ordonnance. Qu'apportait-il? Un ordre de l'empereur. Mon père était mandé le lendemain à dix heures au château de Saint-Cloud, pour lire au souverain sa tragédie de la *Mort de Henri IV*. Quoique sûr de lui-même comme lecteur, il emmena Talma et le chargea de lire à sa place. Il voulait, lui, rester libre d'yeux et d'oreilles, pour observer son royal spectateur.

L'empereur l'attendait dans un petit salon, avec l'impératrice Joséphine et deux généraux.

Tout le temps que dura la lecture, Napoléon se levait à tous moments, marchait dans la chambre, donnait des signes de contentement, laissait échapper des mots de sympathie, répétant fréquemment : *Le pauvre homme! Le pauvre homme!* Un vers seulement amena une objection de sa part. Henri IV, dans une scène avec Sully, disait : « Je tremble! »

« Ce mot est impossible, monsieur Legouvé, dit vivement l'empereur, il faut le retrancher.

— Sire, répondit le poète, les craintes de Henri IV sont historiques.

— Peu importe! Il faut couper le mot. *Un souverain peut avoir peur, il ne doit jamais le dire.* »

Tel fut le seul changement demandé par l'empereur.

La censure fut blâmée, le veto levé, la pièce rendue aux comédiens, et le soir de la première représentation ressembla presque à une veille d'émeute. Une foule immense assiégeait le théâtre, quatre heures avant le lever du rideau. Elle avait reflué jusque dans les rues environnantes. On s'attendait à une manifestation royaliste. Tout le personnel de la police était sous les armes. Les ministres blâmaient hautement l'empereur comme *trop libéral*. L'événement prouva une fois de plus que la liberté n'est pas une si mauvaise conseillère. Il n'y eut pas d'autre tumulte que le bruit des applaudissements, et les acteurs, excités par l'attente fiévreuse et par le succès, se surpassèrent.

En ce temps-là, la règle des *emplois* était très rigoureuse, et la distribution des rôles avait donné lieu à quelques difficultés. Talma avait exprimé à mon père un vif désir de représenter Henri IV, mais on objecta au théâtre que les personnages odieux et sombres étaient le partage de Talma; à quoi il répondit : « C'est préci-
« sément pour cela que je demande le rôle de Henri IV.
« Il y a assez longtemps que je joue les monstres, je
« veux jouer un bonhomme. J'y serai d'autant meil-
« leur que je suis habitué à jouer les autres, et je revien-
« drai aux autres d'autant meilleur que j'aurai joué
« celui-là. On ne progresse dans notre art qu'en se re-

« nouvelant. Se confiner dans un seul genre de person-
« nages, c'est se condamner forcément à l'exagération
« et à la manière. Mon cher Legouvé, fiez-vous à votre
« *Néron* pour bien jouer *Henri IV*. »

L'événement lui donna raison. Il corrigea plus d'une fois, par la vérité de l'accent et du geste, ce que le style avait de trop soutenu dans l'élégance, et l'on m'a souvent parlé de la mélancolie pénétrante de sa voix, dans ces beaux vers de la scène des pressentiments :

> Il est, il est des jours de sinistre présage
> Où l'homme dans son cœur cherche en vain son courage !
> Ils me tueront, Sully !

Lafon sauva le personnage difficile de d'Épernon, à force de noblesse et de belle tournure; Damas porta dans le rôle de Sully la brusquerie incisive de son talent; quant à Marie de Médicis, elle revint de droit à Mlle Duchesnois, élève de mon père.

C'était une singulière artiste que Mlle Duchesnois, et qui mérite de nous arrêter un moment. Mon père avait consenti à lui donner des leçons, sur les prières instantes du ministre de l'intérieur, M. Chaptal. Un matin, il voit arriver chez lui une grande fille laide à faire peur, avec une bouche fendue jusqu'aux oreilles, maigre, noire de peau, et grelottant, au mois de décembre, dans une petite robe d'indienne, collée sur son corps.

« Vous êtes mademoiselle Duchesnois ?

— Oui, monsieur.

— Dont m'a parlé M. le ministre de l'intérieur?

— Oui, monsieur.

— Eh! mon enfant, qui vous a donné l'idée de jouer la tragédie?

— C'est moi, monsieur. Mon père est aubergiste à Valenciennes. Une troupe de comédiens a passé dans notre ville. J'ai été les voir. Ils ont joué une tragédie nommée *Phèdre*, et depuis ce temps-là je me suis dit que je ne ferais jamais autre chose que de jouer la tragédie.

— Est-ce que vous savez quelques vers de *Phèdre?*

— Je les sais tous, monsieur.

— Ah! Eh bien, dites-moi la grande scène du troisième acte avec Œnone. »

Au vingtième vers, il l'arrêta :

« Cela suffit, mademoiselle. Revenez tous les jours à midi. Je vous ferai travailler. »

Qu'avait-il donc trouvé en elle pour compenser tant de disgrâces physiques? La voix! Une voix admirable, sonore, pleine, riche, une voix qui avait naturellement tant d'émotion, que l'actrice aurait pu se dispenser d'en avoir. Quelques mois plus tard, on lisait sur l'affiche du Théâtre-Français : « Débuts de Mlle Duchesnois, élève de M. Legouvé. » Oui! Un membre de l'Académie française, un poète dramatique applaudi, consentait à figurer sur une affiche de spectacle, comme professeur d'une tragédienne. L'oserions-nous aujourd'hui? je ne le crois pas. La tragédienne ne fit pas honte à son maître. Son succès fut un triomphe! Triomphe d'autant plus glorieux qu'elle avait pour rivale, dans l'emploi des grands rôles tragiques, une jeune fille d'une beauté admirable et dont les débuts avaient été éclatants, Mlle Georges. Ajoutez que Mlle Georges était protégée, elle, non par un simple ministre, mais par le Maître suprême. On prétendait même, je tiens le fait de M. Brifaut, fort au courant de toutes les choses de ce temps, qu'après son début, elle fut si remarquée par l'impérial spectateur, qu'il lui fit donner des leçons de toute sorte, comme M. Chaptal avait fait donner des leçons de déclamation à Mlle Duchesnois. On voit que les questions d'éducation n'étaient pas négligées sous le gouvernement impérial.

Le jour des débuts de Mlle Duchesnois, fut un jour de bataille. On échangea des cartels à l'orchestre. La salle était partagée en deux camps. Le parti de la laide contre le parti de la belle! Qui le croirait? Ce fut la laide qui l'emporta. Il est vrai qu'elle monta sur la scène, transfigurée. La pauvre fille n'était si maigre et si noire que parce qu'elle ne mangeait pas assez. Six mois de bonne nourriture, développant sa superbe taille, lui donnèrent un air de déesse marchant sur les nues. Si sa bouche était affreuse, ses yeux étaient admirables ! Elle n'avait, il est vrai, nulle instruction, nulle éducation, mais une âme, un emportement qui remplaçait tout. Avouons-le cependant, son ignorance dépassait les limites de la vraisemblance. C'est elle qui, entendant une de ses camarades parler de son voyage à Troyes, lui dit vivement :

« Troie ! Vous connaissez Troie! Que vous êtes heureuse ! Moi qui en parle dans tous mes rôles, je n'y ai jamais été ! »

Au sortir d'une représentation de *Bajazet*, elle demanda ce que c'était que ces *muets* dont elle parlait toujours. Enfin, un jour, chez mon père, à table, où elle était toute songeuse, elle sortit de sa rêverie pour dire tout haut :

« Monsieur Legouvé, ce pauvre Henri IV ! Quand je pense que si Ravaillac ne l'avait pas tué, il vivrait peut-être encore ! »

Tout le monde éclata de rire, ce qui ne l'empêchait pas chaque soir d'enlever la salle dans le rôle de Marie de Médicis. Tant il est vrai, qu'au théâtre, à côté des artistes complets comme Talma, chez qui l'inspiration et la réflexion s'unissent pour faire le génie, il y a les acteurs de tempérament, que la scène, la rampe, le public arrachent à eux-mêmes et emportent dans les plus hautes régions de l'art. Leurs défauts ne comptent pas ! Il suffit qu'ils aient assez de qualités pour les faire oublier. Telle était Mlle Duchesnois. Elle chantait, elle psalmodiait, elle avait un hoquet tragique qui est resté attaché à son nom, et dont mon père ne put jamais la corriger. N'importe ! dès qu'elle avait posé le pied sur les planches, s'emparait d'elle une sorte de passion inconsciente, qui se communiquait au public comme une traînée de poudre. Personne n'a joué et ne jouera comme elle le troisième acte de *Marie Stuart*. Quand elle sortait de sa prison, éperdue de joie, folle d'ivresse, les bras tendus, les regards comme noyés dans le ciel, et sa voix se répandant en flots d'or dans l'espace, elle avait l'air de vouloir s'emparer des arbres, des nuages, de la lumière ! Enfin, il me revient en mémoire un mot qu'elle m'a dit à moi-même, et qui prouve combien, chez ces natures tout instinctives, le sentiment arrive parfois jusqu'à la finesse et à la profondeur. Nous causions de Talma :

« Il est plus beau que jamais, n'est-ce pas ? lui dis-je. Vous qui jouez avec lui depuis longtemps, vous devez trouver qu'il fait toujours des progrès ?

— Oui, me dit-elle, il est plus complet, mais au quatrième acte d'*Hamlet*, dans la scène avec sa mère, *il ne me fait plus aussi peur.*

## II

J'arrive enfin au point le plus délicat de cette étude. La *Mort de Henri IV* avait eu un plein succès. Ce succès fut-il légitime ? Reste-t-il quelque chose de cette œuvre ? J'aborde là une question d'art très complexe. J'avouerai d'abord en toute franchise que la *Mort de Henri IV*, malgré de très réelles beautés, ne m'a pas autant plu qu'*Épicharis* et que la *Mort d'Abel*. Cette tragédie est trop fille de la *Henriade*; Henri IV y est trop ennobli. La périphrase sur la poule au pot :

> Oui, je veux que le peuple ait par ma bienfaisance
> Quelques-uns de ces mets réservés à l'aisance,

mérite, j'en conviens, la critique de Victor Hugo. Mais en même temps, il est juste de dire que cette périphrase, qui était une concession au mauvais goût du temps, était un progrès sur le goût du temps. Cette timidité était une audace. Le poète a déguisé le mot pour le faire descendre sur la scène, mais il l'y a fait descendre. Il a altéré la figure de Henri IV pour l'introduire dans une tragédie, mais il l'y a introduite. Le sujet était nouveau, la tentative périlleuse, et ce qui était une hardiesse alors, doit lui compter aujourd'hui encore comme un titre d'honneur. Je m'explique.

Il y a dans les *Deux Pigeons* un passage qui m'a toujours beaucoup frappé :

> Un vautour à la serre cruelle
> Vit notre malheureux qui traînant la ficelle,
> Et les morceaux du lacs qui l'avait attrapé,
> Semblait un forçat échappé.

Eh bien, tout novateur est un forçat plus ou moins bien échappé. Il traîne toujours après lui un bout de ficelle, les morceaux du lacs qui l'avait attrapé; ces morceaux sont les restes du goût de son temps. Son œuvre en demeure toujours un peu empêtrée. Que faut-il donc faire, en la lisant? Remarquer la ficelle? Non. Penser au coup d'aile qui l'a brisée à moitié. Nous ne faisons jamais que de demi-progrès. Le progrès est un mot qui s'épelle lettre à lettre; l'un dit *A*, l'autre *B*; nul ne prononce le mot tout entier. En veut-on une preuve éclatante? Prenons André Chénier. Certes, s'il est un nom qui soit synonyme d'innovation, de révolution, c'est le sien. L'école nouvelle a salué en lui un de ses précurseurs! Eh bien, ce *premier des poètes du dix-*

*neuvième siècle*, n'en reste pas moins, en maint endroit, un *versificateur du dix-huitième*. Un de ses chefs-d'œuvre, la *Jeune Captive*, en offre la démonstration évidente. L'idée en est neuve, mais l'exécution en est vieille. Le sujet en est charmant, les traits de vérité et de sentiment exquis, comme :

> Je ne veux pas mourir encore !
> . . . . . . . . . . . . .
> Mon beau voyage encore est si loin de sa fin !
> . . . . . . . . . . . . .

ces traits y abondent, et sont autant de cris de nature qui dépassent de beaucoup la poétique de son époque. Mais en même temps, quel abus de périphrases ! Quel amas de ces élégances métaphoriques et mythologiques qui semblent le cachet du style de l'Empire !

> L'épi naissant mûrit, de la faux respecté.
> Sans crainte du pressoir, le pampre, tout l'été,
> Boit les doux présents de l'aurore ;
> Et moi comme lui jeune, et belle comme lui...

Que dire de cette jeune fille qui se compare à un pampre, à un épi, et qui compare l'échafaud au pressoir ! Où trouver plus d'horreur du mot propre que dans ces trois vers ?

> Échappée au réseau de l'ciseleur cruel,
> Plus vive, plus heureuse, aux campagnes du ciel,
> Philomèle chante et s'élance !

Philomèle ne s'est jamais élancée aux campagnes du ciel. C'est l'alouette. Mais l'alouette n'a pas paru à André

Chénier un mot assez noble. Il n'a pas osé l'employer !
Il n'a même pas osé dire le rossignol. Il l'a déguisé
mythologiquement en Philomèle.

La dernière strophe porte toute vive la marque de
l'époque.

> La grâce décorait son front et ses discours,
> Et comme elle craindront de voir finir leurs jours
> Ceux qui les passeront près d'elle.

Ne dirait-on pas un vers de Dorat ? Qu'en conclure ?
Que la *Jeune Captive* n'est pas une œuvre délicieuse ?
Non ! Qu'André Chénier n'est pas un novateur ? Nullement ! Mais que dans tout novateur, il y a l'homme du
présent et l'homme de l'avenir. Que pour être juste, il
faut lire les ouvrages du passé, tout ensemble avec l'esprit
d'aujourd'hui, et l'esprit d'autrefois ! Qu'il faut remettre
l'œuvre et l'auteur dans leur cadre, et faire dans ce
qui reste d'eux, la part de la mort et la part de la
vie. Ainsi lit-on et doit-on lire André Chénier. Ainsi
devrait-on lire, même cette littérature de l'Empire, si
décriée aujourd'hui, et dont je me chargerais bien de
tirer un ou deux volumes charmants. Ainsi, enfin, ai-je relu mon père, et grâce à cette méthode, je suis
sorti de cette lecture, armé d'un principe littéraire qui selon moi constitue la véritable critique,
et qui depuis cinquante ans fait ma règle et ma
joie.

Oui ! si j'ai réagi énergiquement contre le dénigrement systématique, si j'ai rejeté le *dédain transcendant* pour la *sympathie transcendante*, si je comprends dans mon admiration tout ce qui est digne d'être admiré, à quelque époque, à quelque littérature, à quelque école, dans quelque écrivain que je le trouve; si mon enthousiasme pour Shakespeare n'ôte rien à mon culte pour Racine ; si j'ai vu attaquer et détrôner tour à tour Chateaubriand, Lamennais, Béranger, Casimir Delavigne, Scribe et même Lamartine, sans que ces attaques m'aient inspiré un autre sentiment, que le besoin de ramasser les débris de ces statues renversées et de leur donner place dans le petit *Musée de Cluny* que je me suis construit en dedans de moi; si j'ai applaudi du même cœur *Hernani* et *Bertrand et Raton; Antony* et l'*École des Vieillards;* les *Effrontés* ou *le Demi-Monde* et la *Camaraderie;* si j'emmagasine côte à côte dans ma mémoire, les *Vieux de la Vieille* de Théophile Gautier, et l'*Épître à mon petit logis* de Ducis; si enfin aujourd'hui, après tant d'années passées dans ce monde, j'ai pris un état, si je me suis fait anthologiste, si je vais parcourant avec une ardeur infatigable le domaine tout entier de l'art, pour chercher, pour trouver dans l'antiquité et dans les siècles modernes, dans les poètes et dans les prosateurs, dans les romanciers et dans les moralistes, dans les pièces de théâtre et dans les sermons, dans les classiques et dans les romantiques, quelque page, quelque phrase, quelque ligne, quelque parole vraiment exquise, que je savoure, que j'apprends par cœur, que je m'exerce à bien dire, et qui devient pour moi tout ensemble un foyer où je me chauffe et un flambeau où je m'éclaire... à qui le dois-je? à qui dois-je ce qui reste de jeunesse à ma vieillesse? A mon père! Avais-je raison de dire, dans ma conversation avec Sainte-Beuve, que j'étais l'élève de mes affections?

## CHAPITRE XI

# LES GOUTS

Trois choses sont nécessaires à l'homme pour que sa vie soit complète : une profession, des affections, et des goûts. La profession répond à ses besoins d'activité et d'intelligence; les affections, à ses besoins de cœur; les goûts, à ses besoins de délassement. On ne peut pas toujours travailler, on ne peut pas toujours penser; le cœur même a ses intermittences. Les goûts remplissent les vides. C'est l'intermède, la distraction, le plaisir, parfois même le soutien. Les goûts relèvent tour à tour du corps et de l'esprit. L'ouvrier qui a le goût de la lecture, se repose, en lisant, de ses fatigues corporelles; l'artiste qui a le goût des exercices physiques, se repose de son art en faisant travailler ses membres. Les goûts ont mille objets différents; ils s'appellent successivement : la chasse, l'équitation, la natation, l'escrime, la pêche, le jeu, l'amour des fleurs, l'amour des arts, voire même l'amour des travaux manuels.

Victor Hugo était tapissier; cela le délassait d'être poète. Tour à tour, il ciselait une Orientale, ou agrémentait un baldaquin. On prétend même, qu'à la mort de sa fille, incapable de travail, rebelle à toutes consolations, il ne trouva qu'un seul moyen de tromper quelque peu sa douleur, ce fut de remeubler son appartement. Saint-Marc Girardin était menuisier. Quand il était fatigué d'avoir travaillé dans sa bibliothèque, il travaillait à sa bibliothèque même; il posait des rayons, il rabotait des planches; le plaisir de la lecture épuisé, il s'occupait encore de ses livres, il les logeait.

Les goûts ont cet avantage considérable qu'il en existe pour tous les âges, comme pour toutes les positions. M. de Talleyrand disait un jour à M. Villemain, avec ce sérieux comique dont il avait le secret : « *Monsieur Villemain, vous n'aimez pas le whist! Vous serez malheureux dans votre vieillesse, et vous l'aurez mérité!* » Ce mot plaisant est un mot profond. La vieillesse éteint les passions, suspend les occupations, coupe court aux ambitions, et vous livre en proie à ce terrible ennemi qu'on appelle le repos, et qui en réalité se nomme l'ennui. Qui peut seul le combattre? Les goûts. Croirait-on que parfois les goûts s'élèvent jusqu'au rang de consolateurs? Croirait-on qu'un des hommes les plus illustres de ce siècle, un grand chimiste, frappé en pleine jeunesse par un profond chagrin d'amour, chercha et trouva un allégement à sa peine, dans le plus humble, le plus dédaigné, le plus ridiculisé des goûts, la pêche à la ligne! Oui! Humphry Davy, l'inventeur de la lampe des mineurs, éperdument épris d'une jeune fille de grande maison, et se voyant repoussé par la famille, partit pour un voyage de deux ans à travers l'Europe, sans autre arme que ses instruments de pêcheur. Il alla sous toutes les latitudes, à travers les plus diverses beautés naturelles, sur les plus sauvages ou les plus délicieuses rives, à la poursuite du saumon. Or, qu'arriva-t-il? C'est qu'au bout de deux ans, il en revint non seulement consolé, mais porteur d'un chef-d'œuvre, *Salmonia! Salmonia* est à la fois une savante étude sur les mœurs des poissons, la description charmante des plus riants paysages, et une analyse délicate des rêveries poétiques où vous entraînent les longues stations sur le bord des riants cours d'eau. Car, il faut oser le dire, il y a parfois un poète dans le pêcheur à la ligne, un poète inconscient, mais qui n'en est que plus heureux. J'en vois souvent un, sur les bords de la Seine où j'habite, que je ne regarde jamais dans son attitude de penseur qui ne pense à rien, sans lui porter envie. Je regrette tous les goûts que je n'ai pas et j'adore tous ceux que j'ai eus. Dans mon enfance, j'ai commencé par l'amour du jeu. Je crois bien avoir été un des écoliers les plus follement joueurs de tous les lycées de Paris. L'internat est aujourd'hui l'objet des plus vives attaques, et personne n'a le droit d'en parler avec plus de ressentiment que moi : j'ai été interne quatorze ans! Eh bien, je lui pardonne tout, parce que je lui dois l'*amour du jeu*. Les pensions d'alors avaient sur les lycées d'aujourd'hui, une grande supériorité, elles avaient l'espace. Les écoliers d'aujourd'hui ne savent plus jouer parce qu'ils n'ont pas de place. Nous autres, au contraire, lancés, à l'heure des récréations, dans de vastes enclos de quatre ou cinq arpents, qui étaient plantés d'arbres tout autour, avec un large espace libre au milieu, nous avions le champ ouvert pour toutes nos folies de poulains échappés. Je me souviens encore avec émotion de ces parties de barres du jeudi qui commençaient à une heure pour ne finir qu'à la nuit, et où pendant six heures, la tête en feu, le corps en eau, la chemise ouverte, courant, criant, haletant, rageant, triomphant, je tombais le soir, à l'heure du souper, sur le banc du réfectoire, épuisé, moulu, et ravi! De la passion du jeu, naquit bientôt en moi la passion de tous les exercices du corps. J'aimai la natation jusqu'à la folie, et l'escrime jusqu'à la rage. Il m'est arrivé dans ma jeunesse de faire vingt-cinq lieues, dans un temps où il n'y avait pas de chemin de fer, pour aller croiser le fer avec un fort amateur, et je me rappelle... mais je serais un ingrat de parler ainsi en courant, et à la légère, de cet art qui, avec la musique, a été une des joies de ma vie. Chacune d'elles mérite un chapitre à part dans ce livre, et je commence par l'escrime.

# CHAPITRE XII

## L'ESCRIME

J'aime l'escrime, d'abord à titre de Français, parce que c'est un art national, un fruit du pays comme la conversation. Qu'est-ce que faire des armes? c'est causer! Car qu'est-ce que causer? n'est-ce pas parer, riposter, attaquer, toucher surtout, si l'on peut, et Dieu sait qu'à ce jeu-là, la langue vaut bien le fleuret. Je parle du fleuret; mais que dire de l'épée? Les Allemands ont le sabre, les Espagnols le couteau, les Anglais le pistolet, les Américains le revolver, mais l'épée est l'arme française. *Porter l'épée, tirer l'épée*, sont deux mots que vous ne trouverez dans leur signification *un peu crâne*, que dans notre langue; deux mots dont l'un exprime un droit de gentilhomme, l'autre un fait de galant homme, tous deux je ne sais quoi d'élégant, de chevaleresque, d'un peu vaniteux, qui peint un trait de notre caractère et se lie à nos traditions sociales. Je voudrais que notre démocratie restât aristocratique de manières, de sentiments, et rien n'y peut mieux aider que le maniement de l'épée. L'épée n'a-t-elle pas le plus beau des privilèges? c'est la seule arme qui puisse vous venger sans effusion de sang. Je ne sais pas de plus beau jour pour un galant homme et un habile homme, que celui où trouvant devant lui un adversaire qui l'a offensé et qu'il pourrait tuer, il le punit en lui laissant la vie, en le désarmant.

J'aime encore les armes comme auteur dramatique.

Que deviendrions-nous, je vous le demande, nous, pauvres auteurs de comédies, sans le duel à l'épée? Le pistolet est un brutal qui ne convient qu'aux drames bien noirs et aux dénouements. Mais l'épée!... elle est de fête partout, elle sert aux expositions, aux déclarations, aux réapparitions. Que voulez-vous qu'on fasse, dans une comédie, d'un homme blessé au pistolet? Il n'est plus bon à rien. Mais à l'épée, il revient deux minutes après, la main dans le gilet et essayant de sourire. La jeune fille ou la jeune femme lui dit: « Comme vous êtes pâle, monsieur! — Moi, mademoiselle... » Alors paraît, par hasard, un petit bout de taffetas d'Angleterre... « Ciel! Henri, vous vous êtes battu! » Ah! l'admirable verbe que le verbe se battre! Tous les temps en sont bons. Vous vous battez!... Battez-vous!... Ne vous battez pas!... Et comme il va bien avec ces exclamations!... — « Mon ami! par grâce! — Monsieur, vous êtes un lâche!... — Arthur! Arthur!... je me jette à tes pieds! » Ne me parlez pas de théâtre sans ces deux collaborateurs indispensables... l'épée et l'amour!

J'aime encore l'escrime comme observateur. Une salle d'armes est une salle de spectacle où abondent des originaux aussi amusants qu'au théâtre. Il y a d'abord la classe nombreuse des tireurs qui ne tirent pas, et qui ne tireront jamais. Puis, les tireurs pour *cause de ventre*, ceux à qui leur médecin ou leur femme ordonne de maigrir, et qui, après avoir pendant deux heures, sué comme des bœufs, soufflé comme des phoques, fumé comme des puddings bouillis, vous disent de bonne foi : « Je viens de faire des armes! » Il y a aussi les maîtres d'armes, je me trompe, les professeurs d'escrime. Ils sont généralement gais, bonnes gens, braves gens, dévoués corps et âme à leurs élèves, surtout à ceux de leurs élèves qui leur font l'honneur de tuer quelqu'un. Mais leur côté faible c'est la véracité... le fleuret à la main, bien entendu! Je trouve qu'on a été bien injuste envers les dentistes, en disant : Véridique comme un arracheur de dents. A la place des professeurs d'escrime, je réclamerais ; il est vrai que les amateurs pourraient bien réclamer aussi. Je n'ai guère rencontré de tireur qui ne niât au moins un coup par assaut. Que voulez-vous? un coup nié ne compte pas! Et il est si facile de dire : Je n'ai pas senti! Ah! si quand nous tombons, nous autres, auteurs dramatiques, nous pouvions annuler les sifflets en disant : Je n'ai pas entendu! Enfin quand cela arrive, on se console en venant faire des armes et en écoutant les histoires du maître.

Je m'en rappelle une assez plaisante. J'ai eu pour premier professeur un vieux maître qui s'appelait le père

Dulaurier. Il avait une fille qui faisait sa gloire. « Ah! ma fille!... messieurs, nous disait-il, elle est faite!... elle est faite... *comme un saumon.* » Elle était donc faite comme un saumon, et de plus elle était demoiselle dans un magasin de modes, ce qui inquiétait un peu son père sur sa vertu; il avait tort, mais enfin cela l'inquiétait. Ne pouvant plus supporter cette inquiétude, il va se poster un soir d'été au coin de la rue Traversière (elle travaillait rue Saint-Honoré), et là il l'attend, enveloppé dans son manteau. « Vous pouvez juger, nous disait-il, si le cœur me battit quand je la vis paraître; je m'approche d'elle, et, cachant ma figure pour qu'elle ne me reconnaisse pas, je lui glisse à l'oreille une petite drôlerie vraiment très gentille... O bonheur! elle se retourne et me lance à toute volée un soufflet... *Je pare tierce*, et je lui dis : « Ma fille, tu es vertueuse! »

L'escrime a encore sa valeur utilitaire. Elle vous apprend à juger les hommes. Il n'y a pas de dissimulation possible le fleuret à la main. Après cinq minutes d'assaut, le faux vernis de l'hypocrisie mondaine tombe et coule avec la sueur, comme le fard, et au lieu de l'homme du monde, poli, en gants jaunes, au parler de convention, vous avez devant vous l'homme véritable, réfléchi ou étourdi, faible ou ferme, rusé ou naïf, sincère ou de mauvaise foi; l'âme ne se voit jamais mieux qu'à travers les mailles serrées de ce masque de fer.

J'en ai tiré un jour un singulier profit. Je faisais des armes avec un fort courtier en eaux-de-vie, rhums et vins de Champagne. Avant l'assaut, il m'avait offert ses services pour quelques fournitures, et je les avais à peu près acceptés. L'assaut fini, je vais au maître de la maison, et lui dis : « Je n'achèterai pas de vins de Champagne à ce monsieur-là. — Pourquoi ? — Son vin doit être frelaté... il nie tous les coups ! »

Appliquez mon principe, et vous vous en trouverez bien. Quand vous aurez un jour des filles à marier, et qu'il se présentera un prétendu, ne perdez pas votre temps à prendre des informations trop souvent menteuses, et dites simplement au prétendu : — « Voulez-vous faire une botte ? » Au bout d'un quart d'heure vous en saurez plus sur son caractère qu'après six semaines d'investigations.

Enfin, j'aime l'escrime parce qu'elle ne s'apprend pas ; le travail, un grand travail y est nécessaire, mais il n'y suffit pas, il y faut la vocation : on naît tireur comme on naît artiste. Aussi, le noviciat une fois achevé, que de plaisir ! Je doute qu'il y ait un seul acte de la vie extérieure où l'homme se sente vivre plus pleinement que dans un assaut vigoureux.

Voyez le tireur en action ! Chaque membre, chaque muscle est tendu, et chacun dans une attitude et pour une fonction différentes. Pendant que la main voltige rapide, légère, et allant toujours de l'avant, le corps se retient en arrière, et les jambes, vigoureusement contractées comme un ressort, attendent, pour partir, que le bras, en s'élançant, leur ait donné le signal. Tous les membres sont là, comme autant de soldats obéissants, à qui le général dit : « Marchez !... arrêtez-vous !... courez ! » Le général, c'est la tête ; la tête qui, à la fois inspirée et calculatrice comme sur un vrai champ de bataille, saisit d'un coup d'œil les fautes de l'ennemi, lui tend des pièges, le force à y tomber, simule une retraite pour lui donner confiance, et revenant tout à coup sur lui par une attaque foudroyante, réalise enfin, en petit, avec des contres de quarte et des demi-cercles, une partie des manœuvres habiles et des calculs stratégiques qu'on admire dans les hommes de guerre.

Et penser que cet art si complexe, où le corps tout entier est engagé, se concentre, en réalité, entre l'extrémité de l'index et le pouce! Tout est là! car c'est là que réside la faculté délicate et maîtresse qui fait seule le tireur supérieur, le tact. N'est-ce pas merveilleux de voir tout ce qui afflue de sensibilité et de vie entre ces deux doigts? Ils frémissent, ils palpitent sous l'impression du fer qui touche le leur, comme si un courant électrique leur en communiquait tous les mouvements. Ils n'ont nul besoin du secours de la vue pour suivre l'épée ennemie, car le tireur véritable fait bien plus que de la voir, il la sent, la palpe, la maîtrise par le tact, il pourrait la suivre tout en ayant les yeux bandés, et si vous ajoutez à ces jouissances magnétiques du toucher, la puissante circulation du sang qui court à grands flots dans les veines, le cœur qui bat, la tête qui bout, les artères qui tressaillent, la poitrine qui se soulève, les pores qui s'ouvrent; si vous y joignez encore le bonheur de sentir sa force et sa souplesse décuplées, si vous pensez surtout aux joies ardentes et aux âpres douleurs de l'amour-propre, au plaisir de battre, à la rage d'être battu et aux mille vicissitudes d'une lutte qui se termine et recommence à chaque coup porté, vous comprendrez qu'il y a dans l'exercice de cet art, un véritable enivrement, et dont le jeu peut seul donner une idée ; le jeu avec le vice en moins et la santé en plus !

# CHAPITRE XIII

## DEUX ÉPÉES BRISÉES

---

Ces deux épées brisées, sont celles de mes deux maîtres, des deux plus grands tireurs de notre génération, Bertrand et Robert. Ils sont tombés tous deux, frappés par une de ces attaques foudroyantes, qui rappellent les coups dont leur main avait le secret. Leur portrait complétera ce que j'ai dit de l'art où ils ont laissé un nom éclatant.

### BERTRAND

Bertrand a été un des hommes à qui s'applique le mieux le mot *type*. La puissance de cette individualité fut telle, l'originalité du caractère s'y allie si étroitement à la supériorité du talent, que l'homme et l'artiste ne faisaient qu'un, et je voudrais les faire trer tous deux du même coup, dans l'imagination de tous adeptes ou profanes.

Tout homme supérieur a un trait distinctif qui le résume ; *la caractéristique* de Bertrand, c'est d'avoir été à la fois le classique le plus pur et le romantique le plus audacieux.

Trois causes firent de lui ce tireur complexe et extraordinaire : son éducation, son organisation physique et son tempérament.

Il eut pour maître son père. Ce père était lui-même un professeur et un tireur distingué, mais il parut et brilla peu dans les assauts publics ; il appartenait à cette classe d'artistes

> Qui valent moins quand ils sont regardés.

Les yeux fixés sur lui le déconcertaient, la lutte devant six cents personnes le paralysait en le surexcitant. Il y a ainsi des timidités qui sont des excès d'effervescence, et des modesties qui sont des excès d'amour-propre. Le père de Bertrand reporta donc toute son ambition sur son fils ; il voulut que ce fils fût ce qu'il n'avait pas pu être lui-même, et il le soumit à la plus rude discipline. L'école académique voyait alors dans l'escrime autre chose qu'un exercice, elle y voyait un art ; elle y cherchait non seulement l'utilité, mais la beauté ; ce n'est pas elle qui aurait défini les armes, le talent de toucher et de ne pas être touché ; le coup le plus heureux ne comptait pas alors, s'il s'écartait des règles sévères de l'élégance et de la correction. Ces règles, le père de Bertrand y ajoutait encore par la rigueur de son enseignement; il dompta, mata, assouplit, à force de contraintes salutaires, ces jarrets et ce poignet de vingt ans, en même temps que ses méthodiques leçons ouvraient à cette jeune intelligence tous les secrets de l'art.

Mais qu'arriva-t-il? C'est qu'au sortir de cette rude discipline, Bertrand tomba au milieu d'une révolution d'escrime qui renversait toutes les anciennes règles. Le romantisme faisait explosion dans les armes comme dans les autres arts. Arrière tout ce qui s'appelait *académique!* Plus de correction, plus d'élégance; le tireur ne devait avoir qu'un objet, toucher n'importe où et n'importe comment! C'était la théorie politique de la souveraineté du but, transportée dans les armes. Un tel bouleversement était bien fait pour troubler les idées d'un jeune homme; Bertrand s'y trouva à l'aise comme dans son élément naturel. Classique par éducation, mais romantique par tempérament, lui aussi, il était l'homme des audaces, des initiatives, des tentatives hasardeuses; mettant donc au service des idées révolutionnaires, le fonds de science et la sûreté d'exécution qu'il devait à son père, il s'appropria toutes les ressources de l'école nouvelle sans rien rejeter des principes de l'ancienne, et résolut le problème, insoluble ce semble, de rester aussi élégant, aussi régulier, aussi correct que ses maîtres, en devenant aussi hardi, aussi *toucheur* que ses adversaires; imaginez-vous,

Si parva licet componere magnis,

imaginez-vous Eugène Delacroix grand dessinateur, ou Ingres grand coloriste.

Son premier début fit sensation. Il avait à peu près vingt ans. L'assaut avait lieu au Vauxhall, devant une réunion considérable. Lorsque le jeune Bertrand s'avança avec son agréable figure, ses cheveux naturellement frisés, son costume soigné et même coquet; lorsque, revêtu d'un gilet en coutil blanc qui dessinait sa fine taille et sa large poitrine, d'un pantalon blanc et collant qui montrait la perfection élégante de ses formes, il commença à tirer le mur, et y déploya cette grâce de mouvements et cette solidité d'attitude qui sont restées une de ses gloires, la salle entière éclata en applaudissements; on se croyait en Grèce, on s'imaginait voir un jeune athlète aux jeux olympiques.

Ce premier succès fut pour Bertrand un nouveau stimulant au travail. Il s'imposa à lui-même une épreuve plus dure que les leçons paternelles. Il souda ensemble, et l'une sur l'autre, trois lames de fleuret; puis il s'exerça à faire jusqu'à cent vingt doubles-contres de quarte, à grande vitesse, avec ce triple fer; au bout de ce travail, une lame ordinaire lui semblait bien légère, et il y acquit une telle puissance de main, que quand il vous enveloppait dans ses parades circulaires, on se sentait pris comme dans un engrenage. Enfin il compléta l'éducation de ses jambes et de ses poumons par une lutte qui rappelle encore les jeux de l'antiquité : les jours de fête cantonale, il allait dans les environs de la ville disputer le prix de la course et le remportait presque toujours. Ce fils de Paris était un vrai fils d'Athènes.

Si je devais définir Bertrand d'un mot, je l'appellerais un homme de lutte ; il en avait le tempérament et parfois l'emportement.

Audacieux, ambitieux, orgueilleux, il apportait, dans le combat fictif de l'assaut, une telle passion qu'il semblait en faire un combat véritable, et il était toujours prêt à changer son fleuret en épée. Tous les amateurs ont gardé mémoire du fameux défi qu'il lança en plein Vauxhall, devant six cents personnes, à huit ou dix de ses confrères. A la suite d'une discussion survenue, je ne sais pourquoi, voilà mon arrogant, — rappelons pour son excuse qu'il avait à peine vingt-cinq ans, et qu'à cet âge-là le sang bouillonne terriblement fort chez ces organisations puissantes, — voilà donc mon arrogant qui s'avance et déclare tout haut que ses huit ou dix confrères sont des ânes, et qu'il le leur prouvera à tous quand ils le voudront, l'épée à la main. On devine sans peine quel tumulte suivit cette provocation. Cris ! Sifflets ! « A bas l'insolent ! Qu'il fasse des excuses ! » Le public était plus irrité et se sentait plus insulté que les insultés eux-mêmes. Enfin, le bruit s'apaise, les assauts recommencent, et Bertrand, à son tour, reparaît en scène. De toutes parts éclatent des murmures, soudain couverts par une explosion de bravos au moment où son adversaire fait son entrée. L'assaut commence, Bertrand était très pâle ; il touche le premier coup par une riposte admirable : silence complet. Il touche le second coup par un dégagement de vitesse : silence complet. Son adversaire, à la troisième passe, lui effleure le haut de l'épaule : tonnerre d'applaudissements. Un autre se serait déconcerté, mais il était si bien un homme d'action, que le sentiment de ces deux luttes réunies, que l'idée d'avoir à la fois à combattre son adversaire et le public, l'aiguillonne et l'apaise. Il n'était jamais plus redoutable que dans ces moments de colère concentrée, où, restant maître de ses emportements, il les utilisait et en faisait des instruments dociles de ses inspirations et de ses calculs. L'assaut continue ; il touche deux nouveaux coups de bouton aussi brillants que les deux premiers : même silence. Son adversaire l'atteint au-dessous de la ceinture : délire d'enthousiasme. Il pâlit encore ; mais, toujours de plus en plus calme, il se ramasse sur lui-même et entame une série de six coups successifs si éblouissants, si audacieux et si réussis, qu'au sixième, l'assemblée, entraînée malgré elle, envoie promener son ressentiment et éclate en bravos indescriptibles. Il avait tout vaincu, tout effacé ! On ne voyait plus en lui ni le provocateur ni l'arrogant, on ne voyait que l'artiste incomparable. Jamais il n'y eut plus beau triomphe du talent.

Un tel caractère, on le comprend, ne pouvait guère aller sans quelque duel. Bertrand en a eu quatre, dont le premier fut le plus fatal. Il avait alors vingt et un ans à peine. Au sortir d'un assaut où il avait remporté ce premier succès qui révèle au public une supériorité nouvelle, où l'on salue dans l'inconnu de la veille le vainqueur du jour et le triomphateur du lendemain, Bertrand se vit provoquer brutalement par un amateur jaloux et extravagant qui le força à tirer l'épée avec lui. L'amateur était très fort, mais au troisième choc il reçoit en pleine poitrine une riposte de quarte, la chemise s'empourpre de sang.

« Vous êtes blessé, monsieur! s'écrie Bertrand, s'arrêtant aussitôt.

— Non! » répond l'autre avec rage.

Et il se précipite sur lui comme un furieux. Bertrand saute de trois pas en arrière :

« Vous êtes blessé.

— Non! »

Et l'insensé se précipite toujours, et Bertrand rompt toujours, ne pouvant, avec sa générosité naturelle, supporter l'idée de combattre un ennemi à moitié vaincu. Mais l'autre, exaspéré par sa blessure même, l'attaque avec tant de furie, que Bertrand, forcé de se défendre, lui lance dans les côtes une riposte de tierce volante qui l'étend sur le carreau.

Le second duel fut avec le célèbre professeur des gardes du corps, Lafaugère. J'ai bien souvent entendu raconter ce duel par le père Angot, qui y figura comme témoin. Le père Angot! Encore un type perdu! Ancien soldat, ancien maître de régiment, court, sanguin, cordial, enthousiaste et rageur, il avait un culte pour Bertrand qu'il appelait toujours le petit frisé. « Ah!
« monsieur, me disait-il, le beau duel! comme ils se
« sont crânement battus! Il faut rendre justice à La-
« faugère, il a joliment soutenu le choc. Quelles attaques!
« quelles ripostes! comme c'était amusant! Mais, au
« bout de trois ou quatre minutes, j'ai dit : Lafaugère
« est f...ichu! Le petit frisé le tient. Je crois bien
« qu'il le tenait! Ne voilà-t-il pas Lafaugère qui a

« l'imprudence de faire un coupé de quarte en tierce;
« Bertrand pare le contre... vous savez *son* contre!
« Et d'un coup de riposte, il lui cloue si proprement
« le bras sur la poitrine que la pointe entre au haut
« du biceps, ressort par derrière, rentre dans les
« muscles de la poitrine et ressort dans le dos. Quatre
« trous! monsieur, quatre trous d'où le sang sortait
« comme de quatre fontaines! Oh! le joli coup d'épée!
« Je n'ai pu m'empêcher de crier bravo! Gueux de
« petit frisé! C'est qu'il le tuait, monsieur, il le tuait
« raide, si Lafaugère, en détournant le bras, n'avait pas
« fait filer le fer le long de l'os. Non, vrai, c'était
« beau! »

Dans son troisième duel, il eut pour adversaire Toire. Les vieux amateurs se rappellent tous le petit Toire; Toire le pompier, Toire l'Auvergnat, Toire l'héroïque. Toire l'ivrogne; et il était impossible d'être plus ivrogne, plus héroïque et plus Auvergnat. Un jeu rude, lourd, vigoureux, irrégulier, affreux, mais très difficile, comme son langage. On avait autant de peine à se reconnaître dans ses coups que dans ses phrases. Il baragouinait de l'épée comme de la langue. Ne s'avise-t-il pas un jour de dire qu'il n'avait pas peur de Bertrand! Il fallait qu'il eût bu un peu plus que de mesure ce jour-là, car il connaissait Bertrand de longue main, il avait été son prévôt et l'appelait toujours mon capitaine. Mais « mon capitaine » perdait plus souvent patience qu'autre chose, et le voilà parti pour la salle d'armes de Toire, à qui il inflige, devant ses élèves, une de ces leçons dont il avait le secret. Le petit

Toire, qui ne boudait devant personne ni devant rien, lui dit crânement après le dernier coup : « Cela n'empêche pas, mon capitaine, que je vous défierais bien d'en faire autant l'épée à la main. » On va sur le terrain, et le pauvre diable de pompier reçoit trois coups d'épée en un seul choc. Heureusement ces trois-là n'en valaient qu'un bon, et il en fut quitte pour rester huit jours sans aller au café.

Enfin Lozès aîné, le grand Lozès, qui est mort il y a une quinzaine d'années, fut le quatrième adversaire de Bertrand. Je ne voudrais pas recommencer ici un inutile parallèle rétrospectif entre ces deux illustres tireurs, mais je tiens à rappeler un fait caractéristique qui m'est personnel. Un peu impatenté d'entendre placer Lozès sur la même ligne que Bertrand, je lui adressai un jour la proposition suivante :

« Monsieur Lozès, lui dis-je, vous êtes un artiste de
« premier ordre, et l'admiration des amateurs hésite
« entre M. Bertrand et vous. Malheureusement, vous ne
« vous êtes encore trouvés en face l'un de l'autre que
« de loin en loin, dans ces rares assauts solennels qui
« ne permettent pas un jugement sérieux, parce que le
« hasard, le moment, la disposition actuelle des deux
« tireurs ont trop de part dans le résultat. Il faut une
« épreuve plus décisive pour prononcer sur deux hommes
« comme vous. Je viens vous la proposer. Faites avec
« M. Bertrand six assauts consécutifs, à huit jours de
« distance, à boutons marqués, devant l'élite des ama-
« teurs ; vingt d'entre nous se réuniront pour offrir au
« vainqueur un prix de deux mille francs. » M. Lozès se

« tut un moment, puis refusa, en alléguant le nombre de ses leçons.

« Ce n'est pas une raison sérieuse, lui dis-je : M. Bertrand a autant d'élèves que vous et il accepte. » J'ai connu peu d'hommes plus fins que M. Lozès ; il avait un petit œil méridional et une petite tête d'oiseau qui étaient la malice même. Il me regarda en souriant et déclina mon offre.

« Monsieur Lozès, repris-je alors, on m'avait dit
« que vous étiez un homme d'esprit, et vous me
« le prouvez. M. Bertrand, dans les luttes de passage,
« n'est pas toujours tout à fait lui-même ; son impé-
« tuosité native, sa rage de tout écraser lui ôtent par-
« fois une partie de ses avantages en lui enlevant la
« possession de lui-même ; mais à la seconde rencontre
« il se calme et domine son adversaire, parce qu'il se
« domine. Donc, ou je me trompe fort, ou au quatrième
« assaut... Monsieur Lozès, vous êtes un homme d'es-
« prit. »

L'assaut n'eut donc pas lieu, mais l'antagonisme subsista, et bientôt un duel s'ensuivit. Lozès reçut un léger coup d'épée à l'épaule, Bertrand une piqûre au bas du tibia, à la hauteur de la cheville. Je puis en parler savamment, car je pris leçon avec Bertrand à l'issue du duel, et son pantalon portait encore le petit trou et la petite tache de sang qui marquait la place de l'égratignure... placée un peu bas.

Ainsi finirent les duels de Bertrand, et bientôt aussi il renonça aux assauts publics, pour se consacrer tout entier au professorat. Il y porta la double supériorité de son éducation et de sa nature : son éducation lui donnait la science, sa nature lui donnait l'ardeur, et ces deux qualités réunies faisaient de lui un professeur incomparable [1].

C'est le propre de l'escrime de créer entre professeurs et élèves des amitiés profondes; il y a dans cette union par le fer je ne sais quoi de magnétique; on dirait un souvenir des anciennes confraternités d'armes. M. Pons aîné avait tous ses élèves pour amis; M. Choquet ne parlait jamais de M. Gomard sans émotion; et un de nos plus habiles tireurs, M. Saucède, qui a autant d'esprit au bout des doigts quand il tient une plume que quand il tient un fleuret, me montrant, suspendue à la tête de son lit, la photographie de son vieux Berryer, ajouta : « Portrait de famille ». Quant à moi, je l'avoue franchement, j'adore Bertrand! D'abord je n'ai pas connu de plus admirable fils. Cet homme, si entier et si altier, était doux, patient, humble comme un enfant devant son vieux père. Puis, il y avait en lui une telle puissance électrique, qu'il vous électrisait. Ses assauts publics me donnaient la fièvre. Chaque coup qui tombait sur sa poitrine me tombait sur le cœur! Mes poings se serraient malgré moi, mes pieds pétrissaient le sol, je détestais son adversaire, à moins qu'il ne fût battu, auquel cas je l'adorais, ce qui était la même chose! Ah! cher Ber-

---

1. On lui doit les plus heureuses innovations dans son art. Je cite ici, pour les adeptes, la riposte du tact au tact, la réforme de la parade de septime, et la fixation des règles du coup d'arrêt et du temps. Je tiens ces détails précis de Robert, qui a travaillé quatorze ans avec Bertrand.

trand! Je lui dois tant! C'est par lui que m'a été soufflée au cœur cette passion qui m'a si souvent consolé, charmé, exalté, calmé, même guéri, et il me l'avait si chevillée dans le corps, qu'elle dure toujours, et qu'après cinquante ans de mariage avec l'escrime, je l'aime comme au premier jour et qu'elle m'aime encore un peu; mais que parlé-je de moi? croiriez-vous que ce terrible homme, à soixante-quinze ans passés, travaillait encore de huit heures du matin à six heures du soir, qu'il était encore maître dans trois grands lycées de Paris, et que Robert aîné, qui est son véritable héritier légitime, me disait, qu'il ne connaissait encore personne capable de battre Bertrand dans un assaut de cinq minutes. Je m'arrête, parce que je ne m'arrêterais jamais, et je résume tout en un mot : Bertrand fut un homme de génie dans son art.

### ROBERT

Robert avait dix-huit ans quand je croisai le fer avec lui pour la première fois, chez Bertrand. Jamais je ne vis contraste aussi saisissant qu'entre ces deux hommes. La nature avait donné à Bertrand tous les dons naturels du corps; Robert n'en reçut aucun. Grosse tête, chevelure crépue, figure à larges pommettes; taille petite, épaisse et courte; jambes arquées, démarche dandinante : sa personne était le contraire d'une œuvre d'art. Il prenait un fleuret? transfiguration complète! C'était un autre homme. Jamais l'empire du talent ne m'apparut si visible. Le dedans métamorphosait le dehors. Toutes ces disgrâces physiques devenaient des grâces; elles se transformaient, elles se fondaient, elles s'harmonisaient en une seule qualité qui dominait et relevait tout : la souplesse. Certes, Bertrand était plus puissant, plus redoutable, plus terrible, plus fort enfin! Robert était plus léger, plus adroit, plus félin. Chez Bertrand, tout était viril, même la grâce; chez Robert, il y avait quelque chose de la femme, même dans la force. Il vous enlaçait, il vous fascinait; c'est le seul tireur que j'aie connu qui *trompât l'épée à l'œil*. Nous tous, quand nous trompons la parade de notre adversaire, c'est que nous l'avons devinée, prévue. Robert n'avait pas besoin de prévoir; il voyait! Avec cette double et merveilleuse puissance du tact et du regard qui était un de ses dons, il saisissait chacun de vos mouvements à mesure qu'il se produisait, et soudain il s'y liait. Sa lame s'enroulait autour de votre lame, il vous suivait et vous poursuivait dans tous vos détours, et arrivait jusque sur votre corps par une suite de feintes progressives, où vous aviez toujours couru après lui sans jamais l'atteindre, et où il vous avait toujours évité sans cesser d'avancer. Rien de plus élégant en escrime, rien de plus souple, rien de plus imprévu, rien qui tînt le spectateur plus en suspens, que la marche de ce fer qui s'allongeait comme un serpent. Bertrand lui-même n'avait pas ce don particulier. Je le répète, Bertrand était plus fort; il avait dans la main, dans l'attitude, une autorité et une domination véritablement souveraines : je le comparerais volontiers à un lion. Robert me rappelait plutôt une panthère. Oui! quand il était là devant vous, ramassé sur ses jarrets, avec son petit œil clair et rond fixé sur vous, il semblait un animal de proie, tapi dans son embuscade, et guettant sa victime. Puis, le moment propice venu, il bondissait sur vous avec une impétuosité qui, surtout dans sa jeunesse, ressemblait à de la folie, l'accompagnant d'un grand cri de joie, sautant en l'air, et pirouettant sur lui-même! L'auditoire riait, les classiques murmuraient, les amateurs sérieux applaudissaient! Car, qu'était-ce que cette explosion de mouvements dans un jeune homme, sinon excès de verve et effervescence de qualités natives? Empêchez donc le vin de Champagne de faire sauter son bouchon! Robert, à vingt-cinq ans, *moussait un peu trop*, soit! mais il s'en corrigea assez vite, et il ne garda de cette fougue juvénile, que le feu sacré, l'éclair, ce je ne sais quoi de spontané, qui est à l'escrime ce que l'inspiration est à la poésie. Ajoutez à cela une science profonde, fortifiée par quatorze ans de travail comme prévôt avec Bertrand, et enfin, pour couronner le tout, une qualité qui semblait en désaccord avec toutes les autres, et qu'il n'avait certes pas empruntée à son maître : la douceur. Je n'ai pas connu âme meilleure, plus inoffensive, plus affectueuse, plus incapable de faire du mal que celle de ce terrible lutteur. Je le lui reprochais quelquefois en riant : « Vous n'êtes pas assez méchant, lui disais-je, vous

« n'avez pas assez le désir enragé d'écraser vos adver-
« saires! cela diminue votre force. » J'avais raison,
c'était un défaut ; mais ce défaut était un charme, et
il m'attacha singulièrement à lui. Quand Bertrand, trop
éloigné, ou trop occupé pour son âge, fut forcé d'interrompre nos leçons, je les recommençai avec Robert.
Depuis ce moment, je l'ai toujours suivi et soutenu ;
j'ai eu la joie de lui être souvent utile. C'est moi qui
l'ai aidé à fonder sa première salle ; c'est moi qui lui
ai fait construire sa dernière ; il était à la fois pour
moi un maître et un enfant ; je l'aimais pour le bien
que j'avais pu lui faire. Quant à lui, il me le payait
amplement en prolongeant pour moi les délicieuses
jouissances de notre art. J'avais protégé sa jeunesse,
il rajeunissait ma vieillesse. Chaque matin, à huit
heures, je descendais causer une demi-heure avec son
fleuret ; et ce commerce d'un instant avec cette lame
si alerte, me rendait quelque chose de ma légèreté
d'autrefois. Oui ! grâce à lui, je me croyais plus jeune
pendant une demi-heure, et, en remontant l'escalier,
j'enjambais encore les marches deux à deux, je me
sentais dix ans de moins sur les épaules. Pourrai-je
retrouver ces illusions? Quand la mort a désarmé
Robert, il m'a semblé que mon fleuret m'échappait de
la main. Je m'y attendais pourtant. La nouvelle que
Bertrand, octogénaire, n'était plus, me frappa comme
un coup de foudre. Je le croyais invincible. Il me semblait que la mort ne pouvait pas *le toucher*. Quant à
Robert, quoiqu'il fût bien jeune encore, quarante-six
ans à peine, je le sentais atteint. Un matin, dans notre

assaut habituel, j'avais eu l'avantage sur lui. Je remontai chez moi, plein de tristesse, en me disant : « Robert est perdu! » Trois mois après, il tombait sur le champ de bataille, un fleuret à la main.

## CHAPITRE XIV

## LES INITIATEURS

### LA MUSIQUE

#### MARIA MALIBRAN

I

Nos goûts, pour se produire, ont souvent besoin d'initiateurs. Je nomme initiateurs, ces êtres privilégiés, ces créatures magnétiques qui font vibrer en nous des cordes jusque-là muettes. Parfois on porte au dedans de soi, sans le savoir, des dons, des qualités qui dorment à l'état de germes latents; ils existent, mais ils n'ont pas la force d'éclore tout seuls. Passe par hasard sur notre chemin quelqu'un de ces allumeurs d'âmes. Il nous parle, il nous interroge : soudain, la lumière se fait en nous, la source jaillit! Nous ne comprenions pas, nous comprenons; nous n'aimions pas, nous aimons; nous avons trouvé notre chemin de Damas.

Tels furent pour moi, deux grands artistes qui m'ont soufflé au cœur la sainte ferveur musicale : Maria Malibran et Berlioz. L'intime amitié qui m'a lié à tous les deux, me permettra d'ajouter quelques traits précis et nouveaux à ces deux figures, dont l'une n'est déjà plus qu'un souvenir, et dont l'autre commence à entrer dans la légende.

Mon goût pour la musique ne se produisit qu'assez tard, étouffé par une singulière superstition de famille. La mémoire de mon père, le nom de mon père était pour moi, comme je l'ai dit, l'objet d'un culte facile à comprendre; je n'avais pas de plus grande ambition que de lui ressembler, et mes parents entretenaient soigneusement en moi ce pieux désir. Or mon père n'aimait pas la musique et avait la voix fausse; aussi, quand au collège je parlai de prendre des leçons de solfège :

« C'est inutile, me répondait-on, ton père avait la voix fausse ! »

Je rengainai immédiatement mon vœu. Je ne me croyais pas permis d'aimer ce que mon père n'aimait pas. Deux ans plus tard, j'avais seize ans alors, on me conduisit à l'Opéra-Comique, où l'on représentait le *Prisonnier* de Della Maria; je fus touché de la grâce simple de certains accents, et je me hasardai à dire timidement :

« Il me semble que j'aime la musique.

— Mais non ! Mais non ! Ton père avait la voix fausse. »

L'argument me parut encore sans réplique, et ma piété filiale exorcisa soudain cette velléité irréligieuse. Un an plus tard, je fus conduit à la *Dame Blanche*. Le trio du premier acte m'enthousiasma, et je m'écriai : « Mais j'aime la musique !

— Mais non ! Ton père avait la voix...

— Oh ! je ne sais pas quelle voix avait mon père, mais je sais bien ce que je sens là ! Et j'aime la musique ! J'aime la musique !... J'aime la musique ! » Il fallut bien me permettre ce goût bizarre, et il continua à se développer doucement en moi dans les régions tempérées de la musique d'opéra-comique, jusqu'au jour où une rencontre imprévue vint tout à coup changer mon goût en passion, et me transporta violemment dans les régions supérieures de l'art.

On parlait alors beaucoup à Paris de l'arrivée d'une jeune cantatrice, fille du célèbre ténor Garcia, femme d'un négociant américain, M. Malibran, et qu'on annonçait comme une rivale de Mme Pasta. Ma bonne chance me conduisit au Conservatoire à un concert de charité, le jour où elle chantait à Paris pour la première fois. La foule était immense, l'attente très vive. Placée sur l'estrade, au milieu des dames patronnesses, la nouvelle venue était l'objet de la curiosité générale. Rien de remarquable ni dans sa personne, ni dans sa physionomie. Sous la petite capote mauve où se cachait à demi sa figure, elle ressemblait à une jeune miss. Son tour de chanter étant venu, elle se lève, ôte son chapeau, et se dirige vers le piano où elle devait s'accompagner elle-même. A peine assise, la transformation commence. D'abord, sa coiffure étonne par sa simplicité; pas de boucles, pas de savant échafaudage de cheveux; des bandeaux plats et lisses, dessinant la forme de la tête; une bouche assez grande, un nez plutôt court, mais un si joli ovale de figure, un si pur dessin de cou, d'épaules, que la beauté des traits était remplacée par la pureté des lignes; et enfin des yeux comme on n'en avait pas vu depuis Talma, des yeux qui *avaient une atmosphère*. Virgile a dit : *Natantia lumina somno*, des yeux nageant dans le sommeil; eh bien, Maria Malibran avait, comme Talma, des yeux nageant dans je ne sais quel fluide électrique, d'où le regard jaillissait à la fois lumineux et voilé, comme un rayon de soleil qui traverse un nuage. Ses regards semblaient tout chargés de mélancolie, de rêverie, de passion. Elle chanta la romance du *Saule*, dans *Othello*. A la vingtième mesure, le public était conquis; à la fin de la première strophe, il était enivré; à la fin du morceau, il était fou. Quant à moi, j'éprouvai ce qu'éprouve un homme placé dans la nacelle d'un ballon captif au moment où l'on coupe la corde. Une seconde auparavant, il se balançait doucement à quelques mètres du sol, et le voilà tout à coup lancé comme une flèche dans les sphères éthérées. C'est ce qui m'arriva. La musique, jusque-là, n'avait été pour moi qu'un art aimable, fait de grâce et d'esprit. Elle m'apparut tout à coup comme l'interprète le plus pur et le plus pathétique de la poésie, de l'amour, de la douleur. Un monde nouveau s'était ouvert devant moi, le monde de la grande musique dramatique. Les représentations de la *Semiramide*, de la *Gazza ladra*, de *Tancrède*, continuèrent mon éducation; le génie de Rossini et le talent de la Malibran m'avaient servi de maîtres.

Je fis bientôt un pas de plus dans cet art, et ce fut encore la Malibran qui me le fit faire. Mon tuteur étant lié avec sa famille, je lui avais été présenté, et je fis bientôt partie des cavalcades d'amis qui l'accompagnaient dans ses promenades à cheval. Un jour, à Saint-Cloud où nous déjeunions, impatienté de la longueur du service, je m'écriai :

« Garçon, des assiettes ! »

Elle se retourne et me dit :

« Tiens ! vous avez un baryton.

— Qu'est-ce que ça, un baryton ?

— Une jolie espèce de voix. La vôtre est bonne, vous avez lancé sur le mot *assiettes* une note très vibrante ; prenez donc un maître. »

J'en pris deux : un maître de solfège et un maître de chant, et c'est ainsi que j'entrai en communication directe avec les chefs-d'œuvre de la musique de théâtre, que je montai du rôle d'auditeur au rôle d'interprète, que ma passion devint une occupation et mon plaisir un travail, que je passai successivement d'*Othello* à *Don Juan*, de *Fidelio* à *Iphigénie en Tauride*, du *Mariage secret* à *Freischütz*, et qu'enfin je... Mais c'est trop parler de l'initié, parlons de l'initiatrice.

## II

Il y a dans les langues humaines certains mots qui semblent formés de lumière, comme jeunesse, amour, beauté. Eh bien, il y a dans l'art certains noms qui rayonnent du même éclat. Telles sont Adrienne Lecouvreur, Mlle Rachel, Maria Malibran. Toutes les trois sont mortes avant l'âge ; et cette fin prématurée, ajoutant à leur talent le charme de l'inachevé, de l'interrompu, a établi entre elles une sorte de parenté ; on les voit volontiers comme trois sœurs de gloire.

Maria Malibran a trouvé dans Alfred de Musset un chantre admirable. Les stances qu'il lui a consacrées sont dans toutes les mémoires : mais ces stances disent-elles tout? Non. La poésie ne peut pas tout dire. La poésie chante, elle n'analyse pas ; elle immortalise les êtres supérieurs, mais elle les transfigure. Le détail de leur caractère, de leur génie, leur nature intime disparaît dans la grandeur du portrait. Certes Bossuet n'a rien écrit de plus sublime que son oraison funèbre sur Madame ; mais il y a place à côté pour le simple et véridique récit de Mme de Lafayette. Le biographe ne contredit pas l'orateur, il le complète ; il ne corrige pas le portrait, il l'humanise. Les imperfections même y font partie de la ressemblance, et la vérité y ajoute sa *poésie à elle*. Je voudrais faire pour Alfred de Musset ce que Mme de Lafayette a fait pour Bossuet ; il a célébré Maria Malibran, je voudrais essayer de la peindre.

Quel fut le trait distinctif de son talent? La date de son début à Paris peut nous aider à le trouver. Elle y arriva vers 1829, c'est-à-dire en pleine révolution poétique, dramatique, pittoresque et musicale. *Hernani*, *Freischütz*, les symphonies de Beethoven, le *Naufrage de la Méduse*, avaient déchaîné, dans le domaine de l'art, des puissances et des orages inconnus; l'atmosphère y était toute chargée d'électricité. Eh bien, la Malibran fut le représentant de cet art nouveau, comme la Pasta avait été l'interprète sublime de l'art classique. Même dans les œuvres de Rossini, la Pasta mêlait à l'émotion, une dignité, une gravité, une noblesse qui la rattachaient à l'ancienne école. Elle était vraiment la fille de Sophocle, de Corneille, de Racine; la Malibran fut la fille de Shakespeare, de Victor Hugo, de Lamartine, d'Alfred de Musset. Son génie était tout de spontanéité, d'inspiration, d'effervescence; mais, en même temps, et là est un des côtés les plus caractéristiques de cette organisation si complexe, en même temps, par une contradiction singulière, la nature la condamnait à l'effort, au travail opiniâtre et sans cesse renouvelé. La fée mystérieuse qui avait présidé à sa naissance, lui avait accordé tous les dons d'une grande cantatrice dramatique, sauf un seul, un instrument complet. Alfred de Musset dit dans ses vers :

> Ainsi nous consolait sa voix fraîche et sonore,

puis plus loin :

> Où sont-ils, ces accents
> Qui voltigeaient le soir sur ta lèvre inspirée,
> Comme un parfum léger sur l'aubépine en fleur?

Eh bien, non, la voix de la Malibran ne voltigeait pas. La voix de la Malibran n'avait rien d'un parfum léger. La voix de la Malibran n'était pas ce qu'on nomme une voix fraîche et sonore. Son organe, pathétique et puissant, était dur et rebelle. Quand la Sontag chantait, les sons s'échappaient de son gosier si limpides et si brillants qu'on eût dit un pur flot de lumière. La voix de la Malibran ressemblait au plus précieux des métaux ; c'était de l'or, mais il fallait l'arracher du sein de la terre ; c'était de l'or, mais il fallait le dégager du minerai ; c'était de l'or, mais il fallait le forger, le frapper, l'assouplir, comme le métal sous le marteau. Je l'ai entendue, à Rome, un jour où elle devait jouer le *Barbier*, travailler pendant plusieurs heures, les traits de sa cavatine, et de temps en temps elle s'interrompait pour interpeller sa voix, lui disant, avec une sorte de colère : « Je te forcerai bien à m'obéir ! » La lutte était donc chez elle un besoin, une habitude qui, jointe à sa ténacité indomptable et à son amour de l'impossible, prêtait un caractère bien plus puissant et bien plus original à son talent que le poète ne l'a dit ; il l'a amoindrie en supprimant l'effort.

Si l'on veut se rendre compte de ce qu'elle était, il faut se rappeler à quelle école elle avait été formée.

Garcia, son père, joignait une véritable science de compositeur à un merveilleux talent de virtuose. Nourrit m'a raconté, qu'avant de débuter, il alla lui demander des conseils. « Quel morceau m'apportez-vous ?

— L'air du *Mariage secret*, « *Pria che spunti*. »

— Chantez. »

Arrivé au point d'orgue, Nourrit exécuta un trait d'un fort joli goût.

« C'est bien, faites-m'en un autre. »

Nourrit en fait un second.

« Faites-m'en un autre. »

Nourrit en fait un troisième.

« Faites-m'en un autre.

— Je suis à bout d'invention, répond Nourrit.

— Après trois points d'orgue! Un vrai chanteur doit en improviser dix, vingt, s'il le veut, car il n'y a de vrai chanteur que le vrai musicien. »

Tel fut le maître admirable, mais rude et rarement satisfait, de la Malibran.

Un jour Garcia, après une heure de travail, lui dit :

« Tu ne seras jamais qu'une choriste! »

Redressant sa petite tête de quatorze ans :

« Cette choriste aura plus de talent que vous, » lui répondit-elle.

Deux ans plus tard, à New-York, il entre un matin dans sa chambre et lui dit de cette voix devant qui tout tremblait :

« Vous débuterez samedi, avec moi, dans *Othello*.

— Samedi! mais c'est dans six jours!

— Je le sais bien.

— Six jours pour répéter un rôle comme celui de Desdemona, pour m'habituer à la scène!

— Pas d'objections! Vous débuterez samedi et vous serez excellente, ou sinon, à la dernière scène..., quand je suis censé vous frapper d'un coup de poignard, je vous frapperai réellement! »

Comment résister à un pareil argument? Elle répéta, elle joua, elle eut un succès immense et trouva à la fin un effet tout à fait inattendu, surtout pour son père. Ceux qui ont vu la Malibran dans Desdemona, se rappellent quel caractère nouveau elle avait imprimé au personnage. Mme Pasta y était sublime, mais elle jouait le rôle en femme de vingt ans. La Malibran lui en donna seize. C'était presque une jeune fille. De là, un charme délicieux d'innocence, de faiblesse touchante, de naïveté enfantine, mêlés d'explosions d'indignation ou de terreur, qui faisaient courir le frisson dans toute la salle. A la dernière scène, quand Othello marche sur Desdemona, le poignard levé, la Pasta allait au-devant du coup, forte de sa vertu et de son courage. La Malibran se sauvait éperdue, elle courait aux fenêtres, aux portes, elle emplissait cette chambre de ses bonds de jeune faon épouvanté! Or, le jour de son début, quand son père la saisit au milieu de sa fuite et tira son poignard, elle entra si profondément dans son double personnage d'artiste et de fille, l'expression effrayante des yeux louches de son terrible père lui sembla tellement son arrêt de mort, qu'arrêtant la main qui s'abaissait sur elle, elle la mordit jusqu'au sang. Garcia poussa un cri sourd de douleur qui passa pour un cri de fureur, et l'acte s'acheva au milieu d'un délire d'applaudissements. Eh bien, la voilà tout entière! La voilà telle que le théâtre la faisait! si violemment saisie parfois par la situation dramatique qu'elle en était comme possédée! Ne pouvant pas toujours régler et annoncer d'avance ce qu'elle ferait, car elle ne le savait pas toujours elle-même! Disant aux divers Othello, qui lui ont servi de partenaires : « Saisissez-moi où vous pourrez à la dernière scène, car dans ce moment-là, je ne puis répondre de mes mouvements! » Elle n'étudiait jamais ses attitudes, ses gestes devant une glace, et souvent elle était prise sur la scène par des inspirations étranges qu'elle exécutait avec une audace qui lui servait d'adresse! Au second acte d'*Othello*, dans la grande scène d'angoisse où elle attend l'issue du duel, n'alla-t-elle pas un jour prendre dans le groupe des figurants, un pauvre diable de comparse qu'elle n'avait pas prévenu, ne l'amena-t-elle pas sur le devant de la scène, et là, ne lui demanda-t-elle pas des nouvelles du combat, avec un élan de désespoir et une passion qui couraient grand risque d'exciter l'hilarité de la salle? eh bien, son impétuosité, sa sincérité emportèrent tout. Le figurant fut frappé d'une telle stupeur que sa stupeur le rendit immobile, et que son immobilité lui servit de contenance. Ce qui eût été ridicule avec une autre, fut sublime avec elle.

Or ces coups d'audace, dont son jeu était rempli, elle les transportait dans son chant. Tentative périlleuse avec un organe parfois rebelle. Figurez-vous un général voulant emporter une position au pas de course avec des troupes qui ne peuvent pas courir. Qu'arrivait-il alors? Un double effet très singulier. Son imagination était-elle calme? Elle appelait à son aide sa profonde science, car je n'ai pas connu de virtuose plus habile, elle composait avec l'instrument réfractaire, elle usait de tempérament, d'adresse, et le cavalier le plus expérimenté ne tire pas meilleur parti d'un cheval qu'il faut ménager. En voici une preuve bien frappante : un soir, au moment où elle partait pour aller jouer la *Cenerentola*, un de ses amis lui ayant adressé cette phrase banale :

« Eh bien, madame, êtes-vous en voix ce soir ?

— En voix ! lui répondit-elle gaiement, regardez ! » Et ouvrant la bouche, elle lui fit voir dans son gosier une de ces plaques blanches qui annoncent une esquinancie.

« Comment ! madame, s'écria-t-il, comment ! vous allez chanter avec ce gosier-là ?

— Parfaitement. Oh ! nous nous connaissons, lui et moi ! Nous nous sommes assez souvent battus ensemble ! et ce soir je le conduirai de telle sorte qu'il me mènera jusqu'au bout, sans que personne s'aperçoive de l'effort, excepté moi ; venez, et vous verrez ! » Elle le fit comme elle l'avait dit. Mais, si par malheur les défaillances de son instrument, survenaient dans un de ces jours où son inspiration était plus forte qu'elle, oh ! alors, tant pis pour l'instrument ! Il s'engageait entre elle et lui un combat acharné. Elle n'admettait pas qu'il pût lui résister ! Elle exigeait de lui tout ce qu'elle sentait en elle ! Dût-il s'y briser, il fallait qu'il obéît ! Parfois, sous le coup de cet effort héroïque, elle arrivait à des effets prodigieux qu'elle n'eût pas obtenus peut-être s'il ne lui eût pas fallu les emporter comme on emporte le ciel, par la violence ! mais parfois aussi, le plus faible était le plus fort, l'organe rebelle résistait, et elle tombait alors dans l'exagération... Pourtant, le croirait-on ? ces inégalités mêmes ajoutaient un charme de plus à son talent, le charme de l'inattendu. On était toujours, avec elle, dans un état violent, sous le coup de la surprise. On pouvait la voir jouer vingt fois le même rôle, elle n'y était jamais la même. Ce besoin de l'imprévu, ce goût de l'aventure, la jetaient quelquefois dans des entreprises plus que téméraires, mais d'où elle sortait presque toujours, par je ne sais quel miracle de volonté. On l'a vue, à une représentation extraordinaire d'*Othello*, chanter dans la même soirée Othello au premier acte, Iago au second et Desdemona au troisième. Sa voix était une voix de mezzo-soprano, voix placée, comme on le sait, entre le contralto et le soprano. Eh bien, un roi conquérant, serré entre deux royaumes étrangers, n'est pas plus tourmenté du besoin d'entrer chez ses deux voisins, que la Malibran de faire une excursion dans les deux voix limitrophes de la sienne. Ce mot limite lui était insupportable; il lui était impossible de comprendre qu'elle ne pût pas faire ce qu'un autre faisait; sa vie s'est passée à vouloir monter aussi haut que la Sontag et descendre aussi bas que la Pisaroni. Quelle fut notre surprise de l'entendre un jour exécuter un trille sur la note extrême du registre du soprano : nous nous récriâmes.

« Cela vous étonne, dit-elle en riant; oh! la maudite note! elle m'a donné assez de mal : voilà un mois que je la cherche toujours, en m'habillant, en me coiffant, en marchant, en montant à cheval; enfin, je l'ai trouvée ce matin, en attachant mes souliers.

— Eh! où l'avez-vous trouvée, madame?

— Là! » répondit-elle en riant, et elle toucha son front du bout du doigt avec un geste charmant, car un des traits caractéristiques de cette nature étrange était d'envelopper toutes ses audaces dans je ne sais quelle grâce souple, légère et naturelle. On sentait que l'impossible était son domaine, elle s'y jouait.

### III

Les artistes ne ressemblent pas toujours à leur talent, et si différentes parfois sont leur imagination et leur âme, qu'on dirait deux sœurs qui ne sont pas du même lit. Corneille n'était héroïque qu'en vers; Talma était, dit-on, un peu pusillanime; chez Maria Malibran, la cantatrice et la femme ne faisaient qu'un, du moins en face du danger. Même audace dans la vie et dans l'art. Je l'accompagnais avec quelques amis, la première fois qu'elle est montée à cheval. Dans le cours de la promenade, se rencontra, sur un des côtés de la route, un large fossé. Quand on est le cavalier d'une femme comme elle, on fait volontiers montre de son adresse. Un de nos amis, sportsman accompli, franchit légèrement le fossé.

« Je veux le franchir aussi! dit aussitôt la Malibran.

— Mais vous ne savez pas sauter, madame.

— Apprenez-le-moi.

— Mais votre cheval reculera devant cet obstacle.

— Le vôtre l'a bien franchi.

— Mais...

— Il n'y a pas de mais ; puisque vous l'avez fait, je puis le faire ! »

Et la voilà, après quelques explications et indications sommaires, qui prend du champ, lance son cheval, franchit bravement le fossé et se retourne vers nous en riant et toute triomphante. Elle avait non seulement le dédain, mais la passion du danger. Pauvre femme ! Elle est morte de cette passion-là. Elle descendait les côtes ravinées et pierreuses au triple galop ; je partis un jour avec elle, sur un cheval noir, et je revins sur un cheval blanc, tant la course où elle nous avait tous entraînés toute la journée avait couvert nos montures d'écume. Revenus à six heures, nous nous retrouvâmes dans la soirée chez le comte Moreni, où elle avait promis de chanter. Elle chanta, comme elle avait monté à cheval et comme si elle n'avait pas monté à cheval. On se sépara à une heure du matin. Mon premier soin, en rentrant, fut de défendre à mon valet de chambre de me réveiller avant onze heures. A sept heures du matin ma porte s'ouvre :

« Qu'est-ce ?

— Un mot de Mme Malibran.

— Eh ! bon Dieu ! Qu'y a-t-il donc ? »

J'ouvre et je lis :

« A neuf heures, à cheval, rendez-vous avec nos amis, à la « place de la Concorde ! »

Et quand on pense qu'il y a eu des gens assez fous pour dire, et d'autres assez niais pour croire, que l'ivresse était son génie, et qu'elle buvait du rhum pour s'exciter. Voyez-vous ce volcan sur lequel il fallait jeter de la braise pour qu'il flambe!

Je lis dans Musset ces trois vers charmants :

> N'était-ce pas hier qu'enivrée et bénie,
> Tu traversais l'Europe une lyre à la main,
> Dans la mer en riant te jetant à la nage !

Le poète oublie d'ajouter qu'elle ne savait pas nager. Un jour, en plein golfe de Naples, dans une promenade qui devait se terminer par un bain, l'eau était si belle, l'air si pur, qu'elle n'eut pas la patience d'attendre qu'on fût arrivé plus près du bord, et, ouvrant tout à coup son manteau qui cachait son costume, elle se jette dans la mer. On s'étonne, on regarde, elle reparaît rose, riante, mais se soutenant très mal sur l'eau.

« Mais, madame, c'est de la folie! Vous savez à peine nager!

— Bah ! répond-elle gaiement, je savais bien que vous ne me laisseriez pas noyer. »

Il faut ajouter que jamais la moindre prétention, le moindre désir d'être remarquée, ne se mêlait à ses coups de tête ; c'était naturelle vaillance. J'ai là sous les yeux une lettre écrite par elle de Londres, au moment de la révolution de Juillet ; elle y regrette ne pas s'être trouvée à Paris, elle aurait voulu se battre, et mourir pour la liberté ! Toutes les grandes causes la tentaient, ses excentricités de courage n'étaient que les effervescences d'une âme de héros qui n'a rien à faire.

## IV

Changeons de décor : nous voici à Paris, au printemps, rue de Provence, n° 46. Quatre heures viennent de sonner. Dans un petit salon, élégant sans recherche, une jeune femme, les cheveux tombant sur ses épaules, est assise devant une toilette, et achève de se coiffer. Autour d'elle, debout, ou accoudés sur la cheminée, cinq ou six hommes, parmi lesquels on peut remarquer Lamartine, Vitet et d'autres illustrations. La conversation est générale. La Malibran, tout en disposant ses fins cheveux bruns en bandeaux, selon sa mode qui devint bientôt celle de tout Paris, répond à chacun, et tient tête à tout le monde, gaiement, naturellement, sans jouer en rien à la Célimène. Jamais femme ne fut moins coquette. Je ne parierais pas que tous les assistants ne fussent pas plus ou moins amoureux d'elle; mais entre eux, pas de jaloux, attendu qu'ils étaient tous aussi maltraités les uns que les autres. Au-dessus de cette vive causerie, vibraient pour elle les sons lointains d'un violon invisible qu'elle écoutait toujours, et cette musique mystérieuse couvrait pour elle toutes les paroles, même celles de Lamartine. Il apportait là son élégance, moitié militaire et moitié aristocratique, qui tenait du garde du corps et du gentilhomme, et qui n'était pas exempte de quelque raideur, mais tout apprêt tombait bientôt devant la *bonne enfantise* rieuse et prime-sautière de la diva.

Lamartine lui faisant compliment de son aptitude pour les langues, elle en parlait quatre avec une égale facilité...

« Oui, dit-elle, c'est très commode. Je puis ainsi habiller mes idées à ma façon. Quand un mot ne me vient pas dans une langue, je le prends dans une autre; j'emprunte une manche à l'anglais, une collerette à l'allemand, un corsage à l'espagnol...

— Ce qui fait, madame, un charmant habit d'arlequin.

— Soit! répliqua-t-elle vivement, mais il n'y a jamais de masque. »

Un autre assistant lui vantait un poëte, aussi pauvre d'idées que riche de forme. « Ne me parlez pas de ce talent-là, dit-elle; il fait un bain de vapeur avec une goutte d'eau. » Les louanges, les enthousiasmes jouaient naturellement un grand rôle dans la conversation; elle y coupait souvent court avec une sorte d'impatience, surtout quand on avait la maladresse de l'exalter aux dépens de quelque autre grande artiste. Son admiration pour Mlle Sontag était sans bornes.

« — Oh! si j'avais sa voix! disait-elle un jour.

« — Sa voix! sa voix! reprit un des causeurs, oui
« sans doute, elle a une jolie voix, mais pas d'âme!

« — Pas d'âme! répondit vivement la Malibran, dites:
« pas de chagrin! Elle a été trop heureuse. Voilà son
« malheur. J'ai une supériorité sur elle, c'est d'avoir
« souffert. Mais qu'il lui vienne un véritable sujet de

« larmes, et vous verrez quels accents sortiront de cette
« voix, que vous traitez dédaigneusement de jolie. »
Un an plus tard, la Sontag, après un grand malheur,
parut pour la première fois dans le tragique et pathétique
rôle de doña Anna. Elle y obtint un triomphe.

« Je vous l'avais bien dit ! » s'écria la Malibran.

Un dernier trait, pour peindre ce mélange de modestie
et de confiance en elle qui la caractérisait. Je la rencontre un jour dans la rue Taitbout. Nous nous arrêtons
un moment à causer. Passe une voiture, et à la portière
de cette voiture, se précipite une tête de petite fille, qui
lui envoie mille baisers :

« Qui est cette enfant? lui dis-je.

— Cette enfant... c'est quelqu'un qui nous éclipsera
tous, c'est ma petite sœur Pauline. »

Cette petite sœur est devenue Mme Viardot.

## V

Maria Malibran fut-elle ce qu'on nomme une grande
tragédienne? Maria Malibran, sa voix s'éteignant, eût-elle pu se transformer en une grande tragédienne? Il y
a là une question artistique très délicate, et qui mérite
un moment d'examen. Le monde confond volontiers deux
arts qui se côtoient sans cesse, qui s'unissent parfois,
mais qui, plus souvent encore, se séparent et même se
contredisent : l'art du chanteur et l'art du comédien.

La tragédie et l'opéra, la parole et le chant, la musique et la poésie, ont leurs lois propres et leurs moyens d'action particuliers. Pour le véritable chanteur, le jeu n'est que le serviteur du chant, et si le serviteur gêne le maître, le maître le congédie. Dans une même situation théâtrale, le tragédien devra baisser les bras et le chanteur les lever; le tragédien serrer à demi les lèvres et le chanteur ouvrir démesurément la bouche; le tragédien s'agiter, et le chanteur rester immobile. Pourquoi? Parce que la beauté du son, la justesse du son est la première loi du chanteur, et que la meilleure pantomime pour lui est celle qui fait le mieux sortir le son. Ne voit-on pas des cantatrices n'arriver à de certains effets de virtuosité qu'au prix des plus bizarres contractions de visage? eh bien, on n'aperçoit pas la grimace, on n'entend que le son. L'artiste lyrique le plus pathétique, n'est jamais tragédien qu'à certains moments, parfois même il ne l'est pas du tout. Quelle voix humaine a fait verser plus de larmes que la voix de Rubini? Quel artiste tragique a plus remué les âmes? Pourtant, il n'était ni comédien, ni tragédien; sa puissance d'expression résidait tout entière dans sa voix. J'en ai vu une preuve bien singulière; un jour, chez un de ses amis, on lui demande de chanter la cavatine du troisième acte de la *Sonnambula*, « *Il più tristo fra i mortali*, » où il s'élevait au plus haut degré d'émotion. « J'y consens, dit-il, mais à une condition : c'es' que je chanterai, non dans ce salon rempli de monde, mais dans cette petite chambre à côté. » On accepte; il chante, il nous arrache à tous des larmes. Or, qu'avait-il fait en chantant sa cavatine?

Il avait joué une partie de cartes! Ce n'était sans doute là qu'un tour de force, et il ne l'accomplit, il nous le dit lui-même, qu'avec un grand effort; mais il marque l'indépendance de ces deux arts, l'art du chanteur, l'art du tragédien. Voici un exemple plus remarquable encore de leur différence. Nous avons tous applaudi dans Roger le ténor de l'Opéra-Comique et de l'Opéra, un comédien plein d'esprit et d'émotion. Eh bien, quand vers la fin de sa vie, il voulut aborder un personnage de drame, il n'y réussit qu'à demi. Ses habitudes d'artiste lyrique, transportées dans un rôle parlé, lui donnaient un air non seulement étrange, mais étranger; *il avait de l'accent en jouant.* Je ne dirai donc pas de Mme Malibran qu'elle fut une grande tragédienne, elle était trop grande cantatrice pour cela, et son art la condamnait trop souvent à subordonner son jeu à son chant; je ne dirai pas davantage qu'elle eût pu devenir une grande tragédienne, car je l'ignore... Qui sait si, privée de son génie musical, elle fût restée toute elle-même? Samson, après avoir perdu sa chevelure, n'était plus Samson. Mais ce qu'on peut affirmer, c'est que jamais artiste lyrique ne mêla à l'interprétation musicale un tel feu, une telle grâce, une telle vivacité de physionomie et de gestes.

A son exubérance de vie, à son effervescence de sentiments et d'actions, succédaient parfois tout à coup en elle des jours d'accalmie et de silence. Ce n'était ni de la morosité ni de la tristesse, mais une sorte de demi-sommeil. Son imagination dormait jusqu'au moment où une circonstance imprévue, inexplicable parfois, venait la réveiller comme en sursaut, et alors, quel réveil!

## VI

L'automne de 1832 reste dans ma mémoire comme marqué d'un signe lumineux. C'est l'époque de mon premier voyage à Rome. Mes journées se passaient à visiter les monuments, les musées, les palais, les ruines, les rues, et chaque soir j'allais à la Villa Medici, à l'Académie de France, dirigée alors par Horace Vernet. Il en était l'honneur, sa femme la bonne grâce et sa fille la grâce. Mlle Louise Vernet semblait, à la Villa Medici, être placée dans son cadre naturel. Avec son pur visage de camée antique, poétisé par je ne sais quel reflet des Vierges de Raphaël, elle passait au milieu de toutes ces belles statues de l'antiquité ou de la Renaissance comme une jeune Romaine de plus. Je n'oublierai jamais le premier jour où je la vis. J'étais au Colisée, seul, assis sur le dernier gradin de l'amphithéâtre, la tête basse et cherchant sur le sol, avec l'œil de la pensée, comme dit Shakespeare, la trace des générations disparues. Je lève les yeux et, tout en haut du cirque, je vois apparaître entre deux arceaux brisés, se confondant avec le ciel, une jeune fille éblouissante de beauté, qui se mit à descendre lentement vers les degrés inférieurs; il me sembla voir une prêtresse de Vesta, qui venait prendre sa place dans la loge réservée à ses pieuses sœurs.

Nos soirées à la Villa Medici se passaient dans des amusements toujours variés. Parfois Mlle L. Vernet prenait le tambour de basque et dansait le saltarello avec son père, qui semblait son frère. Tantôt Horace allait chercher l'œuvre gravé du Poussin (le Poussin était son maître préféré) et nous expliquait le sens, le secret de ses compositions, toujours si profondes de pensée. Rien de plus curieux que de voir ce puissant génie interprété par cet actif esprit. La perçante et agile imagination d'Horace, explorait dans tous ses recoins l'œuvre austère du maître, à la façon des écureuils courant à travers les ramures noueuses d'un grand chêne, et s'y logeant dans mille abris mystérieux. Un jour, nous examinions la gravure du tableau représentant Jésus-Christ guérissant les aveugles.

« — Qu'est-ce qui vous frappe le plus dans ce chef-
« d'œuvre? me dit-il.

« — La figure du Christ.

« — Sans doute, elle est admirable de noblesse
« émue; mais après?

« — Les expressions des diverses têtes.

« — Sans doute, elles sont toutes vraies, touchantes;
« mais après?

« — L'ordonnance du tableau, le groupement des
« personnages, leurs attitudes.

« — Sans doute, toutes les parties de l'ensemble se
« fondent en une merveilleuse beauté de lignes, et
« j'ajoute encore que la figure, les bras, les mains du
« second aveugle, ardemment tendues vers le Christ,
« ont une puissance d'émotion que nul autre artiste

« n'a dépassée; et pourtant, là n'est pas encore le
« trait caractéristique du tableau.

« — Où donc est-il?

« — Ici, me dit-il en me désignant du doigt les
« marches d'une maison figurée dans un coin de la
« toile.

« — Sur ces marches?

« — Oui, sur ces marches... Ne voyez-vous pas,
« jeté en travers des degrés, un bâton?

« — Oui. Eh bien?

« — Eh bien! ce bâton est celui de l'aveugle qui
« était assis un moment auparavant devant cette mai-
« son. Mais, à peine l'arrivée du Christ annoncée, il
« s'est senti si transporté d'espoir, si sûr de sa gué-
« rison, qu'il a jeté là son bâton comme désormais
« inutile, et a couru vers le Sauveur comme s'il
« était déjà sauvé! Quelle image saisissante de la foi!
« Si Le Poussin a voulu, comme je le crois, représenter
« dans ce tableau la confiance du monde en la toute-
« puissance du Christ, sa pensée n'est-elle pas tout
« entière dans ce bâton? »

Parfois, à ces causeries sur l'art, succédaient des concerts improvisés. Quelle fut donc ma surprise et ma joie, en arrivant un soir à la Villa Medici, d'y trouver, qui? La Malibran. Je vois encore le petit tableau d'intérieur qui s'offrit alors à moi. La Malibran était assise à côté de la table et travaillait. En face d'elle, tout près d'elle, plus bas qu'elle, presque à ses genoux, Mlle L. Vernet, placée sur un petit pouf en tapisserie, l'écoutait les yeux levés. La lampe projetait sa lumière circonscrite par l'abat-jour et arrondie en auréole sur ces deux visages, dont l'un représentait la beauté dans toute sa fleur, l'autre le génie dans tout son éclat; tous deux, la jeunesse! A mon premier mouvement de surprise succéda bientôt un espoir, que je communiquai tout bas à Mlle Vernet.

« Ne vous réjouissez pas trop tôt, me répondit-elle.
« Elle ne chantera pas. Elle est dans une de ses phases
« de silence. Voilà trois soirées où il n'est pas possible
« de lui arracher une note. Elle arrive, très gracieuse,
« très souriante, elle s'assied à la place où vous la
« voyez, elle prend sa tapisserie, et s'absorbe dans sa
« pantoufle comme si c'était une partition de Mozart;
« la grande artiste a fait place à une petite bour-
« geoise. »

Le quatrième jour, pourtant, la conversation étant tombée sur lord Byron que Mlle L. Vernet admirait beaucoup, on alla chercher *Childe Harold*, on prit le quatrième chant, le chant consacré à Rome, et, comme nous savions tous l'anglais, la soirée se passa à lire, à traduire, à réciter les plus belles strophes; la Malibran, pleine de feu, d'intelligence compréhensive, mêlait à nos enthousiasmes l'originalité de ses remarques; mais il ne sortit de son gosier que des paroles, et quand nous nous séparâmes à une heure du matin, Horace Vernet me dit en riant :

« Allons! il faut nous résigner! L'oiseau prophète est encore en voyage. »

## VII

Le lendemain, nous nous étions tous donné rendez-vous à la villa Pamphili. Les après-midi d'octobre sont admirables à Rome, plus parfumés et plus pénétrants encore que les matinées de printemps. La Malibran arriva, toujours songeuse. Le cours de la promenade nous amena dans un recoin très ombreux et arrondi comme un petit cirque de verdure. Sur le sol, un fin gazon; de chaque côté, de grands pins parasols entremêlés d'arbousiers; au fond, une source et une fontaine. La source tombait dans un petit bassin de granit; la fontaine était surmontée d'une plate-forme où l'on arrivait de deux côtés par huit ou dix marches de marbre. La fraîcheur de l'eau, la chaleur du jour tentèrent la Malibran, qui courut, comme une enfant, mettre sa tête sous ce flot de source, et en ressortit bientôt les cheveux tout mouillés. L'eau ayant défait ses bandeaux, elle secoua, pour les sécher, ses cheveux qui tombèrent éparpillés sur ses épaules, et le soleil, perçant le feuillage des pins et des arbousiers de petites flèches d'or, faisait étinceler çà et là les gouttes d'eau cristallisées sur sa tête, et y jetait comme un semis d'étoiles. En relevant le front, elle aperçut la plate-forme qui surmontait la fontaine. Quelle pensée traversa alors son esprit? Je ne sais, mais sa physionomie changea subitement; le rire disparut et fit place à une expression étrange et sérieuse; elle fit un pas vers les dix marches de marbre, les monta lentement, ses cheveux toujours sur ses épaules, et, arrivée sur la plate-forme, d'où elle nous dominait tous, elle se tourna vers le ciel et entonna l'hymne à Diane, de *Norma*, « *Casta diva !* » Était-ce la surprise, la singularité de cette mise en scène, le plaisir d'entendre dans un tel lieu cette voix silencieuse depuis quelque temps? Elle-même, fut-elle émue par son apparition sur cette sorte de piédestal? Nul ne peut le dire; mais ses accents, en se prolongeant sous la voûte des arbres, en se mêlant au bruit de l'eau, au souffle de l'air, à toutes les splendeurs de ce jardin, avaient je ne sais quoi de grandiose, qui nous saisit au cœur; les larmes nous coulaient à tous des yeux. Aperçue ainsi, au-dessus de nous, dans cet encadrement de ciel et de feuillage, elle nous faisait l'effet d'un être surnaturel; quand elle redescendit, son visage gardait encore une expression de gravité sérieuse, et nos premières paroles d'enthousiasme furent comme empreintes d'un respect religieux.

## VIII

Une telle scène, si propre à peindre cette étrange nature, semble devoir être unique dans la vie d'un artiste. Il me fut pourtant donné d'assister encore une fois, quatre ans plus tard, à un de ces réveils de génie qui faisaient explosion en elle comme un jet de feu et de lumière.

C'était en 1836. Elle vint à Paris pour la célébration de son mariage avec Bériot. Ses voyages, ses absences, avaient interrompu nos relations, sans interrompre notre amitié. Elle me demanda d'être un des assistants de son mariage à la mairie. Quand l'officier prononça la phrase du Code : *La femme doit obéissance à son mari*, elle fit une petite moue si gaie, avec un petit haussement d'épaules si drôle, que le maire lui-même ne put s'empêcher de sourire. Le soir on se réunit chez l'éditeur Troupenas, rue Saint-Marc, pour passer une amicale soirée d'artistes. Thalberg avait promis d'y assister. Il n'avait jamais entendu la Malibran, et elle ne le connaissait pas non plus. Le soir, à peine arrivée, elle va vivement à lui et le presse de se mettre au piano :

« Jouer devant vous, avant vous, madame, oh ! c'est impossible ! j'ai trop envie de vous entendre !

— Mais vous ne m'entendrez pas, monsieur Thalberg. Ce n'est pas moi qui suis là ! C'est une pauvre femme, accablée des fatigues de la journée ! Je n'ai pas une note dans le gosier ! Je serais exécrable !

— Tant mieux ! Cela me donnera du courage.

— Vous le voulez ! Soit ! »

Elle tint parole. Sa voix était dure, son génie absent. Sa mère lui en faisant reproche :

« Ah ! que veux-tu, maman ? On ne se marie qu'une fois. »

Elle oubliait qu'elle avait épousé M. Malibran dix ans auparavant.

« A votre tour maintenant, monsieur Thalberg. »

Il ne s'était pas marié le matin, lui, et, la présence d'une telle auditrice l'excitant sans le surexciter, il déploya dans toute sa souplesse et toute son ampleur cette richesse de sons qui faisait de son piano le plus harmonieux des chanteurs. A mesure qu'il jouait, la figure de la Malibran changeait, ses yeux éteints s'animaient, sa bouche se relevait, ses narines s'enflaient. Quand il eut fini : « C'est admirable! s'écria-t-elle. A mon tour! » Et elle commence un second morceau. Oh! cette fois! plus de fatigue! plus de langueur! Thalberg, éperdu, suivait, sans pouvoir y croire, cette métamorphose. Ce n'était plus la même femme! Ce n'était plus la même voix! Il n'avait que la force de dire tout bas : « Oh! madame! madame! » et le morceau achevé : « A mon tour! » reprit-il vivement. Qui n'a pas entendu Thalberg ce jour-là ne l'a peut-être pas connu tout entier. Quelque chose du génie de la Malibran avait passé dans son jeu magistral mais sévère; la fièvre l'avait envahi. Des flots de fluide électrique couraient sur les touches et s'échappaient de ses doigts. Seulement, il ne put pas achever son morceau. Aux dernières mesures, la Malibran éclata en sanglots, sa tête tomba entre ses mains, secouée convulsivement par les larmes, et il fallut l'emporter dans la chambre voisine. Elle n'y resta pas longtemps; cinq minutes après, elle reparaissait, la tête haute, le regard illuminé, et courant au piano : « A mon tour! » s'écria-t-elle; et elle recommença ce duel étrange, et elle chanta quatre morceaux de suite, grandissant toujours, s'exaltant toujours, jusqu'à ce qu'elle eût vu le visage de Thalberg couvert de larmes comme avait été le sien. Jamais je n'ai mieux compris la toute-puissance de l'art, qu'à la vue de ces deux grands artistes, inconnus la veille l'un de l'autre, se révélant tout à coup l'un à l'autre, luttant l'un avec l'autre, s'électrisant l'un l'autre, et s'élevant, emportés l'un par l'autre, dans des régions de l'art où ils n'étaient peut-être jamais parvenus jusque-là.

## IX

Quelques mois après, elle était morte.
De quoi mourut-elle ?
Écoutons Alfred de Musset :

> Ah ! tu vivrais encor sans cette âme indomptable !
> Ce fut là ton seul mal : et le secret fardeau
> Sous lequel ton beau corps plia comme un roseau.
> Il en soutint longtemps la lutte inexorable ;
> C'est le Dieu tout-puissant, c'est la muse implacable
> Qui dans ses bras en feu t'a portée au tombeau.
>
> Ne savais-tu donc pas, comédienne imprudente,
> Que ces cris insensés qui te sortaient du cœur,
> De ta joue amaigrie augmentaient la pâleur ?
> Ne savais-tu donc pas que sur ta tempe ardente
> Ta main de jour en jour se posait plus tremblante,
> Et que c'est tenter Dieu que d'aimer la douleur ?

> Ne sentais-tu donc pas que ta belle jeunesse
> De tes yeux fatigués s'écoulait en ruisseaux,
> Et de ton noble cœur s'exhalait en sanglots?
> Quand de ceux qui t'aimaient tu voyais la tristesse,
> Ne sentais-tu donc pas qu'une fatale ivresse
> Berçait ta vie errante à ses derniers rameaux?

Voilà certes d'admirables vers! La parole de Bossuet ne monte pas plus haut et ne va pas plus loin. Mais oserai-je le dire? Le poète ressemble ici à l'orateur et cette ode n'a guère qu'une vérité d'oraison funèbre. Non! la Malibran n'a pas plié comme un roseau sous l'étreinte de la Muse. Non, elle ne concentrait pas son génie dans un corps brisé. Non, elle n'est pas morte consumée par son âme, son génie et sa gloire! Sa gloire? Elle la portait légèrement. Son génie? Il était pour elle le flambeau qui échauffe, et non la torche qui dévore. Son âme? Elle avait une force propre qui la soutenait au lieu de l'abattre. Sans doute des larmes véritables coulaient de ses yeux quand elle chantait la romance du *Saule;* sans doute, c'étaient bien des cris insensés qui lui sortaient du cœur; mais sa joue n'en était pas amaigrie; sa main ne se posait pas chaque jour plus tremblante sur sa tempe; elle appartenait à cette virile race des Garcia, faite pour la lutte et la conquête! Ces créatures électriques ne s'épuisent pas plus à se répandre, qu'un foyer de lumière à rayonner. Elles vivent de ce qu'elles dépensent. Ce qui les tuerait, c'est le repos. La mort a saisi la Malibran en pleine puissance d'elle-même. Elle n'est pas morte d'enthousiasme, elle est morte d'une chute de cheval. Je n'hésite pas à opposer ainsi brutalement la prose à la poésie. Car, selon moi, c'est faire tort à ces organisations exceptionnelles que de vouloir les ramener à une sorte d'*unité poétique*. Elles sont plus riches que cela. Leur grandeur est dans leur complexité et dans leurs contrastes. Faisons donc un pas de plus dans l'étude de cette personne vraiment singulière. Chez la Malibran, il y avait antithèse entre son imagination et son cœur. Rien de plus fougueux, rien de plus éperdu que cette imagination, et jointe à ce caractère aventureux que j'ai essayé de peindre, ils formaient bien, à eux deux, l'attelage le plus indomptable qui se pût voir ! Mais le troisième cheval, car chacun de nous est un char conduit par trois chevaux... l'esprit, le caractère et le cœur... eh bien, chez la Malibran, le cœur était d'une tout autre race que les deux autres, plus affectueux que passionné; plus tendre qu'ardent, *gentle*, comme disent les Anglais. Son cœur la reposait de son imagination. Dans sa vie, dans ses affections, aucune de ces excentricités éclatantes, aucun de ces désordres tapageurs, de ces capricieuses extravagances qui semblent presque commandées, dit-on, par leur nature, aux artistes d'inspiration. L'irrégularité même, chez elle, était régulière, et elle se hâta, le plus tôt qu'elle put, d'achever de la régulariser complètement.

Un livre très curieux que vient de publier, sur miss Fanny Kemble, Mme Augustus Craven, jette un jour tout nouveau sur les âmes d'artistes; on voit combien elles abondent en contrastes. Cette grande famille tragique des Kemble en est pleine. Mrs Siddons, la pathétique

Juliette, la touchante Desdemona, la poétique Portia, l'implacable lady Macbeth, poussait les vertus de la famille jusqu'à l'austérité. Miss Fanny Kemble avait à la fois le génie et l'aversion du théâtre. A peine le pied sur la scène, elle était tellement saisie par l'inspiration tragique, qu'on eût dit que de dessous ces planches s'échappaient des vapeurs enivrantes comme celles qui entouraient le trépied de la Pythie antique. Mais à peine hors de la coulisse, toutes ses pudeurs farouches de jeune fille la reprenaient. Voir son nom sur une affiche, lui faisait honte! Peindre des sentiments qui n'étaient pas les siens, lui faisait honte! Paraître dans une assemblée publique, lui faisait honte! Être applaudie, lui faisait honte! Elle aurait volontiers pris les bravos pour une familiarité choquante. Si complexes sont ces natures étranges, qu'elles échappent à tout moment à la logique psychologique par quelque contradiction qui déroute. On en pourrait citer qui ont comme deux âmes, une âme de théâtre qu'elles laissent dans leur loge avec leur costume, et une âme de ville qu'elles retrouvent à la maison avec leurs habits. Mme Ristori ne nous a-t-elle pas donné un exemple inconcevable de cette dualité? Je n'ai pas connu de tragédienne plus effervescente, plus bouillante, plus possédée par le démon tragique. Or, quand elle vint à Paris pour la première fois, elle nourrissait encore son dernier enfant. Eh bien, les jours de représentation, elle emmenait son baby au théâtre, le couchait dans sa loge et allait lui donner le sein dans les entr'actes de *Myrrha*. *Myrrha!* c'est-à-dire la plus monstrueusement passionnée des œuvres dramatiques ! Son rôle de nourrice faisait-il tort à son rôle de tragédienne ? Nullement. Son rôle de tragédienne faisait-il tort à son rôle de nourrice ? Pas davantage. Sans doute, je cite là un fait exceptionnel, que peut seule expliquer la puissance d'organisation de Mme Ristori ; mais la Malibran elle aussi offrait mille contrastes de sentiments tout à fait inattendus. Quoiqu'elle fût l'image même de la vie, et que l'enjouement pût passer pour un des traits de son caractère, l'idée de la mort lui était souvent présente. Elle disait toujours qu'elle mourrait jeune. Parfois, comme si elle eût senti tout à coup je ne sais quel souffle glacé, comme si l'ombre de l'autre monde se fût projetée dans son imagination, elle tombait dans d'affreux accès de mélancolie, et son cœur se noyait dans un déluge de larmes. J'ai là, sous les yeux, ces mots écrits par elle : « Venez me voir tout de suite ! J'étouffe de sanglots ! Toutes les idées funèbres sont à mon chevet et la mort à leur tête. »

Ses pressentiments n'étaient que trop justes.


X


Elle était partie pour Londres au printemps. Un des plus hauts personnages de l'aristocratie, sachant son goût pour l'équitation, avait mis tous ses chevaux à son service. Il y en avait un qu'on appelait le roi de l'écurie, et qui était aussi redoutable que charmant. Elle voulut le monter. Les sages remontrances de ses amis lui conseillaient en vain la prudence. Le danger ne fut pour elle qu'une tentation de plus. Le cheval la renversa, et sa chute la meurtrit cruellement. Elle défendit absolument qu'on avertît Bériot, et continua ses représentations. Son corps était couvert de si douloureuses contusions, que, trois jours après, à une représentation de *Tancrède*, au moment où elle monte sur un de ces chars de triomphe comme il n'en existe qu'au théâtre Italien, le figurant qui lui donnait la main pour descendre, l'ayant touchée au coude, elle ne put retenir un cri de douleur. Lablache, de qui je tiens tous les détails de ce récit, fit bientôt la remarque que ses crises de tristesse se rapprochaient beaucoup; les larmes lui jaillissaient parfois des yeux sans motif. Un jour, elle alla avec ses camarades essayer un nouvel orgue dans une petite ville voisine de Londres; la Grisi ne trouva rien de mieux que de jouer sur ce magnifique instrument le rondeau des *Puritains*. La Malibran prit vivement sa place et effaça sur les touches la trace de ce profane chant par un air sublime de Hændel, car elle était aussi versée dans les œuvres les plus sévères que dans les plus brillantes. Seulement, elle s'arrêta tout à coup, avant la fin du morceau, et resta devant le clavier, immobile et perdue dans ses pensées. Quelques jours plus tard, on annonce un grand festival pour une œuvre de charité. Elle avait promis son concours. Quoique plus souffrante encore que de coutume, elle arrive au concert et chante. Son succès fut un triomphe. Mais en sortant de scène elle tomba à demi évanouie. Le public la rappelle avec passion et crie *bis* avec frénésie. Toujours évanouie, elle ne peut reparaître; les cris de l'auditoire redoublent. Le régisseur s'apprête à entrer en scène pour annoncer au public la triste impossibilité où se trouvait l'artiste de se rendre au vœu général; mais les rappels, les bravos, les *bis* sont arrivés jusqu'à elle à travers les flottantes images du réveil. Elle arrête le régisseur, l'écarte, se lève, rentre en scène, et avec cette sorte d'énergie fiévreuse qui ressemble à ce qu'on appelle sur le champ de bataille la *furia francese*, elle recommence le morceau. L'effet produit sur l'auditoire, on le devine; seulement, à peine rentrée dans la coulisse, elle s'affaisse sur elle-même et on l'emporte au foyer. Bériot, qui devait jouer immédiatement après elle, entre en scène par la porte du milieu, au moment où on l'emportait, elle, par la coulisse, et, par conséquent, il ne vit rien et ne sut rien. A peine est-elle arrivée au foyer :

« Un médecin! un médecin! » cria-t-on de toutes parts.

Il s'en trouvait un là, par hasard.

« Il faut la saigner à l'instant, dit-il, ou elle peut mourir étouffée en une seconde.

— Ne la saignez pas! s'écrie Lablache, je vous le défends! Je sais que dans l'état où elle se trouve, une saignée peut lui être mortelle.

— Et moi, je vous dis, reprit le médecin, qu'elle est morte si on ne la saigne à l'instant. — C'est au nom de

Bériot que je parle! répond Lablache, lui seul peut décider. Il est en scène, il joue, je vais le chercher! » Lablache se précipite dans les coulisses. Bériot venait d'attaquer l'allégro de son air varié, il exécutait, au milieu des acclamations de la salle, ces pizzicatos, ces arpèges, ces vocalises de l'archet, qui faisaient de lui le plus gracieux, le plus élégant, le plus coquet des grands artistes.

Lablache frémissait d'impatience sur le seuil de la coulisse! Exaspéré par le contraste affreux de ces jolies virtuosités du violon avec la terrible scène du foyer, il piétinait sur place, tendait les mains vers Bériot, l'appelait tout bas, mais sa voix se perdait dans les cris d'enthousiasme de la salle. Enfin, le morceau est fini; Lablache va pour s'élancer... Mais on a demandé *bis*... et l'allégro recommence.... Et cinq minutes s'écoulent encore, jusqu'à ce qu'enfin, Bériot étant sorti de la scène, Lablache le prend, l'entraîne, l'emporte et entre avec lui au foyer. Que voient-ils? La Malibran assise sur un grand fauteuil, les deux bras nus et pendants, les yeux fixes et vitreux, le visage blanc comme du marbre et les deux veines ouvertes! Le sang qui coulait lentement le long de ses bras la faisait ressembler à une victime. Trente-six heures après, il ne restait plus de Maria Malibran qu'un nom.

## XI

Et maintenant, disons avec Musset :

Meurs donc! ta mort est douce et ta tâche est remplie

Il a raison, elle a bien fait de mourir! Que lui réservait la vie? Rien que des douleurs. Une actrice peut vieillir ; son talent ne se flétrit pas avec son visage. L'âge le renouvelle en la métamorphosant. Sa vie théâtrale n'est qu'une succession de transformations heureuses. Elle passe, dans ses rôles, des ingénues aux jeunes filles, des jeunes filles aux femmes, des femmes aux mères, des mères aux aïeules, et il y a place pour le succès et l'art dans chacun de ces changements ; le talent de l'actrice peut avoir des cheveux blancs. Mais la cantatrice est condamnée à la jeunesse! A peine entrée dans la maturité, elle ressemble à ces arbres en pleine verdure, qui portent à leur cime une branche flétrie. Sa voix meurt en elle, bien longtemps avant elle. Quel supplice! Se sentir ainsi attachée toute vivante à un cadavre! Être jeune de corps, jeune de visage, jeune d'intelligence, jeune de talent, jeune de cœur, et traîner après soi, comme un boulet, cet organe qui se détruit, cet instrument qui se brise, ce son qui vous trahit. Les voix de pur cristal, comme l'Alboni, la Sontag, Mme Damoreau, pour ne citer que les noms disparus, ont des sursis de jeunesse: mais l'organe de la Malibran était destiné à une destruction prompte. Qu'aurait-elle fait? Se déclarer vaincue? se condamner au silence? Elle en était incapable. Elle aurait engagé avec l'âge un combat désespéré!... Elle aurait lutté contre les rides de sa voix, comme les femmes du monde contre les rides de leur visage. Spectacle navrant! Elle a bien fait de mourir! Elle s'est envolée, pareille à l'ange de Tobie dans l'admirable tableau de Rembrandt, laissant après elle un long sillon de lumière, et sa mort prématurée a assuré l'immortalité de son souvenir; Alfred de Musset l'a chantée!

# CHAPITRE XV

## UN POST-SCRIPTUM

Je n'ai pas eu le courage d'interrompre ce récit d'une vie si poétique et si pathétique, même pour laisser parler l'artiste elle-même, mais, j'ai besoin d'y ajouter maintenant quelques fragments de lettres, qui seront une sorte de pièce justificative, un *garanti ressemblant*, mis au bas du portrait.

J'ai dit qu'elle portait légèrement son art et sa gloire. Or voici ce que je lis, dans une lettre datée de Naples, en 1834, deux ans avant sa mort : « Je suis la plus heu-
« reuse des femmes ! L'idée de changer de nom me fait
« tant de bien ! Ma santé est parfaite, et quant à ma
« fatigue du théâtre, c'est, pour moi, *un sorbet !* »

Dans une autre lettre elle ajoute, avec la singularité d'expressions qui lui était propre : « Ma voix est *stento-*
« *resque*, mon corps *falstaffique*, mon appétit *canni-*
« *balien.* »

L'annulation de son mariage avec M. Malibran fut la grande affaire de sa vie. Elle la poursuivit pendant plusieurs années, au milieu de mille angoisses. Son ardent désir était de quitter ce nom qu'elle avait illustré, et d'en reporter tout l'éclat sur l'autre nom, déjà illustre, qu'elle aspirait à prendre. Elle y réussit, grâce aux soins intelligents et dévoués de M. Cottinet, avoué, le père de M. Edmond Cottinet, notre spirituel confrère, qui a déjà montré tant de talent, et qui en a encore en réserve plus qu'il n'en a montré.

Les lettres de Mme Malibran à Mme Cottinet sont pleines des plus vives et des plus tendres expressions de reconnaissance. Ce cœur, si affectueux, dont j'ai parlé, s'y montre tout entier : « Jamais de ma vie, dit-
« elle, je n'oublierai les chers êtres qui se sont inté-
« ressés à moi comme à leur propre fille! N'est-ce
« pas que je suis presque votre fille? Et en même
« temps votre sœur? Et en même temps votre amie?
« Tout cela ensemble! Ah! que c'est bon de vous le
« dire! »

Puis plus loin :

« Au milieu de toutes mes alternatives d'espérance
« et de crainte, je pense à vous, et cela me rend le
« courage. »

J'ai parlé de ses accès de mélancolie. Ils naissaient, à la fois, de son imagination, de ses pressentiments et des douloureuses circonstances où sa vie était engagée.

Avril 1831.

« Combien de femmes m'envient! Qu'ont-elles à
« m'envier? C'est ce malheureux bonheur.

« Savez-vous? Mon bonheur, c'est Juliette! il est
« mort comme elle, et moi je suis Roméo, je le pleure.

« J'ai dans mon âme un ruisseau de larmes dont la
« source est pure, elles arroseront les fleurs de mon
« tombeau lorsque je ne serai plus de ce monde. Peut-
« être l'autre me donnera une récompense là-haut!

« Chassons les idées lugubres! dans ce moment elles
« sont cadavéreuses... La mort est à la tête d'elles;
« bientôt à la mienne...

« Pardon, je m'égare; je pleure et me soulage en
« vous faisant dépositaire de mes plus secrètes pensées...

« Vous ne m'en voulez pas, n'est-ce pas?

« Non, vous ne le pouvez.

« Venez me dire vous-même que vous me plaignez.

« Venez de suite. — Nous causerons, nous serons dans
« l'autre monde; je fermerai ma porte à celui-ci. »

J'ai parlé de sa grâce d'esprit. Est-ce que les lignes suivantes ne le disent pas mieux que moi?

« Vous avez raison, apportez le journal allemand,
« nous le lirons ensemble, on n'est pas trop de deux
« pour lire un journal allemand. Par exemple, je crois
« bien que nous le laisserons sur la table, car nous
« ferons mieux que de le lire, nous en inventerons un,
« celui du petit monde où nous vivons... vous savez
« lequel. Adieu, je me sauve, je me sauve du papier,
« qui me tenterait d'écrire à n'en plus finir. Savez-vous
« pourquoi je suis si gaie? C'est qu'il fait beau, et je
« sens qu'il fait printemps dans moi. »

J'ai parlé de sa vaillance. Voici une lettre écrite après la révolution de Juillet :

« Norwich, août 1830.

« Je suis contente, fière, glorieuse, vaine au dernier
« point, d'appartenir aux Français! (Elle était née à
« Paris.) Vous pleurez d'avoir été absent? Il n'y a pas
« de jour que je ne sois désolée, moi femme, de n'avoir
« pas eu une jambe cassée dans la mêlée de cette cause
« de l'âge d'or! N'est-ce pas le vrai âge d'or, que de se
« révolter pour sa liberté, et de rejeter, en même
« temps, même l'apparence d'une usurpation sur les
« autres peuples! Je vous assure qu'en pensant à Paris,
« je sens mon âme s'élever! Croyez-vous que des sol-
« dats armés de fusils auraient pu m'empêcher de
« crier : Vive la liberté? On me dit que tout n'est pas
« encore tranquille en France, écrivez-le-moi ; j'irais!
« je veux partager le sort de mes frères! La charité
« bien ordonnée, dit-on, commence par soi-même!
« eh bien, les autres sont *mon soi-même*. Vive la
« France! »

A ces citations, que je pourrais prolonger, j'ajouterai seulement un dernier trait qui complétera la ressemblance.

La violence de son père avait jeté bien souvent des orages dans leur affection. Ils étaient brouillés mortellement et séparés depuis longtemps, quand Garcia arriva à Paris, déjà vieux et aigri. Une représentation s'organise au théâtre Italien. On lit sur l'affiche : *Othello. M. Garcia jouera Othello; Mme Malibran, Desdemona.* J'assistais à cette soirée. Je n'ai jamais vu attente publique plus frémissante! Garcia paraît, puis la Malibran, puis Lablache qui représentait le père. Fut-ce la présence de sa fille? Je ne sais, mais le vieux lion retrouva tous les sublimes rugissements de sa puissante voix! Elle-même, électrisée, bouleversée par ce rapprochement si plein de pathétiques amertumes, rencontra au premier acte, dans le délicieux duo avec la nourrice, dans le finale, des accents d'une mélancolie désespérée, qui étaient comme un écho anticipé de la romance du *Saule*, et, ce premier acte achevé, le rideau tomba au milieu d'un véritable délire d'applaudissements. Je dis le rideau tomba... n'allons pas si vite. Dans le finale, Othello était placé à la droite du spectateur, tout près de la coulisse, et Desdemona, du côté gauche, à la même place. Or, pendant que le rideau tombait, quand il ne fut plus qu'à une très petite distance du plancher, je vis les pieds de Desdemona se tourner vivement et courir vers les pieds d'Othello. Un rappel formidable éclate, le rideau se relève, ils paraissent ensemble, seulement ils étaient presque aussi noirs l'un que l'autre. En se jetant dans les bras de son père, Desdemona s'était marbré le visage de la couleur d'Othello, sa figure à lui avait déteint sur elle! C'était comique! eh bien, personne n'eut la pensée de rire. Le public, à demi instruit, comprit ce que ce spectacle avait de touchant, ne vit pas ce qu'il avait de grotesque, et applaudit avec transport ce père et cette fille réconciliés par leur art, par leur talent, par leur triomphe; ils s'étaient embrassés en Rossini!

## CHAPITRE XVI

# HECTOR BERLIOZ

### I

Le domaine de l'art ressemble au paradis de Dante. Il se compose de cercles de lumière s'étageant l'un au-dessus de l'autre, heureux comme moi, ceux qui trouvent sur le seuil de chaque cercle, ainsi que dans la *Divine Comédie*, un guide nouveau qui leur tend la main et les aide à s'élever dans une sphère supérieure.

Maria Malibran m'avait initié à la musique dramatique, à la musique italienne et à Rossini; Berlioz m'initia à la musique instrumentale et à Glück. Mais, Dieu merci, s'il me fit adorer ce que j'ignorais, il ne me fit pas brûler ce que j'avais adoré. Je n'ai jamais compris que l'admiration tuât l'admiration, que le présent ne pût vivre qu'aux dépens du passé, et que notre âme ne fût pas assez puissante pour s'élargir à mesure que l'horizon de nos enthousiasmes s'agrandit, de façon à trouver toujours en elle-même une place nouvelle pour un dieu nouveau.

La véritable religion de l'art est le polythéisme. A Dieu donc ne plaise que je renie la musique italienne parce qu'on ne l'aime plus. On lui reproche trop de grâce, on l'accuse de mettre de l'élégance jusque dans la tristesse, soit! mais elle a le plus beau de tous les dons, elle est faite de lumière. Puis, comme elle se marie bien à la voix humaine! comme elle se prête à toutes ses souplesses, à toutes ses délicatesses, voire à tous ses caprices! Lablache, en mourant, a dit un mot qui caractérise ce charmant art italien. Sa fille était près de lui... il ouvre la bouche pour lui parler... le son s'éteint à demi sur ses lèvres... « Oh! dit-il, *non ho più voce, moro.* Je n'ai plus de voix, je meurs. »

Le nom de Lablache, qui se rencontre sous ma plume, m'oblige à dire à Berlioz : « Mon ami, il faut que vous attendiez! » En effet, je serais un ingrat si je ne saluais d'un mot d'adieu les deux artistes qui ont enchanté ma jeunesse, les deux illustres représentants du style italien, de la tradition italienne, Lablache et Rubini. Parler d'eux, ce sera faire revivre pour un moment un art disparu et ce sera du même coup commencer le portrait de Berlioz ; car cette époque est la sienne, elle a fortement agi sur lui ; notre digression deviendra donc ainsi une transition.

## II

On dit souvent d'un artiste qu'il est aimé du public ; ce mot banal était rigoureusement vrai appliqué à Lablache. A son premier son, un tel courant de sympathie s'établissait entre lui et ses auditeurs, qu'il n'y en avait pas un seul qui ne l'aimât. La voix de Lablache résonne encore dans l'oreille de ceux qui l'ont entendue. La figure de Lablache resplendit encore dans l'imagination de tous ceux qui l'ont vue. Cette voix colossale avait de telles douceurs, ce visage de colosse avait un tel aspect de bonté, qu'il semblait deux fois olympien, tout à la fois Jupiter tonnant et Jupiter souriant. Touchant et terrible dans les passages pathétiques, il avait en outre une telle puissance de rythme, qu'il semblait soutenir à lui seul tous les morceaux d'ensemble, il en était l'architecture vivante. Enfin Lablache a emporté avec lui ce fruit charmant et tout à fait personnel du génie italien : la musique bouffe. Cimarosa est mort avec Lablache ! La *Cenerentola*, l'*Italienne à Alger*, le *Barbier* même, sont morts avec Lablache. Personne n'a su rire en musique depuis Lablache. On trouvera peut-être encore des bouffons, on ne trouvera plus de bouffes. Cette gaieté saine et partant du cœur, ce goût jusque dans la farce, cette grâce jusque dans la charge, cette beauté de son mêlée à tout ce pétillement d'esprit, nous n'entendrons plus cela! Lablache avait, du reste, reçu comme acteur d'excellentes leçons d'un ancien artiste remarquable lui-même, son beau-père. Il m'a conté à ce propos un fait vraiment significatif.

Chargé, étant encore jeune homme, du rôle de Frédéric II dans un opéra nouveau, il lut tout ce qui a rapport au roi de Prusse, tâcha de se figurer et de figurer sa démarche, ses gestes, ses attitudes, et le soir de la répétition générale, il convia son beau-père. « C'est bien, lui dit celui-ci après la pièce, tu as bien
« porté la tête de côté comme Frédéric, tu as bien
« plié les genoux comme Frédéric, tu as même bien
« reproduit le masque de Frédéric ; mais pourquoi n'as-
« tu pas pris de tabac? C'était une de ses habitudes.
« — Pas pris de tabac! répondit Lablache, j'en avais
« rempli les poches de mon gilet et j'en ai pris à tout
« moment. — C'est cela, mon garçon, lui dit en
« souriant son beau-père, tu en as pris à tout moment,
« mais tu n'en as pas pris au bon moment. Il y a dans
« le second acte, une situation capitale ; c'est celle où la
« femme de l'officier coupable de désobéissance vient
« se jeter aux pieds du roi pour demander sa grâce.
« A cet instant, tous les regards sont tournés vers Fré-
« déric, on se demande avec anxiété ce qu'il va faire !
« Si à ce moment, avant de répondre, tu avais pris
« une prise de tabac, elle t'aurait compté pour tout
« le reste de la pièce. Au lieu de cela, tu as prisé à
« tort et à travers, quand on ne te regardait pas. Cela
« ne t'a servi à rien. Tu as reproduit l'habitude du
« roi, mais tu ne l'as pas fait revivre. »

Il fallait entendre Lablache contant ce fait, car le conteur, chez lui, était presque l'égal du chanteur; mérite assez rare chez un homme aussi distrait. Sa distraction, qui était devenue proverbiale, donna lieu à plusieurs histoires comiques, et à une observation théâtrale fort curieuse. C'est lui qui, à Naples, un matin, oublia dans un café sa petite fille âgée de cinq ans, et ne songea à aller la rechercher que dans l'après-midi, quand sa femme, le voyant revenir seul à la maison, lui dit : « Et ta fille ! » Le prince Albert aimait à raconter qu'ayant donné audience à Lablache qui venait lui demander la grâce d'un malheureux, il ne put réprimer, en le voyant entrer, une forte envie de rire. Un peu troublé, Lablache commence pourtant son récit avec l'accent le plus touchant, mais plus il s'attendrissait, plus la gaieté du prince semblait redoubler, jusqu'à ce qu'enfin, prenant l'artiste par la main, il l'amena devant la glace en lui disant : « Regardez-vous ! » Lablache avait deux chapeaux, l'un sur la tête, l'autre à la main, lequel autre appartenait à un des solliciteurs qui attendaient avec lui dans la salle voisine. Lablache, s'entendant appeler par l'huissier, avait saisi vivement ledit couvre-chef, déposé sur une chaise, et arrivé devant le prince, il en gesticula si pathétiquement, qu'il obtint tout ce qu'il voulut ; non pas, comme il l'espérait, en faisant pleurer le prince, mais en le faisant rire. Or, un auteur dramatique italien crut faire merveille en lui composant un rôle de distrait ; mais qu'arriva-t-il ? Que Lablache ne put jamais le représenter. « Il me fut impossible, me dit-il, de me jouer moi-

« même. J'en éprouvais une sorte de honte. Puis,
« comment travailler? Dès que je me mettais à m'ob-
« server, je cessais d'être distrait, je n'avais plus rien
« du distrait; aussitôt que je commençais mon étude,
« l'objet de mon étude disparaissait. »

Rubini complète Lablache parce qu'il représente autre chose que lui. Une partie de l'art italien est morte aussi avec Rubini. La grande école de chant de Crescentini, l'école de virtuosité, a perdu en lui son dernier interprète.

Rien de plus rare aujourd'hui que la virtuosité chez les ténors italiens; ils n'en ont pas besoin. La musique italienne moderne, la musique de Verdi, ne leur demande que de l'âme et du son. Il n'en était pas ainsi du temps de Rubini. Un chanteur ne pouvait pas plus se passer de virtuosité, qu'un pianiste. Les traits, les trilles, les gammes, étaient imposés au gosier comme au clavier, et les artistes supérieurs, tels que Rubini, y trouvaient non seulement une grâce et un ornement pour le chant, mais un puissant moyen d'expression. Certains artistes, Berlioz entre autres, blâment dans le chant les vocalises comme incompatibles avec la vérité et la force du sentiment. Mais que font donc Mozart, Beethoven, Weber dans leurs compositions de piano? Est-ce qu'ils ne vous émeuvent pas avec des gammes? Est-ce qu'ils ne vous électrisent pas avec des traits? Otez au concerto Stuck et à la sonate pathétique leurs virtuosités, et vous leur enlevez du même coup la moitié de leur puissance expressive. Pourquoi donc ce qui convient à une sonate, ne conviendrait-il pas à un air?

Pourquoi ce qui est touchant sous les doigts du pianiste, serait-il froid sur les lèvres du chanteur ? Il faut seulement qu'il sache donner aux traits le caractère du morceau, et pour le chanter, il n'a qu'à être aussi habile exécutant qu'un instrumentiste. Rubini se jouait de cette difficulté. Sa voix, plus moelleuse qu'éclatante, et couverte même d'un léger voile, avait des souplesses de couleuvre, et se prêtait, sans un effort, sans un cri, sans une contraction du visage, à toutes les audaces des plus merveilleux maîtres du clavier ou de l'archet. C'est lui qui, un jour, à une répétition de *Don Giovanni*, pendant la ritournelle d'*Il mio tesoro*, se pencha vers l'orchestre et dit à la clarinette qui venait d'exécuter un passage plein d'éclat : « Monsieur, voudriez-vous me prêter ce trait-là ? » Et il l'introduisit à la fin de son air, à la stupéfaction et aux applaudissements de l'orchestre et du public. Sans doute, c'était altérer Mozart, mais avec Mozart même, et Rubini seul était capable de cette faute heureuse. Les ténors qui l'ont suivi, ont voulu l'imiter et ne font que le parodier. Le charmant violoncelliste Braga, m'a raconté qu'allant voir à Bergame Rubini retiré du théâtre, il lui marqua quelque étonnement du grand effet d'émotion qu'il produisait, disait-on, dans la cavatine du second acte de *Marino Faliero*, un air à roulades. « A roulades ! répondit en souriant Rubini, voulez-vous me l'accompagner ? » Et dix minutes après Braga se levait du piano, pleurant, applaudissant, stupéfait d'avoir entendu ces traits, ces gammes se transformer sur les lèvres vibrantes de l'artiste, en cris de rage et en accents de désespoir.

Voici un exemple plus frappant encore de cet emploi de la virtuosité.

Rubini, dans le célèbre duo du défi de *Tancredi*, avait pour partenaire Bordogni, artiste froid, mais virtuose consommé; Bordogni, ennuyé d'être toujours vaincu dans ce duo par Rubini, imagina, pour avoir au moins son jour de triomphe, de lancer un soir à son adversaire, sans en être convenu avec lui, un trait nouveau et un trait d'une telle longueur, d'un tel éclat, que la salle y répondit par un tollé d'applaudissements fort inaccoutumé pour Bordogni. Rubini le regarde, sourit et commence une roulade à la Garcia, c'est-à-dire une roulade improvisée, où les gammes, les gruppetti, les trilles se succédèrent sans interruption, avec une telle rapidité et pendant un si long temps, que le public éclata de rire, émerveillé qu'une poitrine humaine pût contenir une telle provision de souffle, qu'un gosier humain pût lancer de telles fusées musicales. Ajoutons que ce jour-là, on applaudissait aussi l'homme d'esprit dans le virtuose, car cette roulade était en situation puisque c'était une riposte; cet air de bravoure était un air de bravade, ce choc de vocalises ressemblait à un choc d'épées, ce duo de rossignols devenait un duel de chevaliers.

Chose remarquable! Cet incomparable exécutant se montrait, dans les morceaux d'expression, le plus touchant, le plus simple, le plus ému des chanteurs.

Quel artiste a su mieux pleurer en musique que Rubini? Il semblait que le hasard l'eût créé tout exprès pour cette musique élégiaque qui sépare *Otello* du *Trovatore*, je veux dire la musique de Bellini. Quand la situation devenait pathétique, il y devenait grand acteur. Dieu sait pourtant que si jamais comédien médiocre parut sur la scène, ce fut lui. Indifférent, froid, court de taille, commun de visage, voire même gauche, il se promenait dans l'action avec une insouciance du geste, de l'allure, du costume, qui arrivait parfois jusqu'au comique. Je le vois encore à la première représentation des *Puritains*, entrant en scène avec une perruque si singulière qu'elle excita l'hilarité de toute la salle. Sans se troubler, il regarde le public en riant aussi. Il semblait dire : « N'est-ce pas qu'ils m'ont mis sur la tête quelque chose de bien extraordinaire ? » Puis, son morceau achevé, il rentre dans la coulisse, se débarrasse de la malencontreuse perruque, et reparaît avec ses cheveux naturels en souriant encore. Eh bien, ce même homme, dans le finale de *Lucia*, dans la scène de reproches de la *Somnambule*, dans le troisième acte des *Puritains*, se transformait tout à coup en un tragédien admirable à force d'être un chanteur sublime. Peu de gestes, mais d'une vérité saisissante; une mimique sobre, mais qui était la pantomime même du chant, une voix dont les vibrations vous remuaient si fort à la fois le cœur et les nerfs, qu'en l'entendant nous frémissions tous comme des fils électriques. Il exerçait une action absolument magnétique. Je puis en citer un exemple touchant.

Une vieille dame, une amie de ma famille, atteinte d'une maladie mortelle, était en proie depuis quatre jours à des douleurs qu'on pouvait appeler des tortures. Nul remède ne pouvait les adoucir. Tout à coup, au milieu d'une effroyable crise elle s'écrie : « Allez chercher Rubini ! Allez chercher Rubini ! Qu'il chante dans la chambre à côté, l'air de la *Somnambule*, et je suis sûre que je cesserai un moment de souffrir ! »

« Ah ! monsieur, me dit Rubini, quand je lui racontai ce mot, pourquoi n'est-on pas venu me chercher ?

— Parce qu'elle n'aurait pas pu vous entendre. Deux heures après elle était morte. »

Ce fait en dit plus que beaucoup de paroles. C'était bien l'âge d'or de la musique italienne ! Dans le ciel de l'art, brillaient à la fois, différents de grandeur et de lumière, Cimarosa au couchant, Rossini au zénith, Bellini au levant, et un si rare assemblage de compositeurs et d'interprètes, avait créé un public dont les salles de théâtre d'aujourd'hui ne nous offrent pas l'analogue.

L'Opéra compte un grand nombre d'abonnés, mais que sont ces abonnés ? Des gens riches. Où vont-ils ? Dans les loges, aux fauteuils d'orchestre. A quelle heure arrivent-ils ? A tous les moments de la représentation, sauf au commencement. Il y a tel abonné qui n'a jamais entendu l'ouverture de *Guillaume Tell*. Que viennent-ils faire ? Voir, se faire voir, écouter un acte, causer dans les entr'actes, applaudir un air, acclamer un pas de danse ; mais combien y en a-t-il parmi eux qui entendent la première mesure d'un opéra et ne partent qu'après la dernière ?

Au théâtre Italien, de 1829 à 1831, une soixantaine d'hommes, différents d'âges, de professions, avocats, magistrats, écrivains, formaient au milieu du parterre, sous le lustre, une phalange de Romains volontaires dont la première loi était de ne jamais manquer une seule représentation. J'ai vu, pour ma part, soixante fois *Othello*. Pas de privilèges d'entrée! On se battait à la porte s'il y avait foule; les premiers venus gardaient la place des autres, on arrivait une heure avant le commencement, et cette heure d'attente, on l'employait à se préparer à la représentation. Les plus vieux, qui avaient vu Garcia, Pellegrini, la Pasta, les comparaient à nos trois grands artistes actuels, et nous marquaient les traits caractéristiques de leur talent; un jeune magistrat, aujourd'hui conseiller à la cour de cassation, fort bon musicien, avait noté sur un calepin les plus beaux passages de virtuosité des grands artistes qu'il avait entendus, et nous les chantait à mi-voix. Nous formions, non seulement un auditoire, mais un jury; le public acceptait nos jugements, suivait nos applaudissements, imitait nos silences; les artistes mêmes comptaient avec nous. La première fois que j'ai vu Lablache, il me dit : « Ah! monsieur, je vous connais bien! Second rang du parterre, à la sixième place. Oh! j'ai bien souvent chanté pour vous. » Je me rappelle qu'un soir une cantatrice nouvelle ayant hasardé un trait de fort mauvais goût, et un bravo étant parti du fond du parterre, un des soixante, nommé Tillos, grand jeune homme à la mine fière, se leva et se tournant vers l'endroit d'où était parti l'applaudissement, dit tout haut, avec un accent de dédain incomparable: « Est-ce qu'il y a ici un habitué de l'Opéra-Comique? » Tout cela était, il faut en convenir, un peu fou, un peu excessif, mais on y retrouve bien cet enthousiasme, cette passion pour l'art, qui caractérisent 1830. Or, Berlioz est l'image même de 1830 ; nous voilà donc amenés naturellement par la musique italienne à Berlioz qui la détestait ; nous le comprendrons mieux maintenant : sa figure est replacée dans son cadre.

III

La première fois que j'entendis prononcer le nom de Berlioz, c'est à Rome, en 1832, à l'académie de France. Il venait de la quitter et y laissait le souvenir d'un artiste de talent, d'un homme d'esprit mais bizarre et se plaisant à l'être ; on prononçait volontiers à son sujet le mot de poseur. Mme Vernet et sa fille le défendaient et le vantaient beaucoup ; les femmes sont plus perspicaces que nous à deviner les hommes supérieurs. Mlle Louise Vernet me chanta, un jour, une mélodie composée pour elle par Berlioz dans les montagnes de Subiaco, *la Captive*. Ce qu'il y avait dans ce chant de poétique et de triste m'émut profondément. Je sentis se créer en moi un lien mystérieux de sympathie avec cet inconnu. Je demandai à Mme Vernet une lettre pour lui, et, une fois de retour à Paris, je n'eus pas de soin plus pressé que de le chercher. Mais où le trouver ? Il était si inconnu alors ! J'en désespérais, quand un matin, chez un coiffeur italien, nommé Decandia, qui demeurait place de la Bourse, j'entends un garçon dire au patron : « Cette canne est à M. Berlioz. — M. Berlioz ? dis-je vivement au coiffeur, vous connaissez M. Berlioz ? — C'est un de mes meilleurs clients ; il doit venir aujourd'hui. — Eh bien, remettez-lui ce mot. » C'était la lettre de Mme Vernet. Le soir j'allai entendre *Freischütz* ; la salle était comble et je n'avais pu trouver place que dans le couloir de la seconde galerie. Tout à coup, au milieu de la ritournelle de l'air de Gaspard, un de mes voisins se lève, se penche vers l'orchestre et s'écrie d'une voix tonnante : « Ce ne sont pas deux flûtes, misérables ! Ce sont deux petites flûtes ! Deux petites flûtes ! Oh ! quelles brutes ! » — Et il se rassied indigné. Au milieu du tumulte général, je me retourne et je vois à mes côtés un jeune homme tout tremblant de colère, les mains crispées, les yeux étincelants, et une coiffure, une coiffure !... On eût dit un immense parapluie de cheveux, surplombant, en auvent mobile, au-dessus d'un bec d'oiseau de proie. C'était à la fois comique et diabolique ! Le lendemain matin, j'entends sonner à ma porte ; je vais ouvrir et à peine la figure de mon visiteur entrevue :

« Monsieur, lui dis-je, n'étiez-vous pas hier soir à *Freischütz* ?

— Oui, monsieur.

— Aux secondes galeries ?

— Oui, monsieur.

— N'est-ce pas vous qui vous êtes écrié : « Ce sont « deux petites flûtes ? »

— Sans doute ! Comprenez-vous des sauvages pareils qui ne conçoivent pas la différence qui existe...

— C'est vous, mon cher Berlioz !

— Oui, mon cher Legouvé. » Et nous voilà, pour début de connaissance, nous embrassant comme du pain.

Oh ! l'intimité ne fut pas longue à s'établir. Tout nous rapprochait ! Notre âge, nos goûts, notre passion commune pour les arts. Nous appartenions tous deux à ce que Préault appelait la tribu des pathétiques. Il adorait Shakespeare comme moi, j'adorais Mozart comme lui ; quand il ne composait pas de musique, il lisait des vers ; quand je ne faisais pas de vers, je faisais de la musique. Enfin, dernier lien, j'avais traduit d'enthousiasme *Roméo et Juliette*, et il était, lui, éperdument épris de la célèbre artiste qui jouait Juliette, miss Smithson. Son amour mit le feu à notre amitié. C'était un amour plein d'orages. D'abord, il savait à peine quelques mots d'anglais, et miss Smithson savait encore moins de français, ce qui jetait un peu de décousu dans leurs dialogues. Puis, elle avait quelque peur de son farouche adorateur. Enfin, le père de Berlioz opposait un veto absolu à tout projet de mariage. En voilà plus qu'il ne fallait pour avoir besoin d'un confident. Il m'éleva donc à la dignité de son conseiller ordinaire, et comme c'était une fonction très occupante et qui pouvait suffire à deux personnes, il m'associa, à titre de confesseur adjoint, un de mes amis pour qui il avait une grande admiration, Eugène Sue.

Nos réunions étaient des plus étranges, et un accident arrivé à miss Smithson (elle s'était démis le pied en descendant de voiture) donna lieu un jour, entre nous, à une conversation caractéristique. Le matin je reçois un mot de Berlioz écrit d'une main crispée :

« Il faut absolument que je vous parle. Avertissez Sue ! O mes amis, que de douleur ! »

Là-dessus, lettre de moi à Eugène Sue :

« Tempête ! Berlioz nous convoque ! Ce soir, à souper, chez moi, à minuit. »

A minuit, arrive Berlioz les yeux tout chargés de nuages, les cheveux retombant sur son front en saule pleureur, et poussant des soupirs qu'il semblait tirer de ses talons.

« Eh bien, qu'y a-t-il donc ?

— O mes amis, ce n'est pas vivre !

— Est-ce que votre père est toujours inflexible ?

— Mon père ! s'écria Berlioz avec rage, mon père dit oui ! Il me l'a écrit ce matin.

— Eh bien, il me semble...

— Attendez ! Attendez ! Fou de joie en recevant cette lettre, je cours chez elle, j'arrive éperdu, fondant en larmes et je lui crie : « Mon père consent ! Mon père consent ! » Savez-vous ce qu'elle m'a répondu ? « *Not yet, Hector! not yet!* (Pas maintenant, Hector, pas maintenant). Mon pied me fait trop de mal. » Qu'en dites-vous ?

— Nous disons, mon ami, que cette pauvre femme souffrait sans doute beaucoup. — Est-ce qu'on souffre ? répliqua-t-il. Est-ce que la douleur existe quand on est dans l'ivresse ? Mais moi, moi, si l'on m'avait donné un coup de couteau en pleine poitrine au moment où elle m'a dit qu'elle m'aimait, je ne l'aurais pas senti. Et elle!... Elle a pu... elle a osé... » Puis, tout à coup, s'interrompant : « Comment l'a-t-elle osé?.. Comment n'a-t-elle pas pensé que j'allais l'étrangler? » A cette phrase, dite avec autant de simplicité que de conviction, Eugène Sue et moi nous partîmes d'un éclat de rire. Berlioz nous regarda d'un air stupéfait. Il lui semblait avoir dit la chose la plus naturelle du monde, et nous eûmes grand'peine à lui faire comprendre qu'il n'y avait aucune liaison d'idées entre une femme qui se plaint de souffrir du pied et une femme qu'on étrangle, et que miss Smithson eût été au comble de l'étonnement s'il lui avait sauté à la gorge, à la façon d'Othello. Le pauvre homme nous écoutait sans comprendre, la tête baissée; des larmes ruisselaient le long de ses joues, et il nous disait... « C'est égal, elle ne m'aime pas! Elle ne m'aime pas!

— Elle ne vous aime pas comme vous l'aimez, répondait Sue! c'est évident, et c'est bien heureux, car deux amoureux pareils à vous feraient un singulier ménage! » Il ne put s'empêcher de sourire. « Voyez-vous, mon cher ami, ajoutai-je à mon tour, vous avez la tête pleine de la Portia de Shakespeare, qui se donne un coup de couteau à la cuisse pour décider Brutus à lui accorder sa confiance. Mais miss Smithson ne joue pas les Portia, elle joue les Ophélie, les Desdémone, les Juliette, c'est-à-dire des créatures faibles, tendres, craintives, essentiellement féminines enfin! et je suis sûr que son caractère ressemble à ses rôles!

— C'est vrai!

— Qu'elle a une âme délicate comme les personnages qu'elle représente.

— Oui, c'est vrai!... Oh! délicate, c'est bien le mot.

— Et si vous aviez été digne d'elle, ou pour mieux dire, digne de vous, au lieu de lui jeter violemment cette joie au visage, vous l'auriez posée doucement sur sa souffrance comme un baume. Votre divin Shakespeare n'y eût pas manqué, lui, s'il eût eu cette scène à faire.

— Vous avez raison! Vous avez raison! s'écria alors le pauvre garçon. Je suis un brutal! je suis un sauvage! Je ne mérite pas d'être aimé d'un tel cœur! Si vous saviez tout ce qu'il y a en elle de trésors d'affection... Oh! comme je lui demanderai pardon demain! Mais voyez donc, mes amis, si j'ai bien fait de vous consulter!... Je suis arrivé désespéré, exaspéré, et me voilà confiant, heureux, riant! »

Et soudain, avec la naïveté d'un enfant, avec la mobilité d'un enfant, il se lançait dans la joie de son mariage prochain. Ce que voyant, j'ajoutai :

« Eh bien, célébrons le mariage tout de suite. Faisons de la musique. »

Il accepte avec enthousiasme. Mais comment faire de la musique? Je n'avais pas de piano dans mon ménage de garçon, et en eussé-je eu un, à quoi m'eût-il servi? Berlioz ne jouait que d'un doigt. Heureusement, il nous restait une ressource triomphante, la guitare. La guitare résumait pour lui tous les instruments, et il en jouait très bien. Il la prit donc et se mit à chanter. Quoi? des boléros, des airs de danse, des mélodies? Du tout. Le finale du second acte de la *Ves-*

*tale!* Le grand prêtre, les vestales, Julia, il chantait tout, tous les personnages, toutes les parties! Malheureusement, il n'avait pas de voix. Qu'importe, il s'en faisait une! Grâce au système de chant à bouche fermée qu'il pratiquait avec une habileté extraordinaire, grâce à la passion et au génie musical qui l'animaient tout entier, il tirait de sa poitrine, de son gosier et de sa guitare, des sons inconnus, des plaintes pénétrantes, qui, mêlées çà et là de paroles d'admiration, d'interruptions d'enthousiasme, voire même de commentaires éloquents, produisaient un effet d'ensemble si extraordinaire, un si incroyable tourbillon de verve et de passion, qu'aucune exécution de ce chef-d'œuvre, même au Conservatoire, ne m'a autant ému, autant transporté que ce chanteur sans voix avec sa guitare.

Après la *Vestale*, venait quelque morceau de sa symphonie fantastique.

C'était sa première grande création. Elle n'avait été exécutée qu'une fois encore en public et j'avais écrit sur l'œuvre et sur l'auteur un article plein d'espérance enthousiaste. Enfin, à la suite de tous ces chants, et comme emportés par eux, nous nous lancions tous les trois dans nos idées d'avenir. Eugène Sue nous racontait ses plans de romans; moi, mes projets dramatiques, Berlioz ses rêves d'opéra. Nous lui cherchions des sujets, nous lui bâtissions un scénario sur les *Brigands* de Schiller qu'il adorait, et nous nous séparions à quatre heures du matin, enivrés de poésie, de musique, frissonnant de la belle fièvre de l'art; et, le lendemain, miss Smithson voyait arriver chez elle, tout rayonnant de joie et tout tremblant de repentir, cet être étrange qu'elle avait vu partir, la veille, furieux et désolé.

## IV

Si j'ai raconté cette scène de jeunesse, ce n'est pas seulement pour le seul plaisir de rappeler un souvenir qui me touche, c'est surtout parce qu'elle représente au vif le *Berlioz ressemblant*, que je voudrais peindre; c'est qu'en écrivant ces lignes, il me semble voir encore cette créature, pathétique, excessive, ingénue, violente, insensée, sensible, mais avant tout, sincère. On a dit qu'il posait. Mais poser, c'est cacher ce qui est et montrer ce qui n'est pas, c'est feindre, c'est calculer, c'est être maître de soi! Et où aurait-il trouvé la force de jouer un tel rôle, cet être qui vivait à la merci de ses nerfs, qui était l'esclave de toutes ses impressions, qui passait subitement d'un sentiment à un autre, qui pâlissait, tressaillait, pleurait malgré lui, et ne pouvait pas plus commander à ses paroles qu'aux muscles de sa face? Lui reprocher d'être poseur! autant l'accuser, comme on l'a fait, d'être envieux! Il était fort admirateur de ses œuvres, j'en conviens, mais il était aussi très enthousiaste des œuvres des autres. Qu'on relise ses admirables articles sur Beethoven, sur Weber, sur Mozart, et, pour ne pas laisser à l'envie le droit de dire qu'il écrasait les vivants sous ses éloges pour les morts, qu'on se rappelle les acclamations dont il a salué le *Désert* de Félicien David et la *Sapho* de Gounod. Seulement ses antipathies étaient aussi vigoureuses que ses adorations. Il ne pouvait pas plus cacher les unes que les autres. A côté des expressions de flamme dont il saluait ce qu'il adorait, partaient, comme autant de flèches barbelées, les sarcasmes impitoyables dont il poursuivait ce qu'il n'aimait pas ! Deux faits curieux mettront en lumière ces deux côtés de sa nature.

Un soir, j'avais réuni chez moi quelques amis, Liszt, Goubaux, Schœlcher, Sue, et cinq ou six autres. Berlioz était des nôtres. « Listz, lui dit-il, joue-nous donc une sonate de Beethoven. » Nous passons de mon cabinet dans le salon ; j'avais un salon alors, et un piano. La lumière était éteinte, et le feu de la cheminée couvert. Goubaux apporte la lampe de mon cabinet, pendant que Liszt se dirige vers le piano, et que chacun de nous cherche un siège pour s'y installer.

« Montez donc la mèche, dis-je à Goubaux, on n'y voit pas assez clair. » Au lieu de la remonter, il la baisse, nous voilà dans l'obscurité, je pourrais dire dans les ténèbres, et ce passage subit de la clarté à la nuit, se mêlant aux premiers accords du piano, nous saisit tous au cœur. On eût dit la scène des ténèbres de *Mosé*. Liszt, soit hasard, soit influence involontaire, commence le funèbre et déchirant andante de la sonate en *ut* dièse. Chacun reste cloué à la place où il se trouve, et ne remue plus. De temps en temps, le feu mal couvert perçait soudainement la couche de cendres, et jetait dans la chambre des lueurs étranges, fugitives, qui nous dessinaient tous avec des formes de fantômes. Je m'étais laissé tomber dans un fauteuil, et j'entendais au-dessus de ma tête des sanglots et des plaintes étouffées ; c'était Berlioz. Le morceau fini, nous restâmes un moment muets ; Goubaux rallume une bougie, et pendant qu'on repassait du salon dans mon cabinet, Liszt m'arrête par le bras, et me montrant Berlioz, les joues toutes ruisselantes de larmes :

« Regardez-le, me dit-il tout bas, il a écouté cela en héritier présomptif. »

Voilà le Berlioz enthousiaste, voici l'autre.

Nous étions ensemble au théâtre Italien, on jouait *Othello*. Le finale du second acte contient un passage célèbre, c'est celui où Desdemona aux pieds de son père, s'écrie :

> Se il padre m'abbandona,
> Che mai più mi restera ?

*Si mon père m'abandonne, que me restera-t-il ?*

Le premier vers se répète deux fois, et traduit la douleur de Desdemona par une phrase musicale, lente, expressive, et vraiment poignante. Puis tout à coup, quand arrive le second vers, éclatent, pour peindre le désespoir, des gammes, des vocalises, des roulades qui me semblaient à moi très entraînantes, mais qui exaspéraient Berlioz. L'acte terminé, il se penche à mon oreille et d'une voix émue comme la mélodie elle-même, me chante tout bas :

> Si mon père m'abandonne,
> Si mon père m'abandonne,

Puis avec un éclat de rire sardonique, et en reproduisant toutes les roulades du texte :

> Je m'en fiche pas mal !
> Je m'en fiche pas mal !
> Je m'en fiche pas mal !

Voilà les deux Berlioz, l'enthousiaste et le moqueur. En voici un troisième, où se montrera le trait le plus caractéristique peut-être de cette figure singulière ; je parle du rôle immense et étrange que l'amour a joué dans sa vie.

## V

On se rappelle la page admirable qu'il a consacrée à sa première passion (il avait alors douze ans) pour une jeune fille de dix-huit, nommée Estelle :

« Elle avait une taille élégante et élevée, de grands yeux noirs armés en guerre, bien que toujours souriants, et une chevelure digne d'orner le casque d'Achille. En l'apercevant, je sentis une secousse électrique, je l'aimais, c'est tout dire. Le vertige me prit et ne me quitta plus. Je n'espérais rien, je ne savais rien, mais j'éprouvais au cœur une douleur profonde. Je me cachais le jour dans les champs de maïs, dans les réduits secrets du verger de mon grand-père, comme un oiseau blessé, muet et souffrant. La jalousie, cette pâle compagne des plus pures amours, me torturait au moindre mot adressé par un homme à mon idole, et tout le monde, dans le voisinage, s'amusait de ce pauvre enfant, brisé par un amour au-dessus de ses forces. »

Eh bien, ce qu'il fut à douze ans, il le fut toujours. Toujours blessé, toujours souffrant, mais pas toujours muet. On conçoit qu'une telle nature devait difficilement se plier à la régularité du ménage et à la fidélité conjugale. Aussi son mariage avec miss Smithson fut-il semblable à la Symphonie pastorale, débutant comme la plus pure matinée de printemps, et finissant par le plus effroyable orage. Le désaccord se produisit assez vite, et sous une forme assez singulière. Quand Berlioz épousa miss Smithson, il l'aimait comme un fou ; mais quant à elle, pour me servir d'un mot qui le jetait dans une sorte de fureur, *elle l'aimait bien :* c'était une tendresse blonde. Peu à peu, cependant, la vie commune l'apprivoisa aux farouches transports de son lion, peu à peu, elle y trouva du charme, et bientôt enfin, ce qu'il avait d'original dans l'esprit, de séduisant dans l'imagination, de communicatif dans le cœur, gagna si bien la froide fiancée, qu'elle devint une épouse ardente, et passa de la tendresse à l'amour, de l'amour à la passion, et de la passion à la jalousie. Malheureusement il en est souvent d'un mari et d'une femme comme des deux plateaux d'une balance ; ils se maintiennent rarement de niveau ; quand l'un monte, l'autre descend. Ainsi en arriva-t-il dans le nouveau ménage. A mesure que le thermomètre Smithson s'élevait, le thermomètre Berlioz baissait. Ses sentiments se changèrent en une bonne amitié, correcte et calme; mais en même temps éclatèrent chez sa femme des exigences impérieuses, des récriminations violentes et malheureusement trop légitimes. Berlioz, mêlé par l'exécution de ses œuvres et par sa position de critique musical, à tout le monde des théâtres, y trouvait des occasions de faillir qui auraient troublé de plus fortes têtes que la sienne; en outre, son titre de grand artiste méconnu, était un prestige qui changeait facilement ses interprètes en consolatrices. Mme Berlioz cherchait dans les feuilletons de son mari, les traces de ses infidélités; elle les cherchait même ailleurs, et des fragments de lettres interceptées, des tiroirs indiscrètement ouverts, lui faisaient des révélations incomplètes, qui suffisaient pour la mettre hors d'elle-même, mais ne l'éclairaient qu'à demi. Sa jalousie retardait toujours. Le cœur de Berlioz allait si vite qu'elle ne pouvait pas le suivre; quand, à force de recherches, elle était tombée sur l'objet de la passion de son mari, cette passion avait changé, il en aimait une autre, et alors, son innocence actuelle lui étant facile à prouver, la pauvre femme restait confuse comme un limier, qui, après avoir couru une demi-heure sur une piste, arrive au gîte quand l'oiseau est envolé. Il est vrai que quelque autre découverte la faisait bientôt repartir sur une autre trace, et de là, des scènes de ménage effroyables. Miss Smithson était déjà trop âgée pour Berlioz quand il l'avait épousée; le chagrin précipita pour elle les ravages du temps; elle vieillit jour à jour au lieu de vieillir année à année; et malheureusement plus elle vieillissait de visage, plus aussi elle rajeunissait de cœur, plus son amour s'accroissait, s'aigrissait, devenait une torture pour elle et pour lui, si bien qu'une nuit leur jeune enfant, qui couchait dans leur chambre, fut éveillé par de si terribles éclats d'indignation et d'emportement de la part de sa mère, qu'il se jeta à bas de son lit, et courant à elle : « Maman ! maman ! ne fais pas comme Mme Lafarge ! »

Il fallut se séparer. Celle qui s'appelait jadis Miss Smithson, usée avant l'âge, obèse, malade, alla chercher le repos dans un petit logis obscur à Montmartre, où Berlioz, qui, tout pauvre qu'il fût, lui servit toujours fidèlement une pension honorable, continuait à aller la voir comme ami ; car il l'aimait toujours, il l'aimait autant, mais il l'aimait autrement, et c'est cet autrement-là qui creusait entre eux un abîme.

Alors commença pour Berlioz la seconde et la plus douloureuse époque de sa vie ! Lutte contre tout et pour tout ! lutte contre le public ! lutte pour l'existence journalière ! lutte contre les difficultés d'une position fausse ! lutte contre son génie même qui cherchait encore sa voie. De ce moment date aussi la seconde phase de notre amitié, qui se transforma sans s'affaiblir, fit de lui pour moi un véritable initiateur, et me permettra de montrer ce rare esprit sous une forme nouvelle et curieuse.

## VI

Un événement important pour moi avait modifié nos relations. Je m'étais marié comme lui, et dans les mêmes dispositions de sentiments que lui ; mais j'avais compris le mariage autrement que lui. Mon état nouveau me créa ce que Dante appelle éloquemment *vita nuova*, une vie nouvelle. Mes enfants, leur mère, le soin de leur éducation, avaient fait de moi un homme de famille (*domestic-man*), comme disent les Anglais. Ce n'était guère le fait de Berlioz et je lui disais en riant :

« Mon cher ami, vous ressemblez à Mlle Mars.

— Comment cela ?

— Quand on lui offrait un rôle de mère, elle le refusait en disant : « Je ne suis faite que pour les rôles jeunes », et elle avait raison. Son extrait de naissance marquait déjà soixante ans que son talent n'en marquait que trente tout au plus. Ses yeux, sa physionomie, sa voix n'étaient propres qu'à peindre l'amour. Interrogée au tribunal sur son âge, elle répondit spirituellement : « Vingt-neuf ans passés. »

— Mais que diable, mon cher, me répondit Berlioz, ai-je de commun avec Mlle Mars ?

— C'est, lui dis-je, que vous n'êtes fait, comme elle, que pour les rôles jeunes. Vous êtes condamné à l'amour à perpétuité. Vous aurez toujours l'âge que nous avions quand nous nous sommes connus, à vingt-cinq ans, et en 1830 encore! Circonstance très aggravante. Vous êtes un Desgrieux éternel, un Desgrieux qui change souvent de Manon... Moi, j'ai pris l'emploi des Tiberge! »

Notre affection, devenue ainsi plus sérieuse, mais restée aussi cordiale, établit entre lui et moi, je devrais dire entre lui et nous, des relations musicales, qui aidèrent fort à mon éducation. Sûr de trouver chez moi un piano et une interprète, il venait causer avec nous de Glück, de Beethoven et de lui-même. J'ai entre les mains, et en ce moment sous les yeux, un exemplaire d'*Alceste* dans la version française, tout chargé de notes marginales et d'indications de la main de Berlioz. Glück corrigeait fort mal ses épreuves; Berlioz les corrigea de nouveau sur cet exemplaire d'après l'édition italienne, qui, comme on le sait, est la première. Il rétablit les mouvements. Dans l'air, *Non, ce n'est pas un sacrifice;* au-dessus de cette phrase : *Mes chers enfants, je ne vous verrai plus,* un « *double plus lent* », il écrivit en lettres énormes et d'une écriture nerveuse, qui sent la colère et peut se traduire par : Imbéciles de traducteurs! Le début du fameux air : *Divinités du Styx,* excitait surtout son indignation et lui inspira les plus intéressantes corrections. La figuration matérielle de cette phrase musicale expliquera sa pensée.

Voici la traduction française :

*Version française.*

*Version italienne.*

Tout en biffant, en raturant, en rétablissant les paroles italiennes au-dessus des paroles françaises : « Comprenez-vous, me disait-il avec rage, des sauvages pareils à ces traducteurs ! Et faut-il que ce grand génie appelé Gluck, ait été le négligent, l'indifférent correcteur que nous connaissons, pour avoir imaginé ou accepté une telle mutilation ? *Umbre, larve, compagne di morte*, représentent successivement deux blanches et une ronde, puis deux blanches pointées retombant sur une blanche, et, par conséquent, constituent une succession de notes larges, sombres, qui produisent un puissant effet de terreur religieuse. Au lieu de cela, le traducteur français, avec son affreux : *Divinités du Styx!* qu'il répète deux fois, le misérable ! nous donne cinq petites notes sautillantes, qui se terminent par cet horrible vocable : *Styx!* Je conviens qu'il est bien infernal, mais infernal pour le chanteur, pour l'auditeur, et il détruit comme avec le cri aigu d'un sifflet, l'impression funèbre de cette invocation aux dieux de l'Érèbe. » Le morceau ainsi corrigé, il priait la maîtresse du logis de le lui chanter. Alors, aux corrections purement matérielles, succédaient les plus délicates indications artistiques. Il entrait et nous faisait entrer dans tout le mystère des intentions de l'auteur, dans toutes les nuances de l'accent, de la prononciation, avec un art qui nous rendait visible la pensée de Glück, et était capable de changer un simple amateur en véritable artiste.

Plus poétique encore était Berlioz expliquant la Symphonie avec chœurs. Ses articles mêmes, si admirables qu'ils soient, n'en donnent qu'une idée imparfaite, car dans ses articles il n'y a que son opinion; dans sa parole, il y avait lui tout entier. A l'éloquence des mots, s'ajoutaient la physionomie, le geste, l'accent, les larmes, les exclamations d'enthousiasme, et ces trouvailles d'expression, ces audaces d'images que donne à celui qui parle le regard de celui qui écoute, le frémissement du visage répondant à la vibration de la parole. Une heure passée ainsi, m'en apprenait plus sur la musique instrumentale, qu'un concert du Conservatoire, ou, pour mieux dire, quand j'arrivais le dimanche suivant au Conservatoire, l'esprit encore tout plein des commentaires de Berlioz, l'œuvre de Beethoven s'ouvrait tout à coup devant moi comme un vaste temple plein de lumière ; j'en saisissais du regard toute l'ordonnance, j'y marchais librement comme dans un domaine connu ; j'en parcourais d'un pied sûr tous les détours. Berlioz m'avait donné la clef du sanctuaire.

Je lui dus une autre grande joie musicale.

Un soir, il arrive chez moi : « Venez, me dit-il, je vais vous faire voir quelque chose que vous n'avez jamais vu, et quelqu'un que vous n'oublierez pas. » Nous montons au second étage d'un petit hôtel meublé, et je me trouve vis-à-vis d'un jeune homme pâle, triste, élégant, ayant un léger accent étranger, des yeux bruns d'une douceur limpide incomparable, des cheveux châtains, presque aussi longs que ceux de Berlioz et retombant aussi en gerbe sur son front.

« Mon cher Chopin, je vous présente mon ami Legouvé. » C'était Chopin, en effet, arrivé depuis quelques jours à Paris. Son premier aspect m'avait ému, sa musique me troubla comme quelque chose d'inconnu.

Je ne puis mieux définir Chopin, qu'en disant que c'était *une trinité charmante*. Il y avait entre sa personne, son jeu et ses ouvrages, un tel accord, qu'on ne peut pas plus les séparer, ce semble, que les divers traits d'un même visage. Le son si particulier qu'il tirait du piano ressemblait au regard qui partait de ses yeux ; la délicatesse un peu maladive de sa figure s'alliait à la poétique mélancolie de ses nocturnes ; et le soin et la recherche de sa toilette faisaient comprendre l'élégance toute mondaine de certaines parties de ses œuvres ; il me faisait l'effet d'un fils naturel de Weber et d'une duchesse; ce que j'appelais *ses trois lui* n'en formaient qu'un.

Son génie ne s'éveillait guère qu'à une heure du matin. Jusque-là, il n'était qu'un pianiste charmant. La nuit venue, il entrait dans le groupe des esprits aériens, des êtres ailés, de tout ce qui vole et brille au sein des demi-ténèbres d'une nuit d'été. Il lui fallait alors un auditoire très restreint et très choisi. La moindre figure un peu déplaisante suffisait pour le déconcerter. Je l'entends encore, un jour où son jeu me semblait un peu agacé, me dire tout bas en me désignant du regard une dame assise en face de lui : « C'est la plume de cette dame! Si cette plume-là ne s'en va pas, je ne pourrai pas continuer! » Une fois au piano, il jouait jusqu'à épuisement. Atteint d'une maladie qui ne pardonne pas, ses yeux se cerclaient de noir, ses regards s'animaient d'un éclat fébrile, ses lèvres s'empourpraient d'un rouge sanglant, son souffle devenait plus court! Il sentait, nous sentions que quelque chose de sa vie s'écoulait avec les sons, et il ne voulait pas s'arrêter, et nous n'avions pas la force de l'arrêter! la fièvre qui le brûlait nous envahissait tous! Pourtant, il y avait un moyen certain de l'arracher au piano, c'était de lui demander la marche funèbre qu'il a composée après les désastres de la Pologne. Jamais il ne se refusait à la jouer; mais à peine la dernière mesure achevée, il prenait son chapeau et partait. Ce morceau, qui était comme le chant d'agonie de sa patrie, lui faisait trop de mal; il ne pouvait plus rien dire après l'avoir dit, car ce grand artiste était un grand patriote, et les notes fières qui éclatent dans ses mazurkas comme des cris de clairon, racontent tout ce qui vibrait d'héroïque derrière ce pâle visage, qui n'a jamais dépassé la juvénilité ; Chopin est mort à quarante ans, encore adolescent. Enfin, comme dernier trait de sa figure, ajoutez une finesse légèrement railleuse qui sentait son gentilhomme. Je ne puis oublier sa réponse après le seul concert public qu'il ait donné. Il m'avait prié d'en rendre compte. Liszt en réclama l'honneur. Je cours annoncer cette bonne nouvelle à Chopin, qui me dit doucement :

« J'aurais mieux aimé que ce fût vous.

— Vous n'y pensez pas, mon cher ami! Un article de Liszt, c'est une bonne fortune pour le public et pour vous. Fiez-vous à son admiration pour votre talent. Je vous promets qu'il vous fera un beau royaume. — Oui, me dit-il en souriant, dans son empire! »

Liszt lui-même, dont Chopin se défiait à tort, car il écrivit un article charmant de sympathie sur ce concert, n'est devenu pour moi presque un ami, que grâce à mon amitié avec Berlioz. Mais le plus grand bien que j'aie retiré de cette amitié, c'est d'avoir pénétré dans le secret de ce génie et de ce caractère, et de pouvoir aujourd'hui l'expliquer et le défendre. Soyons sincères. Berlioz est admiré, acclamé, il n'est pas aimé. L'éclat de sa gloire n'a pas rejailli sur sa personne; on le juge mal comme homme, et on le connaît mal comme artiste; tout illustre qu'il soit, il est resté à l'état de sphinx ; tâchons de déchiffrer l'énigme.

## VII

Trois reproches principaux sont adressés à Berlioz. On l'accuse d'être, comme compositeur, trop savant, c'est-à-dire d'avoir plus d'habileté que d'inspiration, d'être trop descriptif, de chercher avant tout l'imitation des bruits naturels; comme homme, on lui reproche d'être égoïste, et comme critique, d'être méchant.

Une soirée de trois heures me convainquit qu'il n'était pas assez savant, que sa musique était avant tout psychologique, et que ce méchant était plein de cœur.

Voilà, on en conviendra, une soirée bien employée.

Sa *Damnation de Faust* venait d'être réduite pour le piano.

« J'arriverai chez vous demain, à huit heures, me dit-il un jour, avec ma partition et mon exécutant; il n'a que douze ans, c'est un prodige qui deviendra un jour une merveille; il s'appelle Théodore Ritter. »

Le lendemain, à l'heure dite, Ritter était au piano. Berlioz se place à côté de lui, l'interrompant souvent ou le faisant recommencer pour m'expliquer l'intention de tel ou tel passage, le sens de tel ou tel mouvement, de telle ou telle note, et à mesure qu'il parlait, m'apparaissait clairement le double but qu'il a toujours poursuivi, les deux objets contradictoires qu'il s'est toujours proposés : la grandeur dans l'ensemble et la minutie dans le détail ; Michel-Ange et Meissonier. L'avouerai-je? J'éprouvais une sorte de vertige à voir tout ce qu'il voulait faire dire à la musique, non seulement dans le domaine de la nature extérieure, mais surtout dans le domaine bien autrement mystérieux de l'âme. Nos émotions n'ont rien de si intime, nos sentiments n'ont rien de si secret, nos sensations n'ont rien de si fugitif, qu'il ne cherchât à le rendre par la langue des sons. Il voulait que sa musique fût l'écho des mille vibrations de son mobile cœur. Noble ambition, sans doute, mais au-dessus, je le crois, de sa puissance artistique. Je touche là à un point très délicat. La famille des grands artistes se partage en deux classes : d'un côté les génies simples, clairs, lumineux, Haydn, Mozart, Rossini, et de notre temps Gounod. De l'autre les génies touffus, complexes, Beethoven, Meyerbeer, et en face d'eux, Berlioz. Ces derniers créateurs ont peut-être, plus que les autres, besoin d'une très forte science ; la multiplicité de leurs idées, la puissance de leurs conceptions, la profondeur mystérieuse de leurs aspirations, demandent un talent de mise en œuvre, une souplesse d'exécution, qui exigent à leur tour un travail auquel la plus heureuse nature ne peut suppléer. Quand on voit à quel immense labeur s'est livré Meyerbeer, quand on examine par quelle solide éducation il a commencé, quelle rude discipline il a subie, quelles études successives il a faites du génie allemand et du génie italien, de la musique vocale et de la musique instrumentale, quelles recherches infatigables l'ont mis au courant de toutes les inventions mécaniques, industrielles, relatives à la musique, quelle poursuite obstinée lui a fait connaître toutes les combinaisons mélodiques ou orchestrales trouvées par tous les artistes de tous les pays, on se rend compte que sa puissance de contrastes et d'effets n'était que le résultat de prodigieux efforts ; on comprend à quel prix il a pu ajouter une octave au clavier de la musique dramatique. Eh bien, voilà ce qui a manqué à Berlioz. La résistance de son père lui a fait commencer ses études musicales trop tard. La pauvreté l'a empêché de les poursuivre à fond. Il lui a fallu chanter dans les chœurs et donner des leçons de guitare pour vivre, au lieu de travailler ; il n'a pas pu acquérir *assez de talent pour son génie*. De là, dans son œuvre, à côté des plus ingénieuses et des plus délicates recherches d'exécution, des maladresses, des obscurités, des lacunes, des bizarreries qui sont des gaucheries. Sans doute, il était beaucoup plus habile que presque tous les autres, mais il ne l'était pas assez pour lui. Le talent d'exécution chez l'artiste doit être en rapport avec la nature et la richesse de sa conception. La plume de Lamartine, si brillante qu'elle fût, n'aurait pas suffi à l'imagination de Victor Hugo. La Fontaine ne s'est créé, qu'à force de travail, cet instrument merveilleux, qui se prêtait à exprimer les mille nuances de sa pensée. Berlioz, pour être tout lui-même, aurait eu besoin d'avoir la science et l'habileté de Beethoven. Du reste, qu'il se console ! Weber se plaignait, lui aussi, de n'être pas assez savant ! *Freischütz* n'en est pas moins immortel, et la *Damnation de Faust* aussi.

Viennent enfin ces deux terribles épithètes qu'on a

accolées à son nom : égoïste et méchant. Égoïste comme homme, méchant comme critique.

Examinons ce grand et double reproche. Oui, sans doute, il était très occupé de lui-même, mais il trouvait le temps, j'en parle par expérience, de s'occuper ardemment des autres, de s'intéresser à tout ce qui intéressait ses amis, de s'émouvoir de leurs chagrins, de s'associer à leurs joies; c'était le plus reconnaissant des hommes, et s'il se souvenait quelquefois du mal, il se souvenait toujours du bien. Hetzel et moi, nous eûmes le plaisir de lui rendre un léger bon office. Il l'écrit dans ses mémoires en lettres d'or comme s'il s'agissait d'une bonne action, et il nous a donné, en remerciements, cent pour cent de notre argent, comme s'il ne nous l'avait pas remboursé. Sa reconnaissance a été un jour jusqu'à l'héroïsme. En 1848, M. Ch. Blanc, chargé de la direction des beaux-arts, fait donner à Berlioz par le ministère une marque de sympathie et d'estime. Vingt ans après, vingt ans pendant lesquels le protégé et le protecteur s'étaient à peine rencontrés, M. Ch. Blanc, candidat au titre d'académicien libre, se présente chez Berlioz. Il le trouve mourant.

« Je sais pourquoi vous venez, lui dit Berlioz.

— Ne parlons pas de cela, reprit vivement le candidat, j'ignorais absolument votre état de souffrance; ne parlons pas de cela, je me retire.

— Restez, et parlons-en. J'irai à l'Académie pour vous.

— Malade comme vous l'êtes... mon cher Berlioz... permettez-moi de vous dire que je vous le défends !

— Malade ? Oui, je le suis très gravement ! mes jours sont comptés ; mon médecin me l'a dit, il m'en a même dit le compte, ajouta-t-il avec un demi-sourire ; mais l'élection a bien lieu le 16. J'ai le temps. J'aurai même, ajouta-t-il avec ce mélange de raillerie qui lui était habituel, j'aurai même encore quelques jours pour me préparer. » Une semaine plus tard, l'élection avait lieu ; Berlioz s'y faisait porter, et quinze jours après, il était mort.

La pitié, chez lui, s'étendait même aux animaux, et arrivait jusqu'à la sensibilité. Je le vois encore un jour, pendant un dîner, où un des convives racontait en grand détail je ne sais quel exploit de chasse, cesser tout à coup de manger, détourner la tête, puis nous dire, tout tremblant... « C'est cruel ! C'est lâche ! Des hommes comme vous, parler gaiement d'oiseaux tombés tout sanglants sous le plomb, d'animaux blessés, et se débattant sur le sol, de créatures vivantes, qu'on achève à coups de crosse, ou à coups de talon... vous êtes des bourreaux ! »

En l'entendant, et en le voyant saisi d'une émotion si réelle, je ne pus me défendre de penser à ces deux vers charmants de La Fontaine :

>Les animaux périr !
>Baucis en répandit en secret quelques larmes.

J'ai bien de la peine à voir un méchant homme dans celui qui m'a fait penser à Baucis.

Reste le critique. Celui-là était rude, j'en conviens, parfois même amer et injuste. Je ne veux pas l'excuser, mais je tiens à l'expliquer. D'abord il était aigri par la lutte et l'injustice ; ses plus vives attaques ne sont souvent que des revanches. Puis son métier de critique lui était insupportable, il ne l'avait pris que pour vivre, et ne se mettait jamais devant son papier qu'avec un mouvement de colère, comme on reprend sa chaîne. L'argent même qu'il y gagnait lui était pénible, son orgueil de compositeur s'indignait que ses articles lui rapportassent plus que sa musique. Ajoutons qu'il était violemment exclusif comme tous les novateurs, comme Beethoven qui voulait qu'on donnât le fouet à Rossini, comme Michel-Ange qui parlait avec dédain de Raphaël, comme Corneille qui ne trouvait aucun talent dramatique à Racine. La jalousie n'a rien à faire dans ces dénis de justice ; ce sont des antipathies de génies qui ne prouvent que le génie même ; plus un esprit est original, plus souvent il est inique ; si Rossini, Auber et Hérold avaient écrit ce qu'ils pensaient de Berlioz, ils en auraient dit bien plus long contre lui, que lui contre eux.

Enfin, terrible qualité qui devient bien vite un défaut ! Berlioz avait énormément d'esprit. Une fois la plume à la main, il lui partait, d'entre les doigts, des traits de moquerie si plaisants, qu'il éclatait de rire en les écrivant, mais sa raillerie, pour être souvent de la pure gaieté, n'en était pas moins redoutable et redoutée. Peu de personnes étaient à l'aise avec lui. Les artistes les plus éminents, ses pairs, subissaient en sa présence une sorte de gêne. Gounod m'a souvent parlé de l'état de contrainte où le mettait Berlioz. J'ai vu Adolphe Nourrit, chez moi, un matin, lancé avec enthousiasme dans l'interprétation d'une mélodie de Schubert, se troubler tout à coup en voyant entrer Berlioz, et achever comme un écolier un morceau qu'il avait commencé comme un maître. Berlioz ne se doutait pas qu'il inspirât de tels sentiments, et s'il l'eût su, il en eût souffert! car toute sa malice sardonique tombait à l'instant devant la crainte d'affliger même un homme obscur.

Je ne sais quel pianiste étranger, inventeur de je ne sais quelle méthode de piano, vient trouver Berlioz et lui demande un article. Berlioz le congédie assez brutalement. Insistance du pianiste.

« Mettez ma méthode à l'épreuve, monsieur Berlioz.

— Eh bien, soit! j'accepte. Je vous enverrai un enfant qui veut être pianiste, malgré moi, malgré ses parents, malgré la musique! Si vous réussissez avec lui, je vous fais un article. »

Qui lui envoie-t-il? Ritter! Ritter à qui il recommande bien de cacher son talent. Au bout de deux leçons, Berlioz rencontre l'inventeur :

« Eh bien, votre élève?

— Oh! il a la tête bien dure, les doigts bien lourds, pourtant, je n'en désespère pas! »

Bientôt nouvelle rencontre :

« Hé bien?

— Cela marche! cela marche!

— J'irai l'entendre chez vous demain. »

Le lendemain, arrive Berlioz qui dit tout bas à Ritter: « Joue tout ton jeu! »

Le morceau commence, et voilà les gammes, les trilles, les traits qui partent à toute volée! Vous vous imaginez la stupéfaction du pauvre inventeur, et les éclats de rire de Berlioz, et sa joie vraiment diabolique en lui disant :

« C'est Ritter ! c'est Ritter ! »

Là-dessus, le malheureux suffoqué, les bras tombants, n'a que la force de dire :

« Oh ! monsieur Berlioz ! comment avez-vous pu vous moquer si cruellement d'un pauvre homme qui ne vous demandait que de l'aider à gagner sa vie ! » Et il fond en larmes. Que fait Berlioz ? Il fond en larmes à son tour ; il se jette au cou du pauvre homme ; il l'embrasse ; il lui demande pardon, et, le lendemain, il lui écrit un article admirable. Voilà l'homme ! Plume acérée ! cœur tendre !

## VIII

Avec Berlioz, il faut toujours en revenir à l'amour, c'est l'alpha et l'oméga de sa vie ! Le hasard a voulu que je fusse son dernier comme son premier confident. En vain le mouvement de la vie séparait-il souvent nos deux existences : à la première rencontre, la confiance renaissait comme si nous nous étions vus la veille ; je rentrais immédiatement dans mon rôle, et un carrefour, une porte cochère, un angle un peu obscur dans une place, tout lui était bon comme confessionnal.

Voici trois récits de passion qu'il m'a faits à quelques années de distance l'un de l'autre, et qui achèveront mieux ce portrait que tous les discours.

Un jour, une ondée de printemps m'avait surpris dans la rue Vivienne; je me réfugiai sous les colonnes placées devant le théâtre du Palais-Royal et j'y trouvai Berlioz. Il me prend le bras, son air était sombre, sa voix brève, et il marchait la tête basse. Tout à coup, se retournant vers moi :

« Mon ami, me dit-il, il y a en enfer des gens qui l'ont moins mérité que moi ! »

Je sursautai, tout habitué que je fusse avec lui à l'inattendu :

« Eh ! bon Dieu, qu'y a-t-il donc ?

— Vous savez que ma pauvre femme s'est retirée dans un petit logis à Montmartre.

— Où vous allez la voir souvent, je le sais aussi, et où votre sollicitude la suit comme votre respect.

— Beau mérite ! reprit-il vivement ; pour ne pas l'aimer et la vénérer, il faudrait être un monstre ! »

Puis, avec une incroyable amertume :

« Eh bien, je suis un monstre !

— Encore quelque maladie de conscience !

— Jugez-en. Je ne vis pas seul.

— Je le sais !

— Une autre a pris sa place chez moi... Que voulez-vous ? je suis faible ! Or, il y a quelques jours, ma femme entend sonner à sa porte. Elle va ouvrir et se trouve en face d'une jeune dame, élégante, jolie, qui, le sourire sur les lèvres, lui dit :

— Madame Berlioz, s'il vous plaît ? madame. —

C'est moi, madame, répond ma femme. — Vous vous trompez, reprit l'autre, je vous demande Mme Berlioz. — C'est moi, madame ! — Non, ce n'est pas vous ! Vous me parlez, vous, de la vieille Mme Berlioz, de la délaissée !... moi je parle de la jeune, de la jolie, de la préférée ! Eh bien, celle-là, c'est moi. » Et elle sort en fermant brusquement la porte sur la pauvre créature, qui tomba à demi évanouie de douleur !

Berlioz s'arrêta à ce mot, puis après un moment de silence, il reprit :

« Eh bien, voyons, n'est-ce pas atroce ? n'avais-je pas raison de dire...

— Qui vous a raconté cette action abominable ? m'écriai-je vivement. Celle qui l'a faite, sans doute. Elle s'en est vantée, j'en suis sûr. Et vous ne l'avez pas jetée à la porte ?

— Comment l'aurais-je pu ? me répondit-il d'une voix brisée, je l'aime ! » Son accent m'ôta la force de lui répondre, et le reste de sa confidence acheva de me désarmer en me montrant que sa femme était bien vengée. Celle qui la remplaçait, avait une voix assez jolie mais faible, et elle était mordue de la rage de chanter sur un théâtre. Eh bien, il fallut que Berlioz employât son influence de feuilletoniste pour lui obtenir un engagement, il fallut que cette plume honnête, inflexible, farouche, se pliât à ménager, à flatter des directeurs et des auteurs pour lui procurer, à elle, un rôle de début ! Elle fut sifflée ; il fallut qu'il écrivît un article où il transforma sa chute en succès. Écartée du théâtre, elle voulut chanter dans les concerts organisés par Berlioz, et chanter quoi? Sa musique à lui! Des mélodies de lui! Et il fallut encore qu'il cédât, il fallut que lui, qui était exaspéré par une fausse note, et malade d'un mouvement mal compris, il consentît à entendre chanter faux ses propres œuvres, à diriger lui-même, comme chef d'orchestre, le morceau où il était assassiné comme compositeur!

« Voyons, ajouta-t-il, après m'avoir énuméré ses tortures, n'est-ce pas vraiment diabolique, c'est-à-dire tout à la fois tragique et grotesque? je dis que je mériterais d'aller en enfer... mais j'y suis! Et ce terrible gouailleur de Méphisto rit, je le gage, de me crucifier ainsi dans mes nerfs de musicien! En vérité, je suis quelquefois tenté d'en rire aussi. »

Et, en effet, tandis que des larmes de rage roulaient dans ses yeux, je ne sais quelle expression de moquerie amère contractait son visage.

Le second récit est plus caractéristique encore, et nous fera faire un pas de plus dans la connaissance de cette créature étrange, car l'amour, chez lui, prenait tant de formes, que chaque passion nouvelle nous montrait en lui quelque chose d'inconnu.

## IX

La faculté dominante de Berlioz était la faculté de souffrir. Toutes ses sensations allaient jusqu'à la douleur. Le plaisir même touchait chez lui à la peine. Quand il fut pris de sa première passion, quel fut son premier sentiment ? Il l'a écrit lui-même : « Je me sentis au cœur une profonde douleur. »

On se rappelle sa réponse à un de ses voisins de spectacle qui, le voyant pleurer à sanglots pendant une symphonie de Beethoven, lui dit affectueusement :

« Vous paraissez beaucoup souffrir, monsieur ? Vous devriez vous retirer.

— Est-ce que vous croyez que je suis ici pour mon plaisir ? » lui répondit brusquement Berlioz.

J'avais souvent remarqué en lui cette disposition fatale ; je prétendais qu'on ne pouvait pas le toucher sans le faire crier, et je l'appelais quelquefois en riant, mon cher écorché.

Un automne, vers 1865, je crois, les répétitions de son opéra de *Béatrice et Bénédict* le conduisirent à Bade où un hasard de voyage m'avait amené. Un matin, je le rencontre dans les bois qui mènent au vieux château. Il me parut vieilli, changé et triste. Nous nous assîmes sur un banc, car l'ascension le fatiguait. Il tenait à la main une lettre qu'il froissait convulsivement.

« Encore une lettre ! lui dis-je gaiement pour tâcher de le désassombrir.

— Toujours.
— Ah !... est-elle jeune ?
— Hélas ! oui.
— Jolie ?
— Trop jolie ! Et avec cela une intelligence, une âme !

— Et elle vous aime?

— Elle me le dit... Elle me l'écrit...

— Il me semble que si, en outre, elle vous le prouve...

— Eh! sans doute, elle me le prouve... Mais qu'est-ce que cela prouve, des preuves?

— Oh! nous voilà dans le cinquième acte d'*Othello*!

— Tenez, prenez cette lettre... ne craignez pas d'être indiscret en la lisant, elle ne porte pas de signature ; lisez et jugez. »

La lettre lue, je ne pus m'empêcher de lui dire :

« Ah çà, où trouvez-vous là un sujet de vous affliger? Cette lettre part d'une femme supérieure ; de plus, elle est pleine de tendresse, de passion... Qu'y a-t-il donc?...

— Il y a, s'écria-t-il en m'interrompant avec désespoir... il y a que j'ai soixante ans !

— Qu'importe, si elle ne vous en voit que trente !

— Mais regardez-moi donc ! Voyez ces joues creuses, ces cheveux gris, ce front ridé !

— Les rides des hommes de génie ne comptent pas. Les femmes sont fort différentes de nous. Nous ne comprenons guère, nous, l'amour sans la beauté. Mais elles s'éprennent dans un homme de toutes sortes de choses. Tantôt c'est le courage, tantôt la gloire, tantôt le malheur ! Elles aiment parfois en nous ce qui nous manque.

— C'est ce qu'elle me dit, quand elle voit mes désespoirs !...

— Vous lui en parlez donc?

— Comment les lui cacher? Parfois, tout à coup, sans cause, je tombe assis sur un siège en sanglotant! C'est cette affreuse pensée qui m'assaille; elle le devine! Et alors avec une angélique tendresse... elle me dit : « Malheureux ingrat, que puis-je faire pour vous convaincre? Voyons!... Est-ce que j'ai aucun intérêt à vous dire que je vous aime? Est-ce que je n'ai pas tout oublié pour vous? Est-ce que je ne m'expose pas à mille périls pour vous? » Et elle me prend la tête entre ses mains; et je sens ses larmes qui tombent dans mon cou. Et pourtant, malgré cela, toujours retentit au fond de mon cœur cet affreux mot : J'ai soixante ans! Elle ne peut pas m'aimer! Elle ne m'aime pas! » Ah! mon ami, quel supplice! se créer un enfer avec un paradis! »

Je le quittai sans avoir pu le consoler, et très ému, je l'avoue, non seulement de son chagrin, mais de son humilité. Comme nous voilà loin des puérils orgueils de Chateaubriand et de Gœthe, qui, si béatement, se croyaient revêtus par leur génie d'une jeunesse éternelle, qu'aucune adoration ne les surprenait. Que j'aime mieux Berlioz! Comme il est bien plus humain! Et comme je suis touché de le voir, cet orgueilleux prétendu, oublier si bien qu'il est un grand artiste, pour se souvenir seulement qu'il est un vieil homme!

Enfin me voici à notre dernière étape dans cette excursion à travers l'âme et le génie de Berlioz, car son âme et son génie se tiennent étroitement et s'expliquent l'un l'autre.

Gounod venait d'être nommé membre de l'Institut; Berlioz avait cordialement, chaudement, fraternellement travaillé à son élection. Encore une réponse à sa réputation d'égoïste. Gounod nous réunit à dîner chez lui pour fêter sa nomination. On se sépare à minuit. Berlioz, fatigué, avait peine à marcher; je lui donne le bras pour remonter chez lui, rue de Calais, et nous voilà au milieu des rues désertes, recommençant une de ces promenades nocturnes, comme nous en avions tant fait dans notre jeunesse. Il était silencieux, marchait courbé, et, de temps en temps, tirait de sa poitrine quelqu'un de ces soupirs que je connaissais si bien. Je lui adressai mon éternelle question :

« Qu'y a-t-il encore?

— Quelques lignes d'elle que j'ai reçues ce matin.

— Qui, elle? la dame de Bade ou une autre?

— Une autre, me répondit-il. Ah! je vais vous paraître bien étrange. Vous rappelez-vous Estelle?

— Qui, Estelle?

— La jeune fille de Meylan?

— Celle que vous avez aimée à douze ans?

— Oui, je l'ai revue il y a quelque temps, et en la revoyant... O mon ami! comme Virgile a raison! Quel cri parti du cœur que ce vers :

..... Agnosco veteris vestigia flammæ.

Je reconnais les traces de mon ancienne flamme!

— Votre ancienne flamme? Comment?

— Oh! c'est absurde! c'est ridicule... je le sais bien!... Mais qu'importe? *il y a plus de choses dans* l'âme humaine, Horatio, comme dit Hamlet, *qu'il n'en peut tenir dans votre philosophie!* La vérité est qu'à sa vue toute mon enfance, toute ma jeunesse me sont remontées au cœur!... Cette secousse électrique que j'ai ressentie jadis, à sa vue, m'a encore traversé le cœur entier, comme il y a plus de cinquante ans!

— Mais quel âge a-t-elle donc?

— Six ans de plus que moi, et j'en ai plus de soixante!

— C'est donc une merveille! Une Ninon!

— Je n'en sais rien. Je ne crois pas. Mais que me font et sa figure et son âge? Il n'y a rien de réel dans ce monde, mon cher ami, que ce qui se passe là, dans ce petit coin de l'être humain qu'on appelle le cœur. Eh bien, sachez que moi, vieux, veuf, presque seul dans le monde, j'ai concentré ma vie tout entière dans cet obscur petit village de Meylan où elle vit. Je ne supporte l'existence qu'en me disant : Cet automne, j'irai passer un mois auprès d'elle. Je mourrais dans cet enfer de Paris, si elle ne m'avait pas permis de lui écrire, et si de temps en temps il ne m'arrivait quelques lettres d'elle!

— Lui avez-vous dit que vous l'aimez?

— Oui.

— Qu'a-t-elle répondu?

— Elle est restée stupéfaite, un peu effrayée d'abord, je lui faisais l'effet d'un fou; mais peu à peu j'ai fini par la toucher. Je demande si peu! Mon pauvre amour a besoin de si peu de chose pour subsister! M'asseoir près d'elle, la regarder filer, car elle file... ramasser ses lunettes, car elle porte des lunettes... entendre le son de sa voix... lui lire quelques passages de Shakespeare... la consulter sur ce qui me touche, m'entendre gronder par elle... Oh ! mon ami ! mon ami !... Les premières amours !... Elles ont une force que rien n'égale ! » Et suffoqué par l'émotion, il s'assit sur une borne au coin de la rue Mansard. La lueur d'un bec de gaz tombait sur ce pâle visage, et y jetait une blancheur de spectre, et je voyais ruisseler sur ses joues ces mêmes larmes de jeune homme qui m'avaient si souvent touché autrefois! Une compassion profonde, pleine de tendresse, me saisissait en face de ce grand artiste, condamné à la passion, et mon émotion s'accroissait par un antique et glorieux souvenir ; je pensais à Michel-Ange septuagénaire, et agenouillé tout en pleurs devant le corps de celle qu'il aimait, la marquise de Pescaire.

Ne jugeons pas ces êtres exceptionnels à la mesure des hommes ordinaires. Ce sont des astres qui ont leurs lois à part. Ils ne ressemblent pas à ces étoiles pures et sereines qui luisent doucement et régulièrement pendant les belles nuits ; ce sont des comètes. L'orbite qu'ils parcourent, la forme qu'ils revêtent, la lumière qu'ils répandent, l'influence qu'ils exercent, le lieu d'où ils viennent, le lieu où ils vont, tout est étrange en eux, et tout est conséquent. Est-ce le génie de Berlioz qui lui a donné son cœur?... Est-ce son cœur qui lui a donné son génie? Nul ne peut le dire, mais ils sont le portrait l'un de l'autre. Il faut peut-être avoir aimé ainsi, pour avoir chanté ainsi. Ces passions orageuses, insensées, désespérées, n'expliquent-elles pas ce que ses œuvres ont de mélancolique, de bizarre, de tourmenté, et ajoutons, d'irrésistiblement tendre! Il ne faut pas l'oublier. Personne n'a trouvé des accents plus adorablement doux que Berlioz. La partie la plus durable de son œuvre est peut-être, non dans ses conceptions les plus grandioses, mais dans ses chefs-d'œuvre d'exquise et intime poésie, le septuor des *Troyens*, le duo de *Béatrice et Bénédict*, la seconde partie de l'*Enfance du Christ*, la *Danse des Sylphes*. Ce génie si amoureux des éclats de trompette et des coups de foudre, n'est peut-être jamais si sublime que quand il fait très peu de bruit. De cette richesse de contrastes naissait le charme incroyable de Berlioz. M. Guizot, qui se connaissait en hommes, me dit un jour :

« J'ai vu chez vous bien des artistes illustres; celui qui m'a le plus frappé, c'est M. Berlioz; voilà une créature vraiment originale! »

M. Guizot avait dit le mot vrai. Tout était original dans Berlioz. Un mélange extraordinaire d'enthousiasme et de sarcasme! Un esprit toujours imprévu! Une conversation qui vous tenait toujours en éveil par son inégalité même! Parfois de longs silences, avec de sombres regards penchés en bas, et qui semblaient plonger au fond de je ne sais quels abîmes. Puis des réveils soudains, éblouissants! Un jaillissement de mots spirituels, comiques, touchants! Des éclats de rire homériques! Des joies d'enfant! Il n'était pas très instruit et il n'avait guère que deux livres de chevet; mais quels livres!

Virgile et Shakespeare. Il les savait par cœur. Le bibliothécaire de l'Institut, le savant M. Tardieu, m'a dit que Berlioz arrivait volontiers les jours de séance de son Académie, les samedis, un peu avant l'heure, et il demandait toujours un livre, et toujours le même, Virgile! Comme les hommes *unius libri*, les hommes d'un seul livre, ainsi que disaient nos pères, il enchâssait naturellement, sans apprêt, des mots, des lignes de ses deux amis dans la conversation, et en tirait mille aperçus nouveaux et piquants. Je lis dans une lettre de lui à propos des *Troyens*, cette phrase significative : « Je viens d'achever le duo du quatrième acte; c'est une scène que j'ai volée à Shakespeare dans le *Marchand de Venise*, et je l'ai *virgilianisée*. Ces délicieux radotages d'amour entre Jessica et Lorenzo manquaient dans Virgile. Shakespeare a fait la scène, je la lui ai reprise et je tâche de les fondre tous deux ensemble. *Quels chanteurs que ces deux!* » Mais l'attrait le plus profond qu'inspirait Berlioz venait du sentiment qu'on avait de ses souffrances. Soyons sincère, il a vraiment été bien malheureux! Une santé misérable! Un corps ruiné dès sa jeunesse par les privations! Une pauvreté allant jusqu'à la faim. Une mélancolie native allant jusqu'au spleen! Les déboires du début se prolongeant dans les déceptions de l'âge mûr! Une lutte de quarante ans contre les dédains de Paris qu'il adorait, et qu'il injuriait avec la rage d'un amant repoussé! Des exils perpétuels pour aller chercher à l'étranger quelque peu de cette gloire que son pays lui refusait! Arrêté même dans le développement de son talent! Je le vois toujours entrant chez moi, encore plus pâle, encore plus sombre que de coutume, et se jetant dans un fauteuil, et me disant :

« Savez-vous ce qui m'est arrivé ? Depuis quatre jours, je suis poursuivi par une idée de symphonie, une idée féconde, originale, et depuis quatre jours je la chasse, je l'exorcise comme l'esprit du mal.

— Pourquoi ? pourquoi ne l'écrivez-vous pas ?

— Parce que, si je l'écris, je voudrai la faire exécuter, et que l'exécution, les répétitions, les copies d'orchestre, la location de la salle, le prix des chanteurs, me coûteront quatre mille francs, et que je n'ai pas quatre mille francs ! »

N'est-ce pas affreux ? Ce grand artiste, forcé d'étouffer le fruit de sa pensée au sein de sa pensée même, d'accomplir un infanticide moral ! Sans doute bien d'autres hommes de génie, égaux et supérieurs à lui, ont souffert autant et plus que lui ! Quoi de plus digne de pitié que Beethoven exilé de son royaume, le monde des sons, par la surdité, et condamné à ne pas entendre les accents sublimes dont il enchantait toutes les oreilles ! De nos jours, nous avons vu Ingres, Delacroix, Corot méconnus, niés, bafoués ; mais enfin, pour Beethoven, une gloire immense a été la compensation d'une immense douleur, et nos trois grands peintres sont entrés de leur vivant en possession de leur renommée ! Mais Berlioz n'a été compris que le lendemain de sa mort, et sa gloire tardive ne semble qu'une nouvelle ironie du sort et comme une continuation de son mauvais destin. Aussi ai-je besoin de croire que là où il est (qu'on pardonne cette superstition, si c'en est une, à un ami), j'ai besoin de croire qu'il assiste de loin à son triomphe, que quelque chose lui apprend que son nom est associé à celui de Beethoven, que ses œuvres passionnent la foule, que ses symphonies font recette, qu'on décore des chefs d'orchestre rien que pour avoir fait exécuter sa musique ! Comme il doit être étonné et heureux ! Heureux, oui ! Étonné ? je ne sais ; il s'y attendait.

## CHAPITRE XVII

# EUGÈNE SUE

### I

Il y a une vingtaine d'années, je trempais, moi quinzième, depuis deux heures et demie, dans la piscine commune de Plombières. N'avez-vous jamais admiré quelle imagination diabolique ont les médecins? Ceux de Plombières prétendent que rien n'active l'efficacité thérapeutique des eaux, comme l'agglomération dans la même cuve de quinze ou vingt personnes, différentes d'âge, de tempérament, de maladies, de sexe..., oui, de sexe! car une seconde cuve, placée dans la même salle, et soudée à la cuve masculine par un petit isthme de marbre, réunit hommes et femmes dans une immersion de plusieurs heures! En vérité, pour que le corps humain résiste à de pareilles épreuves, il faut que Dieu l'ait construit en prévision des médecins.

Nous étions donc tous assis dans l'eau sur nos bancs de marbre, appuyés à nos dossiers de marbre, enveloppés dans nos longues chemises de laine blanche comme des chartreux, mélancoliques et calculant ce que notre plongeon devait encore durer de temps, quand tout à coup me vint l'idée de jeter, au milieu de la conversation, comme une sorte de rébus, la question suivante : *Est-il possible que deux hommes aient une même sœur et ne soient pas parents ?* Un notaire, assis près de moi, répondit immédiatement : « Cela ne se peut pas. » Un avocat, après un moment de réflexion, dit : « Cela ne se peut pas ! » Et toute la cuvée reprit en chœur : « Cela ne se peut pas ! » — Cela se peut si bien, répliquai-je, que je connais deux hommes dans cette situation, et ces deux hommes sont Eugène Sue et moi. » Exclamations, doutes... « Prouvez-nous cela ! — Cherchez. » Ils cherchèrent, ils ne trouvèrent pas, et alors, me tournant vers le garçon : « Donnez-moi l'ardoise où vous inscrivez les douches. — Qu'allez-vous faire ? — Appeler le dessin à mon aide pour ma démonstration. Regardez donc et écoutez. » Je pris l'ardoise et j'y dessinai la figure suivante :

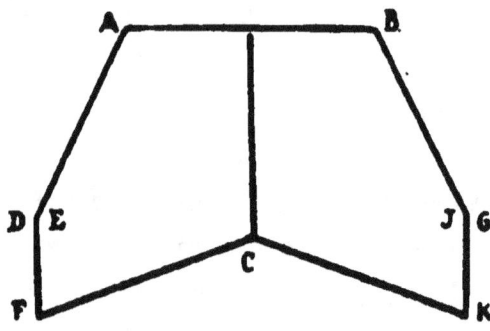

« Qu'est-ce que cette géométrie ? s'écrièrent-ils tous. — Je vous l'ai dit, ma démonstration. A et B représentent M. Sue et Mlle Sauvan, c'est-à-dire le mari et la femme; C représente leur fille, Flore Sue.

M. Sue et Mlle Sauvan divorcèrent.

— Ah! s'exclama le notaire! vous ne nous aviez pas dit cela!

— C'était à vous de le trouver. D'ailleurs, maintenant que je vous l'ai dit, comprenez-vous?

— Non, pas encore.

— Alors, écoutez.

« D représente le même M. Sue, mais épousant cette fois une seconde femme représentée par E; et de leur mariage naît un fils figuré par la lettre $f$, cette $f$ n'est autre qu'Eugène Sue.

« G représente Mlle Sauvan, mais femme cette fois de J, c'est-à-dire de M. Legouvé, desquels sort $k$, autrement dit votre serviteur, E. Legouvé.

« Eugène Sue et Ernest Legouvé ont donc la même sœur, mais ils ne sont pas parents, car s'il y a deux lignes diagonales qui remontent de chacun d'eux à Flore Sue, il n'y a pas de ligne transversale qui les unisse. »

Ce petit problème généalogique, à la discussion duquel nos voisines prirent part, nous conduisit gaiement jusqu'à l'heure de la délivrance, et l'on se sépara à huit heures du matin, les uns pour aller se coucher, les autres pour aller se promener. Je montai, moi, dans les bois qui conduisent à la fontaine Stanislas, et j'y fus bientôt rejoint par un de mes compagnons de cuvée qui me dit : « Je cours après vous; je voudrais continuer l'entretien, causer avec vous d'Eugène Sue; apprendre de vous comment il travaillait, ce qu'il était...

— Que me demandez-vous là? J'aurais trop long à vous en dire.

— Tant mieux, ce n'est pas le temps qui nous manque, et fut-il jamais un lieu plus propre à une promenade péripatétique?

— Eh bien, soit, j'y consens : d'abord, chez E. Sue, la vie du romancier ressemble à un roman, et les métamorphoses de son talent font penser à un acteur qui change de rôle à chaque acte dans une même pièce; puis il s'y mêle plus d'une curieuse question d'art; enfin, un souvenir personnel qui m'est très cher, le nom d'un être que j'ai tendrement aimé, se rattachent à l'origine de notre amitié.

— Quelle fut donc cette origine?

— Sue et moi, nous avons été très liés, mais nous n'aurions jamais dû l'être. Nos pères ne s'aimaient guère, vous le devinez sans peine, et tout nous tenait éloignés l'un de l'autre, tout, sauf cette petite et affectueuse créature, qui nous disait à tous deux : *mon frère*. Restée jusqu'à l'âge de neuf ans avec ma mère, et aimée comme une fille par mon père qu'elle adorait, elle fut brusquement, à la mort de ma mère, retirée de notre maison, et reléguée dans une petite institution du faubourg Saint-Antoine.

La vie cloîtrée de la pension succéda pour elle à la libre vie de famille. Elle ne voyait plus que de temps en temps ce petit frère qu'elle avait vu naître, qu'elle avait tant aimé, tant soigné, et qu'on lui amenait en cachette à sa pension, trois ou quatre fois par an ; mais heureusement, chaque dimanche, elle en trouvait chez son père un autre un peu plus grand, pour qui elle se prit de la même affection que pour moi, à qui elle parlait sans cesse de moi comme elle me parlait sans cesse de lui, de façon qu'avant de nous être jamais vus, Eugène Sue et moi, nous nous connaissions déjà, nous nous aimions en elle. Jamais cœur ne fut plus propre que celui de cette enfant à un tel rapprochement. Petite fille et jeune fille, elle avait, soit par nature, soit par l'effet de son éducation tiraillée, soit par pressentiment d'une fin prématurée (nous devions la perdre en pleine jeunesse), elle avait une sensibilité mélancolique, une affectuosité toujours vibrante, qui, jusqu'à son mariage, et même après, s'était concentrée sur nous deux avec une tendresse mêlée d'imagination ; nous étions son roman. Quand la mort de nos parents, et son mariage à elle, eurent fait disparaître les obstacles qui nous séparaient, Eugène Sue et moi, elle n'eut plus qu'une idée, nous réunir d'abord, puis nous posséder sous son toit. Il lui semblait que nous ne serions bien à elle que le jour où nous serions chez elle, et elle nous emmena tous deux dans un petit château, le château de Marrault, perdu au milieu des montagnes du Morvan, et que son mari lui avait apporté en dot. Eugène Sue avait alors vingt-six ans ; j'en avais vingt-trois ; nous avions déjà débuté dans la littérature ; il avait publié, lui, dans le journal *la Mode*, quelques scènes maritimes qui avaient été remarquées ; j'avais eu, moi, un prix de poésie à l'Académie, ce qui aujourd'hui est une assez mauvaise note, mais ce qui, en 1829, comptait encore comme une espérance. Nous voilà donc tous deux, par une belle fin d'automne, transportés au milieu des âpres grandeurs de cette sauvage nature, et dans la douceur de cette chère hospitalité. La fièvre du travail nous saisit. Chaque soir, réunis avec notre sœur autour de la vieille cheminée, nous lui lisions, au bruit du vent de novembre dans les grands arbres, ce que nous avions fait dans la journée. Je la vois encore enfouie dans son fauteuil, déjà pâlie par la maladie, ses doux yeux bruns fixés sur nous, nous écoutant avec son âme autant qu'avec son intelligence, étonnée, satisfaite et un peu troublée de nous voir si différents, nous poussant chacun dans notre voie, et nous faisant sourire par l'infini de ses espérances sur nous! Elle s'y livrait avec tant de confiance, que, sans y croire, nous en étions soutenus, réconfortés, et c'est ainsi qu'au souffle de ce tendre et noble cœur, naquit entre Eugène Sue et moi plus qu'une liaison, plus qu'une amitié, presque une fraternité.

— Comme j'ai été bien inspiré, reprit mon compagnon de promenade, de vous interroger sur lui! Je le connaîtrai donc enfin! Je vous avoue que peu de figures littéraires m'attirent et me troublent davantage. Tout en lui est singulier. Il a eu un moment de réputation immense, et qu'en reste-t-il? Plus qu'un nom sans doute : plusieurs de ses romans ont encore d'assez nombreux lecteurs; mais quoique beaucoup des personnages créés par lui, Rodin, M. Pipelet, Fleur-de-Marie, Rodolphe, le Maître d'école, vivent toujours dans l'imagination publique, les œuvres mêmes où ils figurent ont baissé dans l'opinion générale. Je me rappelle core l'effet prodigieux des *Mystères de Paris*, j'étais attaché alors au cabinet de M. Duchâtel; le feuilleton du *Journal des Débats* était attendu chaque matin avec une sorte d'anxiété; je vis un jour le ministre entrer précipitamment dans mon cabinet d'un air effaré qui me fit croire à quelque gros événement politique. « Hé bien, me dit-il, vous savez! *La Louve est morte!* » La *Louve* était une des héroïnes des *Mystères*. Comment donc cette puissance s'est-elle en partie effondrée? Balzac a absorbé, dévoré Eugène Sue. Est-ce juste? et pourquoi? Ses opinions politiques y sont-elles pour quelque chose? Qu'est-ce que ce dandy qui meurt dans la peau d'un démocrate! Y avait-il chez lui calcul ou conviction? Et son luxe légendaire? Et ses succès auprès des femmes! Enfin c'est un être énigmatique; dites-moi le mot de l'énigme; mais, avant tout, je vous en supplie, pas de portrait de convention.

— Soyez sans crainte, je ne vous dirai que la vérité, et je vous dirai toute la vérité. Ce qui fait la vie d'un portrait, c'est la reproduction des défauts d'une figure comme de ses agréments. Est-ce que le maître des maîtres, Raphaël, a hésité à faire le cardinal Bembo louche? Je ne vous cacherai donc ni les travers, ni les ridicules, ni même les défauts plus graves d'Eugène Sue; c'est mon amitié qui m'y oblige. Si étrange est la métamorphose qui s'est faite en lui, que vous ne croirez guères au bien que je dirai de lui, que si je ne tais pas le mal. Le point final où il est arrivé vous frappera beaucoup plus quand je vous aurai montré d'où il est parti et par où il a passé.

Commençons par sa jeunesse et par ses débuts.

— Parlez donc, je vous écoute.

— Vous avez lu sans doute, puisque vous êtes au courant de ses ouvrages, une nouvelle de lui, intitulée *le Parisien en mer?*

Vous vous rappelez ce gamin de treize ans, sceptique, spirituel, vicieux, gouailleur jusqu'au cynisme et jusqu'à l'héroïsme, gouailleur avec ses chefs, gouailleur avec la mer, gouailleur avec la mort, que rien n'étonne, que rien n'arrête, et qui se fait tuer en Espagne parce qu'il bouscule toute une procession pour courir après une fille? C'est un chef-d'œuvre. Eh bien, c'est un des portraits d'Eugène Sue. Il y avait en lui un indestructible fonds de gamin. Son enfance fait penser à Villon, un Villon de bonne famille. Son père, médecin fort riche, l'envoya comme externe au lycée Bourbon. Jamais vous n'avez connu plus détestable écolier; ne travaillant pas et empêchant les autres de travailler; se moquant de tout le monde, de ses maîtres comme de ses camarades; sans cesse renvoyé, mêlant à ses gamineries des prétentions de *mirliflor* qui ne l'ont jamais abandonné; n'aimant pas à sortir dans la rue avec un camarade mal vêtu; puis, une fois rentré chez son père, dévalisant la cave, et profitant de son absence pour faire ripaille avec des amis; enfin, le Parisien en mer! Un trait de son enfance vous le peindra mieux que les paroles. Son père, devenu vieux, ne pouvait ni se passer de café, ni en prendre. Son estomac le lui commandait, son tempérament nerveux le lui défendait. Il imagina alors de remplacer, à la fin de son dîner, le café par un autre stimulant. Ce stimulant était une scène de reproches, dont la paresse d'Eugène lui fournissait facilement le prétexte, et qui, placée au dessert, lui fouettait le sang et activait la digestion. Son garnement de fils s'en aperçut, et devint immédiatement, pour faire enrager son père, le meilleur des élèves. « Monsieur, lui dit un jour son père, quel devoir votre maître vous a-t-il donné pour la classe de demain ? — Une version, mon père. — Je suis sûr qu'elle n'est pas commencée. — Elle est finie, mon père. — Cela m'étonne bien. — La voici, mon père. — Pleine de fautes, je le parie, et illisible. — J'espère que non, répond le gamin d'un air contrit ; du reste, regardez, mon père. »

— Écriture irréprochable ! Pas un contre-sens ! Pas un mot oublié ! Le père, stupéfait, commence à enrager en dedans de ne pouvoir enrager en dehors. Son dîner allait lui peser. « Enfin, dit-il, en jetant la version sur la table, le hasard est un grand maître ! Mais je suis certain que vous avez oublié la lettre dont je vous avais chargé pour votre tante. — Voici la réponse, mon père. — La réponse ! s'écrie son père, vous le faites donc exprès ! Vous voilà exact maintenant ! Et laborieux ! Ah ! je vous devine ! C'est pour rire de ma déconvenue ! pour vous moquer de moi ! Car de quoi ne vous moquez-vous pas ? Un garnement sans foi ni loi ! » Une fois sur le chapitre des défauts de son fils, le père avait trouvé son joint, et il continua à s'exaspérer jusqu'à la valeur d'une demi-tasse.

« Savez-vous que c'est une invention très comique ? me dit mon compagnon de promenade.

— Je retiens le mot ; il nous servira, et voici maintenant un trait de sa jeunesse qui complétera notre première esquisse. A vingt ans, il n'était rien et ne savait rien. Son père entre chez lui un matin et lui dit : « Préparez-vous à partir dans huit jours. — Pour où, mon père ? — Pour Toulon. — Pour quoi, mon père ? — Pour vous embarquer dans quelque temps sur un vaisseau de l'État. »

— Comment ! s'écria mon interlocuteur, il l'embarquait comme mousse !

— Du tout ! comme médecin.

— Est-ce qu'il était médecin ?

— Pas le moins du monde.

— Mais alors, à quel titre ?

— A aucun titre ! Le prétexte était un cours de médecine qu'il avait suivi en amateur par ordre de son père, quelques leçons de clinique auxquelles il avait plus ou moins assisté dans le service de son père, et comme son père était médecin du roi, il présenta son fils comme son élève, et voilà de quelle façon Eugène Sue, après un court séjour à l'hôpital de Toulon, je ne sais sous quel nom, fit un jour son entrée sur le pont d'un navire de l'État, avec l'uniforme et le titre de chirurgien en chef. Vous figurez-vous l'impression produite sur un esprit sceptique et moqueur par un tel abus de favoritisme ? Aussi à peine fut-il à bord, qu'il fit venir le docteur adjoint, son inférieur, celui qui aspirait depuis trois ans à cette place, et il lui dit : « Monsieur, l'uniforme que je porte devrait être le vôtre ; la place que j'occupe vous appartient ; je ne suis ici que par la plus monstrueuse iniquité. Je ne sais pas plus le Codex que le Code, ce qui est beaucoup dire ; aussi vous comprenez bien que je suis trop honnête homme pour ordonner la plus inoffensive des drogues au plus humble des hommes du bord ; c'est vous qui ferez tout, j'ordonnerai vos ordonnances ; seulement, pour garder le décorum, je me chargerai de l'hygiène du bâtiment, c'est-à-dire que je conseillerai aux matelots de ne pas trop boire ! Et là-dessus :

Soyons amis, Cinna, c'est moi qui t'en convie ! »

Après cette entrée en matière, qui fit de son sous-chef le meilleur de ses camarades, il partit pour l'Espagne, pour les Antilles, pour la Grèce. Atteint de la fièvre jaune à la Martinique, et sauvé par une négresse devenue amoureuse de lui, assistant à la bataille de Navarin, d'où il écrit des lettres pleines de sarcasmes contre les grandes puissances qu'il traite de forbans, et de sympathie pour les Turcs qu'il représente comme égorgés par la plus lâche des trahisons, il revient, après trois ans de navigation, la tête bourrée de faits, d'événements, de mœurs, de caractères originaux, l'imagination teinte des plus éclatantes et des plus sombres couleurs, ayant plus vécu, plus vu, plus souffert en trois ans que la plupart des hommes dans le cours d'une longue vie, et rapportant de tout cela un mélange singulier de force, d'invention inconsciente et de gouaillerie impitoyable. Il était parti gamin, il revint poète ! Poète sans s'en douter, et écrivain sans le savoir.

Sans le savoir est bien le mot, car ses études manquées ne l'avaient nullement préparé au rude et difficile maniement de la plume; mais s'il n'avait pas ce qui s'acquiert, il avait ce qui ne s'acquiert pas : le coloris et le relief du style, la verve, l'esprit, si bien que, dès ses premières pages, le public, qui ne s'y trompe guère, reconnut en lui un artiste de race. Les quelques scènes de la vie à bord, jetées un peu au hasard dans un recueil périodique et réunies après en volume sous le titre de *Plick et Plock*, lui valurent le surnom de Cooper français, de créateur du roman maritime. Il se trouva un beau jour chef d'école, comme il s'était trouvé chirurgien en chef, avec autant d'étonnement que de *bonne enfantise*, pardonnez-moi ce barbarisme, et montrant, dès son début, cette appréciation modeste de lui-même qui est restée jusqu'au bout un de ses plus grands charmes.

— Comment ! au milieu de tout cet éclat d'une réputation si tapageuse, Eugène Sue était modeste ?

— Plus que modeste, ignorant de lui-même. Je vous en donnerai les preuves les plus concluantes et les plus touchantes. Son second succès suivit pourtant de bien près le premier. Quelques mois après *Plick et Plock* parut *Atar Gull*. L'effet fut immense. Ce mélange d'audace dramatique et de sarcasme, ces scènes pathétiques ou gracieuses, terminées par le plus insolent des dénouements, ce prix de vertu donné par l'Académie à ce nègre meurtrier et empoisonneur, tout cela scandalisa, exaspéra, enthousiasma et donna lieu à un fait caractéristique. Au milieu du concert d'éloges dont la plupart des journaux saluèrent l'ouvrage nouveau, éclata comme une dissonance, un petit article, amer, moqueur, cruel, signé d'un critique romancier, ami intime d'Eugène Sue et qui avait été très favorable à *Plick et Plock*. Eugène Sue court chez lui et l'aborde avec des paroles de surprise et de chagrin. « Que tu n'aimes pas mon livre, lui dit-il, rien de plus simple ; que tu écrives ton opinion, c'est affaire de conscience. Mais un pareil écrasement ! Je ne le comprends pas. — Que veux-tu, mon cher ! lui répondit l'autre, quand *Plick et Plock* a paru, je l'ai loué chaudement, je ne voyais en toi qu'un jeune homme du monde, riche, qui désirait un brevet d'homme d'esprit, et qui ne recommencerait pas. Mais voilà que, six mois après ton premier ouvrage, tu en fais un second, et beaucoup meilleur que le premier ! et qui a beaucoup plus de succès que le premier ! Oh ! un instant ! cela, c'est de la concurrence. Il n'y a qu'un certain nombre de lecteurs de romans. Si tu en prends une partie, tu nous l'enlèves. Tu nous fais du tort ! je tâche de t'écraser, c'est de bonne guerre ! » A quoi Eugène Sue lui répondit froidement : « Eh bien, mon cher ami, tu es un nigaud, c'est à mon début qu'il fallait m'écraser. J'étais inconnu, tu pouvais beaucoup me nuire ; aujourd'hui, il est trop tard ! tu m'as laissé grandir. Tes critiques ne font que me servir maintenant, en me donnant ce qui me manquait, et ce qui couronne le succès, des envieux : merci ! » Un troisième ouvrage, *la Salamandre*, consacra sa réputation de romancier maritime et montra en lui un coloriste puissant ; relisez son chapitre : *La Salamandre a reçu sa paye hier;* on croit voir l'admirable kermesse du Louvre! Enfin c'est aussi dans ce roman que E. Sue aborda pour la première fois la peinture de la vie mondaine. Un certain comte Szaffie, marqué d'un cachet d'élégance licencieuse, commença à troubler quelques imaginations de femmes, et termina la première période de sa vie littéraire. Mais l'esquisse en serait incomplète si je n'y ajoutais un dernier trait curieux et caractéristique.

Si E. Sue était coloriste avec la plume, il l'était aussi avec le pinceau. Tout jeune il avait eu le goût de la peinture. Th. Gudin le comptait parmi ses meilleurs élèves. L'atelier de Gudin a été longtemps légendaire. De là sont parties ces célèbres charges qui ont tant amusé la fin de la Restauration et le commencement de la monarchie de Juillet, et où sont restés attachés les noms de Romieu, de Malitourne et d'Henry Monnier. Ce sont les élèves de Gudin qui ont failli rendre fou ce malheureux portier de la rue du Mont-Blanc, en allant chaque matin, tour à tour, lui demander de ses cheveux. Ce sont les élèves de Gudin qui descendirent un jour, par la cheminée de l'atelier, un squelette qui leur servait de modèle, et firent tout à coup apparaître et danser deux pieds de cadavre au-dessus du pot-au-feu d'une portière. Ce sont les élèves de Gudin qui ont escamoté trois petits ramoneurs. Oui! ces mauvais garnements, ayant découvert dans l'atelier un placard qui communiquait avec un corps de cheminée de la maison voisine, y firent un trou. Le lendemain part d'en bas et grimpe un petit ramoneur. Arrivé à la hauteur de l'atelier, il est pris par le trou et confisqué. On envoie un second petit ramoneur à la recherche du premier : également pris et confisqué. Troisième petit ramoneur, troisième suppression d'enfant. Grande rumeur dans le quartier ; on va chercher le commissaire de police. Il n'hésite pas. « L'atelier de M. Gudin n'est-il pas dans la maison voisine ? — Oui. — C'est cela ! » Il va droit à l'atelier et trouve les trois petits ramoneurs, mangeant des marrons avec les élèves autour du poêle.

Eugène Sue était à la tête de toutes ces mystifications. A son entrée dans l'atelier, on avait voulu le mettre au régime de *patito*, mais son sang-froid, sa verve de sarcasme et de drôlerie leur montrèrent bientôt qu'il était leur maître à tous.

Voici un de ses hauts faits :

Théodore Gudin était le peintre à la mode. Une baronne lui écrit pour lui demander un tableau destiné à décorer un panneau de son salon, et le prie de venir voir ce salon.

« Je ne sais pourquoi, lui dit Eugène Sue, mais je me défie de ta baronne. Cette façon de t'attirer chez elle !... Laisse-moi y aller sous ton nom ; je flaire là quelque charge amusante à faire. »

Gudin y consentit. Eugène Sue se présente en son lieu et place, et, après quelque temps, l'élève avait, comme dit le marquis de Turcaret, si bien poussé ses petites conquêtes, que la dame lui dit un jour : « Je voudrais bien visiter ton atelier.

— Très volontiers ; demain à midi. »

A midi précis, coup de sonnette ; on ouvre. La dame entre dans l'atelier, vide de tout élève, et va droit à un chevalet derrière lequel travaillait le véritable Gudin.

« M. Gudin, monsieur?

— C'est moi, madame.

— Pardon, monsieur, je demande M. Théodore Gudin, le célèbre peintre de marine.

— C'est moi, madame.

— Vous!... monsieur, reprend la dame toute tremblante... C'est impossible; il y a donc un autre M. Gudin?

— Je ne le crois pas, madame, je ne connais personne de mon nom. »

A ce moment allait et venait dans l'atelier un domestique en livrée, qui semblait un peu embarrassé. Th. Gudin, se tournant vers lui, lui dit : « Joseph, mets donc une bûche au feu, madame a l'air d'avoir froid. » Le domestique ainsi interpellé ne se pressait pas d'apporter du bois, tournant le dos, détournant le visage.

« Ah çà! paresseux, m'apporteras-tu du bois?... A qui en as-tu avec cette façon de marcher de côté comme une écrevisse. Arrive donc!... »

Le domestique, c'est-à-dire Eugène Sue déguisé en domestique, arrive, lui et sa livrée, jette maladroitement une bûche dans le feu, et en se relevant, se trouve face à face avec la baronne qui pousse un cri d'horreur en reconnaissant celui qu'elle avait traité comme le vrai Gudin. Vous voyez d'ici le coup de théâtre! la contenance contrite d'Eugène Sue sous la livrée, la sortie furieuse de la dame et les formidables éclats de rire qui saluèrent son départ! Mais le plus curieux de l'histoire, c'est que trois jours après, Eugène Sue rencontrant la baronne à un tournant de rue, elle lui lança un foudroyant : « Valet! »

Mon compagnon, qui avait écouté mon récit sans m'interrompre, ne put s'empêcher de s'écrier : « Diable! c'est raide, comme on dit aujourd'hui.

— Je n'absous pas plus que vous, bien entendu, répondis-je, un tour de cette espèce; mais si je veux vous donner le portrait ressemblant que je vous ai promis, je dois tout dire. C'est raide, j'en conviens, mais c'est gai, c'est comique. Or là se trouve précisément un des côtés les plus particuliers du talent d'Eugène Sue, le côté par où il diffère de Balzac, et par où même, selon moi, il l'emporte sur lui, la gaieté. Balzac est un homme de génie, j'en conviens, mais c'est un génie triste. On l'a comparé à Molière, je le veux bien, mais à un Molière qui ne fait pas rire. La gaieté d'esprit et de caractère d'Eugène Sue s'est traduite en une foule de types, de personnages, de situations du plus franc comique. Pipelet, Mme Pipelet, Cabrion, Hercule Hardy, le prologue de miss Mary, les scènes de Sécherin et de Mlle de Maran. Vous ne trouvez rien de pareil dans l'auteur d'*Eugénie Grandet*. Balzac est mieux qu'amusant, mais il n'est pas toujours amusant. Sa profondeur est souvent lourde et son sérieux ennuyeux.

— Mais alors, pourquoi l'œuvre de Balzac est-elle vivante, et l'œuvre d'Eugène Sue est-elle morte?

— Oh! pourquoi? pourquoi? il y a bien des raisons à cela.

— Lesquelles? Est-ce parce que la puissance créatrice de Balzac est supérieure?

— Non! Eugène Sue a créé plus de types, plus de situations nouvelles que lui. Balzac est un grand observateur, un grand penseur, mais l'imagination des faits lui manque souvent; l'inventeur dramatique n'égale pas chez lui le moraliste.

— Sa supériorité vient-elle donc de la vérité et de la force des caractères?

—C'est là un de ses plus réels mérites. Personne n'a poussé plus loin que lui l'art de faire vivre des personnages fictifs. Pourtant, vous l'avouerai-je, je trouve que parfois il cesse d'être vrai à force d'être profond. Il creuse tellement un caractère, il le pousse si avant qu'il le jette au delà de l'humanité. Balzac est trop mathématicien; il traite trop le cœur humain comme un théorème, et de déduction en déduction, il en arrive à faire d'un être réel un être chimérique. La cousine Bette commence comme une femme et finit comme un monstre.

— Mais alors je vous réitère ma question. Pourquoi cette différence entre ces deux destinées? Pourquoi Balzac est-il glorieux et Eugène Sue oublié?

— Pourquoi? Parce que Balzac a été un travailleur, et qu'Eugène Sue n'a été qu'un producteur. Parce que l'art pour Balzac était une mission, et pour Eugène Sue un amusement; parce que Balzac avait foi en lui-même, et qu'Eugène Sue, moitié indifférence, moitié modestie, ne s'est jamais pris complètement au sérieux; parce que Balzac pâlissait sur une phrase, recommençait dix fois une page, remaniait quatre épreuves successives après avoir refait trois manuscrits, et qu'il s'est créé, à force de patience et de labeur, un style à l'image de sa puissante pensée, tandis qu'Eugène Sue écrivait au courant de son heureuse veine, et que le style est aux créations de l'esprit ce que l'alcool est aux choses corporelles, il conserve. Enfin, dernière raison plus décisive que toutes les autres, Balzac, par ses défauts comme par ses qualités, s'est trouvé le chef de l'école qui est venue après lui. Il y a là un fait curieux. En général les grands artistes oubliés sont des rois détrônés; ils ne meurent pas de leur belle mort, ils sont tués par leurs successeurs. C'est naturel. Un artiste ou un groupe d'artistes ne règnent sur une époque que parce qu'ils représentent le goût de cette époque. Cette époque passe, le goût change, d'autres principes d'art se produisent, une génération nouvelle s'élève et arbore un autre drapeau. Qu'en résulte-t-il? une bataille. Les derniers venus chassent les premiers. C'est ainsi que la littérature de la Restauration a tué la littérature de l'Empire, et que l'école du paysage naturaliste a détrôné le paysage historique. Mais quand, par une heureuse chance, un artiste de la veille a devancé le goût du lendemain, quand ses œuvres se trouvent d'accord avec les principes nouveaux, il y a pour sa gloire un renouvellement de bail. Les jeunes gens, loin de le renverser, l'acclament, s'arment de son autorité, l'adoptent pour leur chef et leur aïeul. Ainsi en advint-il à André Chénier, à Eugène Delacroix et à Balzac. Les nouveaux romanciers glorifient en lui leurs propres idées. Le triomphe de Balzac est le triomphe de l'observation sur l'imagination, l'avènement du procédé scientifique dans les œuvres d'art, de la description à outrance, de l'analyse, non seulement psychologique, mais pathologique. Il ne s'agit plus seulement de peindre le fond de l'âme humaine, mais ses bas-fonds. La médecine appelle certaines maladies étranges et inconnues *des cas;* eh bien ! ce que l'on recherche le plus aujourd'hui en littérature, ce sont *les cas.* Balzac est plein de ces investigations. Nous voilà bien loin de la définition de Molière : *L'art dramatique est l'art de plaire.* Plaire, amuser, intéresser, soit, disent les jeunes gens, si cela se rencontre. Mais là n'est pas le but. Le roman idéal aujourd'hui, c'est le roman *documentaire.*

Comprenez-vous maintenant le déclin de la réputation d'Eugène Sue, qui n'a jamais pensé qu'à inventer, à émouvoir, à égayer et à qui, il faut bien le dire, car nous devons avant tout être justes, à qui il manque cette force d'analyse et cette solidité de style qui sont aujourd'hui un besoin de notre imagination et un des plus riches mérites de l'école nouvelle. Je résume ma pensée en un mot : Balzac est un écrivain de génie, Eugène Sue n'est qu'un amateur de génie, un gentilhomme de lettres. Gentilhomme est bien le mot, car il a porté, dans l'exercice de la profession littéraire, non seulement toute l'honnêteté, mais toute la délicatesse, tout l'honneur du gentilhomme. Il poussait jusqu'au scrupule la fidélité à ses engagements d'écrivain; il a gagné beaucoup d'argent avec sa plume, mais il n'en a jamais fait métier et marchandise. Il n'a jamais eu un procès avec un éditeur, et son désintéressement quelque peu chevaleresque le préparait, comme ses goûts, à ce second personnage où nous allons le suivre, l'aristocrate.

— Pour arriver de là au démocrate?
— Oui.
— Au démocrate convaincu, converti?
— Oui.
— Je voudrais bien savoir par quel chemin?
— Par un chemin fort étrange. Savez-vous qui l'a transformé? Sa plume. En général c'est l'auteur qui fait son ouvrage; ici c'est l'ouvrage qui a fait l'auteur. Mais n'anticipons pas; nous avons encore deux étapes à parcourir avant d'arriver à ce but final, et il faut d'abord que je vous introduise dans le monde nouveau où va se mouvoir la figure d'Eugène Sue.

## III

Sous la monarchie de Juillet, les salons ont exercé sur la littérature une influence assez considérable; j'en citerai deux que j'ai connus : le salon de Mme Récamier et celui de la duchesse de Rauzan, la digne fille de la célèbre duchesse de Duras auteur d'*Ourika* et d'*Édouard*.

Ces deux salons étaient à la fois semblables et différents : semblables, car on y rencontrait un même mélange de grands noms aristocratiques et de grands noms littéraires ; différents, en ce que, chez Mme Récamier, c'était, pour ainsi dire, la littérature qui faisait les honneurs de la maison à la noblesse, tandis que, chez Mme de Rauzan, c'était la noblesse qui faisait accueil à la littérature. L'art de tenir un salon est un art fort délicat et à peu près perdu ; ces deux dames en avaient le secret parce qu'elles en avaient la première qualité, elles étaient distinguées sans être supérieures : elles ne voulaient pas briller, mais faire briller les autres ; elles avaient pour esprit la passion de l'esprit.

Quelques mots sur ces deux salons ne seront pas de trop pour expliquer E. Sue.

Chateaubriand avait été le dieu de l'un et était devenu le dieu de l'autre. Son souvenir régnait sans doute encore chez Mme de Rauzan ; mais, chez Mme Récamier, il était le dieu visible, présent, mais non parlant. Assis au coin de la cheminée dans son large fauteuil, il assistait du regard, de la physionomie à la conversation, mais il n'y prenait presque jamais part ; il me faisait l'effet du dieu du silence. Rien de plus charmant et de plus ingénieux que les efforts de Mme Récamier pour faire arriver jusqu'à lui tout ce qui se disait d'intéressant autour de lui. Le moindre mot spirituel jeté dans un bout de causerie, le moindre fait curieux raconté dans un coin du salon, était entendu par elle, relevé par elle, mis en lumière par elle, et adroitement ramené par elle aux pieds de l'objet de son culte. J'ai entendu un jour, dans sa bouche, un mot qui peint bien sa sollicitude à elle et son mutisme à lui : « Rien ne me désespère autant, me disait-elle, dans la perte de mes yeux (elle était menacée de cécité), que de ne pouvoir plus lire sur la fig re de M. de Chateaubriand ce qui lui agrée. » Voilà, dira-t-on, une parole bien touchante pour une Célimène. C'est que cette Célimène avait du cœur! C'est que cette Célimène a poussé l'amitié jusqu'à l'héroïsme. En voulez-vous la preuve? Déjà vieille, elle subit l'opération de la cataracte. Le chirurgien lui défendit, de la façon la plus absolue, le mouvement et la lumière; mais au même moment elle apprit que son vieil ami Ballanche était tombé malade d'une fluxion de poitrine, que ses jours étaient en danger, qu'il témoignait le désir de lui serrer la main avant de mourir! Aussitôt elle s'habille, descend, traverse la rue et va le voir, au risque de perdre la vue et peut-être la vie. Êtes-vous convaincu? Oui. Revenons à Chateaubriand. Il arrivait tous les jours à trois heures chez Mme Récamier et y prenait le thé avec deux ou trois amis intimes. A quatre heures, le salon s'ouvrait pour les visiteurs, et la conversation commençait, variée, amusante, sans l'ombre de pédantisme et avec une liberté absolue d'opinion. C'est là que j'eus un jour l'honneur, non pas de faire parler, mais de faire pleurer M. de Chateaubriand. J. Reynaud venait de publier dans le *Magasin pittoresque* un article admirable sur l'*Échelle de la vie*. Une ancienne gravure, que peut-être vous connaissez, figure cette échelle sous forme de cinq échelons montants et de cinq échelons descendants, réunis par une petite plate-forme transversale. Sur le premier degré montant, le nouveau-né; sur les degrés suivants, l'enfant, l'adolescent, le jeune homme; puis, sur la plate-forme, l'homme fait. Alors commence l'échelle descendante, et s'échelonnent, sur les degrés, les tristes représentants de nos décadences successives, jusqu'à la décrépitude et à la tombe. Cette figuration de la vie humaine indignait Reynaud : « C'est une calomnie contre notre race, « s'écriait-il dans cet article, c'est traiter l'homme « comme s'il n'était qu'un corps! Comment ose-t-on « planter dans la terre, dans la boue, le degré qui con- « fine au ciel? Quoi! c'est au moment où l'homme « est le plus près de Dieu que vous placez sa déca- « dence! Il n'y a que les vies mal conduites qui finissent « ainsi. Vous êtes dupes de la ruine de la chair qui « n'est qu'une apparence. Ce que vous appelez la vieil- « lesse est le commencement de la jeunesse éternelle. « Brisez donc cette échelle menteuse et prenez pour « modèle l'échelle de Jacob qui part de terre et monte « jusqu'au ciel! » Tout plein de la lecture de cet article où vibre si puissamment l'âme de Reynaud, je le racontais à un ami dans le salon de Mme Récamier, quand je la vis s'approcher et elle me dit tout bas :

« Je vous en supplie, venez répéter cela à M. de Chateaubriand.

— Très volontiers », et m'approchant de son fauteuil, je reproduisis de mon mieux les éloquentes paroles de Reynaud. A mesure que je parlais je voyais l'émotion se peindre sur la figure de M. de Chateaubriand; il me regardait fixement sans rien dire, et quand j'arrivai à la réhabilitation de la vieillesse, il me prit la main et je vis deux grosses larmes rouler le long de ses joues.

« Merci, me dit tout bas Mme Récamier. »

A ce moment cinq heures sonnèrent; aussitôt, sur un signe de Mme Récamier, on tira la sonnette placée près de la cheminée, la porte du salon s'ouvrit et un domestique parut. Selon un cérémonial qui se pratiquait tous les jours, mais que je vis alors pour la première fois, le domestique marcha droit au fauteuil de M. de Chateaubriand, le prit par le dossier, le tira dans la direction de la porte et commença à effectuer la sortie. M. de Chateaubriand, toujours assis, toujours silencieux, s'en allait, tiré par derrière et faisant face à l'ennemi : l'ennemi, c'était nous, pour qui il se composait un admirable visage de sortie, sur qui il dardait des regards où il concentrait tout ce qu'ils avaient encore d'éclairs, puis il disparaissait lentement, laissant dans le salon je ne sais quelle trace lumineuse, et comme une impression de beauté. Une fois sorti, une fois la porte fermée, son domestique le prenait par-dessous les bras, le soulevait avec peine, et le vieillard impotent, courbé en deux, mal affermi sur ses jambes chancelantes, commençait à descendre. Si un visiteur le rencontrait dans l'escalier, défense absolue de le saluer, d'avoir l'air de le reconnaître : c'eût été surprendre le dieu en flagrant délit d'humanité.

Tout autre était le salon de Mme de Rauzan. Plus mondain, plus élégant, il servait de rendez-vous à trois sortes de mondes. Un arrière-ban de duchesses douairières, de vieilles marquises pleines de dignité que lui avait léguées sa mère, donnait à sa société un fond de gravité et de sérieux. Ses filles, jeunes et jolies, amenaient après elles tout ce qu'avait d'élégance, de grâce, de gaieté, de mouvement, le jeune faubourg Saint-Germain ; et enfin le goût de la maîtresse de la maison pour les arts, y appelait une élite de littérateurs et de musiciens. C'était un charmant mélange. La duchesse de Rauzan y présidait à merveille. Jamais femme ne répondit mieux à l'idée qu'on se fait d'une grande dame. Elle avait le génie de l'attitude. Avec sa belle taille, sa dignité souriante, sa politesse nuancée, elle savait mêler les rangs en gardant les distances. Quand il y avait un mariage dans la société (pour le faubourg Saint-Germain, la société c'est sa société), le nouveau marié n'avait pas de soin plus pressant que d'amener sa jeune femme chez la duchesse de Rauzan ; c'était comme une présentation à la cour. On y faisait souvent des lectures, on y donnait des concerts, toujours religieusement écoutés. Mme de Rauzan y tenait, par égard pour les artistes, et par égard pour son salon. Son salon était sa vie, son orgueil, sa passion ; jusque dans les derniers temps de son existence, atteinte d'un mal incurable, elle se faisait lever au milieu du jour, s'habillait, se parait, disputait aux ravages de la maladie ce qui lui restait d'agréments dans le visage, puis, à quatre heures, elle apparaissait gracieuse, aimable, attentive, et là, rassemblant toutes les forces que lui avait données une journée de repos, elle les dépensait en deux heures de sourires, souvent payés ensuite par de cruelles souffrances. C'est le rôle de la femme du monde arrivée à l'état héroïque. Son salon était son champ de bataille, elle ne l'a quitté que pour mourir.

Eugène Sue ne fit que passer à l'Abbaye-aux-Bois,

mais il s'occupait fort de ce qu'on y disait de lui. Savoir que M. de Chateaubriand avait prononcé son nom, lui était un vrai sujet de joie, et il recueillait non sans émotion les échos du salon de Mme Récamier qui arrivaient jusque chez Mme de Rauzan. Là il était fêté, vanté, patronné. Le premier exemplaire de toutes ses œuvres était toujours déposé sur la table de Mme de Rauzan, magnifiquement relié et orné de ses armes. Un tel patronage lui ouvrit tous les salons du faubourg Saint-Germain. M. Molé l'appela son jeune ami, et cette entrée dans le monde de l'aristocratie renouvela son talent en renouvelant ses modèles. De cette époque datent ses trois grands ouvrages consacrés à la peinture de la société élégante : la *Coucaratcha*, la *Vigie de Koatven* et *Mathilde*. Il n'a rien écrit de plus brillant, de plus original et de plus audacieux que *Crao* de la *Coucaratcha*, que le premier volume de la *Vigie*, que le rôle d'*Ursule* dans *Mathilde*, et que ce charmant *Marquis de Létorière*, qui reste un chef-d'œuvre même aujourd'hui, quoiqu'il ait commis l'imprudence de lui donner, pour second titre, l'*Art de plaire*. Malheureusement son caractère n'y gagna pas autant que son talent. Les hommes d'imagination sont sujets à des explosions de défauts passagers, dont leur imagination même est la cause et l'excuse. Il ne faut pas juger les poètes comme les autres. Leur tête se monte plus facilement : tout ce qui brille les séduit. L'éclat du monde aristocratique éblouit Eugène Sue. Il s'affola de la qualité comme s'il était de qualité. Cet écrivain si modeste allia la vanité du noble de province à la vanité du dandy. Il ne tirait aucun orgueil de l'admirable talent qu'il possédait, mais il était entiché du titre qu'il n'avait pas. Il fit peindre des armoiries sur ses voitures. Pour jouer au gentilhomme, il poursuivait de ses sarcasmes inépuisables la royauté bourgeoise de Louis-Philippe, ce qui ne l'empêchait pas de se faire inviter aux chasses à courre du duc d'Orléans, et il s'en tirait par un mot d'esprit : « Je ne me rallie pas à sa famille, je me rallie à sa meute. » Chose inexplicable, ce moqueur impitoyable en arriva, avec ses cheveux frisés, ses habillements excentriques, son air gourmé, son silence important, à provoquer les railleries de bon nombre de jeunes gens qui ne l'aimaient pas parce que les femmes l'aimaient trop, et qui l'appelaient le parvenu. Il le savait, il souffrait de la figure qu'il faisait dans le monde, et son invincible timidité ajoutait encore à sa souffrance, car, nouvelle bizarrerie, il était timide! si timide qu'en 1848, nommé représentant, il n'osa jamais dire un mot à la Chambre, et que, forcé de lire tout haut un rapport d'une demi-page, il supplia un de ses collègues de faire du bruit pendant qu'il parlerait, pour qu'on ne l'entendît pas. Eh bien, un cercle de femmes le paralysait comme la tribune. Combien de fois, au milieu d'un souper à nous deux, où il avait été étincelant de verve et de gaieté, s'est-il arrêté pour me dire : « Oh! si je pouvais causer comme cela dans le monde! car il n'y a pas à dire, j'ai très bien causé, n'est-ce pas? j'ai été très amusant. Eh bien, dans un salon, je suis muet comme un poisson, et bête comme une oie! » Il faut croire qu'il se rattrapait dans le tête-à-tête, car ses succès de femmes furent nombreux. Sa figure aidait à son esprit et à son talent. Des yeux bleus admirables ! une forêt de cheveux noirs comme le jais ! Des sourcils pleins de caractère ! Des dents charmantes dans une bouche très fine. Le tout, il est vrai, déparé par un diable de nez un peu de travers, un peu en l'air, dont il disait plaisamment : « C'est ennuyeux ! j'ai le nez canaille ! » Mais ce nez, à son tour, était fort corrigé par un train de grand seigneur, qui éblouissait les femmes et désespérait les hommes.

Eugène Sue n'avait pas seulement le goût du luxe, il en avait le génie. Ses folles prodigalités partaient de son imagination autant que de son caractère. Il inventait des sujets de dépense comme des sujets de roman. Cette fécondité créatrice, qui jaillissait sous sa plume en situations dramatiques, en caractères originaux, en scènes poétiques et gracieuses, se traduisait dans sa vie en inventions de fêtes, de repas, de meubles, d'attelages, de cadeaux. Parfois même il s'amusait (sa malice de gamin ne l'ayant jamais quitté) à décrire dans ses romans des bijoux et des ameublements inexécutables, que ses admiratrices s'épuisaient et se ruinaient à exécuter.

Je touche là à un point fort délicat. Un des signes les plus frappants de la célébrité littéraire est de grouper autour d'un grand écrivain toute une clientèle de femmes, qui le suivent, non seulement comme ses admiratrices, mais comme ses adeptes. Ce sont des espèces de Madeleines... non repenties. Le génie ne suffit pas pour obtenir cette gloire, il y faut un génie particulier, un génie où le romanesque domine, et où la raison ne domine pas. Voltaire ne l'a pas eue ; il avait trop de bon sens. On n'a jamais dit : les femmes de Voltaire, mais il y a eu les femmes de Rousseau, les femmes de Chateaubriand, les femmes de Lamartine. Eh bien, il y a eu les femmes d'Eugène Sue. Le maître auquel elles s'attachent les marque de son empreinte. Les femmes de Rousseau étaient déclamatoires; les femmes de Chateaubriand étaient chevaleresques et chrétiennes; les femmes de Lamartine amalgamaient la religiosité et l'amour; les femmes de Sue étaient sceptiques et, oserai-je le dire, cyniques. La licence effrontée de ses théories sur l'amour et sur l'adultère avait eu sa part dans son empire sur les femmes. Elles l'aimaient parce qu'il les troublait, et, comme il arrive toujours, en l'imitant, elles l'exagéraient. Une d'elles, jeune et jolie, lui écrivait... j'ai vu la lettre : « Le même instinct de dépravation nous rassemble. » Une autre, très grande dame, et fort belle, le reçoit un jour en tête-à-tête. Onze heures, minuit, une heure du matin sonnent à la pendule. Ces trois heures avaient été employées par Eugène Sue à convaincre sa belle hôtesse de sa passion, et à la supplier d'y répondre. Tout à coup ses instances devenant plus vives, elle l'arrête et lui dit avec un sang-froid de glace : « Il est une heure du matin, vous êtes seul avec moi depuis plus de trois heures; mes gens sont dans l'antichambre; votre voiture est à ma porte ; nos deux vanités sont satisfaites, si nous en restions là ? » Et cette femme était jeune ! Elle avait à peine vingt-cinq ans. On a beaucoup dit que la littérature était l'expression de la société; mais la société est souvent l'expression de la littérature. Eugène Sue a eu une très fâcheuse influence sur le petit monde qui l'admirait. Mieux que personne peut-être, il a peint les faussetés, les élégances, les frivolités, les grâces, les corruptions de la société; mais il en a oublié les vertus. Dans le tableau de l'aristocratie, il a oublié l'aristocratie du cœur. Elle existe pourtant, je dirai, et ce qui fait le charme, la grandeur, la vérité des romans de Jules Sandeau, c'est précisément ce beau reflet de noblesse qu'il répand sur le front de ces jeunes filles aristocratiques dont Mlle de la Seiglière est comme la sœur aînée.

Rien de pareil chez Eugène Sue. Il n'a jamais su peindre une honnête femme. Dès qu'il la fait honnête, il la fait ennuyeuse. Vous rappelez-vous cette insupportable Mathilde, si justement éclipsée par la perverse Ursule? Je lui disais en riant qu'il n'avait pas le doigté de la vertu. Comment sa plume l'aurait-elle eu, son cœur ne l'avait pas. Je lui ai connu des amours qui allaient jusqu'à la passion. Je l'ai vu pleurer, sangloter, à propos d'un abandon, d'une trahison de femme, toujours pour des *Ursule*. Il lui fallait dans l'amour un ferment de vice. Mais, en même temps, chose bien étrange, l'idéal est un tel besoin pour les hommes d'imagination, qu'à peine épris d'une de ces créatures si peu poétiques, il poétisait. J'ai lu des lettres de lui à l'une d'elles; il n'y est question que de sa grande âme! Étant jeune, il avait une maîtresse, célèbre dans le monde de Paris par ses aventures, et si violente d'humeur qu'un jour, en rentrant chez lui, il voit tomber à ses pieds dans la cour, une petite table qu'il reconnaît pour être à lui; il lève la tête... tout son mobilier sautait par la fenêtre! C'était Mlle X... qui le déménageait dans un accès de rage. Eh bien, il voulait l'épouser à toute force! Enfin, à cinquante ans, il m'envoya un fascicule de vers, les premiers, je crois, qu'il ait jamais faits, consacrés à la glorification d'une femme plus célèbre encore que l'autre, et qu'il comparait à la Vierge Marie, quoiqu'elle n'eût vraiment pas le moindre rapport avec le dogme de l'Immaculée Conception. »

Tout en causant, mon compagnon de promenade et moi, nous étions arrivés à un petit banc, bien connu des visiteurs de la fontaine Stanislas et situé dans un coin de forêt tout à fait charmant. Nous nous y assîmes et je dis à mon interlocuteur :

« Je fais une remarque qui m'inquiète.

— Laquelle?

— J'ai peur de vous avoir donné une idée défavorable d'Eugène Sue; il me semble que je ne vous l'ai peint que par ses mauvais côtés. Je me fais l'effet d'une espèce de Caïn égorgeant son frère.

— Je pense bien, me répondit-il en riant, que vous allez vous rattraper. Puis, vous m'avez révélé dans Eugène Sue une qualité que je ne lui connaissais pas et qui compense bien des défauts, la sincérité. Pas la moindre pose théâtrale! Il en dit plus contre lui que n'en pourraient dire ses ennemis mêmes.

— Vous avez mis là le doigt, lui répondis-je, sur une des plus charmantes qualités d'Eugène Sue. Sa sincérité était absolue, en effet, et lui donnait quelque chose de la grâce d'un enfant. Oui! Si étrange que puisse paraître ce mot appliqué à l'auteur de *Mathilde* et d'*Atar-Gull*, il y avait de l'enfant en lui. Il était mobile et aimable comme un enfant, admiratif comme un enfant, câlin comme un enfant, repentant de ses torts comme un enfant, ce qui fait qu'on les lui pardonnait comme à un enfant; enfin cet ensemble de défauts naïvement avoués et de qualités naïvement oubliées, formait une des natures les plus séduisantes que j'aie connues, et ce charme tout particulier l'a suivi jusque dans sa transformation.

— Nous y voilà donc enfin!
— Elle commence. »


IV


Un coup violent l'arracha brusquement à la vie de luxe et à la vie du monde. Ce coup, vous le devinez, ce fut la ruine. En trois ou quatre ans, il avait tout dévoré, son patrimoine, un héritage et le produit considérable de ses romans. Ce malheur resserra encore notre liaison, et il m'en advint avec lui comme avec Berlioz : mon cher foyer de famille lui servit de lieu de refuge. Il arrivait tous les jours chez moi, vers les deux heures, pâle et défait, me suppliant de fermer ma porte, car tout visage étranger lui était odieux, et je ne puis penser sans émotion aux larmes et aux sanglots du pauvre garçon.

« Quoi ! des larmes, à trente-six ans, pour de l'argent perdu !

— Oh ! ne l'accusez pas ! il avait perdu bien autre chose que de l'argent. Quelques jours après sa ruine, une femme qu'il adorait, et qui lui reprochait toujours de ne pas l'aimer assez, rompit net avec lui, lui arrachant ainsi jusqu'aux joies du passé. Ce n'est pas tout ! Frappé dans son amour, il se sentit en même temps mortellement atteint dans son talent. »

Il y a, dans la vie des artistes, des moments de crise qui sont le coup de cloche de la décadence, ou le signal du renouvellement. Racine a écrit ce mot profond : « Un poète qui, à quarante ans, ne trouve pas une source d'inspiration nouvelle, est mort comme poète. » Eugène Sue en était là. Il avait épuisé le roman maritime, épuisé le roman mondain, il lui fallait une nouvelle sphère, et il n'en connaissait pas d'autre, il n'en entrevoyait pas d'autre. Il sentait son imagination s'effondrer comme le reste. Plus d'invention ! plus d'idées ! plus d'exécution ! Il restait des heures entières assis devant son papier, sans pouvoir écrire une ligne. Je l'entends encore me dire avec désespoir : « Je suis fini ! je suis fini ! Je ne trouve plus rien ! Je ne trouverai plus rien ! Il ne me reste même plus la consolation du travail ! » Pour le calmer, la maîtresse de la maison, qui aurait suffi à lui prouver qu'on pouvait être une charmante femme et une honnête femme, se mettait au piano et lui chantait quelques mélodies de Schubert dont les premières œuvres venaient de paraître. Quoiqu'il n'aimât pas la musique aussi passionnément que moi, il y était sensible, surtout à ce moment-là. Il en est des âmes blessées comme des organes malades, elles ont une délicatesse de perception que ne connaît pas toujours la santé; et souvent, le soir, quand il nous quittait, nous avions la joie de le voir partir, non pas consolé, mais moins inconsolable.

Un incident de famille et un hasard de conversation le tirèrent de cette torpeur morale et intellectuelle. Notre petite fille fut atteinte d'une grave maladie dont la guérit une intervention quasi-miraculeuse. Est-ce la vue de notre désespoir pendant ces onze jours de mortel péril? est-ce l'ivresse de notre joie quand vint la convalescence? je ne sais. Mais tout ce qu'il vit, tout ce qu'il entendit dans notre maison, pendant cette terrible crise, lui donna une forte secousse au cœur. Il comprit qu'il y avait des douleurs plus terribles que des pertes d'argent, que des abandons de femmes, et même que des défaillances d'imagination; il rougit presque de son chagrin en face du nôtre! Deux de nos amis, Goubaux et Schœlcher, venaient chaque soir pour passer avec nous la nuit au chevet de cette pauvre petite créature mourante, et s'associer aux soins de toutes les minutes que demandait cette lutte désespérée contre la mort. Eugène Sue fut touché de cette amitié si vive, il demanda sa part de ce dévouement; il ne pouvait, sans une émotion qui le distrayait de lui-même, regarder dans son lit, les yeux fermés, les cheveux épars, la figure plus blanche que son oreiller, cette enfant qui, quelques jours auparavant, venait se jeter si gaiement et si étourdiment à travers son chagrin! Enfin, que vous dirai-je!

Quand elle se releva de cette maladie, il sembla que lui aussi, se relevait de la sienne! Il avait changé d'air! Il avait respiré une atmosphère plus pure, plus saine! Son cœur s'était retrempé au sein des sentiments naturels, et c'est presque sans surprise qu'un jour je l'entendis me dire : « Le goût du travail me revient. Je sens en moi ce que doivent sentir les arbres sous leur écorce, au mois de mars! Un mouvement de sève!... » Puis il ajoutait, car il aimait passionnément les fleurs, il ajoutait en riant : « Décidément je crois que je vais entrer dans l'espèce des rosiers remontants! J'aurai ma floraison d'août! Seulement, une chose m'inquiète encore, je ne trouve pas de sujet! — Vous en trouverez. — Oui! mais quand? Il m'est venu, depuis quelque temps, un mauvais sentiment que j'ose à peine vous avouer et qui me trouble. — Lequel? — Vous le savez, s'il y a des femmes que l'infortune éloigne, il y en a d'autres qu'elle attire. — Ce sont les meilleures. — Eh bien, une de ces meilleures-là est venue à moi. Elle me fait penser à ces délicieux vers de Skakespeare dans le récit d'Othello : « *Elle m'aima pour mes malheurs et je l'aimai pour la part qu'elle prenait à mes malheurs.* » Mais une idée amère empoisonne ce commencement de joie. Je vais vous montrer là un vilain coin de mon cœur. Toute ma vie, mais surtout depuis trois ans, j'ai affiché un grand mépris pour les femmes, j'ai joué à la rouerie, j'ai pris le masque du scepticisme. Eh bien, ce masque est devenu le visage, ce jeu est devenu la réalité, et cette réalité, sous le coup de la trahison dont j'ai été l'objet, est devenue un supplice!

Il m'est impossible de nier l'amour de cette jeune femme, et il m'est impossible d'y croire ! Elle n'a aucun intérêt à me tromper puisqu'elle ne peut rien retirer de moi. N'importe ! Tout le temps qu'elle me parle de sa tendresse, je me dis : « Pourquoi me parle-t-elle ainsi? Dans quel but? Quel avantage en espère-t-elle ? » C'est affreux ! Figurez-vous un homme qui, en regardant l'éblouissante fraîcheur d'un visage de vingt ans, verrait derrière ces joues, le squelette ! »

Je l'interrompis vivement : « Eh bien ! lui dis-je, le voilà, votre sujet ! Un sujet poignant, nouveau ! Le sceptique puni par le scepticisme ! cela convient merveilleusement à votre talent ! — Vous croyez ? — J'en suis sûr ! cherchez ! faites comme Gœthe, dépeignez votre désenchantement... et qui sait, peut-être en guérirez-vous en le dépeignant. » Il suivit mon conseil et il chercha si bien, que, quinze jours après, son roman d'*Arthur* était commencé ; *Arthur*, où l'on trouve les tâtonnements d'un ouvrage de transition, mais dont certaines pages ont une force d'analyse psychologique que l'on voudrait rencontrer plus souvent chez Eugène Sue. Du reste, ce nouveau travail le saisit si vivement que, quelque temps après, il entra chez moi en me disant : « Je quitte Paris ; je ne peux pas travailler ici. J'ai ramassé çà et là quelques débris de créances ; je m'en vais à trente lieues, en Sologne, dans le vaste et stérile domaine d'un de mes parents, où j'ai arrangé à ma guise une maison de paysan. Je me fais ermite ! » Il partit, en effet, trois jours après pour son ermitage ; seulement, en historien fidèle, je dois ajouter qu'il y alla en poste.

Le voilà donc installé à la campagne. Une des particularités les plus curieuses de son caractère était une puissance de solitude, que je n'ai connue à aucun autre homme d'imagination. Les longs hivers, passés tout seul, loin de toute habitation, au milieu des neiges, des rochers, des bois, le rassérénaient au lieu de l'attrister. Toute la journée, dans sa retraite, se divisa en deux parts : neuf heures de travail, et quatre heures de promenade. Passant ainsi au milieu des bruyères et des sapins de la Sologne, se dessinant à l'horizon, sur un petit poney qu'il avait acquis en échange d'une superbe pièce d'argenterie, et suivi d'un grand lévrier que lui avait donné le comte Dorsay, il avait l'air d'un personnage de Walter Scott.

C'était vers 1841. A ce moment, si vous vous le rappelez, les idées sociales, les questions de paupérisme commencèrent à travailler les esprits, on se préoccupa et on s'occupa du sort, des mœurs, des souffrances des classes travailleuses; le peuple prit sa place dans l'imagination publique. Eugène Sue étant revenu à Paris, un éditeur intelligent et chercheur vint le trouver et lui apporta une publication anglaise illustrée, dont les gravures et le texte étaient consacrés à la peinture des mystères de Londres : « Un ouvrage de ce genre sur Paris, lui dit-il, aurait de grandes chances de succès. Voulez-vous me le faire? — Une revue illustrée? lui répondit Eugène Sue, cela ne me tente guère. Enfin, j'y penserai. » Quelque temps après, je reçus de lui, à la campagne, un petit carton brun renfermant deux ou trois cents pages de manuscrit, et accompagné de ce

mot, que j'ai toujours gardé : « Mon bon Ernest.... »
Je m'arrête à cette suscription, parce que j'y retrouve
un des traits et un des charmes du caractère d'Eugène
Sue; il était très affectueux, je dirais volontiers, très
câlin de termes avec ses amis.. Il n'employait jamais
le mot banal : *mon cher ami*, il vous nommait par votre
nom de baptême, auquel il ajoutait toujours le
mot « bon ». C'est ainsi qu'il écrivait à Schœlcher et à
Pleyel : *mon bon Victor, mon bon Camille*, et dans sa
jeunesse, s'étant lié très intimement avec un écrivain
de beaucoup d'esprit, M. de Forge, il ne le nommait
jamais autrement que *mon bon frère*. Si j'ai insisté sur
ce petit détail, c'est qu'il révèle ce qu'il avait de meilleur en lui, et ce qui l'a sauvé. *Il était profondément
bon et humain.* Revenons à la lettre : « Mon bon Ernest,
je vous envoie je ne sais quoi, lisez. *C'est peut-être
bête comme un chou.* Cela m'a bien amusé à faire,
mais cela amusera-t-il les autres à lire? Voilà le douteux. Vite un mot qui me dise votre opinion. » Je lus.
Le premier chapitre était une sorte de prologue, qui
m'intéressa médiocrement. Mais quand le véritable
roman commença, quand vint le premier, le second,
le troisième, le quatrième chapitre, je me sentis comme
frappé d'une secousse électrique, mes mains tremblaient
en tenant le papier; je ne lisais pas, je dévorais! C'était
*Fleur-de-Marie*, le *Chourineur*, le *Maître d'école*, c'était
la moitié du premier volume des *Mystères de Paris!*
Vous devinez ma réponse. « Succès énorme! Le plus
grand de vos succès! Envoyez-moi vite la suite! » A
quoi, il me répondit : « Je suis très heureux de votre

réponse; mais, quant à la suite, je serais bien embarrassé de vous l'envoyer, je ne la connais pas. J'ai écrit cela d'instinct, sans savoir où j'allais! Maintenant, je vais chercher. » Or, savez-vous ce qui l'aida à trouver? Un article de journal. A l'apparition des *Mystères de Paris* dans les *Débats*, M. Considérant, directeur de la *Démocratie pacifique*, signala le nouveau roman comme un véritable événement littéraire. « Je vois où va l'auteur, disait-il. (Il était plus avancé que l'auteur même.) Il entre dans une voie inexplorée! Il entreprend la peinture des souffrances et des besoins des classes travailleuses! M. Eugène Sue a été baptisé le romancier maritime; aujourd'hui, il s'appelle le romancier populaire. » A peine cet article lu, je le mis sous bande et je l'envoyai à Eugène Sue. « Merci, me répondit-il, je l'ai. J'ai été causer avec l'auteur. Je vois clair. » Alors commença pour lui une existence toute nouvelle. Il se lança dans le monde d'en bas comme il s'était lancé dans le monde d'en haut. A la place de l'habit rouge du chasseur, à la place du bouton des grandes vèneries, du camélia à la boutonnière, il acheta une casquette, une blouse, de gros souliers, et il s'en alla, le soir, à pied, dans les faubourgs, dans les cabarets de barrière, dans les réunions d'ouvriers, dans les garnis, dans les taudis, dans les hospices, vivant de la vie populaire, s'attablant dans les bouges, et plongeant pour ainsi dire son imagination au milieu de toutes ces misères, de toutes ces haines, de tous ces dévouements.

« Je vous arrête, me dit mon compagnon, pour vous demander l'explication d'un mot que vous avez jeté au courant du récit, et qui me semble tout à fait incompréhensible.

— Lequel?

— C'est qu'en commençant les *Mystères de Paris* l'auteur ne savait pas où il allait. Quoi! tous ces personnages si vigoureusement posés ne marchaient pas à un but déterminé?

— Non. Sue a toujours procédé ainsi. Le hasard était son guide. Quand il commençait à écrire, il mettait à la loterie. Ce n'était pas lui qui gouvernait sa plume, c'était elle qui l'entraînait. Les lettres, les mots, en naissant sous ses doigts, étaient comme des signes mystérieux, qui lui disaient : Va de ce côté! Son encre était une sorte d'encre sympathique, elle l'inspirait. Il lui est arrivé quelquefois de n'imaginer le personnage capital de son roman, le ressort principal de son action dramatique, qu'à la fin d'un volume, et par pur hasard. Vous rappelez-vous Rodin, dans le *Juif Errant?*

— Si je me le rappelle! c'est le rôle le plus original du livre! c'est le pivot de l'action.

— Eh bien, il a trouvé ce pivot de l'action au milieu de l'action! Un soir, à la fin d'une journée de travail, en écrivant les dernières lignes d'un chapitre, tout à coup, sans qu'il ait jamais su pourquoi ni comment, se dessina sur le papier, la silhouette de ce type de jésuite, sale, crasseux, chaste, sur lequel porte l'ouvrage entier.

— Vous me remplissez d'étonnement. Je croyais que toute œuvre d'imagination, pour être forte, devait être une œuvre de méditation, où chaque partie, chaque détail était concerté d'avance, en vue de la conception générale et du but final.

— Rien de plus exact pour les œuvres dramatiques, car ce sont avant tout des œuvres d'ensemble. Une des premières scènes que doit trouver l'auteur dramatique, c'est la dernière, c'est-à-dire le dénouement, vers lequel tendent toutes les actions et presque toutes les paroles des personnages. Il n'en est pas de même du roman. On lui permet le détour, la digression, l'épisode. On pardonne au romancier de s'amuser en route, s'il nous amuse aussi. Je pourrais vous citer tel maître du genre, qui a commencé souvent comme Eugène Sue, sans savoir où il allait. Quant à lui, il était absolument incapable d'écrire un plan, un scénario. S'il n'a jamais composé seul une pièce de théâtre, c'est précisément parce qu'il fallait la composer. La combinaison tuait chez lui l'inspiration. C'était l'incertitude, l'embarras, qui l'excitaient, l'aiguillonnaient et le rendaient créateur. Croiriez-vous que, dans ses grands romans, il lui est arrivé de placer ses personnages dans une position inextricable à la fin d'un feuilleton, d'un feuilleton qui devait paraître le *lendemain*, sans savoir ce qu'il mettrait dans le feuilleton du *surlendemain*. Alors arrivait chez moi un bout de lettre écrite en caractères hiéroglyphiques : « Mon bon Ernest, je suis dans le « pétrin ! Lisez ce feuilleton ; du diable si je sais « comment je tirerai mes personnages de là ! Je serai « chez vous à six heures, nous dînerons et nous cher-« cherons après le dîner. » « Mais, misérable, lui disais-je quand il arrivait, pourquoi vous jetez-vous dans des difficultés pareilles? — Vous le savez bien, parce que je ne peux pas faire autrement. — Mais je viens de le lire, votre damné feuilleton. C'est inextricable! c'est inextricable! — Bah! me répondait-il avec un sang-froid merveilleux; voyons, raisonnons un peu. Supposez que ce soient des êtres réels et qu'ils se trouvent réellement dans cette position; ils en sortiraient, n'est-ce pas? Bien ou mal, mais ils en sortiraient. Eh bien, trouvons ce qu'ils feraient. » Et nous voilà causant, disputant, cherchant, lui plein d'imaginations de toute sorte et s'interrompant de temps en temps pour me dire : « Connaissez-vous rien de plus amusant que de jouer ainsi le rôle de la Providence, de la Fortune; de faire des heureux, des malheureux; d'enrichir celui-ci, de ruiner celui-là; de donner la femme qu'il aime à un pauvre jeune homme qui ne s'y attend pas! C'est ce qui m'a fait créer le personnage de *Rodolphe* dans les *Mystères de Paris!* Rodolphe est un romancier en action; seulement j'ai deux avantages sur lui : d'abord j'ai droit de vie et de mort sur mes personnages; puis, je ne prévois pas plus qu'eux ce qui va leur arriver! » C'est ainsi, qu'après deux ou trois heures de remuement d'idées et d'effervescence d'imagination, il partait tranquille, et ayant trouvé.

— Vous m'aviez promis une créature singulière, me dit mon interlocuteur, vous m'avez tenu parole. Seulement jusqu'ici je ne vois encore que le démocrate d'imagination. Mais où est le démocrate de conviction? Il a changé de modèles, il peint des ouvrières après avoir peint des duchesses ; rien là que de très habituel. Tous les artistes en font autant.

— Vous allez le voir faire ce qu'aucun d'eux n'a fait. »

## V

Le travail lui avait rendu le succès ; le succès lui avait rendu l'argent ; et avec l'argent revint pour lui la vie élégante et confortable. Une petite maison, rue de la Pépinière, transformée en un cottage plein de fleurs, satisfaisait à tous ses besoins de bien-être et répondait à son goût de luxe à la fois artistique et mondain. Sa société avait changé avec son talent ; le monde des duchesses n'était plus le sien, et avait fait place à un certain nombre de relations plus sérieuses. Chaque mois il réunissait à dîner Schœlcher, Goubaux, Camille Pleyel et moi... Ce qu'il appelait le quatuor d'amis. Quatuor était bien le mot, car chacun y représentait pour ainsi dire un instrument différent. Schœlcher y apportait ses inflexibles principes d'honneur et de liberté, qui, mêlés à son goût passionné pour les arts et à sa courtoisie chevaleresque, donnaient à ce défenseur de la race noire je ne sais quel air de sang-mêlé de Spartiate et d'Athénien. Goubaux arrivait avec cette universalité d'intelligence qui a fait de lui le fondateur de l'enseignement professionnel en France, en même temps que l'auteur du *Joueur* et de *Richard Darlington*. Quant à Camille Pleyel...

« Était-ce Pleyel, le facteur de pianos ?

— Précisément, et dites-vous que jamais instrument de musique ne sortit de ses ateliers, résonnant plus harmonieusement que son âme. Il avait toutes les séductions qu'on admire chez les artistes et toutes les générosités qu'on leur suppose. Pianiste de premier ordre, élève de Steibelt, il tenait de lui la tradition, le style des maîtres. Chopin disait souvent : « Il n'y a plus aujourd'hui qu'un homme qui sache jouer Mozart, c'est Pleyel, et quand il veut bien exécuter avec moi une sonate à quatre mains, je prends une leçon. »

Comme je vous l'ai dit, Eugène Sue avait un goût naturel pour la musique; ce que voyant, Pleyel s'imagina de faire fabriquer quatre clochettes de sonorités différentes et harmoniques, qui, attachées au cou de quatre vaches paissant dans les landes de Sologne, donnaient au promeneur l'agréable sensation de l'accord parfait. La conversation de Pleyel abondait en souvenirs intéressants sur les grands musiciens. Il avait entendu improviser Beethoven ! Le fait est curieux, et comme nous ne sommes pas des auteurs dramatiques, et que la digression nous est permise, vous me pardonnerez ce court récit : Un jour, à Vienne, on annonce un grand concert et, pour couronner le concert, une improvisation de Beethoven. Pleyel y court avec son père; le maître arrive, s'assied au piano, prélude par quelques notes insignifiantes, ébauche quelques accords, les interrompt, en essaye d'autres qu'il abandonne aussi, puis tout à coup, après deux ou trois minutes d'essai, il se lève, salue et s'en va. La déconvenue du public, vous vous la figurez ! On ne parla toute la journée à Vienne que de ce scandale. Le lendemain matin, Ignace Pleyel, le père de Camille, lui dit : « Allons donc voir Beethoven. » Ils arrivent ; le jeune homme tout tressaillant d'admiration, et un peu de crainte : dans quel état allait être le maître? A peine les a-t-il aperçus : « Ah! vous voilà! Étiez-vous hier au concert? Oui. Eh bien, qu'ont dit ces imbéciles? Ils m'ont traité sans doute de malotru ! Ah çà ! est-ce qu'ils s'imaginent qu'on improvise comme on fait des souliers, à volonté ? Je suis arrivé avec d'excellentes intentions d'improvisateur, j'ai essayé, mais l'inspiration n'est pas venue ! Que voulez-vous que j'y fasse? Il ne me restait qu'un parti, prendre mon chapeau et m'en aller, c'est ce que j'ai fait. Tant pis pour eux, s'ils grognent. » Tout en parlant ainsi, il était debout, à côté de son piano, nerveux, agacé, et tapotant machinalement sur l'instrument avec la main gauche, frappant tantôt une note... tantôt l'autre... tantôt d'un seul doigt... tantôt de deux ou de trois... Peu à peu, sans qu'il s'en aperçoive, sans qu'il interrompe la conversation... tous les doigts de la main gauche se mettent de la partie... les notes succèdent aux notes... un vague contour de mélodie se dessine... puis sa physionomie change, sa parole devient intermittente.... l'intonation n'est plus d'accord avec le mot.... enfin, au bout de quelques minutes, le voilà assis en face du piano, attaquant l'instrument tout entier, ne sachant plus s'il y avait quelqu'un là, le visage en feu, penché sur le clavier, en faisant jaillir à flots pressés, les traits, les chants, les gémissements, montrant enfin à Camille le spectacle inoubliable d'un grand homme, saisi à l'improviste par son génie, en lutte avec l'inspiration, en pleine crise d'enfantement, et sortant de cette heure de création, pâle, frémissant, épuisé! Pleyel était admirable en racontant cette scène ; Beethoven revivait dans sa physionomie et dans sa voix. Mais chez Pleyel l'artiste n'était que la moitié de l'homme. Il y avait en lui un administrateur de premier ordre, et, dans sa sympathie ardente pour Eugène Sue, il se mit en tête de lui assurer une fin de vie heureuse. Il se fit son homme d'affaires. La fonction n'était pas facile. Les prodigalités d'Eugène Sue le replongèrent bien promptement dans les embarras d'argent, dans les dettes, dans les billets à ordre, et une seconde ruine le menaçait. Camille Pleyel, de son autorité privée, lui constitua un conseil judiciaire amiable; ce conseil se composait de lui, de Goubaux et de moi. Mainmise sur tout ce qu'il gagnait! assignation d'une pension mensuelle! réforme du luxe inutile! échelonnement de tous les mémoires des créanciers jusqu'à extinction totale des créances! Sue se laissait faire avec la docilité et le charme d'un enfant. Ce qui lui rendait ces sacrifices plus faciles, c'était le succès croissant de ses ouvrages et le développement de son influence sur les classes populaires. Il exerçait une sorte de royauté sur le peuple de Paris. Les sympathies les plus ardentes, les enthousiasmes les plus reconnaissants saluaient chacun de ses chapitres, et se traduisaient parfois d'une façon étrange et tragique. Un soir, en rentrant chez lui, il heurta du pied, dans l'obscurité, un objet suspendu et mobile; il allume une bougie, que voit-il? Les deux pieds d'un homme qui avait pénétré dans son antichambre, on n'a jamais su comment, et qui était venu s'y pendre; il tenait dans sa main un billet ainsi conçu : « Je me tue par désespoir; il m'a semblé que la mort me serait moins dure, si je mourais sous le toit de celui qui nous aime et nous défend! » Ce fanatisme pour Sue datait surtout de la publication d'un épisode que vous vous rappelez peut-être, l'histoire de la famille Morel.

— Morel le lapidaire! s'écria mon interlocuteur. Le diamant perdu; le désespoir de cet honnête homme qu'on accuse d'avoir volé;... l'expulsion de toute la famille! C'est un des plus beaux chapitres des *Mystères de Paris!*...

— Eh bien, voici le post-scriptum de ce chapitre. Sue l'avait achevé depuis quelques jours et nous avait arraché des larmes à tous en nous le lisant. C'était vers la fin d'un mois de février. Le 25, Pleyel avait remis à Sue 1800 francs pour le payement d'un billet à ordre; le 28, dernier jour du mois, nous arrivons tous les quatre pour le dîner mensuel. A peine arrivé, Pleyel lui dit : « Eh bien, le créancier est-il venu? Où est la quittance des dix-huit cents francs?... » Sue balbutia, s'embarrassa, et de sa voix câline : « Mon bon Camille, il ne faut pas m'en vouloir, mais... — Vous n'avez pas payé! s'écria Pleyel. — Je vais vous dire, mon bon Camille, c'est que... — C'est que quoi? Encore quelque nouvelle folie! Vraiment! vous êtes odieux! Je ne dîne pas avec vous, je m'en vais! » Et Pleyel se lève... « Mon bon Camille, je vous en supplie, restez! Je n'ai pas pu faire autrement. — C'est-à-dire que vous n'avez pas pu résister à votre caprice. Voyons! quel objet d'art, quelle pièce d'argenterie vous a encore tourné la tête? Froment-Meurice sera venu, il vous aura apporté... — Non, non! mon bon Camille, non, Froment-Meurice n'est pas venu et je n'ai rien acheté! — Mais alors, à quoi avez-vous employé cet argent? — Voilà! c'est que c'est très difficile à dire. — Eh bien, je le saurai malgré vous! » dit Pleyel, et il se met à appeler très haut : « Laurent! » (c'était le nom du domestique). Laurent paraît. « Qui est venu voir monsieur, ce matin? — Un pauvre entrepreneur en menuiserie, avec sa femme et ses enfants; on allait saisir ses meubles, les créanciers allaient le mettre en faillite. Le pauvre homme pleurait à chaudes larmes, monsieur lui a donné les dix-huit cents francs. » Nous nous trouvâmes un peu embarrassés. Le valet de chambre parti, Eugène Sue reprit à voix basse, et toujours confus : « Mon bon Camille, ce malheureux était l'honnêteté même, sa probité et sa détresse m'étaient attestées par un homme que vous connaissez et estimez, M. B. Ces dix-huit cents francs lui sauvaient l'honneur. — C'est très bien de faire l'aumône, reprit Pleyel, toujours grondeur, et avec la sévérité du commerçant, mais avant d'être généreux il faut payer ses dettes : la générosité, c'est le luxe; la fidélité à ses engagements, c'est le devoir. Votre créancier attend peut-être ses dix-huit cents francs avec impatience, il en a peut-être besoin, lui aussi! Que diable! on ne se donne pas de satisfactions de bienfaiteur quand on est débiteur. » Eugène Sue l'écouta, la tête assez basse, et répondit : « Il ne faut pas être trop méchant, mon bon Camille. Vrai! je n'ai pas pu m'en empêcher! Jugez vous-même. On m'avait apporté ce matin les épreuves du chapitre de Morel. En les corrigeant, il m'a semblé que c'était un billet à ordre aussi que ce chapitre-là, et qu'après l'avoir écrit, je n'avais pas le droit de repousser un honnête homme malheureux! » Oh! pour le coup, les larmes nous vinrent aux yeux! Camille lui prit les mains en lui disant : « Vous avez bien fait! Vous valez mieux que nous, et, quant à votre créancier, je me charge de le faire attendre. »

Voilà comment, dis-je alors à mon compagnon de promenade, qui était ému lui aussi, voilà comment l'imagination de Sue a transformé son âme! Voilà comment la bienfaisance, la charité lui ont passé dans le sang! C'est l'auteur qui a évangélisé l'homme. On a accusé sa conversion aux idées démocratiques, de calcul; ses actes suffiraient pour répondre. Une fois sur ce chemin de Damas, il alla jusqu'au bout, c'est-à-dire jusqu'au sacrifice, jusqu'à l'exil volontaire. Nommé représentant en 1848, il prit place sur les bancs de la gauche, et le premier jour, il alla, par admiration, s'asseoir à côté d'un poète illustre. On discutait je ne sais quelle loi, il causait avec son voisin, et fut surpris de le voir, tout en causant, lever la main, se lever, voter enfin. « Est-ce que vous avez entendu l'orateur? lui dit-il. — Je n'ai pas entendu un mot. — Alors, comment pouvez-vous voter? — Oh! c'est bien simple. Voyez-vous, en face de vous, ce petit monsieur avec des lunettes ? — Oui. — Eh bien, c'est lui qui m'apprend mon opinion. Comme nous sommes toujours d'un avis contraire, quand il se lève, je reste assis, et quand il reste assis, je me lève, de confiance ; il écoute pour moi. »

Eugène Sue ne prit pas la vie politique de cette façon insouciante. Il y porta une passion ardente et convaincue.

« Quand vint le Deux-Décembre, il protesta énergiquement contre les décrets, et fut placé par M. de Morny sur la liste des représentants à arrêter. Napoléon le raya de sa main, se rappelant qu'Eugène Sue était le filleul de sa mère. E. Sue refusa cette grâce et se constitua prisonnier au fort de Vanves avec les autres députés. La loi d'exil promulguée, il n'y vit pas son nom, que Napoléon avait effacé pour la seconde fois. Pour la seconde fois aussi E. Sue repoussa cette faveur comme une offense, et s'exila volontairement à Annecy. Il y vécut trois ans, travaillant toujours, affirmant de plus en plus ses principes républicains, poussant trop loin, selon moi, ses théories radicales, mais corrigeant ses théories par ses actes, et consacrant une partie du fruit de son travail à venir en aide à tout ce qui était malheureux autour de lui. Eugène Sue le sceptique! Eugène Sue le gouailleur! Eugène Sue le matérialiste! donnait chaque année, sans être devenu catholique, une somme considérable au curé d'Annecy pour ses pauvres. Qui l'avait converti? Son œuvre! »

# CHAPITRE XVIII

## LE 6 FÉVRIER 1834

### I

Chacun de nous, si obscur qu'il soit, a son hégire. J'appelle ainsi le moment où sa destinée se noue. Cette date décisive a été pour moi le 6 février 1834. C'est ce jour-là qu'est entrée dans ma vie la personne qui a exercé sur moi la plus puissante et la plus salutaire influence; c'est ce jour-là que je me suis marié. Il est vrai que je ne me suis pas marié comme tout le monde. J'ai épousé à vingt-sept ans une femme que j'avais commencé à aimer à dix-sept. Ces dix ans d'intervalle ont été dix ans de traverses, d'angoisses, de luttes : luttes contre tout le monde, contre elle d'abord, puis contre les circonstances, puis contre la personne de qui elle dépendait, puis enfin contre moi-même. Oui! contre moi. Il m'a fallu la conquérir sur mes propres passions. Notre mariage a ressemblé à ces dénouements de contes de fée, où le prince n'arrive à épouser la princesse qu'après une série d'épreuves où plus d'une fois il a failli succomber.

Raconter ces épreuves et ces luttes, ce serait changer ces souvenirs en confidences ; et, selon moi, s'il est des voiles qu'il ne faut pas soulever, ce sont surtout ceux qui recouvrent nos joies intimes et saintes.

Je voudrais pourtant marquer d'un trait, le caractère particulier de cette dernière et vraiment providentielle influence.

Les amis dont j'ai parlé jusqu'ici, n'ont généralement agi que sur la formation de mon intelligence, sur la direction de mon esprit et de mes travaux. Elle, c'est le fond même de ma nature, c'est mon caractère, ce sont mes sentiments, ce sont mes principes, qu'elle a fortifiés, élevés, renouvelés. Le peu que je suis, le peu que je vaux, le peu de bien que j'ai tenté de faire, date d'elle, est parti d'elle ; mon être moral est son œuvre.

Son action ne s'exerçait ni par l'intervention directe, ni par l'ingérence préméditée, ni même par le conseil, non ! Elle agissait sur moi, comme la lumière agit sur les plantes et sur les êtres animés, par le simple rayonnement. Un de nos amis disait d'elle : *C'est un beau piano toujours d'accord*. On ne peut mieux rendre l'impression tout harmonieuse, j'oserais dire toute musicale, produite par cette rare et double beauté d'âme et de visage. Elle m'a fait comprendre l'admirable vers où Michel-Ange, dans ses tendres et austères sonnets, définit le regard de celle qu'il aime :

La luce
Che mi mostra la via, ch' al Dio mi guide.

*Son lumineux regard me montre la route qui me conduit à Dieu.*

Je m'arrête : ma jeunesse est finie, ma vie d'auteur dramatique et d'homme de famille commence. D'autres personnages vont entrer dans mon récit : Scribe, Lamartine, Jean Reynaud, Mlle Mars, Mlle Rachel, Mme Ristori, succéderont à Casimir Delavigne, à Béranger, à Maria Malibran. Mais l'esprit du livre restera le même. Je peindrai ces nouveaux amis, comme les premiers, tels que je les ai vus, tels que je les ai connus, sans que ma gratitude ôte rien à ma sincérité, et j'ajoute, sans que ma sincérité coûte rien à ma gratitude. Il en est des êtres supérieurs comme des portraits photographiques, ils perdent plus qu'ils ne gagnent à être *retouchés*. Ma fidélité à les peindre, m'aidera, j'espère, à jeter quelque jour sur le beau mouvement littéraire et dramatique, *quorum pars magna fuere*, dont ils furent une grande partie, et moi une petite.

# TABLE

|  |  |  | Pages. |
|---|---|---|---|
| Chapitre | I. | Une conversation avec Sainte-Beuve . . . . . . . . . . . . . . . | 3 |
| — | II. | Casimir Delavigne. . . . . . . . . . | 9 |
| — | III. | L'Académie en 1829. — *Mon prix de poésie* . . . . . . . . . . . . . . | 44 |
| — | IV. | Népomucène Lemercier. . . . . . . . | 54 |
| — | V. | Le jour où j'eus vingt ans. . . . . | 84 |
| — | VI. | Deux secrétaires perpétuels. . . . . | 103 |
| — | VII. | Le salon de M. de Jouy. . . . . . | 136 |
| — | VIII. | E. Dupaty. . . . . . . . . . . . . | 149 |
| — | IX. | Béranger . . . . . . . . . . . . . | 159 |
| — | X. | Mon père. . . . . . . . . . . . . | 176 |
| — | XI. | Les goûts. . . . . . . . . . . . . | 207 |
| — | XII. | L'escrime. . . . . . . . . . . . . | 211 |
| — | XIII. | Deux épées brisées. . . . . . . . . | 218 |
| — | XIV. | Les initiateurs. — La musique. — Maria Malibran . . . . . . . . . | 234 |
| — | XV. | Un post-scriptum . . . . . . . . . | 273 |
| — | XVI. | Hector Berlioz. . . . . . . . . . | |
| — | XVII. | Eugène Sue. . . . . . . . . . . . | 331 |
| — | XVIII. | Le 6 février 1834 . . . . . . . . | 382 |

# SOIXANTE ANS

DE

# SOUVENIRS

15122. — PARIS, IMPRIMERIE A. LAHURE
9, Rue de Fleurus, 9

# ERNEST LEGOUVÉ
DE L'ACADÉMIE FRANÇAISE

# SOIXANTE ANS
DE
# SOUVENIRS

DEUXIÈME
ET
DERNIÈRE PARTIE

PARIS
J. HETZEL ET Cⁱᵉ, ÉDITEURS
18, RUE JACOB, 18

1887

Tous droits de traduction et de reproduction réservés

# SOIXANTE ANS
# DE SOUVENIRS

## DEUXIÈME PARTIE

### CHAPITRE PREMIER

### MON GRAND-PÈRE

La première partie de ces mémoires comprenait environ vingt-sept ans.

La deuxième s'étendra jusqu'à 1876, plus de trente ans.

Dans ces trente ans, trois genres de travaux littéraires m'ont occupé. J'ai fait des pièces de théâtre en prose, en vers, seul et en collaboration.

J'ai parlé en public, au Collège de France, à la Sorbonne et sur des scènes diverses. J'ai écrit des livres d'observation, d'éducation, de famille, voire même des romans.

Or, cette période de trente ans a vu s'accomplir les modifications les plus profondes dans ces trois formes d'ouvrages.

Au théâtre et dans le roman, les sujets, le style, les mœurs, le goût du public, le jeu des acteurs, l'expression des sentiments, la mise en scène, ont tellement changé, que presque rien de ce qui plaisait alors ne plaît plus aujourd'hui. Il y a un mot qui a force d'arrêt, c'est le mot *démodé*.

La parole libre est devenue un des grands moyens d'instruction et de distraction.

L'éducation publique et privée subit une évolution qui ressemble fort à une révolution.

Enfin dans la famille, les rapports des membres entre eux se sont comme renouvelés par l'entrée en scène, au premier rang, de deux personnalités restées jusqu'alors dans la demi-ombre, *les femmes et les enfants*.

Témoin et acteur dans ces divers changements, j'y ai rencontré encore sur ma route des maîtres illustres : Scribe pour le théâtre, Lamartine pour la poésie, Jean Reynaud pour la philosophie morale; pourtant il est quelqu'un dont je dois parler avant eux, quelqu'un dont l'influence, pour être latente et invisible, n'en a pas été moins puissante sur moi, quelqu'un que je n'ai pas connu, et qui cependant m'a poussé, guidé, je n'ose dire inspiré, cinquante ans après sa mort, c'est mon grand-père.

Les questions d'hérédité intellectuelle et morale m'ont toujours singulièrement attiré et troublé. Il y a là un côté mystérieux où la raison se perd. Ces ressemblances qui sautent plusieurs générations, ces traits de caractère, d'esprit, qui dorment parfois de longues années dans une race, et qui, soudainement, y reparaissent sous forme de vertus ou de vices dans quelque être plus complet, me font penser à ces fleuves qui, au sortir de leur source, s'enfoncent presque aussitôt dans la terre, y cheminent obscurément, silencieusement pendant plusieurs lieues, et ressortent tout à coup plus rapides, plus denses, grossis, ce semble, de tous les petits cours d'eau qu'ils ont rencontrés et raccolés en route. En effet, de combien de petits affluents n'est pas formé ce que nous appelons notre imagination, notre intelligence, notre âme? Rien n'est absolument *nôtre*, en nous; nul n'est tout seul chez lui; chacun loge une foule de parents, de petits-cousins, d'arrière-grand'tantes, qui vivent en lui, et se manifestent par des actes, des pensées, des gestes, qu'il croit siens et qui leur appartiennent. J'en puis citer un curieux exemple. Un des vieux amis de mon père, me voyant faire des armes dans ma jeunesse, s'écria : « Tiens! le coup de votre père! » D'où me venait ce coup? Ce n'était pas imitation, j'avais cinq ans lorsque je perdis mon père. Non, ses doigts l'avaient légué aux miens. C'était de l'atavisme. Je faisais des contres de quarte, par filiation.

Eh bien, c'est ainsi que plus d'une fois dans ma vie, m'observant, m'étudiant, et remarquant en moi des dispositions qui me faisaient dire : « De qui donc est-ce que je tiens cela? » j'ai été amené à m'écrier tout à coup : « C'est de mon grand-père! »

J'en trouve un premier et singulier témoignage dans le journal de Barbier, à la date du 12 février 1757 :

« Un jeune avocat, garçon d'esprit, qui se nomme Legouvé, a eu l'imprudence de dire dans le salon de M. Lenoir, notaire, rue Saint-Honoré, où l'on parlait de l'instruction du procès de Damiens : « C'est faire bien du bruit pour une petite saignée. » Ce propos a été dénoncé au Parlement, dans l'assemblée des princes et des pairs ; quatre-vingts membres ont requis contre Legouvé un décret de prise de corps ; et il aurait certainement expié fort durement son intempérance de langue, si le prince de Conti n'avait fait valoir que ce n'était là qu'un propos de jeune homme, qu'on n'en connaissait pas les termes textuels, que le décret de prise de corps entraînait une peine afflictive, et qu'il était injuste de punir aussi sévèrement une faute relativement légère. Il n'a pas fallu moins que toute l'autorité du prince de Conti pour faire revenir les juges de leur sentiment, mais cette affaire n'en resta pas moins comme très fâcheuse pour l'ordre des avocats. »

Quand le hasard me fit tomber sur cette page de Barbier, je me dis immédiatement : « Ah ! voilà donc pourquoi, à vingt-quatre ans, j'avais la tête si légère, la langue si intempérante, et un goût si vif pour l'opposition ! C'est la faute de mon grand-père. C'est l'avocat de 1757 qui s'amusait à refaire des siennes dans la pauvre tête du poète de 1832. Il s'était installé chez moi comme s'il était chez lui. »

Un second fait m'a plus frappé encore. Je savais bien que mon grand-père avait été avocat, avocat distingué ; mes parents le comparaient à Gerbier, mais les admirations de famille ne sont pas paroles d'évangile, et je restais un peu en défiance, quand une révélation inattendue vint me remplir d'un orgueil et d'une reconnaissance toute filiale.

Un homme distingué, amateur intelligent et sagace de curiosités historiques, M. Gustave Bord, m'apporta une lettre autographe adressée par le chancelier Maupeou à un membre du parlement.

Voici cette lettre :

« En fixant à jeudi ma visite au Parlement, je m'étais flatté d'entendre M. Legouvé, et je me faisais un plaisir de donner à MM. du Conseil la plus grande idée de l'éloquence de notre barreau. On m'annonce qu'il ne veut plus plaider. Ce projet-là n'est sûrement pas formé pour me mortifier, et M. Legouvé n'aura pas attendu que je sois chancelier pour commencer à me déplaire. Il suivra une carrière où il a déjà tant brillé et où il peut briller encore si longtemps, je le désire et tout le public avec moi.

« MAUPEOU. »

Dieu me garde de me comparer à mon grand-père ; mais, enfin, j'ai beaucoup parlé en public : la parole a été une de mes grandes joies et m'a valu plusieurs succès. Eh bien, depuis cette lettre, je ne me suis jamais reporté par la pensée à quelque séance heureuse pour moi, au Collège de France ou à la Sorbonne, sans me dire tout bas, en riant :

« Monsieur mon grand-père, je vous dois ces applaudissements-là ; vous m'avez soufflé. »

Je lui avais dû encore plus dans ma jeunesse. Un de ses plus riches clients, un banquier, lui donna en payement cinq ou six arpents de terrain situés aux Champs-Elysées, et formant ce qu'on appelait l'allée des Veuves.

Cette allée des Veuves a joué, dans la maison de mon

père et de ma mère, le rôle de ces bonnes vieilles tantes, à qui on a recours dans les moments critiques, et qui trouvent toujours, au fond de leur secrétaire, deux ou trois mille francs au service des jeunes ménages en déficit.

Or, l'équilibre n'était pas le trait distinctif du budget de ma mère, et lorsque quelques dépenses excessives l'avaient un peu dérangé : « Si nous vendions, disait-elle, un bout du terrain de l'allée des Veuves? » Et l'on fit si souvent appel à cette caisse complaisante, qu'à la mort de mes parents, ma fortune, en fonds de terre, se réduisait à quelques perches louées fort mesquinement à un maraîcher. Ajoutons que ce maraîcher payait très mal, et les impôts et réparations courant toujours, il m'en coûtait, bon an mal an, une trentaine de francs pour être propriétaire terrien. Heureusement, le feu de la spéculation se porta sur l'allée des Veuves; cette allée des Veuves devint le quartier François I$^{er}$, mon tuteur vendit mon terrain à M. le marquis d'Aligre, cent vingt-neuf mille francs, de sorte que mon grand-père augmenta ma fortune d'un tiers par son éloquence, bien longtemps après qu'il ne parlait plus.

Enfin cette petite enquête de famille, cette visite domiciliaire dans mon for intérieur, m'amenèrent à constater un dernier fait plus décisif encore.

Avocat pour le public, mon grand-père était poète pour ses amis, je devrais peut-être dire pour ses ennemis, à en juger par l'anecdote suivante.

Il possédait, près de Paris, une jolie maison de campagne, à Brévannes. Un jour, il imagina d'y faire représenter, devant une nombreuse et élégante compagnie, une *Attilie* de sa façon en cinq actes et en vers.

Placé au parterre, confondu avec les spectateurs, il savourait avec grande satisfaction l'harmonie de ses hémistiches, quand son voisin, amené par une tierce personne et qui ne le connaissait pas, se pencha vers lui, et lui dit tout bas, confidentiellement : « Comprenez-vous, monsieur, qu'un homme de mérite rassemble tant d'honnêtes gens pour leur faire entendre une platitude pareille ?

— Pardon, monsieur, répondit mon grand-père, je suis l'auteur. » L'autre, tombant en confusion, et balbutiant, lui dit : « Oh! monsieur, je me suis mal expliqué... je ne parlais pas de la pièce... elle est pleine de talent.... Mais que pourrait devenir un chef-d'œuvre même, avec de tels interprètes?... Connaissez-vous rien de plus comique que ce beau rôle d'Attilie, joué par cette jolie petite poupée? — C'est ma femme, monsieur. — Ah! ma foi, monsieur, reprit le voisin, c'est trop difficile à arranger, j'y renonce. » Sur quoi, mon grand-père éclatant de rire et lui tendant la main : « Monsieur, vous êtes un homme d'esprit.... » Et à partir de ce jour, ils devinrent les meilleurs amis du monde. Eh bien, si j'ai toujours accepté gaiement les grands ou petits accrocs faits à mon amour-propre d'auteur, ma bonne humeur faisait certainement partie de mon héritage grand-paternel, et quant à ma passion pour le théâtre, si elle a occupé une telle place dans ma vie, c'est évidemment parce qu'elle a trois quartiers, c'est que je la tiens de l'auteur d'*Attilie*, un peu corrigé, j'espère, par l'auteur d'*Épicharis* et de la *Mort d'Abel*.

Décidément j'aurais dû intituler ce chapitre : *Le petit-fils de mon grand-père*.

## CHAPITRE II

## MA PREMIÈRE PIÈCE

---

Un matin, à la campagne, me promenant avec ma femme et un de mes plus chers amis, l'auteur de *Richard Darlington* et de *Trente ans ou la vie d'un joueur*, Goubaux, il me vint à l'esprit un titre qui me sembla un sujet de comédie, *La marche d'un secret*. Il ne s'agissait pas, comme dans La Fontaine, de montrer un secret volant de bouche en bouche et grossissant à mesure qu'il marche. Non. Ce qui me tentait était quelque chose de plus intime, je voulais faire la *physiologie de l'indiscrétion*, je voulais mettre en scène les divers motifs qui font sortir de nos lèvres un secret qui nous a été confié.

La pièce se passait aux eaux des Pyrénées. Elle s'ouvrait par la conversation de deux jeunes gens de vingt ans. Un d'eux sort de son premier rendez-vous avec une femme mariée; son bonheur l'étouffe! Il confie tout à son ami, parce qu'il ne peut pas s'empêcher de parler, parce que tout amoureux de vingt ans a besoin d'un confident, c'est *l'indiscrétion de la jeunesse et de l'amour*.

Son ami, bien entendu, lui a juré, sur l'honneur, de se taire. Par malheur, cet ami est aussi, de son côté, amoureux d'une jeune veuve, qui lui tient rigueur. Elle a flairé l'intrigue qui est en jeu, elle veut en savoir le fin mot et le demande à son soupirant. Il se défend... il ne sait rien... elle le presse, il résiste. Elle se pique ou feint de se piquer. « Vous ne m'aimez pas! Si vous m'aimiez, vous me diriez tout. Si vous me disiez tout, cette marque de confiance me toucherait, et qui sait... si la reconnaissance?... » La promesse était trop tentante, le jeune homme perd la tête, il parle... *C'est l'indiscrétion de l'égoïsme.* Il vend le secret confié. J'avais imaginé une assez bonne fin de scène : à peine la confidence achevée, la jeune femme se levait en souriant et lui disait : « Mon cher monsieur, Dieu me préserve de confier mon honneur à un homme qui ne sait pas garder le secret d'un ami. »

Nous voici à la troisième étape. Que va faire la jeune femme de ce mystère surpris? Le temps est admirable, tous les baigneurs sont en promenade. Elle est restée seule à Cauterets avec un vieil oncle goutteux et quelque peu sourd. « Comment passer sa journée? Comment
« alléger ces heures si pesantes? Si je racontais l'his-
« toire à mon oncle! Oh! Non! Non! Ce serait trop
« mal! Mais ce serait si amusant. D'ailleurs je ne dirais
« pas les noms. Je pourrais même mettre Bagnères, au

« lieu de Cauterets. Oh! ma foi!... Je n'y peux plus
« tenir! Il faut bien que je l'amuse un peu, ce pauvre
« oncle! » Et elle lui dit tout. Troisième étape, c'est
*l'indiscrétion par ennui.* Le soir arrive, les promeneurs
sont revenus, on est au cercle, on cause. « Il faut que
je vous raconte une jolie histoire, » s'écrie tout à coup
l'Oncle. La nièce a beau le tirer par la basque de son
habit. « Sois tranquille, lui répond-il tout bas, je gaze-
rai. » Et il gaze si bien qu'au bout de cinq minutes,
tout le monde a reconnu le héros de l'histoire, et qu'un
des assistants se lève et dit tout haut : « Pardon, monsieur, vous oubliez quelque chose dans votre récit... le
nom du mari. Ce mari, c'est moi. »

Mon sujet enchanta Goubaux. Nous fîmes le plan de
la pièce dans la soirée, je l'écrivis dans la nuit, et le
lendemain, nous demandions lecture au Théâtre-Français, pour une comédie en un acte, intitulée : *Le Soleil
couchant.*

Nous voilà devant ce terrible comité. Il n'était pas
comme aujourd'hui, une sorte de conseil des dix, impassibles et muets comme des juges, ce qui fait ressembler
l'auteur à un accusé. Les actrices, même les jeunes, y
figuraient. Cela jetait une note gaie dans la séance. On
riait aux scènes comiques; on pleurait aux scènes touchantes, on applaudissait aux passages brillants; c'était
une sorte de répétition générale qui renseignait l'auteur
sur les parties faibles ou fortes de sa pièce; le silence
même était une leçon. Je n'entendis que cette leçon-là
à cette lecture. Elle dura une heure, je lus avec toute la
chaleur, toute la conviction de mes vingt-neuf ans. Pas

un effet! pas un seul! et pour résultat, douze boules noires. Refusé à l'unanimité.

J'étais retourné à la campagne, où je digérais tant bien que mal ma disgrâce, quand je reçois ces trois lignes de Goubaux.

« Le comité du Théâtre-Français n'y entend rien. J'ai lu notre pièce à Etienne Arago, le spirituel directeur du Vaudeville. Il la trouve très amusante. Il va la monter immédiatement; il nous donne l'élite de sa troupe: Bardou, l'excellent Bardou, pour l'oncle; la jolie Mme Thénard pour la veuve, et pour l'un des amoureux, un jeune homme sur lequel il fonde de grandes espérances. Il s'appelle Brindeau, on dit qu'il a une jolie figure et une jolie voix; je vais lui faire un rondeau pour son entrée, cela enlèvera le début. Acceptez-vous? »

Si j'acceptais! Trois semaines après, je revenais de la campagne pour assister à une des dernières répétitions.

Le théâtre du Vaudeville était alors rue de Chartres. La répétition commence, le chef de claque était assis près de moi. La pièce finie : « *Ce n'est pas bien fort*, me dit-il. *mais il y a de jolies petites choses à faire.* » Je sors, et je me retrouve sur la place du Palais-Royal avec Goubaux et un de ses amis qu'il avait amené. Nous nous regardons entre les yeux.

« Qu'en pensez-vous?

— Ce que j'en pense, s'écrie Goubaux, c'est que c'est détestable!

— Et moi aussi, répondis-je.

— Et moi donc, ajoute l'ami, je crois que j'aurais sifflé, si j'avais eu une clé. Il ne faut pas laisser jouer cela.

— A aucun prix.

— Eh bien, je me charge, repris-je, d'aller dire à Arago que nous retirons la pièce. »

Le lendemain matin, à dix heures, je frappe à la porte d'Arago. Je suis reçu par sa cuisinière.

« Monsieur est au bain.

— Puis-je lui écrire ?

— Voici du papier, monsieur. »

J'écris :

« MON CHER DIRECTEUR,

« Cette lettre vous fera voir ce que vous n'avez probablement jamais vu dans le cours de votre direction ; deux auteurs, ayant trouvé leur pièce si mauvaise à la répétition qu'ils la retirent. Veuillez regarder notre *Soleil couchant* comme un soleil couché.

« Bien à vous,

« E. LEGOUVÉ. »

Je cours chez Goubaux et nous nous embrassons de joie comme deux gens sortis d'un cauchemar.

Le surlendemain, je sors le matin à onze heures, je passe devant une affiche. Qu'est-ce que je lis ? Ce soir, première représentation, *Le Soleil couchant*.

Je vis luire cent mille chandelles comme si le soleil lui-même me fût entré dans les yeux. Je cours chez Arago. La même cuisinière vient m'ouvrir, et en m'apercevant, pousse un grand cri. « Ah, bon Dieu ! Monsieur, j'ai oublié de remettre votre lettre. La voici, ne dites rien à monsieur, vous me feriez gronder. » Le mal était fait, le sort en était jeté, il n'y avait plus qu'à se résigner, et à attendre. Le soir, je monte me cacher au fond d'une avant-scène des troisièmes. Goubaux descend bravement sur le théâtre pour soutenir nos troupes. La première scène de confidence entre les deux jeunes gens fut bien accueillie. Encouragé par ce pronostic favorable, je descends dans les coulisses. Bardou était en scène. Quelques-uns de ses mots font rire, et il sort en nous disant : « *Mes enfants, je tiens mon public!* » Au même moment, un petit bruit, strident, aigu, inconnu, m'entre dans l'oreille comme une vrille.

« Qu'est-ce que c'est que ça?
— Ça, me dit Goubaux, c'est un sifflet.
— Hein ! »

C'était le fameux rondeau de Brindeau! Il avait chanté faux, et on le sifflait. Je remontai immédiatement dans ma troisième loge, je n'en redescendis plus. A partir de ce moment, les sifflets ne s'arrêtèrent pas. Je n'en ai jamais tant entendu de ma vie. Il y avait des dialogues entre le public et les acteurs. Un d'eux tenait un journal à la main : « Donnez-nous des nouvelles d'Espagne, » lui cria-t-on du parterre. Les trois filles de Goubaux, placées dans une loge découverte, riaient à gorge déployée. Je me sauvai lâchement au bout de vingt minutes. Goubaux était dans les coulisses, attendant les acteurs au sortir de chaque scène, les recevant dans ses bras comme des blessés qu'on rapporte du champ de bataille, en leur disant : « Ah, mes amis, mes pauvres amis; comme nous vous demandons pardon de vous avoir donné un si mauvais rôle! — Je voudrais bien boire un peu, disait Bardou. — C'est trop fin pour le public, » murmurait Mlle Thénard. La pièce ne fut pas achevée.

Les journaux déclarèrent que la pièce était de deux hommes d'esprit, qui prendraient leur revanche. Je touchai sept francs cinquante pour mes droits d'auteur. Le lendemain, je dis à Goubaux :

« Mon cher ami, je ne serai plus exécuté qu'au Théâtre-Français et avec une pièce en cinq actes. »

Deux ans après, le 6 juin 1838, nous donnions, Goubaux et moi, *Louise de Lignerolles*, avec Mlle Mars pour interprète. La pièce me rapporta plus de sept francs cinquante.

## CHAPITRE III

## PROSPER GOUBAUX

On a déjà vu Goubaux à l'œuvre dans les coulisses du Vaudeville, et on a pu le juger. Un auteur dramatique qui, le jour d'une chute, plaint ses interprètes au lieu de se plaindre d'eux, les console au lieu de les accuser, et leur demande pardon de leur avoir donné un mauvais rôle, n'est-ce pas déjà un portrait ? Non, ce n'est qu'un profil, car Goubaux eut deux professions, deux professions si opposées qu'elles semblent s'exclure, et il se montra aussi éminent dans toutes deux que s'il n'en eût exercé qu'une seule. Il fut auteur dramatique et instituteur. Comme auteur dramatique, il appartient à la race d'élite des créateurs. Comme instituteur, il a sa place parmi les bienfaiteurs publics; la France lui doit une forme nouvelle d'éducation. Or, de cette double existence si féconde, que reste-t-il? Pas même un nom. A peine un souvenir. Ses drames sont signés d'un pseudonyme où ne figure que la dernière syllabe de son nom (Dinaux). Son œuvre d'éducation porte un autre nom que le sien. Il aurait dû être deux fois célèbre : il est inconnu.

C'est cet inconnu que je voudrais faire connaître. C'est cette riche et puissante nature, en lutte cinquante ans avec la mauvaise fortune, que je voudrais peindre. Peu d'hommes, en effet, ont été plus doués par la nature et plus maltraités par le sort. L'une lui prodigua tout, l'autre lui disputa tout. Les épreuves cruelles, les obstacles invincibles se dressèrent devant lui à chacun de ses pas. Eh bien, le croirait-on, quand je cherche le trait caractéristique de cet homme qui a tant travaillé et tant souffert, je ne le trouve que dans ce vers de La Fontaine :

Et le don d'agréer infus avec la vie.

Certes cependant, ses qualités viriles valaient ses qualités charmantes. Il avait, outre la grâce innée, l'énergie, la persévérance, la foi indomptable ; mais chez lui le charme dominait tout, enveloppait tout, se mêlait à tout et le tirait de tout. D'où venait ce charme? De sa figure? Non. De sa tournure? Non. Un nez plutôt gros, une bouche plutôt grande, des yeux plutôt petits, des joues pleines et roses comme des joues d'enfant ; une belle taille, mais un peu massive dans sa prestance ; un front chauve dès la jeunesse, et où la chevelure n'était représentée que par une petite bande de cheveux châtains et soyeux courant au bas de la nuque d'une oreille à l'autre ; mais de ce front, de ce regard, de cette attitude jaillissait un tel flot de bonté, de gaieté, de cordialité, de sincérité, de sympathie, qu'on ne pouvait voir cette bonne figure sans avoir l'envie de l'embrasser.

Voilà l'homme, voici sa vie.

Certains écrivains valent moins que ce qu'ils produisent. Comment, dira-t-on, les fruits d'un arbre peuvent-ils être meilleurs que l'arbre lui-même? Je ne sais, mais cela est, sinon pour les arbres, du moins pour quelques écrivains. Des circonstances favorables, le choix, quelquefois dû au hasard, d'un heureux sujet de travail, une bonne position dans le monde, une certaine force de caractère qui concentre toutes les facultés sur un point, ou même une certaine étroitesse d'intelligence qui les enferme dans un ordre d'idées restreint, tout cela fait que quelques hommes placent leur esprit à cent pour cent. Ils mettent dans leurs livres tout ce qu'ils ont de bon, ils n'y mettent pas ce qu'ils ont d'inférieur; l'heureuse chance fait le reste, et l'on est tout surpris parfois de rencontrer des gens presque célèbres qui sont des gens presque médiocres.

Tout autre est une classe d'esprits qui, semblables à certains soleils dont le disque se lève sans couronne de rayons, ont, eux aussi, plus de foyer que de rayonnement.

On ne les connaît pas tout entiers quand on ne les connaît que par leurs ouvrages, car le vrai livre où il faut les lire, c'est leur esprit même, c'est leur cœur, c'est leur entretien, c'est leur vie. Que leur a-t-il donc manqué pour donner au monde leur entière mesure? Quel défaut ont-ils eu? Quel défaut? Une ou deux qualités de trop, peut-être. Dieu les avait doués trop libéralement; ils aimaient trop de choses; ils étaient propres à trop de choses. Leurs aptitudes presque universelles les entraînaient sans cesse en des travaux différents, où le public perdait haleine à les suivre; parfois aussi a pesé sur eux la sombre devise de Bernard Palissy : *Pauvreté empêche les bons esprits de parvenir.*

Tel fut Goubaux.

Rien de plus humble que son origine. Sa mère tenait une boutique de mercerie dans la rue du Rempart, détruite aujourd'hui et voisine alors du Théâtre-Français. Son enfance fut plus qu'éprouvée, elle fut malheureuse; un beau-père dur et même cruel fit de l'autorité paternelle une tyrannie, presque une torture. L'enfant en souffrit, mais, chose rare, son âme ne s'y altéra point. Il fut maltraité pendant six ans sans devenir méchant; il fléchit pendant six ans sans devenir faible; il trembla pendant six ans sans devenir craintif.

Sa première conquête intellectuelle fut un tour de force. Il avait déjà neuf ans, je crois, et il savait à peine ses lettres; il ne voulait pas apprendre à lire. Sa mère employa un moyen fort ingénieux pour l'y forcer. Elle prit un volume de contes et commença à lui en lire un; le début enchanta l'ardente imagination de l'enfant, mais tout à coup, au milieu de l'histoire, quand la mère tint bien devant elle, attentif et les yeux fixes, son petit auditeur, qui l'écoutait en futur auteur dramatique, elle ferma le livre et lui dit : « Lorsque tu voudras savoir le reste, tu le liras toi-même. » Onze jours après, il le lisait.

Entré au collège gratuitement, il fit des études si brillantes que, dans sa classe de rhétorique, il obtint un honneur, partagé à peu près vers le même temps par deux hommes devenus illustres, M. Cousin et M. Villemain ; en l'absence du professeur, Goubaux occupa quelquefois sa chaire et devint le maître de ses condisciples. Dès ce moment, se remarqua en lui une double qualité très rare : il était également propre à apprendre et à enseigner ; cette universelle faculté de compréhension, cette merveilleuse lucidité d'intelligence, qui lui rendait facile l'étude des langues comme celle des sciences exactes, la connaissance de l'histoire comme celle de la musique, il les portait dans l'enseignement. Né maître, pour ainsi dire, il l'était si naturellement, avec si peu d'effort, avec une parole coulant si bien de source, que sa facilité gagnait ses élèves ; il n'y avait pas moyen de comprendre avec peine ce qu'il avait si peu de peine à expliquer. La clarté de l'esprit avait chez lui le caractère qui semble réservé à la bonté seule : elle était contagieuse. Puis il aimait tant tout ce qui s'apprend ! Il aimait tant tous ceux auxquels il apprenait quelque chose ! Qui aurait pu lui résister ? On devient forcément un bon élève quand on trouve le cœur d'un ami sur les lèvres d'un maître.

Bien lui prit, du reste, d'avoir bon nombre de leçons, car, à dix-neuf ans il était marié, et à vingt ans il était père ; aussi m'a-t-il souvent conté que, pour augmenter son petit budget, il allait, plusieurs fois par mois, mettre en ordre les comptes d'un bureau de loterie, et qu'il en revenait à deux heures du matin, chantant et frappant de sa canne sur les bornes avec des airs de conquérant; on lui avait donné quarante sous et le souper.

Quelques années après, cependant, cette intelligence, qu'on ne surfait pas en l'appelant merveilleuse, lui valut une proposition presque égale à une fortune. Un homme habile vint le trouver et lui dit : « Monsieur, vous avez beaucoup de savoir, et moi je n'en ai pas du tout; mais vous n'avez pas du tout d'argent, et moi j'en ai. Si nous faisions du Florian en prose? Si nous réalisions la fable de l'Aveugle et du Paralytique? Associons-nous pour fonder un pensionnat. Chacun apportera son capital; vous, votre intelligence, moi mes écus, et nous partagerons les bénéfices. » Jugez s'il accepta. La pension Saint-Victor fut fondée, et voilà le jeune professeur, chef d'un grand établissement. Cependant l'achat du matériel et du pensionnat avait coûté fort cher; il fallut appeler un autre associé, et l'on souscrivit, pour dernier payement, un billet de 45,000 francs, payable à six mois d'échéance. Deux noms furent inscrits sur le billet, quoiqu'une seule personne dût le payer, bien entendu, et Goubaux rit beaucoup en donnant sa signature; il lui semblait plaisant que son nom fût censé valoir 45,000 francs; cela lui donnait un air de raison sociale qui flattait beaucoup son amour-propre. Au bout de six mois, la veille de l'échéance, l'autre signataire disparaît, et le pauvre jeune homme reste sous le coup de cette dette énorme, sans un sou pour l'acquitter. Quel fut son désespoir, on le devine. Et cependant lui-même ne comprit pas d'abord toute l'étendue de son malheur, car ces 45,000 francs furent le fléau de toute sa vie. Qu'est-ce donc, après tout, dira-t-on, qu'une dette de 45,000 francs? Ce que c'est? C'est un fardeau de 200, de 300, de 400,000 francs peut-être, car c'est le pacte avec l'usure; j'ai connu Goubaux empruntant à 18 pour 100. Ce sont des journées, et des prodiges d'intelligence employés à renouveler un billet; c'est un esprit supérieur et destiné aux belles choses, s'épuisant à conjurer un papier timbré, à éviter une menace brutale, à substituer un créancier à un autre; c'est la terreur éternelle et croissante de chaque fin de mois; c'est la nécessité de manquer vingt fois à sa promesse; ce sont les reproches essuyés, les insomnies, les moyens désespérés; c'est enfin le pire, le plus affreux des esclavages, l'esclavage de la dette. Certes, Goubaux aurait pu, comme tant d'autres et plus honnêtement que beaucoup d'autres, car il était puni sans avoir été coupable, déposer son bilan. Mais il avait vingt-cinq ans, il avait tout le chevaleresque de l'honneur, il se sentait plein de force, d'intelligence; et puis enfin il avait signé. Il jura donc de payer, et il paya; mais il employa quarante-quatre ans à payer ces 45,000 francs, et, quand il mourut, il était à peine libéré de la veille.

La première crise de cette longue lutte fut terrible.

Un jour il se crut perdu ; il avait à payer pour le lendemain une somme de 12,000 francs, et il n'en avait pas le premier louis. Ce mot terrible et qui lui déchirait les lèvres et le cœur, il fallait le prononcer, il fallait faire faillite. Retiré avec quelques parents dans une chambre au cinquième étage, il ne voyait autour de lui que larmes et désespoir... Lui seul ne désespérait pas, il cherchait toujours. A ce moment, une voiture, passant dans la rue, ébranle les vitres de la pauvre chambre. « Oh ! ces hommes à équipage ! ces riches égoïstes ! s'écrie un des assistants, penser que pour celui qui passe là en ce moment, dans cette splendide voiture, ces 12,000 francs ne seraient rien, et que si on les lui demandait, à lui ou à ses pareils, pas un d'eux ne nous prêterait 500 francs. » Goubaux, à cette parole, relève la tête. On accusait les hommes, cela lui semble une injustice. Il répond : « Pourquoi vous en prendre à ce riche qui passe et que vous ne connaissez pas ? Qui vous dit que, s'il savait mon malheur, il ne me viendrait pas en aide ? — Voilà bien ton insupportable optimisme. — Cet optimisme n'est que de l'équité. — De l'équité ? Tu as demandé appui à vingt personnes, elles t'ont toutes refusé. — Elles ne pouvaient rien. — Celui qui passait dans cette voiture pourrait quelque chose, lui ; va donc frapper à sa porte. — Eh bien, s'écrie Goubaux, j'irai, sinon à lui, du moins à quelqu'un qui est riche comme lui, que je ne connais pas plus que lui et qui ne me refusera pas. — Tu es fou. — C'est ce que nous allons voir. » Il part, court chez lui, prend une plume et écrit. A qui ? A M. Laffitte, qu'il n'avait jamais vu ; il lui raconte en quelques lignes très simples... Mais laissons-le parler lui-même :

« Monsieur,

« J'ai vingt-cinq ans, trois enfants, de l'honneur, peut-être quelque talent, on me l'a dit. On a spéculé sur un nom sans tache pour élever un établissement. Douze mille francs de dettes pèsent sur moi ; dans trois jours le déshonneur m'attend.

« Quand les hommes vous repoussent, on s'adresse à la Providence. J'ai recours à vous. M. Delanneau, qui me traite en fils adoptif, vous dira qu'un bienfait sollicité avec tant de franchise peut être accordé avec confiance. C'est l'honneur pauvre qui s'adresse à l'honneur riche.

« Mon sort est entre vos mains ; j'attends votre réponse dans votre antichambre.

« Ma famille attend plus loin. Ai-je trop présumé ?

« J'ai l'honneur d'être, etc.

« P. Goubaux. »

M. Laffitte le fait entrer, l'examine un moment. La lettre l'avait touché, ce regard d'honnête homme le touche plus encore, et, cinq minutes après, le pauvre chef d'institution était sauvé.

Je dis qu'il était sauvé, je veux dire qu'il ne mourut pas, car tous les efforts de sa vie ne furent employés qu'à l'empêcher de mourir. Le lendemain, il fallut recommencer la lutte, ne fût-ce que pour payer M. Laffitte. Le lendemain, les autres dettes, devenues criardes à leur tour, le harcelèrent comme les premières ; le lendemain, enfin, retomba sur sa tête le fardeau de la pension Saint-Victor *à faire aller*, fardeau terrible, surtout pour lui. Goubaux avait toutes les grandes parties de l'instituteur : la science, le talent pédagogique, l'amour des enfants, l'art de gouverner la jeunesse; c'était un maître sans pareil ; seulement, il n'y eut jamais, qu'on me pardonne ce mot trivial, mais sans synonyme, il n'y eut jamais un plus détestable « marchand de soupe ». Ses défauts et ses qualités le rendaient également incapable de ce rôle. Trois conditions y sont indispensables : 1° l'ordre ; il était trop gêné pour être ordonné. 2° l'économie ; il était trop généreux pour être économe. 3° l'autorité ; il était trop esclave des échéances pour être maître chez lui. Un fait douloureux et charmant va nous le montrer aux prises avec son effroyable servitude, et s'en tirant, comme toujours, par son irrésistible séduction. Un jour deux élèves entrent dans son cabinet, ils versaient des larmes de rage et de douleur... Un maître les avait violemment battus. Goubaux, indigné, leur demande quel est ce brutal, pour le chasser immédiatement et honteusement. Ils nomment le préfet des études. A ce nom, Goubaux pâlit, se tait un moment, et d'une voix contenue, où se trahissait un mélange d'irritation et d'embarras :

« C'est bien, dit-il, allez, je lui parlerai. »

Pourquoi ce changement de ton? Pourquoi cette sorte d'apaisement subit? Pourquoi cet embarras? Pourquoi? Parce que cet homme était son créancier, parce que cet homme lui avait prêté, dans un moment de crise, une somme considérable, à la condition d'entrer dans la maison comme préfet des études. Et Goubaux n'avait pas le droit de le chasser ! Et Goubaux était forcé d'étouffer son indignation, sa bonté, son esprit de justice, son sentiment du devoir! Il lui fallait prendre par la douceur cette bête brute, qui était non seulement méchante, mais incapable... Peut-on concevoir un supplice plus affreux?

Or, supposez un trait semblable se produisant dans toute autre institution; qu'en serait-il résulté? Qu'auraient été les sentiments, la conduite des deux élèves et de tous leurs camarades, en face de ce déni de justice? Une irritation violente. Ils se seraient indignés contre ce chef de maison; ils l'auraient accusé de faiblesse, de cruauté. Que firent les élèves de Goubaux? Ils le plaignirent. Un d'eux connaissait et raconta aux autres la fausse position de Goubaux vis-à-vis du préfet des études, ses cruels embarras d'argent, et leur colère se fondit en commisération, en redoublement d'affection. « Pauvre homme! se dirent-ils; lui si bon! Comme il doit souffrir de ne pouvoir nous protéger et nous défendre qu'à demi! » J'hésiterais à rapporter ces paroles, tant elles sont invraisemblables, si je ne pouvais dire de qui je les tiens. C'est un ancien élève de Goubaux, c'est une des deux victimes de la brutalité du préfet des études, c'est un de nos plus spirituels confrères, M. Edmond Cottinet, qui m'a raconté ce fait, en y joignant des détails plus caractéristiques encore.

« Oh certes, me disait-il, la pension Saint-Victor laissait beaucoup à désirer! la nourriture était médiocre, l'ordre et la discipline faisaient défaut, les maîtres étaient souvent durs et injustes, mais M. Goubaux était là et sa présence compensait tout. Croiriez-vous, ajoutait-il, que moi, moi, un jour où ma mère irritée voulait me retirer de la pension, je m'y refusai absolument, lui répondant : « Cela ferait trop de peine à M. Goubaux. » Combien de fois, au plus fort de nos mécontentements, toutes nos velléités de révolte sont-elles tombées en le voyant entrer dans la classe, et venir faire la leçon à la place du professeur. Il parlait si bien! Il avait une si jolie voix! Tout ce qu'il disait vous allait si droit au cœur et à l'esprit! Il nous faisait à son gré rire, pleurer, penser. Et, lui parti, nous en avions pour huit jours à ne plus faire attention ni aux mauvais repas ni aux mauvais maîtres. Ajoutez que nous étions très fiers de ses succès dramatiques. Le jour de ses premières représentations, nous étions toujours une demi-douzaine sur le champ de bataille; nous applaudissions avec frénésie. Son triomphe nous semblait un peu le nôtre. Que vous dirai-je? Aujourd'hui, à plus de quarante ans de distance, je ne puis parler de M. Goubaux sans émotion, et je vais vous citer un fait qui vous prouvera encore mieux son universel ascendant. Sa fille aînée avait vingt ans et pas de dot. Un professeur distingué et assez riche la demande en mariage. Pourquoi? Par affection pour elle? Sans doute, mais surtout par adoration pour Goubaux. Il épousa la fille pour pouvoir l'appeler mon beau-père. »

Nous voici amenés par les paroles de M. Cottinet à l'autre profession de Goubaux, à son second moi, qui faisait si bon ménage avec le premier. Je l'appelais en riant *maître Jacques*. Il commença souvent une scène de drame sur une feuille de papier, où se lisait en tête :

*Pension Saint-Victor;* il répondit parfois à une lettre universitaire, étant adossé à un portant de coulisse, et ses droits d'auteur vinrent fréquemment combler le vide de sa caisse d'instituteur. Or, à qui dut-il ce talent? A un de ces hasards providentiels comme sa vie en abonde, et qui étaient à la fois l'œuvre de la Providence et la sienne. Elle lui offrait l'occasion, il la fécondait.

## II

Goubaux aimait tout, comprenait tout et s'intéressait à tout : il s'intéressait donc aux ouvrages dramatiques comme au reste; je pourrais même dire plus qu'au reste; on n'a pas une imagination aussi inventive sans un goût très vif pour les œuvres d'invention. Un jour donc qu'il dînait avec quelques amis, l'entretien tomba sur le théâtre. On discutait alors beaucoup à propos des unités de temps et de lieu. Un des convives, classique intraitable, prétendait qu'un pur caprice de législateur littéraire n'avait pas circonscrit l'action théâtrale dans un espace de vingt-quatre heures, que cette contrainte salutaire était une des conditions principales du succès.

« Une pièce qui embrasserait une année, disait-il, ne pourrait pas avoir d'intérêt.

— Pas d'intérêt, reprit Goubaux avec cette verve et cet entrain qui faisaient de lui un causeur charmant.

pas d'intérêt parce qu'elle embrasserait une année ! mais elle en embrasserait trente, qu'elle n'en serait que plus intéressante.

— Ah, ah, trente ans ! s'écrie l'interlocuteur :

Enfant au premier acte et barbon au dernier,

comme dit Boileau.

— Précisément, enfant au premier acte et barbon au dernier. C'est là que résiderait l'intérêt ; c'est dans le changement qu'apporte la marche du temps, à toutes les choses humaines, à la fortune, au caractère, à la figure, à l'âme même ; c'est dans le développement graduel et quasi fatal des bonnes ou des mauvaises passions...

— Belle théorie, mais en pratique...

— En pratique ?... repartit le futur auteur, excité par la contradiction, je gage que je fais une pièce qui comprendra trente années, et qui vous fera frémir et pleurer.

— Toi, une pièce ! Mais tu n'en as jamais fait.

— Raison de plus pour commencer. »

Et quelques mois après il leur lisait la première ébauche du drame le plus populaire de l'époque : *Trente ans ou la vie d'un joueur*. Il avait fait cette pièce comme il eût tout fait... à l'occasion, parce qu'il le fallait. Dès qu'il avait besoin d'un talent, il l'avait.

La pièce écrite, il fallait la faire jouer. On lui conseilla de s'adjoindre comme collaborateur un des plus célèbres dramaturges de l'époque, Victor Ducange.

Il part donc avec son manuscrit et arrive devant celui qui souriait, avec un signe d'adhésion, quand on l'appelait le Corneille du boulevard. La pièce lue : « C'est bien inexpérimenté, dit le juge, mais il y a de l'intérêt. Il manque un prologue; je m'en charge. Jeune homme, ce n'est pas tout de faire un bon dîner, il faut savoir mettre le couvert. »

Quelques jours après, Victor Ducange montra le prologue à Goubaux, qui, en sa qualité d'universitaire et de professeur, ne put s'empêcher de remarquer certaines privautés un peu trop cavalières prises par l'auteur avec la grammaire et la syntaxe. Il en hasarda timidement l'observation, qui lui valut cette réponse :

« Mon cher monsieur, dès que c'est moi qui ai écrit cela, c'est bien. »

Goubaux s'inclina.

L'effet de la première représentation fut immense. Toutes les anciennes règles dramatiques s'y écroulèrent comme au son de la trompette de Jéricho. Une route nouvelle était ouverte, et Goubaux, révélé à lui-même par ce succès, tenta bientôt un pas de plus dans la même voie.

C'est une qualité bien singulière et bien spéciale que le talent dramatique. Il ne se lie nécessairement à aucune autre faculté intellectuelle. On peut avoir beaucoup d'esprit, beaucoup d'instruction, beaucoup de talent d'écrire, et être absolument incapable de faire une pièce. J'ai vu des hommes d'une haute valeur, d'une grande culture littéraire, m'apporter des drames et des comédies qui semblaient partis de la main d'un enfant. En revanche, j'ai reçu, de personnes assez peu distinguées comme intelligence, des ouvrages de théâtre où se trouvait ce je ne sais quoi que rien ne remplace, qui ne s'acquiert pas, qui ne se perd pas, et qui constitue l'auteur dramatique... C'est le *don*. Goubaux l'avait au suprême degré. Chez lui, tout était natif, même l'habileté ; spontané, même l'expérience. De plus, comme il était un penseur en même temps qu'un dramatiste, son goût le portait à fonder ses drames sur un caractère ou sur une passion plutôt que sur un fait. Après avoir fait *Trente ans ou la vie d'un joueur*, il songea à peindre la vie d'un *ambitieux* : *Richard Darlington*. Seulement, cette fois, il prit pour collaborateur un vrai maître, Alexandre Dumas. Quelle fut la part de chacun dans l'œuvre commune ? Dumas l'a raconté lui-même dans ses Mémoires avec une bonne foi et une bonhomie charmantes.

A Goubaux, l'idée première, l'invention du caractère principal, la scène si originale des élections, l'entrevue si saisissante du roi et de Richard. A Dumas, le prologue, un grand nombre des situations les plus dramatiques, et le dénouement.

Ce dénouement embarrassait fort les deux collaborateurs. Il fallait faire disparaître la jeune femme de Richard, mais comment ? Un matin, Goubaux, toujours cherchant, arrive chez Dumas.

Il sonne, il entre. Dumas était encore couché. En voyant Goubaux, il se dresse tout debout sur son lit, ses longues jambes noires sortant des pans de sa chemise blanche, et, agitant frénétiquement ses mains au-dessus de sa tête, il s'écrie d'une voix tonnante : « Mon cher... je la f... par la fenêtre, je la f... par la fenêtre! » *La*, c'était la femme de Richard, c'était Jenny. Ceux qui assistèrent à la première représentation, se rappellent encore le frisson d'horreur et de terreur qui courut dans toute la salle, quand Richard reparut livide sur le bord du balcon, d'où il avait jeté sa femme dans le précipice. Il est vrai que Richard, c'était Frédérick Lemaître. Sait-on ce qu'il avait imaginé pour rendre sa réapparition sur le balcon plus terrible? D'abord il avait fait disposer dans la coulisse un jet de lumière colorée qui, lui tombant sur le visage, le rendait absolument vert. Puis, pour compléter l'effet, il était convenu avec l'actrice chargée du rôle de Jenny qu'en s'enfuyant épouvantée vers le balcon elle laisserait tomber son voile de mousseline. Ce voile gisant à terre était le premier objet qui frappait les yeux de Frédérick quand il rentrait en scène. Un autre aurait frémi; ce voile était comme le fantôme de Jenny. Que faisait Frédérick? Il courait au voile, le ramassait vivement et le fourrait dans sa poche, comme un mouchoir, et à ce moment son nouveau beau-père frappant à la porte, il allait ouvrir avec cette aisance insolente qui n'appartenait qu'à lui, pendant que le bout du voile flottait et ballottait hors de la poche. C'était effroyable. Là se montre un des traits les plus saisissants du talent de Frédérick, l'art de caractériser une scène et d'en doubler l'effet par un détail pittoresque. Qui ne se le rappelle au second acte de la *Vie d'un joueur*, quand il voulait obtenir de sa femme une signature qui la ruinait, il suivait fiévreusement les hésitations de Mme Dorval; puis, quand elle prenait la plume, il s'écriait tout bas : « Elle signe! » Or, qu'avait ajouté à ce mot, Frédérick? un geste. Il prenait une prise de tabac! Il rendait la scène tragique en l'encanaillant.

Mais la pièce où il porta ce talent jusqu'au sublime, c'est les *Mystères de Paris*. Eugène Süe avait demandé à Goubaux de l'aider à tirer un drame de son roman. Frédérick jouait Jacques Ferrand, le *notaire*, le notaire débauché, voleur et respecté dans tout le quartier comme un saint. Le second acte se passait dans l'étude. Un pauvre industriel ruiné venait implorer la pitié de Jacques Ferrand. L'étude était pleine, les clercs étaient à leurs pupitres. Jacques Ferrand devait donner au malheureux et brave solliciteur un billet de cinq cents francs. Les deux auteurs étaient fort contents de ce don si bien placé. Seul, Frédérick, dans le cours des répétitions, semblait inquiet, agité.

« Qu'avez-vous? lui demanda Goubaux. Est-ce que ce trait de générosité hypocrite ne vous semble pas vrai et profond?

— Pas assez hypocrite et pas assez profond, répondit-il brusquement. La bienfaisance de Jacques Ferrand ne lui coûte pas assez. Beau mérite de donner cinq cents francs quand on les a! Les vrais saints empruntent pour donner. Je ne veux pas de votre billet de cinq cents francs.

— Mais alors, que ferons-nous et que ferez-vous?

— Voici ce que je ferai. Quand le pauvre homme

m'exposera ses malheurs, je courrai à ma caisse pour y prendre ce qu'il me demande... Mais ma caisse est sans cesse vidée par mes aumônes, je n'y trouve que trois cents francs en billets. Je les compléterai avec soixante francs en pièces de cinq francs, j'y joindrai même quelque menue monnaie, et enfin, pour achever la somme, *j'emprunterai le reste à mon maître clerc*. A la bonne heure! Voilà qui fera du bruit dans la paroisse! Je vais plus loin même que saint Martin, puisque je prends jusqu'au manteau du voisin pour habiller un pauvre. Me voilà sacré saint homme. »

Au quatrième acte, il chercha encore un effet du même genre; mais, cette fois, il n'y eut pas moyen de le satisfaire. Jacques Ferrand voit entrer dans son cachot la mulâtresse Cicily, dont il est affolé. A cette vue, tous ses instincts de bestialité effrénée se réveillent, et commence alors entre eux une scène de supplications, de menaces, de larmes, d'amour. Frédérick, à l'une des dernières répétitions, errait sur le théâtre comme un fauve dans sa cage...

« Que cherchez-vous donc encore? lui dit Eugène Süe en riant.

— Est-ce qu'il n'y aurait pas possibilité, répondit-il, de mettre dans un coin *une botte de paille sur laquelle on craindrait que je ne la jetasse.* »

Il n'eut pas sa botte de paille, mais il n'en fut pas moins terrible de sensualité farouche.

Le jour de la première représentation, avant cette scène, il attendait dans la coulisse le moment de son entrée; le moment venu, il se retourna vers Goubaux

et lui dit... avec quel accent, il fallait l'entendre !
« *Et maintenant, je vais leur servir un plat de mon métier.* »

On a souvent rapproché le nom de Frédérick de celui de Talma. Je demandai à Goubaux, qui avait beaucoup connu Talma, si c'était justice.

« Oui, me dit-il, car il n'y a qu'un même mot pour caractériser leur talent; c'est le mot-génie. Étaient-ils égaux? Peut-être, à force d'être différents. Talma était le dieu de la tragédie et du drame; Frédérick en était le démon. Quand Talma parlait de son art, il y avait dans sa physionomie un fond de mélancolie pensive et passionnée que sa myopie augmentait encore, et qui donnait à toutes ses paroles je ne sais quoi de poétique et de profond. On devinait, à chacune de ses observations, sa poursuite perpétuelle de l'idéal et de la réalité, de la justesse du ton et de la beauté du son. La musique du vers le préoccupait beaucoup. Un jour qu'il parlait à un ami, de ces deux vers d'Hamlet à sa mère :

Votre crime est horrible, exécrable, odieux,
Mais il n'est pas plus grand que la bonté des dieux !

« Oh, voilà deux vers, dit-il, que je suis bien sûr de ne jamais manquer; *je les ai notés.* Le premier est une gamme montante, et le second une gamme descendante. »

Rien de pareil chez Frédérick; et en combinant

les souvenirs de Goubaux et les miens, je dirai de Frédérick, que c'était un artiste essentiellement terrestre. Ce qu'il cherchait, lui, presque uniquement, c'était l'accent, la vérité, la force, la passion. Ajoutez qu'il avait parfois des défauts insupportables, il psalmodiait, il larmoyait, il déclamait; il était presque ridicule dans la sentimentalité ; mais tout cela était racheté par une qualité immense, que je n'ai vue chez aucun acteur à un degré égal, la *puissance*. Personne n'a jamais rempli la scène comme lui. Quelle audace de gestes, de poses! Quelles explosions de colère, d'indignation! Quel art de transformation! On a souvent remarqué qu'il jouait avec une supériorité égale, Ruy Blas et don César de Bazan. Mais, chose frappante, sa figure offrait la même antithèse que son talent. Le grandiose et le cynique s'y heurtaient. Des yeux admirables, un front plein de lumière, mais un nez absolument invraisemblable. Un nez débutant en nez grec et finissant en nez en trompette. Une bouche mobile, contractile, également propre à exprimer le dédain et la colère; puis deux coins de lèvre inférieure, ayant des dépressions vulgaires, triviales, canailles. Talma, hors du théâtre, était la bonhomie et la simplicité même : Frédérick posait toujours, jouait toujours ; tantôt capitan, tantôt bohème; toutes les attitudes et les habitudes d'un cabotin. Quand il venait à la pension de Goubaux pour voir ses fils, son arrivée faisait toujours événement. Le chapeau rejeté sur le derrière de la tête, il entrait en frappant sur les marches du perron avec sa canne, interpellant tout haut les domestiques et leur disant sans souci de la gravité du lieu : « Vous avertirez M. Goubaux que la répétition n'aura pas lieu. » Avec cela, de temps en temps, des retours surprenants de dignité et de grandeur. Un jour, il arrive à moitié gris à la répétition de *Marino Faliero*, dont Casimir Delavigne lui avait d'abord confié le principal personnage. Indigné, l'auteur lui arrache son rôle des mains en lui disant : « Vous ne jouerez pas ma pièce, monsieur... » Frédérick bondit de colère et marcha sur Delavigne comme pour l'écraser. Il lui aurait suffi de laisser tomber son poing sur le frêle et chétif poète; mais tout à coup il s'arrête et d'une voix frémissante et contenue : « Monsieur Delavigne, dit-il, je vous remercie de m'offrir l'occasion de vous prouver à quel point je vous respecte ! »

## III

Je ne me suis autant arrêté à Frédérick-Lemaître que parce qu'il a dû ses deux plus beaux rôles à Goubaux. Mais je ne dois pas oublier qu'en réalité, le théâtre, pour Goubaux, n'a été qu'un intermède, une annexe de réputation, un supplément de budget, mais le fond et l'intérêt véritable de sa vie furent ailleurs, c'est-à-dire à cette pension Saint-Victor où nous allons retourner encore, et cette fois pour ne plus la quitter, car c'est là que nous verrons Goubaux accomplir sa libération définitive, par un merveilleux coup d'audace et d'invention.

Goubaux avait sur l'éducation publique des idées, très acceptées aujourd'hui, grâce à son initiative, mais bien nouvelles et bien hardies quand il osa les formuler pour la première fois. Ce qui le frappait avant tout, c'était le désaccord entre l'enseignement de l'État et l'esprit de la société moderne. D'un côté, il voyait le monde tendre de plus en plus vers l'industrie, le commerce, l'agriculture, les sciences appliquées ; il entendait beaucoup de pères désirer pour leurs enfants une profession industrielle et réclamer à cet effet des études spéciales ; et, en même temps, il remarquait que l'éducation universitaire ne répondait en rien à ce besoin ; la littérature en était le seul objet ; il n'y avait pas d'enseignement professionnel. Cette anomalie choquait l'esprit essentiellement moderne de Goubaux, cette lacune le tourmentait ; il sentait là depuis longtemps une création à faire ; mais comment y parvenir ? Tout lui était obstacle ; d'abord son institution même : ses élèves suivaient les cours du collège. Comment introduire l'éducation nouvelle dans cet établissement sans le détruire, et comment résister à sa destruction ? Puis, que de difficultés préliminaires et insurmontables ! L'Université ne s'élèverait-elle pas contre cette innovation ? Le ministère de l'instruction publique la permettrait-il ? Ni M. J. Simon, ni M. Duruy n'étaient ministres alors, et M. Villemain m'avait dit à moi : « *Un collège français en France, jamais !* » De plus, n'entendait-on pas déjà de toutes parts les protestations d'une foule d'esprits éminents et sérieux, qui disaient qu'ôter aux études cette base solide et morale de l'éducation classique, c'était décapiter les intelligences, matérialiser notre siècle et faire, de l'argent à gagner, le seul but de la vie? Goubaux leur répondait, avec l'autorité de sa longue expérience : « Pourquoi cette éducation serait-elle moins propre que l'autre à élever les cœurs et les esprits? Tout ce qu'il y a d'exemples héroïques, de leçons de patriotisme, de modèles de force d'âme, est-il donc renfermé dans les œuvres grecques et latines? Tout ce que la poésie répand d'idéal dans la vie et dans l'âme se trouve-t-il donc contenu et comme emprisonné dans les poèmes de Virgile et d'Homère? Le monde de la science que nous voulons ouvrir aux jeunes esprits, ce monde qui n'est rien moins que le ciel et la terre tout entière, ne vaut-il pas bien, comme moyen d'éducation, l'étude de quelques discours de Tite-Live ou de Tacite? La contemplation intelligente de toutes les grandeurs de la création et de toutes les conquêtes de la créature apprendra-t-elle moins bien aux jeunes gens à connaître Dieu et à devenir hommes, que l'interprétation souvent incertaine des restes d'une langue morte et d'un peuple évanoui? Enfin, l'étude de la France, de la langue française, de la littérature française, ne mérite-t-elle pas de figurer au premier rang dans notre éducation publique? N'y aura-t-il donc pas de collèges français en France? » Ces paroles touchaient beaucoup d'hommes éminents, mais on lui demandait des faits pour soutenir ses paroles.

Dès lors son dessein fut arrêté; pour le mettre à exécution, il prit un parti héroïque : l'héroïsme est parfois de la sagesse. Sa pension comptait à peu près cent élèves ; il en remercia soixante, tous ceux qui suivaient les cours du collège, et resta avec les quelques adeptes de la nouvelle méthode. C'était, ce semble, se suicider. Comment vivre avec quarante élèves, quand on vit à peine avec cent? La position était d'autant plus grave que son institution ne lui appartenait pas à lui seul. C'était le gage de ses créanciers. Renvoyer la moitié de ses élèves, c'était leur enlever la moitié de leurs sûretés. Il ne s'agissait donc plus d'obtenir seulement d'eux un sursis ou un prêt, il fallait les faire consentir au sacrifice de leur nantissement. Il fallait les conquérir à son idée, à ses espérances ; il fallait leur souffler sa foi au cœur. Eh bien, au bout d'une heure d'entretien, ils étaient non seulement vaincus, mais convaincus ; non seulement désarmés, mais convertis. Grâce à sa persuasive et primesautière éloquence, il changea ses créanciers en prêteurs ; non seulement ils ne lui demandèrent pas d'argent, mais ils lui en offrirent. Des gens qui auraient volontiers accusé la fourmi de prodigalité, se disputèrent le plaisir et l'honneur de lui donner le temps d'attendre le succès de son idée. Mais ce concours et ce secours ne suffisaient pas. Bien des dettes arriérées le tiraillaient et l'arrêtaient encore, lorsqu'un matin, comme toujours, sortit pour lui de terre, descendit du ciel, un *Deus ex machina* qui intervint au moment voulu pour l'aider à marcher de l'avant. Il est vrai que, comme toujours aussi, il était pour moitié dans cette intervention miraculeuse ; le miracle venait d'une de ses anciennes bonnes actions. Le 10 juin 1855, voici la lettre que je reçus de lui :

« Mon cher ami,

« Il m'arrive un de ces bonheurs et une de ces joies comme ma vie en compte bien peu. La joie, c'est d'avoir vu un de mes élèves d'autrefois revenir sur un passé déjà bien éloigné et se reconnaître, vis-à-vis de moi, chargé d'une dette à laquelle je n'avais jamais pensé. Le bonheur, c'est de me trouver pour un an exempt de préoccupation et d'inquiétude. Cela ne m'était pas arrivé depuis 1820 ; oui, mon cher ami, Gilbert[1], établissant un calcul dont il ne pouvait trouver les éléments que dans la piété de ses souvenirs, car je n'avais jamais pensé qu'il me dût un sou, Gilbert m'a apporté hier *six mille francs*. C'est le premier usage qu'il a voulu faire de sa fortune nouvelle.

« Quelque inespéré et efficace que me fût ce secours, j'ai été encore plus touché de l'action que de l'argent, et si j'ai eu un instant des larmes dans les yeux, c'est qu'en écoutant Gilbert, j'étais content de mon œuvre. J'ai hésité pour savoir si j'irais vous conter cela, mais j'ai craint d'être faible. Je suis plus sûr de moi en écrivant qu'en parlant.

« Adieu, mon bon fidèle de 1837, mon fidèle du jour où j'ai entrepris ce que j'espère aujourd'hui d'achever. Je vous serre les mains, et j'embrasse votre femme et votre fille.

« Goubaux. »

Voilà, certes, une lettre bien touchante. Il y manque pourtant un post-scriptum. Le nom de Gilbert en appelle un autre, celui d'Alexandre Dumas fils. Dumas avait été aussi l'élève de Goubaux un peu avant Gilbert.

---

1. M. Gilbert, élevé gratuitement par Goubaux, venait de faire un très honorable et riche mariage. Il est l'auteur de deux études couronnées par l'Académie, sur *Vauvenargues* et sur *Regnard*.

Un jour, le bruit se répand que son père a péri dans un naufrage sur les côtes de la Sicile. Goubaux le fait venir et lui dit : « Mon cher enfant, j'espère que cette nouvelle est fausse, mais, si elle était vraie, souvenez-vous que cette maison est la vôtre. Dieu me garde de prétendre à remplacer votre père, mais je ferai tout ce que je pourrai pour vous le rappeler. » Or, c'était vers 1834, c'est-à-dire au moment de ses plus terribles embarras d'argent, que Goubaux pensait à s'imposer cette nouvelle charge. Ses propres malheurs, au lieu de l'absorber tout entier, ne faisaient jamais que lui rendre plus sensibles les malheurs qui n'étaient pas les siens. A demi perdu, il pensait encore à sauver les autres. Ajouterai-je que Dumas fit comme Gilbert? Il se souvint plus tard, lui aussi, d'une dette semblable que Goubaux avait oubliée. Grâce à tous ces témoignages de gratitude, et malgré toutes ses propres générosités, Goubaux touchait au but. Il lui fallut, cependant, pour l'atteindre, franchir une nouvelle étape, plus dure pour lui que pour un autre.

Toute idée semblable à la sienne demande, pour être menée à bien, trois hommes : un inventeur, un organisateur et un administrateur. Or, Goubaux était un inventeur de premier ordre, un organisateur du second et un administrateur du sixième, pour ne pas dire du dernier. Heureusement, il lui vint l'idée de charger quelqu'un de ces fonctions administratives qui lui convenaient si mal. Qui fut ce quelqu'un? La Ville de Paris. Après avoir d'abord réclamé et obtenu son patronage, il lui proposa hardiment de se mettre en son lieu et place. La Ville accepta. La pension Saint-Victor prit successivement le nom d'*École François I*<sup>er</sup>, d'*École Chaptal*, de *Collège municipal Chaptal*, et Goubaux changea son titre de chef d'institution en celui de directeur. C'était plus que la libération, c'était l'aisance. Débarrassé enfin de ses dettes et de ses angoisses, il put, de la fenêtre de ce cabinet de travail où il avait tant souffert et tant pensé, il put voir affluer dans ses cours élargies plus de dix-huit cents élèves, voir les murs de la pauvre petite maison-mère se reculer, envahir les terrains environnants, s'étendre dans tout le quartier, déposséder les hôtels contigus et devenir enfin le centre d'une nouvelle instruction publique en France. Mais ce n'était pas assez pour Goubaux d'avoir fondé l'œuvre ; il voulut, avant de mourir, en assurer l'avenir, et il le fit par un de ces traits qui achèvent de le peindre.

A l'époque où il n'était encore que le chef de l'institution Saint-Victor, il avait pour concierge un homme qu'il estimait et aimait particulièrement. Ce concierge avait un fils, ce fils était intelligent ; Goubaux le remarqua et l'arracha à la loge, non, je me trompe, il ne l'en arracha pas, il l'y laissa, car cette loge était la maison paternelle pour l'enfant, et Goubaux ne voulait pas qu'il en rougît.

Il le fit donc monter dans les classes, coucher dans les dortoirs, prendre place dans la chapelle, jouer dans les cours, mais, souvent, à l'heure des récréations, l'enfant allait s'asseoir à côté de son père et tirait le cordon avec lui. Or, sait-on quel fut le résultat de cette éducation ? Sait-on ce que devint l'enfant ? Le second de son maître! le successeur de son maître! le continuateur de son maître! Il dirige aujourd'hui, avec un mérite qui est un titre d'honneur de plus pour celui qui l'a deviné, ce magnifique collège municipal Chaptal qui est une des gloires de la ville de Paris et qui lui rapporte parfois près de cent mille francs par an. Or, le croirait-on? Voilà vingt-sept ans que Goubaux est mort, et depuis vingt-sept ans il n'y a pas eu à l'Hôtel de Ville, un préfet de la Seine, ni un conseil municipal que je n'aie ardemment sollicité, non de substituer mais d'adjoindre sur la porte de ce collège au nom de Chaptal, qui n'y est absolument pour rien, le nom de Goubaux, qui y a tout fait, et je n'ai pas pu l'obtenir! M. Haussmann, M. Jules Ferry, M. Calmon, M. Léon Say, tous, tous, je les ai poursuivis de ma requête, et tous ne m'ont payé que de vaines promesses. J'allai un jour jusqu'à M. Thiers. C'était à Versailles, le 1er janvier 1873, M. Thiers m'ayant amicalement invité à déjeuner :

« Monsieur le président de la République, lui dis-je gaiement en nous mettant à table, voulez-vous me donner mes étrennes?

— Très volontiers, cher confrère, répondit-il en riant. De quoi s'agit-il ?

— De rendre justice à un homme qui a rendu un grand service à l'État. »

Là-dessus, je lui raconte l'affaire de Goubaux, ajoutant que l'inscription de son nom sur le fronton de la porte du collège, était son droit, était l'héritage d'honneur de ses enfants, serait une leçon pour tous les élèves, et le seul moyen pour la Ville de Paris de s'acquitter vis-à-vis de lui.

« Vous avez cent fois raison, reprit M. Thiers avec cette vivacité spontanée qui était un de ses charmes »; puis, se retournant vers M. Barthélemy Saint-Hilaire : « Vous entendez, Saint-Hilaire, veuillez écrire au préfet de la Seine que j'exige ce que Legouvé me demande. » M. Barthélemy Saint-Hilaire écrivit, le préfet reçut la lettre, y répondit, et puis... rien ne fut fait. Mais ce n'est pas tout. On sait avec quelle sympathie nos édiles s'empressent de perpétuer sur les murailles de Paris le souvenir des hommes qui ont brûlé Paris. Eh bien, il a été impossible d'obtenir d'eux qu'on inscrivît le nom de Goubaux sur une des modestes rues qui avoisinent le collège Chaptal. Ne semble-t-il pas que la fatalité qui a pesé sur sa vie, le poursuive après sa mort, que l'ingratitude publique continue l'acharnement du sort contre lui? N'importe! Qu'ils effacent, s'ils le veulent, son nom de son œuvre, l'œuvre n'en est pas moins debout! Goubaux n'en est pas moins le créateur de l'enseignement professionnel en France! Gardons-nous donc d'attacher je ne sais quel crêpe de deuil à son souvenir. Il ne nous le pardonnerait pas, lui qui opposa toujours à toutes les bourrasques de la fortune un front non seulement impassible, mais un front riant. Je puis dire, en effet, que je n'ai jamais connu un homme si gai que cet homme si malheureux. Du fond de ses plus sombres angoisses, il lui partait parfois soudainement un éclat de rire, comme un rayon de soleil perce et dissipe un amas de nuages. Dans une lettre à ma fille, après le récit d'un de ces mille embarras où il se débattait toujours, il ajoute : « Ah, à propos, nous dînons jeudi chez les Gilbert. Je n'ai pas encore faim, mais cela viendra. » Un de ses derniers collaborateurs fut Michel Masson, le doux Michel Masson qui, avec ses longs cheveux bouclés, argentés et sa physionomie placide, avait l'air d'un petit mouton blanc. Un jour qu'il travaillait avec Goubaux à je ne sais plus quel drame, Goubaux lui propose une idée. Elle ne plaît qu'à demi à Masson, qui, avec mille réticences, mille atténuations, insinue timidement, tout bas, à son collaborateur, que son idée n'est peut-être pas très bonne.

« Ah, bien alors, Masson, s'écrie Goubaux en se levant, *si vous vous emportez !...* »

Ce qu'il y avait d'admirable dans sa gaieté, c'est qu'elle n'était pas seulement de la fantaisie, de l'imagination, de l'esprit, c'était une des formes de sa vaillance. En vain paraissait-il abandonné de Dieu et des hommes, il ne s'abandonnait jamais! Une femme de ses amies et des miennes disait de lui : « Si M. Goubaux tombait à la mer, il serait noyé depuis une heure qu'on verrait encore ses deux mains s'agiter au-dessus de l'eau et appeler au secours. » Voilà l'homme. Il crut, il espéra, il aima ; c'est ce qui le sauva.

## CHAPITRE IV

## UNE COLLABORATION EN ACTION

La collaboration est un genre de travail assez attaqué aujourd'hui ; je ne dirai qu'un mot pour la défendre. Supprimez un moment, par la pensée, la collaboration, de notre répertoire depuis soixante ans, du même coup vous voyez disparaître une grande partie du théâtre de Scribe, presque tout le théâtre de Bayard, de Mélesville, de Dumanoir, de Dennery ; tout le théâtre de Labiche ; tout le théâtre de Barrière ; tout le théâtre de Duvert et Lausanne ; tout le théâtre de Gondinet ; tout le théâtre de Meilhac et Halévy ; et enfin cinq de nos chefs-d'œuvre dans la comédie et dans le drame : dans la comédie *le Gendre de M. Poirier*, puis *Mademoiselle de la Seiglière*, et *Mademoiselle de Belle-Isle* qui, pour être signées d'un seul nom, n'en sont pas moins de *deux auteurs* ; dans le drame, *la Tour de Nesle* et *Richard Darlington*.

Personne n'admire et ne respecte plus que moi les

ouvrages immortels sortis, armés de toutes pièces, d'un seul cerveau : *Œdipe-roi*, *Macbeth*, *Polyeucte*, *Britannicus*. Mais n'y a-t-il pas, même parmi les chefs-d'œuvre, des pièces de théâtre produites par l'association de deux génies? *Le Cid* n'est-il pas de Corneille et de Guillen de Castro? *Iphigénie* n'est-elle pas de Racine et d'Euripide? *Phèdre*, de Racine, d'Euripide et de Sénèque? Connaissez-vous beaucoup de collaborateurs plus effectifs que Plaute ne l'a été pour Molière, dans *Amphitryon* et dans l'*Avare?* Le plus bel acte de la *Psyché* de Molière n'est-il pas l'œuvre de Corneille? Il me semble qu'une forme d'art à qui l'on doit de telles œuvres, qui fait régner notre théâtre dans toute l'Europe, mérite autre chose que du dédain, sans oublier qu'une foule d'esprits brillants mais incomplets, qui, isolés, seraient peut-être restés stériles, se sont élevés au-dessus d'eux-mêmes par l'association et ont produit cette règle d'arithmétique assez nouvelle, à savoir, que *un et un font trois.*

Qu'on ne s'étonne pas de mon ardeur à défendre la collaboration, je lui ai dû trois amis : Goubaux, Scribe, Labiche, et si les pièces que j'ai faites seul : *Médée, Par droit de conquête, Un jeune homme qui ne fait rien*, n'ont pas moins bien réussi que les autres, c'est que je m'y suis souvenu de ce que j'avais appris dans la collaboration.

La collaboration a au moins ce privilège, d'exciter singulièrement la curiosité des gens du monde.

On m'a dit cent fois : « **Mais enfin, comment cela se fait-il, une pièce à deux? comment cela se compose-t-il? comment cela s'écrit-il?** »

Je ne puis mieux répondre que par le court récit d'une collaboration en action.

J'étais marié depuis trois ans, et je rêvais toujours à la revanche de ma chute. Un matin à déjeuner, ma femme, me parlant de ses compagnes de pension, prononça le nom de Clélie. « Clélie! m'écriai-je en riant. D'où lui vient ce nom? Était-ce une jeune Romaine? — D'origine, non, mais de figure et de cœur. Belle, grande, brune, avec un profil de médaille antique, et de grands yeux, pleins à la fois de douceur et de vaillance ; Clélie joignait à ces qualités d'énergie, une certaine tournure d'esprit railleuse, qui se montra au vif dans une circonstance assez singulière. — Contez-moi cela. lui dis-je. — L'histoire vaut d'être contée. Mariée depuis quatre ans avec un créole passionnément épris d'elle, Clélie occupait une jolie maison de campagne, à Vineuil, près de Chantilly. Le vieux prince de Bourbon vivait encore, et ses brillantes chasses étaient une des gloires du pays. Un jour, le cerf ayant sauté par-dessus la haie du jardin de Clélie, la meute, les piqueurs, une partie de la chasse, sautèrent à leur tour et mirent en action la fable de La Fontaine. Le lendemain, Clélie, qui était seule chez elle à la campagne, écrivit au prince une lettre à la fois très mesurée et très ferme, se plaignant du désordre de la veille, et exprimant le désir formel qu'il ne se renouvelât pas. Huit jours après, nouvelle chasse et nouvelle invasion domiciliaire. Clélie était dans son petit salon, occupée d'un travail de broderie, quand on vint l'avertir que le cerf avait sauté dans le jardin, que les chiens l'y avaient suivi, et que piqueurs et chasseurs venaient à fond de train dans la direction de la haie. Elle se lève tranquillement, ordonne ses gens, de saisir deux des plus beaux chiens de la meute, et, suivie de son jardinier qui, sur son ordre, s'arme d'un fusil, elle arrive à la haie, ayant toujours sa broderie à la main. En même temps qu'elle, se présentent deux jeunes chasseurs à cheval... « Pardon, mes« sieurs, leur dit-elle, en continuant à broder, mais « vous ne passerez pas. » Stupéfaction, irritation moqueuse des deux jeunes gens qui poussent leurs chevaux en avant. « N'avancez pas, messieurs, ou mon jardinier « tire immédiatement sur vous. C'est un cas d'effrac« tion, ajouta-t-elle en riant. On se défend. Oh! j'ou« bliais... Veuillez dire au prince, que j'ai fait prison« niers les deux plus beaux chiens de sa meute. Ce sont « des otages. » Après un moment d'hésitation, les jeunes gens saluèrent et tournèrent bride. La chasse s'arrêta, le cerf s'échappa, et la négociation entamée pour la reddition des captifs, amena entre le prince et Clélie, un échange de lettres, de propositions qui se terminèrent, avec tous les honneurs de la guerre et toutes les grâces courtoises de l'ancienne société française, par l'entrée de la belle jeune Romaine, dans le salon du prince de Bourbon. »

Le récit de ma femme me monta si bien la tête, qu'à peine le déjeuner fini, je courus à ma table de travail, et, le soir, j'avais bâti là-dessus et presque écrit tout un premier acte. Goubaux étant venu nous demander à dîner, je lui lus mon travail de la journée. « Diable, s'écria-t-il, mais il y a là une pièce en cinq

actes. Cette femme est un caractère, et sur un caractère on peut toujours construire un drame. — Oui, lui dis-je en riant, il ne reste plus qu'à le trouver. — Le moyen est bien simple : Chercher une situation pathétique propre à faire valoir un tel personnage. Or, il n'y en a que deux. Faut-il la peindre aux prises avec une grande passion ou avec une grande douleur? Faut-il la montrer victime ou coupable? Si elle a un amant...
— Jamais! jamais! m'écriai-je. Jamais je ne consentirai à lui donner un amant. C'est la salir et la vulgariser. C'est retomber dans le vieux drame de la femme adultère. — Soit, reprit Goubaux en riant; mais alors, si elle n'a pas d'amant, il faut que son mari ait une maîtresse. L'intérêt sera de montrer un tel caractère en lutte avec le regret, le chagrin, l'irritation, la vengeance peut-être... que sais-je? -- A la bonne heure! lui dis-je, cela me va. » Goubaux alors, se retournant vers ma femme, reprit : « Dites-nous donc, chère madame, ce qu'était Clélie comme femme, ce qu'était son mari, ce qu'était son ménage. — Oh! le ménage le plus orageux du monde. Passionnément épris d'elle, son mari avait toutes les folies d'imagination, toutes les effervescences de caprices des créoles, de façon qu'il passait sa vie à faire des infidélités à sa femme et à lui en demander pardon, mais pardon à genoux, avec des larmes, des sanglots, des serments de ne plus recommencer, et des retours de passion conjugale d'autant plus ardents qu'ils étaient compliqués de remords, et de remords sincères.
— Et elle? elle? — Oh! elle... elle écoutait tout... elle subissait tout avec un mélange de dignité, de douleur

profonde, de larmes contenues qui la faisait ressembler à une fille de Corneille. — Eh bien, m'écriai-je en interrompant ma femme, voilà nos deux personnages posés. Il ne s'agit que de la faire assez souffrir, elle, pour l'arracher à son calme ; de lui faire pousser des cris de douleur, de mettre enfin en scène l'*adultère du mari*. Il faut prouver, par une vigoureuse action dramatique que la faute du mari peut amener autant de catastrophes que la faute de la femme. — Excellent sujet ! s'écria Goubaux. — Alors, repris-je, commençons tout de suite, mon cher ami, et apprenez-moi mon métier en faisant cette pièce avec moi. »

Eh bien, voilà comment se compose en collaboration la première ébauche d'une pièce de théâtre, *c'est une conversation à deux sur un sujet donné*. L'un apporte l'idée ou le fait, l'autre le discute ; on cause, on cherche, on se contredit, on se complète : du choc des deux pensées naît la fusion, et de la fusion, le plan. Le plan achevé, il faut l'exécuter.

Il y a plusieurs manières d'exécuter une pièce de théâtre à deux. Tantôt, un des collaborateurs ébauche l'ouvrage entier, puis l'autre le reprend et l'achève. Tantôt on se partage les actes ; l'un écrit les deux premiers, l'autre les trois derniers, et on revoit le tout en commun.

Labiche et moi, nous écrivîmes *la Cigale chez les fourmis*, sans jamais travailler ensemble. Un jour, je le rencontre, sortant du Théâtre-Français, où il venait de lire une comédie en un acte, intitulée *les Fourmis*. Il était mécontent, un peu blessé. Le comité avait reçu sa pièce, mais froidement, et parce qu'elle était de lui. « Le comité est absurde me dit-il, la pièce est très amusante, et il y a un rôle superbe pour Provost. Je vous la donnerai à lire. » Il me la donne, je la lis, et deux jours après : « Mon cher ami, lui dis-je en riant, je vote avec le comité. Le premier tiers est charmant, mais le reste est à refaire. Il vous manque un rôle de jeune fille; il vous manque un rôle de jeune homme. En face des *fourmis* économes, il vous faut un artiste en dépense, une *cigale*. — Votre idée me semble excellente. Voulez-vous reprendre la pièce en sous-œuvre? — Je veux bien essayer du moins. Je pars demain pour Cannes. J'emporte votre manuscrit, et dans quinze jours, je vous rapporterai ce que j'aurai fait. » Au bout de quinze jours, je reviens, je lui montre la pièce, elle lui plaît; nous la lisons au comité, on la reçoit, on la joue : nous avons un réel succès, à l'occasion de quoi, je fis ce petit distique :

Entre Labiche et moi la partie est égale :
Il a fait *les Fourmis* et j'ai fait *la Cigale*.

Nous fîmes tout le contraire avec Goubaux, mais notre collaboration ne fut pas moins singulière. Les vacances du jour de l'an étant arrivées, Goubaux annonça tout haut dans sa pension qu'il partait pour un petit voyage. Or, ce voyage consista à transporter de la rue Blanche où était sa pension, à la rue Saint-Marc où je demeurais, son nécessaire, son bagage de toilette, et à s'installer chez moi, dans une petite chambre contiguë à mon salon. De mon côté, je déclarai tout haut aussi, que nous partions pour huit jours. Et une fois les fenêtres sur la cour fermées, nous voilà cloîtrés tous les trois, Goubaux, moi et ma femme, et notre vie de cellule commence. A sept heures du matin, nous entrions tous deux dans mon cabinet, où nous trouvions le feu allumé, le thé servi, et la maîtresse de la maison, jouant pour nous le rôle de Lolotte dans Werther : elle faisait des tartines. Un quart d'heure de bons rires, d'amicale causerie, puis, nous nous mettions à la besogne. Assis à la même table, en face l'un de l'autre, nous avions l'air de deux écoliers qui composent. Cela nous charmait. Mais voici le côté singulier de notre collaboration : nous abordâmes tous deux, au même moment, le même acte. Partant du plan convenu, nous commençâmes tous deux par la première scène, et nous écrivîmes ainsi le premier acte, chacun de nous se chargeant d'apporter dans le dialogue, dans la peinture des caractères, ses qualités personnelles d'imagination ou de pensée. A midi, nous déjeunions tous les trois, je devrais dire tous les quatre, car ma fille, qui avait quelque chose comme deux ans, faisait alors son apparition, et ses yeux étonnés, ses bonnes joues roses, sa toilette, où triomphaient le goût et la coquetterie maternelle, sa gravité sur sa petite chaise haute, l'amusant de ses réponses (les enfants ont un tel imprévu d'idées, qu'ils ont tous l'air d'avoir de l'esprit) étaient un des plaisirs du déjeuner. Du reste, défense absolue de parler de notre travail. Ce qui n'empêchait pas ma femme de remarquer en riant, la mine soucieuse ou radieuse de chacun de nous, et d'en tirer des pronostics fâcheux ou favorables. Après le déjeuner, une heure de musique, qui nous servait de repos, de récompense et d'auxiliaire. Il y a un lien mystérieux entre les arts. Une mélodie vous dicte souvent un bon vers, et plus d'une fois, pendant ce travail, c'est Beethoven, c'est Weber, c'est Schubert qui m'ont aidé à me tirer d'affaire dans une scène difficile.

Au bout de dix jours, les vacances de Goubaux étant terminées, et nos deux premiers actes aussi, nous assemblâmes le comité de lecture. Ce comité se composait de ma femme : « Je prends l'emploi des *Laforêt* », dit-elle en s'installant dans son fauteuil avec sa tapisserie. Nous apportâmes chacun notre devoir, et elle ajouta gaiement : « Élève Goubaux, je vous écoute ».

La double lecture amena de nombreuses interruptions. C'était moi qui m'écriais parfois en écoutant Goubaux : « Bravo! c'est bien mieux que moi. — N'influencez pas la justice, » disait ma femme. Et la justice, après m'avoir entendu à mon tour, étant questionnée sur sa préférence entre les deux actes, répondit : « Je crois bien que je les préfère tous les deux. Tous les deux m'ont amusée, mais pas aux mêmes endroits. Le début de la pièce m'a paru bien plus saisissant chez M. Goubaux, mais la fin de l'acte m'a plu davantage chez M. Ernest Legouvé. J'aime mieux le rôle de la femme dans l'un, et le rôle du père dans l'autre. Il me semble qu'en fondant ces deux versions en une seule, on ferait un mariage parfait... comme le nôtre. — C'est du Salomon tout pur, s'écria Goubaux, et comme demain il faut que j'aille reprendre mon collier de commandement, c'est Legouvé qui fera le mariage. »

Ainsi fut fait. Nous employâmes notre hiver à achever la pièce, et au commencement du printemps nous allâmes la lire à Eugène Sûe ; Eugène Sûe s'installa à son chevalet pour nous entendre. Il prétendait ne jamais écouter si bien qu'en peignant.

L'effet fut à la fois excellent et désastreux. Succès complet pour les trois premiers actes : les deux derniers, détestables. Il ne s'agissait pas de corrections, d'améliorations, de coupures, tout était à jeter bas et à refaire. Notre découragement fut profond. Quatre mois s'écoulèrent en vaines recherches, et nous commencions à désespérer du succès, quand un secours inattendu, un auxiliaire providentiel vint nous tirer de peine. Quel était cet auxiliaire? Un troisième collaborateur. Quel était ce troisième collaborateur? Un personnage fort singulier, qui vient en aide même aux auteurs qui ne s'aident de personne, et dont, à ce titre, il est bon de parler un peu dans ce chapitre sur la collaboration. C'est le hasard.

Le hasard joue un grand rôle dans les conceptions théâtrales. Un mot qu'on entend, un livre qu'on lit, une personne qu'on rencontre, vous suggèrent tout à coup l'idée vainement cherchée.

En 1849, E. Augier faisait répéter *Gabrielle* au Théâtre-Français. Arrive le cinquième acte, une difficulté surgit. La pièce ne marche plus. Auteur et acteurs sentaient le besoin d'un coup vigoureux, imprévu pour remplir ce cinquième acte. E. Augier cherchait et ne trouvait pas. Un matin, de très bonne heure, il se promenait en rêvant le long du quai des Saints-Pères, quand, arrivé au pont des Arts, il voit, marchant devant lui, le visage tourné vers l'Institut, un homme d'une quarantaine d'années, avec sa petite fille ; l'heure matinale rendait le pont presque désert : l'enfant se sentant comme seule, allait en avant de quelques pas, puis elle revenait en courant vers son père, se jetait dans ses bras et le père l'enlevait jusqu'à ses lèvres pour l'embrasser, tandis que l'enfant se mettait à rire aux éclats, en l'embrassant aussi. Le tableau était charmant. « Bravo! » dit Augier, qui les suivait. Or, qui était ce monsieur? L'interprète de *Gabrielle*, M. Regnier, et sa fille. « Êtes-vous père, monsieur l'ambassadeur? répondit gaiement l'artiste. — Non, dit le poète, mais j'ai des enfants, ceux de mes sœurs. » Les deux amis se séparent. E. Augier s'en va tout songeur. Ce jeu, ces deux visages, ces regards, ces rires, ces baisers, tout cela avait évoqué devant lui, tout à coup, une si vive image de la tendresse paternelle, que son cinquième acte lui apparut sous un jour nouveau ; il voit, il sent grandir la figure du père dans son dénouement, et il écrit cette scène, une des plus éloquentes du théâtre moderne, qui débute par ces délicieux vers :

> Nous n'existons vraiment que par ces petits êtres
> Qui dans tout notre cœur s'établissent en maîtres,
> Qui prennent notre vie et ne s'en doutent pas,
> Et n'ont qu'à vivre heureux pour n'être point ingrats.

Certes, il faut être Augier pour tirer de tels vers d'une telle rencontre : bien des auteurs dramatiques auraient eu beau passer à cet endroit-là, ce matin-là, ils n'en auraient pas rapporté un cinquième acte ; mais enfin, pour E. Augier, le pont des Arts a été vraiment le chemin de l'Institut.

Eh bien, ce fut aussi un hasard, une lettre retrouvée inopinément, une histoire où j'avais été mêlé, qui se réveillant soudainement dans ma mémoire, m'inspirèrent... Mais cette histoire est trop saisissante et a trop compté dans ma vie, pour que je ne lui consacre pas un chapitre à part dans mes souvenirs.

CHAPITRE V

## UNE HISTOIRE VRAIE

———

J'étais à Rome en 1832. J'avais vingt-cinq ans. J'y fis rencontre d'un Français, un peu plus âgé que moi, mais qui me plut par son énergie et son originalité. Grand, vigoureux, sanguin, la barbe noire, et les yeux d'un bleu très clair, ce qui donne toujours un aspect étrange, M. Auguste Leroux allait chasser dans les environs de Rome avec Horace Vernet, faisait des armes avec Constantin, le célèbre peintre sur porcelaine, peignait lui-même agréablement, rapportait de ses expéditions de chasseur autant de jolies aquarelles que de gibier, dépensait l'argent en grand seigneur, et... s'ennuyait mortellement. Il avait un fonds de spleen naturel, héréditaire, et bien justifié par un événement terrible qui lui était arrivé dans sa jeunesse. Son père, déjeunant un matin à la campagne avec lui et sa sœur, se leva silencieusement, et, au bout de quelques instants, les deux enfants entendirent un coup de feu;

ils se précipitent au dehors te trouvent, à vingt pas de la porte, leur père mort. Il venait de se faire sauter la cervelle. Cette catastrophe jeta un voile funèbre sur l'imagination du jeune homme. Il me disait souvent : « Je finirai comme mon père ».

Revenus lui et moi d'Italie, nos relations continuèrent, et se changèrent en amitié. Il me présenta à sa sœur, qu'il adorait et dont il idolâtrait les enfants. La mort tragique de leur père les avait encore rapprochés. Ils s'étaient serrés l'un contre l'autre par épouvante comme par affection. Il tint aussi à me mettre en relations avec son plus cher, ou, pour mieux dire, son unique ami, M. G. Delacour. M. G. Delacour, après plusieurs années passées au service, ayant hérité d'une fortune considérable, s'était retiré avec le grade de lieutenant-colonel et avait épousé, vers quarante-cinq ans, une jeune fille pauvre et merveilleusement jolie. Je n'ai jamais vu contraste plus frappant qu'entre ce mari et cette femme. Simple, grave, un peu austère, le cœur plein d'une de ces bontés profondes qui semblent avoir peur des paroles et ne s'expriment que par des actes, M. G. Delacour me rappelait certaines figures militaires de la République. Quant à elle, c'était un Watteau. Petite, mignonne, potelée, des roses plein les joues, des éclairs plein les yeux, des dents qui semblaient rire à force d'être blanches, de petites fossettes mobiles, frémissantes aux deux coins de la bouche, et un cou ! une gorge ! des bras !... Enfin, un mélange charmant de petite fée, de petite poupée et de parisienne.

Ce qui devait arriver, arriva. Elle trompa son mari.

Il le découvrit et vint demander conseil à son ami. « Vous n'avez qu'une chose à faire, lui répondit M. Leroux, tuer l'amant et chasser la femme. — L'amant est parti. — La femme reste, chassez-la. » Mais M. Delacour était amoureux comme un fou; la femme pleurait, priait, se repentait; le mari inclinait à la clémence. Seul, M. Leroux était inflexible. « Si vous lui pardonnez aujourd'hui, elle recommencera demain. Moi, je la chasserais. » A deux ou trois jours de là, sortant du cabinet de son ami, il trouva dans la première pièce la jeune femme qui l'attendait. « Je désirerais vous parler, monsieur, lui dit-elle. — Je suis à vos ordres, madame. » Ils entrent dans un petit salon. A peine la porte fermée, elle va droit à lui, et lui dit : « Pourquoi vous acharnez-vous après moi, monsieur? que vous ai-je fait? — Ce que vous m'avez fait?... reprit-il, tout tremblant de colère... Vous m'avez fait le mal que vous lui avez fait à lui. Pourquoi je m'acharne contre vous? Parce que je vous hais et que je vous méprise comme la plus misérable des créatures, parce que, pour avoir trompé un homme qui vous a prise dans la pauvreté, presque dans la misère, et qui vous a aimée à la fois comme un frère, comme un père et comme un amant, qui est un des plus grands cœurs que je connaisse, qui a toutes les délicatesses d'une femme et toutes les énergies d'un homme, pour avoir eu le courage de donner un coup de poignard à un si bon être, il faut n'avoir ni cœur ni entrailles... C'est par pitié pour lui, c'est par tendresse pour lui et par horreur pour vous, que je vous poursuis. Adieu, madame. » Et il partit.

Restée seule, écrasée sous cet anathème, elle sentit tout à coup éclater dans son âme une de ces révolutions subites, terribles, qui rappellent la fatalité antique. Elle se leva, fit quelques pas en chancelant dans la chambre, et elle tomba sur un siège, en se disant : « Oh! mon Dieu! je l'aime! » Elle l'aimait en effet. Elle l'aimait de la haïr, de la mépriser, de le lui avoir dit. Cette indignation contre son ingratitude le lui avait montré comme un être d'une espèce supérieure ; et elle ne rêva plus que l'occasion de lui tout avouer, et de se jeter à ses pieds, en lui disant : « Frappez, frappez! J'adore la main qui me frappe. » Quelques jours s'écoulèrent sans qu'elle pût réaliser son projet. Enfin un matin, que M. Leroux était venu pour voir son ami, elle se présenta subitement à lui, et sans préparation, sans hésitation, avec un effrayant mélange de sanglots, de passion éperdue, d'horreur pour elle-même et d'adoration pour lui, cette petite créature, que Fragonard eût choisie comme modèle, trouva pour lui exprimer son amour, de tels accents que Alfred de Musset n'en a pas rencontré de plus pathétiques.

En sortant de chez elle, il vint chez moi. J'étais sorti. Il me donna rendez-vous pour le lendemain. En le voyant entrer, il me parut si pâle, si défait, que je lui en demandai la cause. Il me raconta tout. Son récit me frappa de terreur. J'entrevis pour lui un tel avenir de douleur, que je lui criai : « Sauvez-vous!... En Amérique, en Afrique, le plus loin que vous pourrez. Mais sauvez-vous, ou vous êtes perdu. Le feu vous gagne. Vous vous croyez seulement désarmé, touché, compatissant, vous êtes amoureux. —Moi! s'écria-t-il en bondissant tout éperdu, moi! Mais ce serait abominable. Après ce que j'ai dit, après ce que j'ai fait... après ce que je sens là d'affection pour lui. Non, non! c'est impossible, ce serait un crime! — Rien de plus vrai, repris-je. Et c'est précisément pour cela que vous êtes frappé au cœur. Si vous croyez que la nature humaine soit toujours belle!... Demandez aux confesseurs. Vous êtes amoureux comme elle, autant qu'elle, plus qu'elle peut-être... Sauvez-vous! »

Nous étions au commencement de juin. Je partis le lendemain pour Dieppe avec ma famille, et j'étais resté plus d'une semaine sans nouvelles. Lorsque, en revenant du bain, je le trouvai qui m'attendait. « Vous! m'écriai-je, effrayé de voir à quel point une seule semaine avait ravagé, bouleversé cette figure. Qu'y a-t-il? — Vous m'avez dit de me sauver, répondit-il d'une voix altérée, eh bien, je me sauve près de vous; donnez-moi asile. Votre femme, votre enfant, votre bonheur, me calmeront, me conseilleront. Dieu merci, je n'ai encore rien à me reprocher. Je ne lui ai pas dit un mot, je viens chercher près de vous la force de me taire toujours. »

Il resta quinze jours avec nous. Je n'oublierai jamais nos promenades dans la forêt d'Arques. Nous montions à cheval tous trois, lui, ma femme et moi, après le déjeuner, et nous chevauchions deux ou trois heures en pleine solitude, à travers les beaux hêtres gigantesques, le long de la crête qui domine la rustique vallée au fond de laquelle coule la Sorgues. La tête penchée sur le cou de son cheval, il ne disait pas un mot. Son silence était si morne, qu'il était contagieux; il pesait sur nous. Nous pouvions à peine échanger nous-mêmes quelques paroles, tant nous étions saisis par cette sombre image du désespoir et par l'attente de quelque tragique et mystérieuse catastrophe.

Une lettre qu'il reçut pendant son séjour le troubla beaucoup. Sa sœur habitait le rez-de-chaussée avec jardin, d'un petit hôtel, dans le quartier du Temple. Un jour, elle écrivit à son frère qu'une jeune dame charmante s'était présentée comme locataire du premier, qu'à ce propos elle était entrée en relations avec elle et les enfants, qu'elle les avait comblés tous deux de caresses, qu'elle les embrassait avec grand attendrissement; « elle leur a même, ajoutait-elle, apporté de légers cadeaux, offerts avec tant de délicatesse, qu'il a été impossible de les refuser, tant son émotion ressemblait à un souvenir. » C'était la malheureuse femme qui, affolée de douleur par le départ de celui qu'elle aimait, s'était mise à rôder autour de cet hôtel pour voir entrer et sortir les deux petits enfants, pour se rapprocher d'eux, se faire un peu aimer d'eux, dans l'espoir qu'il l'apprendrait par sa sœur, et qu'il en serait touché.

Nous quittâmes Dieppe ensemble : lui, pour revenir à Paris; nous, pour retourner dans notre petite maison de campagne. Un mois après, j'appris de sa bouche tout ce que je prévoyais. Ils s'étaient revus, ils s'étaient aimés; le mari l'avait su, et, à la suite d'une scène d'explications, M. Leroux s'était mis à sa disposition pour un duel à mort. — « Je ne me battrai pas, monsieur, avait répondu froidement le mari; cela vous ferait trop de plaisir. Vingt ans consacrés au service de mon pays me donnent le droit de choisir ma vengeance : je vous livre l'un à l'autre. »

Le châtiment ne se fit pas attendre. Leroux, voulant, à tout prix, rendre à cette jeune femme la vie de luxe à laquelle elle était habituée, se jeta dans les spéculations, et y compromit gravement sa fortune. Ils se retirèrent tous deux dans cette maison de campagne, près de Compiègne, où son père à lui s'était tué. Je restai deux mois sans recevoir une seule ligne de lui.

Inquiet de ce silence, je lui écrivis une lettre où je lui parlais d'une comédie en trois actes que je préparais pour l'hiver. Voici sa réponse textuelle : « Ah! mon-
« sieur le mystérieux, vous achevez une pièce dont vous
« ne m'aviez pas parlé. Pour vous punir, j'aurais été
« avec un sifflet à la première représentation, mais
« je ne pourrai pas y assister. *Je me tue demain avec*
« *mon bourreau!* Si vous me voyiez, vous ne me recon-
« naîtriez pas; j'ai les cheveux tout blancs. J'ai amassé,
« sous un assez bon prétexte, dans un petit pavillon,
« situé au fond de mon jardin, une trentaine de fagots
« et quelques bouteilles d'huile de térébenthine. De-
« main, à onze heures du soir, nous y entrerons, elle
« et moi, résolus et d'accord. J'arroserai ces fagots avec
« la térébenthine, j'y mettrai le feu, puis je la tuerai
« d'un coup de pistolet, et je me tuerai après. Adieu!
« Soyez heureux dans ce monde. Je vais voir s'il y en
« a un autre. »

Que s'était-il donc passé? Quelles phases effroyables

avaient traversé cette tragique passion? Pourquoi ses cheveux avaient-ils blanchi? Pourquoi l'appelait-il son bourreau? Éperdu, je courus à Compiègne; tout était fini. Je recueillis de la bouche des domestiques et des voisins, quelques détails sur leurs dernières journées, que je ne puis transcrire à plus de cinquante ans de distance sans que la plume me tremble dans la main.

M. Leroux avait résolu d'en finir par le suicide. Pour assurer l'exécution de ce projet, il la pria d'aller à Paris faire quelques emplettes. Elle le devina, et lui déclara qu'elle ne le quitterait plus désormais d'une seconde, voulant mourir s'il mourait.

Il était grand marcheur étant grand chasseur, et elle, elle était délicate, mignonne, et, comme beaucoup de Parisiennes, incapable de fournir à une promenade de deux heures. Un matin, au lever du jour, la croyant endormie, il partit pour la forêt, avec son fusil chargé de deux balles : cinq minutes après, il la trouva au détour d'une allée, l'attendant. Saisi d'une sorte de frénésie, il prit son pas de chasse et s'élança, à travers bois : elle le suivit haletante, suffoquée, les pieds déchirés, mais marchant toujours, toujours sur ses pas, et leur course dura près d'une heure, au bout de laquelle elle tomba en s'attachant à lui, et lui déclarant qu'elle ne le quitterait pas, et qu'il faudrait qu'il la tuât pour pouvoir se tuer. Ce jour-là fut conçu leur projet. Leurs dernières heures furent sinistres. Ils se mirent à table pour déjeuner à midi, et restèrent tous deux, en face l'un de l'autre, silencieux et mornes; quand les domestiques vinrent pour servir le dîner, ils trouvèrent le déjeuner intact.

A neuf heures, il dit. lui, à ses gens qu'ils pouvaient aller se coucher, et leur long tête-à-tête recommença. Une seule bougie les éclairait. A onze heures, le domestique entendit, de sa chambre, du bruit dans la salle à manger. Il se leva, ouvrit sa fenêtre et regarda en bas. Il vit s'ouvrir la porte-croisée qui donnait sur le jardin, puis tous deux enjambèrent l'appui de cette croisée, allèrent droit à la niche d'un gros chien de garde, le détachèrent et prirent sa chaîne. Ensuite il retira, lui, la grosse clef de la porte d'entrée et la jeta par-dessus le mur. Cela fait, ils remontèrent ensemble une longue allée de tilleuls qui conduisait à un petit pavillon. Le domestique les voyait par intervalles, à travers les branches, passer, éclairés par la lune, semblables à deux spectres ou plutôt à deux forçats, car la chaîne du chien attachait le poignet droit de l'un au poignet gauche de l'autre. Puis ils disparurent dans le parc, et le domestique, n'entendant plus rien, se recoucha et se rendormit. Une heure après, les aboiements du chien et le bruit de la chute des poutres, des pétillements de la flamme, l'éveillèrent en sursaut. Le pavillon brûlait. Il y courut; les voisins escaladèrent les murailles et arrivèrent à leur tour; il était trop tard, le pavillon n'était plus qu'un monceau de débris enflammés. On retrouva parmi les cendres, un bout d'épaule de la jeune femme et un poignet entouré de la chaîne de fer. Tout le reste, tout ce qui avait été ces deux êtres, si dignes de pitié malgré leur faute, avait disparu dans l'incendie, et avec eux l'explication de cette énigmatique et funèbre phrase : « Demain, je me tue avec mon bourreau. »

I

Nous voilà bien loin, ce semble, de notre pauvre pièce de théâtre. Non! nous y sommes.

C'était à la lecture de la lettre de Leroux, retrouvée par hasard, que toute cette tragique histoire m'était remontée au cœur. Elle me poursuivit la journée entière. Vers le soir, par un de ces phénomènes d'imagination habituels aux écrivains de théâtre, ce drame réel se mêla peu à peu dans mon esprit au drame fictif dont je poursuivais le dénouement. Un des trois personnages se détacha des deux autres pour entrer dans le groupe de mes acteurs. Ce personnage fut le colonel. Sa réponse : *Non, monsieur, je ne me battrai pas*, me frappa tout à coup comme le résumé d'un caractère, comme le germe d'un rôle, comme le point de départ d'une situation nouvelle, propre à fournir deux actes. Tout plein de mon idée, je courus chez Goubaux. Il était absent, il montait sa garde au ministère des finances. J'y vais, je le trouve faisant sa faction. Je lui conte ma trouvaille : « Admirable! me dit-il. — Eh bien, travaillons, tout de suite, repris-je. — Je ne peux pas : il faut que j'écarte les chiens et que je réponde aux gens qui se présentent. — Qu'est-ce que ça fait? ça ne sera que plus amusant. » Et nous voilà tous les deux, lui son fusil sur l'épaule, moi marchant à côté de lui sur le trottoir, et ébauchant le plan de notre acte, le tout entremêlé des : *on ne passe pas*, du factionnaire.

La faction finie, le plan était fort avancé. Deux mois après, la pièce était faite ; et, quelques semaines plus tard, nous la lisions au comité du Théâtre-Français. Elle fut reçue avec acclamation. Mlle Mars en accepta le principal rôle, et le 6 juin 1838, je pus lire sur l'affiche : « Ce soir, *première représentation*, *Louise de Lignerolles*, drame en cinq actes et en prose. » Mon cœur battit bien fort en lisant ce titre sur les murailles, pas tant, cependant, qu'en lisant celui du *Soleil couchant*. Les pronostics étaient meilleurs. J'en avais recueilli deux très précieux, la veille, à la répétition générale.

Le premier, de la bouche de Casimir Delavigne ; il dit, en sortant : « C'est brutal, mais c'est saisissant. Cela réussira. » Mon second prophète fut un vieil acteur qui jouait les troisièmes comiques et s'appelait *Faure*. Ce Faure avait, dans sa jeunesse, fait un grand acte de courage. A Nantes, en 1794, au moment des noyades, ayant trouvé le buste de Carrier dans une salle de l'hôtel de ville, il le saisit et le brisa sur le pavé, en s'écriant : « Il faudrait en faire autant à ce misérable ! » On l'engagea à partir au plus vite, et il vint prendre sa très modeste place à la Comédie-Française. C'est là, qu'après la répétition générale de notre drame, il me dit : « Monsieur, vous pouvez dormir tranquille. Le succès est sûr. Tous les jupons viendront à cette pièce-là, et quand les jupons vont quelque part, les culottes suivent toujours. »

Ces deux prédictions se réalisèrent. Le 6 juin, à minuit, le nom de Goubaux et le mien, jetés au public par Firmin, furent salués d'unanimes applaudissements. J'avais pris ma revanche. J'étais auteur dramatique.

# CHAPITRE VI

# LA COMÉDIE-FRANÇAISE EN 1838

### M<sup>lle</sup> MARS, FIRMIN, GEFFROY, JOANNY

Le soir où se leva le rideau pour la première représentation de *Louise de Lignerolles*, nos deux amoureux, Mlle Mars et Firmin, avaient, à eux deux, cent vingt-cinq ans. Eh bien, je n'ai jamais eu d'interprètes aussi jeunes, si jeunesse veut dire feu, passion et conviction.

Bien des différences séparent la Comédie-Française de 1838 de celle de 1887. Toutes ne sont pas au désavantage du présent. Aujourd'hui, même dans la comédie, on met mieux en scène, on habille mieux son personnage, on représente mieux le mouvement d'un salon, on cherche plus la vérité de l'accent ; mais, que sont devenues la diction, l'élégance des manières, la distinction du langage, tout ce qui faisait du

Théâtre-Français, l'image de l'ancienne société française? J'essaierai de marquer quelques-unes de ces différences, en parlant des quatre artistes dont les noms sont inscrits en tête de ce chapitre.

I

Commençons par Firmin. Je ne puis mieux le peindre qu'en le comparant à notre cher et regretté Delaunay. Ils avaient tous deux, plusieurs qualités pareilles ; d'abord, le regard. Il ne faut pas confondre au théâtre, le regard et les yeux. On peut avoir beaucoup de regard avec de petits yeux; on peut avoir de très grands yeux, et n'avoir point ce trait de lumière qui, jaillissant de la prunelle, se répand en une seconde dans toute une salle, et l'éclaire. Tous deux avaient des dents éblouissantes qui semblaient étinceler comme les yeux, et sourire comme les lèvres. Plus petit que Delaunay, moins bien pris dans sa taille, moins élégant dans sa démarche, Firmin, la tête un peu penchée en avant, se dandinant sur ses jambes, frappant nerveusement ses deux mains l'une contre l'autre, n'avait pas la grâce charmante de Perdican, mais quel feu! quelle flamme! Quels accents électriques! Il faut remonter, pour se le représenter, aux grands ténors, à Rubini, à David, qui ne touchaient pas seulement votre âme, mais qui faisaient vibrer vos nerfs comme des cordes de harpe. Si passionné que fût Delaunay, Firmin avait quelque chose de plus endiablé, et avec cela, léger comme un oiseau. Voici quelques vers du *Misanthrope* où je les ai entendus tous deux, où ils m'ont ravi tous deux, et où leurs deux talents se sont montrés à moi avec toutes leurs ressemblances, et tous leurs contrastes. C'est le couplet du marquis au commencement du troisième acte. J'ai besoin de citer les vers pour expliquer mon idée.

>Parbleu ! Je ne vois pas, lorsque je m'examine,
>Où prendre aucun sujet d'avoir l'âme chagrine.
>J'ai du bien, je suis jeune, et sors d'une maison
>Qui peut se dire noble avec quelque raison ;
>Et je crois, par le rang que me donne ma race,
>Qu'il est fort peu d'emplois dont je ne sois en passe.
>Pour le cœur, dont surtout nous devons faire cas,
>On sait, sans vanité, que je n'en manque pas ;
>Et l'on m'a vu pousser, dans le monde, une affaire
>D'une assez vigoureuse et gaillarde manière.
>Pour de l'esprit, j'en ai, sans doute, et du bon goût,
>A juger sans étude et raisonner de tout ;
>A faire aux nouveautés, dont je suis idolâtre,
>Figure de savant sur les bancs du théâtre,
>Y décider en chef, et faire du fracas
>A tous les beaux endroits qui méritent des ahs !
>Je suis assez adroit ; j'ai bon air, bonne mine,
>Les dents belles surtout, et la taille fort fine.
>Quant à se mettre bien, je crois, sans me flatter,
>Qu'on serait mal venu de me le disputer.
>Je me vois dans l'estime autant qu'on y puisse être ;
>Fort aimé du beau sexe, et bien auprès du maître :
>Je crois qu'avec cela, mon cher marquis, je croi
>Qu'on peut, par tout pays, être content de soi.

Ce ravissant morceau, dans la bouche de Delaunay, étincelait comme un miroir à alouettes au soleil. Autant de vers, autant de facettes. Pas une intention, pas une nuance, pas une délicatesse, qui ne fût mise en relief et en lumière. Firmin, ne détaillait rien, n'accentuait rien, il emportait tout dans un mouvement qui ressemblait à un frémissement d'ailes, c'était un vol d'abeilles.

Firmin était célèbre dans les déclarations d'amour. Aucun acteur ne se jetait à genoux devant une femme avec autant de passion. Aujourd'hui, on ne se jette plus à genoux. Je crois bien être le dernier auteur dramatique qui se soit permis d'introduire cette pantomime dans une comédie. Bressant, dans *Par droit de conquête*, en faisant son aveu à Mme Madeleine Brohan, y joignait un agenouillement plein de grâce et de feu. Quand M. Febvre reprit le rôle quelques années plus tard, il me déclara qu'il lui était impossible d'imiter Bressant, *qu'il ne savait pas faire cela*, qu'il s'y sentirait ridicule, et il avait raison. Le goût avait changé. Se jeter aux genoux d'une femme, baiser la main d'une femme, adresser un compliment à une femme, datait de l'époque où l'amour était accompagné de respect, et où la galanterie se mêlait à ce qu'on appelle *faire la cour*. Essayez donc, à présent, de faire au théâtre ce qu'on appelait autrefois une *déclaration*. Le public éclatera de rire, et la jeune femme aussi. Pour réussir, il faut la piquer au jeu, voire même la brutaliser un peu. Si on avait proposé une pareille scène à Firmin, il aurait répondu comme M. Febvre : *Je ne sais pas faire cela.*

Le croirait-on, cet acteur si brillant, n'avait pas de mémoire. Force lui était, quand il jouait une longue scène au fond du théâtre, d'avoir un second souffleur derrière le décor. Il inventait les plus étranges artifices de mnémonique. Tantôt c'était un fauteuil, tantôt une fleur du tapis, tantôt un certain quinquet, auxquels il accrochait le souvenir d'un hémistiche, d'un vers qui lui échappait toujours. Comment pouvait-il accommoder sa verve, sa fougue avec ces affreux tâtonnements du souvenir?... Comment? En les faisant servir à sa fougue elle-même. Oui, ainsi que Molé, qui lui, non plus, dit-on, n'avait pas de mémoire, il tirait de sa lutte avec les mots, des effets inexprimables; il semblait aller chercher ses paroles au fond de ses entrailles, ses bégaiements de langue devenaient des frémissements de passion. Si naïve, du reste, était sa fougue, qu'au moment des représentations d'*Hernani*, quand il rentrait dans sa loge, épuisé par ce rôle écrasant, il suffisait de nier devant lui la beauté de la pièce, pour qu'il repartît, avec un surcroît de verve et de rage et vous jetât en réponse, les plus beaux passages de son rôle. Chose étrange, cet être si nerveux eut la vieillesse d'un sage et la mort d'un stoïcien. Retiré dans une petite maison de campagne, sur les bords de la Seine, au Coudray, il vécut là, plusieurs années, tout seul, souriant, et passant ses journées à lire les *Grands hommes de Plutarque*. — « Quand mes amis viennent me voir, disait-il, j'en suis charmé. S'ils ne viennent pas, je m'en passe. » Vers soixante-dix-huit ans, il sentit que sa vue commençait à s'éteindre; il ne pouvait plus lire, il ne pouvait plus se promener ; une tristesse profonde et muette descendit sur son visage comme dans son âme ; et un jour, sans s'être jamais plaint, il monta à tâtons sur le rebord de la fenêtre de son salon, situé au premier étage, et se laissa tomber la tête la première sur le pavé de la cour, tranquillement, comme un disciple de Zénon se plantait un poignard dans le cœur.

## II

Joanny, qui, comme Firmin, contribua beaucoup au succès de *Louise de Lignerolles*, était un artiste singulier à plus d'un titre. D'abord, il arrivait toujours à la première répétition d'un ouvrage nouveau, sachant complètement son rôle. Il apportait son manuscrit dans sa poche, pour y noter les changements qui pouvaient survenir, mais dès le premier jour, le texte tout entier était gravé dans sa mémoire.

Nous voilà bien loin de la théorie de quelques grands acteurs d'aujourd'hui, qui prétendent qu'on ne peut, qu'on ne doit apprendre son rôle qu'en scène. Qui a raison ? lui, ou eux ? Peut-être tous les deux. C'est affaire d'époque et d'école. Autrefois, où la diction était au premier rang, la méthode de Joanny valait mieux. Aujourd'hui les mots se fondent avec les gestes, la place qu'on occupe sur la scène, modifie profondément l'accent de la phrase ; non seulement on joue un rôle, mais *on le marche*, je dirais presque *on le court;* j'ai vu, dans les *Bourgeois de Pontarcy* de Sardou, Mlle Bartet et M. Berton s'adresser les paroles d'amour les plus tendres et les plus pures, en tournant pendant toute la scène autour des meubles, le tout du reste, je dois le dire, avec beaucoup de grâce et de charme. Cette pantomime étant admise, il vaut mieux, je crois, apprendre les rôles en les jouant ; mais quand les personnages étaient animés sans être agités, la méthode de Joanny était préférable.

Sa seconde originalité, plus grande encore, c'était d'être exact.

Ancien marin (un boulet de canon lui avait emporté deux doigts de la main gauche), il arrivait au théâtre le jour de la répétition, à la minute marquée, comme autrefois à son banc de quart. Mais, s'il ne faisait jamais attendre, il n'attendait jamais. Je le vois encore, à une répétition de *Louise de Lignerolles*, tirer sa montre au plein milieu d'une scène et nous dire avec un sang-froid imperturbable : « Pardon ! Il est cinq heures, si on avait commencé à l'heure, on aurait fini depuis longtemps. Or, ma gouvernante m'a acheté un poulet de grain. Je ne veux faire attendre ni mon poulet, ni ma gouvernante ; je vous salue bien. » Que dirait aujourd'hui le pauvre Joanny, s'il voyait l'inexactitude devenue une des traditions de la Maison de Molière ? Toutes les montres retardent d'une demi-heure, dans cette maison-là. Les anciens tiennent encore bon, mais les jeunes, surtout les femmes, semblent mettre de l'amour-propre à se faire attendre. A qui la faute? Encore à l'air ambiant. La mode n'est plus aux idées de discipline, de règle commune. On ne veut plus faire partie d'un tout. Il n'y a plus de *voie lactée* dans le domaine de l'art; tout le monde veut être étoile, et comme telle, avoir son petit mouvement de rotation à soi tout seul, voire même faire tourner les autres autour de soi. Ce système ne vaut pas mieux, je crois, pour la terre que pour le ciel.

Enfin, troisième fait singulier, Joanny zézayait. Le zézaiement est certes, parmi les défauts de diction, celui qui porte le plus à rire. Eh bien, ce zézayeur, ce méthodique, ce systématique, était un des artistes les plus remplis de pathétique, de poésie, d'originalité, que j'aie connus. Son malheur a été d'être contemporain de Talma. Le voisinage des hommes de génie est mortel à l'homme de talent. Ils absorbent toute la gloire respirable de leur temps. Leur rayonnement change en demi-ombre ce qui brille auprès d'eux. Joanny, longtemps relégué à l'Odéon, n'entra au Théâtre-Français qu'après la mort de son illustre rival, et y monta soudain au premier rang. Qui ne se le rappelle dans **Tyrrel** des *Enfants d'Édouard*, dans *Coitiers* de *Louis XI* et surtout dans *Ruy Gomès* d'*Hernani*? Sa belle couronne de cheveux blancs avait un air d'auréole. Il ne pouvait pas supporter les perruques. « Les perruques sont des cheveux morts! disait-il; seule, la chevelure poussée sur notre tête, et nourrie de notre sang, peut s'associer aux mouvements de notre physionomie. Elle joue nos rôles, comme nous. »

Dans le père de Louise de Lignerolles, il enthousiasma Mlle Mars, qui me dit un jour, pendant qu'il répétait le cinquième acte : « *Entendez-vous le vieux lion!* » Cet éloge me charma d'autant plus que j'étais pour quelque chose dans ce rugissement-là. Au début des répétitions, je n'étais pas très satisfait de Joanny dans cette scène : il n'y mettait pas, à mon gré, toute l'énergie qu'elle demandait. Mais comment le lui dire? J'avais trente ans, et il avait des cheveux blancs : je n'osais pas. Je m'imaginai alors, la répétition finie, d'aller à lui, de m'extasier sur sa façon d'interpréter cette tirade; puis, la reprenant alors tout entière, comme pour la lui répéter *telle qu'il la disait*, je la lui dis *telle que je la sentais*. Il m'écouta attentivement, me regarda silencieusement, et partit. Le lendemain, à la répétition, j'étais au balcon; Joanny, cette scène arrivée, reproduit exactement toutes mes intonations; puis, se retournant vers moi, et me saluant avec infiniment de grâce, il me dit : « Monsieur l'auteur est-il content? »

## III

Je serais ingrat si je ne disais quelques mots de de M. Geffroy, avant de parler de Mlle Mars. D'abord, j'ai un faible pour son talent, par une bien bonne raison : c'est moi qui l'ai deviné. Le rôle de M. de Givry, le colonel qui ne veut pas se battre, avait eu un grand succès de lecture; on nous offrait, pour le représenter, des sociétaires, des artistes émérites. « Non! répétai-je obstinément, je veux un jeune homme que j'ai vu dans la *Famille de Lusigny;* lui seul est capable de me lancer, avec l'audace dont j'ai besoin, le mot d'entrée du colonel de Givry, au quatrième acte. Ce mot était en effet terriblement dangereux. Pour première parole, il disait à Henri de Lignerolles : — « *Monsieur, vous êtes l'amant de ma femme!* » Aujourd'hui, ce début de rôle et ce commencement de scène paraîtraient à peine une hardiesse. Mais, en 1858! Oh! quel murmure de révolte partit de toutes les bouches, à cette parole! Le parterre se leva presque comme un cheval qui se cabre. Je m'y attendais bien. Pendant les répétitions, tous les acteurs, Mlle Mars comprise, m'avaient en vain supplié de couper ce mot. « Vous compromettez la pièce. — Ça m'est égal. — C'est une bordée de sifflets assurée. — Ça m'est égal. — Mais au moins, préparez-la, cette brutalité. — Non! nous n'avons pas le temps. Nous sommes au quatrième acte. Il faut poser le colonel d'un mot. Ce mot a un avantage immense, c'est d'être à lui seul un caractère. Tout le rôle est dans ce mot. Le public sifflera peut-être d'abord, mais vous verrez ensuite. » J'avais vu juste; j'avais pressenti d'avance deux règles essentielles au théâtre. La première, c'est qu'il faut toujours faire les hardiesses hardiment. Les précautions, en pareil cas, mettent le public en garde, et lui montrent qu'on a peur de lui. Or le public est pareil à toutes les assemblées d'hommes; on n'en vient à bout qu'en lui tenant tête ; on ne lui impose qu'en s'imposant. La seconde règle, que j'ai depuis entendu professer hautement à Scribe, c'est qu'au théâtre, l'effet est produit, non *par le coup*, mais *par le contre-coup*. Dans *Louise de Lignerolles*, le coup avait été dur, mais à la quatrième réplique vint le contre-coup, qui servit de tremplin. Quand M. de Givry réclamait brutalement à Henri de Lignerolles, sa femme cachée chez lui. — « *Eh! si elle y était*, lui dit Henri, *me croyez-vous assez lâche pour la livrer? — Vous l'avez bien été assez pour la corrompre!* » lui répond le colonel. A cette réponse excellente, et trouvée par Goubaux, les bravos éclatèrent et ne s'arrêtèrent plus. Le rôle ne fut qu'un long triomphe, où M. Geffroy eut sa bonne part.

Il s'y montra en avance sur son temps, par cette science du costume et de l'attitude, qui a été un de ses grands talents. Avec ses larges moustaches, son bouquet de cheveux hérissés, roussâtres et grisonnants, sa démarche d'officier de cavalerie, sa voix coupante comme l'acier, ses répliques cinglées et sifflantes comme des coups de cravache, il faisait peur. Quand Henri de Lignerolles lui disait : — « *Monsieur de Givry, vous êtes un lâche!* » il fallait le voir, prendre un long temps, et lui répondre avec un rire de sarcasme : — « *Vous croyez?* » — A huit heures du soir, M. Geffroy était une espérance ; à minuit, c'était un talent.

Arrivons à Mlle Mars.

## IV

### MADEMOISELLE MARS

Était-elle jolie? Tel est le premier mot qu'on vous adresse toujours quand vous parlez d'une artiste d'autrefois. Eh bien, oui, elle était jolie ; elle était même charmante ! Si charmante, que Scribe, dans *Valérie*, osa lui mettre dans la bouche (elle avait alors près de quarante-cinq ans) cette phrase : *Suis-je jolie, moi ?* et que le public lui répondit par des bravos universels. Ces bravos, j'en conviens, tenaient aussi à l'époque ; on n'oserait plus risquer aujourd'hui cet effet-là, même avec une jeune actrice ; il y fallait le parterre galant de 1824. J'ajouterai en outre qu'il y fallait l'optique de la scène. Il y a des beautés de théâtre. Mlle Mars, à la ville, malgré ses yeux admirables et ses dents ravissantes, ne pouvait pas passer pour une jolie femme. Son teint était un peu brouillé, son nez un peu fort, sa tête un peu grande, sa taille un peu courte. Mais le théâtre est un magicien qui métamorphose tout. Si les traits trop délicats s'y effacent, les traits un peu marqués s'y atténuent ; le théâtre grandit, le théâtre amincit, le théâtre harmonise, et Mlle Mars, grâce au prestige de l'optique, est restée le modèle de la jeunesse au théâtre pendant près de cinquante ans.

Les rôles d'ingénue avaient été son triomphe ; elle jouait encore Agnès à plus de quarante ans. Scribe crut faire merveille en écrivant pour elle le rôle d'une jeune fille, qui, mise au couvent à seize ans, et forcée d'en sortir, sous la Terreur, à quarante, entrait dans le monde avec toutes les ingénuités, toutes les innocences, toutes les candeurs, toutes les inexpériences d'un âge qui n'était plus le sien ; elle avait l'âme d'une enfant et la date de naissance d'une femme mûre. Cette conception était très ingénieuse, le rôle absolument charmant.

« Je n'en veux pas ! s'écria Mlle Mars, je n'en veux pas ! J'y serais exécrable ! Vos quarante ans pèseraient sur ma physionomie, sur mes gestes, sur ma diction. Comprenez bien que mon refus ne vient pas d'une coquetterie de femme, mais d'une conscience d'artiste. Une fois en scène, je ne puis être tout à fait moi-même que si je suis jeune, si je me sens jeune, si je me sais jeune. »

Elle refusa de même, et plus nettement encore, une autre pièce en trois actes, de Scribe, *la Grand'mère*, où, sous ses cheveux blancs, elle enlevait à une jeune femme le cœur d'un jeune homme... pour le rendre à sa petite-fille. « Ne me parlez pas de votre sexagénaire, lui dit-elle. D'abord, si j'enlevais le cœur de ce jeune homme, je ne le rendrais pas. Puis, imaginez-vous bien qu'en grand'mère j'aurais l'air d'une bisaïeule. » Elle avait raison. Elle n'était pas plus propre à jouer une grand'mère qu'un ténor à chanter un rôle de basse.

Malheureusement la pauvre femme ne voulut pas garder les rôles jeunes, seulement au théâtre. Combien de fois l'ai-je vue arriver aux répétitions de *Louise de Lignerolles*, nerveuse, irritée, les yeux gonflés de larmes. Pourquoi ? Parce qu'elle sortait d'une explication violente avec un des jeunes gens les plus élégants de Paris et que liait à elle un amour partagé,... mais partagé, hélas! trop inégalement. Eh bien, rien ne pouvait la détacher de lui, ni ses infidélités, ni les humiliations que lui attiraient parfois ces intempestives amours. C'est à elle que fut adressée cette terrible parole d'un médecin, chez qui elle l'avait conduit, et qui, voyant ses angoisses, lui dit tout bas : « Calmez-vous, madame, il n'y a rien de grave dans l'état de monsieur votre fils. » Ne rions pas d'elle. Ne l'accusons pas. Qui sait si le cœur et le talent ne s'allumaient pas chez elle au même foyer? Qui sait si l'un fût resté jeune, sans l'éternelle jeunesse de l'autre? Il ne faut pas mesurer à la règle commune ces créatures étranges qu'on appelle des artistes supérieures. Elles ont tous les âges à la fois : encore enfants, elles sont déjà jeunes; déjà vieilles, elles sont encore enfants. Croirait-on que dans ce drame de *Louise de Lignerolles*, où elle était mère d'une petite fille de huit ans, Mlle Mars voyant cette enfant rester attachée à son côté, même lorsqu'elle ne parlait pas, lui dit : « Qu'est-ce que tu fais là, pendue à ma robe? Ce n'est pas de ton âge. Va-t'en dès que tu as répondu à ce que je te demande; va-t'en jouer à la corde, au volant. A ton âge, on ne reste jamais en place. » Elle lui apprenait à avoir huit ans.

Trois qualités éminentes caractérisaient le jeu de Mlle Mars. D'abord, la plus rare de toutes, le talent de composition. Rien d'aussi difficile pour l'acteur comme pour l'auteur, que de créer un personnage qui se tienne, c'est-à-dire dont toutes les parties, même les plus diverses, s'accordent si bien ensemble, qu'on se sente, en le voyant et en l'écoutant, en face d'un être réel. Mlle Mars excellait dans cet art profond, de faire sortir l'harmonie d'un rôle, de ses contrastes mêmes.

Sa seconde qualité était une merveilleuse sûreté d'exécution. Elle m'en a donné un jour une preuve saisissante. On devait répéter l'acte le plus dramatique de la pièce. Elle arrive fatiguée, énervée, la voix éteinte. Eh bien, elle répéta tout avec cette voix éteinte, sans retrancher un mot, sans manquer un effet, se contentant, pour tout changement, de dire bas ce qu'ordinairement elle disait haut; suppléant au son par l'accent et à l'organe vocal par l'articulation. J'étais émerveillé. Il me semblait voir un de ces dessins de Raphaël, de Léonard, où sans pinceau, sans couleur, sans aucun des jeux de la lumière, le maître rend l'expression, la forme, l'idée, rien qu'avec une pointe de crayon.

Enfin, sa troisième qualité était une qualité fort oubliée, fort dédaignée aujourd'hui : le goût.

Le goût peut se définir, je crois, la mesure dans la force, dans la passion, dans la grâce. De très grands artistes n'ont pas de goût. Shakespeare n'a pas de goût. Rubens n'a pas de goût, et j'en remercie le ciel, car le goût retranche, atténue, tempère; et ce que ces puissants génies avaient d'excessif, fait partie de ce qu'ils avaient de grand. Mais le goût dans Sophocle, dans Virgile, dans Mozart, dans Raphaël, dans Racine, dans La Fontaine, est un des éléments du génie. Chez Mlle Mars, il se traduisait par un accord délicieux entre sa voix, sa physionomie et ses gestes. Il est vrai qu'elle avait eu pour maîtresse Mlle Contat, la reine de toutes les élégances.

Mlle Mars, dans ses débuts, multipliait fort les mouvements du bras gauche, ce qui indignait Mlle Contat.

« Le bras gauche est toujours gauche, lui disait-elle. Il ne faut s'en servir que par exception. Du reste, je saurai bien mettre le tien à la raison. Tu joues demain le *Dissipateur*, et dans la scène du quatrième acte, où je suis fort contente de toi du reste, ton misérable bras gauche se démène comme une aile de moulin à vent. Eh bien, je vais t'attacher un fil noir à la patte, je tiendrai le fil, je serai dans la coulisse, du côté où tu joues la scène... et au premier geste, je tire. »

La scène commence, Mlle Mars au second couplet essaye un petit mouvement de révolte,... le fil tire. Tout rentre dans l'ordre. La scène s'anime, la jeune actrice aussi, et à un vers de sentiment, le bras gauche s'agite et va pour se lancer,... le fil tire. La scène continue, devient touchante, de touchante devient pathétique, le pauvre bras gauche veut se mettre de la partie, le fil le ramène en arrière... Il proteste,... le fil aussi ; de telle façon qu'après quelques instants de lutte, Mlle Mars, sous le coup de son émotion grandissante, lève si vivement les deux mains que le fil casse, et voilà le bras gauche gesticulant en l'air tout à son aise! La scène finie, Mlle Mars rentre dans la coulisse, la mine basse, n'osant pas regarder Mlle Contat qui alla à elle, lui prit la main et lui dit : « Bravo ! Voilà une leçon meilleure que toutes celles que je pourrais te donner. Souviens-toi qu'il ne faut lever le bras gauche que quand on casserait la ficelle. »

Mlle Contat ne trouverait guère d'élèves aujourd'hui, où les plus jolies et les plus jeunes comédiennes cherchent un moyen de succès dans la vulgarité des gestes, dans les déhanchements de corps, dans la trivialité des intonations. Autrefois, pour plaire, une actrice devait avoir du goût, aujourd'hui il faut qu'elle ait du ragoût. Comment en serait-il autrement, puisque les jeunes femmes du monde, et du meilleur monde, leur donnent l'exemple ? Il y a quinze ans, quand Sardou osa mettre dans la bouche d'une jeune fille quelques termes d'argot, ce fut un cri général d'indignation. Aujourd'hui, les « *c'est épatant, c'est tordant,* » font partie du dictionnaire usuel des demoiselles. Je ne peux m'y faire. Quand je les entends prononcer ces affreux mots, il me semble qu'elles jurent. Mlle Mars dirait qu'elles blasphèment.

Je ne saurais oublier un des plus rares mérites de Mlle Mars. Elle était une excellente conseillère.

Au troisième acte de notre drame, Louise surprenait son mari à un rendez-vous avec sa maîtresse. Nous avions représenté le mari embarrassé, peiné, un peu repentant.

« C'est absurde ! s'écrie Mlle Mars ; il faut qu'il se mette en colère ! Il est dans son tort, il faut qu'il m'accuse ! Il faut qu'il me maltraite de paroles. Voilà votre nature, messieurs. Votre amour-propre domine tout dans les questions d'amour. Un mari surpris par sa femme à un rendez-vous, est dans une position ridicule, donc le mien doit être furieux. Ne me ménagez pas, je n'en aurai que plus de mérite à reprendre le haut de la position, et la scène de la réconciliation n'en sera que plus touchante. »

Cette scène arrivée, Louise restait seule avec son mari et lui exprimait sa confiance dans l'avenir en disant : « Je ne crains plus rien, je ne sais plus rien, il me semble que nous nous sommes mariés hier. » Mlle Mars s'arrête à ce mot, et de sa voix un peu brusque, sa voix de ville, elle me dit : « Je ne prononcerai pas cette phrase-là. — Pourquoi donc, madame ? — Parce qu'elle est mauvaise. — Mauvaise ! mauvaise !... repris-je un peu piqué (j'avais trente ans, je n'étais pas patient), je la trouve très bonne. — Ah ! vous trouvez cela bon, vous : « Nous nous sommes mariés hier. » — Oui, madame ; ce mot exprime très bien le sentiment de confiance qui reporte Louise aux premiers jours de son bonheur. — Tout ce que vous voudrez ; mais je ne dirai pas : « Nous nous sommes mariés hier... » il faut mettre autre chose. — Quoi ? Que voulez-vous que je mette ? — C'est bien simple... Mettez : Tra, la, la, la, la, — tra, la, la, la, la, — tra, la, la la, la ! — Ah ! mon Dieu, pensai-je, elle est devenue folle. » Et je m'en allai. Tout en m'en allant, et ma première colère passée, je me mis à réfléchir : « Que diable a-t-elle voulu dire ? Est-ce que par ces tra, la, la, séparés en membres égaux, elle aurait voulu marquer le rythme, l'harmonie qu'elle a besoin de sentir sous les paroles, pour rendre la joie et la tendresse dont son âme est pleine? Voyons donc. » Je cherchai, et le lendemain j'arrivai à la répétition avec cette phrase à quatre membres : « J'oublie! Je ne sais rien. La vie commence,... c'est la première fois que tu me dis : « Je t'aime! » — A la bonne heure, s'écriat-elle, voilà ce que je vous demandais. »

Les acteurs vous demandent souvent ainsi des choses qui ne sont pas très claires et qui n'en sont pas moins justes. Leurs raisons sont mauvaises et ils n'en ont pas moins raison. Leur instinct critique est une sorte de clairvoyance obscure, qui marche à tâtons, parfois de travers, et qui vous apprend à marcher droit.

La pièce eut soixante-huit répétitions. J'appris beaucoup dans cette longue épreuve; d'abord la patience. Mlle Mars n'était pas tous les jours commode de caractère. Moqueuse, douée d'un rare talent d'imitation, elle excellait à caricaturer les gestes, la voix de tous ceux qui lui parlaient, et un jour elle me fit si bien la charge de ma diction saccadée et nerveuse de ce temps-là, qu'elle m'en a guéri pour toujours. Dès que mon défaut veut me reprendre, je pense à Mlle Mars et je m'arrête. Ajoutez que je n'ai jamais rencontré au théâtre un zèle, une conscience plus admirables; veillant sur tous les rôles, toujours l'oreille à la scène, même quand elle n'était pas en scène. Un matin nous causions dans les coulisses, elle me racontait ses griefs contre son directeur... Elle était furieuse; sa figure, ses gestes, sa voix, tout était en feu!... Soudain je vois sa physionomie changer; ses paroles de colère restent les mêmes, mais le regard, l'expression, s'adoucissent, le sourire éclôt sur cette bouche toute pleine d'invectives, si bien qu'à la dernière phrase, le langage était toujours celui d'une furie, mais le visage était celui d'un ange. Qu'était-il donc arrivé? Que tout en parlant, elle avait entendu les répliques des acteurs, qu'elle avait compris que le moment de son entrée en scène approchait... et comme cette entrée devait être gracieuse et aimable, elle s'y était préparée au milieu de sa colère, tout en causant; elle avait changé de physionomie comme elle changeait de costume en changeant de rôle.

Le soir de la première représentation, avant le lever du rideau, je la trouvai un peu plus agitée que ne le sont d'ordinaire les grands artistes un jour de combat; ils se sentent dans leur élément dans ces moments-là, comme un grand capitaine au feu, elle s'approcha de moi et me dit : « Vous saurez demain le mérite que j'ai à jouer ce soir comme je jouerai, car je jouerai très bien. » J'appris en effet le lendemain qu'en rentrant chez elle à cinq heures, elle avait trouvé toute sa maison en émoi. On lui avait volé, dans l'après-midi, soixante mille francs de diamants.

Toute la représentation ne fut pour elle qu'un long triomphe, et le succès de la pièce fut considérable. Le chiffre de la recette s'éleva le 25 août, jour de la vingt-cinquième représentation, à cinq mille six cents francs, chiffre énorme dans ce temps-là. Mlle Mars partit en congé et devait rentrer le premier octobre. Elle ne rentra pas; elle ne reparut sur le théâtre que six mois après : elle ne rejoua plus *Louise de Lignerolles* qu'au bout de dix-huit mois; elle ne le joua que deux ou trois fois au plus. Pourquoi? Un mot l'explique. Mlle Rachel avait débuté au mois de septembre. L'éclat de cette gloire nouvelle fit peur à Mlle Mars; elle s'éclipsa de peur d'être éclipsée. Elle ne voulut reparaître que dans une création nouvelle, pour opposer triomphe à triomphe.

Mlle de Belle-Isle fut son rôle de rentrée. Tout ce que le Théâtre-Français a eu depuis, de jeunes et charmantes actrices, s'est essayé dans ce délicieux rôle de jeune fille : personne n'y a effacé ni égalé les soixante-quatre ans de Mlle Mars.

Voici un petit fait assez curieux et qui prouve une fois de plus ce qu'a été pour elle cette grande question d'âge. Un jour, un de mes amis, vieil amateur de théâtre, me supplie de le présenter à elle. Cet ami avait un défaut singulier : une mémoire implacable. Tout pour lui se résumait en dates. Le souvenir de son premier rendez-vous d'amour lui revenait-il au cœur : ... « C'était le 13 septembre 1798, » murmurait-il mélancoliquement. Un vague sentiment de méfiance me fit lui dire, en frappant à la porte de Mlle Mars: — « Ah ça! pas de bizarreries. — Soyez donc tranquille. » Nous entrons, je le présente à Mlle Mars comme un de ses plus ardents admirateurs; sur quoi, il ajoute immédiatement : — « Oui, madame, il y a quarante ans que j'ai eu le plaisir de vous applaudir pour la première fois. » Je lui pince le bras, il ne comprend pas, et à la fin de la visite il demande à l'illustre artiste la permission de venir la revoir. Elle l'accorde le plus gracieusement du monde. Seulement, à quelques jours de là, il me dit naïvement : « C'est bien singulier, voilà trois fois que je vais chez Mlle Mars, elle me fait toujours dire qu'elle n'y est pas. »

Elle se retira en 1841, pour mourir en 1847, et il me reste d'elle, à cette époque, deux souvenirs, dont l'un est tristement caractéristique et l'autre très touchant.

Ma femme promenant un matin aux Tuileries sa petite fille qui entrait dans ses sept ans, lui poussa vivement le coude et lui dit : « Regarde! » L'enfant voit venir à elle une vieille dame, portant un tour de cheveux noirs, voûtée, marchant avec peine et tenant en laisse un petit chien jaune. Le petit chien s'arrête tout à coup, en passant près d'un arbre; la vieille dame s'arrête aussi et *attend*... Ma femme dit tout bas à sa fille : « Mlle Mars! » Araminte attendant que son petit chien ait fini! quel tableau!

Je cours bien vite à l'autre souvenir.

Mlle Mars avait pour amie une ancienne cantatrice d'opéra, que les amateurs se rappellent encore, qui avait créé *Jemmy*, dans *Guillaume Tell*, Mme Dabadie. Mme Dabadie pressait fort Mlle Mars de penser à son salut. — « J'y penserai, j'y penserai! répondit-elle, mais il faut d'abord que j'en finisse avec un procès que j'ai à Versailles; dès que je l'aurai gagné, amène-moi un confesseur. — J'en ai un admirable, répondit l'ancienne cantatrice, l'abbé Gallard, le vicaire de la Madeleine. — Eh! bien, je t'écrirai. »

Au bout de huit jours, voilà Mlle Mars prise par un mal subit et mortel.

« Ton vicaire ! ton vicaire ! amène-le-moi ! » écrit-elle à Mme Dabadie. Il vint et c'est de lui que je tiens les détails des derniers jours de celle qui fut Mlle Mars. Le brave prêtre était encore tout ému en parlant de sa grâce, de son charme et de sa séduction ! Hélas ! la pauvre femme ! ce rôle de pénitente était son dernier rôle ; elle le joua comme elle avait joué tous les autres, dans la perfection. L'abbé Gallard lui ayant dit en lui parlant de ses triomphes d'autrefois : « Où sont toutes vos belles couronnes, mademoiselle ! — Ah ! monsieur l'abbé, répondit-elle en souriant, vous m'en préparez une bien plus belle et qui durera toujours ! »

Le dernier jour, prise de courts délires en récitant ses prières, elle s'interrompit tout à coup, et après un moment d'arrêt, se mit à dire des paroles où il était question de *Dorante*, *d'amour*, c'était un passage des *Fausses confidences*. Puis elle fit silence, écouta, et *applaudit*. N'est-ce pas délicieux ? Ce mélange de l'actrice et de la spectatrice, cette voix qui s'écoute, ces mains qui s'applaudissent, ces alternances de versets sacrés et de phrases de comédie, tout cela n'a-t-il pas la grâce de ses plus jolis rôles ? Qui eut le dernier mot ? Les psaumes de David ou Marivaux ? Je pencherais pour Marivaux. Ce qui suit l'artiste le plus avant dans la mort, c'est l'art.

# CHAPITRE VII

## VICTOR SCHŒLCHER

---

Un jour pendant le siège de Paris, j'allai chez le général Trochu, que j'avais l'honneur de voir quelquefois, et je lui dis : « Général, si vous avez besoin en dehors de l'armée, pour une mission périlleuse, pour une tentative désespérée, d'un homme qui ne vous marchande ni sa vie, ni sa fortune, ni son temps, qui soit également prêt pour un dévouement d'une heure ou un dévouement d'un mois, et qui vous remerciera de le faire tuer, si sa mort est utile au pays, j'ai votre affaire. — Ah ! vous connaissez un homme de cette trempe-là ! me répondit en souriant le général. — Oui, général, je le connais, et j'en réponds. — Eh bien, je m'en souviendrai. » Cet homme c'était Victor Schœlcher.

D'ordinaire, les personnages vivants ne prennent pas place dans des souvenirs comme ceux-ci, mais mon amitié fraternelle avec Schœlcher date de si loin, et peut se rompre si vite par la mort, que je ne me consolerais pas de m'en aller de ce monde, avant de dire ce que je sais de lui, et ce que je sens pour lui. Je lui dois beaucoup ; on ne vit pas impunément en longue intimité avec une âme comme celle-là, sans compter que cet homme si aimé des uns, et si haï des autres, béni par des populations entières comme un sauveur, maudit par un parti comme un monstre, constitue certainement une des personnalités les plus originales et les plus curieuses de notre temps.

Je ne puis penser, sans en rire, que Schœlcher a débuté dans la vie par être commis voyageur, et marchand de porcelaines. Son père, fondateur d'un beau magasin, au coin de la rue Grange-Batelière, eut l'idée bizarre, le connaissant, de l'envoyer à vingt ans au Mexique, avec une pacotille. Schœlcher *placier!* Schœlcher attendant dans une antichambre! Schœlcher déballant ses marchandises et enguirlandant ses clients!... Il se serait fait tuer cent fois plutôt que de se résigner à un tel rôle. Aussi, revint-il au bout de dix-huit mois, avec une immense cargaison de bibelots, de costumes, de curiosités de toutes sortes, ayant perdu ses cheveux par le Danghié, ayant appris l'espagnol avec les Mexicains, et surtout avec les Mexicaines, connaissant à fond le pays qu'il avait parcouru à cheval, mais quant à la pacotille, il eût été bien embarrassé d'en donner des nouvelles, l'ayant laissée faire ses affaires elle-même, c'est-à-dire l'ayant envoyée à toutes les adresses indiquées, sans plus s'en occuper que d'une lettre qu'on s'est chargé de remettre par complaisance. Comment, après cette expérience, eut-on l'idée, à la mort de son père, de lui donner dans la succession, le magasin en partage? Rien de plus simple. Son frère, officier du génie, ne pouvait pas le prendre. On le passa à Schœlcher, qui l'accepta parce que c'était une mauvaise affaire. Oh! le singulier marchand, le singulier fabricant, et la singulière boutique! Il ne lui manquait que quatre choses pour son état: il ne savait ni vendre, ni acheter, ni administrer, ni fabriquer. Entendons-nous. Il fabriquait très bien; il fabriquait trop bien. Avec son goût passionné et charmant pour tout ce qui est objet d'art, il inventait des modèles exquis de coupes, de vases, de corbeilles, d'assiettes, et il mettait un soin merveilleux à les faire exécuter... Seulement le prix de revient était tel, que le prix de vente devenait impossible. Il faisait sauter de surprise tous les clients qui se mettaient à marchander. Les malheureux! Schœlcher n'admettait pas qu'on pût marchander avec lui. C'était lui faire une injure. Une dame ayant insisté avec toute la grâce câline et tenace des femmes du monde, pour une réduction, Schœlcher la regarde fixement, et d'un ton froid et calme, lui dit : « Pardon, madame, vous me prenez donc pour un malhonnête homme? » La dame rougit et ne revint pas. Ce n'est pas précisément ainsi qu'on achalande une boutique.

On ferait un volume avec ses excentricités de marchand. Un matin, entra dans son magasin un de ses confrères du passage de l'Opéra, avec lequel il avait je ne sais quelle affaire. Le marchand le traitant en égal, s'emporte, et se permet quelques paroles un peu vives. « Monsieur, lui dit Schœlcher, je vous ferai observer que vous n'êtes pas poli. » Encouragé par cette douceur de ton, le marchand continue, sur quoi Schœlcher lui applique un vigoureux soufflet, et le marchand ayant voulu se jeter sur lui, Schœlcher le repousse du pied, l'envoie rouler au fond du magasin, puis, se retournant vers son garçon, lui dit sans s'émouvoir : « Ramassez monsieur. » Cette histoire nous mit tous en gaieté. « Mais, mon ami, lui disais-je, vous n'avez nulle idée de ce qu'on appelle transitions. Que diable! on prépare les choses, on avertit les gens. Il n'y avait aucune connexion entre ce soufflet et votre phrase. — Comment! me répond Schœlcher tranquillement, ma phrase était : « Monsieur, vous n'êtes pas poli. » Que pouvais-je lui dire de plus fort? »

Enfin, il y avait un troisième obstacle à sa prospérité commerciale. Tout magasin suppose un comptoir; tout comptoir suppose un marchand assis derrière et vendant. Or l'amour-propre de Schœlcher se révoltait à l'idée de s'asseoir à un comptoir. Scrupule absurde avec ses principes républicains, mais il avait vingt-huit ans, et il n'était pas encore parvenu à transformer sa vanité en orgueil. Il imagina donc de remplacer ce comptoir par un petit cabinet vitré, placé au fond du magasin, d'où il pouvait voir sans être vu, et paraître au moment nécessaire. Par malheur, ce cabinet, à partir de quatre heures, servait de lieu de rendez-vous à ses amis de la presse. C'était comme un parloir de journal. On venait là apporter des nouvelles, discuter peinture et musique, attaquer les députés, proposer la mise en accusation de quelque ministre, ébaucher çà et là quelque petit plan de conspiration républicaine et, à l'occasion, passer au crible les acheteurs et les acheteuses. Celles-ci jetaient un regard inquiet du côté de ce cabinet, d'où partaient tant d'éclats de rire, et s'en allaient en disant : « Quel singulier magasin de porcelaines! » Le résultat fut, on le devine, une liquidation très honorable, mais où Schœlcher laissa une cinquantaine de mille francs de son héritage.

Heureusement pour lui, il lui restait, de son voyage en Amérique, quelque chose qui pouvait le consoler de sa pacotille perdue et même de sa fortune amoindrie. Il n'avait pas seulement visité le Mexique, il avait passé à la Havane et aux États-Unis. Là, lui apparut, pour la première fois, l'esclavage. A cette vue, jaillirent comme par explosion, des plus intimes profondeurs de son être, toutes ses vertus naturelles, la haine de l'injustice, la passion pour la liberté, la sympathie pour tout ce qui souffre. L'âme de Wilberforce s'éveilla en lui, et quand il revint en France, il rapportait un trésor d'indignation, qui était un trésor de charité. Sa vie avait un but, son âme un principe. Il était parti commis voyageur, il revint abolitionniste.

I

M. de Pressensé a dit de Schœlcher : *C'est un athée qui fait croire en Dieu.* Le mot est charmant et profond. Il peint d'un trait le grand côté et le côté faible de cet homme particulier.

Pétri de contradictions, il est à la fois démocrate et aristocrate : démocrate d'idées, aristocrate de manières. Passionné pour Robespierre, et passionné contre la peine de mort. Ennemi de la république autoritaire, et jacobin. Adversaire acharné du christianisme, et honorant dans la croix un des plus purs symboles de cette terre. Regrettant de ne pas être né prince, pour pouvoir renoncer à son titre. Sybarite de goûts, cénobite d'habitudes. Dînant d'un plat de carottes, mais dans de la vaisselle d'argent. Violent en dedans jusqu'à la fureur, calme au dehors jusqu'à l'impassibilité. On accuse souvent Schœlcher de viser à la singularité. Rien de plus injuste. Il est naturellement singulier ; il ne fait rien comme personne,... de naissance. En veut-on la preuve ? L'unité d'une vie en démontre la sincérité. La vérité seule, est une. Qui ment se dément. Or, ce que Schœlcher est aujourd'hui, il l'a toujours été. Depuis cinquante-quatre ans que je le connais, il n'a pas plus changé d'opinions que de costume. Depuis cinquante-quatre ans, il a la même redingote noire boutonnée jusqu'en haut, le même collet rabattu sur le même col de satin noir, les mêmes manchettes, le même chapeau à larges bords, la même canne surmontée d'une pomme niellée, et le même parapluie surmonté d'une tête antique en bronze, comme il a les mêmes idées politiques, les mêmes idées de morale, les mêmes goûts d'art. Son appartement est son portrait. Tout ce qui sert à son usage est inventé par lui : ses pelles, ses pincettes, ses boutons de porte, ses garnitures de cheminée, ses meubles, sont faits sur modèles fournis par lui et exécutés pour lui. Il a imaginé de petits instruments pour manger les asperges sans les toucher, et cueillir les feuilles d'artichaut sans se salir les doigts. Sur sa table de nuit, se voit un pupitre en acier qui, grâce à un ingénieux déploiement de branches entrecroisées, lui apporte son livre dans son lit, devant ses yeux, sans qu'il ait la peine de tourner la tête; ce que voyant, un de ses plus chers amis, le marquis de Parny (car il a des marquis pour amis, ce farouche radical), lui disait : « Victor, il manque quelque chose à votre pupitre, vous devriez lui apprendre à aller chercher les volumes dans la bibliothèque. »

Mais voici un trait qui fait de lui un collectionneur absolument à part. Sa bibliothèque est admirable, elle contient plus de douze mille livres de choix. Aux livres, il a ajouté une multitude de curiosités, de costumes, de bronzes. Pendant ses vingt ans d'exil à Londres, il a réuni une collection complète des œuvres de Haendel, et enfin il a ramassé, acheté un ensemble de neuf mille gravures, par neuf mille graveurs différents! Eh bien, toutes ces richesses ont disparu de chez lui. Comment? par un vol? par un incendie? Non. Par sa volonté. Tous ces objets d'art acquis avec tant de peine, classés avec tant de soin, regardés sans cesse avec tant de joie, il s'en est dépouillé lui-même; il les a donnés, non pas légués, donnés de son vivant : il a envoyé ses livres à la Martinique, ses collections à la Guadeloupe, ses gravures à l'école des Beaux-Arts, les chefs-d'œuvre de Haendel au Conservatoire. Pourquoi? Pour fonder un commencement de bibliothèque dans une colonie, un commencement de musée dans l'autre, pour fournir un sujet d'étude aux artistes, sacrifiant ses goûts les plus chers au désir d'être utile, et portant ainsi dans la passion si souvent égoïste du collectionneur, cet oubli de soi, et ce dévouement aux autres qui fait l'honneur de son rôle d'abolitionniste.

Je ne prendrai que trois faits pour caractériser ce rôle. Schœlcher, encore jeune homme, fut admis dans la société pour l'abolition, qui comptait parmi ses membres les noms les plus illustres, Lamartine, M. de Broglie, Arago. Un jour, arrive à la séance une masse énorme de documents très intéressants, très importants, mais dont le volume effraya tous les membres présents. « Il y a là, dit le Président, du travail pour plusieurs mois, et pour plusieurs travailleurs. Il faut prendre des auxiliaires. — Pourquoi? dit Schœlcher avec tranquillité, je puis faire cette besogne, tout seul. » On accepta avec une reconnaissance, mêlée d'un peu de doute. Un mois après, Schœlcher reparaissait devant le comité, ayant tout lu, tout compulsé, tout élucidé, prêt à lire son rapport. Ce fut un mouvement unanime de surprise, et d'admiration. Lamartine, se levant, alla à lui, et lui tendant la main... « Monsieur, lui dit-il, nous ne vous remercions pas, Dieu seul peut récompenser de tels dévouements. — Dieu? Monsieur, répondit froidement Schœlcher, je n'y crois pas. »

A la sympathie succéda aussitôt un sentiment de malaise, et de désapprobation. Lamartine ne retira pas sa main, mais il ne l'avança pas davantage. Schœlcher comprit cette froideur, et certes en souffrit, car il est très sensible à l'approbation des hommes qu'il estime. Pourquoi donc sa réponse? Était-ce bravade, désir de produire de l'effet? Non. Il obéissait à son absolu besoin de sincérité : *il disait ce qui était, parce que cela était.* Il faisait cet aveu, non seulement quoiqu'il pût lui nuire, mais parce qu'il pouvait lui nuire. Certaines âmes, hautes et hautaines, ont de ces raffinements de vaillantise, qui ne vont pas sans un assez grand fond d'orgueil, mais pour lesquels on éprouve quelque indulgence, en y sentant la crainte d'usurper l'estime par le silence. Nous reviendrons du reste sur son athéisme. Voici le second fait.

Vers 1849, les colons, irrités et inquiets de voir s'élever contre eux un grand mouvement d'opinion, répétaient sans cesse que les abolitionnistes n'étaient abolitionnistes que par ignorance ; qu'on n'accusait les colonies que parce qu'on ne les connaissait pas; que la bonté des planteurs adoucissait tellement le sort des esclaves, que si *le mal* de l'esclavage subsistait encore, *ses maux* ne subsistaient plus. « Enfin, ajoutaient-ils, qu'ils viennent, qu'ils viennent, et qu'ils jugent! — Eh bien, dit Schœlcher, j'irai. » Partir à ce moment, c'était compromettre sa fortune engagée dans une opération difficile et périlleuse. Il part. Il arrive à la Martinique. Qu'y trouve-t-il en débarquant? Un cartel. Il l'accepte. On le retire. Libre alors, il emploie quatorze mois à la visite minutieuse des principales habitations, et après cette longue enquête, il revint en proie aux sentiments

les plus contradictoires; il avait dans les mains mille preuves des douleurs des esclaves, mais il avait aussi le cœur rempli des témoignages de cordialité, d'humanité, de générosité de la plupart des planteurs. Alors sortit de sa bouche, ce cri d'irrésistible éloquence : « Il faut
« détruire l'esclavage, non seulement pour les esclaves,
« mais pour les maîtres! Car s'il torture les uns, il dé-
« prave les autres! Car s'il condamne les noirs à souf-
« frir, il condamne les blancs à les faire souffrir! Car le
« fouet, les coups, la privation des affections de famille,
« sont la conséquence fatale, inévitable de la servitude!
« Car les bons sont forcés d'être méchants; car enfin,
« il en est de ce fléau comme de certaines plaies incu-
« rables et hideuses du corps humain, qu'on ne peut ni
« soigner, ni guérir, et où le seul remède est l'ablation. »

Cette parole si terrible produisit une impression profonde. Les livres de Schœlcher portèrent la conviction dans les consciences les plus rebelles, et tout autre que lui se fût trouvé satisfait d'un tel résultat. Mais il est de la race des apôtres qui ne se satisfont jamais, et qui ne savent pas dans leur mission ce que c'est qu'un temps d'arrêt. Il repartit donc pour une nouvelle expédition; il avait défendu les nègres, il voulut réhabiliter les noirs. La race elle-même devint sa cliente. Il résolut de rechercher les traces de sa valeur intellectuelle et morale, sur le sol même qu'elle habite, dans sa patrie, et, en 1847, il partit pour le Sénégal. Cette fois, ce n'était plus sa fortune, c'était sa vie même qu'il exposait. Frappé, sous ce climat torride, d'une de ces maladies cruelles qui brisent le corps et l'âme, il poursuivit sa route au milieu des plus dures souffrances. Il ne raccourcit pas d'un jour son voyage d'explorateur et revint à Paris, épuisé, méconnaissable, vieilli de dix ans. Mais Dieu, qu'il nie, l'ingrat! l'attendait là, pour se venger de lui, comme Il se venge, comme Lamartine lui avait prédit qu'Il se vengerait, par la plus belle récompense qui puisse couronner une belle vie!

Schœlcher arriva à Paris le 3 mars 1848, quelques jours après la proclamation de la République. A peine débarqué, il reçoit d'Arago, ministre de la Marine, une lettre lui disant : « Venez... J'ai besoin de vous. » Il y court. Arago le nomme sous-secrétaire d'État aux colonies, et quelques jours après, paraissait à l'*Officiel*, préparé par Schœlcher, contresigné par Schœlcher, le décret qui abolissait immédiatement l'esclavage dans toutes les colonies françaises. Quand il vint m'annoncer cette nouvelle, je lui répondis avec calme (il m'a plus d'une fois rappelé ce mot) : « Eh bien, mon cher ami, vous voilà immortel. »

Ce triomphe n'alla pas pour lui sans de cruelles amertumes. Tout le parti colonial poussa un cri terrible d'indignation et de fureur. L'abolition immédiate et absolue fut déclarée une œuvre de spoliation et de ruine; Schœlcher fut dénoncé comme un apôtre de massacre et de vol. Je n'entrerai pas dans la question de savoir si l'abolition graduelle était préférable, si elle était possible. Mon incompétence me le défend. Mais ce que je puis attester, c'est que quelques jours avant la publication du décret, un délégué des colonies, un des hommes les plus considérables et les plus considérés du parti colonial, traversa la rue Vivienne où je passais, et venant à moi, me dit ces paroles textuelles : « Vous êtes lié avec M. Schœlcher, eh bien, dites-lui qu'il faut prononcer l'abolition *immédiatement, sans réserve, sans un jour de retard ; sinon, les colonies seront mises à feu et à sang.* »

Malheureusement tout le parti n'eut pas cet esprit d'équité. Les attaques les plus violentes se multiplièrent contre Schœlcher. Un jour même, parut, signée d'un représentant comme lui, une brochure si agressive qu'un duel s'ensuivit. Schœlcher y montra ce que sa politesse a de formaliste, et son courage, de chevaleresque. L'arme choisie fut le pistolet à vingt-cinq pas ; le lieu de rencontre, Madrid au Bois de Boulogne. Sur le terrain, on s'en rapporta au sort pour décider qui tirerait le premier. Le sort favorisa Schœlcher. On lui remit l'arme. Mais au moment de viser son adversaire, il se souvint sans doute de Fontenoy, et soulevant son chapeau, fit un salut à son ennemi. Cette petite cérémonie donna juste le temps aux gendarmes d'arriver, de confisquer les armes, d'arrêter le combat, et de renvoyer les deux combattants à la séance de la Chambre. Un nouveau rendez-vous fut pris pour l'après-midi, à trois heures, au bois de Vincennes. A l'arrivée sur le terrain, il se produisit un incident bien caractéristique. Les deux adversaires demandèrent, *en même temps*, que le tirage au sort du matin ne comptât pas. « Vous vous f... de nous avec vos façons d'anciens preux ! s'écria le témoin de Schœlcher, le colonel Charras. Le tirage de ce matin compte, puisqu'il n'a pas eu son effet. » Les deux adversaires prirent leurs places ; M. P... s'effaça le plus qu'il pouvait, et selon l'usage, tint son pistolet droit contre sa tempe. La balle de Schœlcher lui enleva un bout du parement de sa manche, un bout de son collet, et se perdit on ne sut pas où. C'était au tour de Schœlcher de supporter le feu. Il se retourna, se mit de face et croisant ses deux bras sur sa poitrine, regarda tranquillement son adversaire. « Diable ! dit tout bas à Charras le général Regnault de Saint-Jean d'Angely, témoin de M. P... C'est un bon b... » La balle n'atteignit pas Schœlcher, mais le général déclara qu'un coup ayant porté, les conditions du combat étaient remplies. On se sépare. M. P... avait pris, le matin, sur le conseil d'un de ses amis, la précaution fort sage de s'envelopper le cou d'une large et longue cravate de soie molle. Rentré chez lui, il ôte sa cravate, et la balle de Schœlcher tombe à ses pieds. Un peu effrayé, il regarde son cou, et il voit une forte contusion à ce qu'on appelle la pomme d'Adam. Sa cravate l'avait sauvé. Le lendemain, Schœlcher, toujours courtois, envoya prendre de ses nouvelles. M. P... ne répondit que par sa carte. Jamais les passions créoles ne désarmèrent devant le signataire du décret d'abolition.

## II

Schœlcher a eu dans sa vie deux objets d'ardente passion : l'émancipation des esclaves et la République.

Je l'appelle en riant, un républicain de droit divin. Son opinion politique, en effet, n'est pas un principe, c'est un dogme. Il ne lui suffit pas que la France soit glorieuse, riche, heureuse, il la lui faut républicaine. Toute autre forme de gouvernement lui semble une usurpation. C'est un ultra. Il vota cependant pour le retour de Louis-Napoléon, par horreur pour l'exil. Mais le jour où le Prince Président prêta serment de fidélité à la République, il me dit, tout songeur : « Mon cher ami, je crois que nous avons commis une faute. La tribune fait toujours peur la première fois qu'on y monte ; or, quand, avec son accent tudesque, il nous a lu sa profession de foi... je le regardais bien avec ma lorgnette, son papier n'a pas tremblé dans sa main. Nous n'aurons pas aussi bon marché de cet homme-là que nous le croyons. »

On sait sa conduite le jour du coup d'État. Il courut au faubourg Saint-Antoine pour engager les ouvriers à se soulever. « Pour qui ? lui répondirent-ils, pour l'Assemblée ? Elle nous a enlevé le suffrage universel. Contre le Président ? Il nous l'a rendu. Nous ne bougerons pas. » A ce moment arrivent les troupes. Schœlcher[1] se place au plein milieu de la chaussée, les bras croisés, comme devant le pistolet de M. P..., et revêtu de son écharpe de représentant. Les troupes approchent par pelotons. Le premier peloton était commandé par un sous-lieutenant. Schœlcher va à lui, lui montre son écharpe, et d'une voix toute vibrante d'émotion, il le supplie, pour son propre

---

[1]. Schœlcher n'était pas seul au faubourg Saint-Antoine. Quatre ou cinq autres représentants se sont exposés comme lui.

honneur, de ne pas s'insurger contre le pouvoir légal. « C'est un crime qu'on vous fait commettre là! Nous sommes la loi! Ce prince n'est qu'un usurpateur et un traître! Vous ne pouvez pas soutenir un traître. — Laissez-moi! Retirez-vous, lui répond l'officier, à la fois embarrassé, touché et irrité... Retirez-vous, je ne vous connais pas. J'ai ma consigne. Laissez-moi! — Non! répond Schœlcher, faites-moi tuer par vos soldats, si vous le voulez, mais je reste là. — Allez-vous-en, » répond l'officier. Et les soldats passent sans le toucher. Un second peloton arrive : même scène, mêmes supplications, même refus, même marche en avant; mais, cette fois, un coup de baïonnette lui enlève un morceau du pan de sa redingote. Deux heures après, il entrait chez moi, pâle, ses vêtements déchirés, et se jetant dans un fauteuil, cachant sa tête dans ses deux mains, il me dit d'une voix entrecoupée par les larmes : « La République est perdue! » Il était chez moi depuis deux heures, quand le quartier commença à se remplir d'agents de police qui bourdonnaient autour de la maison, comme des frelons autour d'une ruche. « Mon cher ami, dis-je à Schœlcher, si vous restez ici, on viendra vous arrêter cette nuit, il faut aller coucher ailleurs. — Mais où? — J'ai mon idée. »

Un de mes plus chers amis, le docteur L..., alors encore jeune homme, vivait fort retiré avec sa mère, dans la rue Papillon, faubourg Poissonnière. J'arrive chez lui. « Voulez-vous donner asile à M. Schœlcher cette nuit? — Vous tombez bien, me répond-il en riant. Ma mère est une bonapartiste enragée. Elle trouve le coup d'État la plus belle chose du monde, et elle exècre tout ce qui porte le nom de républicain. Enfin nous allons essayer. » Nous entrons chez la vieille dame. « Eh bien, ma mère, voilà notre ami M. Legouvé, qui vient nous donner des nouvelles. — Ah! le cher Prince va bien? — Oh! lui... Il ne va pas mal!... mais ce sont les représentants...— Tu veux dire les députés? — Ils sont poursuivis, traqués!... — Tant mieux! Pourvu qu'on les prenne tous... — Que veux-tu qu'on en fasse? — Qu'on les fusille, ces misérables. Pas de grâce! — Pourtant, ma mère, il y a parmi eux de braves gens... — Lesquels donc? — Tiens, par exemple, M. Schœlcher. — Oh! parlons-en de celui-là! C'est un des pires! Il paraît qu'il a fait massacrer des milliers de blancs dans les colonies. Je ne suis pas méchante! Mais si je le tenais, il passerait un mauvais quart d'heure. — Eh bien, maman, dit L.... nettement, il sera ici dans deux heures. — Hein? — Il vient te demander asile. — Quoi? — Il compte sur nous pour le recueillir, le sauver. — Sur moi! — La police le poursuit, et si tu lui fermes ta porte, il est perdu. » Alors, éclata dans le cœur de cette excellente vieille femme, car il n'y en a pas de meilleure, la lutte la plus étrange, la plus comique entre son humanité et ses opinions politiques. Elle marchait tout éperdue dans la chambre. Elle parlait à mots entrecoupés. « Me voilà bien!... » s'écriait-elle. Puis se retournant vers son fils: « Tu avais bien besoin de me mettre cette affaire-là sur le dos, toi! — Enfin, maman, c'est fait. J'ai promis. Il va venir, faut-il le renvoyer? — Le renvoyer? le renvoyer? Un homme qu'on poursuit, comme si c'était possible!... Mais où veux-tu que je le couche? Je n'ai que trois lits : le mien, le tien, et celui de la bonne. — Oh! madame, repris-je, il passera très bien la nuit sur un fauteuil. — Sur un fauteuil! Sur un fauteuil! Un homme qu'on pourchasse depuis ce matin. Il doit être épuisé, cet homme. Car on m'a dit... reprend-elle avec un mouvement de colère, qu'il s'est battu au faubourg Saint-Antoine. Oh! le scélérat! » Puis, tout en maugréant : « Il faut cependant le coucher. On lui fera un lit dans le salon. J'ai trois matelas. Je peux bien lui en donner un. — Non! maman, c'est moi. — Tu lui en donneras un aussi, il lui faut bien deux matelas, à cet homme... Oh! bon Dieu! Qu'est-ce qui m'aurait dit que je ferais un lit pour ce Schœlcher!... Enfin, puisque nous y sommes. Marie, avez-vous du bouillon? — Oui, Madame. — Eh bien, vous ferez un potage à dix heures, pour un monsieur... qui... enfin! Vous ferez un potage! » Et la voilà qui ordonne le souper, qui commence son déménagement, grommelant, interpellant son fils, aidant sa bonne, et refaisant sans s'en douter, la charmante scène de la *Case de l'oncle Tom*, où un sénateur cache le soir celui qu'il avait condamné le matin.

Je cours porter cette bonne nouvelle chez moi. A huit heures et demie, nous arrivions chez Mme L..., qui nous reçut à merveille; mais, à dix heures et demie, il fallut partir, la police était à nos trousses. Nous voilà donc, Schœlcher et moi, dans la rue, en pleine nuit, sans savoir où aller. L'idée me vient de l'emmener au Jardin des Plantes, chez les dames Geoffroy Saint-Hilaire, qui lui donnèrent asile pour quelques heures seulement, n'étant pas sûres de leurs domestiques, et le confièrent le lendemain à un de leurs plus anciens amis, professeur au Jardin des Plantes, M. Serres. Schœlcher n'y resta qu'un ou deux jours, et ce temps, il l'employa à écrire à tous ses amis républicains, des plans de révolte, de conspiration, de descente dans la rue, en recommandant bien à son hôte de les faire parvenir à leur adresse. Ce que voyant, M. Serres, avec son calme, dit : « Voilà un monsieur qui est atteint de cette espèce de monomanie qu'on appelle scribomanie », et il jeta toutes les lettres au feu. Enfin le troisième jour, deux jeunes ecclésiastiques, MM. Blanc, qui dirigeaient une pension de jeunes gens dans le faubourg Saint-Jacques, au fond d'une impasse, le reçurent, le logèrent et le cachèrent une quinzaine de jours. Ce fut pour nous quinze jours de mortelles angoisses. Le ministre du Commerce, M. Lefebvre-Duruflé, me fit dire par un ami : « Si M. Legouvé sait où est M. Schœlcher, qu'il le fasse partir au plus tôt, car s'il est pris, les passions coloniales sont tellement ameutées contre lui, que le Prince même, s'il le voulait, ne pourrait pas le sauver; on le fusillerait. » Enfin le 22 décembre, nous apprîmes qu'il partait le soir, par le chemin de fer de Lyon, avec le plus jeune des frères Blanc, sous un costume de prêtre. Le voilà dans la gare de Lyon avec sa soutane, les yeux cachés sous des lunettes bleues, et fort enfoncé dans la lecture de son bréviaire. L'inquiétude le prend en voyant rôder autour de lui un petit homme qui a l'air de l'observer, et qui tout à coup s'approche et lui dit tout bas : « Courage ! » C'était M. Coste, le directeur de l'ancien journal *le Temps*. A peine les portes ouvertes, il court s'installer avec son compagnon de voyage dans un coupé. Un gendarme y monte après eux. C'est peut-être un agent? Non. Il ne va que jusqu'à Melun. Mais de Paris à Melun, des soupçons peuvent lui venir. Comment les détourner ? L'abbé Blanc imagine alors de laisser tomber un papier dans la rainure d'une des fenêtres; il se désespère de l'avoir perdu, et les voilà tous deux occupés à tâcher de repêcher ce papier. Le brave gendarme, touché de leur peine, se met de la partie. Il y emploie même son sabre, et la lame plonge, replonge dans l'interstice, tant et si bien qu'ils arrivent à Melun sans que rien les ait trahis. Repartis pour Besançon, ils se dirigent vers la Belgique, à travers les montagnes du Jura, recevant l'hospitalité dans quelques communautés religieuses, à titre d'ecclésiastiques en voyage. Une nuit ils logèrent chez une directrice de poste, qui le lendemain matin suppliait Schœlcher de lui donner sa bénédiction, à quoi le saint homme lui répond humblement qu'il n'est pas en état de grâce, et enfin, après tous les périls d'une traversée à pied au milieu des neiges de décembre, ils arrivent à Bruxelles épuisés de fatigue et glacés. Schœlcher n'avait pour tout vêtement que sa soutane ; ce qui fit dire à notre domestique à nous : « Oh ! ce pauvre M. Schœlcher, il paraît que là-bas, à Bruxelles, il a bien froid avec sa sultane. »

Le reste de sa vie, on le connaît. Ses vingt ans d'exil sont écrits dans ses œuvres. Ce qu'il fut pendant le siège de Paris, ce qu'il fut au plateau d'Avron, comme commandant de l'artillerie, ce qu'il fut après le 18 Mars, comme aide de camp de l'amiral Saisset, ce qu'il fut pendant la Commune, comme prisonnier de Raoul Rigault, ce qu'il a été depuis seize ans au Parlement, qu'on le demande à ses amis, à ses compagnons de danger, à ses collègues. Sa position au Sénat a quelque chose de tout personnel. Il y a conquis, un à un, tous les degrés de la sympathie. Il y est considéré, estimé, honoré, aimé. L'affection qu'il inspire à ses collègues s'étend jusqu'à ses singularités. Elles plaisent, elles amusent. On en rit avec lui. Jamais Schœlcher n'a juré. Jamais Schœlcher n'a employé une expression triviale, un mot vulgaire. Il parle comme il mange. Il a toujours peur de se salir le bout des lèvres comme le bout des doigts. Ses amis du Sénat s'en égayent parfois, et lancent dans la conversation, des termes et des plaisanteries plus ou moins orthodoxes, pour faire sursauter Schœlcher, et le voir prendre ses airs d'hermine effarouchée. Gambetta, à l'Assemblée nationale, ne s'en faisait pas faute, et un jour, il lui en dit une si forte, que Schœlcher, levant les bras avec indignation, s'en alla en s'écriant : « C'est affreux! Gambetta, c'est affreux! » Et l'autre de rire aux éclats.

Ses excès de délicatesse ne font pas seulement sourire, ils touchent souvent. J'ai conté à un sénateur un trait de lui qui a fait le tour du Sénat. Dans sa jeunesse, il revenait un jour de Belgique avec sa mère. La vieille dame avait acheté de fort belles dentelles à Malines. Arrivés à la frontière, Schœlcher lui dit : « N'oubliez pas, ma mère, de déclarer vos dentelles à la douane. — Par exemple! il me faudrait payer des droits énormes. — Mais ces droits, vous les devez. — Je les dois, à qui? Pourquoi? — Parce qu'il y a, ma mère, une loi sur l'importation qui frappe d'un impôt... — Est-ce que c'est moi qui l'ai faite, cette loi? Est-ce qu'on m'a demandé mon avis pour la faire? Je la trouve absurde, inique, oppressive; et je ne comprends pas, qu'un libéral comme vous, approuve une pareille loi. Je m'y soustrais. — Mais c'est de la contrebande, ma mère, et la contrebande est une fraude. — Assez! répond-elle, vous n'avez pas, j'imagine, la prétention de m'apprendre ce que j'ai à faire. » Il se tut, mais quand, à l'inspection des bagages, le douanier lui demanda s'il avait quelque chose à déclarer, « Oui, Monsieur, répondit-il avec calme. Madame a des dentelles qui doivent, je crois, payer entrée. » La stupéfaction et la colère de sa mère, on les comprend. Pourtant, il lui fallut céder. A mesure qu'elle déroulait ses bandes de malines, et tout en payant les droits, elle lui lançait des regards irrités, et de sourdes paroles de reproche, qui se changèrent bientôt, dans son cœur maternel, en murmures d'orgueil. Quelle est la femme qui ne serait pas fière d'avoir pour fils, un si honnête homme?

De tels caractères comptent dans une assemblée. Un jour cependant, une parole, sortie de sa bouche, rencontra une vive désapprobation, au Sénat. Dans une discussion dont je ne me rappelle pas nettement le sujet, mais où il était question des croyances religieuses, Schœlcher se leva, dompta la peur la plus forte, je dirais presque la seule peur qu'il connaisse, la peur de la tribune, et déclara hautement *qu'il était athée.* Ce fut une impression générale de surprise et de peine. Là encore, il y eut surtout de sa part le besoin de réclamer les droits de la liberté de conscience, mais son tort, selon moi, n'en était pas moins réel. On ne doit pas scandaliser, sauf pour remplir un devoir. Je le lui dis franchement, à quoi il me répondit : « Mais enfin, mon cher ami, puisque c'est la vérité! — Eh bien, répliquai-je vivement, non! Ce n'est pas la vérité! Non! vous n'êtes pas athée! Non! vous n'êtes pas matérialiste! — Eh! que suis-je donc? reprit-il un peu étonné. — Vous êtes le plus grand spiritualiste que je connaisse. » Là-dessus il se récrie, et la bataille commence. « Voyons, mon cher ami, lui dis-je, raisonnons. N'est-ce pas un acte du spiritualisme le plus absolu, que d'obéir aveuglément à ce qui n'a ni corps, ni forme, ni substance, ni étendue, à ce qui n'occupe aucune place, ni dans l'espace, ni dans le temps? — Sans doute. — C'est précisément ce que vous faites. — Moi? — Vous! N'est-il pas vrai que la vérité, la liberté, l'humanité, la justice, sont les souveraines maîtresses de votre vie? N'êtes-vous pas prêt à sacrifier tout pour elles? — Je l'espère. — Dites-moi donc, je vous prie, comment est-ce fait, la justice? Quelle forme cela a-t-il, la vérité? Où cela loge-t-il, la charité? Sous quel sens cela tombe-t-il, la liberté? Est-ce solide? fluide? aérien? Vous nous reprochez d'adorer un Être immatériel... Mais vous,

vous en adorez cinq ou six plus immatériels que les nôtres! Au moins, nous, déistes, nous avons eu besoin, pour rendre hommage à l'objet de notre culte, d'en faire un être vivant.... Nous lui prêtons une voix pour nous parler, des oreilles pour nous entendre, nous nous prosternons à ses pieds, nous nous remettons entre ses mains, nous nous inclinons devant lui comme devant un ami qui nous console, un conseiller qui nous guide, un juge qui nous punit ou nous récompense... Vous, il ne vous faut même pas ce semblant de matière; vous brisez ce que vous appelez une idole, et vous en ramassez les fragments pour les adorer. Vous reconnaissez les attributs de l'Être que vous ne reconnaissez pas; bien plus, vous prétendez en imposer le culte aux autres; vous fondez la société sur ce culte; vous déclarez les hommes méprisables ou estimables, dignes de récompense ou de châtiment, selon qu'ils acceptent ou n'acceptent pas, comme suprêmes régulatrices de leur conduite, ces insaisissables, ces impalpables, ces silencieuses déesses de l'abstraction. Et vous vous croyez matérialiste! Et vous croyez que votre dévouement perpétuel aux autres, votre perpétuel oubli de vous-même, votre souci incessant du développement moral et intellectuel de toutes les classes, vous croyez que tout cela est fait de la même étoffe, et finira de la même façon que le tapis de votre table ou le bois de votre commode! Vous croyez que tant de sentiments affectueux et dévoués (j'en pourrais dire long sur ce chapitre si je voulais) sont composés d'azote ou d'oxygène, et se dissoudront, à votre mort, en molécules et en atomes. Oh!

cher contradicteur de vous-même, comme je me moquerai de vous à ce sujet dans un autre monde,... car j'en suis bien fâché pour vos théories, mon cher ami, mais il faut en prendre votre parti, nous nous reverrons. »

## CHAPITRE VIII

# CHRÉTIEN URHAN

Dans les premières années du règne de Louis-Philippe, on pouvait voir tous les jours, vers les six heures, passer sur le boulevard des Italiens, un petit homme, voûté, je pourrais dire bossu, enveloppé dans une longue redingote bleu clair, et son attitude méditative, son front penché, ses yeux toujours tournés vers le sol, son teint plombé, son long nez à la Pascal, sa figure d'ascète du moyen âge, faisaient dire à ceux qui le rencontraient : Qu'est-ce que c'est que cet homme-là ? La surprise redoublait, quand on voyait ce personnage cénobitique s'arrêter au coin de la rue Marivaux et entrer au Café anglais. La surprise devenait de la stupéfaction, si vers les sept heures, on l'apercevait quittant le Café anglais, se dirigeant du côté de la rue Le Peletier, entrant à l'Académie royale de musique par la porte des artistes, et enfin allant prendre place parmi les

musiciens de l'orchestre. Qui était-ce ? C'était en effet
une sorte de moine du quatorzième siècle, égaré dans le
Paris du dix-neuvième et à l'Opéra ; c'était Urhan, à qui
son père et sa mère avaient donné, comme par prévision, le prénom de Chrétien.

Chrétien Urhan avait deux cultes. La foi et la musique
se partageaient son âme et sa vie. Il suivait tous les
offices, s'astreignait à toutes les pratiques, jeûnait tous
les jours jusqu'à six heures, ne mangeait jamais gras,
dînait d'une tasse de lait et d'un peu de poisson, au Café
anglais, et était premier violon à l'Opéra. Comment
s'était-il décidé à s'asseoir à ce pupitre ? Ce ne fut pas
sans de grands troubles de conscience. Son mysticisme
lui faisait un crime de concourir à l'interprétation
d'œuvres frappées d'anathème par l'Église, d'être partie
active dans cet ensemble de tentations et de séductions ;
mais d'un autre côté, il croyait en Glück, en Mozart et
en Rossini presque autant qu'en Dieu, et il adorait non
seulement la musique religieuse, mais la musique dramatique. Cesser d'entendre, cesser de jouer *Orphée,
la Vestale, Guillaume Tell, les Huguenots*,... l'aurait
mis au désespoir. Comment faire ? Il s'en tira par un
permis et un compromis. Le permis lui fut accordé par
l'Archevêque de Paris, qui ne put s'empêcher de sourire
quand Urhan vint lui demander l'autorisation de jouer
du violon à l'Opéra. Le compromis fut une affaire entre
sa conscience et lui. Il se promit, et il se tint parole, de
jouer en tournant le dos à la scène. C'était toujours ses
yeux de sauvés. Il ne se permettait jamais de regarder
ni un artiste, ni un décor, ni un costume ; la chose

allait encore dans les morceaux où tout l'orchestre joue, mais il était premier violon, comme tel, il accompagnait seul certains pas de ballet; ces pas sont comme un duo entre l'instrumentiste et la danseuse; dans un duo, il faut que les deux artistes se regardent, l'échange des regards est leur seul trait d'union. Urhan n'en avait cure! Au début du morceau, il prenait son instrument, comme on prend son chapelet, et les yeux fermés, il exécutait l'air du ballet, consciencieusement, religieusement, avec expression, mais sans s'occuper de la danseuse. Manquait-elle de mesure? tant pis pour elle,... Urhan continuait toujours. Elle serait tombée sur la scène, qu'Urhan, je crois, aurait été jusqu'au bout.

Toutes ses actions étaient marquées à ce même coin de singularité. Je l'ai vu plus d'une fois, entrer chez ma femme, qu'il aimait beaucoup, s'asseoir au coin du feu, y rester un quart d'heure sans prononcer une parole, puis se levant, lui dire : « Adieu, chère madame Legouvé, j'avais besoin de vous voir. » Une de ses vieilles amies, à qui il écrivait assez souvent, m'a montré une lettre de lui, où les lignes s'interrompaient tout à coup, pour faire place à une phrase musicale, après laquelle il ajoutait : « *Les paroles ne pouvaient pas rendre ma pensée, alors je vous ai écrit en musique.* » Enfin, un jour, il vint me raconter comment, la veille, se promenant dans une allée très solitaire du bois de Boulogne, il avait entendu une voix, qui lui avait dit : « *Écris ceci* »; comment cette voix s'était mise à lui chanter un air, comment il avait noté cet air sous la dictée de cette voix, et alors, me tendant un papier de musique, il me dit : « Voici ce morceau, mais comme il n'est pas de moi, je ne veux pas m'en attribuer le mérite, et je l'intitulerai *Transcription*. » Ainsi fit-il. Le morceau parut sous ce titre, et avec une petite préface explicative. Mais le plus piquant, c'est qu'il me demanda instamment d'écrire dans un journal, un article sur cette mélodie. « Mais surtout, ajouta-t-il, ayez bien soin d'en indiquer l'origine. » Mon embarras fut très grand, je ne voulais pas le refuser, je l'aurais affligé ; je ne voulais pas plaisanter sur sa version, je l'aurais blessé ; je ne voulais pas avoir l'air d'y croire, j'aurais été ridicule. A force de chercher, je m'en tirai à sa satisfaction, et, paraît-il, à mon honneur. Mais un seul journal consentit à publier mon récit miraculeux, la *Gazette de France*.

En général, de telles excentricités prêtent à rire. Mais personne n'a jamais pensé à rire d'Urhan. Peu d'hommes, dans son temps, ont été plus comptés. La sincérité de sa foi, l'austérité de sa vie, l'ardeur de sa charité (il donnait tout ce qu'il gagnait) commandaient à tous le respect et la considération ; on sentait en lui ce que les hommes honorent le plus, et le plus justement, un caractère. Sa dignité d'artiste était proverbiale. Cette dignité ne venait pas seulement du respect de lui-même, mais du respect de son art. J'en puis citer une preuve frappante. Le marquis de Prault, amateur de musique fort intelligent, avait institué dans son hôtel du faubourg Saint-Honoré, des matinées de quatuors et de trios d'instruments à cordes, dont il avait confié l'organisation et la direction à Urhan. Urhan y jouait les premiers violons. Un jour, une jeune duchesse... (la mode était aux matinées du marquis de Prault, tout le beau monde était enchanté d'avoir l'air d'aimer la musique sérieuse), une jeune duchesse donc, tout étincelante d'élégance et de beauté, arrive, au milieu d'un morceau, et après avoir fait son petit fracas, s'asseoit et engage tout bas quelques menus bavardages avec sa voisine. Urhan frappe sur son pupitre un petit coup sec, arrête net le quatuor, met son archet sous son bras, regarde en l'air en attendant que le bruit ait cessé, et une fois le silence rétabli, recommence gravement le morceau *da capo*. Je vous réponds qu'après ce jour-là, personne n'a plus fait de bruit aux matinées du marquis de Prault. La séance finie, j'allai le féliciter de son attitude : « Jamais, me répondit-il avec calme, je ne souffrirai qu'on manque de respect, devant moi, à un chef-d'œuvre. » Ce n'était pas pour lui qu'il avait été froissé, c'était pour Beethoven.

Urhan était un virtuose de second ordre. On comptait à Paris dix violons plus habiles que lui, mais il rachetait cette infériorité relative d'exécution, par une qualité aussi rare que précieuse : il avait du *style*. Le style tenait chez Urhan à sa connaissance profonde de tous les maîtres, comme à son religieux et inflexible respect pour leurs œuvres. Il ne permettait pas plus d'en altérer le caractère en les exécutant, que de faire du bruit en les écoutant. Habeneck lui-même eut plus d'une fois maille à partir avec lui à ce sujet. Dans l'organisation des concerts du Conservatoire, dont il fut un des premiers et des plus utiles auxiliaires, si Habeneck voulait opérer quelques coupures, ou supprimer quelques instruments dans une symphonie, Urhan protestait, résistait, et un jour une partie de contrebasses ayant été mise de côté, dans la Symphonie avec chœurs, Urhan signala cette impiété dans un article, et signa l'article.

Il avait une autre qualité plus personnelle encore. En général, les adorateurs du passé sont dédaigneux du présent. Leur admiration pour les vieux maîtres se complique de mépris pour les nouveaux. Leur culte est un culte jaloux, étroit, exclusif. Ils se construisent une sorte de petit Olympe, d'où ils ne sortent pas et où ils ne permettent pas d'entrer. Chez Urhan, l'amour des maîtres d'autrefois n'avait d'égal que la passion pour les maîtres d'aujourd'hui et même de demain. C'était un dépisteur. Il y mettait une ardeur d'apôtre. C'est à lui que nous devons l'apparition de Schubert en France. Schubert est quelque peu oublié aujourd'hui; il n'en a pas moins fait une révolution musicale parmi nous. Il nous a montré qu'on pouvait écrire des chefs-d'œuvre d'une page. On pourrait l'appeler, à un certain point de vue, le La Fontaine de la musique; il a fait tenir autant de science, autant d'art, autant de pathétique, autant de pensée dans quelques mesures que La Fontaine dans quelques vers. Avant Schubert, les grands compositeurs dramatiques, Mozart, Glück, Rossini, Auber, Hérold, Halévy, dédaignaient les courtes compositions qu'ils abandonnaient aux faiseurs de romances. Schubert a tué la romance et créé la mélodie, où, depuis lui, Réber, Gounod, Massenet, Delibes,

Paladilhe, ont créé toute une série de petits chefs-d'œuvre charmants.

Eh bien, c'est Urhan qui a introduit le premier lied de Schubert en France : *Adieu;* c'est lui qui, avec une constance et une ardeur sans égales, a trouvé pour l'auteur du *Roi des Aulnes,* un traducteur, un éditeur et un public. Enfin, dernier trait qui complète cette figure, quand Liszt eut l'idée de donner aux œuvres intimes de Beethoven, l'éclat de ses grandes compositions symphoniques, quand il organisa pour l'exécution des sonates, des duos et des trios, ses admirables séances à la salle Érard, qui prit-il pour auxiliaires? Batta comme violoncelle, et comme violon, Urhan.

On ne reverra plus de musiciens pareils à Urhan. Il est de la race des artistes mystiques du moyen âge. Quand je le regardais jouer du violon à l'orchestre de l'Opéra, il me semblait voir Fra Beato Angelico peignant dans sa cellule. C'est bien à propos de lui, qu'on peut se servir de ce mot dont on abuse : *le ciel de l'art;* car pour lui l'art et le ciel ne faisaient qu'un.

## CHAPITRE IX

# ADOLPHE NOURRIT

Je n'oublierai jamais l'impression profonde que causèrent dans Paris, au printemps de 1839, ces quelques mots inscrits dans un journal : « Adolphe Nourrit s'est tué à Naples, en se jetant d'un cinquième étage. » Ce fut un véritable cri de stupeur et de chagrin ! En pleine jeunesse ! Il avait trente-neuf ans. En plein talent ! En pleine gloire ! Marié ! Père ! Père de six enfants ! Rempli de sentiments religieux !... Était-ce folie ? désespoir ? Accès de fièvre chaude ? On se perdait en douloureuses conjectures. Quant à moi, qui avais connu et aimé Nourrit, cette nouvelle me causa un vrai chagrin. Je demeurai plusieurs jours sans pouvoir travailler. En me promenant dans les bois, je voyais toujours ce corps tombant dans le vide, et cette tête vraiment charmante s'écrasant sur le pavé et se brisant au milieu d'une mare de sang.

Le détail et le pourquoi de cette catastrophe, quand je les connus, accrurent encore mes regrets, et aujourd'hui, à quarante-sept ans de distance, quand je ne retrouve plus autour de moi presque aucun de ceux qui l'ont entendu, quand il ne reste rien de lui qu'un nom, je voudrais tâcher de réveiller un peu son souvenir, en parlant de ce qu'il fut, de ce qu'il a souffert, en racontant cette vie si étrangement et si tragiquement coupée en deux parts : quinze ans de triomphe et deux ans de martyre.

I

La musique dramatique a eu, en France, ce que j'appellerai son âge héroïque. C'est de 1826 à 1836.

Voici le bilan de ces dix années :

| | |
|---|---|
| Le 9 octobre 1826, | *Le Siège de Corinthe.* |
| Le 26 mars 1826, | *Moïse.* |
| Le 20 février 1828, | *La Muette de Portici.* |
| Le 20 août 1828, | *Le comte Ory.* |
| Le 20 août 1829, | *Guillaume Tell.* |
| Le 13 octobre 1830, | *Le Dieu et la Bayadère.* |
| Le 20 juin 1831, | *Le Philtre.* |
| Le 21 novembre 1831, | *Robert le Diable.* |
| Le 27 février 1833, | *Gustave.* |
| Le 28 février 1835, | *La Juive.* |
| Le 29 février 1836, | *Les Huguenots.* |

Or, qui a créé le principal rôle dans ces onze opéras ?

Adolphe Nourrit. Cette simple énumération vaut tous les éloges. La variété de génie de ces divers chefs-d'œuvre, montre la variété de talent de l'interprète. Représenter tour à tour un chevalier dans *Robert*, un paysan dans le *Philtre*, un jeune seigneur dans *le Comte Ory*, un pêcheur dans *Mazaniello*, un père dans *la Juive*, un fils dans *Guillaume Tell*, un amoureux passionné dans *les Huguenots*, un Dieu dans *le Dieu et la Bayadère*, et partout, que le personnage fût tragique ou comique, que la musique fût légère ou puissante, s'y montrer égal à l'œuvre et égal à soi-même, c'est presque élever le rôle d'interprète au rôle de créateur.

Le père de Nourrit tenait encore l'emploi de premier ténor à l'Opéra quand son fils y débuta; ils jouèrent même ensemble un petit acte imité des *Ménechmes*, les *Deux Salem*, et leur ressemblance ajouta le piquant de l'illusion à l'agrément de l'ouvrage. Le débutant apportait au théâtre tous les dons qui s'acquièrent et tous ceux qui ne s'acquièrent pas. Élève de Garcia et de son père, il avait une voix très élevée, très brillante, avec, çà et là, de singulières sonorités d'instruments à vent, un mélange de flûte et de clarinette. Quant à sa personne, il semblait né jeune premier. Une jolie taille, une figure fine et expressive, une forêt de cheveux noirs et naturellement bouclés, des yeux bleus à fleur de tête, tout rayonnants de sympathie, un nez légèrement recourbé, se penchant vers un menton légèrement relevé, quelque chose du profil de Rossini. Ses joues étaient peut-être un peu bouffies, son corps un peu rond, un peu gras, mais sa vivacité d'allure, sa fierté de port, naturelle quoique légèrement déclamatoire, révélaient le trait caractéristique de l'artiste et de l'homme, l'enthousiasme et l'initiative. C'est lui qui demanda à Scribe le grand duo des *Huguenots*, c'est lui qui écrivit pour Halévy les paroles du grand air du quatrième acte de *la Juive*; c'est lui enfin qui inaugura à l'Opéra le ballet poétique, en composant *la Sylphide*.

Ce qu'il était à l'Opéra, il l'était en dehors de l'Opéra. Deux souvenirs personnels m'en fournissent la preuve et l'exemple. Quelques mois après la Révolution de Juillet, je me trouvais un soir à l'orchestre du Théâtre-Français, assis à côté de Nourrit. Tout à coup s'élève au milieu du parterre un assez grand bruit. Quelques spectateurs, qui l'avaient reconnu, se retournent de son côté, en l'applaudissant, et j'entends des voix s'écrier :... *La Marseillaise! la Marseillaise!* On sait que, à ce moment, *la Marseillaise* se chantait sur tous les théâtres. Nourrit entend l'appel, monte sur la banquette, entonne l'hymne patriotique et en chante tous les couplets avec autant d'énergie et de puissance de voix, que s'il eût été sur la scène!... Enthousiasmé, le public s'écrie:... *La Parisienne! la Parisienne!*... Nourrit remonte sur la banquette et chante *la Parisienne* avec la même fougue! C'était absurde. On se casse la voix avec ces folies-là. Mais elles n'appartiennent qu'à la glorieuse race des pathétiques, des imprudents, qui s'oublient eux-mêmes quand la passion ou le devoir parle, et peut-être n'est-on l'artiste qu'a été Nourrit qu'à la condition d'être capable de ces folies-là.

J'ai parlé de Schubert à propos d'Urhan. C'est Nourrit

qui voulut présenter Schubert au grand public. Il traduisit lui-même *la Jeune Religieuse*, et les vieux habitués des concerts du Conservatoire se rappellent encore l'effet prodigieux de ce morceau, chanté entre une symphonie de Beethoven et une ouverture de Weber. Nourrit trouva pour exprimer l'extase de la jeune fille, des accents d'une telle pureté qu'ils semblaient descendre du ciel et y remonter. Ce jour-là, Schubert passa en un instant, à Paris, de la réputation à la gloire.

Quelque temps après, Liszt demanda à Nourrit de chanter *la Jeune Religieuse*, aux concerts organisés par lui dans la salle Erard et consacrés à Beethoven. « Un chef-d'œuvre de Schubert? Oui, lui répondit Nourrit, mais celui-là, non! Il en faut un nouveau. — Vous en avez un? — Oui. J'ai même mon traducteur. — Vous? — Non. Un de mes amis. — Qui donc? — Legouvé. » Il m'apporta en effet une mélodie de Schubert en me priant de la lui traduire. J'accepte. Je savais encore un peu d'allemand à cette époque. Je lis les vers... Impossible de les comprendre. Je les porte à Urhan. — Ces vers sont admirables, dit Urhan. — Traduisez-les-moi? — Impossible! C'est trop génial. Il vous faut un véritable littérateur, versé à la fois dans la poésie allemande et la poésie française, allez trouver M. Friedlander. » Je vais chez M. Friedlander. Mêmes exclamations. « Vers admirables! — Traduisez-les-moi? — Impossible. Cette poésie est un fruit du sol. Il y a des fleurs qui ne se transplantent pas. » Que faire? Je dis alors à ma femme: « Jouez-moi le chant de ce lied sur le piano. » Elle me le joue. Je l'écoute, les yeux fermés, me laissant aller au cours de cette mélodie, comme on se laisse porter au cours du flot sur une barque. « Jouez-le-moi une seconde fois, lui dis-je, et sous l'empire de cette musique je me sens entraîné vers les régions supérieures; je quitte la terre; tout à l'heure j'étais en barque, maintenant je suis en ballon. Priant alors ma femme de recommencer une troisième fois, je prends la plume; et pendant qu'elle joue, j'écris les sensations, les sentiments, les images que cette mélodie évoque en moi, et, au bout d'un quart d'heure, j'avais composé trois strophes dont le titre seul dit le caractère : *Les Astres*. Seulement, si ces strophes étaient *rythmées* elles n'étaient pas *rimées*. Je trouvais à la rime quelque chose de compassé qui aurait gâté l'effusion lyrique. *Les Astres*, chantés par Nourrit aux concerts de Liszt, eurent un succès considérable, et M. Emilien Pacini, placé près de moi, me dit : « Savez-vous de qui sont ces beaux vers? — C'est de la prose de moi, mon cher ami. »

Encouragé par notre heureuse tentative, Nourrit vint chez moi, et me dit : « Je viens vous proposer une seconde association. — Laquelle? — J'ai en tête un admirable sujet de cantate : *Silvio Pellico sous les plombs de Venise*. Vous savez quelles souffrances horribles ont été les siennes. Je voudrais le peindre d'abord sous le coup de ces tortures, descendant pour ainsi dire un à un tous les cercles de l'enfer, tombant par degrés de la douleur physique à la douleur morale, de l'abattement au désespoir, du désespoir à la rage, de la rage au blasphème; puis peu à peu, du fond de cet abîme, remontant par la prière à la résignation, à l'acceptation, à l'adoration, à l'extase, à l'ivresse enfin du martyre. Je rêve quelque chose comme les stances de Polyeucte. Voulez-vous me faire cela? — Je veux bien essayer, du moins. Mais le musicien? — J'ai notre affaire. Un jeune homme encore inconnu, mais qui, je vous en réponds, fera son chemin, un élève de l'École de Rome, M. Ambroise Thomas. — J'accepte. » Dès le lendemain j'étais à l'œuvre. Quelques jours après je remets mes vers à Nourrit. Ils lui plaisent, il les envoie à M. A. Thomas. A. Thomas compose la musique, Nourrit me la montre, me la chante. Elle me paraît très pathétique... et puis... et puis, Nourrit à quelque temps de là partit pour l'Italie, avec notre cantate, mais comme il n'en revint pas, et comme A. Thomas n'avait pas plus gardé le manuscrit de sa musique que moi celui de mes vers, notre cantate disparut avec son interprète. Il a été impossible de la retrouver. Il ne m'en reste que le souvenir de cette sympathie qui portait Nourrit vers tout ce qui, connu, inconnu ou méconnu, s'appelle talent ou génie.

Si jamais homme offrit la complète et parfaite image du bonheur sur cette terre, ce fut Nourrit, à ce moment. Il avait tout ce qu'on peut rêver. Une femme charmante qu'il avait épousée par amour, cinq beaux enfants; aimé de tout le monde; admiré de tout le monde; le premier, sur un des premiers théâtres de l'Europe. Il demeurait alors rue de Clichy, au numéro 52, je crois. Il occupait un joli appartement au rez-de-chaussée, et son cabinet de travail s'ouvrait sur un agréable petit jardin. J'allais quelquefois le voir, les jours où il devait jouer. Il ne sortait jamais ces jours-là. Convaincu qu'il ne fallait arriver au théâtre ni avec une voix fatiguée de travail, ni avec une voix engourdie par le repos, le matin il mettait son rôle sur son piano, chantait cinq ou six minutes, puis faisait quelques tours de promenade, puis prenait un livre pour revenir au piano, se préparant ainsi à la rude besogne du soir, par un intelligent mélange d'exercice, de repos et de distraction intellectuelle. Plus d'une fois, dans ce petit jardin, il m'a raconté ses projets d'avenir. C'étaient toujours des rêves généreux. Fonder un grand opéra populaire! Faire pénétrer dans l'âme des ouvriers, des artisans, des hommes et femmes des faubourgs, le goût et la compréhension des chefs-d'œuvre! Devenir le maître de chapelle des classes pauvres! Ce rôle d'apôtre répondait à sa tournure d'esprit un peu mystique, et son imagination s'enchantait ainsi elle-même de toutes ces joies pressenties et espérées, quand tout à coup une nouvelle grave vint le frapper en plein cœur, je dirais presque en plein vol. Il fut littéralement précipité du ciel comme l'oiseau de La Fontaine, *mortellement atteint d'une flèche empennée*. Quelle était donc cette nouvelle? L'arrivée de

Duprez à Paris, et son engagement à l'Opéra. Nourrit restait pourtant maître de la situation. Son traité liait encore les directeurs vis-à-vis de lui pendant deux ans. Pendant deux ans, nul ne pouvait débuter, sans son autorisation, dans aucun de ses rôles, et il tenait tous les grands rôles; force fut donc aux directeurs de venir le prier, non sans quelque embarras, de se relâcher de la rigueur de ses droits, et d'ouvrir l'Opéra à celui que, sans le prévenir, ils avaient appelé, pour le remplacer. La vengeance était, pour Nourrit, bien facile et bien tentante. Il n'avait simplement qu'à dire non. Mais Nourrit, dans les questions de théâtre comme dans toutes les autres, était non seulement correct, mais délicat, non seulement délicat, mais chevaleresque. Il prit plaisir à répondre à un manque d'égards, par un excès de générosité. Au premier mot des directeurs, il les interrompit pour leur dire : « *Tous mes rôles sont à Duprez. Qu'il choisisse pour ses débuts celui qu'il voudra. Le partage avec lui est un honneur pour moi.* » Comment reconnut-on cette courtoisie? Il faut encore revenir à La Fontaine, à la fable de *La lice et sa compagne*.

Laissez-leur prendre un pied chez vous,<br>
Ils en auront bientôt pris quatre.

L'ingratitude proverbiale de tout ce qui s'appelle directeurs, l'impatience fébrile de tout ce qui s'appelle débutant, l'inconstance de tout ce qui s'appelle public, changèrent bientôt en antagonisme et en tiraillements pénibles, cette délimitation de frontières. Dans la presse, on opposa Duprez à Nourrit, même avant les débuts de Duprez. L'engouement s'en mêla, et un mot moqueusement cruel de Rossini, accentua aux yeux de Nourrit les dangers de sa fausse position. Rossini en voulait un peu à Nourrit d'avoir dit en parlant des *Huguenots :* « C'est de la *grande musique* ». Il voyait là, très injustement, une critique déguisée de *Guillaume Tell*. Tous deux se rencontrent sur le boulevard. « Cher maître, dit l'artiste au compositeur, connaissez-vous Duprez? — Oui. — Q'en pensez-vous? — Que c'est un homme d'un grand talent. — Croyez-vous à son succès ici? — Dame, mon cher, dans ma *musiquette*, et Rossini appuya ironiquement sur ce mot, je crois qu'il ira bien ; mais dans la *grande musique* je ne sais pas ce qu'il fera, et s'il vous vaudra. Pourtant... mon cher, vous vieillissez! (Nourrit n'avait pas trente-sept ans). Vous prenez du ventre! Vous étiez assis à l'Opéra dans un bon fauteuil, et maintenant, Duprez et vous, vous serez sur deux tabourets. — Mais... *s'il me fait cela...* reprend Nourrit un peu troublé, et figurant le geste d'un homme qui en repousse un autre. — Eh bien, mon cher, répond Rossini avec un accent sardonique, *vous ferez cela* », et il fait le geste d'un homme qui tombe.

Le résultat fut que Nourrit arriva chez moi, et me dit : « Mon cher ami, je quitte l'Opéra, je viens de donner ma démission. » Je me récriai. « Mais c'est de la folie ! — Non ! c'est du bon sens. *Je ne suis pas fait pour la lutte.* Depuis quatorze ans je règne seul à l'Opéra, et mon père m'a souvent cité un vers du vôtre, dans sa tragédie d'*Étéocle et Polynice:*

**Un trône est trop étroit pour être partagé.**

L'hostilité serait inévitable et me serait insupportable, je serais malheureux et vaincu. — Vaincu ! — Oui ! oui ! Duprez a sur moi un avantage immense, il est nouveau. Moi, le public de Paris me sait par cœur. Si je ne pars pas aujourd'hui, on m'évincerait demain. Rien que d'y penser, j'en rougis. Je m'en vais ! »

## II

Avait-il raison ? N'y avait-il pas place pour son rival et pour lui ? Ici se présente une question d'art, fort délicate, et dont l'étude peut, je crois, offrir quelque intérêt. Il y avait au Théâtre-Italien un vieux bouffe, nommé Barilli, dont la femme était cette délicieuse Mme Barilli, qui mourut à vingt ans et dont la voix a laissé dans l'oreille et dans le cœur de tous ceux qui l'ont entendue, une vibration céleste. Quelque temps après sa mort, débuta au Théâtre-Italien une jeune fille, presque une fillette, qui, du premier jour, étonna et enchanta tous les amateurs, par un charme et une souplesse d'organe pour qui tout était possible et facile. C'était Mlle Cinti, devenue Mme Damoreau. Barilli, désolé, l'appelait et lui disait : « Viens, petite, et chante-moi comme *la Catalani !* » Il détestait la Catalani qui avait contre-balancé le succès de Mme Barilli, et était ravi de voir faire *la charge* de la rivale de sa femme.

Puis il ajoutait : « Maintenant, *chante comme toi*. » Puis le morceau fini, il l'embrassait en lui disant : « Petite, je t'aime, tu me rappelles *pauvre ma femme* ».

Ce mot... *chante comme toi*... résout un problème fort complexe, en marquant la part de l'interprétation dans une œuvre d'art. L'interprète, en effet, n'est pas un photographe; il ne reproduit pas le personnage représenté par lui comme une glace reproduit une image; il lui prête sa figure, sa voix, sa personne, il lui infuse son sang, il le fait à sa ressemblance. On peut dire que l'être humain, créé par nous auteurs, et confié à un acteur, est un être double. Il est à la fois le *nôtre* et le *sien*. De là cette conséquence étrange et pourtant réelle, que notre rôle peut se métamorphoser en changeant d'interprète et se présenter sous des aspects différents, sans cesser d'être lui-même. L'interprétation le transfigure sans le défigurer.

Mme Malibran et Mme Carvalho ont chanté toutes deux dans les *Noces de Figaro*, la romance de Chérubin : *Mon cœur soupire*. On se rappelle le charme indéfinissable de Mme Carvalho. Elle ressemblait à Psyché écoutant l'Amour. Immobile, l'œil perdu dans l'espace, à la fois absorbée et ravie, elle flottait dans un rêve. La mélodie s'écoulait de ses lèvres comme un flot de source, continûment, également, uniformément, sans aucun renflement de son, et l'immense effet résultait précisément de cette absence d'effet, parce que cette absence d'effet partait elle-même de la profondeur intime de l'émotion. Avec Mme Malibran, changement complet ! C'était la vivante image d'un adolescent ! Elle en reproduisait toutes les fougues, toutes les langueurs, toutes les ivresses, tous les abattements, tous les soubresauts, elle en avait, si je puis parler ainsi, les deux âges! Encore enfant, déjà jeune homme! Le cœur alors ressemble à la voix, il mue; et la Malibran, avec son extraordinaire mélange des notes graves du contralto et des notes brillantes du soprano, rendait à merveille, par le contraste des sonorités, le contraste des sensations de Chérubin.

Or, laquelle, de Mme Malibran ou de Mme Carvalho, interprétait le mieux la pensée de Mozart? L'une et l'autre, car chacune reflétait un des côtés du chef-d'œuvre. J'appliquerais volontiers au Génie, ce beau vers de Lamartine en parlant de Dieu :

Son sein est assez grand pour nous tous contenir.

Nourrit et Duprez nous en offrent une preuve frappante.

J'ai vu le début de Duprez dans *Guillaume Tell*. Eh bien, l'*adagio* du duo du second acte changeait absolument de caractère en changeant d'interprète. Nourrit qui, remarquez-le bien, avait été dirigé par Rossini, faisait de cet *adagio* un nocturne. Il murmurait, il soupirait *mezza voce* ce chant de tendresse. C'était le charme d'un effet de crépuscule. Vient Duprez. Que fait-il? il élargit le mouvement! il élargit l'accent! il élève le son! il étoffe la voix! La belle phrase : *Ah! quel transport!* devient dans sa bouche un puissant effet de passion. Qui avait raison? Tous les deux. Qui enthousiasmait le plus le public? Tous les deux. Ils arrivaient au même but par un chemin différent. Ce que je dis de *Guillaume Tell* s'applique à *la Juive* et aux *Huguenots*, sans compter que Duprez n'a osé aborder après Nourrit ni *Robert*, ni *la Muette*, ni *le Comte Ory*. Leur présence simultanée à l'Opéra pouvait donc donner lieu à la lutte la plus intéressante, mais il est de certaines épreuves où ne suffisent ni le talent, ni l'intelligence. Il y faut aussi, il y faut surtout *le caractère*. Or Nourrit avait le caractère noble, fier, élevé, mais il lui manquait la force. Il vivait à la merci de ses sensations, de ses sentiments, de son imagination. Telle était sa sensibilité nerveuse que, pendant les premières répétitions de *Guillaume Tell*, il ne pouvait achever l'andante du trio du second acte : *Mon père, tu m'as dû maudire!* Les larmes le suffoquaient, il lui fallut un assez long temps, et un assez long effort, pour user son émotion, ou plutôt pour la convertir en une émotion purement artistique. Diderot a écrit quelque part : « *Pour que l'artiste me fasse pleurer, il faut qu'il ne pleure pas.* » Rien de plus juste, mais il faut *qu'il ait pleuré*. Il faut que son chant garde l'écho des sentiments éprouvés et disparus. Il faut que ses larmes ne passent plus par son gosier et soient seulement *des larmes dans la voix*. C'est grâce à cette transformation que Nourrit exerçait sur le public une action si magique, et qui se répercutait sur lui-même. « *Si le public savait*, me disait-il un jour, *ce qu'il peut obtenir de nous par des marques de sympathie, il nous tuerait.* »

Ce dernier mot tranche la question. Nourrit a bien fait de partir. L'artiste que le public peut tuer par sa sympathie, est capable de mourir de son indifférence. Il eut raison de quitter l'Opéra, mais, hélas! le pauvre homme, ce fut pour entrer dans la sconde partie de sa vie, dans l'expiation de ses quatorze ans de bonheur, dans la *via dolorosa*.

### III

Si Nourrit vivait aujourd'hui, il gagnerait cent cinquante mille francs par an. Pendant ses quatorze ans d'Opéra, ses appointements annuels restèrent fixés au chiffre de trente mille francs, sauf la dernière année, où ils s'élevèrent à quarante mille. Cette somme suffisait alors pour vivre honorablement; le présent était assuré, mais non l'avenir. Nourrit se trouva donc à trente-sept ans, sans fortune, sans engagement, et avec cinq enfants. Son talent lui restait, les offres brillantes abondèrent. Une tournée en France et en Belgique, à Bruxelles, à Anvers, à Lille, à Lyon, à Marseille, ne fut pour lui qu'une longue série de triomphes. Mais il y avait plus d'un point noir dans ce nouvel horizon. Ces courses de ville en ville, ces perpétuels changements de public, cette succession de départs et d'arrivées, lui étaient insupportables. Il avait joué trop longtemps le doux rôle d'étoile fixe; le métier de comète ne lui allait pas. Sa santé en souffrait, son cœur en saignait. Nourrit n'était pas seulement un enthousiaste, c'était un affectueux. On n'a pas impunément aimé, et été aimé pendant quatorze ans. Pendant quatorze ans, pas un seul jour où il ne fût parti de sa chère maison pour aller à son théâtre! Pas un seul soir où, au sortir de son théâtre, il n'eût retrouvé sa chère maison. Pendant quatorze ans il n'avait pas obtenu un seul succès, sans avoir, pour couronnement de ses couronnes, sa femme et ses enfants à embrasser. Mais il ne put pas les emmener. Les frais de voyage eussent absorbé les produits du voyage. Il lui fallut se séparer d'eux afin de travailler utilement pour eux. Et maintenant, quel était son lot? Une vie d'auberge! Une chambre d'auberge! La plus dure de toutes les solitudes, la solitude d'auberge! Quand il rentrait le soir après quelque brillante représentation, et que, sa porte fermée, il se trouvait tout seul au coin de son triste foyer de passage, les joies de l'amour-propre, réduites à elles seules, lui semblaient chose bien aride et même bien amère. Ses lettres trahissaient sa tristesse profonde. En juin 1837, il écrivit à un ami : « Depuis que j'ai reçu ces bonnes lignes de toi, j'ai passé des jours bien sombres. C'est ce qui m'a empêché de te répondre. A quoi bon parler à ceux qu'on aime des maux sans remède? Je suis triste parce que je suis seul, et comme je me suis condamné par devoir à cette solitude, il est inutile de me plaindre. » Plus tard, parlant d'amis qui quittaient Marseille pour Lyon : « Sont-ils heureux! écrit-il,... ils seront lundi à Paris. » Enfin, quelques jours plus tard, au moment de quitter Marseille pour Lyon : « Quand je serai sorti d'ici, écrit-il à sa femme, je ne serai plus aussi éloigné de vous. Quoiqu'on ne se voie pas plus à cent lieues qu'à deux cents, le sentiment de sa séparation est moins pénible, quand on est moins loin. » Il ne disait pas tout. A quelque temps de là, un dimanche, jour où toute la famille se réunissait d'habitude chez lui, on entend, pendant le dîner, une voiture s'arrêter à la porte « C'est Adolphe ! » s'écrie Mme Nourrit en se levant vivement de table.... La porte s'ouvre.... elle court à lui, puis tout à coup s'arrête et se jette dans ses bras en pleurant. Était-ce bien lui ? Quel changement ! le teint livide ! les joues creuses ! l'œil vitreux ! Que s'était-il donc passé ? Quel coup l'avait donc frappé ? Que lui était-il donc arrivé à Marseille ? Hélas ! ce qui devait arriver.

## IV

La voix est le plus beau des instruments, mais elle en est en même temps le plus délicat et le plus fragile.

Les ténors surtout sont, parmi les artistes lyriques, les plus enviés, les plus enviables et les plus malheureux. *Rara avis*, oiseau rare, mais frêle comme un oiseau. Le monde, qui les acclame, ne se doute pas à quels soins les condamne la conservation de leur organe. Leur gloire est faite de privations. Rubini était forcé de se coucher à trois heures de l'après-midi, les jours où il jouait. A. Nourrit, par la nature même de sa voix toute cristalline, avait plus d'accidents à redouter. Le séjour de Marseille lui fut fatal. Ce climat, meurtrier par ses variations, développa en lui une maladie de foie, née du chagrin et de la fatigue. Le mistral lui sauta à la gorge. Des enrouements successifs, des défaillances d'organe répétées lui jetèrent au cœur la plus affreuse des craintes. Pendant la nuit, se dressait devant lui, comme un spectre, cette terrible pensée : « *Si je perdais ma voix !* » Perdre sa voix !... c'était perdre son talent ! c'était perdre son art ! c'était perdre son instrument de travail ! Un soir, pendant la *Juive*, tout à coup, à l'allegro de l'air : *Rachel, quand du Seigneur*, son organe se voile, ses notes élevées se brisent..., il lutte..., il appelle à lui toutes les ressources de son art... mais, à la dernière mesure, ses forces l'abandonnent... et, après des efforts surhumains pour atteindre au *la* bémol aigu qui termine *la couronne du martyre*, il est obligé de retomber sur la note terne et sourde de l'octave inférieure. Pâle, tremblant, il fait un geste de désespoir et sort de scène dans une agitation inexprimable. Un de ses amis court à sa loge et y arrive en même temps que M. Boisselot, le compositeur. Le visage en feu, l'œil égaré, Nourrit marchait à grands pas, se frappant le front et poussant des sanglots. Puis, tout à coup, il s'affaissa sur un fauteuil, dans un accablement profond. Ranimé par les soins de ses deux amis, il rouvrit bientôt les yeux, leur demanda pardon de sa faiblesse, avec la timidité et la candeur d'un enfant; consentit, sur leur prière, à reparaître devant le public qui le réclamait à grands cris, et il rentra à son hôtel, un peu calmé. Le lendemain matin, ses deux amis arrivent chez lui. Très pâle, il va à eux, la main tendue : « Comment avez-vous passé la nuit? lui dirent-ils. — Bien mal. Je n'ai pas dormi et j'ai beaucoup pleuré. Dans ce moment même, je fais appel à toutes mes forces morales pour combattre de funestes pensées. Cette nuit, assis à cette place, j'ai demandé à Dieu le courage dont j'ai besoin. Je me suis fortifié par de saintes lectures. Tenez, voyez vous-mêmes, » ajouta-t-il en leur désignant un livre ouvert sur la table : c'était l'*Imitation de Jésus-Christ*.

Voilà sous l'empire de quelle crise il était revenu à Paris. Heureusement, il appartenait à cette race d'artistes élastiques qui déconcertent toutes les prévisions de la science par leur faculté de *rebondissement*. Quelques semaines de repos, de soins, de joies de famille, le rétablirent comme par enchantement. Sa voix lui revint aussi pure qu'autrefois; et il forma alors un projet digne de lui.

Duprez l'avait remplacé en France; il résolut de remplacer Duprez en Italie, et même d'y faire revivre Rubini. Son espoir n'avait rien de chimérique. Il arrivait, précédé d'une réputation immense de chanteur et de comédien.... On l'appelait le *Talma de la musique*. Il partit donc, plein de joie, quoique seul. Son premier sentiment, à Turin, à Gênes, à Florence, fut un sentiment de surprise et de déception. Il se trouva en face d'une révolution complète dans l'art du chant. Rossini était détrôné! Rubini oublié! et avec eux avait disparu la belle école des grands ténors italiens! Plus de vocalises!

plus de voix de tête! plus de variété de sentiments et de sonorité! Partout et toujours la voix de poitrine! la force! l'expression à outrance! Le public n'applaudissait plus que ce qui le secouait violemment! Nourrit se trouvait dans la position d'un homme qui, au moment de se battre, voit ses armes lui tomber de la main. Heureusement, un de ses dons était une rare faculté d'assimilation. Très choqué d'abord de cette nouvelle façon de chanter, il se contraignit à s'y habituer, il l'étudia, il en reconnut les effets puissants, et tâcha de se les approprier. Jusque-là, rien de plus sage. Malheureusement, alors, il lui vint en tête une idée funeste, étrange, sans exemple dans l'histoire de l'art, et que sa rare modestie seule peut expliquer. Il résolut de *réapprendre à chanter !* il se refit écolier! Mais, chose plus incroyable encore, il rencontra quelqu'un qui consentit à devenir son maître; et ce quelqu'un fut un compositeur illustre : Donizetti! Oui! Donizetti eut le courage de désorganiser cette voix qui avait créé Guillaume Tell et Robert! Donizetti n'eut pas honte de lui faire payer ses leçons à un prix usuraire! Donizetti fut assez cruel pour jouer, vis-à-vis d'un artiste supérieur, le rôle d'un pédant brutal. On refuserait de le croire, si les lettres de Nourrit n'étaient pas là pour attester la candeur de l'élève et la grossièreté du maître. « J'ai brûlé mes vaisseaux, dit-il. Je suis un grand seigneur émigré qui va se faire soldat à l'étranger! Il faut bien porter les épaulettes de laine et le fusil de munition pour arriver au bâton de maréchal!... » Puis, plus loin : « Il fait bon de me voir tous les jours *aller prendre ma leçon*. Oh! Donizetti ne me passe rien, et je l'en remercie. Si un ami arrive chez lui, pendant que je chante, je n'y mets pas d'amour-propre, et je continue à chanter. Je continue à recevoir les *coups de férule du maître*, qui ne se gêne pas pour m'en donner de rudes devant témoin! »

Après quelques mois de ce bel apprentissage, Nourrit arriva à Naples, où Duprez avait brillé si longtemps, et contracta un engagement avec le célèbre impresario Barbaja. « Je suis beaucoup moins payé qu'à Paris, écrit-il avec une vaillance un peu fébrile; mais, en Italie, je vais dépenser la moitié moins de ce que je dépense en France. Ici, tout ce qui est nécessaire aux besoins de la vie, est à bon marché. Je vais vivre en bohème, sans maison, sans société!... Tous ces bonheurs dont je jouissais avec tant d'ivresse, avais-je fait grand'chose pour les mériter? Non, vraiment. Il est donc juste que je les paye maintenant, et je dis encore merci à la Providence! » Quelle exquise humilité! quelle délicatesse de conscience! Son traité avec Barbaja portait qu'il aurait le choix de ses rôles de début. Il choisit, pour le premier, Guillaume Tell. Mais le roi Bomba régnait alors à Naples. Nourrit était noté comme carbonaro; il avait chanté la *Marseillaise* à Paris. A peine le nom de *Guillaume Tell* prononcé : « *Une pièce où l'on apothéose la rébellion!* s'écrie la Censure, jamais! » Il offre *Robert:* « *Une pièce où l'on se moque du diable!...* jamais! » Il offre *les Huguenots* : « *Une pièce où l'on accuse le catholicisme!...* jamais! » Il offre *la Juive* : « *Une pièce dont le héros est un Juif!...* jamais! » Il offre *la Muette:*

« *Une révolution à Naples!...* jamais! » Désespéré, il prie Donizetti de lui composer un opéra dont il lui propose le sujet et dont il lui indique les principales situations : *Polyeucte*. Donizetti écrit l'opéra, Nourrit en est enchanté; mais, au premier mot qui lui en est dit, la Censure refuse encore. Nourrit fait appel au Roi, il obtient de lui une audience, il lui expose que l'opéra de *Polyeucte* est le triomphe de la foi. « Polyeucte est un saint, dit le Roi. Soit! Les saints sont bien dans le calendrier, on ne doit pas les mettre sur la scène. » Voilà donc l'artiste à la veille de débuter, et sans pièce de début. Ce cas de force majeure le déliait de son engagement, son intérêt lui conseillait de le rompre, tous ses amis l'y poussaient vivement. « Barbaja, répondit-il, a compté sur moi pour sa saison. Mon absence le mettrait dans un très grand embarras. Après tout, ce n'est pas sa faute, à cet homme. Je reste. » Et il resta. Il paya cruellement cette chevaleresque probité. Les jours sombres commencèrent alors pour lui. Mme Nourrit était venue le rejoindre; elle ne put qu'assister, sans pouvoir le retarder d'un instant, au dernier acte de cette vie si belle. *La Norma*, de Bellini, et *Il Giuramento*, de Mercadante, valurent à Nourrit quelques soirées triomphales. Mais sa femme constata avec douleur les désastreux effets des leçons de Donizetti : elle ne reconnaissait plus la voix de son mari. « Peut-être, a-t-il acquis plus d'énergie d'accent dans certains passages, écrivait-elle; mais ses qualités propres, ses qualités de charme, de mélancolie, de tendresse, de demi-teinte, tout cela a disparu. » Nourrit ne tarda pas lui-même à s'en convaincre, et le désespoir le prit. Sous le coup de tant de déceptions, sa maladie de foie, un moment arrêtée, fit des progrès effrayants ; ses forces déclinèrent, ses cheveux blanchirent, son visage se rida, son corps s'amaigrit, et le désordre de son organisation physique s'étendit bientôt sur son intelligence, non pas sur sa mémoire, mais sur sa volonté : « Je ne suis plus le Nourrit d'autrefois, disait-il sans cesse... Je ne suis plus capable de rien !... » Et un jour, il se jeta au cou de sa femme, en s'écriant : « Oh ! ma pauvre Adèle, que je te plains ! Tu as un enfant de plus à soigner ! »

Enfin, le 17 mars, après avoir fait dire à la direction qu'il lui était impossible de chanter à la représentation annoncée pour le lendemain, il se dirigea vers la promenade de la Villa Reale. Un de ses amis, M. Cottrau, s'étant trouvé là par hasard, Nourrit le prit par le bras, et tous deux allèrent s'asseoir sur la terrasse qui borde la mer. Là, Nourrit, le regard perdu dans l'horizon, lui dit avec une mélancolie profonde : « Que suis-je venu faire ici ? Je n'ai plus ni puissance, ni énergie !... L'art me trahit !... J'ai voulu m'élever, et je tombe !...
— Vous vous déchirez le cœur à plaisir, lui répondit M. Cottrau ; le public de San Carlo ne vous a-t-il pas applaudi il y a trois jours avec enthousiasme ? — Oui ! par compassion ! Ou plutôt par dérision ! — Par dérision ? — Oui ! oui ! Je sais bien que je n'ai plus de talent. Ils m'applaudissent comme ils ont applaudi et rappelé l'autre soir ce misérable chanteur..., pour se moquer de lui ! pour jouir de son orgueil bête, quand il revenait saluer !... Oh ! mon Dieu ! En être tombé

là ! » Effrayé, M. Cottrau se leva vivement et entraîna le malheureux qui le suivit la tête basse. Au détour d'une rue, ils rencontrent une affiche de spectacle. Elle portait que la représentation du lendemain était donnée au profit d'un artiste pauvre. « Ah! dit vivement Nourrit, se réveillant tout à coup, une bonne action! j'en veux prendre ma part!... » Et il fit dire au théâtre qu'il se sentait mieux, et qu'il chanterait. Le lendemain matin, ses appréhensions l'avaient ressaisi. Manuel Garcia, épouvanté de la décomposition de ses traits, le pressa de questions. « Cette représentation m'effraye, lui dit-il. Je me demande toujours, quand je commence, si je pourrai aller jusqu'au bout. Je suis las de combattre. » Manuel Garcia, pour le distraire, l'ayant prié d'écrire quelques lignes sur l'album de Mme Garcia qu'il avait apporté, Nourrit prit la plume, et improvisa ces vers :

> Si tu m'as fait à ton image,
> O Dieu, l'arbitre de mon sort,
>   Donne-moi le courage
>   Ou donne-moi la mort !
> Mon âme, en proie à la souffrance,
>   Est près de succomber.
> Dans l'abîme où meurt l'espérance,
>   Ah! ne me laisse pas tomber.

Manuel Garcia avait amené avec lui, un jeune compositeur italien, M. Salli, qui exprima à Nourrit le désir de faire un opéra sur un poème de lui. « Oui, monsieur, lui répondit-il, je vous ferai un poème, et le sujet sera *Le fou par excès de bonheur.* »

Le soir, la représentation lui valut d'assez chauds applaudissements dus, il faut bien le dire, autant à la sympathie qu'à l'admiration. Poursuivi par son idée fixe : « Avez-vous vu? dit-il tout bas à M. Garcia, comme ils se sont moqués de moi! » Garcia se récriant : — « Vous êtes trop artiste, lui dit-il, pour ne pas savoir que j'ai très mal chanté. Quelle honte!... »

Le spectacle fini, il rentra avec sa femme. Ils soupèrent ensemble, lui, agité et silencieux. Ils se couchèrent, elle le vit prendre un livre et lire, toujours sans prononcer un mot. Accablée de fatigue, vers les trois heures du matin, elle s'endormit. En se réveillant, elle ne le trouva plus auprès d'elle. Elle se lève, elle court... le malheureux était monté au haut de la maison, et s'était précipité du cinquième étage dans la cour[1].

Telle fut sa fin Il avait trente-neuf ans. Je n'ai pas pu achever ce récit sans sentir mon cœur se serrer et les larmes me monter aux yeux. Tout le monde, je le crois, éprouvera ce que j'ai éprouvé. Qu'on ne dise pas qu'il était fou. Le fou est un être dégradé. La pitié qu'il inspire est mêlée de répulsion. On le plaint sans doute, mais on se détourne de lui. Comment appliquer ce mot affreux, à un être si rare, et resté si rare? Comment éprouver autre chose qu'un sentiment de tendre et profonde compassion, en voyant le sort se retourner tout

---

[1]. On a généralement attribué la mort de Nourrit à un coup de sifflet qui l'aurait désespéré. Le fait est contesté par M. Quicherat, dont les trois volumes si pleins de renseignements utiles, de lettres et d'appréciations fines, m'ont beaucoup servi pour confirmer ou compléter mes souvenirs.

à coup contre lui avec une sorte de rage, l'écraser à plaisir, le détruire organe à organe, faculté à faculté, tandis que, lui, il jette vers Dieu des cris de détresse et de supplication; n'accuse jamais personne que lui-même; se relève jusqu'au dernier jour par des élans de dévouement et de bonté, et enfin ne tombe vaincu qu'après deux ans de tortures, laissant au cœur de tous ceux qui l'ont connu, la poétique et douloureuse image d'une des gloires et d'un des martyrs de l'art contemporain.

## CHAPITRE X

# SAMUEL HAHNEMANN

Samuel Hahnemann est un des grands novateurs du dix-neuvième siècle. Il a commencé, vers 1835, une révolution médicale qui dure encore. Je ne discute pas le système, je constate le fait.

Un hasard, que je ne saurais assez bénir, me mit en rapport avec lui, au moment où sa réputation devenait de la gloire : j'y fus peut-être pour quelque chose, et le récit des relations étroites qui se formèrent entre nous, aidera à faire connaître cet homme extraordinaire et supérieur.

Ma fille, âgée de quatre ans, était mourante; notre médecin, médecin de l'Hôtel-Dieu, le docteur R..., avait déclaré le matin à un de nos amis qu'elle était irrémédiablement perdue. Nous veillions, sa mère et moi, pour la dernière fois peut-être, auprès de son berceau; Schœlcher et Goubaux veillaient avec nous, et dans la chambre se trouvait aussi un jeune homme, en toilette de bal, que nous ne connaissions pas trois heures auparavant, un des élèves les plus distingués de M. Ingres, Amaury Duval.

Nous avions désiré conserver au moins un souvenir de la chère petite créature que nous pleurions déjà, et Amaury, pressé par Schœlcher qui avait été le chercher au milieu d'une soirée, avait consenti à venir faire ce douloureux portrait. Quand le cher et charmant artiste (il avait alors vingt-neuf ans) tomba tout troublé et tout ému, au milieu de nos désespoirs, nous ne nous doutions guère, ni lui non plus, que quelques heures plus tard, il nous rendrait le plus immense service que nous ayons jamais reçu, et que nous lui devrions bien plus que l'image de notre fille, sa vie.

Il installa au pied du berceau, sur un petit meuble très élevé, une lampe dont la clarté tombait sur le visage de l'enfant. Ses yeux étaient déjà fermés, son corps ne faisait plus aucun mouvement, ses cheveux épars flottaient autour de son front, et l'oreiller sur lequel reposait sa tête, n'était pas d'une blancheur plus mate que ses joues et sa petite main; mais l'enfance a en soi un tel charme que la mort prochaine n'était, ce semble, qu'une grâce de plus sur sa figure. Amaury employa la nuit à la dessiner, tout en essuyant bien souvent ses yeux, le pauvre garçon, pour empêcher ses larmes de tomber sur son papier. Au matin, le portrait était achevé; sous le coup de l'émotion, il avait fait un chef-d'œuvre. Au moment de nous quitter, au milieu de tous nos remerciements et de nos attendrissements, il nous dit tout à coup : « Mais enfin, puisque votre médecin déclare votre enfant perdue, pourquoi ne vous adressez-vous pas à cette médecine nouvelle qui commence à faire tant de bruit dans Paris ; pourquoi n'iriez vous pas trouver Hahnemann ? — Il a raison ! s'écria Goubaux, Hahnemann est mon voisin. Il demeure rue de Milan, en face de mon institution. Je ne le connais pas. Mais n'importe ! j'y vais ! et je vous le ramène. » Il arrive, il trouve vingt personnes dans l'antichambre. Le domestique lui explique qu'il doit attendre son tour. « Attendre ! s'écrie Goubaux. La fille de mon ami se meurt ! Il faut que le docteur vienne avec moi ! — Mais, monsieur, s'écrie le domestique... — Oui ! je comprends, je comprends, je suis le dernier. Qu'importe ! *Les derniers seront les premiers*, a dit l'Évangile ; puis se retournant vers les assistants : N'est-ce pas, Mesdames ? N'est-ce pas que j'ai raison ! N'est-ce pas que vous voulez bien me donner votre place ? » Et sans attendre de réponse, il alla droit à la porte du cabinet du docteur, l'ouvrit, et tombant au milieu d'une consultation : « Docteur, dit-il à Hahnemann, ce que je fais là est contraire à toutes les règles ; mais il faut que vous quittiez tout pour venir avec moi ! Il s'agit d'une charmante petite fille de quatre ans, qui meurt si vous ne venez pas. Vous ne pouvez pas la laisser mourir... C'est impossible. » Et son invincible charme opérant comme toujours, une heure après, Hahnemann et sa femme arrivaient avec lui dans la chambre de notre malade.

Au milieu de tous les troubles de ma pauvre tête

affolée de douleur et d'insomnie, je crus voir entrer un personnage des contes fantastiques d'Hoffmann. Petit de taille, mais robuste et assuré de démarche, il s'avança enveloppé dans une pelisse de fourrure, et appuyé sur une forte canne à pomme d'or. Il avait près de quatre-vingts ans, une tête admirable, des cheveux blancs et soyeux, rejetés en arrière et soigneusement bouclés autour de son cou; des yeux d'un bleu profond au centre, avec un cercle presque blanc tout autour de la prunelle; une bouche impérieuse, la lèvre inférieure avancée; un nez d'aigle. En entrant, il alla droit au berceau, jeta un coup d'œil perçant sur l'enfant, et se fit donner des détails sur la maladie, sans jamais cesser de la regarder. Puis ses joues s'empourprèrent, les veines de son front se gonflèrent, et il s'écria, avec un accent de colère : « Jetez-moi par la fenêtre toutes ces drogues, toutes ces fioles que je vois là! Enlevez ce berceau de cette chambre! Changez-la de draps, d'oreillers, et donnez-lui à boire de l'eau tant qu'elle voudra. Ils lui ont jeté un brasier dans le corps! Il faut d'abord éteindre le feu! Nous verrons après. » Nous lui fîmes l'observation que ce changement de température, de linge, pouvait lui être bien dangereux. « Ce qui lui est mortel, répliqua-t-il avec impatience, c'est cette atmosphère et ces drogues. Transportez-la dans le salon, je reviendrai ce soir. Et surtout de l'eau, de l'eau! de l'eau! »

Il revint le soir, il revint le lendemain, et commença ses médicaments, se contentant de dire à chaque fois : « Encore un jour de gagné. » Le dixième jour, le péril redevint tout à coup imminent. Le froid gagna les genoux. Il arriva à huit heures du soir et resta un quart d'heure près du lit, comme un homme en proie à une grande anxiété. Enfin, après avoir consulté avec sa femme qui l'accompagnait toujours, il nous donna un médicament en nous disant : « Faites-lui prendre cela, et remarquez bien si, d'ici à une heure, le pouls remonte. » A onze heures, je lui tenais le bras, quand soudain il me sembla sentir une légère modification dans le battement ; j'appelai ma femme, j'appelai Goubaux, Schœlcher. Et nous voilà tâtant le bras l'un après l'autre, interrogeant la montre, comptant les pulsations, n'osant pas affirmer, n'osant pas nous réjouir, jusqu'à ce qu'au bout de quelques minutes, nous nous embrassâmes tous les quatre ; le pouls avait remonté. Vers minuit, entra dans la chambre Chrétien Uhran. Il vint vers moi, et avec un ton de profonde conviction, il me dit : « Mon cher monsieur Legouvé, votre fille est sauvée. — Elle va un peu mieux, lui répondis-je tout troublé, mais de là à la guérison... — Je vous dis qu'elle est sauvée ; » puis, s'approchant du berceau, où je veillais seul, il baisa l'enfant sur le front et partit.

Huit jours après, la malade entrait en convalescence. Cette guérison fut un événement dans Paris, presque une sorte de scandale ! Mon nom n'était pas celui d'un inconnu ; on cria au miracle, à la résurrection ! Tout le corps médical entra dans une irritation violente ; le pauvre D<sup>r</sup> R. fut pris à partie par tous ses confrères ; les discussions les plus vives éclatèrent dans le monde et à la faculté. Un médecin dit tout haut dans le salon de M. de Jouy : « Je regrette beaucoup que cette petite fille ne soit pas morte! » La plupart répétaient : « Ce n'est pas le charlatan qui l'a guérie, c'est la nature! Il n'a fait, lui, qu'hériter du traitement allopathique. » A quoi je répondais ce que je réponds encore : « Que m'importe qu'il ait été la cause ou l'occasion? Que m'importe qu'elle ait été sauvée par ses mains ou entre ses mains? Était-elle perdue quand il est entré dans ma maison? Oui. Était-elle guérie quand il l'a quittée? Oui. Je n'ai pas besoin d'en savoir davantage pour lui conserver une éternelle reconnaissance. Mon infidélité à sa doctrine, ne me rend pas infidèle à sa mémoire, et il reste pour moi une des natures les plus puissantes que j'aie rencontrées.

La façon même dont il conçut sa doctrine le peint d'un trait. Fut-ce de sa part calcul, intérêt? désir de renommée? conception purement scientifique? Non. C'est de son cœur que sortit son système. Médecin de premier ordre, à la tête d'une des plus riches clientèles de l'Allemagne, il réclama un jour le conseil d'un de ses confrères, pour son dernier enfant malade. Le cas était grave, les remèdes ordonnés furent énergiques, violents, douloureux; moxas, ventouses, saignées. Tout à coup, après une nuit de souffrance de l'enfant, Hahnemann saisi de pitié, d'horreur s'écria : « Non! ce n'est pas possible! Non! Dieu n'a pas créé ces chers petits êtres pour que nous les soumettions à de pareilles tortures! Non! Je ne veux *pas être le bourreau de mes enfants!* » Alors, aidé par ses longues et profondes études de chimie, il se lança à la recherche d'une médecine nouvelle, et construisit de toutes pièces ce système médical, dont l'amour paternel avait été comme le fondement. Voilà l'homme. Tel il fut alors, tel il était toujours. La forte structure de son visage, ses mâchoires carrées, la palpitation presque continue de ses narines, le frémissement de ses coins de bouche, abaissés par l'âge ; tout en lui respirait la conviction, la passion, l'autorité. Son langage était original comme sa personne. « Pourquoi, lui disais-je un jour, prescrivez-vous, même en santé, l'usage permanent de l'eau ? — A quoi bon quand on est ingambe, me répondit-il, *les béquilles du vin?* » C'est encore dans sa bouche que j'ai entendu ce mot étrange si on le prenait dans le sens absolu, mais bien profond pour qui le comprend : « Il n'y a pas de maladies, il y a des malades. » Sa foi religieuse n'était pas moins vive que sa foi médicale. J'en eus deux preuves frappantes. Un jour de printemps, j'arrivai chez lui, en lui disant : « Oh! monsieur Hahnemann, comme il fait beau aujourd'hui! — Il fait toujours beau, » me répondit-il, d'une voix calme et grave. Comme Marc-Aurèle, il vivait au sein de l'harmonie générale. Ma fille guérie, je lui montrai le délicieux dessin d'Amaury Duval. Il contempla longtemps et avec émotion cette image qui lui rendait sa petite ressuscitée, telle qu'il l'avait vue la première fois, quand elle était déjà si avancée dans la mort, puis il me demanda une plume, et écrivit au bas :

« Dieu l'a bénie et l'a sauvée.
　　　　　　　Samuel HAHNEMANN. »

Il ne se regardait que comme un ministre qui contresigne les ordres de son maître.

Son portrait serait incomplet si je n'y ajoutais celui de sa femme. Elle ne le quittait jamais. Dans son cabinet de travail, elle était assise auprès de son bureau, à une petite table où elle travaillait comme lui, et pour lui. Elle assistait à toutes les consultations, quel que fût le sexe du malade, et l'objet de l'entretien. Elle écrivait toutes les indications de la maladie, donnait son avis en allemand à Hahnemann, et préparait les médicaments. Si, par exception, il faisait quelques visites au dehors, elle l'y accompagnait toujours. Le fait singulier, c'est que Hahnemann était le troisième vieillard illustre auquel elle s'était attachée de la sorte.

Elle avait commencé par la peinture, puis passé à la littérature et fini par la médecine. A vingt-cinq ou trente ans, Mlle d'Hervilly (c'était son nom), jolie, grande, élégante avec son frais visage tout encadré de légères boucles blondes, et ses petits yeux bleus, aussi perçants que des yeux noirs, était devenue la compagne d'un célèbre élève de David, M. L\*\*\*. En épousant le peintre, elle avait épousé sa peinture et aurait pu signer plus d'une de ses toiles, comme elle signa plus tard les ordonnances de Hahnemann. M. L\*\*\* mort, elle se tourna vers la poésie, représentée par un poète qui avait soixante-dix ans ! car plus elle allait, plus elle les aimait vieux. C'était M. A\*\*\*. Elle se jeta alors dans les petits vers avec la même ardeur qu'elle s'était jetée dans les grands tableaux d'histoire, et A\*\*\* étant mort à son tour, les septuagénaires ne lui suffirent plus, elle épousa Hahnemann qui avait quatre-vingts ans ! Elle devint alors aussi révolutionnaire en médecine qu'elle avait été classique en littérature et en peinture. Son culte allait jusqu'au fanatisme. Un jour que je me plaignais devant elle de l'infidélité d'un de nos domestiques que nous avions été obligés de renvoyer : « Que ne me l'avez-vous dit plus tôt ? me répondit-elle, *nous avons des médicaments pour cela.* » Ajoutons qu'elle était d'une intelligence vraiment rare, et d'une touchante adresse de garde-malade. Personne qui s'entendît mieux qu'elle à inventer mille moyens de soulagement pour les pauvres patients. Elle joignait à la pieuse ardeur d'une sœur de charité toute la délicatesse ingénieuse d'une femme du monde. Ses soins pour Hahnemann étaient admirables. Il mourut comme il devait mourir. Jusqu'à quatre-vingt-quatre ans, il resta la plus éloquente démonstration de la bonté de sa doctrine. Pas une infirmité. Pas une défaillance d'intelligence, ni de mémoire. Son régime était simple, mais sans rigueur affectée. Il ne buvait jamais ni eau pure, ni vin pur. Quelques cuillerées de vin de Champagne, dans une carafe d'eau, faisaient son unique boisson, et comme pain, il mangeait chaque jour un petit baba, « Mes vieilles dents, disait-il, trouvent cela plus tendre ». Pendant l'été, il revenait à pied, tous les soirs où il faisait beau, de l'Arc de Triomphe, et s'arrêtait à Tortoni pour prendre une glace. Un matin en s'éveillant, il se trouva moins bien disposé qu'à l'ordinaire. Il se prescrivit un médicament et dit à sa femme : « Si ce remède ne réussit pas, ce sera grave. » Le lendemain ses forces diminuèrent, et vingt-quatre heures après, il s'éteignait sans souffrance et en recommandant son âme à Dieu.

Sa mort me fit une grande peine, et peu d'hommes m'ont donné une idée plus vive d'un être supérieur. Comment donc ai-je abandonné sa doctrine? Par admiration pour lui. Il faut plus que de la confiance pour suivre l'homéopathie, il faut de la foi. La théorie des doses infinitésimales choque tellement le bon sens, qu'il faut croire aveuglément à l'homme pour croire à la chose. Hahnemann disparu, mon culte tomba avec l'objet de mon culte, et ses successeurs me parurent si loin de lui, que peu à peu, et une amitié nouvelle y aidant, je revins à la religion médicale de mes pères, où je mourrai. Je n'en devais pas moins cet hommage à Hahnemann, et mon *ex-voto* n'en aura peut-être que plus de prix, étant offert par un apostat.

## CHAPITRE XI

# EUGÈNE SCRIBE

Mes relations avec Scribe commencèrent comme avec Casimir Delavigne, par une lettre d'écolier adressée à un maître illustre. J'achevais ma seconde année de rhétorique ; j'avais la tête pleine d'idées de théâtre. Un jour, me vint dans l'esprit un sujet de comédie qui me parut charmant ; je supposais la fin du monde annoncée à jour fixe et acceptée comme un fait certain. Quel bouleversement dans les actions, dans le langage, dans les positions, dans les sentiments ! Comme cette épée de Damoclès, suspendue sur la société tout entière, devait faire jaillir du fond du cœur, avec des explosions de volcan, toutes les passions étouffées, comprimées, opprimées ! Comme ce coup de trompette de Jéricho devait faire tomber toutes les hiérarchies sociales ! Plus de pauvres. Plus de riches. Plus de grands et de petits. La fin prochaine remettait violemment tous les hommes en face les uns des autres, à l'état d'êtres égaux et libres. Enfin, si comme je le voulais, le premier acte était consacré à la peinture de cette société debout, paisible et puissante, quel coup de théâtre devait produire l'annonce d'un tel arrêt de mort !

Enthousiasmé de mon sujet, j'écrivis à Scribe pour lui demander de l'exécuter avec moi, mais à titre d'offrande. Je signai \*\*\*, et j'ajoutai avec la comique suffisance de la jeunesse, quand elle s'avise d'être mesurée : je serai donneur discret. Ce *donneur discret* m'enchantait. J'en étais fier, en vrai rhétoricien, comme d'une bonne expression. J'ai bien souvent ri depuis en y pensant.

Scribe répondit à M. \*\*\*, une lettre pleine de bienveillance avec une pointe d'ironie spirituelle. Il devina bien qu'il avait affaire à quelque tête de dix-huit ans. « Monsieur, m'écrivit-il, votre sujet est piquant et
« nouveau ; seulement, pour qu'il réussisse, il y a une
« condition indispensable : c'est que le public, le jour
« de la première représentation, croie un peu à la fin
« du monde. Voilà l'obstacle. Pour le moment, il en
« est à mille lieues, et cela sera difficile à lui faire
« accepter. Heureusement, on annonce pour l'année
« prochaine, une comète qui doit briser notre globe
« comme verre... Attendons la comète. Peut-être sa
« venue mettra-t-elle le public en veine de terreur. J'en
« profiterai pour faire la pièce, ou plutôt nous en
« profiterons, car j'espère bien que ce grand événement,
« qui renversera tant de choses, déchirera aussi le
« voile de l'anonyme derrière lequel vous vous cachez. »

Cette lettre, quoique un peu railleuse, était si aimable qu'elle me combla de joie. Je serrai ce précieux billet comme un trésor, mais toujours sans me faire connaître. J'attendais la comète... Je l'attendis en vain; elle ne fit peur à personne et me laissa vis-à-vis de Scribe dans la position de M. ***.

On m'eût bien étonné alors, si l'on m'eût dit que, quelque vingt ans plus tard, je deviendrais son collaborateur et son ami, que j'assisterais à ses plus beaux triomphes, que je prendrais part à quelques-uns, et qu'enfin, à plus de soixante ans de distance, je prendrais la plume pour le défendre contre le dédain et l'oubli. Ce n'est pas son apologie que j'entreprends; je ne récriminerai pas, je ne le surferai pas, je ne dissimulerai pas les côtés faibles de son talent. Je me contenterai de le peindre tel que je l'ai vu pendant tant d'années, à l'œuvre, dans son cabinet, causant, écrivant, m'initiant à sa méthode de travail en travaillant avec moi, et je laisserai à ses œuvres et à la postérité le soin de le remettre à sa place.

I

La théorie *des milieux* est fort à la mode aujourd'hui. Elle me paraît avoir une grande part de vérité. L'endroit où nous naissons, les circonstances au milieu desquelles nous grandissons exercent une puissante influence sur notre vie. Scribe nous en offre un frappant exemple.

Il vint dans ce monde, le 11 juin 1790, rue Saint-Denis, dans un magasin de soieries tenu par sa mère, à l'enseigne du *Chat Noir*, à quelques pas du quartier des Halles, c'est-à-dire en plein commerce, en pleine bourgeoisie travailleuse, loin de l'aristocratie et tout près du peuple. Son talent porte la marque de son origine.

Ajoutons, comme second point à noter, qu'il eut pour tuteur un avocat célèbre, M° Bonnet, qu'il sortait chez lui tous les dimanches, et que de là lui vint peut-être en partie cette entente des affaires, qu'on lui a si souvent reprochée comme un défaut, et dont il n'a jamais fait qu'une qualité. Enfin, troisième circonstance importante, il fut élevé à Sainte-Barbe. Nul doute qu'il n'ait pris là son culte pour les amitiés de collège, dont apparaît à tout instant la trace dans son théâtre. Vingt pièces de Scribe s'ouvrent par la rencontre de deux camarades qui retrouvent, en se revoyant, toutes leurs affections, toutes leurs espérances de jeunesse, et les souvenirs échangés jettent je ne sais quoi d'attendri dans la gaieté de l'exposition. Il est vrai que Sainte-Barbe lui avait donné des camarades bien propres à lui mettre au cœur l'amour des vieux amis. C'étaient Germain et Casimir Delavigne. On les appelait tous trois, les inséparables. Casimir et Germain sortaient les jours de congé chez leurs parents, et Germain avait, par je ne sais quelle relation de petit directeur de théâtre, des billets de spectacle. Il y allait tous les dimanches et y allait pour trois. Le lundi, à peine rentré au collège, c'était entre lui, son frère et Scribe, à l'heure de la récréation, des récits sans fin sur la pièce, sur le jeu des acteurs, sur les émotions du public, le tout accompagné, bien entendu, de mille projets de mélodrame ou de vaudeville, et de l'espoir lointain de voir leurs trois noms sur l'affiche. Leurs débuts ne furent pas brillants. « Savez-vous, disait un jour Scribe à Janin et à Rolle, avec qui il dînait chez moi, savez-vous par où j'ai commencé? Par quatorze chutes! Oui! quatorze! C'était bien mérité. Oh, mes amis! quelles galettes! Pourtant, ajouta-t-il avec une bonhomie charmante, pourtant je réclame pour une. Elle a été trop sifflée. Elle n'était pas si mauvaise que les autres. Vrai. C'était injuste... » Nous nous mîmes à rire. « Vous riez, et moi aussi. Mais je ne riais pas dans ce temps-là. Après chaque chute nous nous en allions, Germain et moi, tout le long du boulevard, désespérés, furieux, et je lui disais : Quel métier! c'est fini. J'y renonce. *Après les quatre ou cinq plans* que nous avons encore, je n'en fais plus... » Quel joli mot de nature que ce : *Après les quatre ou cinq plans!* C'est le cri de toutes les passions.. Encore quatre ou cinq coups, dit le joueur, et je ne joue plus... Encore un dernier adieu, dit l'amoureux, et je la quitte. Et on ne la quitte pas, et on joue toujours; et comme un auteur dramatique est à la fois un amoureux et un joueur, on recommence toujours à écrire.

C'est ce que fit Scribe, et il fit bien. Mais on a beau être Scribe, au début, on se cherche, on s'ignore, et l'on a besoin de quelqu'un qui vous révèle à vous-même. Ce quelqu'un fut pour Scribe un des hommes les plus singuliers que j'ai connus. Quoiqu'il ait figuré parmi les auteurs dramatiques, il n'avait presque aucun talent. Il n'avait même pas ce qu'on peut appeler de l'esprit. Mais ses yeux perçants qui étincelaient derrière ses lunettes, ses sourcils épais et mobiles, sa bouche sarcastique, son nez long et avancé, tout révélait en lui un observateur, un chercheur, un dépisteur. Béranger disait spirituellement d'un directeur de revue, à qui ses ennemis reprochaient sa mine quelque peu semblable à un groin. « Groin! soit! mais il trouve des truffes... » Eh bien, l'ami de Scribe le déterra sous ses chutes, et il imagina le moyen le plus étrange pour lui faire valoir tout ce qu'il valait. Il lui répétait sans cesse : « Tu arriveras! tu auras un jour autant de talent que Barré, Radet et Desfontaines. — Que c'est absurde d'exagérer ainsi! répliquait Scribe. — Je t'en réponds, reprenait l'autre; seulement il te manque deux choses : la continuité du travail et la solitude. Je t'enlève! j'ai à quelques lieues de Paris de bons amis qui habitent une jolie maison de campagne : je t'y emmène. — Tu m'y emmènes, tu m'y emmènes, mais je ne les connais pas, tes amis. — Je les connais, moi, cela suffit. Nous nous installons ensemble chez eux pour quatre mois, et à l'automne, tu reviendras avec cinq ou six pièces charmantes. » Les voilà donc logés tous deux dans deux chambres contiguës, Scribe toujours sous le regard de son geôlier et ne descendant qu'après sa journée de travail, pour trouver la plus cordiale hospitalité et une table excellente. Un seul détail le gênait : c'était l'indiscrétion de son ami. Si, par hasard le rôt était trop brûlé ou les légumes trop salés : « C'est détestable, s'écriait l'ami, emportez-moi ce plat-là. » Scribe, confus, comme le sont toutes les bonnes gens quand ils se trouvent témoins des sottises des autres, il leur semble toujours que ce sont eux qui les font, Scribe baissait le nez sur son assiette, envoyait sous la table des coups de pied à son ami, pour le forcer à se taire, et, le dîner fini, lui adressait les plus vifs reproches. « On ne parle pas ainsi à des hôtes. — Laisse faire. Ils sont enchantés. — Tu ne te conduirais pas autrement dans une auberge. » C'est qu'en effet ils étaient dans une auberge, ou du moins dans une pension bourgeoise, une pension où l'ami payait pour Scribe ; l'ami logeait, chauffait, nourrissait Scribe pour le contraindre à travailler, pour forcer le génie à éclore. Vit-on jamais un plus bel exemple de l'admiration pour le talent? Seulement, pour l'exactitude du récit, il faut ajouter que ce n'était pas par pur amour de l'art. Car, pour peu qu'il eût trouvé le titre de la pièce ou indiqué le point de départ, ou inspiré un couplet, l'admirateur se transformait en collaborateur, en prenait le titre, en touchait les droits et en partageait la gloire. Il avait un culte pour Scribe, mais Scribe payait les frais du culte.

Ces curieux détails m'ont été contés par Scribe, à Séricourt, pendant que nous travaillions à *Adrienne Lecouvreur*, et il ajoutait en riant : « Il y a telle pièce de moi où ce diable d'homme a mis son nom sans y avoir écrit un mot... Mais n'importe. Il avait raison. Jamais je ne m'acquitterai envers lui. Il avait un art incroyable pour m'exciter, pour me remonter, pour me consoler. Je lui dois jusqu'à mon cher Séricourt. Oui, ce cabinet où nous sommes assis, mon cher ami, savez-vous de quoi il est fait? Des deux petites chambres où j'ai écrit à côté de lui, et grâce à lui, mes premiers ouvrages. — Comment! m'écriai-je, cette pension bourgeoise... — C'est Séricourt! Et j'en suis devenu propriétaire par le hasard le plus étrange. Je revenais de Belgique avec Mélesville, nous étions en poste. Nous arrivons à la Ferté-sous-Jouarre, nous nous arrêtons pour changer de chevaux. Les postillons y mettaient le temps, si bien qu'en attendant, je m'asseois sur une borne, et je me mets à écrire sur mon carnet une idée de scène qui m'était venue en route. Oh! je n'ai jamais perdu mon temps. Tout en cherchant, je lève les yeux, et je vois sur la porte de l'auberge une grande affiche portant : « *Vente à l'amiable du domaine de Séricourt.* » Séricourt! me dis-je tout à coup, mais je connais ce nom-là. Monsieur l'aubergiste, est-ce que Séricourt n'appartient pas aux dames D...? — Oui, monsieur. — Et on peut le visiter? — Oui, monsieur, il est à vendre. — Combien faut-il de temps pour y aller? — Trois quarts d'heure. — Parbleu! m'écriai-je, je voudrais bien revoir ma chambre... A ce moment, chevaux et postillons arrivaient, les uns faisaient sonner leurs grelots, l'autre faisait claquer son fouet. — Mélesville? dis-je à mon ami, veux-tu retarder notre arrivée à Paris de deux heures? — De quatre, si tu veux! — Eh bien, postillon, à Séricourt... J'arrive, je parcours le jardin, la maison, toute ma jeunesse me remonte au cœur, et le lendemain j'étais maître et seigneur de ce petit domaine où le souvenir de mes vingt ans m'aide à porter gaiement mes soixante. »

Comment étais-je devenu le collaborateur de Scribe ? Comment faisions-nous *Adrienne* ensemble ? Une petite digression nécessaire me forcera à parler de moi, mais pour nous amener à lui.

## II

Le succès de *Louise de Lignerolles*, en 1838, m'avait donné grand courage, et en 1844, je lus au comité du Théâtre-Français un drame en cinq actes et en vers, intitulé : *Guerrero ou la trahison*. Je fus reçu à l'unanimité. Après le troisième acte, chose absolument inusitée, tous les membres du comité se levèrent, vinrent à moi, me prirent les mains en me félicitant, et Provost s'offrit lui-même pour remplir un des principaux rôles. L'idée de l'ouvrage expliquait son succès. Je ne crains pas de dire qu'elle était nouvelle et assez forte. Un fait dont j'avais été témoin, et un homme célèbre dont j'avais été l'ami me l'avaient inspirée. En 1829, j'avais été passer mes vacances dans une petite ville du département des Landes, Saint-Sever, chez un homme qui a eu son heure de popularité et de gloire, le général Lamarque. Au nom du général Lamarque se rattachait sous l'Empire le souvenir d'un fait de guerre exceptionnel : l'aventureuse et héroïque prise de Capri.

Le général était né à Saint-Sever, et y demeurait en 1829. Riche, considéré, spirituel, instruit, il s'y dévorait d'ennui et de rage. Exilé par la Restauration en 1815, rappelé en France vers 1818, mais destitué de tous ses emplois militaires, rayé des cadres de l'armée, il était venu s'enfouir dans sa petite ville. Son épée brisée le mettait au désespoir. Rien ne pouvait le consoler de ne plus être soldat. Pour tromper sa douleur, il imagina de se faire construire une sorte de palais. Cela l'occupa un an. La maison bâtie, il se jeta dans une traduction d'*Ossian*, une traduction en vers. Cela lui prit encore un an. La traduction achevée, il voulut se donner la passion des fleurs, et il rapportait de Paris, où il allait passer quelques mois d'hiver, des collections de géraniums, de rosiers, de pivoines; mais il avait beau bâtir, rimer, greffer, et construire des palais, tous ces vains amusements de son chagrin ne faisaient que l'aigrir par leur inanité, et il retombait dans son trou, avec le sentiment de plus en plus amer de son inaction. Telle était l'intensité de sa passion, qu'en se promenant à cheval dans les environs de Saint-Sever, avec son neveu et moi, il s'arrêta plus d'une fois pour nous dire tout à coup : « Voyons, jeunes gens! Vous apercevez là-bas ce mamelon. Eh bien, supposez qu'il soit couvert de batteries, occupé par les Prussiens, comment vous y prendriez-vous pour l'enlever? » Et là-dessus, nous lançant au triple galop sur les pentes du mamelon, les escaladant avec nous, il nous initiait à toutes les péripéties de l'attaque d'une redoute. Enfin, lorsqu'en 1823 éclata la guerre d'Espagne, il n'y tint plus. Ce bruit de canon, se réveillant tout à coup en Europe, lui fit perdre la tête, et lui, le vainqueur de Capri, l'exilé de 1815, il écrivit au ministre de la guerre pour lui demander du service, et ajouta cette dernière phrase : « Mon ambition est de mourir enveloppé dans les plis du drapeau blanc! » Ce qui lui fut le plus cruel, c'est que le ministre eut plus de soin de sa réputation que lui-même, il ne lui permit pas son infidélité, on refusa son épée. Ne l'accusez pas trop. La passion de la guerre est une passion aussi puissante que l'amour et le jeu. N'en avons-nous pas vu un exemple saisissant pendant la guerre d'Italie? Le général Changarnier, réfugié à Anvers, passait, dit-on, ses journées à suivre fiévreusement sur la carte, la marche de nos troupes à Magenta et à Solférino, et quand éclata la guerre de 1870, lui, non plus, il ne put pas y tenir. Il oublia, non seulement le mal que lui avait fait l'empereur, mais le mal que lui-même il en avait dit, et il écrivit à celui dont il avait parlé avec tant de mépris et de moquerie, en le suppliant, à peu près dans les mêmes termes que Philoctète dans Sophocle, de l'employer n'importe où, n'importe comment, sans grade, sans honoraires, sans poste fixe; il ne demandait qu'à entendre encore le canon. C'est cette passion, avec tous ses désespoirs, toutes ses rages, et aboutissant enfin à la défection, que j'avais essayé de transporter au théâtre, changeant seulement la défection en trahison.

La pièce à peine reçue, les répétitions commencèrent et confirmèrent ces heureux pronostics de la lecture. La veille de la première représentation, une actrice du Théâtre-Français qui ne jouait pas dans mon drame, Mlle Anaïs, me dit : « Il paraît qu'on va vous élever une statue demain ! » Par malheur, la représentation ne réalisa pas tout à fait ces beaux présages.

Succès très réel, très vif même, pour la première partie, froideur bienveillante pour la dernière. En sortant de la salle, je rencontrai Mlle Mars, qui me dit : « Trop sévère ! mon cher ami, trop sévère ! » La pièce me fit honneur, mais ne fit pas d'argent. Elle me valut pourtant une faveur précieuse, l'amitié de Scribe qui voulut bien assister à la répétition, et qui resta très partisan de l'ouvrage, puis deux distinctions : d'abord la croix, et ensuite une invitation de bal. A ce moment, le duc de Nemours donnait au pavillon de Marsan des bals très brillants. Les invitations étaient fort recherchées, on n'y était admis qu'en habit à la française, culotte de casimir blanc, bas de soie blancs, et l'épée au côté. On me fit dire du château que le Prince avait été très frappé de mon drame, et qu'il m'adresserait volontiers une invitation, s'il était sûr que j'accepterais. J'acceptai. Dès que l'huissier annonça mon nom, le Duc vint à moi, ce qui ne laissa pas que de me troubler un peu, je n'avais jamais parlé à un prince du sang, mais mon embarras disparut bien vite, quand je vis le sien. La timidité est une grâce chez les personnes d'un haut rang, quand elle est accompagnée de courtoisie et de bienveillance; telle était celle du duc de Nemours. Les paroles ne lui venaient pas facilement, mais sa physionomie et ses gestes disaient si aimablement ce que sa bouche ne disait pas, qu'au bout de quelques instants, nous causions comme deux jeunes gens du même âge. Ce qui me gênait davantage, c'était mes jambes. En 1845, les mollets ne figuraient pas dans le monde. Mes diables de bas de soie blancs me troublaient beaucoup. Il me semblait que j'étais décolleté par en bas. Puis l'amour-propre s'en mêlait; tout le monde se regardait aux jambes. On avait peur des observations moqueuses. Heureusement les jeunes princes vinrent à notre secours. Ils étaient tous quatre pleins d'élégance et de grâce, mais leurs tibias s'allongeaient en fuseaux si minces et si grêles, qu'on eût dit qu'ils les avaient commandés exprès pour nous mettre à notre aise. Il était impossible d'être embarrassé de ses mollets, en voyant les leurs. Jamais jambes ne furent si hospitalières. Vers onze heures, le Roi vint. Lui seul portait un pantalon. Il se mit à regarder les groupes de danseurs, son chapeau posé sur son abdomen comme sur une petite proéminence, dans une attitude de bonhomie railleuse, jetant de côté et d'autre un œil si malin, si gai, si gouailleur que je devinai ce que M. Thiers m'a confirmé depuis. « Le roi Louis-Philippe, me disait-il, était le conteur le plus spirituel, et le plus grand moqueur de tout son royaume. »

## III

*Guerrero* m'avait ouvert le cabinet de Scribe. J'allais le voir assez souvent le matin. Un jour, je le trouvai fort agité. « Vous arrivez à propos, me dit-il, vous allez me donner un conseil. On me fait une proposition qui me tente et m'effraye. Le directeur du Théâtre-Français, M. Buloz, me demande d'écrire un rôle pour Mlle Rachel. — Qui vous arrête? — Corneille et Racine! Comment voulez-vous que je mette mon humble prose dans cette bouche habituée à réciter les vers d'Andromaque et d'Horace? — Qu'est-ce que cela vous fait? — Vous n'en seriez pas effrayé? — Pas du tout. — Vous oseriez écrire en prose un rôle pour l'interprète de Phèdre et de Camille? — Parfaitement. — Eh bien, cherchez un sujet, et nous ferons la pièce ensemble. »

Trois jours après, j'arrive avec le classique *Eureka, j'ai trouvé!* Je lui raconte mon idée. « Elle n'est pas bonne, votre idée. — Pourquoi? — Parce qu'elle n'a pas d'intérêt. — Pas d'intérêt! m'écriai-je, et je commençais à plaider en sa faveur... — Faisons l'épreuve, me dit-il en m'interrompant. Si votre sujet est fécond, *nous le verrons bien en une demi-heure.* Cherchons. » Et le voilà qui se jette au travers de mon idée, comme un chasseur dans un champ de luzerne ou de betteraves, battant le terrain en tous sens, quêtant, furetant... et au bout de vingt minutes : « Mon cher ami, vous voyez que j'avais raison, buisson creux. Il n'y a pas une pauvre petite caille là dedans. Il faut chercher autre chose. » Je vis là en action cette facilité merveilleuse qu'avait Scribe de démêler du premier coup d'œil si une idée était dramatique ou non. Quelques jours après, j'arrive chez lui avec le sujet d'*Adrienne Lecouvreur*. A peine avais-je parlé, qu'il bondit sur sa chaise, se lève, vient à moi, et me saute au cou en me disant : « Cent représentations à six mille francs. — Vous croyez? lui dis-je. — Je ne le crois pas! J'en suis sûr! C'est une trouvaille admirable. Vous avez découvert le seul moyen de faire parler Rachel en prose. Venez demain matin, nous commencerons tout de suite. » A dix heures, j'entrais dans son cabinet; il était aux prises avec son barbier, qui le tenait par le nez... En me voyant, il me dit impétueusement, avec cette voix particulière d'un homme qu'on rase... « Mon cher ami, j'ai trouvé. — Prenez garde! monsieur Scribe, lui dit son barbier, vous allez vous faire couper. — Eh bien, dépêchez-vous! » Et tout le temps que dura l'opération, ses doigts s'agitaient fiévreusement..., il me jetait des coups d'œil et des sourires... Et à peine le barbier parti... le voilà qui tout en plongeant sa figure dans sa cuvette, en se peignant, en mettant sa chemise, en passant sa culotte, en attachant sa cravate, en endossant son gilet et sa redingote..., en attachant sa montre..., me jette une foule de commencements d'idées, d'ébauches de situations, ou de personnages, qui avaient poussé dans sa tête depuis la veille; j'y mêle ce qui avait aussi germé dans la mienne, et aussitôt sa toilette achevée, car il aimait beaucoup à travailler tout habillé et tout prêt à sortir, …il s'asseoit sur sa petite chaise, en face de sa table… « Et maintenant, me dit-il, à la besogne. »

Je n'entrerai pas dans le détail de cette collaboration. J'y voudrais relever seulement deux ou trois faits, propres à éclairer, dans Scribe, l'auteur, le collaborateur et l'homme.

Nous avons dans notre argot de théâtre un mot très significatif, c'est le mot « numérotage. » Le numérotage est l'ordre des scènes. Or, cet ordre n'est pas seulement une classification, il ne constitue pas seulement la clarté, la logique, il comprend aussi la progression, c'est-à-dire l'intérêt. Le numérotage est un *ordre qui marche*. Chaque scène doit non seulement venir de la scène qui précède et s'unir à la scène qui suit, mais elle doit lui imprimer son mouvement, de façon à pousser la pièce sans interruption, et d'étape en étape, vers le but final, le dénouement. Scribe avait non pas le talent, mais le génie du numérotage. A peine un plan de pièce ébauché, tous les matériaux de l'œuvre venaient comme par enchantement se ranger sous sa main, dans leur ordonnance logique. A une de nos premières conversations sur *Adrienne Lecouvreur*, lorsque les situations de la pièce étaient encore à l'état d'ébauche, je le vis tout à coup se lever, s'asseoir à sa table et écrire. « Qu'écrivez-vous donc? lui dis-je. — L'ordre des scènes du premier acte. — Mais nous ne sommes pas fixés sur ce que nous mettrons dans ce premier acte. — Laissez! laissez! Ne me faites pas perdre le fil!... » Et il écrit :

>Scène première. — La princesse de Bouillon, l'abbé.
>Scène deuxième. — Les mêmes, la duchesse d'Aumont.
>Scène troisième. — Les mêmes, le prince de Bouillon.

« Mais mon ami, lui dis-je, en l'interrompant, avant de faire entrer là le Prince de Bouillon, il faudrait savoir... — Je sais, me répondit-il, que le Prince de Bouillon doit paraître deux fois dans l'acte, et si je ne le place pas à ce moment-là je ne saurai plus qu'en faire », et il continua d'écrire, et quelques jours après, quand tous les incidents et les mouvements de scène de ce premier acte furent arrêtés, les personnages vinrent se placer naturellement à l'endroit qui leur avait été marqué, comme des convives vont prendre à table la place où la maîtresse de la maison a inscrit leur nom. Je restai émerveillé. Peu de faits m'en ont plus appris sur notre art.

Au milieu de notre travail, Scribe fut obligé de s'interrompre. Il m'en expliqua le motif dans une lettre que je tiens à citer, car elle montre un côté de son caractère et un coin de sa vie :

« Mon cher ami, je viens vous demander crédit. Notre chère Adrienne est de celles pour qui on doit tout quitter ; on ne doit pas s'occuper d'autre chose quand on s'occupe d'elle. Et voilà qu'au moment de me mettre à notre troisième acte, l'Opéra-Comique me réclame pour le nouvel ouvrage d'Auber, Buloz me demande une comédie en cinq actes, *le Puff*, avant *Adrienne*, et enfin Montigny jette le cri d'alarme, parce que *Charlotte Corday* est tombée, et il veut que je lui achève la *Déesse*... une pièce en trois actes, avec musique, couplets, et où j'ai Saintine pour collaborateur. Je ne sais pas si les Dieux sont ennuyeux,... mais que cette déesse-là m'a ennuyé! Je m'y suis mis avec désespoir... travaillant depuis cinq heures du matin jusqu'au soir. J'ai achevé assez hardiment les deux premiers actes, mais alors je me suis senti éreinté et j'ai écrit à Saintine de venir à mon aide pour le troisième acte. Il est venu! Il a vu! Mais il n'a pas vaincu! Il faut tout refaire!... Et pendant ce temps-là, *Adrienne*, que j'aime, que j'aime seule..., attend!... Et vous attendez aussi, vous!... Mais je ne m'engagerai pour *le Puff* qu'avec votre permission, mon maître. J'ai voulu vous expliquer nettement ma position. Maintenant, si mes raisons ne vous semblent pas bonnes, si vous ne voulez pas me donner congé jusqu'en octobre, si ce retard vous fait de la peine, écrivez-le-moi. Cette raison-là sera plus puissante que toutes les miennes. »

Est-il possible d'avoir plus de bonhomie, plus de bonne grâce? Et qu'on songe que Scribe était alors en pleine gloire, et que moi je n'étais presque qu'un débutant; aussi, lui répondis-je : « Cher ami, votre lettre m'a bien plus touché que notre retard ne m'afflige... Votre crainte *de me faire de la peine* m'a été au cœur. Faites donc votre opéra comique, faites votre *Déesse!* faites votre *Puff!* Et pendant ce temps-là, moi, j'écrirai nos deux premiers actes, que je vous porterai, quand ils seront achevés, à Séricourt. » Je les lui portai, et je les lui lus. Tout le temps que dura la lecture du premier acte, il se grattait la tête, et l'acte fini... « Ça n'y est pas du tout! me dit-il. Voyons le second acte. » A la quatrième page, le voilà qui se met à parler tout bas... « Bravo! Excellent! » Et il rit! Et il pleure! Et il applaudit!... ajoutant : « Oh! je vous réponds de l'effet! Diable! je n'ai pas souvent des collaborateurs pareils!... Je ne trouve qu'une chose à reprendre dans ce second acte, c'est le récit d'entrée d'Adrienne... — Ah! lui dis-je en riant, vous tombez mal. Il est vrai, ce récit. Je l'ai tiré presque textuellement des mémoires de Mlle Clairon. — Précisément, il est manqué parce qu'il est vrai. Entendez-moi bien. La vérité est indispensable au théâtre, mais il faut qu'elle soit mise au point, à l'optique. Le récit de Mlle Clairon vous a frappé justement; il doit produire beaucoup d'effet dans ses mémoires, pourquoi? parce qu'il vous met devant les yeux une personne réelle, un fait arrivé, et que l'actrice communique pour ainsi dire sa vie à son récit. C'est à elle que vous vous intéressez en vous intéressant à ce qu'elle dit. Mais au théâtre, nous sommes dans la fiction et la fiction a ses lois. Nous parlons, non à un seul lecteur, mais à quinze cents personnes, et le nombre des auditeurs, la grandeur de la salle, changent les conditions morales de l'effet, comme l'optique et l'acoustique en modifient les conditions matérielles. A la place de ce récit vrai, je vais vous en mettre un, absolument inventé pour Adrienne, approprié à Adrienne, et qui enlèvera le public. » Ainsi fut fait, et le 6 octobre

1848 nous lisions *Adrienne* à la Comédie-Française. Notre pièce fut... *refusée à l'unanimité*. Comment, six mois après, fut-elle mise en répétition avec enthousiasme, c'est une petite comédie dans la comédie, que je raconterai en parlant de Mlle Rachel. Maintenant j'ai hâte de quitter Adrienne pour aborder Scribe par ses grands côtés.

## V

Une étude sur Scribe a cela de particulier, qu'elle comprend nécessairement toutes les parties de l'art dramatique, puisqu'il a touché à toutes, et que dans toutes, il a laissé des exemples, sinon à suivre, du moins à méditer.

Au premier rang des dons de l'auteur dramatique, figurent l'invention et l'imagination. Il ne faut pas confondre ces deux facultés, elles se tiennent, elles se soutiennent, mais chacune a son caractère propre et son domaine distinct. L'invention crée, l'imagination met en œuvre. A l'une, les idées premières, la trouvaille des sujets ; à l'autre l'exécution. Toutes deux ne se rencontrent pas toujours dans le même homme, et elles s'y rencontrent rarement dans une proportion égale. On peut avoir plus d'imagination que d'invention, et plus d'invention que d'imagination. Notre époque nous en offre deux exemples frappants. Balzac est un grand inventeur. Il trouve des caractères, de beaux points de départ, mais son exécution est souvent lourde, faute d'imagination; il n'a pas cette fertilité d'incidents, cette vivacité de dialogue, qui rendent amusante une œuvre forte. La déesse ailée n'a pas passé par là. Voyez, au contraire, Alexandre Dumas. Les points de départ de ses sujets ne lui appartiennent pas toujours. Tantôt il les prend dans l'histoire, tantôt il les reçoit de ses collaborateurs, tantôt il les emprunte à d'autres ouvrages. Lui-même, dans ses mémoires si pleins de bonhomie et de bonne humeur, il convient qu'*Antony* lui a été inspiré par *Marion Delorme*. Pour créer, il lui fallait souvent cette petite première chiquenaude, dont je ne sais quel philosophe avait besoin pour mettre le monde en branle. Seulement, une fois cette impulsion reçue, comme A. Dumas faisait rouler la machine! Quelle voiture lancée sur une pente, au triple galop de quatre généreuses montures, vole, traverse l'espace avec plus de légèreté, plus de rapidité, plus de mépris des obstacles et des distances, qu'un roman ou un drame d'Alexandre Dumas? Même quand ses chevaux ne sont pas à lui, il les rend siens par la façon dont il les gouverne. On lui donné des chevaux de fiacre, il en fait des chevaux de sang.

Chez Scribe, l'imagination et l'invention étaient d'égale valeur, et de grande valeur. On l'a souvent relégué dédaigneusement parmi les arrangeurs. En réalité, aucune littérature n'a produit un aussi puissant inventeur dramatique. Un seul fait suffira à le prouver. Il a régné pendant plus de vingt ans sur les quatre principaux théâtres de Paris : l'Opéra, l'Opéra-Comique, le Gymnase, et enfin le Théâtre-Français. Or, il n'y a pas une seule de ces quatre scènes qu'il n'ait renouvelée ou enrichie en y montant. Avant lui, le répertoire de l'Opéra ne se composait guère, sauf la glorieuse exception de la *Vestale*, que d'anciennes tragédies transformées en libretti, des *Iphigénie*, des *Alceste*, des *Armide*, des *Œdipe*, ou d'autres sujets, toujours les mêmes, qui, successivement repris par des musiciens différents, ne laissaient guère au librettiste que le mérite d'une versification élégante. Qu'y a apporté Scribe? Des poèmes. Le *Prophète*, les *Huguenots*, la *Juive*, *Robert*, *Guido et Ginevra*, *Gustave*, sont des œuvres absolument inconnues avant Scribe, et font de lui un de nos *plus grands poètes lyriques*, à prendre le mot *poète* dans le sens antique, ποιητής, créateur. Un des critiques les moins favorables à Scribe a déclaré le *Prophète* une conception shakespearienne. Qui l'a fait sortir de son cerveau? Un hasard de lecture. Il regardait une édition illustrée de la Bible ; ses yeux tombent sur la description des noces de Cana. A cette phrase de Jésus-Christ à sa mère : « Femme, qu'y a-t-il de commun entre vous et moi? » Scribe s'arrête, et, peu à peu, transformant dans son imagination, la figure du Christ : « Ce serait beau à peindre, se dit-il, un **homme amené à dépouiller tous ses sentiments naturels pour remplir ce qu'il regarde comme sa mission, sacrifiant son devoir de fils à son rôle de Dieu!** Quel admirable personnage pour Talma! » Malheureusement, Talma était mort; mais heureusement Meyerbeer vivait, et Scribe composa le *Prophète*.

Qu'était l'Opéra-Comique avant lui? Un théâtre charmant et aimable. Mais le *Domino noir*, la *Dame Blanche*, la *Sirène*, la *Neige*, *Fra Diavolo*, l'*Ambassadrice*, la *Part du Diable* ont ouvert une route nouvelle à la musique, en apportant une nouvelle forme à la comédie lyrique. Scribe a sa part dans la gloire d'Auber, puisque Auber n'aurait pas été tout Auber sans Scribe. « Savez-vous, me disait un jour l'auteur de la *Muette*, à qui je dois la phrase: « *Amour sacré de la patrie* »? A Scribe. Dans une promenade, il me marqua si vivement le rythme des vers, que la mélodie vint se placer immédiatement sur les paroles. *Il m'avait parlé mon duo.* » Ce n'est donc pas un brevet d'invention que Scribe mérite à l'Opéra-Comique; c'est deux.

Avant lui, un vaudeville reposait sur une fable légère, agrémentée de couplets. Il l'a élevé au rang de comédie de genre. Le *Théâtre de Madame* est devenu la succursale du Théâtre-Français.

Au Théâtre-Français enfin, sans parler de ce qu'apportèrent de nouveauté sur la scène de Molière, la *Camaraderie*, la *Calomnie*, le *Verre d'eau*, qu'est-ce que *Bertrand et Raton*, sinon la seule belle comédie politique que compte le répertoire?

Voilà ce que fut Scribe comme inventeur. Quant à son imagination, elle était inépuisable en ressources, en trouvailles d'incidents imprévus, en façons de se tirer de tout. En donnerai-je un exemple? On montait à l'Opéra un ballet, dont je ne rappelle plus l'auteur, la *Révolte au sérail*. Mlle Taglioni remplissait le principal rôle. L'avant-veille de la première représentation, la pièce étant déjà affichée et annoncée pour le lendemain, avec le mot sacramentel : *Irrévocablement!* le directeur entre chez Scribe à neuf heures du matin : « Je suis désespéré, lui dit-il, je suis perdu, et il n'y a que vous qui puissiez me sauver. — Comment? — Mon ballet est impossible! — Pourquoi? — Tout le succès repose sur la situation du second acte; et voici cette situation : Mlle Taglioni, enfermée, assiégée dans le palais par les révoltés, enrégimente toutes les femmes du harem, les arme, les exerce au maniement du fusil et du sabre, en fait des soldats dont elle se fait le général, et repousse l'assaut. — L'idée est fort originale, répond Scribe. — Oui! mais nous nous sommes aperçu, hier, à la répétition générale, qu'elle est absurde. — Pourquoi? — Parce qu'au premier acte, Mlle Taglioni a reçu, de la main d'un magicien, un talisman. Elle n'a donc pas besoin d'autre arme que de ce talisman : qu'elle le montre, et tous ses eunuques s'enfuient! — C'est juste et c'est grave, répond Scribe. — Aussi je compte sur vous. — Eh bien! j'irai voir votre répétition aujourd'hui, et je chercherai après. — Du tout! du tout! Ce n'est pas après, c'est tout de suite. Il est inutile que vous veniez à la répétition générale; il n'y aura plus de répétition générale; il faut que, sans rien changer à la pièce (je n'ai pas le temps d'y faire de changements), sans la reculer d'un jour (chaque jour de retard me coûte dix mille francs), il faut que vous me trouviez aujourd'hui même, d'ici à ce soir, un moyen qui me permette de jouer après-demain. — Soit. Laissez-moi, reprit Scribe ; je vais chercher. » Le directeur sort, descend les vingt marches de l'étage de Scribe, et, arrivé en bas, au moment où il disait : « Cordon, s'il vous plaît ! » il entend une voix qui lui crie : « Véron, remontez ! j'ai votre affaire ! » M. Véron remonta plus vite qu'il n'était descendu. « Vous avez mon affaire ? — Oui. Quel était le talisman de Mlle Taglioni ? — Une bague. — Vous en ferez une rose. Quel était son amoureux ? — Un petit esclave du sérail. — Vous en ferez un petit berger. En quoi consiste le divertissement du premier acte ? — En une danse devant le sultan, dans les jardins du palais. — Parfait ! Après la danse, vous ferez asseoir Mlle Taglioni sur un tertre de gazon ; elle s'y endormira ; le petit berger avancera tout doucement près d'elle, lui enlèvera sa rose ; et quand, au second acte, elle voudra tirer son talisman de son sein, elle ne l'aura plus. Ce n'est pas plus difficile que cela. — J'étais bien sûr que vous me sauveriez !... » s'écria M. Véron. Et il s'élance sur l'escalier, qu'il redescend encore plus vite qu'il ne l'avait remonté. Un quart d'heure après, Scribe recevait une lettre qui contenait deux billets de banque, avec ces mots : « Ce n'est pas un payement, ce n'est qu'une marque de reconnaissance ! » — « Voilà la seule fois, disait-il en riant, où j'aie gagné deux mille francs en deux minutes ! »

Mais voici un fait où éclate plus vivement encore cette faculté de transformation qui tenait chez lui du prodige. Un de ses confrères vient le consulter sur un drame très sombre, en cinq actes, et destiné à l'Ambigu. Après le premier acte : « Eh bien ! cher maître, votre avis? dit l'auteur. — Continuez, mon ami, continuez, répond Scribe d'un air préoccupé. Voyons le second acte. » La lecture continue; plus la pièce avançait, plus elle devenait sombre, et plus elle devenait sombre, plus la physionomie de Scribe devenait gaie. Un peu interdit de ce genre de succès auquel il ne s'attendait pas, le pauvre auteur balbutie, se trouble, jusqu'au moment où Scribe, éclatant tout à coup, s'écrie : « Ah! c'est à mourir de rire! — Assez, cher maître, assez! dit l'auteur, un peu piqué. Je vois bien que ma pièce est mauvaise. — Comment, mauvaise! Dites donc excellente, charmante. Il y a là des effets d'un comique irrésistible. Ferville sera aussi amusant qu'Arnal. » A ce nom d'Arnal, l'auteur tragique bondit, indigné. Il s'imaginait que Scribe n'avait pas écouté un mot de la pièce. Erreur ! Non seulement il l'avait écoutée, mais il l'avait refaite : à mesure qu'arrivaient les scènes les plus lugubres, il les transformait soudain en scènes de vaudeville, et quand la lecture fut finie, le gros mélodrame en cinq actes, bien commun, bien lourd, était devenu une ravissante et pimpante comédie en un acte, *la Chanoinesse*.

## V

Après l'invention du sujet, vient le plan. On se moque beaucoup du plan aujourd'hui. On inflige, aux auteurs qui s'en préoccupent, le nom de *carcassiers*. A quoi je réponds : depuis trente ans on a repris beaucoup de pièces anciennes ; les seules qui aient retrouvé leur succès d'autrefois, sont les pièces fondées sur un bon plan. Le plan est pour un drame ce qu'il est pour une maison, la première condition de toute solidité et de toute beauté. En vain couvrirez-vous un bâtiment des plus riches ornements, en vain emploierez-vous à sa construction les plus solides matériaux : s'il n'est pas édifié selon les lois de l'équilibre et selon les lois de l'ordonnance, il ne durera pas et il ne plaira pas. Ainsi des poèmes dramatiques. Le poème dramatique doit, avant tout, être clair ; sans plan, pas de clarté. Il doit marcher sans arrêt vers un but précis ; sans plan, pas de progression. Il doit placer chaque personnage à son rang, chaque fait à son point ; sans plan, pas de proportion. Le plan ne comprend pas seulement l'ordonnance ; il contient aussi l'art, que Dumas père proclamait la première loi du théâtre, l'art des préparations. Le public est un être bien bizarre, bien exigeant, et bien inconséquent. Il veut qu'au théâtre tout soit à la fois préparé et imprévu.

Si quelque chose tombe des nues, comme on dit vulgairement, cela le choque; si un fait est trop annoncé, cela l'ennuie; nous devons, pour lui plaire, le prendre à la fois pour confident et pour dupe, c'est-à-dire laisser tomber négligemment dans un coin de la pièce, un mot révélateur, mais inaperçu, qui lui entre dans l'oreille sans qu'il y fasse attention, et qui, au moment où éclate le coup de théâtre, lui arrache cette exclamation de plaisir, ce ah!... qui veut dire : « C'est vrai, il nous l'avait annoncé! Que nous sommes bêtes de ne pas l'avoir deviné! » Et les voilà enchantés. Scribe excellait dans cet artifice. Je vous engage à lire un chef-d'œuvre de lui, la *Famille Riquebourg*, et je vous recommande un petit verre de liqueur placé à la troisième scène. Il n'a l'air de rien du tout, ce petit verre de liqueur; il arrive sur un plateau comme un comparse, comme un garde dans une tragédie. Or, toute la pièce est en lui, car sans lui elle n'est pas possible, sans lui elle n'a pas d'issue; le dénouement est au fond de ce petit verre.

Enfin le point fondamental d'un plan bien fait, c'est le dénouement. L'art du dénouement dans la comédie est un art presque nouveau à quelques égards. Le public y est beaucoup plus difficile, et les auteurs y sont beaucoup plus experts. Je n'offenserai pas la mémoire de Molière, en disant qu'en général il ne dénoue pas ses pièces, i les finit. Une fois la peinture des caractères achevée, une fois le développement des passions terminé, il fait venir, on ne sait d'où, un père qui retrouve son fils, on ne sait comment; tout le monde s'embrasse et la toile tombe. Cette façon de conclure, vaille que vaille, ne nous réussirait pas aujourd'hui ; il faudrait être Molière pour se la permettre. Aujourd'hui, une des premières lois de l'art dramatique est que le dénouement soit la conséquence logique, forcée, des caractères ou des événements. La dernière scène d'une pièce est quelquefois celle qu'on écrit la première. Tant que la fin n'est pas trouvée, la pièce n'est pas faite, et, une fois que l'auteur tient le dénouement, il doit ne jamais le perdre de vue et lui tout subordonner. Que le romancier commence sans savoir où il va ; que, comme le lièvre de la fable, il s'arrête, broute, écoute d'où vient le vent, il le peut ; mais l'auteur dramatique doit prendre pour modèle la tortue... en tâchant d'aller un peu plus vite qu'elle, c'est-à-dire partir toujours à point, et toujours s'avancer l'œil fixe sur le but.

Scribe est un des auteurs de notre temps qui ont le mieux compris l'importance du dénouement, et qui en ont le mieux appliqué les sévères lois. Il les pratiquait même à l'égard des ouvrages des autres, et des ouvrages qu'il admirait le plus. Je l'ai entendu une fois, dans l'entraînement d'une conversation sur la comédie, refaire deux dénouements de Molière, celui des *Femmes savantes*, et celui de *Tartuffe*. « Quel malheur, me disait-il, que Molière ait terminé cette belle comédie de caractère, les *Femmes savantes*, comme une comédie de genre, par le petit artifice d'une nouvelle controuvée, d'une ruine fictive ! Il avait un si beau dénouement dans la main ! La conclusion sortait si naturellement des entrailles mêmes du sujet. C'est avec l'admirable scène de Vadius et de

Trissotin, que j'aurais fini ma pièce. Le tableau de ces deux cuistres, se déchirant l'un l'autre, se démasquant l'un l'autre, et désillusionnant eux-mêmes leurs dupes sur leur compte, eût conclu magistralement une œuvre magistrale. Quant à *Tartuffe*, ajouta-t-il, c'est différent! En général, on en blâme le dénouement; moi, je le trouve admirable. D'abord, il a un mérite immense à mes yeux; sans lui, nous n'aurions peut-être pas eu la pièce, et Molière n'en a sans doute obtenu la représentation qu'en faisant du roi un des acteurs de l'ouvrage. Puis, quelle saisissante peinture de l'époque que ce dénouement! Voilà un homme de bien, un homme de cœur, qui a vaillamment servi son pays, et qui, devenu victime de la plus patente et de la plus odieuse des machinations, ne trouve, ni dans la société, ni dans la justice, une seule arme pour se défendre contre le spoliateur. Pour le sauver, il faut que le souverain intervienne comme le *Deus ex machina*. Où trouver une plus terrible condamnation du règne, que dans cet éloge immense du roi? Voilà pourquoi, disait Scribe, j'admire tant ce dénouement, et voilà pourquoi je le changerais si j'avais la pièce à faire aujourd'hui. Aujourd'hui, en effet, le seul roi, c'est la loi. La parole souveraine, ce sont les articles du code. C'est donc le code que je chargerais du rôle de Louis XIV, c'est à lui que je demanderais un dénouement. Je ferais de Cléante, un magistrat, et au moment où Tartuffe dit: « *La maison est à moi, je le ferai connaître!* — Non, elle n'est pas à vous, s'écrierait Cléante; car vous n'en êtes le maître que par la générosité d'un bienfaiteur, que par une donation toute volontaire; or, la loi a prévu les misérables de votre espèce, et elle a écrit ces deux lignes vengeresses : *Toute donation est révocable pour cause d'ingratitude.* Venez donc réclamer cette maison devant la justice, j'y serai aussi avec les preuves patentes de votre abominable ingratitude! Venez, je vous y attends! »

## VI

Après le plan viennent naturellement le style et les caractères; mais, avant de les aborder, je dois m'arrêter un moment sur un point fondamental de notre art, qui tient une place considérable dans l'œuvre de Scribe, et qui en constitue en partie l'originalité.

Le jour de la première représentation d'*Hernani*, Scribe occupait une première loge de face. J'étais, moi, aux secondes loges de côté, et je l'ai vu là, debout, suivant la pièce avec attention, et osant parfois rire aux éclats, ouvertement. Ce n'était pas seulement un acte de courage (il s'est créé, ce jour-là, bien des ennemis implacables), c'était une profession de foi dramatique, j'ajouterai philosophique. Il y a en effet, dans tout grand auteur comique, un philosophe. Je veux dire qu'il porte en lui-même un ensemble d'idées générales, une conception théorique de la vie, dont ses comédies ne sont que la réalisation. Ces idées générales lui viennent soit de sa nature propre, soit du milieu où il a été élevé, et représentent la part de sa pensée et de son caractère dans les œuvres de son imagination; elles constituent son rôle social et moral.

Ce double rôle de Scribe fut considérable. Il se résume en un mot: Scribe représente la bourgeoisie. Né rue Saint-Denis, il restera, et là est sa force, l'homme de la rue Saint-Denis; c'est-à-dire qu'en lui s'incarne cette classe moyenne et parisienne, travailleuse, économe, honnête, à qui manque peut-être un certain sentiment de la grandeur, qui ne poursuit pas un idéal très élevé, mais qui garde en partage le bon sens, le bon cœur et le culte des vertus domestiques.

De là, l'originalité de Scribe dans la littérature de la Restauration. Il fut l'antithèse naturelle du romantisme. Pendant qu'*Antony* nous entraînait éperdus et enivrés comme lui dans le tourbillon des passions adultères, pendant qu'*Hernani* nous enthousiasmait pour les bandits, et que *Marion Delorme* nous prêchait le culte des virginités refaites et surfaites; Scribe, lui, vantait le bonheur dans le ménage et prenait pour héroïnes, les jeunes filles avant la lettre. Relisez les divers répertoires de Scribe: le *Mariage de raison*, *Une chaîne*, les *Premières amours*, le *Mariage d'argent*, vous y trouverez partout la défense de l'autorité paternelle, la prédominance de la raison sur la passion; sa muse est la muse du coin du feu, du pot-au-feu, si l'on veut, mais c'est la muse du foyer de famille.

On prétend, qu'après une représentation du *Mariage d'inclination*, une jeune fille se jeta dans les bras de sa mère, en lui avouant qu'elle était sur le point de se laisser enlever. Après une pièce d'Alexandre Dumas père, elle se serait jetée dans les bras de son amant, en lui disant: Enlève-moi!

Les comédies de Scribe représentent encore la bourgeoisie par les sentiments patriotiques qui les remplissent. Ses *guerriers* et ses *lauriers*, ses vieux grognards, ses colonels, ont fait sourire depuis; nous, ils nous faisaient pleurer: car nous étions au lendemain de l'invasion; nos blessures étaient encore saignantes; chacun de ces couplets de vaudeville était pour nous une consolation et comme une sorte de revanche; ou je me trompe fort, ou nous ne nous en moquerions plus aujourd'hui.

Enfin Scribe était tout à la fois conservateur et frondeur, soutenant le trône et se moquant de la Chambre, célébrant le roi et chansonnant les ministres, impitoyable surtout pour ces palinodies que les intéressés veulent nous donner pour des conversions. Je me rappelle, à ce sujet, un trait fort caractéristique : c'était au commencement du second Empire, vers 1854. Scribe rencontre dans le monde un assez important personnage, que nous appellerons M. de Verteuil, et qui avait été son camarade de collège: « Que fais-tu? lui dit son ami; as-tu quelque comédie sur le chantier? — Oui, répond Scribe, je tiens, je crois, un charmant sujet : je voudrais mettre en scène un pair de France sous Louis-Philippe, devenant sénateur sous Napoléon III. T'imagines-tu quelle source de traits comiques dans les

palinodies de ce personnage, dans son embarras pour
accorder sa fidélité d'aujourd'hui avec sa fidélité d'autrefois ? Ce sera charmant. » Là-dessus, un flot de monde
sépare les deux amis ; Scribe rentre chez lui, et rentre
songeur et soucieux. Pourquoi ? C'est qu'après cette conversation une inquiétude lui était venue. « J'ai bien
peur, se dit-il, que mon sujet ne soit pas aussi bon que
je me l'imaginais ; de Verteuil est un homme de beaucoup d'esprit ; je lui ai raconté mon plan avec verve et
entrain ; eh bien, il n'a pas ri. Oh ! il n'y a pas à se
le dissimuler, il n'a pas ri du tout. Diable ! diable ! c'est
un mauvais signe. » Tout en parlant ainsi, Scribe ouvre
machinalement le journal du soir. Voici ce qu'il y lit :
M. de Verteuil, ancien pair de France, est nommé sénateur.

Arrivons enfin aux caractères, et au style. J'avouerai
sans hésitation que là sont les deux côtés faibles de
Scribe. La vie humaine lui apparaissait presque toujours à la lueur de la rampe ; il connaissait très bien les
hommes, mais il les voyait à l'état de personnages de
théâtre. De là, ce fait singulier, qu'il a créé une foule
de jolis rôles, et qu'il a produit très peu de types généraux et profonds. Ce n'est pas que la vie et la vérité
manquent aux êtres qu'il jette sur la scène ; sa finesse
d'observation démêle à merveille et met bien en relief
leurs travers, leurs prétentions, leurs passions ; ils parlent comme ils doivent parler, ils agissent comme ils
doivent agir dans la situation donnée, mais ils ne sont
que les hommes de cette situation ; ils la remplissent,
ils ne la dépassent pas. Au contraire, pour prendre

un grand exemple, quand vous lisez Shakespeare, vous sentez courir autour de ses personnages un si grand souffle de vie générale, ils portent une empreinte si caractéristique, qu'ils vous apparaissent non seulement tels qu'ils sont dans les circonstances présentes, mais tels qu'ils seraient dans toutes les circonstances possibles. Ce ne sont pas seulement des rôles; ce sont des hommes, des hommes complets.

Rien de pareil chez Scribe. Il a rarement le sentiment de ces fortes individualités qu'on appelle des caractères, et, sauf dans *Bertrand et Raton*, *Rantzau et Burgstraf*, sauf une admirable et dernière scène dans *l'Ambitieux*, on peut dire que ses comédies offrent moins la peinture que la mise en scène du cœur humain.

Son style donne lieu à la même remarque. La langue de la comédie doit être à la fois une langue parlée et une langue écrite. Lisez *l'Avare*, *le Festin de Pierre*, *Georges Dandin* : sans doute, c'est bien toujours don Juan et Harpagon qui parlent, mais vous y sentez toujours aussi Molière qui les fait parler. Scribe ne possède que la moitié de ses dons. Son style a toutes les qualités de la conversation, le mouvement, la vivacité, le naturel, l'esprit; mais on y regrette trop souvent cette richesse de coloris et cette fermeté de dessin qui constituent seules le grand écrivain. Il a un autre tort. Tout poète comique, mettant en scène les personnages de son époque, est forcé de leur prêter le langage de son époque; mais, hélas! il y a bien du jargon, par conséquent bien des éléments éphémères dans ce langage. Chose singulière, c'est le sentiment le plus éternel qui s'exprime dans la forme la plus transitoire. Ce qui vieillit le plus dans les pièces de théâtre, ce sont les déclarations; et si vous relisez les vieilles lettres d'amour, même celles qui vous ont été adressées..., elles vous feront mourir de rire. Plus elles sont tendres, plus elles sont comiques. Or, l'art des maîtres est de démêler dans l'idiome courant les éléments périssables, de telle sorte qu'ils ne lui empruntent que juste ce qui est nécessaire pour donner à leur dialogue l'accent et la saveur du moment : Molière écrit à la fois dans la langue de son temps et dans la langue de tous les temps. Scribe, en raison même de son instinct scénique, se sert trop du dictionnaire de la Restauration. Enfin l'impétuosité, le despotisme de son tempérament dramatique, lui faisait tout subordonner à l'action théâtrale, tout, même parfois la grammaire; non par ignorance, il connaissait très bien sa langue; quand il péchait contre elle, c'était sciemment et avec préméditation. J'assistais un jour à une de ses répétitions : arrive une phrase un peu incorrecte, je lui en propose une autre. « Non! non! mon cher ami, me répond-il vivement, c'est trop long, je n'ai pas le temps; ma phrase n'est peut-être pas très orthodoxe, mais la situation court; il faut que la phrase fasse comme elle : c'est ce que j'appelle le style économique! » En revanche, ce n'est pas par économie mais par nécessité, qu'il a écrit certains vers lyriques qu'on lui reproche sans cesse, et dont j'ai à cœur de laver sa mémoire. D'abord, partez de ce principe : quand vous voyez un très mauvais vers dans un opéra, soyez sûr que c'est le musicien qui l'a fait. Le despotisme des compositeurs dépasse toute imagination, et rien ne peut donner l'idée de ce que devient une strophe élégante entre leurs mains, ils la brisent, ils la démembrent, ils y ajoutent des hiatus; c'est monstrueux! Le fameux alexandrin des *Huguenots :*

Ses jours sont menacés. Ah ! je dois l'y soustraire !

n'a jamais été de Scribe ; il est de Meyerbeer! Scribe avait écrit correctement :

Ce complot odieux
Qui menace ses jours, ah ! je dois l'y soustraire.

Mais ce *qui* gênait Meyerbeer, Meyerbeer l'a coupé, il y a substitué son affreux hémistiche, le pauvre poète l'a endossé comme on signe un billet de complaisance ; et, quand l'effet a été protesté, c'est lui qui a payé.

J'ai hâte d'arriver à la cinquième étape de notre voyage dramatique, à la mise en scène ; nous y retrouvons Scribe au premier rang.

## VII

La mise en scène, surtout dans la comédie, est encore un art tout moderne. Autrefois, l'auteur écrivait bien sur son manuscrit : *La scène se passe dans un salon*, mais rien ne s'y passait comme dans un salon. D'abord on ne s'y asseyait pas. Vous vous rappelez encore les acteurs du Théâtre-Français, venant réciter leurs tirades, tout debout, à côté l'un de l'autre, devant le trou du souffleur. Un homme d'esprit, devenu depuis un personnage officiel, voulut inaugurer, rue Richelieu, ce qu'il appela la comédie assise. Malheureusement, sa pièce tomba, et la comédie assise se trouva une comédie par terre. Scribe, un des premiers, jeta sur la scène toute l'animation de la vie réelle. La nature de son talent l'y forçait. Ses comédies vives, alertes, pleines d'incidents et de péripéties soudaines, ne pouvaient s'accommoder de la sobriété de mouvement du théâtre d'autrefois. En réalité, un manuscrit de Scribe ne contient qu'une partie de son ouvrage, la partie qui se parle ; le reste se joue ; les gestes complètent les mots, les silences font partie du dialogue, et les petits points achèvent la phrase.

Avez-vous jamais comparé la ponctuation d'une pièce de Scribe avec celle d'une pièce de Molière ? Dans Molière, toute pensée se termine par un point, et il entremêle dans son dialogue, selon les mouvements de la phrase, les points et virgules, les deux-points, les points d'interrogation, et, de temps en temps, les points d'exclamation. Scribe y a ajouté les petits points, c'est-à-dire la phrase inachevée, le sentiment sous-entendu, la pensée qui ne se produit qu'à demi. Je pourrais citer, dans la *Camaraderie*, un monologue d'une page où j'ai compté quatre-vingt-trois petits points. Il est vrai que ce monologue, plein de réticences, est dans la bouche d'une jeune fille, et on répète volontiers que les jeunes filles ne disent jamais que la moitié de ce qu'elles pensent.

Toujours est-il qu'il y a toute une école dramatique dans le système des petits points, et Scribe avait raison de dire que la mise en scène était une seconde création, et comme une nouvelle pièce ajoutée à la première.

En effet, on ne le connaissait qu'à moitié, tant qu'on ne l'avait pas vu tirer un ouvrage dramatique des limbes du manuscrit, le faire monter sur la scène et y monter avec lui. J'ai assisté un jour, à l'Opéra, à une répétition du *Prophète*. J'arrivai au moment où le poète mettait en scène la grande révolte du troisième acte. Figurez-vous un général sur un champ de bataille. Il était partout à la fois, il jouait tous les rôles : tantôt peuple, tantôt prophète, tantôt femme; marchant à la tête des conjurés d'un air farouche, avec ses lunettes relevées sur son front; puis, tout à coup, se jetant de l'autre côté et figurant la jeune première..., toujours avec ses lunettes sur son front; assignant à chacun a place, marquant sur les planches avec de la craie l'endroit précis où tel acteur devait s'arrêter, et mêlant si habilement les diverses évolutions de ses personnages, que les mouvements les plus vifs étaient toujours de l'ordre, et que l'ordre était toujours de la grâce.

Le troisième acte fini, nous courons ensemble au Théâtre-Français, où l'on nous attendait pour une répétition. Il s'agissait de mettre en scène le second acte des *Contes de la Reine de Navarre*, un acte tout intime et ne comptant que quatre personnages.

Soudain, voilà un autre homme qui m'apparaît en Scribe. Autant à l'Opéra, je l'avais vu puissant à manier les masses et à traduire par la figuration les plus violentes passions populaires, autant je le vois, à la Comédie-Française, plein de finesse et de nuances dans l'interprétation des sentiments délicats. Avant son arrivée, la scène semblait aux artistes eux-mêmes, un peu languissante, un peu froide. Il vient, et en quelques instants, sans ajouter un mot, il parsème le dialogue de gestes si vrais, de poses si expressives, de temps d'arrêt si ingénieux, il se sert si adroitement des meubles et des chaises, comme d'autant d'accidents de terrain, que la situation s'accentue, que l'intérêt se dessine, que les personnages prennent du relief, et que l'acte devient rapide, animé, vivant; on eût dit un coup de baguette de magicien.

Ce n'est pas tout. La mise en scène était pour lui une sorte de révélation ; à la lueur de ce sombre petit quinquet des répétitions que nous connaissons tous, il apercevait dans son œuvre ce qu'il n'y avait pas soupçonné auparavant. Il m'a souvent raconté ce qui lui arriva pour un drame fort intéressant, nommé *Philippe*, qu'il avait composé avec Bayard, et qui roulait sur le mystère d'une naissance illégitime.

La pièce s'ouvrait par la révélation de ce mystère; Scribe arrive à la répétition, au moment même où l'acteur révélait ce secret au public. — « C'est trop tôt, s'écria-t-il, il faut reporter cette révélation à la seconde scène! » On la reporte le lendemain à la seconde scène. — « C'est trop tôt, s'écria-t-il, il faut la reporter à la troisième. » On la reporta à la troisième; mais c'était encore trop tôt, et de report en report, on la recula si bien, qu'elle fut reléguée à la fin de la pièce, et que l'exposition devint le dénouement.

Pourtant, il est juste de mettre une restriction à ces éloges. Si Scribe a été le véritable fondateur de la mise en scène moderne, deux parties importantes de cet art lui font absolument défaut. Il ne s'entendait ni aux décors, ni aux costumes. Chose étrange! Rien à la fois de si voyageur et de si casanier que l'imagination de Scribe. Elle se promenait dans tous les pays du monde, et elle restait toujours à Paris. Il mettait en tête de ses opéras-comiques et de ses opéras : *La scène se passe à Saint-Pétersbourg, la scène se passe à Madrid, la scène se passe à Pékin*; en réalité, la scène se passait toujours en France. Quand il écrivait le mot *une cuisine, une auberge, un palais*, il voyait toujours la même cuisine, la même auberge, le même palais. Quant à ses personnages, il les affublait dans sa pensée de je ne sais quelles toques, je dirais volontiers de je ne sais quelles loques qui n'appartenaient en rien au pays. Il s'occupait de les faire agir, de les faire parler, mais quant à les loger et à les vêtir, il n'en avait cure. Ce défaut, tout extérieur en apparence, tenait à cette lacune que j'ai signalée dans son esprit. Le côté pittoresque des choses lui échappait, comme le côté caractéristique des personnages. *Il n'avait pas le sentiment de l'individualité.* Heureusement, il rencontra un collaborateur merveilleux dans M. E. Perrin. M. E. Perrin, qui avait, lui, l'instinct et la science du décor et du costume, m'a souvent raconté l'émerveillement naïf de Scribe, en voyant ses personnages et ses intérieurs se transformer sous la main de cet habile metteur en scène.

Je ne veux pas quitter cette étude sur Scribe, comme auteur dramatique, sans parler d'un autre de ses collaborateurs, unique dans son genre, car ce collaborateur est un roi.

Scribe avait composé, vers 1850, un opéra sur la *Tempête* de Shakespeare. Les Anglais désirèrent qu'il fût joué chez eux, et Scribe alla à Londres pour le mettre en scène. Dès le lendemain de son arrivée, sa première visite fut pour le roi Louis-Philippe. Scribe n'avait jamais été républicain, c'était un de nos rares points de dissentiment, et il avait trouvé trop bon accueil aux Tuileries pour ne pas faire un pèlerinage à Claremont.

Louis-Philippe, au dire de ceux qui l'ont connu, était un des plus aimables causeurs de son temps. Il amena gracieusement l'entretien sur la *Tempête*, et, tout à coup, d'un ton moitié railleur, moitié sérieux :

« Savez-vous, monsieur Scribe, que j'ai l'honneur d'être votre confrère? — Vous, Sire? — Oui, vraiment. Vous venez à Londres pour un opéra; eh bien, moi aussi, j'ai fait un opéra dans ma jeunesse, et je vous jure qu'il n'était pas mal. — Je le crois, Sire; vous avez fait des choses plus difficiles. — Plus difficiles pour vous peut-être, mais pour moi, non! J'avais pris pour sujet les *Cavaliers* et les *Têtes rondes*. — Beau sujet, répondit l'auteur des *Huguenots*. — Voulez-vous que je vous le raconte? Le hasard m'a fait retrouver, ces jours-ci, mon manuscrit. Je serais curieux d'avoir votre sentiment. — Je suis à vos ordres, Sire. » Et voilà Louis-Philippe qui, avec sa verve de conteur, entame la narration de son premier acte. Scribe l'écoute d'abord respectueusement, silencieusement, comme il aurait écouté un discours du trône; mais, peu à peu, à mesure que la pièce avance, son naturel d'auteur dramatique reprenant le dessus, il oublie absolument le souverain, il ne voit plus qu'un plan d'opéra, et, arrêtant le narrateur à un passage défectueux : « Oh! cela c'est impossible! — Comment? impossible! reprit le roi, un peu piqué. Pourquoi? — Parce que c'est invraisemblable, et, ce qui est pis, sans intérêt. — Sans intérêt! sans intérêt!... mon cher monsieur Scribe. Permettez!... » Mais c'était fini! Scribe était lancé, les rôles étaient intervertis, c'était l'auteur qui était le souverain! « Savez-vous ce qu'il faudrait là, Sire? Il faudrait une scène d'amour. La politique, dans un conseil des ministres, c'est très bien; mais, dans un opéra, il faut de l'amour! — Soit! mettons de l'amour! » dit Louis-Philippe en riant. Et les voilà tous deux, cherchant, travaillant, jusqu'à ce que l'heure rappelle à Scribe qu'on l'attendait à Londres. « Déjà! lui dit le roi. Oh! mais, un instant, je ne vous laisse pas partir, si vous ne me promettez pas de revenir demain déjeuner avec moi... Notre opéra n'est pas fini. A demain! — A demain! Sire. »

Le lendemain, mais en arrivant, qui trouva-t-il à la porte du cabinet du roi? La reine, qui l'attendait, et qui, lui prenant les mains avec émotion : « Oh! soyez béni, monsieur Scribe! lui dit-elle. Pour la première fois, depuis notre exil, le roi a dîné de bon appétit. Pendant toute la soirée il a été gai, causeur, et ce matin, en entrant dans sa chambre, je l'ai trouvé assis dans son lit, se grattant le front comme son aïeul Henri IV, quand il était dans l'embarras, et disant tout bas : « Ce diable de Scribe! il croit que c'est facile. » Et il souriait, monsieur, il souriait... Revenez!... Revenez souvent!... Revenez tous les jours, tant que vous serez ici... Me le promettez-vous? » Il le promit, et il tint parole, et, pendant toute une semaine, il alla chaque matin verser un peu de joie dans ce cœur navré, un peu de lumière dans ce sombre séjour, et, à son retour en France, il rapporta les plus beaux droits d'auteur qu'il eût jamais touchés, la reconnaissance d'un exilé, l'affection d'un roi déchu et les bénédictions d'une sainte.

## VIII

Ces souvenirs resteraient bien incomplets, si je ne montrais en Scribe l'homme et l'ami. Ce serait plus que de l'inexactitude, ce serait de l'ingratitude.

M. Thiers me disait un jour de lui-même : « *Somme toute, je suis une bonne créature.* »

Je peindrai Scribe d'un mot : C'était un bon homme. Oui! tous les sens de ce mot charmant lui étaient applicables. Un bon homme est simple, un bon homme est gai, un bon homme est bon, un bon homme est naïf; pas toujours, mais quelquefois. un bon homme est modeste; Scribe était tout cela. Certes, il ne pouvait pas ignorer sa valeur. Quarante ans de succès la lui avaient apprise, mais il avait l'air de l'oublier. On citait devant lui, avec force éloges, ce fameux mot de Royer-Collard : *M. de \*\*\* n'est pas un sot, c'est le sot.* « Ce mot ne me semble pas si extraordinaire, dit Scribe très simplement, il me semble que j'en trouverais bien autant. » N'est-ce pas délicieux dans la bouche d'un homme qui a eu tant d'esprit, qu'on lui reprochait d'en avoir trop? Mais voici un fait qui le peindra tout à fait au vif.

Scribe passait l'automne à la campagne chez des amis. On employait les soirées à lire des romans anglais. La lectrice était une pauvre institutrice, qui, dans un entr'acte de lecture, dit en soupirant : « Ah! si je pouvais jamais réaliser mon rêve. — Et quel est donc votre rêve, mademoiselle? — D'avoir quelque jour, dans un bien long temps, douze cents livres de rente, qui me donneraient l'indépendance et le repos. » A quelque temps de là, un soir, après le dernier chapitre d'un roman assez insignifiant, Scribe dit tout à coup à la lectrice : « Savez-vous, mademoiselle, qu'il y a là un fort joli sujet de comédie en un acte? C'est vous qui me l'avez fourni, voulez-vous que nous fassions la pièce ensemble? » Vous jugez si elle accepta. Trois jours après, Scribe descend au salon avec la comédie achevée et, trois mois plus tard, on annonce la première représentation. Le matin, Scribe se rend chez son agent dramatique : « Aujourd'hui, lui dit-il, on donne de moi une pièce, où j'ai une collaboratrice. Quel sera le succès de l'ouvrage? je l'ignore; mais ce que je sais, c'est que cette comédie rapportera douze cents francs par an à ma collaboratrice, tout le temps de sa vie : arrangez-vous pour que cela ait l'air naturel. » Voilà un trait bien délicat, n'est-ce pas? et Scribe, qu'on a tant accusé de plagiat, n'a imité cela de personne, et n'a pas eu beaucoup d'imitateurs. Mais attendez la fin. Affriandée par ce succès, l'institutrice trouvait sans cesse dans les romans anglais de nouveaux sujets de comédie, et les apportait à Scribe, qui déclinait l'offre en souriant : sur quoi, la collaboratrice, quand on lui vantait Scribe, répondait tout bas : « Oh! oui! oui! c'est un charmant jeune homme! Mais enfin, il est un peu ingrat, car nous avons fait ensemble une pièce très jolie, puisqu'elle nous rapporte à chacun douze cents francs par an, et il ne veut plus en faire d'autres. » Scribe ne la détrompa jamais. Oh! la charmante chose qu'un homme supérieur, qui est en même temps un bon homme. Et quelle belle puissance imaginative que celle qui tire d'un mauvais roman une jolie pièce et une bonne action!

## IX

Il faut pourtant aborder le point le plus délicat de cette étude. *Les vieux amis* ont tenu une grande place dans la vie de Scribe; mais bien plus grande encore y fut celle des femmes. Elles y ont joué autant de rôles que dans ses pièces, ou pour mieux dire, elles y ont joué le même rôle. Où avait-il trouvé en effet tant de délicieuses scènes d'amour, si ce n'est dans son propre cœur? J'ai entendu parler de Scribe amoureux par une femme qui le connaissait bien, et qui avait de bonnes raisons pour cela; c'est Jenny Vertpré.

Horace Walpole a dit de Mme de Choiseul : « C'est la plus jolie petite fée qui soit sortie jamais d'un œuf enchanté ». Ce mot semble le portrait de Jenny Vertpré. Un jeune général de l'Empire, amoureux fou d'elle, venant lui dire adieu au moment de partir pour la Russie, ne put pas y tenir, il l'emporta dans son manteau, au fond de sa voiture, et ils allèrent ainsi tous deux jusqu'à Dantzick, elle, blottie et cachée dans les plis de ce manteau, comme un oiseau dans son nid. Elle avait seize ans. Des yeux d'écureuil! des quenottes de souris! des cheveux, aile de corbeau! Et une taille! Et un sourire! Et un esprit! Quand Scribe créa le délicieux personnage de Mme Pinchon, il lui écrivit : « Ma chère Jenny, je viens de te faire un rôle avec tous tes mots. » Fille d'un acteur du Vaudeville, elle avait été élevée, cour des Fontaines, sur le même palier que Déjazet. Chaque matin, les deux petites filles descendaient chercher le lait et le charbon des deux ménages. En allant, en venant, et en s'arrêtant, elles faisaient échange de leur petit savoir. Déjazet savait lire, et Jenny Vertpré savait son catéchisme ; si bien que plus tard, Déjazet lui dit un jour très sérieusement... « Vois-tu, Jenny, toi je t'aimerai toujours, parce que je te dois mes principes religieux. » Le plus comique, ajoutait Jenny en riant aux éclats, c'est que son mot était sincère! Déjazet a toujours été dévote. Dans le petit village où elle est retirée, elle va à la messe. »

De Déjazet, j'amenai la conversation sur Scribe et sur ses conquêtes.

« Oh! le scélérat! me dit-elle, il ne pouvait pas se mettre au travail sans avoir sur sa table cinq ou six billets de femme. — Comment était sa figure dans sa jeunesse? — Une figure de signalement. Nez moyen ; front moyen ; menton moyen ; taille moyenne, un peu lourde. Ce qui le caractérisait, c'était, sous deux énormes arcades sourcilières, deux petits yeux verts, spirituels et pleins de pétillement! Mais surtout une bouche! deux coins de bouche! deux petites fossettes d'enfant à côté de la bouche! Et, avec cela, si câlin, si coquet, si amusant et si godiche! » Je me récriai. — « Oh! non! vrai! ajouta-t-elle avec son petit sourire infernal, il y avait conscience à le tromper, c'était trop facile!... » Je n'en revenais pas. Scribe facile à tromper! « Cela vous étonne, reprit-elle, mais vous ne savez donc pas ce qu'était Scribe? Un naïf! »

A ce portrait tracé de main de femme, je puis en ajouter un autre fait par Scribe lui-même. Nous causions du Gymnase et du célèbre acteur Gontier. « Gontier, me disait-il, excellait à faire la charge des gens. Un jour, dans le foyer, après avoir caricaturé acteurs et auteurs avec grand succès, il commence une dernière charge qui soulève les bravos et les applaudissements de tout le monde! Seul, je ne riais pas. — « Qui est-ce donc? dis-je, tout haut, je ne connais pas ce pataud-là! Là-dessus les éclats de rire redoublent. Ce pataud-là, c'était moi! » Voilà Scribe! ne se surfaisant jamais, ne se vantant jamais, et ne parlant jamais de ses bonnes fortunes... Plutôt prêt à raconter les autres.

Une nuit, au bal de l'Opéra, une femme masquée l'accoste et lui prend le bras. Sa démarche disait qu'elle était jeune... et deux yeux noirs, luisant à travers les trous du masque, faisaient croire qu'elle était jolie. La conversation s'engage. Le masque avait de l'esprit. La tête de Scribe se monte, il cause,... il presse, on ne se défend qu'à demi! Il offre l'hospitalité dans son appartement de garçon,... on accepte! Il demeurait alors place de la Bourse, au troisième. Les voilà partis! Les voilà arrivés! Les voilà montant l'escalier. Tout à coup, au premier étage, la dame s'arrête. « Pas encore! lui dit Scribe, ce n'est pas là. — Mais si, vraiment! — Oh! pardon! ajoute-t-il gaiement. Je demeurerai peut-être un jour au premier ; mais aujourd'hui... — Aujourd'hui, dit la femme en ôtant son masque, c'est moi qui y demeure. — Comment! Madame! — Oui, mon cher voisin, et je vous remercie mille fois de m'avoir reconduite. J'avais perdu mon mari au bal, je mourais de peur! Je ne savais comment revenir chez moi! Heureusement, j'ai rencontré le plus aimable des cavaliers, qui a improvisé à mon bénéfice une des plus jolies déclarations de toutes ses comédies, terminée par le plus heureux dénouement, ce dont je lui rends grâces de tout mon cœur, en attendant que mon mari aille demain lui offrir l'expression de toute sa gratitude. » Là-dessus, elle fait à Scribe la plus aimable révérence, et entre chez elle, le laissant sur l'escalier, tout penaud, tout confus et très affligé... La dame fut-elle touchée du regard de reproche et de regret qu'il lui jeta ? Cette petite comédie en un acte en eut-elle un second ? Il ne me l'a jamais dit.

Toutes ses aventures n'étaient pas des mésaventures; d'autant plus qu'il ne prenait pas l'amour au tragique. Il ne jouait pas les Antony. Une jolie fille, une bonne fille, une aimable fille, il n'en demandait pas davantage, et si on le trahissait, pour peu que le tour fût bien joué, il s'en consolait en en riant le premier. Alors brillait aux Variétés, sous le nom de Pauline, la plus jolie paire d'yeux noirs que j'aie peut-être vus au théâtre. Brunet était son directeur, et, à ce titre, la dirigeait volontiers hors du bon chemin. Arrive Scribe avec une pièce nouvelle qui a cent représentations. Pauline s'éprend de lui. Brunet s'en désespère d'abord et s'y résigne ensuite. Malheureux comme amant, il se rattrapait comme directeur ; Pauline attachait Scribe à son théâtre. Mais voilà que survient un troisième larron ; le beau Dartois. Oh! cette fois, Brunet n'y tient plus ! Il court chez Scribe! « Mon cher ami, lui cria-t-il d'une voix désespérée, on *nous* trompe! » Ce *nous* fit tant rire Scribe, qu'il en oublia son chagrin. Le *pluriel* le consola de la pluralité.

Il ne se tirait pas toujours aussi facilement avec ses maîtresses de leur fidélité. Vers les quarante ans, outre les intrigues légères qui se croisaient dans sa vie comme dans son théâtre, il était engagé dans deux relations sérieuses qui lui causaient parfois des embarras comiques. Il ne s'agissait pas moins que de deux femmes mariées, mais séparées, par conséquent libres, ce qui l'assujettissait beaucoup. La liberté des maîtresses fait la servitude des amants. On donnait à ce moment les *Pilules du Diable*. Scribe y va, il s'y amuse médiocrement, et trouve, le soir, en entrant chez lui, ce petit mot : « Tout le monde parle des *Pilules du Diable*,... je meurs d'envie de les voir, surtout avec vous. Louez une loge pour demain ; je serai chez vous à sept heures. » Hum! fait Scribe, les *Pilules du Diable*, deux fois en vingt-quatre heures! C'est dur! Enfin! puisqu'il le faut. Il loue la loge, il revoit les *Pilules du Diable*, il s'y ennuie beaucoup plus que la premier fois, il rentre exaspéré, et trouve un second billet ainsi conçu : « Mon cher ami, on m'a monté la tête pour les *Pilules du Diable*. Je meurs d'envie de les voir, *surtout avec vous!* Demain soir vous va-t-il? Oui, n'est-ce pas? Louez une baignoire, je me fais une fête de cette soirée! » Il se résigna, comme toujours ; car avec sa bonhomie, son impossibilité de faire de la peine à quelqu'un et surtout à une femme, il n'avait pas le courage de rompre. Tout au plus, de temps en temps, trouvait-il le moyen, par quelque ruse, de détendre un peu sa chaîne. Une de ces deux reines et maîtresses, la plus ancienne, lui avait fait promettre de venir la voir chaque jour de cinq heures à six. Tout n'était pas tendresse dans cette exigence, il y avait moitié calcul. La dame tenait à ce que cette visite quotidienne constatât publiquement son empire sur Scribe. Il était donc fidèle au rendez-vous ; seulement, deux ou trois fois par semaine, au bout d'un quart d'heure, il allait s'adosser à la cheminée, et passant son bras derrière son dos, il avançait du doigt, l'aiguille de la pendule. Puis se retournant : « Ah! bon Dieu! disait-il, déjà six heures! Il faut que je me sauve! *Comme le temps passe près de vous!* »

Goethe raconte que, quand il avait un chagrin d'amour, il en faisait une ode, et que sa peine s'envolait, emportée par ses vers. Scribe se vengea des mille ennuis de ces liens lilliputiens, en en tirant le sujet de deux de ses plus jolies comédies, *les Malheurs d'un amant heureux* et *Une Chaîne*. Enfin, vers l'âge de cinquante ans, il rentra en possession de lui-même par un coup vaillant, il se maria! Ce dénouement peut compter parmi les plus jolis de son théâtre. D'abord, en habile auteur dramatique, il le prépara longtemps d'avance. Au début de cette double liaison, il avait juré mille fois à ses deux maîtresses, que si elles avaient été libres, il les aurait épousées. Un peu plus tard, il leur jura que si elles devenaient veuves, il les épouserait. Les années marchant, il leur dit : je vous attendrai jusqu'à cinquante ans... Mais, il est bien entendu qu'à cinquante ans, si vous n'êtes pas libres, je le suis! » Dieu sait quels vœux ardents il adressa au ciel, pour la continuation de la bonne santé de ces deux maris! Aucun de ses meilleurs amis ne lui inspira autant de sollicitude. Le ciel l'exauça. Ils tinrent bon tous les deux! Le jour dit, il se maria, et trois mois après son mariage, ils moururent tous deux! « Bon Dieu! s'écria-t-il, voyez-vous ma position si ce double malheur était arrivé trois mois plus tôt. Comment m'en serais-je tiré? Je frémis en y pensant. Après tout, ajoutait-il en riant, je n'aurais pas pu les épouser toutes les deux. »

## X

Alors commencèrent les plus heureux jours de cette heureuse vie. Il était en pleine gloire, il entra en pleine joie. « Mon cher ami, me disait-il souvent, je n'avais connu que le plaisir, je connais le bonheur. » Sa femme était jeune encore, trente ans à peine, jolie, gaie, femme de cœur et femme de tête. Béranger, qui la connaissait, et dont elle chantait très bien les chansons, disait d'elle : « Elle serait de force à gouverner un empire ». Douze ans s'écoulèrent ainsi, sans une ombre sur ce tableau, sans un nuage dans ce ciel. A cette époque, un matin où je lui rappelais la succession inouïe de triomphes et de joies dont sa vie était faite : « Oh! oh! me répondit-il tristement, il n'y a que l'âne qui sache où le bât le blesse. » Je n'osai pas l'interroger, mais je remarquai qu'à partir de ce moment son imagination devint plus sombre. Quand nous causions de quelque plan de pièce, il me proposait toujours des sujets pénibles et un peu amers. « Vous me demandez souvent, me dit-il un jour, de donner une suite à nos quatre brillants succès, eh bien ! je vous propose un titre, qui est une idée. — Lequel? — *L'Amour d'un vieillard !* » Comme je fronçais un peu le sourcil... « Attendez, me dit-il vivement. Il ne s'agit pas de recommencer *Hernani* ou *l'École des vieillards*. Ce que je voudrais peindre, ce sont les douleurs d'un vieillard aimé!... Vous entendez bien?... aimé! — Oui, oui, j'entends. Ce serait le pendant des *Malheurs d'un amant heureux*... Mais y aurait-il là de l'intérêt? — Certes! reprit-il car ce sera nouveau, poignant et vrai. Là, se trouve un mystère inobservé, du moins au théâtre. Nous autres, hommes, nous pouvons aimer une femme laide, une femme bête, voire même une femme méchante, mais une vieille femme, jamais! Pour les femmes, au contraire... et ce que je dis là est à leur honneur, car cela prouve qu'elles aiment plus avec l'âme que nous... pour les femmes, l'âge peut s'effacer derrière la gloire, derrière le talent, derrière l'héroïsme! Le général Cavaignac avait plus de cinquante ans quand il sauva Paris, aux journées de juin. Enthousiasmées par cette victoire, trois ou quatre jeunes filles se prirent d'amour pour lui et voulurent l'épouser. — Mon cher ami, lui répondis-je, je pourrais à cet exemple en ajouter un plus frappant encore, et qui rentre absolument dans votre sujet. Le vieillard dont je veux vous parler avait plus de soixante ans, et votre titre semble fait tout exprès pour lui, tant il a aimé, et tant il a souffert d'avoir été aimé. — Qui est-ce donc? — Béranger. — Béranger! — Vous ne connaissez pas son histoire de Tours? — Non. — Je n'en sais guère de plus extraordinaire. — Racontez, racontez! reprit-il vivement. — Béranger étant retiré à Tours, une jeune fille, une Anglaise, se prit pour lui d'une telle passion qu'elle lui proposa de tout quitter pour s'enfuir avec lui. Qu'arriva-t-il ? Que lui, Béranger, lui, le chantre de *Frétillon* et de *Lisette*, lui qui n'avait jamais connu jusque-là que des amours faciles et fragiles, pour la première fois, à soixante-deux ans, il se sentit saisi par une passion profonde, folle, qui lui entra dans le cœur comme une flèche, et dans le sang comme une flamme. Mais il était Béranger ! Mais cette jeune fille avait un père et une mère dont elle était la joie et l'orgueil. Toute une longue vie d'honneur ne permettait pas au poète cette infamie ; on ne se débarrasse pas, comme on veut, de soixante ans de probité. Il se serait fait horreur à lui-même, si, tout entraîné qu'il fût, il avait profité de l'entraînement de cette jeune fille. Alors, par un coup de volonté héroïque, il se sauva de Tours, il vint se cacher dans un petit village près de Paris, à Fontenay, comme un pauvre animal blessé va se réfugier au plus épais d'un taillis pour laisser couler le sang de sa blessure et la laver dans l'eau des étangs. Pendant toute une année, vous entendez... toute une année, il vécut là, seul, ne donnant pas son adresse, même à ses plus chers amis, cachant ses yeux sous de larges lunettes bleues pour ne pas être reconnu, et attendant là, tout en errant au milieu des bois, la fin de son supplice. Il eut le prix de son courage : au bout d'un an, il rentra dans la vie, sinon guéri, du moins maître de lui. »

J'en étais là de mon récit, quand Scribe, qui m'avait écouté avec une émotion extraordinaire, pâlissant, serrant ses mains l'une contre l'autre, tout à coup, et d'une voix sourde, toute entrecoupée de sanglots contenus, me dit : « Mon cher ami, l'histoire de Béranger est la mienne! — La vôtre! m'écriai-je, stupéfait. — Oui! Moi aussi, j'ai été pour la première fois pris, à plus de soixante ans, de ce je ne sais quoi d'insensé, d'éperdu, qui s'appelle une passion! Moi aussi, j'ai rencontré, non pas une jeune fille, mais une jeune femme prête à tout oublier, à tout sacrifier pour moi! Mais moi aussi, j'ai vu, comme Béranger, se dresser devant moi, mon âge, ma vie, tout ce que j'ai été, tout ce que j'ai fait!... Vous l'avez dit, on ne se débarrasse pas à volonté d'un passé d'honnèteté et d'honneur! Pesaient sur moi toutes mes pièces où j'ai vanté la sainteté du mariage, la pureté du foyer domestique, la raison dans l'amour. Puis... ma femme, ma chère femme! que j'aurais désespérée! Enfin, vous le dirai-je? je pensais à mes ennemis mêmes, à mes ennemis de la presse, qui auraient bien vite découvert ce mystère et qui en auraient fait un scandale. N'ont-ils pas osé incriminer jusqu'à ma paternelle affection pour une de mes nièces? Alors, mon bon sens, mes plus intimes affections, mon horreur du bruit, me donnèrent du courage, et il y a un an, je rompis ce qui n'était pas encore un lien! Mais au prix de quelles douleurs? Un seul fait va vous le dire. Je suis retourné dans le monde pour la première fois, il y a un mois. On donnait un grand bal à l'Hôtel de Ville. J'y vais, j'entre dans le grand salon. Quelle est la première personne que je rencontre? Elle! Elle, brillante de beauté, de gaieté, et valsant avec un jeune homme charmant. Du premier regard, je devine tout. Oh! l'œil d'un jaloux!... Je compris, comme si je l'avais lu dans un livre, que, repoussée par moi, soit dépit, soit inconstance naturelle, elle s'était jetée dans un autre amour. Son valseur était son amant. Une morsure si aiguë me déchira le cœur que je tombai anéanti sur un canapé, et j'y restai immobile pendant un quart d'heure. En me relevant, je me rencontrai face à face avec un inconnu dont le visage était si pâle, la physionomie si désespérée, que je ne pus m'empêcher de me dire tout bas : « Oh! le pauvre homme! comme il faut qu'il ait souffert! » Le pauvre homme, c'était moi ! J'avais passé devant une glace et je ne m'étais pas reconnu. Enfin... aujourd'hui encore, mon cher ami, aujourd'hui, si nous sortions, vous et moi, et qu'au détour d'une rue elle m'apparût brusquement, je sens que je tomberais évanoui sur le pavé. »

## XI

Cette confidence m'avait attaché encore plus étroitement à Scribe. Elle m'avait montré en lui un homme nouveau. Je lui avais trouvé une force de passion que je ne lui soupçonnais pas, et une sorte d'héroïsme dont je ne l'aurais pas cru capable.

Son énergie eut sa récompense. Toute trace de sa blessure disparut avec le temps. Ses dernières années furent des années de bonheur, et sa mort subite, qui nous frappa tous comme un coup de foudre, lui épargna les amères tristesses de la décadence physique et morale. Vingt-six ans se sont écoulés depuis cette date douloureuse du 10 mars 1861, et aujourd'hui où je le vois à distance, il reste pour moi ce qu'il restera, j'en ai la conviction, pour la postérité : le plus complet représentant de l'art théâtral français au dix-neuvième siècle. Sans doute, quelques-uns de ses contemporains l'emportent sur lui par plusieurs côtés; mais personne n'a possédé au même degré, les deux qualités constitutives de notre art national, *l'invention* et *la composition*. Personne n'a créé autant de sujets de pièces que lui. Personne n'a été maître dans autant de genres que lui. Personne n'a su, comme lui, poser une action, la conduire, la nouer et la dénouer. Enfin, voici une dernière remarque décisive. Dans deux des genres qu'il a illustrés, il a été toute sa vie sans rival, et depuis sa mort il est sans héritier. Qui a fait depuis lui, un beau poème d'opéra ou un chef-d'œuvre d'opéra-comique? Je n'oserais l'appeler un homme de génie, mais il fut certes un grand génie dramatique, et si original, qu'aucune littérature n'a produit, je ne dis pas son égal, mais son analogue. Scribe mérite qu'on lui applique le mot de Michelet sur Alexandre Dumas : « C'est une force de la nature ».

# CHAPITRE XII

# MADEMOISELLE RACHEL

*Adrienne Lecouvreur* avait été composée, comme je l'ai dit, sur la demande de Mlle Rachel, je pourrais dire à sa prière. Mais les quelques mois que nous employâmes à écrire la pièce, Mlle Rachel les employa à s'en dégoûter. Changeante par imagination, par nature, elle l'était encore par faiblesse; elle consultait tout le monde, et tout le monde avait action sur elle. Il suffisait des railleries d'un critique pour la désenchanter de l'idée qui lui souriait le plus cinq minutes auparavant; c'est ce qui arriva pour *Adrienne*. Les donneurs de conseils lui firent peur de cette excursion dans le drame. Hermione et Pauline consentir à parler en prose! La fille de Corneille et de Racine devenir la filleule de M. Scribe! C'était une profanation.

Le jour de la lecture, Mlle Rachel arriva donc au comité, résolue à refuser le rôle. L'assemblée était au grand complet; les actrices, car elles jouissaient alors du titre de juges, se mêlaient aux acteurs, et un certain air d'aréopage, répandu dans l'assemblée, m'inspira, quand nous entrâmes, un fâcheux pressentiment. Scribe prit le manuscrit et commença la lecture : je m'enfonçai dans un fauteuil et j'observai. Alors se déroula devant moi une double comédie, la nôtre d'abord, puis celle qui se jouait silencieusement dans le cœur des sociétaires. Vaguement instruits des dispositions secrètes de leur illustre camarade, ils se trouvaient dans une position délicate. Un ouvrage écrit pour Mlle Rachel, et que Mlle Rachel ne voulait plus jouer, pouvait devenir un grave sujet de difficultés, voire même de débats judiciaires, s'il était reçu par le comité. Le comité suivit donc la lecture d'*Adrienne* sur la figure de Mlle Rachel. Cette figure restant absolument impassible, les autres restèrent impassibles de même. Pendant ces cinq longs actes, elle ne sourit pas, elle n'applaudit pas, elle n'approuva pas ; ils n'approuvèrent pas, ils n'applaudirent pas, ils ne sourirent pas. Si complète était l'immobilité générale, que Scribe, croyant voir un de nos juges prêt à s'endormir, s'interrompit pour lui dire : « Ne vous gênez pas, mon cher ami, je vous en prie. » Le sociétaire se défendit très vivement. Ce fut le seul effet de toute la lecture. Je me trompe ; il y en eut un autre, ou du moins le commencement d'un autre. Au cinquième acte, à l'avant-dernière scène, Mlle Rachel, saisie malgré elle par la situation, se détacha un peu du dos de son fauteuil, où elle était restée jusqu'alors comme incrustée, et porta légèrement son corps en avant, ainsi que quelqu'un qui écoute et s'intéresse à ce qu'il entend ; mais s'étant aperçue que je m'en apercevais, elle se renfonça immédiatement dans son siège et reprit son visage de marbre. La lecture finie, nous passons, Scribe et moi, dans le cabinet du directeur, qui, quelques instants après, vint nous y rejoindre, et nous dit, avec une expression de regret que nous acceptâmes comme sincère, que Mlle Rachel *ne se voyait pas* dans notre rôle, et, que, l'ouvrage étant composé pour elle, le comité était d'avis de regarder la lecture comme non avenue. « Autrement dit, répondit Scribe, notre pièce est refusée. Très bien ! Tout vient à point à qui sait attendre. » Le lendemain, trois directeurs différents vinrent nous demander l'ouvrage. Scribe aimait les revanches qui ressemblent à des vengeances, il estimait qu'elles doivent être servies chaudes ; il voulait donc accepter ; je m'y opposai absolument. « Mon cher ami, lui dis-je, la pièce a été faite pour le Théâtre-Français, il faut qu'elle soit jouée au Théâtre-Français. Le rôle est écrit pour Mlle Rachel, il faut qu'il soit joué par Mlle Rachel. — Mais comment l'y décider ? — Je n'en sais rien, mais il faut que cela soit. Dans le courant de notre travail, où votre part a été si considérable, vous m'avez fait quelquefois l'honneur de me dire que je comprenais mieux le rôle d'Adrienne que vous. J'ai toujours senti, en effet, un personnage nouveau dans cette tragédienne qui s'est laissé gagner aux nobles sentiments des héroïnes tragiques qu'elle représente, dans cette interprète de Corneille, à qui la grandeur de Corneille a passé dans le sang. Eh bien, ce personnage ne peut paraître que sur le théâtre de Corneille. » Mon accent de conviction convainquit Scribe. Ce ne fut pas sans quelque peine. Les directeurs multipliaient leurs instances auprès de lui : un d'eux, nous disait, pour nous décider : « Ma jeune première n'est jamais morte encore sur la scène, et elle sera si contente d'être empoisonnée ! » Cet argument, si décisif qu'il fût, ne me persuada point ; mais six mois s'étant passés sans amener rien de nouveau, Scribe me déclara qu'il ne pouvait pas attendre plus longtemps. « Je ne vous demande plus que huit jours, lui répondis-je. Vous devez aller passer une semaine à Séricourt, partez. A votre retour, si je n'ai rien obtenu, je me rends. — Eh bien, d'aujourd'hui en huit, je vous attends pour déjeuner à onze heures. — A onze heures, d'aujourd'hui en huit. »

Il partit, et moi, voici ce que je fis.

Un nouveau directeur venait d'être nommé au Théâtre-Français ; j'allai le trouver, et je lui tins à peu près ce langage :

« Vous savez le refus de Mlle Rachel. Ce refus est-il une faute ? Je l'ignore. Mais la forme de ce refus est-elle un tort ? J'en suis sûr. On ne rend pas de cette façon, à un homme comme M. Scribe, un ouvrage qu'on lui a demandé ; on n'offense pas de cette sorte un maître qui est au premier rang, et permettez-moi d'ajouter, un jeune homme qui n'est pas au dernier. Mlle Rachel doit le sentir et en souffrir ; un talent comme le sien ne va pas sans le sentiment des convenances. Eh bien, il y a un moyen de tout concilier, ses intérêts et les nôtres. Je lui demande, non pas de jouer notre pièce, mais de l'entendre ; non pas au théâtre et devant ses camarades, mais chez elle, en présence de quelques-uns de ses amis : elle les choisira elle-même ; elle en invitera autant ou aussi peu qu'elle voudra, et moi j'arriverai seul avec le manuscrit. Si l'ouvrage déplaît à ce nouveau comité et à elle, je remporte la pièce et je me regarde comme bien jugé. S'il lui plaît à elle et à eux, elle le jouera, elle y aura un grand succès, et elle m'appellera son sauveur. » L'offre est faite et acceptée ; Mlle Rachel dit le soir à une de ses amies : « Je ne puis pas refuser à M. Legouvé, mais je ne jouerai jamais cette... » J'hésite à écrire le mot, tant il fut expressif et en dehors du répertoire classique. Rendez-vous fut pris pour le surlendemain ; les juges, choisis par l'artiste, étaient Jules Janin, Merle, Rolle et le directeur du Théâtre-Français.

J'arrivai un peu ému sans doute, mais maître de moi pourtant ; j'étais convaincu que j'avais raison, et je m'étais bien préparé pour le combat. Voici comment. Scribe était un lecteur admirable, et il avait merveilleusement lu notre pièce devant le comité, sauf en une partie. Selon moi, le rôle d'Adrienne n'avait pas été assez approprié par le lecteur à Mlle Rachel ; il l'avait lu avec beaucoup de grâce, d'esprit, de chaleur, mais comme on lit un rôle de jeune première ; la grandeur y manquait un peu, on ne sentait pas assez l'héroïne sous la femme. Or, c'était précisément là le point par lequel on pouvait apprivoiser, acclimater Mlle Rachel à ce personnage nouveau. L'entreprise n'était pour elle ni sans périls ni sans difficultés : il fallait donc lui atténuer les uns et lui aplanir les autres ; il fallait lui tracer d'avance, par la façon de dire, la manière de passer d'un emploi à l'autre, et la convaincre que ce qui serait pour le public une métamorphose, ne serait pour elle qu'un changement de costume. Telle était la nuance que, selon moi, Scribe n'avait pas fait assez sentir, et que je m'étudiai pendant deux jours à rendre visible et palpable.

J'entre. Accueil charmant, plein de cette grâce câline qui lui était propre. C'est elle qui me prépare un verre d'eau sucrée, c'est elle qui va me chercher une chaise; elle ouvre elle-même les rideaux pour que le jour soit plus favorable. Moi qui savais la fameuse phrase... « Je ne jouerai jamais cette... là ! » je riais en dedans de tout ce luxe d'amabilité, d'autant plus que je me rendais bien compte du pourquoi de ce gentil manège. Comment, en effet, accuser de mauvais vouloir et de parti pris, une auditrice si gracieusement prête à vous entendre? C'est ce que nous appelons au théâtre, une préparation.

Je commence. Pendant tout le premier acte, Mlle Rachel applaudit, approuva, sourit, fit enfin exactement le contraire de ce qu'elle avait fait au comité. Pourquoi? Oh ! pourquoi ? Je le devinai sans peine : son thème était fait. Elle voulait donner pour excuse que le rôle ne lui allait pas; or, Adrienne ne paraît pas dans le premier acte, Mlle Rachel ne courait donc aucun risque en louant ce premier acte; ses éloges mêmes devaient donner un air d'impartialité à ses réserves subséquentes, et un air de sincérité aux regrets dont elle accompagnerait son refus. Mais sa finesse était une grosse faute. En effet, dès que ses amis virent ses marques de satisfaction, ils s'y associèrent; leurs mains s'habituèrent à applaudir; le lecteur, encouragé par les applaudissements, s'anima, et j'arrivai au second acte tenant mon public dans ma main, entrant dans l'ouvrage toutes voiles dehors, poussé par le vent du succès, par ce souffle électrique que connaissent bien tous les auteurs dramatiques, et qui court tout à coup dans la salle quand la victoire se déclare.

Au second acte, Adrienne paraît, en tenant à la main son rôle de Bajazet, qu'elle étudie. Le Prince de Bouillon s'approche d'elle et lui dit galamment : « Que cherchez-vous donc encore ? » Elle répond : « La vérité ! » « Bravo ! » s'écria Janin. Oh ! oh ! me dis-je tout bas, voilà un ami, car, après tout, le mot ne valait pas un bravo. Mlle Rachel s'était retournée aussi vers Janin, avec un regard qui semblait dire : « Est-ce que c'est un traître ? » Heureusement, l'avis du traître devint bientôt l'avis de tout le monde. Mlle Rachel, surprise et un peu embarrassée de ne pas retrouver son dédain du premier jour, se laissait aller, en y résistant faiblement, à l'impression générale, et se contenta de dire, après ce second acte fort applaudi des spectateurs : « Cet acte m'avait toujours paru le plus joli. » Ce fut son dernier simulacre de défense : dès le troisième acte, elle jeta bravement son premier jugement par-dessus bord, exactement comme certains politiques se débarrassent de leurs opinions de la veille ; elle applaudissait, elle riait, elle pleurait, en ajoutant de temps en temps : « Ai-je été assez bête ! » Et après le cinquième acte, elle se jeta à mon cou, m'embrassa de tout son cœur et me dit : « Comment n'avez-vous jamais pensé à vous faire comédien ? » Le lecteur avait sauvé l'auteur. Ce qui me charma et me flatta, car quelque temps auparavant, après avoir entendu M. Guizot à la tribune, elle s'était écriée: « Que j'aimerais à jouer la tragédie avec cet homme-là ! » Le lendemain, à onze heures précises, j'entrais chez Scribe. « Eh bien, me dit-il d'un air goguenard, où en êtes-vous? » Pour toute réponse, je tirai un papier de ma poche et je lui lus tout haut : « Comédie-Française, aujourd'hui à midi, répétition d'*Adrienne Lecouvreur*.

— Hein? » s'écria-t-il.

Je lui contai tout, et dès le lendemain commença le sérieux travail des répétitions.

J'y appris beaucoup.

Tous les jours j'arrivais chez Mlle Rachel à dix heures, soit avec Scribe, soit seul, quand Scribe était retenu par la mise en scène du *Prophète*, et, jusqu'à onze heures et demie, nous étudiions l'acte qui devait être répété au théâtre à une heure. La pièce fut montée en vingt-huit jours, et pas un seul de ces jours ne se passa sans ce double travail du matin et de l'après-midi. C'est là que j'appris à admirer tout ce qu'il y avait chez Mlle Rachel de laboriosité, de perspicacité, de talent d'assimilation, de modestie et d'agrément dans les relations. Pas la moindre vanité de grande artiste, pas le plus petit caprice d'enfant gâté du succès; toute à son art, et tout pour son art. Elle écoutait, discutait, se rendait dès qu'elle était convaincue, mais ne se rendait qu'après conviction. En voici un exemple assez frappant. Ceux qui l'ont entendue dans Adrienne, se rappellent qu'un des plus grands effets du cinquième acte était un certain... « *Ah! Maurice!...* » jeté par elle en reconnaissant son amant, au milieu de son délire. Si jamais cri de théâtre sembla un cri d'inspiration, c'est celui-là. Or, Mlle Rachel fut trois jours, je ne dirai pas à le trouver, mais à l'accepter. C'était Scribe qui le lui avait indiqué : elle résistait à Scribe, elle me résistait. « C'est faux ! répondait-elle obstinément, c'est théâtral. — C'est faux, parce que vous le dites mal, » répondait Scribe, tenace et rude quand il était sur le champ de bataille, c'est-à-dire en répétition. Enfin, après trois jours d'essais infructueux, ce cri entra, si je puis parler ainsi, dans son cœur, et elle nous le reproduisit avec une *infidélité* admirable ; je dis infidélité, car en passant par sa bouche, ce cri devint sublime. C'était un de ses talents ; on lui donnait un sou, elle vous rendait un louis.

Ces répétitions m'ont laissé encore un souvenir bien caractéristique.

Peu de temps avant la première représentation, on fit relâche au théâtre pour une répétition du soir. Scribe, retenu à l'Opéra, ne vint pas. Les quatre premiers actes nous conduisirent à onze heures ; tout le monde s'éloigna, et nous restâmes seuls, Mlle Rachel, M. Regnier, M. Maillard et moi. Tout à coup Mlle Rachel me dit : « Nous voilà maîtres du théâtre, si nous essayions le cinquième acte que nous n'avons pas encore répété ? je l'étudie toute seule, depuis trois jours, je voudrais me rendre compte de mon étude. » Nous descendons sur la scène ; plus de gaz, plus de rampe ; pour toute lumière, le petit quinquet traditionnel à côté du trou du souffleur, où il n'y avait pas de souffleur; pour spectateurs, le pompier de garde dormant sur une chaise entre deux décors, et moi, assis à l'orchestre. Dès le début, je fus saisi au cœur par l'accent de Mlle Rachel; je ne l'avais jamais vue si vraie, si simple, si puissamment tragique; les reflets de ce petit quinquet fumeux jetaient sur sa figure des lividités effrayantes, et le vide de la salle prêtait à sa voix une sonorité étrange; c'était funèbre! L'acte terminé, nous remontâmes au foyer. En passant devant une glace, je fus frappé de ma pâleur et plus frappé encore en voyant M. Regnier et M. Maillard aussi pâles que moi. Quant à Mlle Rachel, silencieuse, assise à l'écart, agitée de petits frissons nerveux, elle essuyait quelques larmes qui coulaient encore de ses yeux; j'allai à elle, et pour tout éloge je lui montrai la figure émue de ses camarades, puis lui prenant la main :

« Ma chère amie, lui dis-je, vous avez joué ce cinquième acte comme vous ne le jouerez plus jamais de votre vie!

— Je le crois, me dit-elle, et savez-vous pourquoi?

— Oui, je le sais. Parce qu'il n'y avait là personne pour vous applaudir, que vous n'avez pas pensé à l'effet, et qu'ainsi vous êtes devenue, à vos propres yeux, la pauvre Adrienne mourant au milieu de la nuit entre les bras de deux amis. »

Elle resta un moment silencieuse, puis reprit :

« Vous n'y êtes pas du tout! Il s'est passé en moi un phénomène bien plus étrange; ce n'est pas sur Adrienne que j'ai pleuré, c'est sur moi!... Un je ne sais quoi m'a dit tout à coup que je mourrais jeune comme elle; il m'a semblé que j'étais dans ma propre chambre, à ma dernière heure, que j'assistais à ma propre mort. Aussi lorsqu'à cette phrase : « Adieu triomphes du théâtre ! adieu ivresses d'un art que j'ai tant aimé » vous m'avez vue verser des larmes véritables, c'est que j'ai pensé avec désespoir, que le temps emporterait toute trace de ce qui aura été mon talent, et que bientôt... il ne resterait plus rien de celle qui fut Rachel ! »

I

Le succès d'*Adrienne* avait donné à Mlle Rachel une grande confiance en moi. Elle disait volontiers que j'avais renouvelé son talent, en la poussant malgré elle dans une nouvelle route ; notre travail des répétitions lui avait montré que j'étais capable d'enseigner un rôle de femme comme de l'écrire, et elle me demanda de lui faire faire un pas de plus en avant. Avec *Adrienne*, elle avait quitté les vers pour la prose, le monde antique pour le monde moderne, le péplum et la chlamyde pour la jupe à ramages ; elle voulut alors aborder un rôle de nos jours, paraître sur la scène en robe de ville, représenter non plus une héroïne, mais une femme, une femme du monde, Mlle Rachel enfin. Je lui proposai *Louise de Lignerolles*. Elle y avait vu Mlle Mars, elle en avait gardé un profond souvenir; mais, loin de l'effrayer, cette idée de lutte la tentait : « Lisez-moi votre pièce, me dit-elle, nous verrons. » Je la lui lus. Elle la joua, et cette reprise lui valut un triple succès. Succès de talent, succès de beauté et succès de toilettes. Ce dernier lui fut d'autant plus agréable que ce fut le théâtre qui paya. Dieu sait avec quels cris! Quatre toilettes qui coûtèrent, à elles quatre, 1 500 francs! On eût dit que la maison était perdue. Aujourd'hui, elles en coûteraient 6 000, l'on payerait sans mot dire, et l'on aurait raison.

Cette seconde réussite resserra encore mes liens avec Mlle Rachel. Je devins presque son ami. Elle me faisait l'honneur de me consulter sur ses autres créations. Elle me lut un soir le drame d'Émile Augier, *Diane*, qu'elle répétait alors, et cette lecture me confirma dans une opinion que j'ai depuis longtemps, à savoir que la différence est très grande entre *lire* et *jouer*. Un excellent lecteur pourrait faire un fort médiocre comédien, et un excellent acteur peut être un lecteur médiocre; ce sont presque deux arts différents. L'acteur ne représente qu'un personnage dans une pièce, le lecteur doit les représenter tous; l'un n'a pour instrument que sa voix, l'autre a pour auxiliaires, le costume, les gestes, la démarche, la physionomie; si bien que Mlle Rachel qui joua le touchant rôle de Diane avec tant de talent, lisait la pièce même sans supériorité. Elle me fit encore le plaisir de jouer devant moi et pour moi, avec sa sœur, Mlle Sarah Félix, la scène de Célimène et d'Arsinoë. Je l'y trouvai spirituelle, mordante, incisive, mais pas assez gaie, pas assez jeune. La jeunesse et la gaieté sont ce qui sauve de l'odieux ce rôle de Célimène. Je dis en riant, à Mlle Rachel, après l'avoir entendue : « Ma chère amie c'est très bien, mais c'est Célimène à quarante ans. »

Enfin, un jour, après une longue conversation sur les rôles de femme au théâtre, elle me demanda instamment de lui en composer un exprès pour elle, et elle ajouta gaiement : « *Faites cela, et je vous écrirai une lettre sans faute d'orthographe.* » Alors me vint, pour cette troisième tentative, l'idée d'une tragédie à la fois antique et moderne. Je m'explique.

L'antiquité est devenue pour nous, depuis quarante ans, comme un monde nouveau. De nombreux travaux critiques, archéologiques, historiques, numismatiques, artistiques, ont tout à coup jeté une lumière inconnue sur les mœurs, les croyances, les monuments, les œuvres de l'antiquité. Le théâtre grec s'est comme renouvelé par les recherches des érudits allemands, et par le savant et ingénieux ouvrage de M. Patin sur les trois grands tragiques. Armé de ces études nouvelles, j'abordai un sujet qui m'avait toujours attiré par son mystère même, *Médée*. Je sentais que le poète grec n'avait pas tout dit, qu'il y avait à plonger plus avant dans ce cœur de mère, qu'on pouvait tirer de ses scènes, même les plus belles, des effets plus puissants. Une surtout me tentait : c'est le récit de la mort de Créuse. Médée lui a envoyé, en signe de soumission, par la main de ses fils, des présents d'une rare beauté, une couronne d'or et un péplum du plus fin tissu. Euripide nous raconte, en vers ravissants, la joie ingénue de la jeune fille à la vue de ces présents. *Elle posait, dit-il, cette couronne sur sa tête, elle disposait élégamment ce péplum sur sa poitrine; elle arrangeait sa chevelure devant un brillant miroir, en souriant à sa propre image; puis, s'étant levée de son trône, elle se promenait dans la chambre avec une démarche gracieuse, dans sa blanche chaussure, en regardant sa taille par derrière, avec complaisance.*

Mais tout à coup elle change de couleur, tout son corps tremble, et le poète nous la montre, dans son admirable récit, arrachant de sa tête cette couronne d'or qui la brûle, ce péplum empoisonné qui la dévore, et tombant avec des cris affreux entre les bras de la vieille esclave qui la servait.

Quelle scène, me dis-je, si, au lieu d'être en récit, elle était en action! Si, au lieu des enfants, c'était Médée qui apportait ces présents! Si, au lieu d'une vieille esclave, c'était Médée qui aidait Créuse à se parer! Médée agenouillée! Médée humiliée! Médée servante! Médée suivant sa rivale dans toutes les joies de son orgueil ingénu, et tout à coup, au moment où, saisie par les premières atteintes du mal Créuse, s'écrie : « Qu'ai-je donc? » Médée se relevant, bondissant jusqu'à elle, et lui disant avec un cri de rage triomphante : « Ce que tu as? C'est que tu vas mourir! » Quelle situation! Quel contraste pour une actrice comme Mlle Rachel! Saisi par cette idée, je me mis immédiatement à l'œuvre. J'écrivis cette scène en deux jours. La scène achevée, vinrent peu à peu se grouper autour d'elle tous les éléments du drame, tel que je le concevais, et, après un an de travail, j'apportais mon ouvrage à Mlle Rachel. La première épreuve ne me fut pas favorable. Le titre lui fit froncer le sourcil; je ne m'en effrayai pas. Je la connaissais. Je me rappelais son refus de jouer Adrienne. Aussi, la lecture finie, je lui dis froidement : « Eh bien? — Eh bien, me répondit-elle, je m'attendais à quelque chose de plus nouveau. J'ai déjà joué tant de rôles grecs ! — Médée n'est pas une Grecque dans mon ouvrage, c'est une barbare. — Je n'ai jamais joué de personnage de mère. — Raison de plus pour commencer. — Qui me prouve que j'aurai l'accent maternel au théâtre? — Votre amour maternel ! Pourquoi n'exprimeriez-vous pas bien ce que vous ressentez si vivement? — Je trouve dans votre second acte et dans le troisième des passages subits de la fureur aux sanglots, *je ne sais pas faire cela*. — Eh bien, moi, lui répondis-je en riant, je sais le faire et je vous l'apprendrai. » C'est ainsi que, sans la heurter de front, moitié par raisonnement et moitié par persuasion, en me rendant compte de ce qu'il y avait dans cette rare intelligence d'ouvert et de fermé, de docile et d'ombrageux, je parvins à la faire entrer petit à petit dans la compréhension du personnage que j'avais essayé de peindre, et qu'elle finit par s'attacher à l'étude de Médée avec autant de passion qu'à celle d'Adrienne et de Louise de Lignerolles.

Je n'oublierai jamais une de nos séances de travail. Elle m'avait donné rendez-vous à dix heures du matin, dans une petite villa qu'elle avait louée à Auteuil. En arrivant, je la trouvai dans son jardin, cueillant des

fleurs, faisant des bouquets, gaie, riante, enfant, heureuse de vivre. « Je suis contente de vous voir, me dit-elle, comme nous allons travailler! Je me porte si bien aujourd'hui! Oh! la belle chose que la santé! C'est fini. J'ai dit adieu à toutes les folies de la jeunesse. Elles coûtent trop cher! Elles ne valent pas cette satisfaction de se sentir respirer à pleine poitrine, librement, allègrement... Oh! nous allons faire de bonne besogne!
— Voulez-vous que nous abordions la grande scène entre Médée et Créuse, la terrible scène de la toilette?
— Soit, me dit-elle, lançons-nous. » Mais après quelques minutes de travail, après quelques essais d'ébauche générale, où je la trouvais hésitante, incertaine, elle s'arrête tout à coup et me dit : « Mon cher ami, savez-vous ce qu'il faut faire? Il faut couper cette scène...
— Hein! m'écriai-je. Couper cette scène! la plus saisissante des trois actes! La plus nouvelle! La plus riche en effets pour vous! — Il ne s'agit pas de moi. Il ne s'agit pas de mes effets. Il s'agit du rôle, et de la pièce. Or, cette scène tue la pièce parce qu'elle tue l'intérêt. — Vous n'y pensez pas! l'intérêt y est poussé au comble! — Oui; l'intérêt de l'horreur! l'intérêt de l'odieux! Mais ce n'est pas là ce dont nous avons besoin dans ce troisième acte. Songez donc que j'ai à tuer mes enfants et que je dois être touchante... Vous entendez bien, touchante en les tuant! Comment pourrai-je le devenir, quand cinq minutes auparavant j'aurai été atroce, quand on m'aura vue froidement, perfidement, lâchement meurtrière? La mise en scène du meurtre de Créuse rend impossible le meurtre des enfants; elle le

déshonore! Je ne suis plus qu'une égorgeuse! Oh! je sais bien ce que je perds; je sais bien tout ce que je trouverais dans cette scène, mais... après, après, je ne croirais plus à mes larmes! »

Je la regardai un moment sans répondre, émerveillé, je l'avoue, de voir une fille sans éducation arriver d'instinct, par naturelle supériorité d'esprit, à la plus profonde critique, et, lui prenant la main, je lui dis :

« Vous avez raison; je coupe la scène.

— Vous êtes charmant! me dit-elle, en me sautant au cou. — Avouez seulement, ajoutai-je en riant, qu'il est bien comique que je retranche de ma pièce la situation pour laquelle la pièce a été faite. »

Rien ne pousse plus à la confiance qu'un bon et intime travail en commun; l'entente des esprits amène l'entente des cœurs. Peu à peu, l'entretien dériva de la tragédie à la tragédienne, de Médée à Mlle Rachel; insensiblement elle entra dans le récit de ses débuts, de ses espoirs de jeunesse, de sa vie, et elle en arriva à une confidence si curieuse, et qui, en somme, l'honore tellement, que je ne puis résister au plaisir de la citer. Nous venions de causer de Polyeucte et de Pauline. « Oh! Pauline, me dit-elle, le rôle que j'ai peut-être le plus aimé, je pourrais dire, que j'ai le plus vénéré dans ma vie! » Elle appuya fortement sur ce mot *vénéré*. « Il m'a inspiré un sentiment bien étrange et auquel bien peu de gens ajouteraient foi. — Lequel? — Vous rappelez-vous qu'après avoir créé avec grand succès le personnage de Pauline, je l'abandonnai tout à coup? — Je me rappelle même, lui dis-je, une explication singulière donnée à cet abandon. — Je la connais votre explication! reprit-elle en riant; on a prétendu que j'étais jalouse de Beauvallet dans *Polyeucte*. Moi! jalouse de Beauvallet!... comme c'est vraisemblable! La vérité, c'est que si je cessai quelque temps de représenter Pauline, c'était par respect pour elle! Oh! je suis une fille plus bizarre que vous ne le croyez.

« Il y a eu dans ma vie un hasard fatal qui m'a fait rencontrer un homme bas de sentiments et d'idées, mais puissant d'intelligence, et qui prit bientôt sur moi un empire... que j'ai toujours maudit en le subissant. — Pourquoi le subissiez-vous? — Pourquoi? pourquoi? Vous autres, gens d'esprit, vous vous croyez des yeux de lynx, et vous n'êtes que des taupes quand il s'agit de lire dans notre cœur, à nous, femmes et actrices; vous n'y voyez goutte! Il est vrai que nous n'y voyons souvent rien nous-mêmes. Pourquoi je me soumettais à un homme que je haïssais et que je méprisais? Parce qu'il avait barre sur moi. Parce qu'il avait surpris un secret dont il s'armait contre moi. Parce qu'il m'avait persuadée qu'il pouvait beaucoup pour mon avenir de théâtre. Faut-il tout vous dire? Je ne suis pas bien sûre que sa puissance de perversité ne fût pas une force à mes yeux. Et pourtant, telle était mon aversion pour lui, qu'un jour, à une représentation de *Marie Stuart*, au premier acte, je mis dans ma poche un petit pistolet, avec l'idée bien arrêtée de me pencher vers la loge de baignoire d'avant-scène, où il venait trôner insolemment tous les soirs où je jouais, et de le tuer en pleine représentation ! Quel effet cela aurait fait ! »

A ce mot, qui sentait si bien la comédienne, je me mis à sourire. « Je comprends, me dit-elle ; vous croyez que tout cela n'est qu'une scène de théâtre que je vous joue... Sachez-le pourtant, ajouta-t-elle avec une force singulière, et croyez-le ! car c'est la vérité pure. Si je quittai brusquement le rôle de Pauline, c'est que je me sentis indigne de le jouer, c'est qu'à un certain moment je fus saisie d'une telle haine contre moi-même, qu'il me fut impossible de représenter une créature si noble, d'exprimer des sentiments si purs. Ces vers admirables me déchiraient la bouche ! Je ne pouvais plus les dire ! je ne pouvais plus ! »

Son accent était si vrai, si profond, que je cessai de sourire. Elle reprit alors avec une attitude et une voix que je n'oublierai jamais : « Tout cela est bien invraisemblable. Je le sais ! Que diriez-vous donc si je vous montrais le fond de mon âme ? Vous m'admirez beaucoup, n'est-ce pas ? Vous vous extasiez tous en m'entendant. Eh bien, sachez qu'il y avait en moi une Rachel dix fois supérieure à celle que vous connaissez. Je n'ai pas été le quart de ce que j'aurais pu être. J'ai eu du talent, j'aurais pu avoir du génie ! Ah ! si j'avais été élevée autrement ! si j'avais été entourée autrement ! Si j'avais vécu autrement ! Quelle artiste j'aurais faite ! Quand je pense à cela, je me sens prise d'un tel regret... » Elle s'arrêta alors brusquement, mit ses deux mains sur sa figure, la tint ainsi cachée quelques instants, et puis, bientôt, je vis couler des larmes tout le long de ses doigts. Je restai stupéfait. Qu'y avait-il de vrai dans ce que je voyais? Ses larmes étaient-elles de vraies larmes, ou avait-elle le don de pleurer à volonté? Voulait-elle me tromper, ou se trompait-elle elle-même? L'imagination a une telle part dans les sentiments de ces créatures nerveuses, qu'on ne sait jamais avec elles où commence la vérité et où elle finit. Qu'est-ce qui l'attendrissait? Le regret d'un idéal d'art non réalisé, ou un rôle qu'elle venait de créer en le jouant? Cela l'amusait-il de me duper? Mme Talma a écrit que son émotion dans *Iphigénie* venait, non des vers de Racine, mais du son de sa propre voix en les récitant. En était-il ainsi pour Mlle Rachel? S'était-elle émue elle-même à ses propres accents? Y avait-il calcul de sa part à m'avoir choisi, moi, qui étais à peine un ami, pour cette confidence? Je me perdais en suppositions, et je m'attendais toujours à ce qu'elle allait retirer ses mains de sa figure, m'éclater de rire au visage, et me dire, en voyant mon émotion : « Allons, je suis contente, je vois que j'ai bien joué. » Il n'en fut rien. Elle essuya ses yeux et me dit très simplement : « Vous en savez plus sur moi maintenant que bien des gens qui croient me connaître. »

Je partis ému, étonné et enchanté. Cette conversation me semblait de bon augure. Si mobile que je la connusse, il me paraissait difficile qu'elle manquât de parole à un homme à qui elle s'était ainsi confiée. Le personnage si noble qu'elle avait représenté un moment devant moi, devait l'engager un peu, ne fût-ce que pour le plaisir de s'être montrée sous un pareil jour. Enfin, j'étais plein d'espoir. Trois jours plus tard, j'apprenais que

Mlle Rachel partait pour la Russie, et coupait court aux répétitions de *Médée*.

Le coup fut rude. Une circonstance particulière aggravait ma peine. Il y avait alors une vacance académique, et je comptais sur cette Médée, comme sur un de mes meilleurs titres. Le départ de Mlle Rachel ruinait donc mes espérances. Je ne perdis pourtant pas courage. Elle m'écrivit que son voyage ne faisait que reculer notre pièce de trois mois. Je feignis de la croire. On embarrasse souvent les gens de peu de foi en ayant l'air d'avoir confiance en eux. Cela les oblige. J'employai mes trois mois d'attente à chercher dans le caractère de cette créature étrange les motifs d'espoir qui pouvaient me rester. Oh! j'ai fait dans ces trois mois-là de grandes études psychologiques. Le lecteur prendra, je crois, quelque intérêt à ce petit voyage de découverte.

## II

Mlle Rachel avait des qualités de cœur incontestables. Pas de fille plus affectueuse, pas de sœur plus tendre, pas de mère plus dévouée. Tous ceux qui dépendaient d'elle, tous ceux qui étaient au-dessous d'elle, domestiques, petits employés de théâtre, l'adoraient. Je l'avais vue, à Londres, fondre en larmes en apprenant la mort d'un jeune prince napolitain, enlevé à vingt-trois ans, et telle fut même la violence de ses sanglots, que son frère, qui était son impresario, craignit que son chagrin ne nuisît à sa voix pour la représentation du soir, et avec la philosophie pratique d'un directeur: « Que diable! ma chère, lui dit-il, nous sommes tous mortels! » Mais je me rappelais aussi l'avoir surprise un jour dans sa loge, en costume de Virginie, et dansant un pas de Mabille. « Oh! mademoiselle Rachel, m'étais-je écrié, pas dans ce costume! C'est affreux! — C'est précisément parce que c'est affreux que c'est charmant, niais que vous êtes! répondit-elle en riant. Voyez-vous, mon cher ami, au fond, je suis une petite saltimbanque! »

Elle disait vrai et elle disait faux. Elle était une petite saltimbanque, et elle était une Virginie. Tragédienne par le visage, par la voix, par la démarche, par l'intelligence, elle était comédienne par l'âme et jusqu'au fond de l'âme. Un jour, au sortir d'une réunion aristocratique, où elle avait pris tous ses airs de grande dame, elle éprouva le besoin de se *désenducailler*, et se livra devant quelques amis à une pantomime de Gavroche. Voilà le signe étrange, caractéristique, de cet être multiple. Tout ce qui *jurait* lui plaisait. Il y avait en elle, mêlé à tout, et surnageant toujours, un fond de titi gouailleur, qui parlait tous les langages, changeait de dictionnaire en changeant d'interlocuteur et ne connaissait pas de plus vif plaisir que de rire des gens et de les attraper.

Le pauvre M. Viennet l'a appris à ses dépens.

M. Viennet avait de l'esprit, du talent, une grande loyauté, une brusquerie bourrue qui ressemblait à de la bonhomie, le tout accompagné d'un amour-propre justifié sans doute par son mérite ; mais seulement, son mérite et son amour-propre n'allaient pas du même côté. Il était un poëte satirique, très applaudi, et il se croyait un grand génie tragique.

Un jour donc, voilà M. Viennet qui tombe dans la loge de Mlle Rachel :

« Mademoiselle, vous ne me connaissez peut-être pas, je suis Viennet.

— Oh ! monsieur, répond-elle de sa voix la plus câline... Qui ne connaît pas... Viennet ?

— On dit que vous désirez un rôle nouveau ?

— Ardemment.

— Je vous en apporte un admirable.

— Vous n'aviez pas besoin d'ajouter d'épithète.

— Pas de flatterie... Je ne veux pas vous vendre chat en poche, moi. Je ne vous demande pas de jouer ma tragédie, mais de l'entendre. Il est vrai que je suis bien sûr que quand vous l'aurez entendue...

— Et moi aussi, j'en suis bien sûre.

— Vous consentez donc à m'écouter ?

— Si j'y consens, monsieur Viennet ! je suis trop heureuse, permettez-moi de dire,... trop fière, que vous ayez pensé à une humble artiste comme moi, pour être votre interprète.

— Hé bien, quand ? Demain ?

— Demain.

— A deux heures ?

— A deux heures. »

Et là-dessus Viennet part triomphant, mais triomphant sans surprise, avec calme, comme quelqu'un à qui on rend ce qu'on lui doit, et disant à tout le monde : « Elle est vraiment très bien, cette jeune tragédienne ! De l'intelligence ! Du goût ! Du tact ! Elle veut absolument jouer ma Roxane ! »

Le lendemain, à l'heure dite, il arrive : « *Madame est sortie.* » Il revient le surlendemain : « *Madame est malade.* »

Le troisième jour, il sonne, furieux ; c'est un valet de chambre qui vient ouvrir.

« Mademoiselle Rachel ?

— Si monsieur veut entrer ?

— Enfin ! » se dit Viennet.

On l'introduit dans un petit salon, où attendait aussi un jeune homme décoré et de très charmante tournure.

« Monsieur veut-il me donner sa carte, dit le valet de chambre.

— Mon nom suffit : Viennet.

— Je vais voir si madame est visible. »

Le domestique ouvre la porte d'un second salon, et le pauvre poète entend la voix de Mlle Rachel, répondant au valet de chambre :

« M. Viennet ! Dites-lui qu'il m'embête. »

On conçoit la fureur du pauvre poète. Il était tenté de tout briser. Le jeune homme souriait.

« Vous riez, monsieur, lui dit M. Viennet, vous ne savez donc pas que c'est la troisième fois...

— Oh! monsieur Viennet, répond le jeune homme, toujours souriant... Elle vous en ferait bien d'autres si vous étiez son amant. »

Ce souvenir n'était pas fait pour me rassurer, mais en voici un autre qui m'inquiétait plus encore.

Mlle Rachel a eu dans sa jeunesse ce que j'appellerai son âge préhistorique, c'est-à-dire le temps où la société du faubourg Saint-Germain l'avait prise sous son égide comme la prêtresse de l'art. On la conviait à l'Abbaye-aux-Bois, on invitait l'archevêque de Paris pour la lui faire entendre; sa pure renommée semblait un feu sacré autour duquel veillaient les plus grandes dames de France. Une d'elles, qui n'était ni la moins illustre, ni la moins spirituelle, voulant consacrer à tous les yeux son respect pour la grande artiste, l'emmena avec elle aux Champs-Elysées, en plein jour, en voiture découverte, et avec sa fille sur le devant. Au retour de cette promenade, Mlle Rachel, en rentrant dans le salon, plia le genou devant cette duchesse, et, avec un mélange de mots inachevés et de larmes, elle lui dit : « Oh! madame! une telle preuve d'estime m'est plus précieuse que mon talent!... » L'émotion de la mère et de la fille, se devine. On la relève, on l'embrasse, et, après quelques instants donnés à l'effusion, on se quitte. Ce salon, fort grand, était précédé de deux autres plus petits, qu'on traversait pour y arriver. Mlle Rachel, en s'éloignant, retraversa ces deux pièces, sans s'apercevoir que la jeune fille l'avait accompagnée de quelques pas, par un sentiment de déférence et de sympathie; arrivée à la dernière porte, Mlle Rachel l'ouvre, se retourne, et, se croyant seule, lance du côté du grand salon un de ces gestes de gamin qui fait la nargue aux gens et aux choses.

Par malheur, cette dernière porte avait des panneaux de glace; ces glaces réfléchirent le geste de l'artiste dans le second salon, où se trouvait encore la jeune fille. Elle le voit et rentre éperdue auprès de sa mère, en se jetant dans ses bras, suffoquée d'indignation. C'est elle-même qui m'a raconté cette scène; et elle était encore tout émue en me la racontant. « Vous prenez cela trop au sérieux, lui disais-je. Elle n'était pas aussi ingrate qu'elle en a l'air. Elle n'était indifférente ni à l'estime ni à l'affection de votre mère. Seulement, quand elle fut arrivée à la porte, le petit diablotin goguenard qu'elle porte dans sa cervelle, est sorti de sa boîte, et a fait la nique à ses très réels sentiments. »

Ainsi parlais-je avec une indulgence philosophique, peut-être pour me rassurer moi-même: mais plus tard, ce petit diablotin, quand j'y pensais, me faisait grand peur, et j'avais bien raison. A son retour de Russie, Mlle Rachel me déclara nettement qu'elle ne jouerait jamais *Médée*. J'entrai dans une véritable rage. Je lui fis un procès. Je le gagnai. Elle en appela. Je gagnai encore. Elle fut condamnée à six mille francs de dommages-intérêts, que je partageai entre la Société des auteurs dramatiques, et celle des gens de lettres. Je publiai ma pièce, et, plusieurs éditions rapidement enlevées, permirent à mes amis de l'Académie, de la faire valoir comme un titre; j'étais vengé, mais je n'étais consolé qu'à demi; une pièce de théâtre a besoin du théâtre, et je rêvais toujours à la revanche, quand un des plus heureux hasards de ma vie mit sur ma route une tragédienne de génie, Adélaïde Ristori. *Médée*, devenue *Medea*, fut pour mon interprète, l'occasion d'un véritable triomphe, où j'eus ma part. Ma tragédie, portée par elle dans toutes les capitales de l'Europe, et même en Amérique, traduite tour à tour en italien, en anglais, en allemand, en hollandais, fut jouée partout, excepté sur le théâtre pour lequel elle avait été faite, et dans la langue où elle avait été écrite. Mais, le résultat le plus inattendu de mon succès fut de me réconcilier avec Mlle Rachel. Par un de ces élans de générosité qui lui étaient propres, elle y applaudit au lieu de s'en irriter; elle me sut gré de m'être défendu, et vengé de cette façon, même contre elle; cela me grandit à ses yeux, et elle me tendit la main dans une circonstance que je ne saurais oublier.

Elle était au Cannet, mourante. J'y arrivai par hasard. Je courus aussitôt chez elle. J'appris là que ses journées se passaient dans ces alternatives d'illusions et de sombre clairvoyance, qui sont propres aux maladies organiques. Elle disait souvent : « J'espère six heures par jour, et le reste du temps, je désespère. » Ses souffrances cruelles se traduisaient parfois plastiquement en attitudes pleines de noblesse et d'élégance; attitudes dont elle avait conscience, car jamais, même au milieu des plus violents troubles de l'âme ou du corps, les grands artistes dramatiques ne cessent de se voir; ils se sont à eux-mêmes un éternel spectacle. Si réel que soit leur désespoir, ils y assistent. Mlle Rachel se sentait élégante dans ses poses de jeune malade; elle se faisait l'effet d'une belle statue de la douleur.

Trop souffrante pour me recevoir, lorsque je me présentai, elle me fit dire que ma visite la touchait singulièrement, et qu'elle me priait de revenir.

Quand je revins, sa sœur me remit une lettre d'elle, dictée pour moi, toute pleine de termes d'affection, de regrets du passé, et se terminant par cette phrase qui m'émut doublement, et par sa confiance en moi, et par le reste d'espérance qu'elle trahissait. « A bientôt, nous nous reverrons ici, ou à Paris. Vous êtes l'auteur qui faites le mieux aujourd'hui les personnages de femme, promettez-moi que vous m'écrirez mon rôle de rentrée. » Trois jours après elle était morte. Heureusement elle n'était pas morte tout entière. On se rappelle ses touchantes larmes à la répétition d'*Adrienne*, sa crainte de mourir jeune, et cette mélancolique parole : « ***Bientôt, il ne restera plus rien de celle qui fut Rachel.*** » Elle se trompait; il reste quelque chose d'elle ! Il y a un rayonnement autour de son nom ! On l'associe volontiers à celui d'une autre jeune et sublime artiste, enlevée comme elle avant l'âge : On dit : Rachel et La Malibran.

## CHAPITRE XIII

## DEUX CONSEILLERS DRAMATIQUES

De tous les ouvrages de l'esprit, ceux qui réclament le plus le conseil, ce sont les ouvrages dramatiques. Pourtant on répète souvent aux jeunes auteurs : « Ne consultez pas trop. Restez vous-mêmes. Craignez qu'on ne porte atteinte à votre originalité. » A quoi je réponds par l'exemple de Molière, consultant avec fruit, non seulement sa servante, mais le prince de Condé. Quand les trois premiers actes de *Tartuffe* furent achevés, Molière les lut au prince. « Il manque une scène dans votre pièce, Molière. — Laquelle, prince? — On va vous accuser d'impiété ; répondez d'avance à la critique en marquant la différence entre les faux et les vrais dévots. » De là naquit l'admirable tirade :

Il est de faux dévots ainsi que de faux braves.

Il me semble que ce qui a été utile à Molière n'est inutile à personne. D'ailleurs les faits mêmes tranchent la question. Les poèmes, les romans, les livres d'histoire ou de morale arrivent directement de l'auteur aux lecteurs. Son travail est fini quand il écrit au bout de son manuscrit le mot *Fin*. Mais pour l'auteur dramatique, il n'est qu'à moitié route. Le livre est une œuvre absolue; le drame est une œuvre relative. Il a deux naissances. A la première, son seul père est l'auteur; mais à la seconde, quand il sort des langes du manuscrit pour paraître sur la scène, que d'intermédiaires n'y a-t-il pas entre lui et le public? Les censeurs, les directeurs, les acteurs, les spectateurs des répétitions générales, sont autant de conseillers avec qui l'auteur discute, défend, défait, refait ses pièces. Interrogez les maîtres les plus habiles, ils vous diront tout ce qu'ils doivent au conseil.

Malheureusement rien de si rare qu'un bon conseiller dramatique. Ni la distinction de l'esprit, ni la culture de l'intelligence, ne suffisent à ce rôle. J'ai vu des hommes d'un mérite réel, des écrivains remarquables, dont le jugement sur un livre avait force d'arrêt, et qui, à l'audition d'une pièce de théâtre, émettaient des opinions sans nulle valeur. En revanche, j'ai connu des hommes du monde, fort peu lettrés, et dont l'impression était infaillible. Pourquoi? C'est qu'il s'agit là, avant tout, d'intuition, d'instinct, je dirais presque de divination. Quand on vous lit une pièce, vous n'avez pas à l'apprécier telle qu'elle est, mais telle qu'elle sera. La scène la transformera; il faut donc, en l'écoutant, a voir d'avance sur la scène; il faut deviner ce que lui ôtera ou lui ajoutera la perspective; il faut, par une sorte de prescience, entrer dans les préventions, dans les susceptibilités de cet être nerveux et multiple qu'on appelle le public. Telle phrase qui passe inaperçue devant trois ou quatre auditeurs, prend tout à coup, dans une grande salle, des proportions énormes. Parfois aussi, le succès est une affaire de latitude; ce qui réussit dans un quartier tomberait dans un autre. Il faut en tenir compte. Et l'interprétation! et les circonstances! et la mobilité des jugements! Hoffmann, l'ancien et très spirituel rédacteur du *Journal des Débats*, rencontre un de ses amis, à quatre heures, le jour de la première représentation de sa pièce : *les Rendez-vous bourgeois*. « Viens donc avec moi, ce soir, lui dit-il, voir une pièce qui sera sifflée... trois cents fois de suite ». Un vrai conseiller dramatique prévoit même les succès qui sont des lendemains de chute.

Ma bonne chance m'a permis d'en connaître deux éminents. Le premier porte un nom illustré par un autre, mais à l'éclat duquel il a contribué : c'est Germain Delavigne.

Quelle aimable et originale figure que celle de Germain! Un grand nombre de comédies charmantes sont signées de lui; pas une de lui seul. Il était incapable de faire une pièce sans collaborateur, non par stérilité d'esprit, je n'en ai pas beaucoup connu de plus fins, de plus féconds, de plus pleins d'idées de détail et d'idées d'ensemble, mais sa chère paresse l'empêchait d'accomplir à lui tout seul la rude besogne de l'enfantement dramatique. Personne qui ressemblât moins à l'alouette de La Fontaine :

> Elle bâtit un nid, pond, couve et fait éclore
> A la hâte ; le tout alla du mieux qu'il put.

Bâtir un nid ? soit, mais à la condition qu'un autre y mettra son œuf. Pondre ? soit, pourvu qu'un autre couve. Couver ? soit, si un autre fait éclore. Et surtout, rien de fait à la hâte. Il lui était impossible de se presser. Son imagination n'était pas la folle du logis ; elle en était la bonne petite fée, tranquillement active, faisant beaucoup de besogne avec très peu de bruit.

Son frère Casimir et lui avaient connu Scribe au collège. Une fois libres, les trois amis se réunissaient chaque jeudi, et, au dessert, on se communiquait les plans de travail. Casimir apportait un canevas de tragédie, Scribe une idée de vaudeville ; Germain apportait, lui, son goût exquis et sa part d'invention dans les pièces des deux autres. Avec sa bonne figure rouge et placide, son sourire spirituel, il jouait le rôle de Chapelle dans les soupers d'Auteuil, ou plutôt, entre ses deux ardents amis toujours en gestation, il était à l'état de père suppléant, donnant une idée à celui qui avait besoin d'une idée, un mot spirituel à celui qui demandait un mot spirituel, un conseil quand il fallait un conseil, et mettant à leur disposition son immense lecture. « *Je vais feuilleter Germain* », disait Casimir, quand il cherchait un renseignement historique, anecdotique ou artistique, et aussitôt le livre vivant répondait, s'ouvrant de lui-même à la page demandée. Le contraste de caractère des trois amis était écrit dans leurs habitudes de travail : Casimir travaillait toujours en marchant, Scribe toujours assis, et Germain toujours couché. A peine sorti de son lit, il s'installait sur un canapé. Il vivait sur le dos comme un Oriental ; seulement, au lieu de fumer, il prisait, et au lieu de rêver, il lisait.

Un petit fait montrera ce rare conseiller en action.

Scribe lui apporte sa pièce de *Geneviève*, ou *la Jalousie paternelle*. Il s'agit, comme on sait, d'un père qui éconduit tous les prétendants à la main de sa fille, parce qu'il ne peut se décider à se séparer d'elle. La lecture finie, Germain dit à Scribe : « Ta pièce est impossible. Le père est un pur égoïste qui sacrifie tout à lui ; *il n'aime pas sa fille*. »

Scribe remporte sa pièce, et huit jours après, nouvelle lecture de la comédie corrigée. « Oh ! cette fois, s'écria Germain, ton père est bien plus impossible encore ; *il l'aime trop*. » Mot profond d'où sortit la troisième et dernière forme de ce petit chef-d'œuvre de délicatesse, qui s'appelle *Geneviève*.

Les dîners du jeudi n'étaient pas seulement des séances de consultation ; on échangeait des sujets, on se prêtait des dénoûments. Un jour, Casimir arrive consterné ; il ne pouvait venir à bout de son cinquième acte de l'*École des vieillards ;* la situation finale lui manquait.

« Attends, lui dit Scribe ; j'achève en ce moment un vaudeville intitulé *Michel et Christine*, et je me tire d'affaire à la fin par un moyen fort ingénieux ; ce moyen va parfaitement à ta pièce, prends-le. — Et toi? — Moi, je le garderai. — Mais le public? — Le public? Il n'y verra rien. Personne n'ira s'imaginer que le dénoûment d'un petit vaudeville en un acte soit celui d'une grande comédie en cinq actes et en vers. Prends sans inquiétude, et je garde sans remords. » Scribe avait deviné juste, aucun critique ne s'aperçut de la ressemblance ; seulement le dénoûment du vaudeville parut charmant, tandis que celui de la comédie parut faible. Un fil suffit pour nouer un petit acte, et il faut le délier d'une main légère ; mais une grande œuvre demande plus de vigueur dans la solution comme dans la conception.

Ces aimables échanges donnèrent lieu à un autre fait dramatique très curieux. Casimir avait en tête une comédie en deux actes, vive, gaie, amusante, et fondée sur un malentendu diplomatique : un jeune homme, envoyé dans un petit État d'Allemagne, pour y chercher un costume de bal, est pris pour un grave messager politique. Le même jour arrivent Scribe et Germain, apportant au menu dramatique du jeudi un projet qui les enchantait ; c'était l'histoire d'une jeune princesse de dix-huit ans, qui, jetée avec sa grâce, sa coquetterie, sa finesse, son ignorance, et une tendre passion dans le cœur, au milieu de toutes les intrigues politiques d'une petite cour, navigue parmi tous les aspirants à sa royale main, avec autant d'adresse et plus de gaieté que Pénélope. Les deux plans ont un même succès, et les trois amis se séparent, entendant déjà les bravos qui attendaient les deux pièces. Quelques jours s'écoulent. Lettre de Casimir à Scribe : « Mon cher ami, je ne fais que rêver à ta princesse. J'en suis amoureux. Donne-la-moi. Mon diplomate a paru te plaire, prends-le. Changeons. — Soit, dit Scribe, changeons. » Mais qu'arriva-t-il ? Que l'idée de Casimir devint le *Diplomate* et que l'idée de Scribe et de Germain devint la *Princesse Aurélie*; c'est-à-dire que Casimir avait échangé un succès pour une chute. A quoi Scribe disait : « Nous aurions eu, Germain et moi, le même succès avec la *Princesse Aurélie* qu'avec le *Diplomate*, parce que nous l'aurions faite en deux actes et non en cinq, et que nous l'aurions écrite en prose et non en vers. Ce sont les vers qui ont perdu Casimir. Il les fait trop bien, il en a trouvé de trop jolis, l'étoffe était trop mince pour les broderies, l'habit a craqué! Voilà ce que c'est que d'être poète! » Puis il ajoutait gaiement : « Ce malheur-là ne m'arriverait jamais à moi! »

Un dernier trait achèvera de peindre cet amical et spirituel trio.

Au temps où ils étaient encore obscurs, les trois amis allaient souvent terminer leur soirée au Théâtre-Français : « Ah! se disaient-ils, si nous pouvions jamais être joués là !... » Quelques années après, ils allaient encore dîner ensemble et finir leur soirée au Théâtre-Français. On donnait l'*École des vieillards* et *Valérie*. Le nom de Germain Delavigne n'était pas sur l'affiche, mais son esprit était dans les deux pièces. Il resta toujours le premier ministre consultant de Scribe, même après la cessation des dîners du jeudi, car ils cessèrent :

ils cessèrent le jour où les deux Delavigne se marièrent: je dis le jour, car ils se marièrent le même jour, ce qui fit dire au roi Louis-Philippe ce joli mot. Les deux frères vont lui annoncer leur changement d'état : « Nous nous marions tous les deux, jeudi, sire. — Ah! — A la même heure. — Ah! Dans la même église. — Ah! Et avec la même femme? »

I

Notre second conseiller est digne aussi d'une place parmi les petits portraits du dix-neuvième siècle.

Le 10 juin 1873, mourut à Paris un vieillard de quatre-vingt-quatre ans, dont quelques courts articles nécrologiques apprirent à la fois au public la mort et la vie. Il s'appelait M. Mahérault.

Qu'était M. Mahérault? Un inconnu qui mérite, à trois titres différents, qu'on le connaisse. Il fut tour à tour et tout ensemble, administrateur éminent, conseiller dramatique de grande valeur, et collectionneur émérite.

Entré très jeune au ministère de la guerre, M. Mahérault s'éleva successivement, et par ses seuls services, aux postes les plus importants. Le duc d'Orléans, frappé de sa haute capacité administrative et de ses vues sur les réformes militaires, lui dit un jour : « Monsieur

Mahérault, vous serez mon ministre de la guerre. »

La mort du prince coupa court à ces brillantes espérances.

En 1848, la République le trouva chef de division et le nomma secrétaire général, ce qui lui valut cette jolie lettre de Scribe :

« Mon cher secrétaire général,

« Vive la République ! et ma femme ! et la tienne ! et Lisbeth ! et toute ta famille, qui est la nôtre, et nous remercions le gouvernement actuel, qui paye les dettes de la monarchie. A toi sous tous les règnes.

« E. Scribe. »

En 1851, le général Saint-Arnaud voulut le comprendre dans la réorganisation du Conseil d'État, à une seule condition, c'est qu'il paraîtrait le soir à l'Élysée, à la réception du prince-président.

Mahérault répondit : « Si je n'ai pas de titres, cette visite ne m'en donnera pas ; si j'en ai, comme je le crois, la visite est inutile et la condition blessante ; je n'irai pas à l'Élysée. » Il n'y alla pas et il ne fut pas nommé. Tel était l'homme public.

Quant à son second rôle, celui de conseiller dramatique, il ne le joua qu'au profit d'un seul auteur ; mais il le joua en conscience. On peut dire que la gloire de Scribe fut un état pour Mahérault. Chaque matin, si pressée que fût sa besogne administrative, Mahérault montait chez Scribe en allant au ministère, et, bien entendu, le trouvait toujours au travail. La visite n'était le plus souvent que de quelques minutes ; le temps d'entrer, de lui dire bonjour, de porter les yeux sur la page commencée, de respirer l'air de ce cabinet, de dire à Scribe : « Cela va-t-il bien ?... » de s'informer s'il n'y avait pas quelque affaire de directeur de théâtre, de journaux, où Mahérault pût l'aider ; puis le voilà parti. Assez souvent même, Scribe ne se dérangeait pas de son travail, ne se levait pas de son bureau, et les yeux toujours baissés sur son papier, tout en écrivant, il se contentait de lui dire : « Ah ! c'est toi, bonjour.... Ta femme va bien ? » Puis il continuait sa scène. Parfois pourtant : « Tu arrives à propos, disait-il... tu sais bien la situation qui m'embarrassait tant hier..., je crois que je la tiens ! Écoute !... » La lecture finie : « Eh bien, que dis-tu de cela ? C'est bon, n'est-ce pas ? » Si Mahérault répondait : « Pas encore. Je ne suis content qu'à demi, et voici pourquoi ? — Ah ! ah ! répliquait Scribe avec beaucoup de calme, eh bien ! va-t'en. Je vais examiner qui a raison, toi ou moi, et je te lirai ce soir ce que j'aurai fait. »

D'où venaient donc les titres de Mahérault à une telle confiance ?

De son affection sans doute, mais surtout de son éducation, c'est-à-dire de son père.

Si la Comédie-Française veut payer une dette de reconnaissance, qu'elle mette le buste de M. Mahérault père, dans son foyer, à une place d'honneur, car si le Théâtre-Français existe aujourd'hui, c'est à M. Mahérault père qu'il le doit.

93 avait supprimé le Théâtre-Français, dans une circonstance qui peint l'époque.

On jouait *Paméla*, de François de Neufchâteau. A la huitième représentation, ces deux vers :

> Ah ! les persécuteurs sont les seuls condamnables,
> Et les plus tolérants sont les plus raisonnables.

furent applaudis à outrance (j'espère que ce n'est pas comme bons). Mais un patriote en uniforme, dit la feuille du *Salut public*, se leva du balcon et s'écria indigné : « Pas de tolérance politique ! C'est un crime ! » Le fameux acteur Fleury répond à l'interrupteur ; le public redouble de bravos. On chasse le patriote en uniforme, et le lendemain, ordre du Comité de Salut public de fermer le théâtre et d'enfermer les comédiens. Mme Roland raconte dans ses Mémoires qu'un soir elle entendit, dans les couloirs de la prison, un grand bruit de rires et de chants : c'étaient les comédiens du Théâtre-Français qui arrivaient, le soir de la représentation de *Paméla* et de l'*École des Bourgeois;* ils étaient accusés de modérantisme, d'incivisme, voire même de conspiration royaliste, pour avoir joué la réactionnaire *Paméla*. Ils prenaient leur prison si gaiement que l'un d'eux disait : « Comme nous avons bien joué ce soir ! Cette menace d'incarcération nous avait mis en verve !... Nous faisions la nargue à nos brutes de dénonciateurs ! Nous serons peut-être guillotinés, mais c'est égal, c'était une belle représentation ! » Il n'y a que des artistes français pour se mettre en verve sous ce prétexte-là.

Une fois le régime de la Terreur fini, le Directoire établi, et François de Neufchâteau ministre, il n'eut qu'une idée, reconstituer le Théâtre-Français. Il le lui devait bien. Mais qu'était alors le Théâtre-Français? Plus rien qu'un nom. Renversé par la Révolution, il s'était fragmenté en trois théâtres inférieurs : trois troupes, trois entrepreneurs, trois ruines.

Les faillites se succédaient. En apparence, rien donc de plus simple que de rapprocher ces membres longtemps unis, aujourd'hui séparés et souffrant d'être séparés. En réalité, il n'y avait rien de plus malaisé que cette réunion. Des difficultés de toutes sortes y faisaient obstacle. Difficultés matérielles : plusieurs des anciens acteurs et quelques-uns des plus éminents étaient partis pour la province et même pour l'étranger. Difficultés politiques : les passions les plus ardentes les divisaient : les uns étaient républicains, les autres royalistes, tous enragés. La charmante Mlle Contat, que les souvenirs les plus chers rattachaient à la monarchie, disait : « J'aimerais mieux être guillotinée de la tête aux pieds que de paraître sur la scène avec ce jacobin de Dugazon ». Puis venait la grosse question des vanités. Plus d'un, en entrant dans un théâtre secondaire, était devenu premier rôle. Les sous-officiers étaient passés capitaines et les capitaines, colonels. Or, nous avons bien vu, de notre temps, un futur maréchal de France consentir à redescendre au rang de simple divisionnaire dans l'armée, dont il était, la veille, le général en chef. Mais l'armée des comédiens ne connaît guère ces abnégations-là. Une doublure qui est devenue chef d'emploi accepter de redevenir doublure ! Une étoile, rentrer volontairement dans le pâle groupe des nébuleuses, jamais! Enfin, l'intérêt aussi faisait difficulté ;

les appointements étaient plus aléatoires, mais beaucoup plus considérables dans les théâtres de passage : tel premier sujet n'avait signé avec un entrepreneur, qu'avec une garantie solide pour la totalité de ses appointements, de façon que le théâtre se ruinait peut-être, mais que l'acteur ne se ruinait pas. Comment donc lever tant d'obstacles, satisfaire tant de prétentions opposées, faire taire tant de passions rivales, concilier tant d'intérêts contraires? Il n'y fallait pas moins qu'un miracle. Ce miracle, c'est M. Mahérault père qui l'accomplit. François de Neufchâteau lui remit pleins pouvoirs et se déchargea sur lui de tout le travail. Mahérault se mit à l'œuvre avec passion. L'acteur Saint-Prix lui dit : « Vous entreprenez une tâche impossible; vous ne connaissez pas la race des comédiens : ils vous feront mourir à coups d'épingles. — C'est moi qui les ferai revivre, répondit M. Mahérault. Je veux que le Théâtre-Français soit une œuvre nationale; je veux que les artistes soient chez eux, et que la maison s'appelle la Maison de Molière, de Corneille et de Racine. » Il le dit, et il le fit.

Le 11 prairial, an VII (30 mai 1799), s'étala sur les murailles de Paris cette affiche : « Réouverture du Théâtre-Français : *le Cid* et *l'École des maris* ». La vue de cette affiche paya M. Mahérault de toutes ses peines, et il n'en voulut pas d'autre prix.

Élevé par un tel père, on devine ce que fut l'éducation du jeune Mahérault. Il avait la passion du théâtre dans le sang. On le conduisit au spectacle pour la première fois à deux ans. Il eut pour parrain Marie-Joseph

Chénier, un auteur dramatique, et pour marraine Mme Vestris, une tragédienne. Il fit ses classes à la fois au collège de Navarre et dans les coulisses de la Comédie-Française. Il vécut, il grandit, entre Talma, Fleury, Molé, Mlle Contat. Pendant douze ans, il n'y eut pas un grand succès sur la scène française qui ne fît écho dans cette tête d'enfant. Ne semble-t-il pas qu'il ait été prédestiné à l'emploi de conseiller dramatique? Mais ce qui le caractérise, c'est qu'il y porta tout ensemble son goût de dilettante, et son esprit méthodique et précis d'administrateur.

Mahérault était l'antithèse de Germain. Germain n'écrivait jamais son avis, Mahérault l'écrivait toujours. La brièveté était le propre des jugements de Germain; sa paresse s'accommodait de sa concision, et un mot suffisait à sa finesse. Mahérault ne se contentait ni d'une seule audition pour se faire une opinion, ni d'une seule ligne pour l'exprimer.

Scribe le savait bien, et sa pièce finie, lue, il la lui donnait.

Alors commençait le véritable conseil de Mahérault, le conseil, la plume à la main.

J'ai là, sous les yeux, une liasse de papiers portant pour titre : « Observations faites par moi à Scribe, sur ses pièces, avant la représentation ».

Il ne s'agit pas moins que d'analyses contenant chacune dix pages, douze pages; j'en ai vu une de vingt-cinq pages.

Mahérault suit l'ouvrage acte par acte, scène par scène, personnage par personnage, presque ligne par ligne... Pas une contradiction qu'il ne relève, pas une erreur qu'il ne signale, je dis qu'il ne signale, je devrais dire qu'il ne poursuive, car il porte dans ses fonctions, l'implacabilité de l'honnête chef de division, en face d'une erreur de chiffre. Sa sincérité va parfois jusqu'à la dureté. « Ces couplets sont d'une faiblesse désespérante : ni trait, ni pensée! La mauvaise prose qu'ils remplacent valait encore mieux! » Voilà bien la rudesse de commerce que réclamait Montaigne dans une amitié véritable! J'honore beaucoup Mahérault pour cette sincérité, mais j'avoue que je n'admire pas moins Scribe. Il fait exception là, comme partout.

Les auteurs qui consultent, se divisent en trois classes : les humbles, qui doutent toujours d'eux; les vaniteux, qui n'en doutent jamais, et les habiles, les hommes forts, qui écoutent tout, apprécient tout et utilisent tout. A la première critique, les humbles s'écrient : « Oh! comme vous avez raison! comme c'est mauvais! » Et les voilà tout prêts à condamner l'œuvre entière et à la jeter au feu! Il faut toujours leur sauver leur *Énéide* des mains. Classe peu nombreuse.

Les vaniteux s'étonnent, sourient dédaigneusement, ou s'irritent. Ce sont les petits-fils d'Oronte. Ancelot était un type du genre. A la lecture d'une de ses comédies, un auditeur, après l'avoir accablé de : *Délicieux! exquis! charmant!* a l'audace de glisser timidement : « Le second acte est peut-être un peu trop long. — Je le trouve trop court », répond vivement Ancelot.

Viennent enfin les maîtres. Demander des conseils, les écouter, savoir tirer parti même d'un mauvais avis, entendre le silence, lire sur la physionomie, faire la part du caractère et de l'esprit de chacun de ses conseillers, *juger ses juges*, enfin; telle est la marque des hommes supérieurs. Quelques courts fragments de la correspondance des deux amis montreront comment l'un conseillait et comment l'autre écoutait :

« Séricourt, 24 septembre 1842.

« J'ai refait en entier, totalement en entier, le quatrième acte, et beaucoup changé les autres. Veux-tu ou peux-tu encore les entendre, si ce n'est pas trop abuser de ton amitié? »

« Séricourt, octobre 1845.

« Mon second volume (il s'agissait d'un roman) sera achevé dans trois jours. Je te le porterai à Paris, pour qu'il reste quelque temps en pension chez toi. Le premier volume s'est trop bien trouvé de tes soins, pour que son frère ne les réclame pas.

« J'ai lu, depuis ton départ, toutes les observations sur mes trois actes, c'est-à-dire presque toutes, car tu as fait là, mon pauvre ami, un travail prodigieux, et, comme tout ce que tu fais, consciencieux. Dans tout ce que j'ai vu, tu as parfaitement raison; toutes tes notes sont d'un goût excellent, d'une critique très judicieuse, et je ne sais maintenant si je dois t'en remercier, car me voilà obligé d'y faire droit, ce qui sera encore un très long travail. »

Mahérault, outre son fin esprit critique, porta dans son rôle de conseiller deux qualités essentielles; il ne vous conseillait jamais que ce que vous étiez capable de faire. Je l'en félicitais toujours, et je lui citais à ce sujet une bien jolie anecdote que m'a racontée M. Guizot sur Gouvion-Saint-Cyr :

« Le général *** commandait en chef en Espagne, Gouvion Saint-Cyr en second. L'ennemi serrait de près notre corps d'armée. Fallait-il livrer bataille ou battre en retraite? Le conseil de guerre s'assemble. Gouvion Saint-Cyr opine vivement pour la retraite; son avis l'emporte. Une heure avant le moment fixé pour le départ, le général en chef, dans une reconnaissance, est blessé d'un éclat d'obus. Gouvion Saint-Cyr prend le commandement, et immédiatement il contre-mande tous les plans de retraite, engage la bataille et la gagne. « Pourquoi donc, lui dit-on, l'avez-vous déconseillée ce matin au général en chef? — Parce qu'il l'aurait perdue. »

La seconde qualité de Mahérault était d'appartenir à ce que j'appelle les conseillers *inventifs*, c'est-à-dire à ces esprits à la fois actifs et sensés qui, *sans jamais se substituer à vous*, vous poussent dans votre propre voie et complètent votre propre idée. Un jour, à la lecture d'*Adrienne Lecouvreur*, Mahérault nous dit : « Il manque un personnage dans votre pièce. — Eh! où veux-tu, répondit Scribe, que nous le mettions, ton personnage de plus? — A la place d'un autre! — Comment? — Vous avez un duc d'Aumont qui joue un rôle assez insignifiant. Ce n'est rien qu'une caillette de cour. Pourquoi ne pas le remplacer par un petit abbé? — Admirable! s'écrie Scribe, voilà une vraie figure du dix-huitième siècle. Une actrice, une princesse, un héros et un abbé, le tableau est complet. » En effet, cette seule figure jetée dans l'action métamorphosa toutes nos scènes de second plan. La galanterie, le caquetage, l'amour, tout prit couleur dans sa bouche, et il courut, il bourdonna à travers la pièce, comme une chose ailée. « Nous vous devons des droits d'auteur », disions-nous en riant à Mahérault.

S'il s'entendait si bien en théâtre, c'est qu'il aimait follement le théâtre. Il avait commencé, comme je l'ai dit, à y aller à deux ans, et il y allait encore à plus de quatre-vingts. Scribe lui avait fait donner ses petites et ses grandes entrées partout; on le voyait partout : opéras, comédies, vaudevilles, mélodrames, représentations, répétitions, il ne laissait rien échapper. Il arrivait toujours au lever du rideau. Chez lui, les jours de théâtre, le dîner était servi plus tôt, tant il craignait de manquer une scène.

Un jour, à la répétition d'une pièce de son gendre, M. de Najac, — il avait alors quatre-vingt-deux ans, — il enjamba un banc si lestement que M. Saint-Germain, qui a autant d'esprit en causant qu'en jouant, dit à l'auteur : « Je viens de voir votre gamin de beau-père qui sautait du parterre dans l'orchestre ». A la fin de sa vie, son docteur lui défendant quelquefois les sorties du soir, son gendre était tenu, à chaque première représentation, d'entrer dans sa chambre après le spectacle, fût-il minuit, et de lui donner le détail de la soirée; il ne pouvait pas attendre au lendemain.

Ce qui le maintint ainsi jeune de corps comme d'esprit jusque dans la vieillesse, ce n'était pas certes la vigueur corporelle, il avait juste assez de substance musculaire pour qu'elle le portât sans qu'il eût peine à la porter ; ce fut une seconde passion, qui ne fit souvent qu'une avec la première, une passion ardente et saine comme la chasse, la passion du collectionneur.

## II

Les collectionneurs millionnaires ont sans doute droit à ce qu'on les considère; j'en sais qui sont de très fins connaisseurs; mais il leur manque toujours les deux grands signes du collectionneur : la peine et le sacrifice. Ce n'est souvent chez eux qu'affaire de vanité. Ils chargent quelqu'un d'avoir du goût pour eux; ils fournissent l'argent, le mandataire fournit la science, et les voilà promus au noble titre d'amateurs. Mais conquérir pièce à pièce, jour à jour, année par année, un ensemble d'objets d'art qui constitue lui-même une œuvre d'art; découvrir ce qui est inconnu, deviner ce qui est méconnu, remettre en lumière des ouvrages ou des talents oubliés, refaire parfois tout un côté d'une époque, courir, chercher, comparer, consulter, prendre sur son repos, prendre sur ses besoins et arriver enfin, comme M. Sauvageot par exemple, après quarante ans de travail, à économiser une collection de plusieurs cent mille francs sur ses appointements qui n'étaient que de quatre mille; oh! voilà qui mérite sympathie et respect, car cela veut dire science, patience, passion et goût. Or Mahérault, qui n'a guère eu toute sa vie d'autre fortune que sa place, a laissé une collection tout à fait rare, de dessins, d'estampes et de gravures du dix-huitième siècle. C'est là qu'il s'était cantonné, et il s'y était fait un petit coin à part, toujours dans ce qui regarde le théâtre.

C'est lui qui, dans la belle collection de costumes de Martinet, a dessiné, car il dessinait fort agréablement, cinquante ou soixante portraits des principaux artistes de Paris dans leurs plus beaux rôles. Je trouve cette jolie note dans ses papiers.

*Mes dessins à la sépia :*

Scène du fauteuil dans le *Mariage de Figaro* ;
Scène du 4ᵉ acte de *Henri VIII*, de Chénier ;
Scène du 4ᵉ acte de *Charles IX*, de Chénier ;
Scène du 2ᵉ acte de la *Mort de Henri IV*, de Legouvé.

A la suite de ces indications se trouve leur prix de vente :

Charles IX, 25 francs ;
Philippe II, 25 francs ;
Henri IV, 25 francs.

Total : 75 francs. Le chiffre n'est pas bien élevé, mais comme il est éloquent ! Comme il raconte bien l'épargne, sou à sou, du collectionneur pauvre. Certes, Mahérault trouva dur de vendre ses œuvres personnelles à si bas prix, mais il guettait sans doute l'œuvre d'un autre, et ces 75 francs l'ont comblé de joie en lui permettant d'acheter quelque dessin de maître qui vaut peut-être aujourd'hui 300 francs. Combien de fois s'est-il rencontré avec Sardou, chez les possesseurs d'estampes du dix-huitième siècle. Pas un amateur qu'il ne connût, pas un riche portefeuille qu'il ne visitât, pas un catalogue qu'il n'étudiât et n'annotât, pas une vente où il n'assistât. On le rencontrait dans tous les coins de Paris, toujours pressé, pâle, long, mince, tout semblable avec sa barbe blanche, ses yeux bleus, à la fois interrogateurs et myopes, son paletot à moitié boutonné, à un des personnages de sa collection, à un ancien portrait d'artiste, à un caractère. C'en était un! Sait-on quel était le but inconnu vers lequel il courait toujours, l'idée qu'il poursuivait et qui le poursuivait sans cesse? L'idée de sa vente future.

Le jour de la vente est, pour le collectionneur, le jour du jugement dernier. C'est elle qui le classe parmi les connaisseurs ou parmi les dupes. C'est elle qui justifie ou condamne les sacrifices faits par lui à sa passion. Le collectionneur ne rogne pas seulement sur ses dépenses personnelles; j'en ai connu (non pas Mahérault), qui, pour nourrir leur collection, ont fait un peu jeûner leur famille. Ils se disent à eux-mêmes, pour excuse, que, le jour de la vente, la collection, en sœur fidèle, rapportera à la succession dix fois plus qu'elle n'avait reçu.

Mahérault disait souvent à sa fille : j'espère que je te laisserai une belle vente.

Elle eut lieu un an après sa mort. Je m'imagine que ce grand jour venu, l'ombre de Mahérault, qui doit être bien diaphane, si notre ombre ressemble à notre corps, a trouvé moyen de se glisser dans cette salle des commissaires-priseurs, où il a passé tant d'heures dans sa vie, et qu'elle aura tressailli d'orgueil et de joie, en entendant proclamer ce chiffre admirable : *quatre cent vingt-cinq mille francs!* Ce fut certainement un de ses meilleurs jours de Paradis!

# CHAPITRE XIV

## MES DÉBUTS AU COLLÈGE DE FRANCE

### HISTOIRE MORALE DES FEMMES

---

Nous avons plusieurs patries. D'abord la grande, *l'alma parens*, celle qui réunit dans son sein tous les fils de la même race, tous les rejetons du même sol, tous les enfants qui parlent la même langue.

Vient ensuite la seconde, la ville natale. Pour moi, si je suis Français jusqu'au fond de l'âme, je me sens Parisien jusque dans la moelle des os.

Vient enfin la troisième, qui n'existe que pour quelques privilégiés, *la maison*. Tout civilisés qu'ils se proclament, la plupart des hommes d'aujourd'hui sont des nomades. Emportés ici et là par leurs passions, par leurs intérêts, ils promènent leur vie de pays en pays, de ville en ville, de quartier en quartier, de rue en rue ; leur logis est une tente.

J'ai été plus heureux.

Je suis né en 1807, dans l'appartement que j'occupe en 1887. Mon cabinet de travail était le cabinet de travail de mon père. J'ai marché à quatre pattes dans ce salon où j'ai vu mes enfants et mes petits-enfants jouer, grandir, avoir dix ans, avoir quinze ans, avoir vingt-cinq ans, et la place où s'assied ma fille, est celle où s'asseyaient ma mère et ma femme. Il n'y a pas jusqu'à la salle à manger qui n'ait son souvenir. Le poêle est surmonté d'une statue en plâtre, de Houdon, *la Frileuse*, qui s'y chauffait déjà du temps de mon père et de ma mère. Du haut de son piédestal, elle a présidé, comme une sorte de divinité lare, à toutes les fêtes qu'ont données mes parents; et ma mère avait le génie des fêtes. J'ai hérité ce goût de ma mère. J'ai réuni quelquefois à ma table, plusieurs des personnages illustres de notre temps, de façon que ma *Frileuse* a vu en quatre-vingts ans passer tour à tour M. de Fontanes et M. Guizot, Lemercier et Sardou, Picard et Augier, Dickens et Labiche, Mlle Contat et Mme Ristori... J'en passe, et non des moindres. Sous le nom de ma *Frileuse*, on pourrait écrire de jolis mémoires : *les Mémoires d'une statue*.

Enfin, le croirait-on ? j'ai une quatrième patrie.

En 1834, l'année de mon mariage, j'allai m'établir pour l'été, dans un joli petit village, situé sur les bords de la Seine, entre Corbeil et Melun, et qui s'appelle Seine-Port. J'y demeure encore, je suis le plus ancien bourgeois du village. Oh! comme Scribe a eu raison de me pousser à acheter la petite maison que j'habitais! Depuis ce jour, ma vie s'est métamorphosée. D'abord j'y ai fait une bien précieuse acquisition, j'y ai acquis un goût de plus, je pourrais dire une passion de plus : l'amour des fleurs. Sans doute je les aimais déjà, mais des yeux et de l'odorat, non du cœur. Depuis ce jour-là, mes rosiers, mes lilas, mes arbustes, toutes les plantes enfin, sont devenues pour moi autant d'êtres vivants, avec qui j'habite, avec qui je cause, qui me conseillent, qui me consolent, qui me donnent des leçons d'harmonie, de coloris... Je disais un jour à Gounod : « *Venez donc entendre chanter mes glaïeuls !* » Je suis enraciné dans mon petit jardin aussi profondément que les arbres qui y poussent; j'y tiens par les fibres de la douleur comme par celles de la joie. Mes plus grands chagrins, c'est là que je les ai éprouvés! Mes larmes les plus amères, c'est là que je les ai versées! Ce petit bois est tout peuplé pour moi des chers disparus que je pleure encore; mes travaux mêmes, livres ou pièces de théâtre, sont presque tous nés là, sous ces arbres, dans cette petite maison. Elle m'a coûté bien peu et ne vaut pas grand argent, mais on m'en offrirait un million que je le refuserais, car elle fait partie pour moi de la terre natale. Si j'en étais séparé, il me semblerait que je suis exilé.

Eh bien, c'est dans ce Seine-Port que, vers 1844, vint s'établir à côté de moi, et à cause de moi, un homme dont le nom, immortel pour quelques-uns, reste à demi enveloppé d'ombre pour la plupart; qui a laissé dans le souvenir de tous ceux qui l'ont connu, une empreinte ineffaçable d'admiration et de respect, et qui, enfin, a exercé sur moi une si puissante influence qu'elle dure encore aujourd'hui, vingt-trois ans après sa mort : c'est Jean Reynaud.

J'avais eu une grande part dans le mariage de Reynaud. Il m'était reconnaissant de son bonheur. Pour me payer de ce qu'il appelait sa dette, il voulut m'aider dans l'œuvre qui m'intéressait le plus ; il se fit avec moi, pendant trois ans, le maître de mon fils et de ma fille. Quel maître ! Ces trois ans changèrent notre amitié en intimité fraternelle. Je le consultais sur mes travaux. Il me parlait de l'*Encyclopédie nouvelle*, dont il était alors le directeur. Un matin il entra chez moi en me disant : « Il me faut votre collaboration. — A moi ? — Il faut que vous écriviez, pour mon encyclopédie, l'article *Femmes*. — Eh ! mon cher ami ! m'écriai-je, vous n'y pensez pas ! Je suis un faiseur de pièces de théâtre et de vers. Le métier de philosophe n'est pas le mien. Moi, tomber comme un intrus dans votre grave dictionnaire ! Traiter le plus délicat, le plus difficile des problèmes de ce temps, la condition des femmes ! Vous n'y pensez pas ! — J'y pense si bien, me répondit-il tranquillement, que ce n'est pas seulement pour nous que je vous demande cet article, c'est pour vous. Souvent nos amis nous connaissent mieux que nous-mêmes. Je vis avec vous toute la journée, depuis deux ans ; depuis deux ans, je vous vois avec votre femme et vos enfants. Eh bien, sans que vous vous en doutiez, *vous vivez ce livre* depuis que vous êtes marié. *Il est en vous*. Pour le faire, vous n'aurez qu'à regarder dans votre cœur et dans votre maison. — Mais, encore une fois, je ne suis pas philosophe. — C'est précisément parce que vous n'êtes pas philosophe que vous ferez là œuvre excellente de philosophie. Aujourd'hui, au milieu de toutes les déclamations discordantes que soulève cette question, au milieu de toutes les folles et malsaines théories de la *femme libre*, nous avons besoin d'entendre la voix d'un homme de famille, qui soit en même temps un homme d'art. Or, vous êtes précisément cet homme-là. Ne craignez pas que cette étude vous détourne de vos travaux de théâtre et de poésie, elle les fortifiera ; car si la question des femmes est le plus sérieux des sujets, il en est aussi le plus pathétique, le plus poétique et le plus charmant. Un dernier mot, mais décisif : vous devez ce travail à votre père ; cela fait partie de son héritage. »

Ce dernier argument me persuada ; je me mis au travail, et dès le début se révéla à moi un fait imprévu et bon à signaler.

A vingt ans j'avais fait mon droit, je l'avais même très bien fait, mais en grommelant tout bas : Quelle absurdité ! Perdre, à me barbouiller la mémoire des Pandectes, des Institutes et du Code, un temps que je pourrais employer si utilement à apprendre une langue de plus, à pénétrer dans une littérature nouvelle ! A quoi me serviront mes trois années de droit dans mon métier d'écrivain ? Or ce fut précisément l'élève en droit qui vint en aide à l'écrivain. Ce fut mon étude du code qui donna à mon livre une assise solide. C'est elle qui, au lieu d'un ouvrage simplement agréable et intéressant, me dicta, en faveur des femmes, un travail fondé sur la connaissance approfondie de leurs douleurs réelles, sociales. C'est elle enfin qui me permit, au lieu de les chanter, de les défendre. Ne maudissons jamais une étude sérieuse. Ses fruits, pour être tardifs, n'en sont pas moins certains. Un peu plus tôt, un peu plus tard, tout ce qui nous instruit, nous sert; la Providence nous forme par toutes sortes de moyens et nous conduit au but par toutes sortes de routes. En éducation, la ligne droite n'est pas toujours la plus courte, ni surtout la plus sûre. En outre, mes qualités d'auteur dramatique, s'appliquant à leur tour à la mise en œuvre de mes recherches, y jetèrent quelque vie, quelque intérêt, et lorsque, deux ans après, mon article parut dans l'*Encyclopédie*, il attira assez l'attention des lecteurs sérieux, entre autres de Béranger, pour que je me décidasse à en faire un livre. Mais tout à coup, ce livre étant achevé, imprimé, prêt à paraître, éclate la révolution de Février. Reynaud est appelé par M. Carnot au ministère de l'instruction publique comme secrétaire général. Quelques jours après, je reçois ce mot de lui : « Venez tout de suite, c'est pour affaire grave. » J'arrive. « Mon cher ami, me dit-il nettement, j'ai un service à vous demander, peut-être un sacrifice, ou plutôt l'acceptation d'un devoir. — Qu'est-ce? — Il faut que vous partiez comme commissaire du Gouvernement en province. — Commissaire de Ledru-Rollin! — Précisément! » Oh! pour le coup je me révoltai : « Mais c'est de la folie! Vous voulez me métamorphoser en homme politique à présent! Sachez donc que je suis le contraire d'un politique. — Je vous répondrai, me dit-il froidement, ce que je vous ai répondu, il y a deux ans. Je vous connais mieux que vous. Je vous ai vu à l'œuvre dans nos promenades à travers champs et bois. Vous savez parler aux paysans comme aux gens du monde. Pourquoi ? Parce que vous êtes un homme de sympathie. Je suis plus républicain que vous, mais vous êtes plus démocrate que moi. Il s'agit d'apprivoiser notre pays à la République. Il nous faut des hommes comme vous. D'ailleurs, il n'y a plus à reculer. Si j'avais tiré sur vous un billet à ordre, le payeriez-vous ? — Sans doute ! — Alors payez, car j'ai signé. Je vous ai promis à Ledru-Rollin, il vous attend. — Je ne puis rien vous refuser, répondis-je avec émotion, mais je ne vous donnerai jamais une plus grande preuve d'amitié. » Me voilà chez Ledru-Rollin. Accueil charmant, à bras ouverts. « La République vous remercie. Quel département voulez-vous ? — Je crois, répondis-je, que si je peux être utile quelque part, c'est dans le Loir-et-Cher. — Le Gouvernement se réunit ce soir. Je vous propose, on vous accepte ; et demain matin, je vous donnerai vos dernières instructions. »

Le lendemain, à dix heures, j'entrais au ministère. « M. Ledru-Rollin ? — M. le Ministre est absent, me répond l'huissier d'un air qui me parut singulier, mais son secrétaire, M. Élias Regnault, attend Monsieur. » Je connaissais beaucoup Élias Regnault. A ma vue, il prend une figure de condoléance, et me prie de m'asseoir. « Qu'y-a-t-il donc, mon cher Élias, lui dis-je, vous paraissez contrarié ? — Plus que contrarié, désolé, et le Ministre aussi. — Pourquoi ? repris-je vivement, est-ce que ma nomination... — Vous n'êtes pas nommé. — Hein ? — Le Ministre a fait hier tous ses efforts au Conseil, mais M. de Lamartine a proposé un autre candidat, en ajoutant que vous n'étiez pas assez républicain. — Et l'on me refuse! m'écriai-je. — Le mot n'est pas juste. On ne vous refuse pas,... mais... — Mais on ne veut pas de moi! Je suis rayé de la liste! Je ne suis pas Commissaire du Gouvernement! Ah! mon cher ami, repris-je en serrant les deux mains d'Élias Regnault, jamais on ne m'a donné une si bonne nouvelle. Jamais je n'ai ressenti une joie pareille. — Comment! reprit-il stupéfait. — Mais j'avais accepté, la mort dans l'âme, par devoir, par amitié pour Reynaud. Et l'on me destitue... avant! Et je suis libre! Vous dites que c'est Lamartine qui a fait biffer mon nom? Je vais lui mettre ma carte. » Et me voilà parti, laissant Élias Regnault absolument abasourdi. Je cours au ministère de l'Instruction publique, et entrant chez Reynaud: « Mon cher ami, lui dis-je, vous voyez le plus heureux des hommes, on me refuse! — Quoi! » Je lui conte tout, et j'ajoute : « Maintenant, ma récompense. Je me suis dévoué pour vous. Il faut que vous vous employiez pour moi. — Comment? — Vous êtes tout-puissant dans votre ministère, autorisez-moi à *parler mon livre* sur *les femmes* au Collège de France. — C'est fait, » me répond-il. Et le lendemain je lus à l'*Officiel* : « M. Legouvé est autorisé à faire gratuitement un cours au Collège de France sur l'histoire morale des femmes. »

Mon cours s'ouvrit en avril 1848. Le matin de ce jour-là, je me levai avec une grande peur, et une grande joie. Ma joie venait de ce que la salle où je devais parler portait le numéro 8, et que c'était précisément ce numéro 8 où mon père avait professé la poésie latine, quarante ans auparavant ; j'étais son continuateur : c'était lui qui m'avait préparé le chemin, et qui me présentait au public.

Ma peur, était de trouver une salle vide, ou un public hostile. A ce moment, sous le coup de la Révolution, toutes les théories les plus folles couraient les rues, on voyait le bataillon des *Vésuviennes* parcourir le boulevard avec un drapeau rouge ou noir, je ne sais lequel... portant cette devise : *Émancipation des femmes*. A ce moment enfin, on ne pouvait parler sérieusement des femmes, sans faire rire. J'arrive au Collège de France. La cour, le péristyle, la salle, tout était plein d'une foule bourdonnante et tourbillonnante. J'eus grand'peine à arriver jusqu'à ma chaire. J'y montai au milieu d'un tumulte indescriptible. Impossible de prononcer une parole. Les gens qui étaient dehors frappaient à la porte, jusqu'à la briser. Un de ces impatients monte sur une grande échelle, et apparaît en haut d'une des fenêtres de la cour, dont il avait cassé le dernier carreau. On s'imagine les éclats de rire de la salle ! Les plus animés du dehors criaient : *Dans la cour ! Dans la cour ! Qu'il parle dans la cour !* D'autres disaient : *A la Sorbonne ! A la Sorbonne ! Au grand amphithéâtre !* Le brouhaha dura vingt-cinq minutes. Ces vingt-cinq minutes me furent fort utiles. J'entrai en conversation avec mon auditoire. Comme ce tumulte n'avait rien que de sympathique, nos échanges de demandes et de réponses, étaient paroles de bonne humeur, et de gaieté. Rien ne lie comme de rire ensemble. Ce cours, débutant par vingt-cinq minutes de dialogue, nous mit, mes cinq cents auditeurs et moi, en telle familiarité, que ma peur disparut du coup, et quand, au bout de vingt-cinq minutes, je pus enfin prendre la parole, j'étais absolument maître de moi, et un peu maître d'eux. Mon succès fut, j'ose le dire, très réel, même éclatant. Un petit incident m'apprit pourtant à quel auditoire ombrageux j'avais affaire. Le développement de mon sujet, m'ayant amené à parler de la *séduction*, je prononçai cette phrase : « On voit beaucoup de pauvres jeunes filles, *séduites par des officiers, par des étudiants.* » A ce mot *étudiants*, s'élève un tolle formidable de murmures, et de sifflets étouffés... Je me tais ; j'attends que le bruit s'apaise,... et une fois le silence rétabli,... je reprends froidement et fortement : « On voit souvent de pauvres filles, entraînées à Paris, et séduites par des officiers, *surtout* par des étudiants. » Tonnerre d'applaudissements! Ce qui m'apprit une vérité dont je me suis souvent souvenu et souvent servi depuis, c'est que quand on se présente devant une foule, la première condition est d'y arriver avec une opinion assez ferme pour ne jamais reculer devant sa propre pensée. Les hommes réunis respectent toujours une conviction sincère, et on ne leur impose qu'en s'imposant. La fin fut marquée par une scène comique. J'avais fini, et je me levais au milieu des applaudissements pour m'en aller, quand tout à coup, je vois se dresser à quelques pas de moi, et se hisser sur la banquette, un petit vieillard à cheveux blancs, qui m'interpellant avec un geste d'enthousiasme, s'écria : « Bravo ! jeune homme ! *sic itur ad astra.* » Il continua sur ce ton pendant quelques secondes. Qui était-ce? Le vieux T.....t, cet académicien mendiant, qui fut certes le plus indépendant de tous les membres de l'Institut, car il vendait sa voix à un candidat, et il la donnait à un autre, pour se la faire payer deux fois. Son algarade d'admiration me mit au supplice! Mais sa vieillesse, son titre de professeur au Collège de France, me défendaient de m'en aller en lui tournant le dos; et je dus subir son discours, en me contentant de dire à mi-voix aux plus proches auditeurs... « C'est odieux!... » Débarrassé enfin de lui, je me sauve dans mon cabinet de professeur. Il y accourt, et me dit avec une naïveté touchante... « Mon cher ami, je viens de vous rendre un fier service. Prêtez-moi donc cinq cents francs! » Je lui en donnai vingt, et il partit en me bénissant. Seulement, comme il ne trouvait probablement pas son éloquence assez bien payée, il s'en alla, du même pas, chez une de nos meilleures amies, et voici son entrée en matière. « Vous aimez beaucoup M. Legouvé? — Oh! beaucoup. — Eh bien, je viens de lui rendre un immense service. — Lequel? » Il lui raconte tout, et ajoute : « J'ai pensé que vous seriez heureuse de reconnaître ce que j'ai fait pour lui, et je viens, tout ingénuement, vous prier de me prêter cinq cents francs. — Mais il me semble, lui répondit la dame, que ce serait plutôt à lui que vous devriez vous adresser. — J'y ai bien pensé. Mais dans la position où il se trouve... — Quelle position? — Il est dans le plus grand embarras. — Lui! — Poursuivi par ses créanciers. — Lui! — Prêt à être expulsé par son propriétaire. — Qu'est-ce que vous m'apprenez là? Comment, son propriétaire... — Est résolu à le mettre dehors. — Mais c'est un monstre qu'un pareil propriétaire, car ce propriétaire, c'est lui. Il loge dans sa propre maison. » Décidément le pauvre T. n'avait pas de chance ce jour-là.

A quoi cependant tiennent les choses! si Lamartine ne m'avait pas barré la route, j'étais commissaire de Ledru-Rollin; si j'avais été commissaire de Ledru-Rollin, ce titre me serait resté comme une marque indélébile, je n'aurais certes pas été nommé de l'Académie cinq ans après, je ne l'aurais peut-être jamais été, et en tous cas, je n'aurais pas fait mon cours. Si je n'avais pas fait mon cours, je ne serais pas entré dans la carrière, nouvelle pour moi, des conférences publiques, et je n'aurais pas popularisé mon livre par la parole. Or, c'est mon livre qui est devenu la source de mes divers travaux d'éducation, *les Pères et les enfants au dix-neuvième siècle*, *Nos Filles et nos fils*, voire même *l'Art de la lecture;* et c'est encore de lui que j'ai tiré plusieurs de mes plus importants ouvrages de théâtre, *Médée*, le *Jeune homme qui ne fait rien*, *Une Séparation*, les *Contes de la reine de Navarre*. Eh bien, à qui ai-je dû le sujet du livre, le cours, et le titre du cours? A Jean Reynaud. Voilà, ce me semble, le moment de parler de lui.

## CHAPITRE XV

# JEAN REYNAUD

---

Il y a des écrivains qui sont tout entiers dans leurs écrits. Chez d'autres, l'homme moral et la personne complètent l'artiste. Tel fut Reynaud. Le lire, c'était sans doute le connaître, mais pour le comprendre, il fallait le voir. Ce regard incomparable, ce mélange singulier d'austérité quelque peu hautaine, et de cordialité pleine de bonhomie; cette bouche où le rire s'épanouissait si largement, et qui tout à coup, à l'aspect d'un vice ou d'une bassesse, devenait si frémissante, on peut dire si terrible d'indignation et de mépris; cette belle taille d'allure si fière, cette parole dont l'éloquence allait toujours grandissant à mesure qu'il parlait... *Lui* enfin! Ce lui, qui occupait une telle place et qui a laissé un tel vide dans tant de cœurs, voilà ce que je voudrais tâcher de reproduire.

Toute une âme tient parfois dans une courte définition. Reynaud en a inspiré deux très heureuses. Une dame anglaise me dit un jour en le voyant : *Il me fait l'effet d'Adam avant sa chute;* et au collège... (on sait que les élèves ont, comme le peuple, le talent de frapper en médaille l'effigie des gens par un surnom) au collège ses camarades le surnommèrent : *le philosophe, le bandit,* et *femme sensible.* Assemblage bizarre ; mélange incohérent en apparence, mais en réalité plein de profondeur et de vérité. Traduisez en effet ces mots vulgaires en langage choisi, et vous aurez *l'homme de pensée, l'homme d'action* et *l'homme de cœur,* vous aurez Reynaud. Commençons par le bandit [1].

I

Reynaud naquit à Lyon le 4 février 1806 ; des revers de fortune forcèrent sa mère à se retirer avec ses trois jeunes fils à Thionville. Jamais femme ne m'a mieux représenté ce que les anciens désignaient par ce beau mot de *matrona*. Ses yeux pleins de lumière comme ceux de son fils, avaient plus de sérénité ; sa bouche, puissamment modelée et cordialement ouverte comme

---

1. Nous n'avons pas besoin de dire que nous ne prenons ici que dans son acception poétique ce mot, dont le sens se dégagera par le récit même.

la sienne, était plus habituellement souriante ; d'une noblesse de manières qui était de la noblesse de cœur, on sentait en elle un de ces êtres qui sont nés pour toujours servir de soutien sans avoir jamais besoin d'être soutenus, non par insensibilité ou stoïcisme, mais par une certaine force naturelle et facile comme la santé même.

Chargée seule, par l'absence de son mari, de ses trois enfants, elle les éleva *à la Cornélie*, c'est-à-dire virilement et tendrement. Les circonstances l'y aidèrent. On sait que les pays de frontières ont souvent un caractère de patriotisme un peu farouche. Toujours les premiers en armes, s'il y a guerre ; les premiers menacés, s'il y a défaite ; posés en sentinelles devant l'étranger en temps de paix, ils demeurent hostiles alors même qu'ils ne sont pas ennemis. Tel était Thionville ; telle était, surtout, en 1813, dans les sombres et dernières années de l'Empire, cette patriotique Lorraine, si voisine des grands événements de la guerre et si ardente à la défense du sol. Les trois enfants y respiraient de tous côtés la haine de l'étranger et l'amour passionné de la France. Placés tous trois au petit collège de Thionville, ils avaient pour maître d'étude un vieux soldat de la République, qui leur expliquait le *De viris illustribus* pendant les classes et leur racontait les guerres de 92 pendant les récréations. Double leçon de patriotisme ; car il le leur montrait à la fois dans le monde antique et dans le monde moderne, dans les grands hommes et dans le peuple, sous les traits des héros immortels et sous la figure plus touchante encore du pauvre soldat obscur, qui n'a la gloire ni pour objet ni pour récompense, se bat sans qu'on lui en sache gré, meurt sans qu'on s'en aperçoive, et aime, ce semble, d'autant plus sa patrie qu'il lui donne tout et qu'elle ne lui donne rien. Le vieux maître termina dignement ses leçons : quand vint 1814 et, avec 1814, l'invasion, il parut un matin dans la cour du collège avec un fusil sur l'épaule et un petit paquet sur le dos : « Mes amis, leur dit-il, lorsque le sol de la patrie est envahi, tout citoyen doit devenir soldat, » et il partit comme volontaire.

Ce noble type populaire s'imprima fortement dans l'imagination de Reynaud; il s'en souvint toute sa vie, et certainement en 1848, lorsqu'au ministère de l'Instruction publique il prenait tant de souci du sort et de l'influence des maîtres d'étude, il pensait à son vieux professeur du collège de Thionville.

Le maître parti, l'ennemi se chargea de continuer l'éducation. Le siège fut mis devant Thionville. C'est un rude cours d'étude qu'un mois de siège. Les trois élèves du vieux soldat n'y virent qu'un plaisir, je dirais volontiers qu'un jeu. Tout travail scolaire avait cessé; ils ne mettaient plus la main à la plume, que pour rédiger à eux trois leur journal du siège. Dès que le canon se faisait entendre, ils couraient aux remparts, et leur vaillante mère ne les arrêtait pas. Si la garnison faisait une sortie, ils se glissaient à la suite des soldats et allaient se mêler de loin à la bataille... Quels cris de joie, quand on rentrait vainqueur ! quand on avait fait des prisonniers ! Que n'écrivait-on pas alors dans le journal ! Mais le jour néfaste arriva : **Thionville tomba.**

Les villes capitales ont beau être prises, elles ignorent ce que c'est qu'une invasion. Les horreurs du siège et de l'assaut leur sont presque toujours épargnées. Contenues par la présence des chefs qui sont souvent des souverains, les troupes ennemies restent sous la règle d'une discipline sévère, et, comme elles éprouvent en partie la peur qu'elles inspirent, leur présence ressemble à l'oppression plus qu'à la conquête. Mais dans les villes de province, dans les campagnes surtout, plus de mesure. Les envahisseurs forcent les maisons, brûlent les villages, insultent, égorgent, font fuir devant la flamme et le fer, les populations épouvantées. C'est au milieu de ces terribles spectacles qu'apparaissent vraiment le fond de la vie et le fond de l'âme humaine. C'est là qu'éclata aux yeux de Reynaud enfant, la peur dans tout son égoïsme, le courage dans toute sa grandeur, le désespoir dans tout son éperdument, la misère dans toute son horreur ; et l'image des grandes calamités publiques se levant dans son âme à la lueur de ces lugubres incendies, y laissa une éternelle empeinte d'austère énergie et de farouche vaillance.

Sa mère était femme à accepter ces épreuves pour ses fils, et, une fois ces épreuves passées, à les bénir. Mais les y exposer deux fois, c'était au-dessus de ses forces. Quand 1815 amena la seconde invasion, elle quitta Thionville et se retira avec son précieux trésor au fond d'une campagne solitaire où l'ennemi ne pût pas pénétrer.

Là, avec cet instinct merveilleux qui la guidait pas à pas dans cette triple et délicate éducation, elle plongea ses trois vigoureux enfants en pleine nature, comme elle les avait plongés à Thionville en pleine patrie. Peu de travail, sauf quelques courtes études. Les champs et les bois pour maîtres, la vue du ciel pour *De viris*, la vie champêtre pour leçons. Mes trois bandits (un des sens de ce mot profond se dégage) partaient seuls dès le matin, et passaient toute leur journée dans les forêts, dans les fermes, suivant les garde-chasse, mangeant dans quelque cabane de bûcheron, vivant de la vie du peuple des campagnes et ne revenant que le soir, harassés, hérissés, les habits déchirés, mais avec un luxe de santé sur le visage qui disait à leur mère : **tu fais bien!** Rien de plus intéressant que de voir poindre les premiers linéaments du caractère des hommes supérieurs. Là commença donc à se montrer un des traits les plus distincts de Reynaud, son double amour de la nature, je veux dire son amour pour le détail comme pour l'ensemble. Les grands horizons, les splendeurs des couchers de soleil, les éloquentes profondeurs des bois qui lui ont inspiré de si admirables pages, frappaient déjà son imagination d'enfant, et en même temps il étudiait les herbes, les insectes, et revenait toujours les mains chargées de plantes et de nids d'oiseaux. Sa mère observait le petit observateur, et la vue de cet enfant singulier la rendait songeuse.

Aussi, le soir, quand le ciel étincelait d'étoiles et qu'elle se promenait dans le jardin : « Viens ici, mon petit philosophe, lui disait-elle, et regarde! » Puis, élevant ses yeux vers le ciel, elle lui désignait les planètes, les constellations, et ajoutait : « Vois-tu tous ces astres? ce sont des mondes! des mondes comme le nôtre! » L'enfant silencieux plongeait ses regards ardents et déjà profonds dans cet infini du ciel qui devait être un jour l'objet de toutes ses pensées. Il le contemplait avec un enthousiasme méditatif comme s'il y eût déjà vu la patrie future de son intelligence. Ne dirait-on pas saint Augustin et sa mère dans l'admirable tableau de Scheffer? Malgré la différence des doctrines, c'est le même élan de pensée, c'est le même but. Le doigt de ces deux mères et le regard de ces deux enfants indiquent et cherchent le même point : le chemin qui conduit à Dieu.

L'enfance écoulée et l'adolescence venue, Reynaud continua ses études avec ses frères, d'abord au collège de Metz, puis à Paris. De 1823 à 1825, la noble mère eut la joie de voir ses trois fils entrer, dans le rang le plus honorable, l'un à l'École de marine, les deux autres à l'École polytechnique, d'où Reynaud, en 1827, sortit des premiers pour entrer à l'École des mines.

Le travail, on le sait, s'y divise en deux parts : dix mois par an d'études spéciales à l'École même; deux mois de voyages à pied en France et en Europe, dans les grands centres d'exploitations minières. Reynaud se fit remarquer comme élève et comme voyageur. Comme élève, on me cite de lui un trait caractéristique.

A la fin de sa première année, pendant le temps des épreuves, il achevait un jour dans le laboratoire une analyse très délicate. Les substances qui formaient le sujet de l'analyse, bouillaient sur le fourneau, dans une capsule de platine, chauffée jusqu'au rouge. La fusion faite, Reynaud prend la capsule avec une pince et commence à la transporter doucement, pour la soumettre à l'analyse, sur une table de marbre située à l'extrémité du laboratoire. A mi-chemin, il sent que la capsule échappe à la pince... tout est perdu! Son épreuve va manquer, son examen est compromis! Aussitôt il place vivement la main gauche sous la capsule brûlante, l'y reçoit, et sans se hâter, sans que sa main bouge, il traverse le laboratoire et va déposer la précieuse coupe sur la table de marbre. Son analyse réussit, mais il avait la main brûlée presque jusqu'à l'os.

Comme voyageur, ses camarades de route ont gardé de lui un vif souvenir. Rien ne peut rendre, dit-on, la fougue de corps et d'esprit, l'infatigable ardeur de marche et de recherches de ce hardi et curieux pionnier. C'était toute la furie française appliquée à la science et à l'aventure. La faim, la soif, la fatigue, le danger, rien ne comptait pour lui. Il faisait dix lieues en dehors de sa route, pour étudier quelque accident de terrain intéressant, pour constater quelque progrès scientifique, et surtout pour pénétrer dans les mœurs des populations industrielles. Car le sort des travailleurs faisait déjà un de ses grands soucis, et la *secourabilité*, qu'on me pardonne le mot, une de ses grandes vertus.

Son compagnon de voyage dans la chaîne du Hartz et dans la Forêt-Noire, le savant M. Leplay, m'a raconté qu'après une longue journée de marche, Reynaud, le voyant fatigué, et voulant lui abréger la route, se lança à travers des escarpements inaccessibles à la recherche d'un sentier plus court qu'il croyait avoir entrevu au-dessus de leur tête. Après une escalade des plus périlleuses, ruisselant de sueur, les mains ensanglantées, il arrive enfin au pli de terrain qui lui figurait une route. Mais quelle est sa surprise ! pas de route ! Continuer de monter ? Impossible !... Le roc s'élevait devant lui droit comme une muraille ; redescendre ? Impossible encore, ses forces étaient à bout ; reprendre haleine en restant sur l'étroite saillie de rocher où posaient ses pieds ? Toujours impossible ! Ses jambes fléchissaient sous lui ; au bout de quelques secondes il serait tombé dans l'abîme. Son ami, devinant tout d'en bas, suffoquait de terreur. Tout à coup il voit Reynaud tourner sur lui-même dans cet étroit espace, appliquer son dos là où était sa poitrine, et, se laissant hardiment glisser, tomber assis sur la saillie du roc. Puis, une fois là les jambes pendantes sur l'abîme, il se met à chanter une tyrolienne. Quelques minutes après, il redescend près de son ami, qui lui fait les plus vifs reproches. — « Que veux-tu ! lui répond-il simplement, tu étais si fatigué. »

Une autre fois, poète, héroïquement poète, il bravait la mort, pourquoi ? Pour aller, il le dit lui-même, presser sur ses lèvres, au haut d'une cime inaccessible, un petit arbrisseau battu de l'orage. Rien ne peint mieux son tour singulier d'imagination, que la note de voyage où il raconte cet étrange désir.

« Hier, dit-il, descendant de l'Isenthal, je me suis arrêté pour contempler ce grand rocher qui porte une croix au sommet, et qu'on appelle le rocher du *Pater Noster*. Il sort de la forêt de sapins comme une île de la mer. Les faucons au cri aigu s'ébattaient autour de son sommet, et sa cime dentelée se détachait comme une ruine sur l'azur du ciel. Soudain j'aperçus, tout à la pointe du rocher, dans une crevasse, un petit arbrisseau qui pendait échevelé sur la vallée, et dont le vent agitait tristement les petits rameaux, pauvres de feuilles et de verdure. Qui l'a transporté dans ce lieu aride, si loin du sol natal? Est-ce le vent qui l'a enlevé et conduit, où va l'orage de la montagne? Est-ce l'alouette des rochers qui l'a laissé choir en retournant à son nid?... Je me suis pris de pitié pour lui, croissant ainsi tout seul loin des arbrisseaux ses frères ; il me faisait l'effet d'un exilé. J'ai senti le besoin d'aller à lui, de presser sur mes lèvres ardentes ses rameaux humides de brouillard! Pourquoi? Le sais-je?... La route était rude. Nulle autre haleine humaine ne l'avait encore touché. Nulle autre ne le touchera plus. Se trouvera-t-il deux fois un voyageur qui, pour l'amour de toi, petit arbrisseau, voulût braver la mort? Quand je redescendis, riche d'un souvenir de bonheur, mes compagnons me dirent : « Reynaud, mon ami, vous n'avez pas de sens, vous voulez vous tuer ! » Je ne répondis pas, à quoi bon ? Ils ne m'auraient pas compris.... »

Enfin, un troisième trait de son caractère qui se marque énergiquement dans ses voyages, c'est celui de *Français*. On se rappelle les leçons qu'il avait reçues de son vieux maître d'étude. Quand il atteignit ses dix-huit ans, la Providence lui envoya un nouveau maître de patriotisme qui était digne d'un tel élève, Merlin de Thionville. Merlin était parent éloigné des jeunes Reynaud; la mort de leur père fit de Merlin leur tuteur. Ceux d'entre nous qui ont vu quelqu'un de ces vieux débris de la Convention, en ont conservé une impression ineffaçable. Ces hommes semblaient d'une autre race; leur accent, leur démarche, leur langage, gardaient dans les circonstances les plus vulgaires de la vie, je ne sais quoi d'héroïque et comme de vibrant. J'ai entendu le vieux Lakanal parler à quatre-vingt-quatre ans sur la tombe de Geoffroy Saint-Hilaire ; je l'entends toujours. Dans son discours écrit (j'étais derrière lui pendant qu'il le prononçait), revenaient naturellement les souvenirs des guerres de la République ; eh bien, partout où se trouvait sur le manuscrit le mot *Prussiens*, l'impétueux vieillard avait ajouté en marge à l'encre rouge quelques nouveaux termes de colère, quelques mots d'indignation et de défi. Dieu sait pourtant s'il en manquait sur le manuscrit même ! Mais, en le relisant, il avait trouvé ses expressions trop faibles, et il les avait un peu rechargées de poudre. Tels ils étaient tous. Nous ne pouvons nous représenter ce que valait alors ce mot : la France ! Ils l'aimaient comme on aime ce qu'on a défendu, ce qu'on a reconquis. Tel était surtout Merlin, l'immortel défenseur de Mayence. Sa voix était un cri de clairon. Reynaud sentit auprès de lui s'exalter encore son patriotisme. Aussi ses voyages comme ingénieur dans les pays étrangers, nous le montrent-ils toujours préoccupé de cette idée, qu'il représentait la France et qu'il devait la représenter vaillamment.

Un jour, on organise dans la Valteline une chasse au chamois, pleine de périls. Il y va ; il étonne, il surpasse les chasseurs les plus aguerris, non par bravade ou par vanité, mais pour que le soir au retour on dise : « C'est *le Français* qui a été le roi de la chasse ! » Dans le Hartz, il arrive un matin à une mine aussi profonde que dangereuse d'accès ; l'Allemand qui conduisait les travaux lui déconseille de tenter cette rude descente : « Nos ouvriers mêmes, lui dit-il, nos Allemands, ne peuvent descendre et remonter sans prendre de repos, et n'y mettent pas moins de trois heures. — Vraiment? » lui dit Reynaud, et soudain le voilà descendu dans la mine, d'où il remonte sans s'arrêter, en moins de deux heures. Ces bons Allemands ne purent s'empêcher de dire : *Ah! ces Français!* Il avait sa récompense ; on avait dit : *ces* Français et non pas *ce* Français! Toute son ambition était pour la France, jamais pour lui-même ; s'il tenait à ce qu'on fît attention à lui, c'était pour qu'on se souvint d'elle.

On doit commencer à comprendre ce surnom de bandit qui lui avait été donné. Bandit, à cette époque de fièvre poétique, au milieu du rayonnement de la gloire des Byron et des Schiller, bandit voulait dire Conrad, Lara, Charles Moor, Manfred, Gœtz de Berlichingen, c'est-à-dire je ne sais quoi d'héroïque et de poétique, de chevaleresque et de révolté, qui convenait à merveille à cet aventureux jeune homme. Lui-même, il a dit de lui dans une lettre :

« Mes défauts sont une haine violente de l'obstacle toutes les fois que je n'ai aucun moyen d'agir contre lui ; c'est un sentiment invincible de révolte toutes les fois que je sens que j'entre dans un état de dépendance vis-à-vis d'autrui ; c'est un amour sauvage de ma liberté. Il y aura toujours en moi l'homme qui s'est formé seul, au milieu des âpres montagnes de la Corse, à cheval sur les cimes, entre le ciel et l'océan, vivant de sa chasse, couchant sous les étoiles, ne connaissant d'autre autorité que la sienne, et menant lui-même sa vie. »

Le mot de *Corse*, jeté dans cette lettre, achève de nous expliquer le mot *bandit*. La Corse fut en effet sa sévère et dernière institutrice; nous allons l'y suivre.

Il y a un fait qui est également vrai dans le monde moral et dans le monde physique, c'est que, petits ou grands, nous avons tous dans notre vie des époques de crise, ce que j'appellerais volontiers des *ères*. Le séjour de Reynaud en Corse fut une ère pour lui; c'est là que son être intellectuel se dessina nettement, que *le fruit se noua*. Il avait alors vingt-quatre ans. Sa jeunesse, passée à Paris, avait déjà eu ses orages; mais ce n'étaient pas les passions terrestres, les agitations des sens, qui avaient troublé ce cœur véhément, c'étaient les débats de l'âme avec elle-même, les terribles problèmes de la vie, de l'immortalité, des misères de ce monde. La tempête des idées était presque la seule qui eût grondé en lui, et les contemplations religieuses excitaient dans cette âme de vingt-trois ans, des transports et des attendrissements pareils à ceux que l'amour fait naître dans les jeunes cœurs.

« O ma bonne mère, écrivait-il vers cette époque, une immense joie inonde mon âme!... Plus de vide! plus de *spleen*!... Hier, l'idée de Dieu m'est apparue claire, sans nuage! l'idée du Dieu présent, personnel!... Le monde est maintenant rempli pour moi d'un adorable ami!... »

A ces effusions religieuses se mêlaient et se liaient en lui, dès ce moment, des préoccupations sociales et politiques. On se rappelle le beau mouvement d'idées qui éclata en France dans ces années de 1825 à 1830.

Politique pure, philosophie, poésie, histoire, économie politique, tous les grands objets de la pensée humaine étaient à l'ordre du jour dans tous les esprits. Un groupe d'élèves de l'École polytechnique avait pris pour devise cette formule : *Amélioration physique et intellectuelle de la classe la plus nombreuse et la plus pauvre*. Reynaud, pendant son séjour à Paris, s'était joint à eux, et c'est dans cette double disposition de cœur et d'esprit, c'est tout plein, si je puis parler ainsi, de l'âme de la France nouvelle, qu'il partit pour la Corse, en 1829, comme ingénieur des mines.

Il rencontra en route, à Marseille, sur le bateau, un de ses camarades de promotion, Lamoricière, qui partait comme sous-lieutenant pour l'Algérie. Ils passèrent tous deux une partie de la nuit sur le pont, couchés à côté l'un de l'autre, regardant les étoiles et se disant gaiement : « Quelle est la nôtre ? » Grand eût été leur étonnement si on leur eût dit qu'à vingt ans de là, ils se retrouveraient dans une assemblée représentative républicaine, l'un comme ministre de la guerre, l'autre comme secrétaire général au ministère de l'Instruction publique.

Les premiers temps de son séjour en Corse ne furent cependant pour Reynaud que la continuation de sa vie de voyageur et de chasseur. On l'envoyait dans ce pays comme ingénieur des mines ; mais il n'y manquait que des mines. Il l'écrivit au ministre ; puis, trop fier pour manger le pain de l'État sans le gagner, il entreprit de dresser sur place une carte géologique de l'île. Le voilà donc parti sur un petit cheval corse nommé *Bayard*, son fusil sur le dos, et se lançant à travers la montagne. Cette vie aventureuse le charmait.

Un jour qu'il gravissait un col assez étroit, il aperçoit dans un pli de sentier six robustes gaillards, de physionomie non douteuse, armés de longs fusils, et couchés sur la bruyère où ils déjeunaient. Rétrograder, c'était appeler les balles, et puis d'ailleurs... *un Français !* Il donne donc un coup d'éperon à *Bayard*, et marche droit à ces honnêtes gens, le visage ouvert, souriant, comme charmé de les rencontrer. Arrivé près d'eux, il descend de cheval, les appelle « mes amis », feint de les prendre pour des chasseurs, leur demande la permission de cuire à leur feu les merles qu'il avait tués, et les charme si bien par son assurance, par sa gaieté, et sans doute aussi par sa belle et cordiale figure, qu'ils lui offrent à déjeuner. « Seulement, nous disait-il plus tard en riant, quand vint le moment toujours cruel de la séparation, quand je remontai à cheval, leur montrant forcément, non plus le visage qui impose toujours, mais le dos qui *tente*, je m'en allai au pas, très lentement, pour ne pas paraître avoir peur, mais je serrais involontairement les épaules, m'attendant toujours à sentir s'y loger quelque balle corse. »

Il fallait l'entendre raconter cette aventure, car je n'ai pas connu de conteur, je dirais presque de mime plus amusant que ce philosophe austère. On voyait tout ce qu'il décrivait, il le revoyait lui-même. Les gestes, les accents, les physionomies, il reproduisait tout. Dans les scènes populaires surtout, dans ce qui était franche comédie, peinture profonde des ridicules et des mœurs, il atteignait une puissance de comique qui me rappelait Hogarth. Ce voyage de Corse était un texte inépuisable de récits où sa verve n'avait d'égale que sa véracité. Cher et tendre ami! que de soirées passées à l'écouter, et à rire ou à frémir en l'écoutant! Je le vois encore nous dépeignant l'incendie d'un maquis, une forêt de chênes-lièges s'enflammant, et l'entourant d'un cercle de feu, pendant que son brave petit cheval corse soufflait, haletait, bondissait sur les monceaux de charbon ardent. On croyait lire une page de Cooper.

Le hasard du voyage l'amena un soir dans un village perdu au milieu des montagnes. Tout en soupant : « Ne faut-il pas, dit-il à son hôte, passer le col Sublicio pour aller jusqu'à Cervione? — Si, signor; mais vous êtes donc déjà venu ici?— Non. — Comment savez-vous que le col Sublicio est là? — Je l'ai vu sur la carte. —Qu'est-ce que c'est qu'une carte? — Vous ne savez pas ce que c'est qu'une carte, une carte géographique? — Non. — C'est le portrait d'un pays. — Le portrait d'un pays? reprit le paysan sans trop comprendre. —Tenez, ajouta Reynaud, je vais vous en faire un, je vais vous dessiner sur la muraille, la carte géographique de la Corse. » Et il saisit un morceau de charbon. « Attendez, monsieur, lui dit le paysan, je vais aller chercher mes voisins... » Et, au bout de quelques instants, voilà la chambre pleine d'une vingtaine de paysans corses, entourant et regardant Reynaud comme on regarde un magicien. Il tire sa boussole pour s'orienter. « Qu'est-ce que ce petit instrument?...» Il leur explique, avec ce talent de vulgarisateur qu'il avait à un si haut degré, l'invention et l'usage de la boussole ; puis, debout, à la lueur du foyer, armé de son morceau de charbon, il fait apparaître à leurs yeux stupéfaits, l'image de leur propre pays, leur dessine à grands traits les golfes, les promontoires, les montagnes, mêle à son dessin mille détails curieux sur l'histoire ou le caractère géologique de chaque contrée, et les tient ainsi jusqu'à minuit, suspendus à ses lèvres, à sa main, et ne sachant ce qu'ils devaient admirer le plus, ou cet art merveilleux de représenter un pays inconnu, ou cette parole magique qui peignait ce que dessinaient les doigts. Plusieurs années après, un voyageur français passant dans ce village, on le conduisit aussitôt dans la maison devenue célèbre. Il trouva la carte encore empreinte sur la muraille, mais bien plus empreint encore dans les âmes, le souvenir de celui qui avait pris dans leur imagination quelque chose de légendaire, et qu'ils avaient vu avec surprise, le lendemain de cette scène, s'élever seul sur les âpres cimes du Sublicio.

Les cimes ont joué un grand rôle dans la vie de Reynaud ; on peut dire que les Alpes ont été ses meilleures consolatrices et ses plus chères conseillères. Dès qu'un trouble d'idées le saisissait, dès qu'un grand chagrin venait le frapper, il s'envolait vers les hauts sommets, comme un aigle blessé vers son aire. Errant pendant des journées entières avec sa boussole pour seul guide, parmi les solitudes des neiges éternelles, son cœur s'apaisait, son intelligence s'éclairait, et, quand il redescendait dans les villes, il rapportait, ce semble, sur son front et dans son âme, quelque chose de la paix et de la lumière de ces sublimes spectacles.

En Corse, il passa de longues heures, assis, ou plutôt, comme il le dit lui-même énergiquement, à cheval sur la pointe d'un roc qui s'avançait dans la mer comme un promontoire; et là, seul, en plein ciel, voyant ou sentant tout autour de lui, à l'horizon, la France, l'Italie et la Grèce, loin de la terre et cependant relié à la terre par la vue et la pensée, il agita en lui-même toutes les grandes questions de la vie. Là se formèrent, au sein de l'immensité et comme à portée de la voix de Dieu, toutes ses idées sur le Créateur, sur la création, sur l'homme, sur la société, sur nos devoirs, sur nos droits. Mais là aussi lui apparurent sa place à lui, et son rôle dans ce monde. Il était monté sur ces montagnes, ingénieur, il en redescendit philosophe, et le philosophe força l'ingénieur à donner sa démission.

Je dis *força*, le mot n'est que juste. Ce moment fut pour Reynaud un moment de grande lutte. Une fois engagé dans le monde des idées, une fois gagné à leur cause, il sentit le besoin de se vouer tout entier à leur service. Depuis son arrivée en Corse, il était resté en active correspondance avec le jeune groupe de polytechniciens, et tout ce qui s'agitait à Paris l'agitait. La révolution de Juillet, qui éclata sur ces entrefaites, acheva de mettre le feu à son âme. Alors les affaires pratiques, les détails administratifs, le métier d'ingénieur, lui devinrent odieux. La perspective d'être condamné à une telle vie, dût-elle le mener un jour aux plus hautes fonctions, le fit frémir. « J'ai besoin d'agir, écrivait-il, je sens quelque chose qui me pousse!... » La Corse commence à lui peser comme une entrave insupportable. « Adieu, à mon île! s'écriait-il ; métier de Robinson n'est pas métier de ce temps! Il s'agit de la vie et de la mort des nations! Honte à celui qui se sent du courage à l'âme et qui consent à s'isoler!... Pour moi, je crois que j'en mourrais! » Il n'y tint plus, et un jour, sans demander de congé, il partit pour Paris. Ses premières démarches eurent pour but, un simple changement de résidence. Puis il comprit qu'il y a des fonctions incompatibles, qu'on ne peut pas être ingénieur jusqu'à six heures du soir, et philosophe le reste du temps ; que la pensée, et surtout la pensée active, militante, est une maîtresse jalouse qui n'accepte pas de partage, que la condition première de la mission qu'il se proposait était de ne relever que de soi-même, qu'il fallait enfin choisir entre son rôle et son état. Il choisit. Il demanda un congé illimité ; c'était donner sa démission.

Le parti était rude, non pour lui ; l'incertitude même de son avenir nouveau lui était un stimulant de plus ; il éprouvait une sorte de joie âpre à la pensée des sacrifices qu'il faisait à sa cause, des privations qu'il allait subir pour elle. Mais sa mère! quelle fut sa surprise, son regret, sa crainte! Avoir tout sacrifié pour assurer une profession à ses fils, et, au moment où ils entrent à pleines voiles dans la carrière, voir celui des trois sur lequel reposaient peut-être ses plus chères espérances, tourner le dos à un noble but déjà atteint, se jeter dans l'inconnu, dans la misère peut-être ; mais tel était l'ascendant naturel de Reynaud, même dans sa jeunesse, tel était le respect qu'il inspirait à tous, même à sa mère, que, tout en le blâmant, elle ne s'opposa pas directement à son dessein ; quelque chose lui disait tout bas, en dépit de ses répugnances, qu'une telle âme avait le droit de chercher sa route en dehors des voies ordinaires. Qui sait même si, dans les mystérieuses profondeurs de l'amour maternel, elle n'éprouva pas une sorte de joie orgueilleuse à voir son fils si imprudemment généreux?

## II

Reynaud débuta dans sa nouvelle carrière par le saint-simonisme; son passage y fut rapide et éclatant. L'école saint-simonienne eut deux périodes très différentes. Rien ne ressemble moins à ses débuts que sa fin. Les folies de Ménilmontant, les costumes bizarres, les dénominations ridicules, les théories immorales aboutissant à une sorte de papauté d'Épicure, n'ont rien à faire avec les idées graves, humaines, qui servirent de drapeau à l'école naissante. Sa doctrine se résumait alors en un mot: *Perfectibilité;* son but, en une phrase : *Amélioration morale, intellectuelle et physique des classes pauvres et laborieuses.* Reynaud fut le défenseur ardent du premier programme, et l'ennemi terrible du second. Quand les doctrines généreuses se transformèrent en théories subversives, Reynaud les dénonça à l'indignation publique, dans une séance à la salle Taitbout, qui est restée célèbre.

Tout, dans la salle et sur l'estrade, était tumulte et clameurs. Le public, partagé entre les deux camps, applaudissait et huait tour à tour les deux adversaires; les saint-simoniens, éperdus, allaient de Reynaud à Enfantin et d'Enfantin à Reynaud; Enfantin, troublé pour la première fois, se défendait mal. « Vous démoralisez les ouvriers, s'écriait Reynaud, dont la véhémence allait toujours croissant, en ne leur parlant jamais que d'argent!... Vous démoralisez les femmes en affranchissant leurs passions au lieu de leur âme!... Mais rappelez-vous ce mot que la Bible applique à Satan : La femme se relèvera contre toi et t'écrasera la tête! » La confusion et les cris devinrent tels qu'il fallut lever la séance. M. Enfantin quitta la salle, entraînant avec lui tous ses partisans; les amis de Reynaud l'entourèrent en le suppliant de ne pas sortir; ils craignaient l'exaspération de quelques fanatiques. C'était en effet un coup mortel porté à M. Enfantin. Sur dix-huit saint-simoniens qui composaient cette famille philosophique, un très petit nombre suivit le Père à Ménilmontant; le saint-simonisme matérialiste était terrassé; mais le vainqueur n'était pas moins blessé que le vaincu, car le saint-simonisme lui-même était mort du coup, et Reynaud se sentit écrasé sous les débris du temple qu'il avait renversé.

Avec le saint-simonisme, en effet, disparaissait tout ce qu'il avait cru, tout ce qu'il avait espéré depuis trois ans; un vide affreux se fit dans son âme. Les cœurs vulgaires ne connaissent guère d'autre *spleen*, à vingt ans, que celui qui naît de l'amour déçu ou de l'ambition trompée. Il fut saisi, lui, de cette mélancolie particulière qu'éprouvent seules les âmes supérieures, l'amère tristesse qui suit les nobles espérances détruites, les rêves de bonheur public évanouis, la cruelle conscience de notre impuissance à faire le bien. Ceux qui ont connu Reynaud à ce moment, ont gardé un vif souvenir de son humeur farouche. Les larmes de joie de sa mère, toute radieuse de le voir échappé au saint-simonisme, ne pouvaient le consoler. Retiré d'abord chez son frère, puis près de Paris, il se complaisait dans une pauvreté stoïque. On eût dit que c'était encore une protestation contre les théories matérialistes qui l'avaient révolté. *Je méprise l'or!* disait-il alors avec un orgueil sauvage. On m'a conté de lui, à ce moment, un trait qui caractérise bien l'état de son âme. Il lui arrivait parfois de n'avoir chez lui qu'un morceau de pain. Dans un de ces jours de jeûne forcé, il entra chez un ami à l'heure du repas; on lui offrit d'y prendre part; il refusa. « Pourquoi votre refus? lui dit une personne qui en avait été témoin. Est-ce que vous avez déjà dîné? — Non. — Pourquoi donc avoir refusé? — Parce que je n'ai pas de quoi dîner chez moi. — Raison de plus. — Raison de moins! D'abord, je ne veux pas changer la maison d'un ami en hôtellerie, l'amitié en parasitisme; puis, si aujourd'hui je m'assieds, ayant faim, à la table d'un ami, je viendrai peut-être demain m'y asseoir, parce que j'aurai faim! Et alors voilà mon corps qui est mon maître, et je ne veux pas de maître, lui surtout!... »

Et comme son ami le regardait avec surprise. « Oh ! je l'ai habitué à obéir, reprit-il gaiement. Dans mes longs voyages de jeune homme, je lui disais le matin en partant : « Tu n'auras à déjeuner que quand tu auras fait six lieues ! » Les six lieues faites, il réclamait. « Encore deux lieues ! » lui répondais-je ; et, comme il grondait parfois : « Allons, lui disais-je, marche et tais-toi ! » Et il se taisait. Eh bien, il se taira encore aujourd'hui. » Et là-dessus il rentra chez lui, et dîna de son morceau de pain.

### III

Je ne m'arrêterai pas sur la vie de Reynaud comme écrivain et comme homme politique. Ses ouvrages et ses actes sont là pour témoigner de lui. J'y signalerai seulement deux faits caractéristiques.

Vers 1876, quelques années après sa mort, celle qui porte si noblement son nom, voulut lui élever un monument digne de lui. Elle s'adressa à un de nos plus illustres sculpteurs, M. Chapu, et lui proposa comme sujet une figure de l'Immortalité. Chapu se met à l'œuvre ; il esquisse ou ébauche plusieurs projets. Madame Reynaud va les voir, et me dit un matin : « Je ne suis pas complètement satisfaite de ces essais ; je voudrais en avoir votre avis. » J'arrive chez Chapu, je le trouve très découragé. « Je n'aboutis pas, me dit-il, je retombe toujours dans mes deux statues de la *Jeunesse* et de la *Pensée*. Tenez, regardez... » Après un examen attentif : « Il y a, ce me semble, lui dis-je, un moyen d'arriver au but. — Lequel? — Changez votre figure de sexe. Au lieu d'une femme, faites-en un homme. Au lieu de l'Immortalité, faites le Génie de l'Immortalité. Cette seule modification renouvelle tout, la forme, l'allure, l'expression ; vous voilà forcément arraché au souvenir de vos deux autres œuvres, et, du même coup, vous entrez pleinement dans le caractère de Reynaud. Reynaud était avant tout *un homme!* Une image virile peut seule être son image, et ainsi comprise, cette figure deviendra en même temps la représentation fidèle de son génie. — En quoi consistait son génie? — La lecture de *Terre et Ciel* vous l'expliquerait ; mais vous avez autre chose à faire qu'à lire un volume de philosophie et de science de quatre cents pages. Voulez-vous que je vous le résume en quelques mots? — Parlez! je vous en prie! — J'appelais Reynaud *un citoyen de l'infini!* Il vivait en plein univers. La Terre n'était pas pour lui le séjour où s'accomplit notre destinée. C'était une des étapes de notre existence éternelle! Autant d'astres dans le ciel, autant de terres. Autant d'habitations successives des créatures humaines. Cette idée n'était pas seulement chez lui une idée de théologien ou de philosophe ; c'était une idée de savant. Astronome, géologue, physicien, chimiste, et supérieur dans toutes ces sciences, il s'en servit, non comme les savants ordinaires, pour en tirer des livres scientifiques, mais pour en faire des instruments de croyance. C'est l'étude approfondie de la constitution des astres et de leur mouvement dans l'espace qui le conduisit à les assimiler à la terre, à y retrouver les mêmes éléments et à leur donner la même destination. L'immortalité de l'âme, telle que la conçoit Reynaud, est donc une immortalité active, militante. Tout homme est un lutteur éternel! Toute vie se compose d'une suite de vies qui ne sont qu'une suite de combats. Chacun de nous passe éternellement de monde en monde, travaillant, tombant, se relevant, se rachetant, jusqu'au jour où il entre dans la voie du perfectionnement continu et infini, sous les yeux d'un créateur éternel, qui, lui aussi, reste toujours son guide, son consolateur et son juge. Eh! bien, voilà *Terre et Ciel*, ou plutôt voilà Jean Reynaud. — C'est assez! me dit Chapu, je comprends. Lancer la figure en plein ciel, la montrer s'emparant de l'infini et la rattacher, ne fût-ce que par le bout du pied, à la terre! » Ainsi fit-il, et il fit un chef-d'œuvre, qu'on peut voir et admirer au cimetière du Père-Lachaise.

Quant au passage de Reynaud au pouvoir et aux affaires, il ne fut que de quelques mois. Comment, avec son admirable talent de parole et son naturel don d'autorité, n'a-t-il pas joué un grand rôle politique? Le temps lui a manqué. La Providence avait sans doute plus besoin de ses services comme penseur que comme homme public. Mais je ne veux pas quitter cette trop courte période de sa vie sans citer un trait où éclatent son courage et son invention dans le dévouement.

Il était représentant pendant les journées de Juin. Je

campais sur la place de la Concorde avec les gardes nationaux de notre village ; c'était le lundi, le troisième jour. La bataille venait de finir ; vers les quatre heures, passe sur la place, à quelques pas de nous, un homme en blouse, un ouvrier seul, sans armes, marchant paisiblement.

A la vue de cette blouse, nos paysans s'écrient : « Un insurgé ! un insurgé ! » et se précipitent sur lui, la baïonnette au poing. Nous voulons les retenir. Vains efforts ! Le malheureux, épouvanté, s'enfuit. Des cuirassiers qui stationnaient dans les Champs-Élysées, le voyant fuir, le croient coupable, et deux d'entre eux se lancent sur lui au galop ; on l'atteint, on l'entoure ; baïonnettes et sabres sont levés sur sa tête, son sang coule déjà, il va être massacré ! Tout à coup un homme, au risque d'être tué, se précipite au milieu de ce tumulte et de ces armes ; il ne dit pas un mot, il ne fait pas une prière, mais par un mouvement plus rapide que la pensée, il arrache de sa poitrine son écharpe de représentant et la jette sur l'ouvrier ! A la vue de ce signe, les armes tombent, les menaces cessent ; cette écharpe devient pour ce malheureux comme un des lieux d'asile de l'antiquité ou du moyen âge. C'est qu'en effet, c'était un lieu d'asile et le plus grand de tous ; car c'était l'image de la Nation elle-même ; c'était derrière le peuple tout entier, que cette main inconnue et généreuse avait abrité et sauvé cet homme du peuple. Cet inconnu, ce sauveur, c'était Jean Reynaud.

Je ne pourrais trouver une meilleure transition pour arriver à la dernière partie de cette étude, à la peinture de Reynaud comme homme de cœur.

## V

Il n'est pas rare de voir des philosophes dont toutes les théories ont pour objet le bonheur de l'espèce humaine, avoir assez peu de souci des individus dont se compose cette espèce ; pleins de sympathie pour l'homme, ils sont pleins d'indifférence pour les hommes. On dirait que, tout ce qu'ils ont de généreux, étant absorbé par les sentiments généraux, il ne leur en reste plus pour les sentiments particuliers. Tel n'était pas Reynaud. Jamais âme enfermée dans le cercle des affections individuelles n'en a eu davantage toutes les délicatesses, je dirai presque toutes les nuances. Enfant, sa mère l'appelait *ma perle*, comme pour peindre tout ce qu'elle trouvait d'exquis et de rare dans son cœur. Jeune homme, une sensibilité presque féminine s'alliait si étrangement en lui à la véhémence pathétique, qu'un de ses amis disait : « Le cœur de Reynaud n'a pas d'épiderme ; il suffit d'un pli de feuille de rose pour le faire crier. » Homme fait et devenu austère d'aspect, — il l'avait toujours été d'habitudes, — la même tendresse de cœur perçait à tout instant sous le grave visage du philosophe stoïcien. Le récit du moindre trait de générosité faisait trembler cette lèvre puissante, et des larmes remplissaient soudain ses yeux. Un mot froid dans la bouche d'un ami, un moment d'oubli involontaire suffisait pour l'affliger comme un de ces êtres affectueux et un peu faibles qui ne vivent que de sentiment. Cet homme, capable des résolutions les plus énergiques et même, à l'occasion, les plus violentes, ne pouvait supporter l'aspect de la douleur; la compassion devenait pour lui une véritable souffrance. Je lui avais envoyé un jour un exemplaire en plâtre de l'admirable tête de Michel-Ange, l'*Esclave mourant*. Le lendemain, il me pria de le reprendre; la vue continuelle de l'agonie sur ce beau visage lui était un supplice. Doué à un degré rare du sentiment musical, il fut forcé de renoncer aux concerts du Conservatoire; cette musique sublime le jetait dans une émotion qui aurait pu se changer en un état de crise morbide. Enfin, douloureux et cher souvenir que je ne veux pas écarter, dans la terrible maladie qui nous l'a enlevé, une fois qu'il se sentit en face d'un danger mortel, l'idée de la séparation lui rendit presque impossible à supporter la présence de ce qui lui était le plus cher. Je me rappellerai toujours que la dernière fois que je le vis, et où je vis, hélas! si clairement la mort sur son visage, après un court serrement de main et quelques mots échangés, il m'écarta en me disant : « Assez! assez! cela me fait mal! » Et toute cette noble figure trembla, pleine de larmes.

Ce que fut un pareil ami, on le conçoit. Sa jeunesse ayant été pure de toute passion inférieure et matérielle, il avait, à l'abri de son austérité, gardé tout son cœur pour les affections permises ou saintes. L'amitié était pour lui un culte. Qu'on relise ses divers ouvrages, les plus graves comme les plus familiers, à tout instant, au milieu d'un récit de voyage, d'une démonstration philosophique, apparaît ce mot *mes amis*, avec une sorte d'émotion qui prouve qu'ils étaient toujours présents pour lui. Personne n'a mieux parlé le langage qui console, qui dirige, ou qui relève. Je l'ai vu au chevet d'amis mourants, je l'ai vu penché sur le front d'amis désespérés; sa parole avait tous les accents : celui de la grandeur, celui de la pitié; cet homme était une source de vie toujours jaillissante. Pas d'obstacles de temps ni de lieu pour son ardente charité ; je dis charité, car son affection méritait ce beau nom. Son imagination, toujours en éveil au sujet de ses amis, lui inspirait mille idées heureuses pour la direction de leur vie, de leurs travaux. Des inconnus même, attirés vers lui par l'ascendant indéfinissable des natures puissantes, venaient chercher abri dans ce port. Il avait toute une clientèle d'âmes dont il était la conscience.

L'affection d'un pareil homme n'allait pas sans un fond de gravité. Aussi, malgré sa bonhomie de manières et de cœur, malgré sa gaieté même, les meilleurs n'étaient pas exempts près de lui de ce léger trouble, de cet embarras ému qu'on éprouve auprès des êtres supérieurs. Si tendrement qu'on l'aimât, il était impossible d'oublier qu'on le considérait. De là ce besoin d'être approuvé par lui, besoin si impérieux, que j'ai vu des hommes se parer à ses yeux, pendant des années entières, de sentiments qui n'étaient pas les leurs, non par hypocrisie ni pour le tromper, non, mais se trompant eux-mêmes, se croyant auprès de lui autres qu'ils ne l'étaient, l'étant peut-être pour un moment, tant on subissait en sa présence la contagion du bien. Mais, une fois le voile tombé, le naturel revenu, j'ai vu aussi ces faux honnêtes gens démasqués, pâlir devant ce clair regard. Leur défection avait porté ses fruits cependant : ils avaient reçu le prix de l'abandon de leurs principes, en puissance, en honneurs, en richesses; et lui, il n'était rien. Mais le rencontrer tout à coup dans une réunion, dans une loge de théâtre, aller à lui la main tendue, et le voir retirer froidement la sienne en les regardant en silence ; cela suffisait pour faire tomber ces transfuges du haut de leur grandeur vilainement acquise, et pour incliner leurs fronts jusqu'à terre. Cet homme était si juste qu'il était naturellement justicier.

Son influence s'étendait jusque sur des vieillards, sur des hommes de génie ; il m'en revient en pensée une preuve touchante. Il avait été l'élève et était devenu l'ami de l'illustre Geoffroy-Saint-Hilaire le père; j'ajoute le père, car le mot illustre ne suffirait pas à le faire distinguer de son fils.

M. Geoffroy, arrivé à la vieillesse, mais plein encore de son ardeur créatrice, voulut porter ses recherches sur une branche des sciences nouvelle pour lui, sur les sciences physiques. L'âge lui conseillait la modération dans le travail, sa santé affaiblie la lui ordonnait, il n'en tint compte; et sa digne compagne voyait avec douleur s'allumer chaque nuit au chevet du vieillard, la lampe de travail qui éclairait jusqu'au matin ce front pâle et penché. L'inquiétude devint grande dans sa famille ; on redoutait à la fois pour lui et l'excès et l'impuissance du travail. On n'apprend pas une science nouvelle à soixante ans ; il était donc à craindre que cette œuvre de sa vieillesse ne fût œuvre de vieillard, et ne répondît ni à ses espérances ni à ses premières créations. Mais comment lui communiquer ces soupçons ? Comment lui ravir cette dernière joie, et compromettre peut-être, en la lui ravissant, cette santé même que l'on voulait défendre ? Après de longues irrésolutions, la famille consulta Reynaud et lui demanda son intervention. Sa compétence dans les sciences physiques donnait pleine autorité à son jugement ; l'affection paternelle du vieillard pour lui, donnait toute valeur à ses conseils. Il hésita pourtant. A son âge (il n'avait pas trente ans), il lui semblait voir une sorte d'impiété dans cette hardiesse. L'intérêt de son maître le décida.

Un matin donc, il entra dans le cabinet de M. Geoffroy. Quelques questions adroitement jetées amenèrent facilement la confidence du travail commencé. Reynaud écouta sans interrompre ; puis, reprenant un à un tous les points de la question, il commença, avec ménagement d'abord, à faire sentir à l'auteur les côtés faibles de son système, lui montra l'insuffisance de ses études commencées trop tard, l'inanité de ses découvertes qui ne paraîtraient que des souvenirs, et, augmentant d'énergie à mesure qu'il voyait la surprise, le doute, la conviction se succéder sur le visage de son maître, il ne s'arrêta que quand il eut renversé pièce à pièce tout l'édifice aux yeux du vieillard désespéré. Reynaud, dans ces sortes de services cruels que nous sommes appelés tous à nous rendre les uns aux autres, apportait ordinairement une sorte de vigueur un peu âpre; cette âpreté tenait tout ensemble à son vif sentiment de ce qu'il croyait la vérité, à son désir d'éclairer, et aussi à sa crainte d'affliger; l'effort qu'il était obligé de faire, portait son courage jusqu'à la véhémence. Qui l'eût vu près de M. Geoffroy, eût été surpris du mélange de regrets et d'enthousiasme qui se lisait sur sa figure. Pourquoi ce double sentiment? C'est qu'il avait trouvé le moyen de guérir la blessure au moment même où il la faisait. En effet, à peine le dernier mot de la démonstration prononcé, il change subitement de terrain, il quitte les sciences physiques et se reporte vers les sciences naturelles, où M. Geoffroy a jeté un si grand éclat. Récapitulant alors toute cette noble vie, il la développe au vieillard lui-même dans sa grandeur et son héroïque énergie, il lui rappelle ses luttes mémorables avec Cuvier, Goethe intervenant dans le débat et se prononçant pour lui, il lui montre la jeune école scientifique se rangeant sous son drapeau, le présent lui donnant raison, l'avenir lui donnant la gloire, et, de degré en degré, le conduit pour ainsi dire par la main jusqu'à la place que lui réserve la postérité, entre Buffon et Linné! N'est-ce pas vraiment le génie de l'amitié et j'ajouterai, l'amitié que mérite le Génie? Le vieillard ranimé, consolé, se jeta en pleurant dans ses bras, puis, ouvrant la porte de la chambre où sa famille attendait anxieuse: « Notre ami m'a convaincu, dit-il, j'éteins ma lampe de travail. »

J'arrive à un moment de la vie de Reynaud où j'hésite à hasarder ma plume, tant mon cœur et le sien y sont fortement engagés; mais je lis dans un philosophe ancien qu'il rendait sans cesse grâce aux dieux de deux choses : d'être né Grec, et né au temps de Socrate. Pourquoi ne remercierais-je pas tout haut la Providence d'avoir permis un jour à mon amitié d'être un bien véritable pour Reynaud?

Notre première rencontre remonte à 1840. Un projet de voyage en Suisse m'ayant fait désirer quelques renseignements précis sur le meilleur itinéraire à suivre, un ami me réunit à Reynaud. Après un quart d'heure d'entretien, où il me traça un excellent plan de campagne, grande fut ma surprise, lorsque je me levai pour partir, de le voir venir à moi et me tendre la main avec une cordialité tout affectueuse. Le serrement de main n'était pas alors aussi habituel qu'aujourd'hui; d'ailleurs, quoique je ne connusse Reynaud que depuis un quart d'heure, il ne me semblait pas homme à prodiguer les marques de sympathie. Depuis, quand je lui exprimai ma surprise à ce sujet, il me répondit que toute sa vie, à sa première rencontre avec les gens, il les rangeait instinctivement, et comme malgré lui, en trois classes : ceux qu'il n'aimerait jamais, ceux qu'il aimerait peut-être, ceux qu'il aimait tout de suite, et que j'avais pris place tout d'abord dans la troisième catégorie. « D'ailleurs, ajoutait-il gaiement, vous savez mon système. Je crois aux existences antérieures comme aux existences subséquentes, et je suis bien certain de vous avoir rencontré déjà, peut-être plus d'une fois, dans quelque autre planète; nous étions donc deux vieilles connaissances; nous nous retrouvions. »

Un événement imprévu fit de notre amitié un lien quasi fraternel. Reynaud était souvent saisi de ces besoins de solitude, habituels aux esprits qui vivent dans la pensée de l'infini. Vers 1842 il se retira donc à Vineuil, village voisin de Chantilly, pour se dévouer tout entier à ses grands travaux de philosophie religieuse. Il vivait là seul, dans une maison isolée, travaillant tout le jour, se promenant et méditant dans un petit jardin fort inculte, où régnaient en maîtres quelques animaux privés. Il a toujours eu un goût excessif pour la société des animaux. Leur vue le touchait, le charmait et le troublait. Le mystère de leurs souffrances, inexplicables par l'idée d'épreuves, et par conséquent inconciliables, ce semble, avec la bonté de Dieu, le ramenait sans cesse à la contemplation de ces muettes créatures, dont la beauté était encore un attrait pour lui. Artiste en effet autant que philosophe, il se complaisait dans la vue des animaux élégants et surtout des beaux plumages d'oiseaux; s'il avait été riche, ç'aurait été sa manière d'avoir des bijoux.

Sans être riche, il avait reçu du Jardin des Plantes, en échange d'une curieuse collection de nids conquis par lui, deux superbes paons. Je les vois encore apparaître sur le bord de la fenêtre, dans la salle à manger basse où nous dînions à Vineuil. Ils venaient prendre leurs repas avec nous, puis s'en allaient gravir majestueusement le sommet d'un grand hangar voisin, et regarder de là coucher le soleil. « Ne semble-t-il pas, me disait-il, qu'ils vont saluer le dieu de leur patrie, et qu'ils prennent plaisir à faire étinceler leur splendide plumage dans le rayonnement de ses derniers feux ? »

Cependant je ne revenais jamais de Vineuil sans avoir le cœur serré. Cette vie de dévouement à la science, me remplissait de respect, d'admiration, mais aussi de regrets. Je connaissais trop toute la tendresse de cette âme, pour ne pas deviner la souffrance dont il ne se plaignait pas, pour ne pas souffrir du sacrifice qu'il acceptait héroïquement. Il avait trente-cinq ans à peine, et je ne pouvais me redire sans tristesse cette phrase de lui : « Je me sens ici sous la main de Dieu, que depuis si longtemps je vois seul au-dessus de ma tête, par delà les étoiles, dans mes promenades de nuit. »

Une pensée singulière vint bientôt se mêler à mes préoccupations. Au fond d'une province, au fond d'une campagne, à cinquante lieues de Paris, dans une solitude aussi douloureuse et presque pareille à celle de Vineuil, vivait une de nos amies les plus chères, une jeune femme qui, par un hasard étrange, n'avait trouvé refuge qu'au sein des plus sévères études. Nos grands penseurs lus et relus, l'avaient nourrie des mêmes idées qui occupaient Reynaud, et l'on peut dire qu'à cinquante lieues de distance, inconnus l'un à l'autre, leurs âmes vivaient dans les mêmes régions. Souvent nous les réunissions dans nos pensées, et, les voyant ainsi en nous et devant nous, embrassant d'un regard leurs qualités à la fois si diverses et si semblables, nous nous disions : « Évidemment ces deux êtres-là ne sont que les deux parties d'un même tout. »

Nous résolûmes donc de les rapprocher, nous fiant à la Providence pour achever l'ouvrage, si cet ouvrage était conforme à ses desseins. Seulement, je connaissais l'humeur sauvage de mon solitaire; il s'agissait de ne pas l'effaroucher, et une première lettre, toute simple, lui demanda d'abord de nous accorder quelques jours dans notre petite demeure de campagne. Sa réponse n'était pas de nature à m'encourager.

« La peine que je prends, me répondit-il, pour me discipliner de nouveau (il revenait d'un court voyage) à ma vie solitaire, se trouverait toute perdue à mon retour. Voici que je commence à rentrer dans mon stoïcisme comme un guerrier dans son armure, et vous me conviez déjà à en sortir. Croyez-vous que ce soit un vêtement si commode, qu'on puisse le vêtir et le quitter comme sa robe de chambre ? Il m'est utile; mais il n'est pas doux; ne m'attendez donc pas, cher ami. »

Cette lettre me détermina. Je lui écrivis notre dessein. Deux réponses, envoyées coup sur coup, me montrèrent le trouble de son âme. J'en citerai quelques courts fragments avec la réserve qu'impose un tel sujet.

La première n'est qu'une suite de phrases entrecoupées et comme de cris : « Votre lettre me frappe, me trouble, je n'ose dire m'épouvante. La main me tremble d'une façon extraordinaire. Je m'effraye de me voir trembler ainsi! La chose me touche donc bien à fond! »

La seconde est plus calme, comme il convient à un philosophe qui a passé la nuit à réfléchir :

« Ce projet n'a aucune chance de réussite. Vous ne me jugez que sur mes trente-cinq ans ; mais comment voulez-vous qu'avec mon front dépouillé, mes cheveux blanchis, mes habitudes sévères, les allures méthodiques de mon cœur et de mon esprit, mon manteau de philosophe, en un mot, je puisse prétendre à autre chose qu'à l'amitié ? Moi-même, suis-je capable d'un autre sentiment ? Si mon âme est affamée de tendresse, ce n'est que d'amitié. »

Après les raisons de modestie, les raisons de conscience :

« Ce dur tourment de la solitude, oublié par Dante dans son *Enfer*, a peut-être pour objet de m'exercer à la lutte, de m'enchaîner au service des idées... Un changement d'état me troublerait peut-être dans ce devoir.

« Je me contente sans peine du peu que me rapporte mon travail désintéressé. Je préférerais même la gêne à l'humiliation de m'appliquer à quoi que ce soit en vue d'un bénéfice quelconque. Mais cette gêne, serais-je le maître de la braver, si elle devait faire souffrir une et peut-être plusieurs existences précieuses ? »

Enfin, son cœur éclate malgré lui. L'image de sa mère avait gravé trop profondément dans son âme le respect des femmes, il leur croyait une trop haute mission dans ce monde pour ne pas regarder le vrai mariage comme l'expression la plus complète de la vie humaine. Mais il s'écriait dans sa candeur :

« Certes, je serais plus heureux, marié que seul ; mon travail même y gagnerait. Chaque soir, je le sens plus profondément, ma pensée ne prendra son essor que dans le calme, et je n'ai pas le calme, quoique je le cherche partout et que je ne cesse de le demander. Mais Dieu veut-il que je goûte ce bonheur, veut-il que ce cœur, si souvent fatigué du désert qui l'entoure, trouve un autre cœur qui batte avec lui et lui forme un autre écho que celui de ces froides murailles où je me suis condamné à vivre?... Je désire le bonheur, mais je n'ai pas le fol orgueil de croire que j'en sois digne!... »

Dans un dernier cri, sa sensibilité se révèle tout entière :

« Hier, au milieu de mon trouble, une idée étrange s'est présentée à moi, celle de ma dernière heure! Je me représentais le bonheur dont vous me parliez, et tout à coup, je me suis dit : oui, mais il faudra mourir!... et alors, comment avoir le cœur de mourir?... Ainsi, cher ami, faisons notre devoir, et, pour le reste, à la volonté divine! Je crois que vous n'aurez rien à me répondre... »

Je répondis, il vint, et sa venue inaugura pour lui vingt ans du bonheur le plus pur, le plus complet, tel qu'il était capable de le sentir et le donner, et où il ne connut qu'un seul jour de douleur, celui, hélas! qu'il avait prévu, le jour de la séparation. Sa mère, qui vivait encore, ses deux frères parvenus tous deux au premier rang dans leur profession[1], ajoutèrent à sa joie en la partageant. La fortune même se mit à lui sourire. Son goût d'artiste lui servit d'habileté en affaires; cherchant une retraite riante pour son bonheur et son travail, il employa un petit héritage et la dot de sa femme, à se

---

[1]. L'un était M. Léonce Reynaud, directeur général des phares de France, et auteur d'un traité d'architecture déjà classique; l'autre M. le contre-amiral Reynaud.

bâtir, à une extrémité de Paris, une maison sur des terrains isolés d'où l'on embrassait un bel horizon. Son instinct de paysagiste l'avait bien guidé ; il fut exproprié pour cause d'embellissements publics, et, devenu spéculateur malgré lui, se trouva riche parce qu'il aimait le beau.

Il en profita pour aller planter sa tente d'hiver sur les côtes de Provence. C'est là qu'il mit la dernière main à son livre de *Terre et Ciel;* c'est là qu'il prépara son second travail sur l'*Esprit de la Gaule;* c'est là qu'il fut heureux. Ceux qui l'avaient connu dans sa fougueuse jeunesse, s'étonnaient de le voir dans son jardin de Cannes, serein et tranquille comme un homme de campagne, plantant, bêchant, portant, dans son nouveau métier de jardinier, cette ardeur inventive et cette imagination poétique qu'il mettait à toute chose. Il rayonnait de joie à l'arrivée d'un beau végétal ; il nous rappelait à tous, cette noble vie de Schiller, qui, lui aussi, commença par être le Schiller des *Brigands*, c'est-à-dire l'homme des orages, pour finir par être poète de *Guillaume Tell*, c'est-à-dire le poète de la lumière. C'est que Reynaud avait rencontré, *nel mezzo cammin della vita*, au milieu du chemin de la vie, comme dit Dante, le guide qui devait l'aider dans le dernier perfectionnement de son âme. On a souvent remarqué que, dans les unions vraiment dignes de ce nom, l'échange habituel des paroles, des pensées, des sentiments, amène peu à peu comme un échange de qualités. Reynaud en fit la favorable expérience. Ce qu'il y avait en lui d'un peu indompté s'apaisa au contact de celle que je nommais son Fénelon. Cette âme de douceur s'insinuant en lui comme une huile pure et précieuse qui parfume et lénifie, il se rasséréna sans se refroidir, il s'adoucit sans s'amollir.

Les élections de 1863 le prouvèrent. On se rappelle avec quelle vivacité s'agita entre les républicains, avant la lutte électorale, la question du serment. Consulté à ce sujet par plusieurs de ses amis, Reynaud leur conseilla de le prêter. L'intérêt de la France, disait-il, leur en faisait un devoir. Mais quand les électeurs de la Moselle, dont les suffrages l'avaient envoyé à la Chambre représentative de 1848, vinrent le rechercher à Cannes, en 1863, pour lui offrir la candidature, il la refusa. Son refus n'impliquait pas et ne pouvait pas impliquer le blâme de ceux qui crurent devoir plutôt suivre ses conseils qu'imiter sa conduite; mais je dois citer cette réponse aux électeurs de la Moselle, car rien ne peint mieux cette nature inflexible, et qui portait dans les actions de la vie, la même rigueur que dans les principes philosophiques :

Cannes, mars 1863.

« Je me sens très ému, rempli de reconnaissance et de douleur, messieurs. J'ai le regret de ne pouvoir me rendre à l'honneur que vous voulez bien me proposer. Je ne puis me résoudre à prêter serment à une constitution qui n'a pas la liberté pour base... Je suis fait de telle sorte que je ne saurais fléchir, sans m'anéantir par l'outrage fait soit à ma conscience si je prêtais un faux serment, soit à mon patriotisme si j'en prêtais un vrai. En définitive, je vous tromperais, car, au lieu d'appeler vos suffrages sur un homme droit et ferme, je ne leur offrirais qu'un homme *humilié devant lui-même* et abattu. »

Je souligne en passant ce mot *humilié devant lui-même;* jamais homme n'a eu plus impérieux besoin de s'estimer soi-même. Et je lis dans une lettre de lui ce mot qui complète la pensée : « J'aimerais mieux tomber du haut du Righi que de déchoir d'une ligne dans l'estime de mes amis » :

« Ne croyez pas cependant, reprend-il, que je veuille imposer par là ma manière de voir, qui est essentiellement personnelle. Je me réjouis de voir autour de moi, et jusque parmi mes amis les plus chers, de sincères patriotes qui s'en écartent. Leur présence à la Chambre peut être d'une utilité que je suis loin de méconnaître, et de ce qu'ils n'éprouvent aucun scrupule à prêter serment, je conclus simplement que ce serment ne les affecte pas comme il m'affecterait moi-même ; et je m'en félicite pour les intérêts qu'ils auront à servir.

« Mais en même temps qu'il est utile au pays de posséder une opposition légale, permettez-moi de penser qu'il ne lui est pas inutile non plus d'en posséder une moins ouverte, passive même, mais inflexible dans ses principes. C'est dans celle-ci que mes sentiments, mon jugement politique et mon caractère me portent à me ranger, c'est d'elle que j'ai à cœur de demeurer le représentant. »

Ce fut là son dernier acte d'homme public. La mort l'avait touché de son aile : depuis deux ans il se sentait atteint. Je trouve dans une lettre de lui à son digne ami, M. Henri Martin, en date de mai 1861, ces paroles attristées :

« Je ne suis pas content de moi, je suis tombé dans une sorte d'inertie. A mon âge, on se trouve si près de l'autre vie, qu'on se sent plus disposé à y aspirer qu'à s'intéresser à celle-ci !... On se dit : Ma tâche est faite, et, en la voyant si minime, on se résigne en pensant que l'on fera mieux une autre fois.

« Le monde appartient maintenant à la jeunesse. La seule chose qui nous reste, c'est nous-mêmes, et que d'améliorations nous avons à réaliser dans ce monde-là ! »

Malgré ces découragements, aucun de nous ne s'inquiétait sérieusement pour lui. Toute sa vie, il avait été sujet à ces mélancolies sévères qui sont le propre des imaginations à grande volée. « Je n'ai plus d'ailes ! » disait-il souvent, ne se rendant pas compte que c'est la maladie de ceux qui planent. Puis, par un contraste étrange, cet homme, si dédaigneux des grandes douleurs comme des grands dangers, ne pouvait supporter sans impatience les légers malaises qui entravent. « Mon cher ami, lui répétais-je souvent en riant, vous êtes fait pour combattre les lions, mais pas les moucherons. » Je le gourmandais donc au lieu de le plaindre. Enfin son aspect même achevait de nous tromper. Il n'avait rien perdu de sa beauté imposante, et l'idée de mort était si incompatible avec cette apparence olympienne, sa personne physique elle-même représentait toujours si vivement la protection, qu'on ne pouvait croire que le grand chêne pût tomber avant les plantes plus faibles qui s'abritaient à son ombre.

Il fallut bien comprendre. Une pierre dure comme du fer, qui lui déchirait les entrailles depuis plus de deux ans, le força enfin, comme le héros du poème de Tristan, à dire : *Je suis vaincu!* Les douleurs atroces qui le torturaient lui arrachaient parfois malgré lui des cris aigus, jamais une plainte. Un des ornements de sa chambre était un bas-relief représentant un Gaulois combattant ; dès qu'il se sentit au pouvoir de la mort, il fit voiler cette figure, comme pour exprimer que son combat à lui était fini. Quoique ses idées sur la personne du Christ ne fussent pas celles de l'Église catholique, il avait toujours au pied de son lit un grand crucifix. Au milieu de ses plus terribles crises, on le vit étendre ses bras en croix sur son lit de torture, comme pour prendre exemple sur le divin martyr. Une nuit on l'entendit murmurer tout bas : « Mon Dieu! ayez pitié de votre pauvre serviteur ! »

Le lendemain, toujours dans la nuit, la sœur de charité qui le veillait s'approcha de son chevet et lui dit : « Monsieur, il faut vous préparer à la mort. — Je m'y prépare depuis quarante ans, ma sœur, » répondit-il avec calme.

Vingt-trois ans se sont écoulés depuis ce jour-là, et depuis vingt-trois ans la femme qu'il a tant aimée n'a eu qu'une idée, qu'un objet, le culte de cette grande mémoire. Elle lui a élevé trois monuments: un de pierre et de marbre, celui de Chapu ; un second, d'esprit et de pensée, l'édition complète de ses œuvres ; un troisième, fondé sur l'admiration et la reconnaissance publiques, *le prix Jean Reynaud.* Chaque année, un prix de dix mille francs, donné tour à tour par chacune des classes de l'Institut, associe la mémoire de Jean Reynaud à l'œuvre la plus éclatante qui se produit dans la science, dans les arts, dans la morale, dans l'érudition, dans les lettres. M. Pasteur fut le dernier lauréat de ce concours.

L'Institut est encore debout pour longtemps, j'espère ; tant qu'il vivra, le nom de Reynaud vivra aussi. A qui le devra-t-il? à celle à qui il a donné ce nom.

## CHAPITRE XVI

# MA CANDIDATURE ACADÉMIQUE

---

### J.-J. AMPÈRE. — BRIFAUT. — BAOUR-LORMIAN

Le rôle de candidat académique passe pour le plus ennuyeux de tous les rôles. « Il n'y a qu'un moyen de m'en tirer, me dis-je en l'abordant, c'est d'en faire un rôle amusant. Après tout, qu'est-ce que c'est que cette candidature? L'occasion et le droit de causer un quart d'heure avec trente-neuf des hommes les plus distingués de notre pays. Beau sujet de plainte! On payerait pour avoir cet ennui-là. Le tout est de sauvegarder sa dignité, et pour cela que faire? — Ne jamais dire de bien de soi. — Ne jamais dire de mal de ses concurrents. — Ne jamais flagorner ses juges. » Qu'on leur rappelle discrètement tel ou tel de leurs ouvrages d'aujourd'hui ou de leurs succès d'autrefois, rien de mieux, mais un éloge grossier et intéressé dégoûte autant celui qui le reçoit, qu'il rabaisse celui qui le donne. On devrait être sincère par calcul, si on ne l'était pas par nature ; c'est encore la plus sûre manière de faire dire à l'académicien que l'on quitte : « Voilà un homme avec qui je me rencontrerais volontiers une fois par semaine. »

Une des visites dont je me souviens avec le plus de plaisir est celle que je fis au général de Ségur. Quand j'entrai dans son cabinet, il me dit, en me tendant un livre : « Monsieur, j'étais avec vous ; je lis votre *Médée* ; mais je lis aussi la *Lucrèce* de M. Ponsard, votre concurrent. J'hésite entre vous deux. Mon opinion n'est pas encore faite : elle le sera le jour prochain, j'espère, où j'aurai le plaisir de vous revoir. » Je revins au bout d'une semaine. « J'ai lu, me dit-il, et j'ai comparé. Tenez, regardez, voilà vos deux tragédies chargées de notes marginales. Eh bien ! je préfère *Lucrèce*. Je voterai pour M. Ponsard ; mais, lui élu, je ne nommerai personne autre que vous. » Je le remerciai très vivement et très sincèrement. Cette franchise me toucha beaucoup, et depuis que je suis devenu juge à mon tour, je tâche de l'imiter, me proposant comme règle de dire toujours ce que je fais et de faire toujours ce que je dis.

I

Ma candidature académique me valut une amitié que je suis heureux de rappeler ici, celle de J.-J. Ampère. Je joindrai à son nom celui de deux autres membres de l'Académie, dont la physionomie, fort différente de la sienne, est caractéristique de leur époque : Brifaut et Baour-Lormian.

Je rencontrai Ampère pour la première fois chez un dilettante plein de goût et de grâce, le comte de Belle-Isle. Un heureux hasard me mit à table à côté de lui. A sept heures, nous ne nous connaissions pas; à neuf heures, nous étions liés. Un premier point commun nous rapprochait. Il était fils d'un homme de génie, j'étais fils d'un homme de talent, et tous deux nous avions grandi dans le culte de notre père, et sous l'heureux fardeau d'un nom à soutenir. En outre, la multiplicité de mes goûts répondait à la multiplicité de ses aptitudes. Dès le premier moment, je fus émerveillé de cette richesse et de cette spontanéité d'imagination. Depuis, je l'ai connu à fond, je l'ai véritablement aimé, et il m'a toujours fallu, pour le définir, avoir recours, toute proportion gardée, aux noms les plus éclatants de l'histoire ou de la légende. Oui, les plus enragés conquérants de royaumes ne s'acharnaient pas à la poursuite de leur conquête avec une passion plus fiévreuse, que J.-J. Ampère à la recherche d'un chef-d'œuvre, d'un monument, d'une découverte. Sa spécialité, c'était tout! Poésie, théâtre, archéologie, histoire, critique, tout l'attirait et rien ne lui suffisait. Après les langues mortes, les langues vivantes; après les langues vivantes, les hiéroglyphes; après les livres, les pays; après les pays, les hommes. Il fit, à vingt ans, un pèlerinage de trois mois auprès de Gœthe, pour connaître à fond le grand prêtre de la poésie contemporaine. Ce n'était pas un voyageur, c'était un habitant de toutes les contrées de la terre. A Rome, à Londres, à Heidelberg, il était partout chez lui comme à Paris. Avec cela, homme du monde et du meilleur monde, je pourrais dire de tous les mondes, car il avait été de fête dans les plus hautes sociétés européennes. Il en connaissait tous les dessous, tous les petits travers, ce qui, avec son immense et universel savoir, faisait de lui le causeur le plus extraordinaire que j'aie jamais vu. D'un bout de l'Europe à l'autre, on disait le *charmant Ampère.*

Ce mot *charmant* impatientait fort M. de Rémusat à qui on l'appliquait souvent. Il avait raison : ce mot implique quelque chose de superficiel, d'artificiel, de mondain, qui ne suffit pas plus à caractériser Ampère que l'auteur d'Abélard. L'âme d'Ampère était aussi riche que son intelligence, les sentiments généreux y abondaient comme les sentiments tendres. Il était capable d'indignation. Passionné pour la liberté, ainsi que M. de Tocqueville, son ami et son maître, l'attentat du 2 décembre le jeta dans un véritable état de fureur. Pendant treize ans, il ne tarit pas d'imprécations contre le nouvel empire, en écrits et en paroles, en prose et en vers, et plus d'une fois il faillit se compromettre gravement. Deux amours aussi singuliers l'un que l'autre remplirent sa vie. A vingt ans, il devint amoureux fou d'une femme de quarante; à soixante ans, d'une femme de vingt. Chacun de ces amours fut d'autant plus durable qu'ils ne furent partagés ni l'un ni l'autre, et tous deux ne finirent qu'à la mort de celle qui en était l'objet. Chose étrange, car tout est étrange en lui, ce cœur, toujours à l'attache, avait pour compagnon un caractère d'une indépendance farouche. Toute contrainte lui était odieuse; il ne voulait être esclave de rien. Il n'a jamais eu de chez soi. Il logeait au mois, au jour, n'importe où. Il n'a jamais acheté de meubles, sauf un, qui lui servait de tous les autres, une malle. Il y entassait tout, ses manuscrits, ses livres, ses objets de toilette, ses habits. Ses habits, il est vrai, ne tenaient pas beaucoup de place. Il n'en avait jamais qu'un; quand il était usé, ce dont il ne s'apercevait jamais, une dame de ses amies lui en substituait un autre, ce dont il ne s'apercevait pas davantage. J'ai dit qu'il n'était esclave de rien, je me trompe : il était esclave de ses manuscrits. Un jour que nous allions ensemble au château de Gurcy, chez Mme d'Haussonville, je le vis arriver à la gare, portant autour du corps une ceinture, d'où pendait une chaîne, qui allait aboutir à un sac, lequel sac renfermait ses papiers, auxquels il était ainsi attaché comme s'il y avait été rivé; cela lui donnait un petit air de forçat dont il riait le premier.

Ces précautions venaient de la peur qu'il avait de ses distractions, en quoi il n'avait pas tort. Il n'était pas pour rien le fils de son père. En effet les traits de distraction de M. Ampère étaient autant de légendes qui passaient à l'École polytechnique, de promotion en promotion : M. Ampère s'essuyant le front avec le linge destiné au tableau et se retournant vers ses élèves le visage enfariné; M. Ampère commençant dans la rue un calcul sur le derrière d'un fiacre arrêté, et courant après sa preuve quand le fiacre partait; M. Ampère laissant sa petite fille toute une journée dans une antichambre; M. Ampère entrant dans son salon en costume complet d'académicien : habit, veste, chapeau, épée, tout enfin, sauf les culottes. Eh bien, son fils était digne de lui. Un jour, chez Mme C..., où ses dernières années se sont écoulées si doucement, au sein d'une affection si vigilante, si intelligente, si respectueuse de son travail, si enchantée de son esprit, si reconnaissante de sa présence, il arrive dans la salle à manger, au commencement du dîner, dans un état d'effarement complet. « C'est inimaginable, dit-il, je ne sais pas ce que j'ai fait de la clef de ma chambre. — Cherchez dans vos poches. — J'ai cherché, elle n'y est pas. — Demandez au domestique. — Il ne l'a pas. — Où pouvez-vous l'avoir laissée ? — C'est ce qu'il m'est impossible de deviner. J'ai fouillé partout, dans mes tiroirs, dans mon armoire, dans ma commode, rien. — Comment, mon ami, lui dit la spirituelle maîtresse de maison, vous avez fouillé dans les tiroirs? — Oui! — Dans les tiroirs de votre chambre? — Oui! — Mais alors vous y êtes donc entré? — Sans doute! puisque je vous dis que j'ai fouillé partout. — Mais comment y êtes-vous entré? — Parbleu, avec ma.... Ah! c'est vrai s'écria-t-il, j'y suis entré avec ma clef! Ah! ah! c'est admirable, elle était dans la serrure! elle y est encore! » On entend d'ici les rires de tout le monde, et les siens.

Ce qui le distinguait de son père, c'est que ses affections n'avaient jamais ni distractions, ni intermittences, ni ralentissements. Un jour qu'il était à Rome, auprès de la première femme qu'il ait adorée, Mme Récamier, il reçoit de son père, alors à Lyon, une lettre qui l'appelle avec grande effusion de tendresse. Il s'arrache à son amour et, le cœur déchiré, il arrive à Lyon. Il est reçu à bras ouverts; le lendemain, à déjeuner, son père s'assied à table, songeur, silencieux, puis tout à coup, levant la tête, il lui dit : « Jean-Jacques (il avait appelé son fils Jean-Jacques en souvenir de Rousseau), c'est bien singulier, je croyais que cela me ferait plus de plaisir de te revoir. »

Ce mot si comiquement et si naïvement cruel n'eût jamais été prononcé par notre Ampère.

Du reste rien de plus pareil et rien de plus dissemblable que ce père et ce fils. Ces deux esprits supérieurs avaient pour caractère commun, la fécondité et l'initiative. Mais une fois à l'œuvre, la bifurcation commence. Pendant que le père, se donnant tout entier à la science, fait sortir, de sa concentration sur un point, deux ou trois découvertes immortelles; le fils se répand comme un cours d'eau débordé, en mille œuvres diverses. Faut-il le regretter? Non. Peut-être en se bornant eût-il produit quelque œuvre plus durable ; mais il n'eût plus été lui, c'est-à-dire cette créature multiple, électrique, faisant feu à tous les chocs. Ses ouvrages sont des ouvrages d'avant-garde. Son *Histoire de la littérature au treizième siècle*, son *Histoire romaine à Rome*, ses études archéologiques, ne sont un peu oubliées que parce qu'elles ont été imitées. Le domaine de la pensée ressemble à l'Amérique : le peuple des travailleurs s'y partage en deux classes : les pionniers qui percent les forêts vierges, qui défrichent les landes, qui portent la lumière et la vie partout où régnait la solitude ; puis les constructeurs, les bâtisseurs, qui édifient des maisons, élèvent des monuments, et font disparaître la trace des travaux qui servent de fondements aux leurs. Ampère fut un pionnier! Il fut plus encore! Il mérita un autre titre que lui donna une voix bien éloquente. Le jour de ses obsèques, le savant et spirituel M. Hauréau se sentit tout à coup saisir vivement le bras par un homme d'une quarantaine d'années, qui lui dit avec un accent de conviction passionnée : « Monsieur, celui que nous venons d'ensevelir là était un grand citoyen! » Qui parlait ainsi? Montalembert.

II

Si jamais contraste saisissant a existé entre deux hommes, c'est certainement entre Ampère et Brifaut. A leur aspect on se sentait en face de deux êtres d'une race d'hommes différente. Autant l'un était effervescent d'allure, négligé de toilette, désordonné de chevelure, autant l'autre était correct, régulier, soigné, élégant. Ampère a visité toutes les capitales des deux continents : M. Brifaut n'a guère connu qu'une ville, Paris; dans Paris, qu'un quartier, le faubourg Saint-Germain; dans ce faubourg, qu'une classe, l'aristocratie. Ses voyages consistaient à aller passer deux mois en Dauphiné, chez Mme la duchesse de \*\*\*, quinze jours en Normandie, chez Mme la marquise de \*\*\*, et de revenir bien vite rue du Bac, aussitôt que les hirondelles partaient. Comment ce nom tout roturier de Brifaut lui avait-il ouvert les châteaux et les salons de la plus haute noblesse de France? Comment y était-il recherché, choyé, aimé? Son esprit si délicat, sa conversation si brillante, ses manières, qui étaient celles de la meilleure compagnie, ne suffisent pas à l'expliquer. On parlait tout bas d'un mystère de naissance qui faisait de lui l'héritier indirect d'une des plus grandes dames de ce temps, et rien qu'à le voir, on le croyait. Jamais plus joli profil, physionomie plus aimable, cheveux noirs plus ondulés, ne se sont trouvés sur la tête d'un duc et pair. Il avait le petit zézaiement de l'ancien régime; comme le duc de Richelieu, il avait supprimé une des lettres de l'alphabet, l'r, il disait ma *paole d'honneur.* Il employait volontiers ces petites vulgarités de langage qui font partie de la distinction aristocratique; il ne disait jamais *cette* femme, mais *c'te* femme, le tout sans affectation, sans prétention, de naissance. Personne ne rimait plus agréablement que lui un conte, une épître, un madrigal. Il jouait la comédie à merveille; il avait même pris quelques leçons de Fleury, sans cesser de maintenir la distance entre le maître et l'élève. Il m'a souvent conté, avec un sourire de satisfaction, comment Fleury s'étant hasardé un jour à lui tendre la main, il avait échappé à cette familiarité, à force de politesse et de courtoisie. Il n'y avait eu là de sa part nulle morgue nobiliaire, mais simple dignité d'homme du monde; pour lui un acteur n'était pas *de la société.* Son entrée à l'Académie ne fut pas, comme on pourrait le croire, le résultat d'une intrigue de salon ou d'une faveur. Dans ce temps-là, un succès de tragédie en cinq actes suffisait pour vous ouvrir les portes de l'Institut. Ainsi en advint-il à M. Brifaut. Son *Ninus II,* joué par Talma, fit sensation dans le monde, et même dans le monde lettré. Depuis, on s'est un peu moqué de ce *Ninus II,* qui s'était d'abord appelé *Philippe II,* et que le poëte, sur une objection de la censure, transporta d'Espagne en Assyrie, sans qu'il lui en coûtât autre chose que quelques changements de rimes, et la suppression d'une vingtaine d'hémistiches. Rien de plus simple. On n'avait pas encore inventé la couleur locale; une action dramatique pouvait se passer partout, il ne s'agissait que de la rendre intéressante et pathétique; or M. Brifaut sut revêtir la sienne de vers si brillants, qu'après sa tragédie, il se vit demander une comédie en cinq actes et en vers par le théâtre, et par Mlle Mars. Avoir Mlle Mars pour interprète de sa seconde pièce, après avoir eu Talma dans la première, c'était un coup de fortune! Le jeune poète se mit aussitôt à l'œuvre. Il prit son sujet dans le monde de l'aristocratie. Il le connaissait bien! Sa finesse d'observation lui avait révélé tous les traits particuliers, tous les côtés comiques ou brillants de ce petit coin de la société française ; son imagination l'aida à les peindre, et le tableau qu'il en traça était si vif, si amusant, qu'un de ses amis, juge compétent, lui prédit la plus éclatante réussite. Voilà notre poète de trente-cinq ans dans l'ivresse! « Seulement, ajouta l'ami, sachez une chose! ce triomphe-là va vous brouiller avec tout notre monde, qui est le vôtre. Ils ne vous pardonneront pas de les connaître si bien, et encore moins de les peindre si juste. Ils crieront à la trahison! Vous avez mis partout, je le sais, l'éloge à côté de la critique, et force lumières auprès des ombres. On ne verra que les ombres. C'est à vous de choisir entre votre pièce et votre existence toute souriante, et toute pleine de sympathies. » Un grand poète n'eût pas hésité. M. Brifaut n'hésita pas non plus : il serra sa pièce dans son tiroir. Je ne crois pas qu'il y ait, dans l'histoire littéraire, un second exemple d'une immolation pareille;

il faut remonter à la Bible, au sacrifice d'Abraham. Hâtons-nous d'ajouter que ce sacrifice ne fut pas seulement imposé à Brifaut par son goût pour la vie heureuse; sa loyauté y eut grande part. M. Brifaut, tout mondain qu'il était, avait un grand fonds d'honneur et de droiture : il craignit le reproche de traîtrise, et la reconnaissance qu'on lui témoigna de sa délicatesse le paya de son héroïsme. Il fit de temps en temps, en cachette, à un petit nombre de privilégiés, quelques lectures de son ouvrage; elles furent considérées comme des répétitions de faveur; on se vantait d'y avoir assisté. Son prestige s'en accrut, et sa vieillesse fut celle d'un homme aimé et compté. Devenu valétudinaire, cloîtré chez lui une bonne partie de l'année, il voyait tous les jours, de deux heures à cinq heures, affluer autour de son fauteuil, d'où il ne bougeait guère et où il siégeait avec un bonnet de velours sur la tête et une couverture sur les genoux, il voyait, dis-je, affluer chez lui *tous les faubourgs Saint-Germain*. Je dis tous, car il y en avait de plusieurs espèces et de plusieurs âges. Le vieux faubourg d'abord, composé d'un fonds de douairières, revenues de l'émigration avec tous les préjugés et toutes les modes d'autrefois, mais qui rachetaient une simplicité de mise tout à fait étrange et une exhumation de chapeaux antiques, de robes quelque peu fanées, et de grands sacs dont on ne pouvait s'empêcher de rire, par une dignité de manières, une façon de saluer et un choix de termes qui sentaient d'une lieue sa grande dame d'avant la Révolution. Venaient après elles, les jeunes duchesses, les jeunes marquises élégantes, vives, gaies, très curieuses des choses de l'esprit, et très satisfaites de rencontrer les poètes et les écrivains en renom, que la candidature académique amenait chez M. Brifaut.

Parmi les notabilités à la fois intellectuelles et aristocratiques, comptaient, comme habitués, le marquis de Vogüé, le marquis de Vérac, le comte de Circourt. La conversation était variée, amusante, sans apprêts; on eût dit une petite succursale de l'Abbaye-aux-Bois. M. Brifaut y donnait le ton sans jamais y tenir le dé. C'est là que je fis rencontre pour la première fois, et dans une circonstance assez singulière, de mon cher confrère et ami, M. Nisard. J'étais candidat, Goubaux ami de Nisard, lui ayant parlé en ma faveur, Nisard répondit, moitié gaiement, moitié sérieusement : « Je ne demanderais pas mieux que de voter pour lui, mais il est trop fort à l'épée, et on m'a dit qu'il voulait me tuer. — Vous tuer! dit Goubaux en éclatant de rire. Eh! pourquoi? — A cause d'un article que j'ai écrit contre Victor Hugo, dont il est, paraît-il, fort enthousiaste, et les Hugolâtres assurent qu'il a juré qu'il me tuerait. » Goubaux me répéta cette conversation, et un matin, j'arrive chez M. Brifaut, et je trouve... qui? Nisard, qui ne me connaissait pas. Je fais des frais, je mets une sorte de coquetterie à montrer mon petit savoir et mon petit esprit, et je réussis assez bien pour que deux ou trois fois Nisard se retournât vers moi avec un sourire d'approbation. Il se lève pour partir, je me lève aussi. Il pleuvait à verse. Dans la cour, je lui offre de partager mon parapluie. Il accepte, nous voilà tous deux, sous la porte cochère, sous le même abri, bras dessus, bras dessous, attendant une voiture. Ce que voyant, je me retourne vers lui, et je lui dis : « Quand je pense, monsieur, que vous êtes là, côte à côte avec un homme qui a juré de vous tuer. — Quoi? Vous êtes... — M. Legouvé. » C'est ainsi que se fit notre connaissance, qui devint de la gratitude de ma part, lors de mon élection, et qui est devenue depuis, de l'amitié.

Deux traits particuliers caractérisaient l'esprit de M. Brifaut, une grâce qui ne manquait pas d'un peu de manière, et une vivacité de ripostes qui ne manquait pas d'aiguillon. Un jour, à l'Académie, où M. Cousin parlait de Molière, M. Brifaut, s'étant permis de n'être pas de son avis, le Philosophe se leva de sa place, et, arrivant tout près de son confrère, lui dit avec une brusquerie qui frisait l'impertinence : « Est-ce que vous auriez la prétention de connaître Molière aussi bien que moi? — Monsieur Cousin, répondit M. Brifaut froidement, je n'ai qu'une prétention, celle d'être poli. » Ce qui achevait de le peindre, c'étaient ses petits billets du matin. Il en écrivait tous les jours trois ou quatre, et ne mettait pas moins de deux ou trois heures à les composer. C'était son dernier travail littéraire. Autant de lettres, autant de petits chefs-d'œuvre de grâce et de calligraphie. Il y avait là comme un écho de certaines lettres de Voltaire. Même mélange de compliments mondains, de jugements littéraires et de doléances de malade. Le pauvre homme avait plus droit de se plaindre que son illustre modèle, car dans les dernières années de sa vie il était devenu si frêle, si transparent, qu'à une séance publique de réception à l'Académie un spectateur le voyant arriver, le visage enfoui dans son collet de fourrures, dit à son voisin : « Est-ce que c'est celui qu'on remplace? » Lamartine, en apprenant sa mort, écrivit cette jolie phrase : « Hier nous avons perdu M. Brifaut, qui a eu si peu de chose à faire pour passer à l'état d'ombre. » En tout cas, c'était l'ombre d'un bien aimable homme, d'un bien galant homme, qui m'a fort soutenu dans ma candidature, et à qui je conserve une véritable gratitude.

### III

Il y a des hommes dont le nom semble le portrait; tel fut Baour-Lormian. Remarquez-vous qu'on ne trouve que des voyelles dans ce nom? Et quelles voyelles! Deux *a*, deux *o*, sans compter deux diphtongues, dont la première vous oblige à enfler les joues pour la prononcer, le tout agrémenté de deux *r*, qui vibrent à travers ces syllabes sonores, comme un coup de clairon! N'est-ce pas bien l'image de ce poète, qui inaugura la conquête de Paris par Toulouse. Baour-Lormian, en effet, est le premier flot de ce grand débordement méridional... (je prends débordement dans le bon sens, le sens du Nil), qui depuis une trentaine d'années a envahi la vie parisienne, la littérature parisienne, la presse parisienne, et y a jeté tant de verve, tant d'éclat, tant d'esprit et tant de fanfaronnade. Grand, la bouche riante, les joues pleines et fleuries, la mine avantageuse, Baour-Lormian arriva à Paris, en vrai fils du pays des troubadours, à la fois poète et musicien, ayant en poche un poème qui ressemble à un opéra, et en main, à défaut d'une mandoline, un violon. Son poème était un Ossian, traduit par lui, mis en musique par lui, et qu'il allait chantant dans le monde à la façon des ménestrels du moyen âge, ou, si vous l'aimez mieux, de Thomas Moore, qui promena durant tant d'années dans les salons de l'aristocratie anglaise son talent de poète, son talent de compositeur, et sa jolie voix de baryton. Du reste, au temps de Baour-Lormian, la mode était à ces sortes de concerts. Je trouve dans les poésies de cette époque, un quatrain adressé à Mme de Genlis, qui avait chanté, en s'accompagnant de la harpe, chez le comte de Buffon, *une ode* contre les détracteurs de ce grand homme.

Qu'on mette en musique, et qu'on chante *le lac*, le *vallon*, je le conçois, mais une *ode contre les détracteurs de Buffon!* il est vrai que l'ode et le quatrain étaient signés *Écouchard Lebrun*, dont le nom arrive à point nommé sous ma plume, car il tint une grande place dans la vie de Baour-Lormian.

Baour-Lormian se voyait partout choyé, fêté, applaudi presque autant que Garat, quand, tout à coup, une rencontre fâcheuse vint jeter un nuage sur son bonheur. Alors régnait, trônait, dominait, dans le monde de la poésie, un petit homme sec, maigre, hâve, bilieux, à qui on avait donné pour surnom un des noms les plus poétiques de l'antiquité, c'était Écouchard Lebrun, qu'on appelait *Lebrun-Pindare*. Comment eut-on l'idée d'accoler à ce poète tourmenté et pédantesque le souvenir du génie grec, tout fait de lumière et de grâce? Je n'ai jamais pu le comprendre. Sans doute Lebrun avait du talent, beaucoup de talent, trop de talent; sans doute l'*Ode à Buffon*, l'ode sur le *Vengeur*, l'ode sur *Corneille*, offrent des vers heureux, des traits énergiques, même quelques belles strophes, comme celle qui se termine ainsi :

> La mémoire est reconnaissante,
> Les yeux sont ingrats et jaloux.

Mais je ne puis oublier que c'est Écouchard Lebrun qui, sous prétexte de lyrisme, a empoisonné notre poésie de cet affreux style déclamatoire, emphatique, et plein de périphrases, dont la contagion a atteint parfois les plus vigoureux esprits de son temps. Lemercier l'admirait trop; si l'auteur d'*Agamemnon* a souvent gâté ses belles inspirations poétiques par une versification laborieuse et obscure, la faute en est à Lebrun. Ses jugements étaient cités comme des oracles, ses vers comme des modèles. Il se posait en disciple de l'antiquité et en maître de la poésie moderne. Un exemple suffira pour montrer s'il y avait droit. Louis Racine meurt, Lebrun l'aimait comme homme, l'admirait comme poète, et honorait en lui le fils de l'auteur d'*Athalie*. Quelle belle occasion pour faire un chef-d'œuvre!

Voici les vers de Lebrun :

> Je le vois trop, Parque barbare,
> Tu prétends en désert changer notre Hélicon !
> Hélas, fumante encor du sang de Crébillon,

> Ta faux, sourde à nos pleurs, ta cruauté bizarre
> Nous enlève Racine et nous laisse Fréron.
>   Je le vois trop, Parque barbare,
> Les talents sont en proie à l'avide Achéron,
> L'enfer en est jaloux, le ciel en est avare,
> Il te reste à frapper et Voltaire et Buffon.

Je ne puis transcrire ce galimatias, sans un sentiment de colère! Et c'est un ami qui parle ainsi! C'est un poète surnommé Pindare qui écrit de la sorte! Pas un mot de cœur! Pas une image juste! Cette *Parque qui a une faux; cette faux qui est sourde à nos pleurs. Ces talents qui sont en proie à l'Achéron.* Quelle friperie mythologique! Quelle fausse grandeur! Quelle fausse force! Le croirait-on pourtant? ce lyrique boursouflé fut un épigrammatiste de premier ordre. Il a laissé un volume entier d'épigrammes, dont plusieurs sont des chefs-d'œuvre.

> Eglé, belle et poète, a deux petits travers,
> Elle fait son visage, et ne fait pas ses vers.

Mais surtout cette éloquente et vigoureuse attaque à Laharpe, qui avait critiqué Corneille :

> Ce petit homme à son petit compas
> Veut sans pudeur asservir le génie;
> Au bas du Pinde il trotte à petits pas,
> Et croit franchir les sommets d'Aonie;
> Au grand Corneille il a fait avanie!
> Mais, à vrai dire, on riait aux éclats
> De voir ce nain mesurer cet Atlas,
> Et, redoublant ses efforts de pygmée,
> Burlesquement raidir ses petits bras,
> Pour étouffer si haute renommée!

Ces deux derniers vers sont tout simplement sublimes. Or voilà précisément le terrible adversaire que Baour-Lormian rencontra et provoqua peut-être, ces méridionaux ne doutent de rien! Alors s'engagea entre ce petit homme maigre, et ce grand homme gras, une bataille d'épigrammes qui me rappelle les luttes d'athlètes à la salle Montesquieu, entre Marseille et Rabasson.

Baour-Lormian commence :

> Lebrun de gloire se nourrit.
> Aussi voyez comme il maigrit.

Riposte de Lebrun.

> Sottise entretient la santé,
> Aussi Baour s'est toujours bien porté.

Manche à manche.

Baour avait une femme, mais sa femme, dit-on, avait le droit de dire qu'il était plutôt marié que mari; en tout cas, il n'était pas père. Lebrun saisit le prétexte d'une traduction de la *Jérusalem délivrée*, faite par Baour, et passe du distique au quatrain.

> Ci-gît Baour, l'eunuque du Parnasse,
> Baour dont l'impuissante audace
> Trahissant sa femme et le Tasse
> N'a laissé ni gloire ni race.

« Ah! tu entres dans mon ménage, s'écrie Baour, ah! tu viens me chercher querelle à propos de ma femme. Je vais parler de la tienne! » Lebrun venait d'épouser sa cuisinière, et presque au même moment, dans je ne sais quelle ode, il avait dit d'un vaisseau battu par la tempête, qu'*il se précipitait dans les cieux !* Là-dessus, enthousiasme général ! *Se précipiter dans les cieux !* Quelle hardiesse d'image ! C'est aussi beau que *il aspire à descendre* de Corneille ! Au milieu de ce brouhaha d'admiration, paraît doucement ce petit quatrain de Baour :

> Qui pourrait s'empêcher de rire
> En voyant de Lebrun le vol audacieux,
> Se précipiter dans les cieux,
> Et tomber dans la poêle à frire ?

La riposte valait l'attaque. Toujours manche à manche. Malheureusement pour Baour, il commit l'imprudence de publier sa *Jérusalem délivrée* sous un format nouveau. Quelques jours après, Lebrun se charge d'annoncer la nouvelle édition :

> Ci-gît Baour....

Il le considérait toujours comme enterré.

> Ci-gît Baour, le barde de Toulouse,
> Qui mourut in-quarto, qui remourut in-douze,
> Et qui, ressuscitant par un effort nouveau,
> Pour la troisième fois remeurt in-octavo.

Le Barde se tint-il pour battu ? Je ne sais, mais la bataille cessa ; et Baour se consola avec le succès de sa tragédie d'*Omasis*, autrement dit, Joseph en Égypte, où l'affiche réunit pour la première fois les deux noms de Talma et de Mlle Mars; Mlle Mars jouait Benjamin.

Ma candidature académique me fit entrer en relations avec M. Baour-Lormian, vers 1852. Je n'oublierai jamais la première visite que je lui fis. Il demeurait alors aux Batignolles, rue des Dames, dans un petit appartement au second, au fond de la cour. J'arrive, je sonne. Une femme de ménage qui vient m'ouvrir, *crie mon nom à son maître*, j'entre, et je vois, debout au milieu de la chambre, un grand vieillard, vêtu d'une vieille houppelande fanée, le chef couvert d'une petite perruque racornie et frisottée, d'où s'échappaient quelques mèches de cheveux gris, le nez barbouillé de tabac, les joues assez pleines mais molles et jaunes, levant en l'air deux yeux éteints et glauques, et tenant en main un violon, dont le manche était entouré d'un mouchoir. Pourquoi ce mouchoir? Je n'ai pas pu m'en rendre compte. A peine mon nom prononcé, il fit un pas vers moi, et me montrant son instrument : « Vous voyez, monsieur Legouvé, c'est le violon de l'aveugle. J'en joue encore; quoique je sois plus qu'à demi sourd. Je fais même encore des vers. Je tâche d'oublier mon âge, et le reste. » Posant alors son violon sur son lit, il se mit à crier d'une voix formidable. « *Monsieur Vilargue!* » M. Vilargue était un voisin, pauvre, et qui venait tous les matins, pour une modeste rétribution, lui servir de secrétaire et de lecteur. M. Vilargue paraît, et répond de la même voix tonnante : « *Monsieur Baour-Lormian!* » Oh! ils étaient faits pour s'entendre.

« Monsieur Vilargue, voici M. Legouvé, le fils de mon ancien confrère et ami. Il est poète aussi. Aidez-moi à le bien recevoir. » Nous nous assîmes, et, naturellement, je lui parlai de son *Ossian*, que je connaissais très bien, et qui m'avait beaucoup plu dans ma jeunesse. Un des avantages du titre d'académicien, c'est de vous amener à chaque candidature des visiteurs qui savent ce que vous avez fait autrefois, ne fût-ce que pour l'avoir lu le matin. Après quelques minutes d'une conversation un peu confuse, le vieux poète reprit sa voix tonnante et dit : « Monsieur Vilargue ! — Monsieur Baour-Lormian ! — Lisez donc à M. Legouvé ma dernière pièce de poésie.... » Il lut, j'écoutai, et je restai stupéfait. J'y retrouvai toutes ses qualités d'autrefois. C'était la même élégance un peu fleurie, mais facile et agréable ; la même harmonie. Ces poètes du Midi sont des artistes très particuliers. Ils ont toujours le même âge. Ils ne mûrissent pas, mais ils ne vieillissent pas. Ils sont déjà à vingt ans tout ce qu'ils pourront être, et ils le sont encore à soixante. La réflexion, la pensée, le travail n'occupant pas grande place dans leur talent, le temps leur apporte peu de chose, mais il ne leur emporte rien. Méry et Barthélemy sont les modèles de ces heureux fils des pays du soleil. Leurs premiers vers valaient les œuvres de leur maturité. Ils n'ont rien gagné, ni rien perdu. Tel était Baour-Lormian. Ma franchise n'eut pas à souffrir de mes éloges, ce que voyant, il se retourna vers son secrétaire. « Monsieur Vilargue ! puisque ce morceau a plu à M. Legouvé, lisez-lui donc mon Épître au Prince-Président, qui, j'espère, imitera en tout l'Empereur, son oncle. » L'Empire avait été pour Baour-Lormian ce qu'on appelle l'âge d'or, il adorait l'Empereur, et il était bien payé pour cela. Voilà donc M. Vilargue qui commence, et le vieux poète s'asseyant entre lui et moi, le coude appuyé sur le genou, la main sous le menton, l'oreille dressée vers le lecteur, savourant avec un sourire de satisfaction ses hémistiches à mesure qu'ils passent, puis tout à coup, à un certain endroit, il me saisit fortement le bras, et me dit : « F..., mon cher (il jurait comme un païen), écoutez bien ! vous allez entendre le plus bo (le plus beau) vers de la langue française ! » Cette épître n'était qu'un long cri d'enthousiasme. Le poète comparait le neveu à l'oncle, mais pour mettre le neveu fort au-dessus.

La lecture finie, j'étais fort embarrassé pour dire mon avis à l'auteur, mais il ne me laissa pas longtemps dans l'embarras, et avec une naïveté admirable : « Ce sera bien le diable, me dit-il, si après cette épître-là, que je lui ai envoyée avant-hier, il ne me rend pas la pension de six mille francs que me faisait l'Empereur. » Au bout de quinze jours je reviens le voir, je lui trouve la mine un peu triste. « Eh bien, monsieur Baour-Lormian, lui dis-je, et votre épître? et la réponse du Prince? — Oh! le cochon! s'écria-t-il, voyez ce qu'il m'a envoyé! Une tabatière de deux cents francs ! »

Le contraste entre les vers de Baour-Lormian, et sa prose, à l'adresse du même homme, me frappa singulièrement, mais je ne veux pas finir sur ce souvenir, à propos d'un poète de talent, et qui, après tout, était un bon homme. J'aime mieux rappeler que Lamartine réclama à la tribune et obtint, pour le chantre d'Ossian, une pension de deux mille francs, qui lui permit d'achever sa vie en repos, qui lui inspira une grande admiration pour *Jocelyn*, et calma son irritation contre l'école nouvelle de poésie. « Oh! disait-il, il faut le reconnaître, tout romantique qu'il soit, il y a quelque chose dans ce Lamartine... »

Baour-Lormian mourut en 1854, un an avant mon élection; il ne put pas voter pour moi, mais il avait parlé pour moi, et je fus élu en mars 1855, avec dix-huit voix en ma faveur, contre onze données à mon concurrent. Ce concurrent, comme je l'ai dit, était Ponsard. Le lendemain de mon élection, j'arrivai chez lui à neuf heures. Je le trouvai de fort maussade humeur et faisant ses malles. « Vous partez? — Oui. — Pourquoi? — Puisqu'on ne veut pas de moi! — Qui est-ce qui ne veut pas de vous? — Mes amis? Ils m'ont préféré à vous, c'est vrai, mais maintenant, ils vous sont tout acquis. — Voulez-vous m'en croire? Défaites vos malles, restez, et vous verrez. » Il me crut, il resta; trois semaines après, il était nommé à une majorité considérable, et qui remplaça-t-il? Baour-Lormian.

# CHAPITRE XVII

# LA STATUE DE LAMARTINE

Le 15 janvier 1876, au théâtre de la Porte-Saint-Martin, à deux heures, sur l'initiative d'un de nos plus aimés confrères, M. de Lapommeraye, devant une salle éblouissante de toilettes et de lumières, en face d'un public enthousiaste, l'élite des acteurs de Paris récitaient quelques-uns des plus beaux morceaux de Lamartine. M. Delaunay disait *A Elvire*, M. Mounet-Sully, l'*Isolement*, M. Coquelin, le chien dans *Jocelyn*, Mlle Reichemberg, l'*Hymne de l'enfant à son réveil*, Mme Marie Laurent, les *Moissonneurs*, Mlle Delaporte, le *Petit Didier*, et enfin Mme Carvalho chantait le *Lac* avec la musique de Niedermeyer. Cette solennité était un acte de réparation. Le produit de la représentation devait être consacré à la statue du grand homme, que l'ingratitude publique avait laissé s'éteindre dans la gêne et dans la douleur. Une étude sur son génie était le complément naturel de cet hommage. On me demanda de m'en charger. Je refusai d'abord, puis j'hésitai, puis j'acceptai. Il me sembla, en y réfléchissant, qu'il y avait là pour moi un devoir de gratitude. J'avais été un des amis des derniers et sombres jours du poète. J'avais été témoin de ses efforts surhumains de travail pour se libérer de ses dettes. J'avais été confident de ses désespoirs. Je trouve, parmi mes papiers, à la date de 1860, cette lettre de lui.

« Voici un des jours les plus tristes de ma vie ; c'est
« ce jour qu'on déménage les vieux meubles de Milly,
« vendus à un étranger, et avec ces chères reliques, les
« racines profondes de mon cœur d'enfant ! Ma patrie
« était la pierre de l'âtre de ce foyer natal. » Plus tard, la maladie vint s'abattre sur lui en même temps que la détresse, et une visite du matin me le montra écrasé sous ce terrible et double coup. Il était couché, la figure rouge de fièvre, les yeux à demi fermés, la voix éteinte. Une attaque de rhumatisme articulaire lui arrachait des cris étouffés. Tout à coup, la porte s'ouvre, un domestique entre et lui présente un papier ; il l'ouvre, le lit, et le jetant sur la couverture, il me dit, avec un accent de mélancolique douceur : « *Ah! les hommes sont cruels!* » Je prends ce papier ; c'était un billet à ordre, avec protêt et menaces de poursuites dans les vingt-quatre heures. Mon émotion fut profonde. La somme était trop forte pour que je pusse l'acquitter à moi seul. Je courus chez une femme de cœur, dont je suis heureux d'inscrire ici le nom, Mme Schneider, la belle-mère de M. Gilbert, dont j'ai raconté l'acte de

délicatesse vis-à-vis de Goubaux. Une heure après, la dette était payée ; je me hâte d'ajouter qu'un an plus tard, le prêt était remboursé.

Mais ce n'était là qu'un atermoiement, et quelques temps après, lorsqu'il fut à bout de force, et de ressources, il songea à faire un suprême appel à la reconnaissance publique. Cet appel, c'est moi qu'il chargea de le rédiger. Personne, plus que moi, n'était donc en mesure de présenter à ce public, revenu de son injustice, un Lamartine *vrai*. Je n'avais qu'à me souvenir. Le succès de la représentation fut si vif, qu'on la recommença tout entière, huit jours après. Les paroles que je prononçai eurent leur part dans ce succès. Les journaux les citèrent avec éloges, et un des maîtres de la critique contemporaine, M. Cuvillier-Fleury, leur consacra un article, plein de cette verve chaleureuse dont il avait le secret.

Voici ces pages. Je les reproduis ici comme un de mes plus chers souvenirs. Leur date ajoutera, je crois, à leur intérêt.

I

LAMARTINE

Un fait m'a toujours frappé, c'est le merveilleux instinct du public pour reconnaître le génie à son premier cri. A peine a-t-il paru, à peine a-t-il parlé, que du cœur de tous, part une acclamation d'enthousiasme qui le salue roi. Il semble que tout ce qu'il fera, soit écrit par avance dans ce qu'il vient de faire; ce début contient une longue vie de gloire. On dirait, qu'on me pardonne une comparaison quand je parle d'un poète, on dirait la splendeur d'une belle journée de soleil, ramassée tout entière dans le premier rayon de l'aurore.

Ainsi en advint-il à Lamartine; les *Méditations* n'étaient pas publiées depuis vingt-quatre heures, que, par je ne sais quel phénomène d'électricité morale, ce nom, inconnu la veille, courait déjà sur toutes les lèvres; il avait à peine encore quelques lecteurs que déjà il avait un peuple d'admirateurs et surtout d'admiratrices, car les femmes et les jeunes gens sont toujours les premiers précurseurs du génie, et M. de Talleyrand lui-même, averti par ce bruit de gloire, prit le volume, le dévora tout entier en quelques heures enlevées au sommeil, et écrivit le matin à un de ses amis : « Un poète nous est né cette nuit! »

Un poète! c'est-à-dire, selon le sens originaire du mot, un créateur. Ce jeune homme venait en effet de créer quelque chose d'inconnu dans la poésie française. De ses lèvres venait de jaillir un hymne nouveau à la plus poétique des passions humaines, il avait transfiguré l'amour. Jusqu'à lui, tous nos poètes élégiaques, Marot, Ronsard, Régnier, La Fontaine, Parny, Millevoye, André Chénier lui-même, qu'étaient-ils? Des païens, qui ne chantaient dans l'amour, qu'une volupté ou un délire. Lamartine en fit presque une religion. Le premier, il représente dans le même cœur l'amour et la foi; il épure la passion par la piété, il enflamme la piété par la passion; il adore Dieu en Elvire, il adore Elvire en Dieu! De là toute une source de beautés nouvelles. L'idée de l'infini avec ses tristesses et ses extases, le sentiment de tout ce que nos affections ont de périssable, mêlé à la conscience de tout ce qu'elles ont d'éternel, entrent pour la première fois dans des vers d'amour; pour la première fois, viennent s'asseoir à côté d'un chantre d'Éros, deux muses inconnues à l'antiquité, la mélancolie et l'espérance, et c'est ainsi que dans les poèmes de Lamartine, l'amour, tour à tour baigné d'ombre et inondé de lumière, penché sur le tombeau ou s'élançant vers le ciel, nous apparaît, revêtu d'une grandeur nouvelle, entre la mort et l'immortalité.

Je n'entrerai pas ici dans le détail des mille beautés poétiques de l'œuvre de Lamartine. Je me bornerai à rappeler que les secondes *Méditations*, les *Harmo-*

*nies, les Recueillements, la Mort de Socrate*, moins pures peut-être de forme que sa première œuvre, mais plus puissantes de composition et plus riches de coloris, ajoutèrent chaque année quelque chose à sa gloire, et que *Jocelyn* y mit le sceau. *Jocelyn* n'était pas moins qu'une seconde et éclatante innovation, qu'une conquête de plus dans le domaine poétique. La France n'avait pas d'épopée, Lamartine lui en donna une, l'épopée intime. La renommée sans cesse croissante de l'auteur des *Orientales*, ne l'amoindrit pas, ils rayonnèrent à côté l'un de l'autre, sans s'éclipser. Chacun d'eux eut son royaume, je dirais volontiers son peuple, et leurs admirateurs purent se dire mutuellement, comme dans *Athalie* :

> J'ai mon Dieu que je sers, vous adorez le vôtre :
> Ce sont deux puissants Dieux...

En est-il de même aujourd'hui ? Non.

La gloire de Victor Hugo a pris de telles proportions, elle se ramifie si profondément dans toutes les couches sociales, qu'elle constitue un phénomène à part. Quant à Lamartine, il faut oser le dire, son astre a pâli. Il n'occupe plus, dans l'admiration générale, la place qui a été si longtemps la sienne. On achète toujours ses ouvrages, ils figurent au premier rang dans les bibliothèques, on les revêt de maroquin et de dorures, mais ils ne courent plus de mains en mains, ils ne se placent plus sous le chevet, ils ne s'emportent plus à la promenade sous la forme de ces petits volumes usuels et usés qui sont comme des amis, et que l'on apprend, selon un mot bien expressif dans sa familiarité, que l'on apprend par cœur. Ah! certes, on a bien raison de vouloir lui élever une statue; nul n'y contredira et beaucoup y contribueront; mais il en avait naguère une autre bien plus belle, une autre située en un lieu plus sacré que toutes les places publiques de la ville... dans le cœur de la jeunesse. Cette statue, il ne l'a plus. Ce sanctuaire, il n'y règne plus. Un autre y a pris sa place. Le chantre de *Rolla* a détrôné le chantre de *Jocelyn*.

Heureusement ce n'est là qu'une de ces éclipses passagères, que subissent les plus légitimes renommées avant d'entrer dans leur éclat définitif. On reviendra à Lamartine, il remontera à son véritable rang, j'en ai l'assurance, et voici pourquoi.

Lorsqu'on énumère dans sa pensée les génies immortels, en commençant par Orphée, par Pindare, par Homère, en passant par Eschyle et par Sophocle pour arriver à Virgile, et de Virgile à Dante, on est frappé d'un trait commun qui les rapproche. Ce sont tous des génies *sains* et *purs*. On respire auprès d'eux un air fortifiant; on se sent avec eux dans la famille des bienfaiteurs de l'humanité. Lamartine appartient à cette famille-là. Il peut se présenter devant eux avec l'*Hymne de l'enfant à son réveil*, avec *Milly*, avec *les Étoiles*, avec les *Moissonneurs*, avec le *Crucifix*, et ils lui diront tous : « Entre, tu es des nôtres, car tu n'as jamais fait que du bien ». Je ne veux pas d'autre garant de son immortalité, et j'ai hâte de passer du poète à l'homme.

## II

On a beaucoup accusé Lamartine d'orgueil, et l'on cite toujours sa fameuse réponse à un père qui lui avait amené son fils. — « Eh bien! Monsieur de Lamartine, que pensez-vous de mon jeune homme? — Il n'a pas été assez ému en me voyant, répliqua le poète. » Pour qui réfléchit, et pour qui connaît Lamartine, il n'y a pas là trace d'amour-propre. Ce n'est pas à lui qu'il pensait en parlant ainsi; c'était à une grande renommée quelconque. Il n'aurait jamais dit ce mot s'il se l'était appliqué à lui-même; l'appliquant à tous les hommes supérieurs, il avait mille fois raison. Un jeune homme qui n'admire pas, n'est pas jeune. Du reste, je vais dire un mot qui étonnera bien des lecteurs, Lamartine *était modeste*, d'une modestie relative, bien entendu. Il avait même quelques amours-propres fort singuliers; il se croyait, par exemple, un grand économiste, un grand vigneron et un grand architecte. « Jeune homme, dit-il un jour au fils d'un de ses amis, regardez-moi bien là, au front, et dites-vous que vous venez de voir le premier financier du monde. » La gloire de Victor Hugo ne l'offusquait pas; mais le titre de premier viticulteur de France, accordé à M. Duchâtel, le taquinait. « Ce n'est qu'un amateur, disait-il, moi je suis un cep de nos collines. » Enfin, à Saint-Point, montrant avec complaisance à un visiteur, un petit portique affreux, enluminé d'un coloris criard, et formé de deux colonnes appartenant à l'ordre... à tous les ordres... « Mon cher, lui dit-il, dans cinquante ans, on viendra ici en pèlerinage ; mes vers seront oubliés, mais on dira : « Il faut avouer que ce gaillard-là bâtissait bien! » Se croire habile aux choses où l'on n'entend rien, ne constitue pas précisément une originalité ; mais ce qui en est une, c'est de ne pas se surfaire dans l'art où l'on est maître, et nous touchons là à un des côtés les plus singuliers de cette nature si complexe. La modestie chez les hommes supérieurs n'est que de l'esprit de comparaison. Or, quand Lamartine se comparait à ses contemporains, il se trouvait grand ; mais quand il se comparait aux génies de premier ordre, ou à lui-même, c'est-à-dire quand il mettait en parallèle ce qu'il avait fait et ce qu'il aurait pu faire, je le répète, il était modeste. Un jour j'osai lui dire : « Expliquez-moi un fait inexplicable : j'aime également les vers de La Fontaine et les vôtres ; j'ai une égale facilité à les apprendre ; j'ai un égal plaisir à me les répéter ; mais, au bout de six mois, je sais encore les vers de La Fontaine, et je ne sais plus les vôtres. Pourquoi? — Je vais vous le dire, me répondit-il ; La Fontaine écrit avec une plume et même avec un burin ; moi avec un pinceau ; il grave, je colore ; ses contours sont précis, les miens sont flottants ; il est donc tout simple que les uns s'impriment et que les autres s'effacent. » Frappé, ému de tant de justesse, de simplicité : « Et cependant, repris-je avec conviction, et cependant pas un seul poète français n'a été plus richement doué que vous! Vous avez autant de génie que les plus grands. — C'est possible, me dit-il en souriant, mais je n'ai pas autant de talent; le talent, mon cher, c'est-à-dire ce qui s'acquiert par le travail et la volonté. Je n'ai jamais travaillé et je ne sais pas corriger. Quand j'ai essayé de refaire quelques vers, je les ai faits plus mauvais. Comparez-moi donc à Victor Hugo comme versificateur : je ne suis qu'un écolier auprès de lui. — Vous ressemblez bien plus, repris-je, à cet autre enfant gâté de la muse qui, comme vous, n'a jamais connu ni l'effort ni la lutte, et qui laissait tomber ses notes, comme vous vos vers, à Rossini. — Oh! ne m'égalez pas à Rossini, reprit-il vivement, Rossini a fait des œuvres, lui! Il a écrit *le Barbier*, *Othello*, *Guillaume Tell*; moi je n'ai fait que des essais. Après tout je ne suis qu'un amateur très distingué. » Il ne le pensait pas absolument. Il comptait peut-être sur mon ardeur à me récrier; et je l'aurais étonné si j'avais pris sa définition au pied de la lettre; et pourtant, sous cette exagération de termes, je dirais volontiers sous ce blasphème, se cachait un sentiment vrai et sincère; il se rendait compte qu'il n'avait pas, selon la belle expression du cardinal de Retz, qu'il n'avait pas rempli tout son mérite. On a souvent voulu voir dans le dédain avec lequel il parlait de ses vers, une affectation, une comédie. Jamais homme ne fut moins comédien que Lamartine. Diplomate? oui. Adroit et adroit jusqu'à la maladresse? oui. Mais ce qu'on nomme vulgairement poseur, jamais! Il dédaignait sincèrement sa grandeur poétique, parce qu'il sentait en lui un poète très supérieur à ses œuvres, et, surtout comme on le verra tout à l'heure, un homme très supérieur au poète. De là, dans son amour-propre d'auteur, une bonhomie, une naïveté qui en faisaient comme une grâce de plus. Je l'entends toujours me disant : « Avez-vous lu mes derniers vers dans le *Conseiller du peuple?* — Non. — Oh! lisez cela, mon cher ami, lisez cela! C'est très joli!... très joli!... » Puis se reprenant : « Assez joli. » Il se mesurait, il se jugeait et, chose plus rare, il permettait aux autres de le juger. La lecture de *Jocelyn* avait excité chez Béranger un véritable enthousiasme! « O mon ami, disait-il à Lamartine, c'est un chef-d'œuvre de poésie, d'émotion, d'inspiration!... » Puis avec ce sourire narquois qui lui était propre : « Quel malheur qu'il y ait là trois ou quatre cents vers que vous avez fait faire par votre concierge! » Savez-vous la réponse de Lamartine? Il se mit à rire, et trouvant le mot très amusant, il le répéta. Nous voilà bien loin du *genus irritabile vatum*. Jamais, en effet, amour-propre ne fut moins irritable et moins irritant. Il ne savait pas plus s'offenser qu'offenser. Toutes les petites passions des poètes, l'envie, la haine, la rancune, étaient choses inconnues pour lui. Il l'a bien prouvé dans sa lutte poétique avec Barthélemy. Ce malheureux l'avait dénoncé, calomnié, ridiculisé! Eh bien, dans son admirable *Épître à Némésis*, Lamartine ne put jamais ni s'emporter jusqu'à la colère, ni s'abaisser jusqu'au mépris; il s'arrêta au dédain. Encore, comme si ce sentiment même lui était insupportable, il s'y arrache, il s'envole au delà, et, interrompant tout à coup son ardent dithyrambe, il laisse tomber sur le coupable, cette évangélique parole de mansuétude et de pardon :

> Un jour, de nobles pleurs laveront ce délire,
> Et ta main étouffant le son qu'elle a tiré,
> Plus juste, arrachera des cordes de ta lyre
> La corde injurieuse où la haine a vibré.
>
> Pour moi, j'aurai vidé la coupe d'amertume
> Sans que ma lèvre même en garde un souvenir,
> Car mon âme est un feu qui brûle et qui parfume
> Ce qu'on jette pour la ternir!

Voilà bien Lamartine dans son attitude naturelle de grandeur, et cette *Épître à Némésis*, marquant le premier pas du poëte dans les affaires publiques, m'amène naturellement à l'étude de l'orateur et de l'homme d'État.


### III

Un soir, dans les dernières années de sa vie, Lamartine était assis au coin du feu, la tête penchée, les yeux fermés, dans cet état de somnolence qui lui était habituel alors, et où il flottait entre le sommeil et le rêve. Deux de ses amis s'entretenaient à voix basse, de lui, et non loin de lui. Les voix s'élevant à mesure que la con-

versation s'échauffait, l'un d'eux dit à l'autre : « J'aimerais mieux avoir fait les *Méditations* que la *République*. » Lamartine, tout en bâillant, retourna la tête vers lui : « Que disiez-vous donc, mon cher? » L'ami, corrigeant légèrement la phrase, répondit : « J'aimerais *encore* mieux avoir fait les *Méditations* que la *République*. — Eh bien, cela me prouve, reprit Lamartine, bâillant toujours, que vous n'êtes qu'un niais. » Et là-dessus se levant et sortant en une seconde de son demi-sommeil : « Laissons là, dit-il, ma petite personnalité;
« prenons la question générale, et jugez la supériorité
« immense de l'homme d'État sur le poète. Celui-ci
« s'épuisant à aligner des mots et à faire accorder des
« sons ; l'autre, étant le véritable verbe, c'est-à-dire la
« pensée, la parole et l'acte tout ensemble, réalisant ce
« que le poète ne fait que rêver, voyant tout ce qu'il y a
« en lui de grand, de bon, se convertir en faits et en
« bienfaits; en bienfaits qui, non seulement profitent
« aux générations présentes, mais s'étendent parfois
« jusqu'à la postérité la plus reculée ! Savez-vous ce que
« c'est qu'un grand homme d'État? c'est un grand
« poète... en action ! »

L'action, le besoin de l'action, l'espoir de l'action, telle a été en effet la pensée constante de celui qu'on ne regarde guère que comme un sublime rêveur. Sa plus vive admiration littéraire était... devinez pour qui? Pour Voltaire! Savez-vous pourquoi? « Parce qu'il n'y a pas, disait-il, une ligne de lui qui n'ait été un acte; pas une parole de sa bouche qui n'ait eu sa part dans les choses publiques. Voltaire a été pendant quarante ans le plus grand événement de son siècle. Aussi dit-on le siècle de Voltaire, comme on dit le siècle de Louis XIV et le siècle de Périclès. »

Enfin, un jour, Lamartine, dans un de ces rares moments de complet abandon où il montrait sa pensée tout entière, car sous son apparence de laisser-aller et d'effusion, il était très secret, très maître de soi, et gardait dans le fond de son âme, certains recoins cachés où personne ne pénétrait, pas même peut-être lui ; un jour donc, il s'écria : « *Oh ! être un Napoléon sans épée au côté !* » Voilà le fond du cœur de Lamartine. Régner sur un grand peuple par la pensée ! commander au monde par l'esprit ! Être le conquérant, le dominateur de son époque, sans verser une goutte de sang, et sans assujettir les hommes à un autre joug que celui de la justice, de la pitié, de la générosité ! Chimère et rêve ! dira-t-on. Soit ! Mais ce rêve, il l'a réalisé pendant trois mois, et il l'a poursuivi pendant seize ans.

Les anciens donnaient aux poètes le nom de *vates*, qui veut dire prophète. Jamais homme n'a mérité ce nom mieux que Lamartine. C'était un voyant. Je ne sais quel instinct divinatoire lui révélait à la fois les grandes crises publiques et le rôle particulier qu'il y jouerait. Quand on lit, dans le *Voyage en Orient*, sa conversation avec lady Stanhope, on est émerveillé de voir avec quelle netteté il se marque à lui-même son but, et avec quelle constance il y a marché. Étudiez sa conduite depuis 1832, elle est saisissante. Il arrive à la Chambre. « De quel parti serez-vous ? lui demande-t-on. — Du parti social. » Mot nouveau qui n'avait jamais été prononcé dans une assemblée parlementaire. « Social, lui répond son collègue, qu'est-ce que cela signifie? Ce n'est qu'un mot. — Non, reprend Lamartine, c'est une idée. — Mais enfin, où siégerez-vous? Il n'y a place pour vous sur aucun banc de la Chambre. — Eh bien, répliqua-t-il, avec un demi-sourire à la fois confiant et moqueur, eh bien! je siégerai au plafond. » Réponse étrange sans doute, mais caractéristique, qui marque bien sa nature. Il allait toujours d'instinct, là où il ne pouvait être porté et soutenu que par des ailes.

Les esprits superficiels comparent volontiers Lamartine orateur, à un virtuose qui tantôt chante des airs de bravoure, tantôt lance de poétiques dithyrambes et parfois même s'aventure par fantaisie dans quelques questions pratiques, car il fut, ne l'oubliez pas, un des plus ardents défenseurs des chemins de fer contre Arago; mais, pour qui réfléchit, chacun de ses discours révèle la conduite préméditée du politique qui aborde tous les problèmes, parce qu'il aura peut-être un jour à les résoudre tous.

Un fait curieux montre sa puissance d'assimilation. Un grand projet de canal était à l'ordre du jour. Le député chargé de le défendre, tombe malade le matin même de la discussion. On conseille aux intéressés d'en charger Lamartine. Ils vont le trouver. Il était au bain. On les fait entrer; ils expriment leur désir. « Mais je ne sais pas un mot de votre affaire. — Nous allons vous l'expliquer. — Mais je suis le député le moins ingénieur de toute la Chambre. — Un homme comme vous gagne son diplôme en quelques instants. — Eh bien, parlez. » Ils commencent pendant qu'il est au bain, ils continuent pendant qu'il en sort, ils poursuivent pendant qu'il s'habille; ils achèvent pendant qu'il déjeune; et deux heures après, Lamartine prononce à la Chambre un discours d'affaires, d'une clarté et d'une précision admirables. Le succès fut très grand, l'étonnement plus grand encore : tout le monde était stupéfait, excepté lui. « Il y a longtemps, dit-il, que je connais ma capacité comme homme pratique. Le monde ne veut pas y croire, parce que j'ai fait des vers. Encore, s'ils étaient mauvais! Par malheur, il y en a de bons, il y en a même de beaux. C'est ce qui me perd. »

Sa prescience éclata parfois à la tribune en mots prophétiques. Quand la Chambre voulut voter le retour des restes de Napoléon I<sup>er</sup>, Lamartine protesta. Le mariage bizarre du libéralisme et de l'impérialisme sous la Restauration, l'avait toujours choqué; il y voyait un mensonge. En vain, tous les grands poètes de l'époque, étrangers comme français, Manzoni, lord Byron, Béranger, Victor Hugo, Casimir Delavigne se faisaient-ils les coryphées de cette immense gloire; Lamartine, tout en admirant le génie, allait implacablement chercher le tyran sous le conquérant, et lui lançait ce terrible anathème :

Rien d'humain ne battait sous son épaisse armure.

Cet accouplement de la liberté et du despotisme lui semblait pour la liberté un adultère! Aussi s'éleva-t-il contre ce retour triomphal, de toutes les forces de son éloquence. Jamais la tribune n'avait entendu de plus admirables accents, et lorsque enfin il se sentit vaincu, il jeta, pour dernière parole, cette adjuration qui nous fait tressaillir aujourd'hui, comme les prophéties de la Cassandre antique : « Eh bien! soit donc, puisque vous le voulez!... Ramenez ses restes! Donnez pour piédestal à sa statue, la colonne!... c'est son œuvre! c'est son monument; mais au moins, écrivez sur le socle : A *Napoléon lui seul!* »

Bientôt l'opposition de Lamartine s'accentua de plus en plus. Il ne se mêla pourtant à aucune conspiration quelle qu'elle fût[1]. Personne n'était moins conspirateur que lui, d'abord parce que conspirer c'est être plusieurs, et qu'il tenait avant tout à marcher seul ; puis sa généreuse nature répugnait à toute machination clandestine. Mais ses discours, ses conversations et bientôt ses livres conspirèrent pour lui : il publia *les Girondins*.

*Les Girondins* sont à la fois un livre et un acte.

Comme livre, ils offrent un genre de mérite très particulier, qu'un mot de Lamartine caractérise.

Le jour où il arriva pour la première fois sur le mont Liban, il fut saisi d'un tel enthousiasme qu'il improvisa soudain une admirable description de ce grand spectacle, en face du spectacle même. Un de ses compagnons, jeune officier, ne put s'empêcher de lui dire : « Où voyez-

[1]. Un fait que je cite ici par anticipation, montre bien son goût pour rester toujours en dehors des mouvements concertés. Il ne voulut jamais prendre part à la campagne des banquets ; mais quand une fois les chefs de ce mouvement eurent donné rendez-vous à la population, sur la place publique, et qu'ensuite, par prudence, ils hésitèrent à s'y rendre, Lamartine dit : « J'irai, dussé-je n'y être accompagné que de mon ombre! » Et il y alla.

vous donc tout cela, monsieur de Lamartine ? je n'aperçois rien de ce que vous décrivez. — C'est tout simple, répondit Lamartine, je regarde en poète, et vous en capitaine d'état-major. » Voilà le mérite et le défaut de Lamartine comme historien. Personne n'a représenté avec plus de puissance, les grandes journées de la Révolution; personne n'a tracé des portraits plus saisissants de ses principaux acteurs. Pourquoi? Parce qu'il les voit tout ensemble avec les yeux et avec l'imagination; parce qu'il les transfigure sans les défigurer; parce qu'enfin, il est poète. Malheureusement il n'est pas assez capitaine d'état-major. De là, un livre éloquent, entraînant, pathétique, et admirablement juste d'ensemble, mais beaucoup moins irréprochable dans les détails, et qui nous fait comprendre qu'il y a une différence entre l'exactitude et la vérité. Il n'en pouvait pas être autrement. Lamartine avait beaucoup lu, mais au hasard, sans méthode, par caprice. Il n'avait pas de capital d'instruction; il n'avait pas même de bibliothèque. Quelques volumes courant l'un après l'autre dans sa chambre, sans domicile connu, voilà tout son bagage d'études. Quand il avait besoin d'un ouvrage, il l'envoyait chercher chez le libraire voisin, et le lisait, comme les avoués lisent un dossier, avec cette intuition merveilleuse qui les fait tomber juste sur les passages qui leur sont utiles, comme si ces passages étaient écrits en rouge. Ainsi faisait Lamartine : il dévorait les livres, les devinait, se les assimilait, les transfigurait et passait. L'*Histoire parlementaire* de Buchez et de Roux lui avait donné la première idée des *Girondins;* il la compléta par la lecture fiévreuse des ouvrages qu'un ami lui indiqua; puis il se mit en quête de renseignements plus personnels.

Un fait curieux nous mettra au cœur même de ce livre si étrange et si mal jugé comme acte. Lamartine apprit qu'un des derniers débris de la Convention, un des derniers membres du Comité de salut public, un des amis les plus fidèles de Robespierre, le docteur Soubervielle, vivait encore dans un des faubourgs de Paris. Lamartine arrive chez lui un matin, à dix heures. Le vieillard — il avait quatre-vingt-trois ans — était encore couché. A l'entrée de l'illustre visiteur, il se lève sur son séant, sans émotion, sans trouble devant cette grande gloire : les hommes de ce temps-là ne se troublaient pas, et n'admiraient guère que ce qui leur ressemblait. Puis, inclinant légèrement sa tête coiffée d'un bonnet de coton, il lui dit d'une voix nette et brève : « Que désirez-vous de moi, monsieur? — Des renseignements précis sur la Convention, dont j'écris l'histoire. — Vous? reprend le vieillard en le regardant entre les deux yeux; puis avec cette énergie de langage qui faisait partie du dictionnaire d'alors : — Vous n'êtes pas f... pour écrire cette histoire-là. » Et il se recouche. Lamartine ne s'effraya nullement de cette réponse, pas plus de la forme que du fond. Ce participe passé ne lui faisait pas peur, même pour lui; il en usait fréquemment; ce qui jurait bien un peu avec le caractère général de sa poésie; mais, comme dit Pascal, tout est contraste dans le cœur humain. Il tint donc bon et emporta quelques détails précieux.

Le livre produisit un effet énorme, et eut une influence considérable ; non pas, comme on l'a dit injustement, parce que c'était l'apologie de la Terreur, tout le monde eût reculé d'horreur et de dégoût, mais parce que c'était l'apologie de la *République*. Lamartine la réhabilitait en la présentant sous une forme poétique et grandiose ; il la purifiait, en la dégageant des atrocités dont elle a été victime plus encore que complice ; il réveillait dans la France, des idées de gloire, de liberté, qui semblaient comme autant de satires de cette politique craintive, un peu bourgeoise, de cette politique d'effacement, que j'avoue n'avoir pas le courage de blâmer aujourd'hui... car qu'est-ce que l'effacement près de la mutilation ? Mais alors nous avions encore le droit d'avoir des susceptibilités nationales et des aspirations de grandeur. *Les Girondins* répondaient à ces pensées. Lamartine traduisit cette vague agitation des esprits par des mots désormais historiques : « La France s'ennuie ». Enfin, comme les grands oiseaux de mer, il sentait venir l'orage, et volait vers un but lointain, vaguement entrevu. Un de ses amis, inquiet de la nouvelle direction de ses idées, lui en ayant demandé la raison, il lui répondit ces paroles textuelles : « Je vois où va la France ! Je vais l'attendre à dix ans de distance. Elle m'y trouvera, m'y prendra en passant, et je pourrai lui être utile... » Nous voilà à l'Hôtel de Ville.

## IV

Le rêve de Lamartine est réalisé. Un jour de tempête, et lui au gouvernail! Il y fut admirable de naïve grandeur. Pendant trois mois, sans commettre une illégalité, sans faire un acte de violence, sans tirer un coup de fusil, sans verser une goutte de sang, il gouverna, administra, modéra, maîtrisa, électrisa... Avec quoi? Avec la parole. Les passions les plus furieuses, les besoins les plus impérieux, les théories les plus fatales venaient-elles frapper à la porte de l'Hôtel de Ville? Lamartine sortait du conseil, montait sur une chaise, parlait pendant un quart d'heure, en demandant ingénument à ceux qui l'accompagnaient : « Est-ce bien cela? » Et les passions se calmaient, les rugissements tombaient, les bêtes féroces s'apaisaient ; ce n'était plus de l'histoire, c'était de la mythologie ; on n'avait pas vu chose pareille depuis Orphée.

Lamartine a eu de bien beaux jours dans ces trois mois ; quel fut le plus beau? Le jour du drapeau rouge? Non! Celui du manifeste? Non! Celui où il répondit à des furieux qui demandaient sa tête : « Plût à Dieu que vous l'eussiez tous sur vos épaules! » Non! Le 16 avril et le 5 mai, voilà, selon moi, les deux dates le plus mémorables de ce règne de trois mois. Le 16 avril, parce que ce jour-là le grand homme d'État se doubla du plus habile des diplomates; le 3 mai, parce que Lamartine sacrifia au salut de la cité, bien plus que sa vie qu'il exposait à chaque minute en riant, sa popularité.

Je puis m'appuyer ici sur quelques détails précis et personnels.

En mars 1848, une maison située rue de Rivoli, au coin de la place des Pyramides, et affectée à l'administration de la maison du roi, fut occupée révolutionnairement par un jeune homme complètement inconnu trois mois auparavant, et devenu tout à coup redoutable par la publication d'un journal dont le titre seul était une menace. Ce journal s'appelait *la Commune de Paris;* le journaliste s'appelait Sobrier. Je connaissais Sobrier : il avait de vingt-cinq à vingt-six ans, il était honnête, convaincu et fanatique jusqu'à l'illuminisme; il avait donné un témoignage irrécusable de sa sincérité : il fit offrande à la République de toute sa fortune, douze mille livres de rente... Si tous les intransigeants étaient forcés de fournir de pareilles preuves, leur nombre serait peut-être encore plus petit. Rien ne touche les masses comme le désintéressement. Aussi, Sobrier avait-il une réelle action sur les ouvriers de Paris. La veille ou le lendemain des grands événements, paraissaient, placardées à tous les coins de rues, de petites affiches d'un rouge violet, portant ces mots laconiques et menaçants : « Le peuple n'est pas satisfait de la journée d'hier. Si le gouvernement provisoire retombe dans de pareilles fautes, nous sommes deux cent mille qui irons lui rappeler ses devoirs. Signé : Sobrier. » Ce qu'il y avait de mystérieux, de bref, de lapidaire dans ce style, ajoutait beaucoup à la crainte. On se moquait bien tout bas de ces éternels deux cent mille hommes qui revenaient toujours sur les affiches, et qu'on ne voyait jamais dans la rue; mais on n'en tremblait pas moins, car on savait que la maison de la rue de Rivoli était le siège de l'état-major de la Révolution, et que de là partaient sans cesse des mots d'ordre et des ordres auxquels obéissait la population ouvrière.

Le 16 avril, Paris était en grande rumeur, on parlait d'un redoutable mouvement populaire. Passant le matin devant le ministère de Sobrier, j'y entre pour avoir des nouvelles. La cour, les escaliers, tout y retentissait du bruit des fusils. Partout des factionnaires. Je veux monter. « On ne passe pas. — Je passe toujours. — Que demandez-vous, citoyen? — M. Sobrier. — Le citoyen Sobrier est occupé. — C'est possible, mais il me recevra. — Votre nom, citoyen? — Monsieur Legouvé. » J'avoue que je m'amusais volontiers à multiplier les « monsieur » dans ce temple du civisme. Le factionnaire voit descendre un personnage important, il l'appelle : « Citoyen, voilà le citoyen Legouvé qui veut parler au citoyen Sobrier. — Qu'il entre. — Merci, monsieur. » Et me voilà entré. Je trouve Sobrier dans une grande salle, penché sur une grande table, avec une large écharpe rouge autour du corps, deux pistolets accrochés dans l'écharpe, et écrivant très vivement de petits bulletins qu'il distribuait à des estafettes debout autour de lui. — « Vous arrivez à propos, me dit-il, je vous enrégimente. — Oh! un instant, lui répondis-je en riant, on ne m'enrégimente pas ainsi; il faut d'abord que je sache avec qui, pour qui et contre qui. — Vous allez le savoir. » Et là-dessus, tous ses bulletins étant distribués, il m'entraîne dans une embrasure de croisée et me dit : « Il s'agit de sauver Paris du massacre et de l'incendie. — Comment cela? — Il y a des hommes qui sont nés fléaux! Blanqui est un de ceux-là. A l'instant où je vous parle, accourent autour de lui, au Champ de Mars, cent mille furieux qui lui obéissent; dans une heure, ils partiront du Champ de Mars, ils marcheront sur l'Hôtel de Ville, ils renverseront le gouvernement provisoire, ils égorgeront tout ce qui résistera, résolus à mettre le feu partout, s'ils sont vaincus. » Tout exagéré que me parût ce récit..., car dans ce temps-là nous ne regardions pas de telles monstruosités comme possibles... la physionomie, l'accent de Sobrier m'émurent profondément. « Oh! s'écria-t-il, en se prenant la tête entre les mains et en pleurant. Moi qui rêvais une République d'anges! » Puis avec une énergie fiévreuse : « Voilà ce qu'il faut empêcher, voilà ce que j'empêcherai : je l'ai promis à Lamartine! — A Lamartine, répondis-je, vous avez vu Lamartine! — Oui, il m'a fait appeler cette nuit. Nous avons causé pendant une heure : c'est fini, je lui appartiens! Quel homme, quel républicain et quel stratégiste! Il m'a tracé lui-même tout mon plan d'attaque. Je masse mes hommes dans les rues adjacentes à la route que doit suivre Blanqui; et quand ses premiers rangs auront passé, je coupe sa bande en deux : il trouve mes deux cent mille hommes entre l'Hôtel de Ville et lui; je le défie bien d'avancer! »

Ainsi arriva-t-il : l'Hôtel de Ville fut garanti, le gouvernement provisoire fut maintenu, la ville fut sauvée, cette journée qui s'annonçait comme une journée de massacre se termina par une journée de triomphe, et quand plus tard on reprocha à Lamartine d'avoir conspiré avec Sobrier : « Oui, répondit-il en souriant, comme le paratonnerre conspire avec la foudre. »

Le 5 mai compléta l'œuvre du 16 avril. Sous l'impression de ce grand service rendu par Lamartine, l'Assemblée voulut personnifier en lui seul le gouvernement provisoire, il refusa. On voulut, du moins, en exclure M. Ledru-Rollin. Il refusa plus énergiquement encore; c'est l'acte qu'on lui a le plus reproché, c'est l'acte qui l'honore le plus. Il n'aimait pas M. Ledru-Rollin; ses opinions de jacobin lui étaient antipathiques; son très réel talent d'orateur lui-même ne le touchait pas. Mais il comprit que si M. Ledru-Rollin n'était pas membre du gouvernement, il en serait peut-être l'adversaire, et que M. Ledru-Rollin de plus dans l'armée de l'émeute, c'était peut-être la victoire de l'émeute. Nul, en effet, ne peut dire ce qu'auraient été le mouvement révolutionnaire du 15 mai et les terribles journées de juin, si le premier jour, Ledru-Rollin n'avait pas marché avec Lamartine, et si, le second, il avait marché avec la révolte. Cette profonde sagesse de Lamartine ne fut pas comprise; on cria à la trahison. Les défenseurs du parti de l'ordre moral de ce temps-là, l'accusèrent d'avoir pactisé avec les révolutionnaires par ambition et par faiblesse; on voit que les partis ne sont pas comme les jours : ils se suivent, mais ils se ressemblent. La conduite de Lamartine eut cela d'admirable, qu'il prévit la calomnie et qu'il annonça l'ingratitude. Le jour où il partit pour aller imposer à l'Assemblée l'élection de M. Ledru-Rollin, il quitta le ministère des affaires étrangères en disant tout haut : « Savez-vous ce que je vais faire? Je vais sauver Paris et perdre ma popularité. » Et il y alla! Et l'élection faite, il sortit de la Chambre, monta en voiture avec un de ses amis, de qui je tiens ce fait, M. le comte d'Esgrigny, et, après un moment de silence, lui dit : « Mon cher, c'est fini; dans un mois, je ne serai plus bon qu'à jeter aux chiens. » Lamartine, dans le cours de sa vie, s'est vu justement comparer à de bien grands hommes; mais ce jour-là, il a mérité qu'on associât à son nom le nom le plus pur de l'histoire : celui de Washington.

Ses prévisions ne l'avaient pas trompé : en quelques jours, influence, prestige, tout s'évanouit, tout devint pour lui amertume, déceptions, douleurs. Les journées de Juin le trouvèrent, comme toujours, debout en face du danger, mais lui portèrent un coup mortel. Il les avait pressenties avec désespoir, et exprimait son angoisse par une de ces paroles à la fois tragiques et vulgaires qui jaillissaient, comme par explosion, de ses lèvres : « Nous ne sortirons de là que par un coup de balai dans le sang. » Tout ce qui suivit ne lui fut pas moins amer, et l'élection présidentielle du 10 décembre mit le comble à ses douleurs patriotiques. Ce qui lui brisait le cœur, ce n'était pas son pouvoir perdu, c'était son œuvre détruite, c'était la République renversée, c'était la liberté anéantie, c'était cette nation s'agenouillant avec enthousiasme devant le nom qu'il avait, lui, le plus maudit ; et comme si, en face de ce nom, il eût été saisi pour la seconde fois d'un trouble prophétique, comme s'il eût entrevu le terrible châtiment dont nous devions payer ce fétichisme, il jeta, ainsi que Brutus, aux champs de Thessalie, ce cri de désespoir : « Ce peuple n'est que du sable ! J'aurais dû me faire tuer sur les marches du trône de Louis-Philippe. »

J'arrive à ces sombres et dernières années qui ne furent plus pour lui qu'une longue lutte contre l'esclavage de la dette, où parfois, il faut bien le dire, il manqua de fierté... par orgueil. Il se souvint trop de ce que la France lui devait, et pas assez de ce qu'il se devait à lui-même.

Je ne m'arrêterai pas sur ce triste sujet ; je me rappelle le mot charmant de Saint-Marc Girardin, devant qui on accusait Lamartine de désordre et d'incurie : « C'est peut-être vrai, dit-il, mais je connais tant de gens qui en font autant et qui n'ont pas fait *les Méditations !* » D'ailleurs, n'oublions pas que ces épreuves furent sanctifiées par le travail et poétisées par le dévouement. Lamartine n'était déjà plus lui-même ; sa pensée lui échappait à demi que sa plume, comme celle de Walter Scott, travaillait encore, travaillait toujours pour payer ce qu'il devait. Le ciel lui donna une admirable auxiliaire dans cette œuvre ; je n'en veux pour preuve qu'un seul fait. Lamartine était à Saint-Point. Un soir, arrive un de ses amis : « O mon cher, comme vous venez à propos ! Je viens d'achever pour le *Siècle* une très longue étude sur Béranger. Voici les épreuves; lisez cela; vous en serez ravi; c'est superbe! » L'ami monte dans sa chambre, se couche, et commence dans son lit la précieuse lecture. Minuit venait de sonner quand il entend frapper à sa porte : « Qui est là? — C'est moi, répond une douce voix, moi, Mme de Lamartine, ouvrez! — Impossible d'ouvrir, madame, je suis couché. — C'est égal, la porte de votre chambre est au pied de votre lit; entr'ouvrez-la et prenez... » Il entre-bâille la porte, une main passe et lui tend un papier. Il le prend, la porte se referme, et voici ce qu'il lit : « Il y a, à la page 15, un passage qui m'inquiète. J'ai peur qu'il ne fasse du tort à M. de Lamartine auprès des lecteurs du *Siècle*. Ne pourrait-on pas le modifier ainsi? — » La modification était excellente, et l'ami venait de l'écrire en marge de l'épreuve, quand il entend frapper un second coup. « Est-ce encore vous, madame? — Oui, ouvrez-moi votre porte comme tout à l'heure et prenez! » Et il lit : « A la page 32, se trouve un autre passage qui... » N'est-ce pas charmant? ce dévouement qui oublie toutes convenances, cette pureté qui passe par-dessus la pudeur, ne touche-t-elle pas profondément? Car, remarquez-le bien, Mme de Lamartine était non seulement la plus sainte des femmes, mais une puritaine... Que dis-je? Une Anglaise qui joignait toutes les pruderies britanniques à toutes les délicatesses françaises, et elle venait bravement, à minuit, frapper à la porte d'un jeune homme, ne s'arrêtait pas devant sa réponse qu'il était couché, et lui passait tranquillement deux petits billets à travers la porte, exactement comme font les amoureux pour leurs billets doux. La fin de l'histoire la complète. Le lendemain matin, on se réunit pour le déjeuner. Mme de Lamartine entre en correspondance de gestes et de regards interrogatifs avec son complice, qui lui fait entendre que la correction est faite. « Eh bien! mon cher, dit Lamartine, avez-vous lu mon *Béranger?* — Certainement! — C'est superbe, n'est-ce pas? — Sans doute... pourtant il y a un ou deux passages... — Ne me demandez pas de changements, je n'en ferai pas; c'est parfait! — Si pourtant vous me permettiez de vous soumettre deux légères modifications... » et il lui tend l'épreuve corrigée. Lamartine lit. « Excellent! très juste! vous avez mille fois raison! » Puis se retournant vers sa femme : « Ce n'est pas toi qui aurais trouvé cela! » La femme baissa la tête et sourit.

Cette admirable compagne des bons et des mauvais jours eut le regret de mourir avant celui pour qui elle avait vécu. Mais sa consolation, en le quittant, fut de lui léguer un dévouement égal au sien, un dévouement filial qui a veillé sur la longue agonie du poète et qui veille aujourd'hui sur sa gloire. La mémoire de Lamartine a une Antigone.

Ses funérailles furent marquées par un fait touchant. Transportés à Saint-Point, pendant l'hiver, ses restes quittèrent le chemin de fer à Mâcon, et traversèrent lentement les bourgs semés sur la route. La neige tombait avec abondance. A l'entrée de chaque village, se trouvaient le curé qui attendait le cercueil pour le bénir, et les populations qui se mettaient à genoux pendant qu'il passait. Les cloches des diverses églises se répondaient et s'annonçaient l'une à l'autre le funèbre convoi. Près de Saint-Point, un vieux paysan debout devant sa porte pleurait. « Vous pleurez, mon pauvre homme, lui dit, en lui prenant les mains, J. Sandeau qui faisait partie du cortège ; vous faites là une grande perte ! — Ah ! oui ! monsieur, c'était un homme qui faisait honneur à la commune. » Le vieux paysan avait raison. Lamartine faisait honneur à la commune comme à la contrée, à la contrée comme à la France, à la France comme à l'Europe, comme à l'humanité tout entière ; il faisait honneur à l'homme.

L'homme, voilà ce que je veux achever de considérer dans Lamartine, c'est-à-dire dans une des plus singulières et des plus originales créatures que notre siècle ait produites. Il vous étonnait sans cesse : tout en lui était à la fois contraste et harmonie. Une beauté de visage et une grâce de démarche tout aristocratiques, avec des négligences de costume qu'il relevait par ses airs de prince et dont il faisait des élégances. Une éloquence de tribune, pleine de mots frappés comme des médailles, et d'idées fortes traduites en images étincelantes, le tout accompagné d'un grand verre de vin qu'il brandissait en l'air au-dessus des sténographes épouvantés. Une masse énorme de dettes, et rien pour les expliquer ! Pas un besoin, il était sobre comme un Arabe. Pas un goût véritablement ruineux, il n'aimait, en fait de luxe, que les chevaux. Pas un vice ! Je me trompe, il en avait un, du moins il s'en vantait ; mais la raison pour laquelle il s'en est corrigé est si étrange, qu'elle achèvera de le peindre. « J'ai eu, disait-il, dans ma jeunesse, la passion du jeu ; mais une nuit, à Naples, je découvris un moyen infaillible de faire sauter la banque : dès lors, impossible de jouer ; j'étais sûr de gagner. » Voilà un joueur comme on n'en rencontre pas beaucoup.

On a souvent remarqué que Dieu lui avait tout donné en partage, la beauté, la noblesse, le courage, le génie ; mais il avait reçu quelque chose de plus rare encore que tous ces dons : c'était la faculté de s'en servir à volonté. Ils étaient toujours à sa disposition. A quelque heure qu'on s'adressât à lui, il était toujours prêt à parler, à écrire ou à agir. Un grand danger le saisissait-il en pleine nuit, en plein sommeil? Pas un cri de surprise! Pas une seconde d'effarement! Il se mettait à être héroïque, tout de suite, en se levant ; son courage s'éveillait en même temps que lui. De même pour son génie de poète. Sa sœur lui présente un jour une jeune fille qui désirait quelques lignes de lui sur son album. Lamartine prend une plume, et sans se donner un moment pour réfléchir, sans s'arrêter une seconde, il écrit :

> Le livre de la vie est le livre suprême
> Qu'on ne peut ni fermer, ni rouvrir à son choix ;
> Le passage attachant ne s'y lit pas deux fois ;
> Mais le feuillet fatal se tourne de lui-même ;
> On voudrait revenir à la page où l'on aime,
> Et la page où l'on meurt est déjà sous nos doigts.

Puis, ces vers terminés, il les tend d'une main nonchalante à sa sœur qui les lit, et, stupéfaite de leur beauté et de son air d'insouciance, ne put s'empêcher de s'écrier : « Mon Dieu! pardonnez-lui, il ne sait pas ce qu'il fait! » Telle était, en effet, la facilité de Lamartine, qu'elle ressemblait à de l'inconscience. N'a-t-il pas dit lui-même, un jour, à un de ses amis fort absorbé par un travail : « Que faites-vous donc là, mon cher, avec votre front dans vos deux mains? — Je pense. — C'est singulier! Moi, je ne pense jamais, mes idées pensent pour moi! »

En vérité, devant un tel mot, on en arrive à croire que Lamartine avait, comme Socrate, un démon familier qui vivait en lui, agissait pour lui, parlait pour lui! En tout cas il faut convenir que ce démon-là était un bon génie, car il ne lui a jamais inspiré que la pitié et la bonté. La bonté! tel fut le dernier trait distinctif de cette admirable nature, le sceau suprême et comme le couronnement de toutes ses qualités. Lamartine fut bon avec grandeur, comme il fut tout. Il embrassait dans sa sympathie, non seulement l'humanité entière, mais tous les êtres de la création. Semblable à ces saints du moyen âge qu'une affinité mystique unissait, dit-on, aux créatures inférieures, et que les légendes nous représentent entourés d'animaux attachés à leurs pas, et d'oiseaux volants au-dessus de leurs têtes, Lamartine avait avec les bêtes des liens mystérieux. Il a trouvé pour les peindre, des paroles et des images plus pénétrantes que les vers même de Virgile et d'Homère. Tel était le rayonnement de sympathie qui s'échappait de ses regards, de sa voix, de sa démarche, qu'il semblait retenir autour de lui, par je ne sais quelle attraction magnétique, tout ce peuple d'animaux qui vivait chez lui, les yeux fixés sur lui ! Ces chiens, ces oiseaux, ces chevaux n'étaient pas pour Lamartine ce qu'ils sont pour les désœuvrés, des objets d'amusement et de caprice; non ! Il voyait en eux des camarades, il l'a dit lui-même, des frères; il les interrogeait, il leur répondait, il semblait les entendre. C'était une communication perpétuelle entre cette âme supérieure et ces ébauches d'âmes. Je le vois encore étendu sur un canapé, causant de sujets fort sérieux, avec deux griffons à ses pieds et coiffé d'une levrette; cette jolie bête exécutait autour du front de son maître, des évolutions si gracieuses, que je me récriai d'admiration. « Regardez-la, me dit Lamartine sans se retourner, elle écoute, elle voit qu'on parle d'elle, elle est si coquette!... »

Le monde est plein de gens qui ont tant d'amour pour les bêtes, qu'il ne leur en reste plus pour les hommes. Tel n'était pas Lamartine, son humanité s'étendait jusque sur les humains. Sa compassion envers les malheureux était inépuisable, comme sa générosité, et un jour qu'un de ses amis lui reprochait je ne sais quelle prodigalité charitable... « Vous n'entrerez pas dans le paradis des bons, lui répondit-il; vous n'êtes pas *trop bon!* » Il ne méritait pas ce reproche, lui ! jugez-en.

Un pauvre jeune poète, que je connaissais, nommé Armand Lebailly, mourait de phtisie à l'hôpital Saint-Louis. J'y entraîne Lamartine, certain que sa visite ferait plus de bien au moribond que dix visites de médecin. Nous arrivons, nous montons à la salle Sainte-Catherine; en entrant, j'aperçois au bout de la salle, le pauvre misérable, assis près du poêle, les deux bras étendus sur une table, la tête entre les deux bras, et le visage enseveli sous ses longs cheveux en désordre. Au bruit de nos pas, il relève un peu le front et nous jette de côté un regard farouche ; mais à peine a-t-il reconnu mon compagnon, que la stupéfaction, la joie, l'orgueil, l'attendrissement éclatent sur sa figure. Tout tremblant, il se lève, vient à nous et n'a que la force de prendre la main que lui tendait le grand poète, et de la baiser. La conversation fut de la part de Lamartine un mélange charmant de bonté de père et de bonté de poète. Il parla à Lebailly de ses vers, il lui en répéta même quelques-uns ; une sœur de charité n'aurait pas si bien fait. Après un quart d'heure, il se leva, et voyant que le malade voulait nous accompagner jusqu'à la porte : « Prenez mon bras, lui dit-il, et appuyez-vous sur moi. » Nous traversâmes ainsi cette longue salle entre deux rangées de malades, les uns debout au pied de leur lit, les autres assis, les autres levés sur leur séant, tous se découvrant à notre passage. Ce grand nom avait mis tout l'hôpital en rumeur. Lebailly jetait à droite et à gauche des regards étincelants qui semblaient dire : « C'est mon ami, je lui donne le bras. » Il pleurait, il riait, il ne souffrait plus. Une fois dans sa voiture, Lamartine, après un moment de silence, me dit : « Ce pauvre jeune homme est bien malade, mais il n'est pas à la veille de mourir. De longs soins lui seront encore utiles ; joignez cela à ce que vous lui donnerez. » Il me tendit un billet de cinq cents francs. Trois jours après, quelle fut ma stupéfaction en apprenant que lui-même était poursuivi pour une somme de quatre mille francs qu'il ne pouvait pas payer. Il avait oublié qu'il devait, en voyant qu'un autre souffrait. Les sages diront : C'est une folie! Eh! sans doute, c'est une folie; mais une folie qu'on peut divulguer sans crainte, elle n'est pas contagieuse... Et si je termine cette étude en citant cet emportement de charité, c'est que j'y retrouve ce qui distingue les œuvres comme la vie de Lamartine, je ne sais quoi de surhumain qui est supérieur à la raison même. La raison est une admirable vertu, elle fait faire les meilleures choses de ce monde, mais elle ne fait pas faire les plus grandes. Elle ne produit ni les héros, ni les saints, ni les martyrs, ni les poètes! Elle n'aurait pas plus suffi à composer le manifeste à l'Europe ou à dominer le peuple à l'Hôtel de Ville, qu'à écrire *les Méditations!* Et si Lamartine a enchanté la terre, s'il a, pendant un jour, commandé à la terre, c'est qu'il a toujours pris son point d'appui plus haut que la terre... C'est qu'il a été un grand poëte en action! Puisque vous voulez lui consacrer un monument, souvenez-vous des Anciens. Ils peuplaient leurs forums, d'autels à la jeunesse, à la beauté, à la vaillance. Eh bien! vous, édifiez une colonne à la poésie, et mettez-y la statue de Lamartine! Voilà sa place! Tout au faîte! En plein ciel! Planant sur cette ville dont il a été la gloire et le salut, et élevant, comme le Dieu du jour, une lyre d'or entre ses deux mains.

# CHAPITRE XVIII

UN MOT DE VICTOR HUGO — ALFRED DE MUSSET

Victor Hugo avait été un des embarras de mon discours sur Lamartine; je ne voulais le mettre ni au-dessus, ni au-dessous ; je pris le parti de lui faire une place à part, qui est du reste celle qu'il mérite.

Il m'en sut gré; et m'écrivit de venir dîner avec lui pour causer. Nous étions presque seuls. Il demeurait alors rue de Clichy. Il se montra, ce qu'il était toujours dans l'intimité, bon enfant, amusant, conteur, rieur, tout le contraire enfin de ce qu'on se figure sous ce nom : Un grand poète. Il me vanta beaucoup Boileau, et comme je souriais avec un air de doute, il me cita plusieurs vers des satires, et entre autres ce passage :

> Et dans quatre mouchoirs de sa beauté salis
> Envoie au blanchisseur ses roses et ses lis.

La conversation tomba bientôt sur mon discours. « Je l'ai lu avec grand plaisir, me dit-il, mais vous mettez A. de Musset trop haut. C'est un de ces artistes éphémères, avec qui la gloire n'a rien à faire, et dont la réputation n'est qu'un caprice de la mode. » Arrivé à Lamartine, son langage changea absolument. Ses paroles étaient sérieuses et empreintes d'un véritable sentiment de sympathie et d'admiration. Je l'écoutais, je le laissais dire, attendant le dernier mot, *le Post scriptum*. Enfin, après des phrases très louangeuses, il conclut par ces paroles que je cite textuellement : *C'est un Racine réussi*.

Je ne pus retenir un geste de surprise, ce que voyant, il ajouta, comme pour expliquer sa pensée : « Voici ce que je veux dire : La Révolution française a coupé l'histoire de France en deux. Avec 89 ou 91, si vous l'aimez mieux, l'ancien monde finit, et le monde nouveau commence. Eh bien, Lamartine est l'expression la plus complète du monde ancien, *c'est le poète du passé*. » Il s'arrêta, mais cette fois, je me tus, j'avais compris. J'achevai même sa phrase en dedans. Cette fin de phrase était : Je suis, moi, le seul poète du monde moderne.

Avait-il raison ?

Je ne le crois pas. Victor Hugo est, selon moi, la plus puissante imagination poétique de toute notre littérature, et personne ne représente avec autant d'éclat que lui, le grand mouvement lyrique qui est une des gloires du XIXe siècle ; mais il ne le représente pas seul. Lamartine l'a inauguré avant lui ; Lamartine est tout plein du souffle de l'esprit moderne, comme lui, et j'ajoute que si l'on veut caractériser ce mouvement, leurs deux noms en appellent un troisième, celui d'Alfred de Musset.

Victor Hugo, on l'a vu, ne faisait aucun cas d'Alfred de Musset; Lamartine le dédaignait également. Était-ce jalousie de leur part? nullement. On attribue trop facilement à un bas sentiment d'envie, une sévérité de jugement, qui, chez les grands hommes, n'est que le résultat de la force même de leur génie. Si puissante est leur propre conception de l'art, qu'ils n'en comprennent pas d'autres. Corneille a dit de Racine : « C'est un poète, mais ce n'est pas un poète dramatique. » Pourquoi? parce que la glorification du devoir, lui apparaissait si vivement comme le seul véritable but de l'art théâtral, qu'il ne pouvait pas accepter comme tel, la glorification de la passion. Michel-Ange ne dédaignait-il pas Raphaël? Beethoven ne dédaignait-il pas Rossini? Ainsi de Victor Hugo et de Lamartine. S'ils ont méconnu A. de Musset, c'est par antipathie de génie. Mais le sentiment public ne s'occupe pas des théories, il a parfois des intuitions plus sûres que le jugement des grands hommes, et bientôt parmi les plus illustres représentants de la poésie moderne, on plaça Alfred de Musset.

La façon dont il parvint à la gloire, est un des faits littéraires les plus singuliers que je connaisse. Il n'y entra pas, comme Lamartine, du premier jour, du premier coup, avec explosion; ni comme Victor Hugo, par degrés, pas à pas, et par une suite de victoires répétées. Non! Il avait à peu près quarante ans, quand une circonstance toute fortuite, une soirée de théâtre, la mise en lumière d'un de ses moindres ouvrages et l'initiative d'une femme de talent, changèrent sa réputation en renommée. Quelle était cette femme? une artiste dramatique absolument supérieure, absolument oubliée, et sur laquelle je saisis avec empressement l'occasion de m'arrêter un moment, Mme Allan-Despréaux.

I

Talma était en cours de représentations. Il arrive à Bruxelles. Il voulait jouer *Athalie*, mais il lui manquait un Joas. On lui amène un matin, à l'essai, une enfant de douze ans, fille d'un musicien de la ville. Il l'écoute, et quelques instants après, il entrait vivement dans la chambre de sa femme, en lui disant : « Viens voir un prodige. » Sa femme le suit, Talma fait répéter à l'enfant la scène de Joas et d'Athalie, et Mme Talma tombe en admiration comme son mari. « Comment t'appelles-tu? dit Talma, à l'enfant. — Louise Ross. — Ross! Ross! s'écrie Talma, on ne s'appelle pas Ross! On ne peut pas débuter sous le nom de Ross! Quel est le nom de demoiselle de ta mère? — Despréaux. — A la bonne heure! Louise Despréaux, c'est un nom d'affiche, cela! Ma petite fille, va dire à tes parents, que s'ils y consentent, je t'emmène à Paris et que je me charge de toi. » Ainsi fut fait. Talma la fit entrer à la fois au Conservatoire, à l'Opéra-Comique (elle était déjà musicienne) et au Théâtre-Français. Elle y joua avec grand succès Jons, Louison, Clistorel, puis, peu à peu, elle monta des rôles d'enfant aux rôles d'ingénue, des rôles d'ingénue aux rôles de jeune fille, et enfin, elle créa à côté de Mlle Mars, dans une comédie intitulée la *Demoiselle et la Dame*, un personnage de jeune mariée, où elle ne parut pas inférieure à son admirable partenaire. Mais tout à coup, au milieu de ses succès, l'habile directeur du Gymnase l'enleva au Théâtre-Français, et elle alla servir d'interprète à Scribe sur la scène du boulevard Bonne-Nouvelle, dans plusieurs de ses plus charmants ouvrages. Les amateurs de ce temps-là (s'il en reste) se rappellent la délicieuse naïveté de Mlle Despréaux, devenue Mme Allan, dans la *Pensionnaire mariée;* sa railleuse gaîté dans *Être aimé ou mourir*, et surtout ses incomparables accents de passion dans *Les Malheurs d'un amant heureux*. Elle fit plus que bien jouer ce rôle, elle le devina. Elle vit clair, là où Scribe n'avait rien vu. La pièce contenait deux rôles principaux, une jeune veuve, et une jeune femme. Scribe, après la lecture faite aux acteurs avec un immense succès, s'approcha de Mme Allan, et d'un air fort embarrassé : « Ma chère amie, lui dit-il, vous voyez un homme très ennuyé, et un peu honteux. Vous allez m'accuser d'ingratitude et de manque de parole. Mais j'ai été forcé de céder. — De quoi s'agit-il donc? — Je vous destinais dans ma pièce, le meilleur des deux rôles de femme, je devrais dire le seul bon, mais notre directeur, Poirson, l'a réclamé impérieusement pour Léontine Fay. Je n'ose vous demander d'accepter le second, il n'est pas digne d'un talent comme le vôtre. — Je conviens, répondit

Mme Allan, qu'il ne me tente pas. Mais si vous désirez que je le joue, je le jouerai. » Voilà Scribe qui lui prend les mains, qui l'embrasse, qui la remercie avec effusion, ajoutant : « C'est égal ! je vous regretterai toujours dans l'autre. Je l'avais écrit avec amour, pour vous ; et votre délicatesse, votre finesse, votre grâce auraient fait un chef-d'œuvre de ma jeune veuve. — Quelle jeune veuve ? reprend vivement Mme Allan. — Madame de Nangis. — Madame de Nangis ! Voilà le rôle que vous me destiniez ! — Sans doute. — Et celui que vous ne m'offriez qu'en tremblant.... — C'est celui de la jeune femme mariée. — Mais, mon cher ami, s'écria Mme Allan, c'est celui-là qui est le bon ! Votre jeune veuve est un personnage, comme vous en avez créé vingt, charmant, sans doute, gracieux, j'en conviens, mais l'autre, l'autre *c'est un caractère*. Ah ! vous verrez ce que j'en ferai ! » Elle tint si bien sa parole que le jour de la première représentation, elle éteignit absolument la jeune veuve. Tous les grands effets allèrent à elle. Son entrée au second acte souleva dans la salle de véritables acclamations. Enfin, elle fit tellement de ce rôle sa création, que personne, depuis elle, n'a pu y réussir. Mme Rose Chéri l'a essayé, Mlle Delaporte l'a essayé, toutes deux y ont échoué, le rôle a disparu avec la première interprète. Eh bien, c'est cette Mme Allan, qui, après dix ans passés en Russie, revint à Paris, apportant dans son bagage dramatique, une petite comédie non représentée, à demi inconnue, perdue dans les pages de la *Revue des Deux Mondes*, et restée à l'état d'un agréable pastiche de Marivaux, le *Caprice* d'A. de

Musset. C'est elle qui à Saint-Pétersbourg, avait découvert le *Caprice*, exhumé le *Caprice*, représenté le *Caprice*, et qui imposa le *Caprice* à la Comédie-Française pour ses débuts. On se rappelle l'effet prodigieux de ces quelques scènes. Ce fut une double révélation. Révélation d'actrice, révélation d'auteur. Mme Allan avait alors près de trente-six ans ; elle avait engraissé, ses traits étaient devenus un peu lourds, sa taille un peu épaisse, sa voix avait perdu de son charme, ses yeux, un peu trop à fleur de tête, avaient perdu de leur éclat. N'importe! Son talent triompha de tout! suppléa à tout! Elle emporta le succès par des qualités inconnues à Mlle Mars elle-même et à l'école de Mlle Mars ; je veux dire un côté de fantaisie, un imprévu de gaîté, une audace de vérité dans l'intonation et le geste, qui ont préparé l'École moderne[1].

Pour A. de Musset, ce fut bien autre chose. A ce moment, en 1847, il comptait seulement parmi les poètes charmants, il n'avait pour admirateurs que les dilettanti et les lettrés. Le *Caprice*, en le produisant sur la scène, le popularisa. Au *Caprice* succéda la *Porte ouverte ou fermée*, puis *Il ne faut jurer de rien*, puis le *Chandelier*, puis les *Caprices de Marianne*, puis *On*

---

[1]. J'ai eu Mme Allan pour interprète dans *Bataille de dames*, et dans *Par droit de conquête*. Elle jouait dans la première pièce *la comtesse*; dans la seconde, *la fermière*, et elle est restée sans égale dans toutes deux, comme dans *Péril en la demeure*, comme dans *La joie fait peur*, comme dans *Lady Tartuffe*, où, avec un rôle de cinquante lignes, elle sut se maintenir au premier rang, à côté de Mlle Rachel. Si l'esprit le plus distingué que j'aie connu parmi les artistes dramatiques, notre cher et toujours regretté Regnier, était encore là, il signerait des deux mains ce que je dis de Mme Allan.

*ne badine pas avec l'amour;* et cependant, à mesure que ces œuvres, toutes d'imagination et d'une forme si nouvelle, révélaient au public émerveillé un A. de Musset inconnu, l'autre, celui qu'on aimait déjà, mais en ne le connaissant qu'à demi, montait, grandissait, s'éclairait. La poésie de sa prose complétait la poésie de ses vers. On lisait ou on relisait *Rolla* après avoir entendu le *Chandelier;* et lorsqu'enfin, la *Nuit d'octobre*, si merveilleusement interprétée par Delaunay et Mlle Favart, donna la vie du théâtre aux conceptions purement lyriques du poète, ses deux talents réunis ainsi en un seul, le portèrent du coup au rang de Lamartine et de Victor Hugo.

Dans ma pensée, A. de Musset n'est pas leur égal. Son génie habite une sphère moins élevée que la leur. Il n'appartient pas à la grande race des génies bienfaiteurs. Son idéal d'amour ne va pas au delà des Belcolor et des Namouna. Manon Lescaut est son Elvire. Il ne peint dans la passion que ce qu'elle a de maladif et de fatal. Il ne décrit dans le cœur humain que les fièvres du cœur humain. Bien des personnages de femmes traversent ses poèmes; cherchez-y l'image vraie et pure d'une jeune fille, d'une sœur, d'une mère, d'une aïeule, d'une femme croyante, d'une femme dévouée, d'une femme honnête, vous ne l'y trouverez pas. Je vais plus loin : demandez-lui la peinture d'un des grands et éternels sentiments de l'âme, l'amour paternel, l'amour filial, le patriotisme, la charité, l'amour de la liberté, l'amour de l'humanité ; vous ne l'y trouverez pas ! Ce grand poète n'est ni citoyen, ni père, ni fils, ni homme même, dans le sens divin du mot; son œuvre est un admirable paysage sans ciel.

Mais ce poète tout terrestre, tire de sa communication, je dirais presque de sa communion avec la terre, des accents d'un pathétique incomparable. Personne, depuis Racine dans le second acte de *Phèdre*, n'a fait parler à la passion un langage à la fois aussi entraînant et aussi naturel. De vraies larmes coulent de ses yeux! de vrais sanglots soulèvent sa poitrine! Victor Hugo est plus grand, Lamartine plus divin, mais A. de Musset est plus humain.

Deux hasards singuliers m'ont permis de pénétrer dans le secret de sa méthode de travail et dans le secret de son génie. Je le rencontrai un jour au Palais-Royal, au moment des représentations d'*Adrienne Lecouvreur*. La pièce lui plaisait beaucoup. Il me vanta surtout deux scènes qu'il m'attribuait et qui n'étaient pas de moi. La conversation ayant passé d'*Adrienne* à Scribe; « Je place Scribe très haut, me dit-il, mais il a un défaut, *il ne se fâche jamais contre lui-même.* — Que voulez-vous dire par là? — Je veux dire, que quand Scribe commence une pièce, un acte, ou une scène, il sait toujours d'où il part, par où il passe, et où il arrive. De là sans doute *un mérite de ligne droite*, qui donne grande solidité à ce qu'il écrit. Mais de là aussi, un manque de souplesse et d'imprévu. Il est trop logique; il ne perd jamais la tête. Moi, au contraire, au courant d'une scène, ou d'un morceau de poésie, il m'arrive tout à coup de changer de route, de culbuter mon propre plan, de me retourner contre mon personnage préféré, et de le faire battre par son interlocuteur,... *j'étais parti pour Madrid et je vais à Constantinople.* » Cette phrase me frappa singulièrement. J'y démêlais une des causes du charme particulier du génie d'A. de Musset, et j'en cherchais depuis longtemps la trace dans ses divers ouvrages, quand il y a trois ans, une lettre tombée inopinément entre mes mains, mit pour moi en pleine lumière, ce que je n'entrevoyais que dans une demi-ombre.

Voici cette lettre. Elle part d'une des nombreuses femmes, et non des moins distinguées qui ont adoré A. de Musset, car il est de la race des artistes qui entraînent derrière eux un peuple de femmes.

. . . . . . . . . . . . .

Octobre 184...

. . . . . . . . . . . . .

« Je suis aimée et même adorée, plus encore main-
« tenant qu'au commencement : mais il y a des points
« par lesquels nous nous touchons si rudement, qu'il
« y a douleur pour tous deux, et douleur si insupportable
« que, dans ces moments-là, ni l'un ni l'autre
« ne peuvent plier. S'il se montrait toujours du côté
« que j'aime, il n'y aurait rien de si doux ni de si
« beau. Mais malheureusement il y a *l'autre lui* auquel
« je sens que je ne m'habituerai jamais. Déjà deux
« fois, j'ai brisé ou voulu briser ce lien qui par instants
« n'est plus possible. Ce sont des désespoirs auxquels
« je ne sais pas résister, des attaques de nerfs qui
« amènent des transports au cerveau, des hallucinations

« et des délires. Ma présence, ma main dans les siennes,
« un mot d'affection, font disparaître tout cela comme
« par enchantement. Puis ce sont des repentirs tout
« aussi exaltés, des joies de me recouvrer, des recon-
« naissances qui m'émeuvent et qui me font de nouveau
« rentrer dans la voie que j'ai voulu quitter. Quelle
« tête à l'envers, ma chère amie! L'amour le grise,
« aussi bien qu'autre chose. Par moments, l'ivresse en
« est sublime, mais que d'autres instants où elle n'est
« presque pas tenable! c'est un labeur que de se laisser
« aimer par lui. C'est par l'orgueil immense de son
« caractère, et la fierté incontestable du mien que nous
« nous froissons. Cet orgueil n'est pas justement celui
« devant lequel je plierais avec bonheur, celui du poète,
« celui du talent et de la renommée; point du tout.
« Ici, il n'y en a pas. Votre père serait bien étonné
« d'entendre apprécier ainsi par l'auteur lui-même, ces
« œuvres qu'il n'aime pas. Il est vrai que ces jugements,
« si modestes et si sincères je vous le jure, ne sont
« portés que devant moi. C'est dans l'épanchement de
« l'intimité qu'ils se font jour : devant le public, il
« n'est pas si humble.

« Que vous dirai-je encore? Son passé désordonné
« laisse des traces indélébiles. Avec un caractère om-
» brageux, la méfiance et le soupçon ne se présentent
« qu'au milieu d'un cortège de ressouvenirs très amers
« à entendre, et qui, à tout prendre, sont ceux d'un
« ex-libertin. Je ne les supporte pas, et alors querelles,
« pardons, et réconciliations. Voilà. Je n'ai jamais vu
« de contrastes plus frappants que les deux êtres enfer-

« més dans ce seul individu. L'un bon, doux, tendre,
« enthousiaste, plein d'esprit, de bon sens, naïf (chose
« étonnante), naïf comme un enfant, bonhomme, simple,
« sans prétentions, modeste, sensible, exalté, pleurant
« d'un rien venu du cœur, artiste exquis en tous genres,
« sentant et exprimant tout ce qui est beau dans le plus
« beau langage, musique, peinture, littérature, théâtre.

« Retournez la page et prenez le contre-pied, vous
« avez affaire à un homme possédé d'une sorte de
« démon, faible, violent, orgueilleux, despotique, fou,
« dur, petit, méfiant jusqu'à l'insulte, aveuglément en-
« têté, personnel et égoïste autant que possible, blas-
« phémant tout, et s'exaltant autant dans le mal que
« dans le bien. Lorsqu'une fois il a enfourché ce cheval
« du diable, il faut qu'il aille jusqu'à ce qu'il se rompe
« le cou. *L'excès*, voilà sa nature, soit en beau, soit en
« laid. Dans ce dernier cas, cela ne se termine jamais
« que par une maladie qui a le privilège de le rendre
« à la raison, et de lui faire sentir ses torts. Je ne sais
« comment il a pu y résister jusqu'ici et comment il
« n'est pas mort cent mille fois! »

. . . . . . . . . . . . . . .
. .

Voilà l'Alfred de Musset vrai et vivant! Voilà la créature orageuse, désordonnée, maladive, d'où partirent les déchirants et pathétiques accents des *Nuits*, de l'*Espoir en Dieu*, de la *Lettre à Lamartine!* Voilà enfin en quoi il diffère de nos deux grands poètes, et en quoi il les complète, en en différant.

Un sculpteur illustre, chargé de faire la statue de Lamartine, l'a représenté dans une pose théâtrale, l'air inspiré, les cheveux au vent, les pans de sa redingote soulevés comme par un souffle d'orage. C'est là le portrait de Chateaubriand, non de Lamartine. Le vrai Lamartine est celui qu'on a vu à l'Hôtel de Ville, pendant les journées de Février; tranquille au milieu des tempêtes, souvent *ému*, jamais *troublé*. Dans ses plus touchantes effusions lyriques, ses larmes ne vont jamais jusqu'aux sanglots. Sa douleur s'arrête avant le désespoir; il y a toujours en lui quelque chose qui plane.

Quant à Victor Hugo, son talent de virtuose est si extraordinaire, qu'il l'entraîne malgré lui, et que ses sentiments les plus sincères deviennent souvent des *thèmes* sur lesquels il exécute des variations. Lamartine m'a dit un mot bien profond sur les *Châtiments*. J'arrivai chez lui au moment où il achevait de les lire. Il était dans l'enthousiasme. Il frappait sur le volume, en s'écriant : « Ah! il n'y a pas à dire! c'est beau! c'est grand! c'est puissant! » Puis tout à coup il s'arrête, et après un moment de silence : « *Six mille vers de haine, c'est beaucoup!* » Ce jugement est décisif. Sur six mille vers d'indignation, il y en a forcément trois mille qui ne sont que de vocalises. Il semble parfois que Victor Hugo assiste à ses émotions. A. de Musset était submergé par les siennes.

En résumé, Victor Hugo et Lamartine sont des Olympiens. Ils en ont le calme. Je me les imagine volontiers siégeant sur quelque mont Ida, tandis qu'A. de Musset m'apparaît comme un de ces esprits révoltés, qui tente l'escalade des sommets sacrés pour ravir le feu du ciel, et retombe sur le sol, meurtri, sanglant,

> Cloué sur terre
> Comme un aigle blessé qui meurt dans la poussière,
> L'aile ouverte, et les yeux fixés sur le soleil.

Victor Hugo et Lamartine sont, dans le domaine de la poésie, la voix de leur époque, A. de Musset en est le cri.

## CHAPITRE XIX

## CONCLUSION

Ma tâche est achevée. J'ai payé toutes mes dettes.

Dette envers le public : j'avais annoncé *Soixante ans de souvenirs ;* mon ouvrage part de 1813 et va jusqu'en 1876.

Dette envers mes amis : je les ai fait revivre le plus fidèlement que j'ai pu, en peignant ce qu'ils furent et en racontant ce qu'ils firent.

Dette envers mon père : dès ma jeunesse je promis à sa mémoire et je me promis à moi-même de faire tous mes efforts, pour porter de mon mieux le nom qu'il m'a laissé. Il était membre de l'Académie, je le suis. Il était professeur au Collège de France, je l'ai été. Il a eu des succès éclatants au Théâtre-Français, j'y ai été applaudi. Enfin, le 15 janvier 1876, j'ai rendu à Lamartine un hommage public, qui ne parut pas indigne de lui; je ne puis, ce me semble, choisir une meilleure date pour clore mes souvenirs.

Mes dix dernières années, et même les années qui précèdent, ne contiennent-elles donc aucun fait et aucun nom qui méritent d'être conservés? J'espère que si. Écrirai-je ces souvenirs? Certes, puisque j'ai déjà commencé. Les publierai-je? Oh! cela c'est différent! Je n'en sais rien. D'abord, ces derniers récits auront peut-être un caractère plus intime qui me déconseillera de les publier. Puis, le Temps m'en laissera-t-il le temps?

A l'époque de la vie où je suis arrivé, on a beau se sentir encore capable de travail, on sait bien qu'une minute suffit pour vous faire tomber la plume de la main. Quand ce moment viendra, j'espère avoir encore le cœur assez reconnaissant pour remercier la Providence du passé, pour jouir même du présent, et pour me conformer à ce distique, fait par moi, à mon usage :

Veux-tu savoir vieillir? Compte dans la vieillesse,
Non ce qu'elle te prend, mais ce qu'elle te laisse.

# TABLE

|  |  | Pages. |
|---|---|---|
| Chapitre I. | Mon grand-père. | 1 |
| — II. | Ma première pièce. | 9 |
| — III. | Prosper Goubaux. | 16 |
| — IV. | Une collaboration en action. | 47 |
| — V. | Une histoire vraie. | 59 |
| — VI. | La Comédie française en 1838. | 70 |
| — VII. | Victor Schœlcher. | 93 |
| — VIII. | Chrétien Urhan. | 117 |
| — IX. | Adolphe Nourrit | 124 |
| — X. | Samuel Hahnemann. | 150 |
| — XI. | Eugène Scribe. | 160 |
| — XII. | Mademoiselle Rachel | 219 |
| — XIII. | Deux conseillers dramatiques. | 247 |
| — XIV. | Mes débuts au Collège de France. | 269 |
| — XV. | Jean Reynaud. | 281 |
| — XVI. | Ma candidature académique | 324 |
| — XVII. | La statue de Lamartine. | 348 |
| — XVIII. | Un mot de Victor Hugo. — Alfred de Musset. | 383 |
| — XIX. | Conclusion. | 397 |

15122. — PARIS, IMPRIMERIE A. LAHURE
9, rue de Fleurus.

# BIBLIOTHÈQUE NATIONALE

# CHÂTEAU
de
# SABLÉ
# 1989

www.ingramcontent.com/pod-product-compliance
Lightning Source LLC
Chambersburg PA
CBHW052033290426
44111CB00011B/1495